Die Hebräische Bibel

Susanne Talabardon
Helga Völkening

Die Hebräische Bibel

Eine Einführung

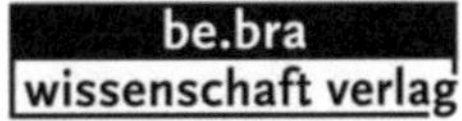

Bibliografische Information der Deutschen Nationalbibliothek
Die Deutsche Nationalbibliothek verzeichnet diese Publikation in der Deutschen Nationalbibliografie; detaillierte bibliografische Daten sind im Internet über http://dnb.d-nb.de abrufbar.

KulturBrauerei Haus 2
Schönhauser Allee 37, 10435 Berlin
post@bebraverlag.de
Lektorat: Johanna Munzinger, Berlin
Umschlag: typegerecht, Berlin
Schrift: Liberation Sans 9,5/14
Gedruckt in Deutschland
ISBN 978-3-95410-028-6

www.bebra-wissenschaft.de

Inhalt

Avant-Propos 9

Grundlagen 11

1. Zum Aufbau der Hebräischen Bibel 11

2. Historische Einführung: Zur Geschichte der jüdischen Bibelauslegung 18

2.1 Innerbiblische Auslegung 19

2.2 Bibelexegese zur Zeit des Zweiten Tempels 20

2.3 Die Bibelauslegung der Rabbinen 23

2.4 Bibelexegese im Mittelalter 33

2.5 Bibelexegese in der frühen Neuzeit und in der Moderne 43

3. Die Bibel in der christlichen Geistesgeschichte 46

3.1 Die Frühe Kirche – die Zeit der Kirchenväter 46

3.2 Christliche Exegese im Mittelalter 50

3.3 Reformation und Frühe Neuzeit 53

3.4 In der Moderne 57

4. Methodische Einführung in die Bibellektüre 62

4.1 Vorverständnis 65

4.2 Herstellung eines Textes 65

4.3 Die Gliederung des Textes – Textanalyse 72

4.4 Die äußere Form eines Textes 75

4.5 Textgruppen 77

4.6 Die (vorläufige) Textaussage 78

4.7 Wirkungsgeschichte 78

4.8 Wichtige Arbeits- und Lesehilfen zur Hebräischen Bibel 80

Tora (Fünf Bücher Mose) 83

1. Bereschit (Genesis) 84

2. Schemot (Exodus) 96

3. Wajiqra (Levitikus) 106

4. Bemidbar (Numeri) 113

5. Devarim (Deuteronomium) 121

Nevi'im (Propheten) 130

Nevi'im Rischonim (Vordere Propheten) 130

1. Jehoschu'a (Josua) 131
2. Schoftim (Richter) 139
3. Schmu'el (1. und 2. Samuel) 148
4. Melakhim (1. und 2. Könige) 159

Nevi'im Acharonim (Hintere Propheten) 169

5. Jeschajahu (Jesaja) 169
6. Jirmejahu (Jeremia) 179
7. Jechesqel (Ezechiel, Hesekiel) 186
8. Tré Assar (Dodekapropheton, Zwölfprophetenbuch) 200

8.1 Hosche'a (Hosea) 201
8.2 Jo'el (Joel) 208
8.3 Amos 213
8.4 Ovadja (Obadja) 219
8.5 Jona 224
8.6 Mikha (Micha) 232
8.7 Nachum (Nahum) 237
8.8 Chavaquq (Habakuk) 243
8.9 Zephanja (Zefanja) 249
8.10 Chaggai (Haggai) 255
8.11 Sekharja (Sacharja) 261
8.12 Male'akhi (Maleachi) 268

Ketuvim (Schriften) 273

1. Tehillim (Psalmen) 273
2. Mischlé (Sprüche, Sprichwörter, Proverbien) 284
3. Ijov (Ijob, Hiob) 293
4. Megillot (Festrollen) 301

4.1 Schir ha-Schirim (Hoheslied, Hohelied Salomos) 302
4.2 Rut (Ruth) 310
4.3 Ekha (Threni, Klagelieder) 316

4.4 Qohelet (Kohelet, Prediger) 322
4.5 Ester (Esther) 329
5. Dani'el (Daniel) 335
6. Esra ([und Nechemja] Esra und Nehemia) 344
7. Divré ha-Jamim (1. und 2. Chronik) 352

Glossar 357

Abkürzungsverzeichnis 367

Register 369
1. Personenregister 369
2. Ortsregister 373
3. Sachregister 375

Die Autorinnen 390

Avant-Propos

„Es ist des vielen Büchermachens kein Ende", stöhnt der Autor des Qohelet (Koh 12,12) am Ende seines Werkes. Und er hat Recht. Würde er heute einen Blick auf Buchmessen, in Regale, Kataloge und Werbebroschüren werfen, sein sarkastischer Kommentar könnte wohl noch um einiges drastischer ausfallen. Es vergeht kein Jahr, in dem nicht neue literarische Versuche erscheinen, die Lektüre der Heiligen Schrift zu erleichtern. Warum dann also schon wieder eine Bibelkunde?

Die Antwort auf diese berechtigte Frage liegt in der Einsicht, dass die konkrete Form der Übermittlung einer Botschaft wesentlich von ihren Adressaten abhängt. Teilnehmer eines Bibelkreises erwarten andere Auskünfte über die Bibel als angehende Pastoren. Neugierige Atheisten wünschen sich vermutlich vor allem Informationen über Inhalt und Geschichte des Buches der Bücher. Menschen, die sich für jüdische Traditionen des Bibelstudiums interessieren, sind vermutlich nicht so sehr darauf aus, ständig auf christliche Interpretationen biblischer Texte verwiesen zu werden. Studierende der Theologie benötigen einen anderen Zugang als Lernende, die sich religiösen Traditionen eher ‚von außen' nähern. Besonders für letztere ist das von uns konzipierte Material gedacht.

Die Idee dazu entstand in der universitären Unterrichtspraxis: In einem von Lehrenden und Studierenden gemeinsam gestalteten Seminar wurde allzu schnell klar, dass fast keine der deutschsprachigen Bibelkunden über den Horizont christlicher Interpretationen der Heiligen Schrift hinauswies. Die in Theologie und Religionswissenschaft weithin anerkannte Tatsache, dass die Hebräische Bibel den Mutterboden für das werdende Judentum *und* das spätere Christentum darstellt, hat das Genre „Bibelkunde" noch nicht durchgreifend erreicht. Dazu kommt, dass Kenntnisse über Inhalt und Struktur der Heiligen Schrift heutzutage nicht mehr bei allen Menschen selbstverständlich vorauszusetzen sind, viele aber mit Sprache und Stil theologischer Literatur überfordert sind.

Das vorliegende Buch möchte dezidiert eine zweifache Interpretationsgeschichte ausbreiten; es will Informationen zu jüdischen und christlichen Traditionen des Umgangs mit der Bibel bieten. Zu diesem Zweck enthält es eine doppelte Einführung: Wir berichten von gängigen christlichen und jüdischen Methoden, biblische Texte zu erschließen und erklären, wie sich diese im Laufe der Jahrhunderte verändert haben.

Die Darstellung der einzelnen Teile der Hebräischen Bibel folgt dem Aufriss der jüdischen Tradition. Zu jedem einzelnen Buch haben wir dessen Verankerung und Funktion innerhalb des Gesamtwerks („Kontext"), Hypothesen zu seiner Datierung („Historische Einordnung"), seinen Aufbau, wichtige Themen und Texte sowie die Wirkungsgeschichte im Judentum und Christentum beschrieben. Alle Kapitel enthalten zudem Anregungen zum Weiterlesen.

Um die Angaben dieser Einführung auch an anderer Stelle wiederfinden zu können, haben wir uns bei den Abkürzungen für biblische Bücher, bei Ortsangaben und (theologischen) Begriffen an üblichen deutschen Formen orientiert.[1] Bei den Namen der Bücher fanden in der Regel die hebräischen Bezeichnungen Verwendung. Die Protagonisten der Texte erscheinen jedoch zumeist unter ihrem an deutschen Sprachgewohnheiten orientierten Namen, um das Nachschlagen und Weiterlesen zu erleichtern. Dies kann unter Umständen zu etwas verwirrenden Resultaten führen – wenn beispielsweise das prophetische Buch Jirmejahu mit dem Propheten Jeremia assoziiert werden muss –, soll aber das Bewusstsein dafür stärken, dass die jüdisch-christliche Bezugnahme auf die Hebräische Bibel als eine gemeinsame Geschichte in oft getrennten Wegen zu betrachten ist.

Ob es uns gelungen ist, die wichtigsten Aspekte der jüdisch-christlichen Perspektiven auf die Bibel umfassend, prägnant und verständlich darzustellen, muss der Gebrauch dieser Bibelkunde erweisen. Auf Kritik, Verbesserungs- und Ergänzungsvorschläge sind wir schon jetzt gespannt.

Susanne Talabardon und Helga Völkening

Anmerkungen

[1] Für die Abkürzungen von Quellentexten, gängigen Zeitschriften und Kommentarreihen haben wir uns zumeist am „Schwertner" orientiert: Siegfried M. Schwertner, Abkürzungsverzeichnis der Theologischen Realenzyklopädie, Berlin/New York ^{2}1994.

Grundlagen

1 | Zum Aufbau der Hebräischen Bibel

Schon die Anordnung der einzelnen Bücher innerhalb der jüdischen und der christlichen Bibel offenbart, dass beiden Traditionen ein sehr unterschiedliches theologisches Verständnis ihrer Geschichte zugrunde liegt. Die jüdische Bibel ist in drei Teile gegliedert: Tora (תורה: Fünf Bücher Mose), Nevi'im (נביאים: Propheten) und Ketuvim (כתובים: Schriften). Aus den Anfangsbuchstaben dieser drei Hauptteile (T-N-K) ergibt sich die Bezeichnung *Tanakh* für das Gesamtwerk.[1] Aufgrund der deutlich erkennbaren stilistischen und inhaltlichen Unterschiede wird der zweite Hauptteil der Bibel nochmals untergliedert: Die vor allem in Prosa geschriebenen „geschichtlichen" Bücher werden *Nevi'im Rischonim* (Vordere Propheten) genannt, wohingegen die klassischen prophetischen Bücher unter der Bezeichnung *Nevi'im Acharonim* (Hintere Propheten) zusammengefasst werden. Die Subsumierung wesentlicher Teile des Tanakh unter den Begriff Nevi'im weist auf die Überzeugung der jüdischen Tradition hin, dass die gesamte Bibel prophetischen Ursprungs ist. Nur ein mit dem Geist Gottes begabter Künder kommt als Autor eines biblischen Buches in Frage.

> *„Mose schrieb sein Buch und den Abschnitt Bileam [Num 22–24] und Ijov. Josua schrieb sein Buch und acht Verse, die in der Tora sind [in denen von Moses Tod die Rede ist]. Samuel schrieb sein Buch und Schoftim und Rut. David schrieb das Buch der Tehillim, mit der Hilfe von zehn ‚Alten'; mit der Hilfe vom ersten Adam, mittels Melchizedek, mittels Abraham, mittels Mose, mittels Jedutun und durch Asaf und mittels der drei Söhne Korachs. Jeremia schrieb sein Buch und das Buch Melakhim sowie Ekha. Hiskija und seine Gehilfen schrieben Jeschajahu, Mischlé, Schir ha-Schirim und Qohelet. Die Männer der Großen Versammlung schrieben Jechesqel und Tré Assar, Dani'el und die Ester-Rolle. Esra schrieb sein Buch und Divré ha-Jamim bis auf seine Zeit."*
>
> Babylonischer Talmud, Baba Batra 14b/15a

Der größte und bedeutendste aller Propheten Israels jedoch ist Mose, der Einzige, der mit Gott „von Angesicht zu Angesicht" sprach (Dtn 34,10). Kein Teil der Bibel kommt daher der *Tora* an Alter und Bedeutung gleich. Sie steht am Anfang der Schrift und bildet zugleich den Maßstab für alles Folgende: Was spätere Generationen von Propheten vorgetragen haben, kann sich nur als Aktualisierung oder Entfaltung auf das bereits in der Tora Enthaltene beziehen (vgl. Dtn 18,18). Insofern schließen die *Nevi'im* (Prophetenbücher) mit einem programmatischen Hinweis auf den einzigartigen ‚Künder' Mose:

> *„Erinnert euch der Tora Moses, meines Knechts, dem Ich am Horeb in Bezug auf ganz Israel Satzungen und Rechtssätze geboten habe."*
>
> Mal 3,22

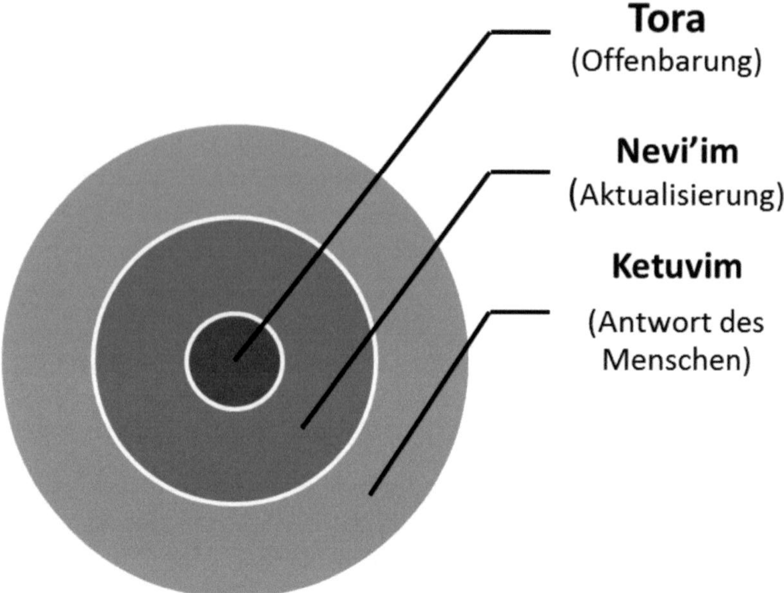

Im dritten Teil der Hebräischen Bibel (*Ketuvim*) wird die menschliche Antwort auf die Offenbarung Gottes an Israel formuliert. In herausragender Weise geschieht dies in den Psalmen (Tehillim). Diese, wie die Tora formal in fünf Bücher gegliedert, eröffnen den Reigen des individuellen Nachdenkens über die göttliche Ansprache, wie sie in den ersten beiden Teilen der Bibel enthalten ist. Das Ringen Hiobs um eine Erklärung für das Leiden des Einzelnen (Buch Ijov) gehört ebenso in den Kontext der Auseinandersetzung des Menschen mit der Offenbarung wie die sehr pädagogisch ausgerichteten Sprüche im Buch Mischlé. Eine Sammlung von Festrollen (Megillot) sowie fünf Bücher jüngeren Datums (Dani'el, Esra/Nechemja, Divré ha-Jamim bzw. 1/2 Chronik) runden die Ketuvim (Schriften) ab. Die Anordnung der Bücher innerhalb der drei Hauptteile folgt im Wesentlichen einem chronologischen Prinzip: Die mutmaßlich älteste Schrift geht den jüngeren voran.

Die christlichen Bibeln folgen hingegen der Anordnung, die sich im griechischsprachigen Judentum ab dem 3. Jahrhundert BCE herausbildete. In jener Zeit (zwischen 250 BCE und 100 CE) entstand die *Septuaginta* als die bedeutendste Übersetzung der Hebräischen Bibel ins Griechische. In ihr waren die biblischen Bücher unterteilt in:

1. Pentateuch und Historische Schriften,
2. Poetische und Weisheits-Schriften sowie
3. Prophetische Bücher.

Im Vergleich zur Anordnung der Hebräischen Bibel wurden also die Vorderen und Hinteren Propheten voneinander getrennt und die Hauptteile umgestellt: Auf die Tora (genannt: „*Pentateuch*“[2]) folgen die Vorderen Propheten (Jos bis 4 Makk), die als „Geschichtsbücher“ gedeutet werden. Der zweite Teil umfasst den Großteil der Ketuvim (Ps bis PsSal). Den dritten Teil bilden die „Hinteren Propheten“ (Jes bis Dan). Dadurch entsteht der Eindruck einer durchgehenden Geschichtserzählung (Gen bis 4 Makk), die um eine chronologisch angeordnete weisheitliche und eine ebensolche prophetische Reflexion der Ereignisse ergänzt wird.

Diese Reihenfolge kam der Gestaltung der späteren christlichen Bibel sehr entgegen, insbesondere, als man der Bibel Israels das Neue Testament als zweiten Teil der Heiligen Schrift zugesellte. Die Prophetenbücher, in der Septuaginta am Schluss platziert, schienen nun einen nahtlosen Übergang zum Neuen Testament zu ermöglichen. Die Wiederkunft Elijas, wie sie am Ende des letzten Prophetenbuches (Mal 3,23-24) angekündigt wird, konnte man auf diese Weise direkt auf Johannes den Täufer beziehen. Eine weitere wichtige Differenz in der Zuordnung betrifft das Buch Dani’el. In der jüdischen Bibel wird es als spät entstanden und minder bedeutend unter die Ketuvim eingeordnet, während es den apokalyptisch ausgerichteten frühen Christen als vierter der Großen Propheten höherrangig erschien.

Der Aufbau der jüdischen Bibel in ihren drei Hauptteilen dürfte auch die Reihenfolge ihrer Entstehung widerspiegeln. Es wird vermutet, dass die *Tora* im Zuge der Restitution eines jüdischen Gemeinwesens unter persischer Herrschaft Ende des 6./Anfang des 5. Jahrhunderts BCE ausgearbeitet wurde. Die Kanonisierung[3] der *Nevi’im* erfolgte hingegen erst in hellenistischer Zeit[4] (ca. 3. Jh. BCE). Das Buch ben Sira (um 180 BCE) setzt bereits die noch heute gültige Anzahl der Hinteren Propheten voraus (vgl. Sir 48,22-49,12).[5] Der genaue Umfang des dritten Teils der Hebräischen Bibel (*Ketuvim*) war noch unter den Rabbinen (2./3. Jh. CE) umstritten.

Nicht nur in Reihenfolge und Zuordnung unterscheidet sich die jüdische vom ersten Teil der christlichen Bibel. Letztere enthält außerdem Texte, die etwa vierhundert Jahre später keine Aufnahme in den Kanon der Hebräischen Bibel gefunden haben. Dazu zählen zum Beispiel die Bücher ben Sira, Judith oder die Makkabäerbücher. Diese gehörten zwar ursprünglich zum Bestand der Septuaginta, wurden aber von den christlichen Autoren zunächst nicht als Heilige Schrift betrachtet oder zitiert. Erst die Synoden des späten 4./5. Jahrhunderts (Rom, Hippo, Karthago) schlossen jene Texte ausdrücklich in den Kanon ein.[6]

Von entscheidender Bedeutung für das Auseinanderdriften der jüdischen und christlichen Traditionen hinsichtlich der Bibel war ferner der Umstand, dass die werdende Kirche in einem längeren Prozess (vom 2. bis 4. Jh.) die ihr wesentlichen Schriften des 1. und 2. Jahrhunderts als „Neues Testament“ kanonisierte und somit eine zweiteilige Bibel schuf. Die Hebräische Bibel wurde, darin Melito von Sardes (starb um 180) folgend, als „Altes Testament“ bezeichnet[7] und in Inhalt und Deutung dem Neuen Testament (und dem Christusgeschehen) zugeordnet. Etwa seit Irenäus von Lyon (202 gestorben) begann das „Neue Testament“, nun das „Alte Testament“ als die entscheidende, christliche Lehre begründende Autorität zu überflügeln.

Im 16. Jahrhundert kam es zu einer Differenzierung innerhalb des Christentums, nachdem Luther die Bibel aus den Originalsprachen Hebräisch bzw. Griechisch (Neues Testament) ins Deutsche übersetzt hatte. Dabei legte er den Kanon der Hebräischen Bibel (also *ohne* ben Sira, Judith u.a.) zugrunde. Die ‚überzähligen' Schriften der griechisch-lateinischen Bibel fasste er unter dem Begriff „*Apokryphen*“ (griechisch: „Verborgene“) zusammen. In manchen Lutherbibeln findet man diese zwischen dem „Alten" und dem „Neuen Testament" eingeordnet. Auch die Schweizer Reformation (Zwingli, d.h. die Zürcher Bibel) betrachtet die Apokryphen nicht als Teil ihres Kanons. Seitdem verfügen Katholiken und die Kirchen der Reformation über Bibeln verschiedenen Umfangs.

Weiterführende Literatur

- Marc Zvi Brettler, How to Read the Jewish Bible, Oxford 2007.
- Hanna Liss, Tanach. Lehrbuch der jüdischen Bibel, Heidelberg ³2011.
- Johann Maier, Studien zur jüdischen Bibel und ihrer Geschichte, Berlin/New York 2004.
- Helmut Merklein u.a. (Hg.), Die Bibel in jüdischer und christlicher Tradition. Festschrift für Johann Maier zum 60. Geburtstag, Frankfurt/M. 1993.
- Julie Pelc (Hg.), The Jewish Bible: A JPS Guide, Philadelphia 2008.
- Rolf Rendtorff, Das Alte Testament. Eine Einführung, Neukirchen-Vluyn ⁷2007.
- Erich Zenger u.a., Einleitung in das Alte Testament, Stuttgart 1995.

Anmerkungen

[1] Das harte „ch“ („kh“) am Ende des Akronyms ergibt sich aus der Besonderheit des hebräischen Buchstabens Ka“f („K“/ כ), der am Ende einer Silbe meist wie „kh“ ausgesprochen wird. Das Kurzwort (Akronym) Tanakh wird aufgrund der Endbetonung oft auch zu T'nakh (Tenakh), da der erste Vokal an Wert verliert.

[2] Griechisch für „Fünfgefäß“; das fünf Bücher Umfassende.

[3] „Kanon“ (griech. für Richtschnur) bezeichnet im vorliegenden Zusammenhang eine festgesetzte Anzahl von heiligen Schriften; „Kanonisierung“ beschreibt den Prozess ihrer Festsetzung.

[4] Der Begriff „hellenistische Zeit“ bezeichnet die Epoche der Herrschaft Alexanders des Großen und seiner Nachfolger, einschließlich des Römischen Reiches, über den Ostmittelmeerraum (für Palästina: ab 332 BCE).

[5] Ebenso belegt ben Sira einen dreiteiligen Kanon aus Tora, Geschichtsbüchern (Jos bis 2 Kön) und Propheten.

[6] Die Kanonisierung der LXX als Heiliger Schrift der Kirche erfolgte erst im 4. Jahrhundert.

[7] Melito bezog den von Paulus geprägten Begriff „Alter Bund“ (2 Kor 3,14) auf die Schriften des Tanakh (außer Ester).

Tana“kh – Hebräische Bibel *24 Bücher*		Septuaginta – LXX	Katholischer Kanon *46 Bücher*	Evangelischer Kanon *39 Bücher*
Tora (Weisung)	**תורה**	**Pentateuch**	**Fünf Bücher Mose**	**Geschichtsbücher**
Bereschit (Im Anfang)	בראשית	Genesis	Genesis	1. Buch Mose
Schemot (Namen)	שמות	Exodus	Exodus	2. Buch Mose
Wajiqra (Er rief)	ויקרא	Levitikon	Levitikus	3. Buch Mose
Bemidbar (In der Wüste)	במדבר	Arithmoi	Numeri	4. Buch Mose
Devarim (Worte)	דברים	Deuteronomium	Deuteronomium	5. Buch Mose
		Historia	**Bücher der Geschichte**	
		Jesus	Josua	Josua
		Kritai	Richter	Richter
		Ruth	Ruth	Ruth
			I/II Samuel	I/II Samuel
		Basileiôn I-IV	I/II Könige	I/II Könige
		Paraleipómenôn I-II	I/II Chronik	I/II Chronik
		Esdras I-II	Esra/Nehemia	Esra/Nehemia
		Esther	Tobit	
		Judith	Judit	
		Tobit	Esther	
		Makkabaiôn I-IV	I/II Makkabäer	

Nevi'im (Propheten)	**נבאים**	**Psalmoi kai Sophia**	**Lehrweisheit u. Psalmen**	**Poetische Bücher**
Nevi'im Rischonim	נבאים	Psalmoi	Ijob	Hiob
(Vordere Propheten)	ראשונים	Odai	Psalmen	Psalmen
		Paroimiai	Sprichwörter	Sprüche
Jehoschu'a (Josua)	יהושע	Ekklesiastes	Kohelet	Prediger
Schoftim (Richter)	שופטים	Asma	Hoheslied	Hoheslied
I/II Schmu'el (I/II Samuel)	שמואל	Iôb		
I/II Melakhim (I/II Könige)	מלכים	Sophia Salomonis	Weisheit	
		Sophia Sirach	Sirach	
		Psalmoi Salomonis		
Nevi'im Acharonim (Hintere Propheten)	נבאים אחרונים			
Jeschajahu (Jesaja)	ישעיהו			
Jirmejahu (Jeremia)	ירמיהו			
Jechesqel (Ezechiel)	יחזקאל			
Tre Assar (die Zwölf):	תרי עשר:			
Hosche'a (Hosea),	הושע,			
Jo'el (Joel),	יואל,			
Amos (Amos),	עמוס,			
Ovadja (Obadja),	עבדיה,			
Jona (Jona),	יונה,			
Mikha (Micha),	מיכה,			
Nachum (Nahum),	נחום,			
Chavaquq (Habakuk), Zefanja (Zephanja),	חבקוק, צפניה,			
Chagai (Haggai),	חגי,			
Sekharja (Sacharja),	זכריה,			
Male'akhi (Maleachi)	מלאכי			

Ketuvim (Schriften)	**כתובים**	***Prophetai***	***Die Bücher der Propheten***	***Prophetische Bücher***
Tehillim (Psalmen)	תהלים	*Osêe*		Große Propheten
Mischlé (Proverbia)	משלי	*Amos*	*Jesaja*	*Jesaja*
Ijov (Hiob)	איוב	*Michaias*	*Jeremia*	*Jeremia*
		Joel	*Klagelieder*	*Klagelieder Jer.*
Megillot:	*מגילות:*	*Abdias*	*Baruch*	
Schir ha-Schirim	שיר השירים	*Jonas*	*Ezechiel*	*Hesekiel/Ezechiel*
Rut (Ruth)	רות	*Naûm*	*Daniel (mit Zusätzen)*	*Daniel*
Ekha (Klagelieder)	איכה	*Ambakous*		
Qohelet (Prediger)	קהלת	*Sophonias*		
Ester (Esther)	אסתר	*Aggaios*	Zwölfpropheten-Buch	Kleine Propheten
		Sacharias	*Hosea*	*Hosea*
Dani'el (Daniel)	דניאל	*Malachias*	*Joel*	*Joel*
Esra	עזרא	*Jesaias*	*Amos*	*Amos*
Nechemja (Nehemia)	נחמיה	*Jeremias*	*Obadja*	*Obadja*
		Threnoi (Klgl)	*Jona*	*Jona*
I/II Divré ha-Jamim	דברי הימים	*Epistolé Jeremiou*	*Micha*	*Micha*
(I/II Chronik)		*Jesekiel*	*Nahum*	*Nahum*
		Susanna	*Habakuk*	*Habakuk*
		Daniel	*Zefanja*	*Zephanja*
		Bél kai drakôn	*Haggai*	*Haggai*
		(Bel und Drache)	*Sacharja*	*Sacharja*
			Maleachi	*Maleachi*

2 | Historische Einführung: Zur Geschichte der jüdischen Bibelauslegung

Wer die jüdische Kultur- und Geistesgeschichte kennen- und verstehen lernen möchte, kommt an einer gründlichen Lektüre der Hebräischen Bibel nicht vorbei. Sie ist der Grundtext, auf den sich alle anderen religiösen Bücher des Judentums beziehen. Sie ist der cantus firmus, ohne den der vielstimmige Chor der jüdischen Geistesgeschichte keinen inneren Zusammenhalt gewinnt.

Während des ersten nachbiblischen Jahrtausends (3. Jh. BCE bis 7. Jh. CE) hat das Judentum fast ausschließlich Werke hervorgebracht, die sich als kommentierende, nacherzählende oder juridische Aktualisierung und Erläuterung der Bibel darstellen.

Dabei unterscheidet man zwei Zugangsweisen oder Traditionsstränge:

(1) die *Halacha*, eine das gesamte Leben umgreifende Auslegung der biblischen Gebote und Rechtstexte sowie
(2) die *Haggada/Aggada* („Erzählung“), welche die narrativen Texte der Bibel interpretiert, weitererzählt und fortschreibt.

Am deutlichsten zeigt sich dies am rabbinischen und mittelalterlichen *Midrasch*, einem Korpus von überwiegend anonym und kollektiv verfassten Schriften, die sich ausdrücklich auf bestimmte Bücher der Hebräischen Bibel beziehen. Innerhalb des (Genres) Midrasch finden sich neben Kommentaren, Predigten und Erzählungen auch Ausführungen zu rechtlichen und kultischen Alltagsproblemen: Es entfaltet sich ein Dialog mit der Bibel auf allen Ebenen des Lebens. In der *Mischna* hingegen, einer systematischen Darbietung der Halacha aus dem 2./3. Jahrhundert CE, scheint die innere Abhängigkeit von der Bibel auf den ersten Blick weniger deutlich, obwohl sie bei näherem Hinsehen mit Händen zu greifen ist. Die Beziehung zwischen Bibel und Mischna erklärt der *Talmud*, eine gewaltige Enzyklopädie des jüdischen Denkens, welche die einzelnen juristischen, ethischen und kultischen Festlegungen der Mischna auf die Bibel zurückführt.

Erst unter dem Einfluss des Islam bildeten sich ab dem 7. Jahrhundert mit dem Entstehen der Einzelwissenschaften (wie Grammatik, Medizin oder Philosophie) Formen von Literatur heraus, die sich nur noch mittelbar oder gar nicht auf die Hebräische Bibel bezogen. Neben philosophischen, poetischen, grammatischen oder medizinischen Werken, die nun nicht mehr im Kollektiv, sondern von einzelnen Autoren verfasst und in deren Namen überliefert wurden, entwickelte sich der jüdische Bibelkommentar zu seiner klassischen Form. Gelehrte wie Rabbi Schlomo ben Jitzchaki, genannt Rasch“i (1040-1105), führten ihn zu einer ersten Blüte. Doch auch die wichtigsten Werke der jüdischen Philosophie (wie der *Moré Nevuchim* [מורה נבוכים; „Führer der Verirrten"] des Mosche ben Maimon/ Maimonides, 1135-1204) und der Mystik führen einen intensiven Dialog mit der Heiligen Schrift. So präsentiert sich beispielsweise das zentrale Werk der *Kabbala*, der *Sohar* (um 1280), in Form und Inhalt als ein Midrasch.

Generationen von jüdischen Exegeten, Mystikern, Philosophen, Predigern und Rechtsgelehrten haben dieses Werk weitergeführt und dem Gespräch mit der Bibel neue Erfahrungen zuwachsen lassen. Das Buch der Bücher diente als Gravitationszentrum der jüdischen Geistesgeschichte und so ist es – selbst für viele säkulare Juden – bis auf den heutigen Tag.

2.1 | Innerbiblische Auslegung

Die Geschichte der Bibelauslegung beginnt im Grunde schon im Tanakh selbst. Immer wieder trifft der aufmerksame Leser auf Texte, die sich auf andere Teile der Bibel beziehen und diese kommentieren oder interpretieren. So finden wir beispielsweise beim Propheten Hosche'a (Hos 12) eine ganz und gar eigenständige Deutung der Jakobsgeschichte. An manchen Texten, wie zum Beispiel zum Sklavenrecht (Ex 21,2-11; Dtn 15,12-18; Lev 25,39-44) oder zum Festkalender (Lev 23 und Dtn 16), kann man verfolgen, wie jüngere Rechtssammlungen auf ältere zurückgreifen, diese kommentieren, korrigieren oder deren Widersprüche aufzulösen versuchen. In den Nevi'im (Propheten), aber auch in den Tehillim (vgl. Ez 20, Ps 106), werden ausführliche Rückblicke auf die Frühzeit Israels geboten, vor deren Hintergrund spätere Ereignisse ihre ethische oder politische Beurteilung erfahren. Dieses Verfahren, insbesondere die Epoche des Exodus und der Wüstenwanderung als Referenzzeit zu verstehen, wird die Geistesgeschichte Israels nachhaltig prägen.

Die innerbiblische Interpretationsgeschichte wird dort am deutlichsten sichtbar, wo verschiedene Bücher dieselbe Epoche aufgreifen. Dies ist insbesondere bei den Büchern Melakhim (Könige) und Divré ha-Jamim (Chronik) der Fall (vgl. 1 Kön 8 mit 2 Chron 7). Während die Schmu'el-Bücher sowie Melakhim (1 Kön) ein durchaus ambivalentes Bild vom großen König David zeichnen, erscheint er in Divré ha-jamim über jeden kleinlichen Zweifel erhaben. Den ersten expliziten Hinweis auf den Prozess von Auslegung und Deutung biblischer Texte in jener frühen Zeit lässt sich dem Buch Nechemja (Neh 8,8) entnehmen, wo es heißt:

> *„Man las aus dem Buch, aus der Tora Gottes, laut und deutlich vor und legte die Bedeutung dar, damit [das Volk] vom Gelesenen verstehen konnte."*

Weiterführende Literatur

- Christoph Dohmen, Günter Stemberger, Hermeneutik der Jüdischen Bibel und des Alten Testaments, Stuttgart 1996, besonders: S. 24-29.
- Michael Fishbane, Biblical Interpretation in Ancient Israel, Oxford 1985.

2.2 | Bibelexegese zur Zeit des Zweiten Tempels

In der Forschung wird für die im Anschluss an die Hebräische Bibel entstandenen judäisch-jüdischen Texte häufig die Bezeichnung „Literatur des Zweiten Tempels“ verwendet. Dieser Begriff führt jedoch zu einigen Problemen bei der Zuordnung bestimmter Werke in jene Kategorie. Der zeitlichen Rahmensetzung („Zweiter Tempel“) zufolge müsste es sich bei der „Literatur des Zweiten Tempels“ eigentlich um Werke handeln, die in einen Zeitraum von 540 BCE bis 70 CE zu datieren wären. In jener Epoche sind jedoch auch die jüngeren Teile der Bibel entstanden, so dass einige der sog. nachbiblischen („deuterokanonischen“) Schriften[1] älter sein dürften als manche der biblischen Texte selbst. Andererseits wird Autorenliteratur, wie zum Beispiel die Werke von Philo, Josephus, Artapanus oder Eupolemos, in der Regel nicht als deuterokanonisch bezeichnet, auch wenn sie einen deutlichen Bezug zur Bibel aufweisen. Sie sind aber dennoch „Literatur des Zweiten Tempels“. Neben der bereits genannten Autorenliteratur gehören die Qumranschriften sowie eine Vielzahl pseudepigrapher oder anonymer Werke mit Apokalypsen, Testamenten, historischen Darstellungen, Weisheitstexten, Psalmen, Briefen, Nacherzählungen biblischer Geschichten in die fragliche Epoche.

Am anderen Ende des chronologischen Spektrums rechnet man die rabbinische Literatur ausdrücklich nicht zur „Literatur des Zweiten Tempels“, obwohl wiederum so manche der in der Mischna enthaltenen Traditionen älter sein dürften als einige der als deuterokanonisch bezeichneten Werke. Wir haben es bei der Definition der „Literatur des Zweiten Tempels“ also mit einer Mischung aus chronologischen und theologischen Merkmalen zu tun: Zu ihrem Korpus gehören alle Schriften, die weder biblisch noch rabbinisch sind und etwa der oben angegebenen Zeitspanne zugeordnet werden können.

Die Zeit des Zweiten Tempels war zweifelsohne eine der produktivsten Epochen der jüdischen Literaturgeschichte. Ein Großteil der Werke existiert heute nur noch dank der Übersetzungen ihrer hebräischen oder aramäischen Originale, die oft von christlichen Gruppen angefertigt worden sind. Eine bedeutende Ausnahme von dieser Regel bilden die Qumranschriften. Unter den Textfunden der Siedlung Chirbet Qumran konnte man auch einige deuterokanonische Bücher im hebräischen bzw. aramäischen Original (wie ben Sira/Ecclesiastes oder 1. Henoch) sicherstellen.

Zur Geschichte der jüdischen Bibelexegese leistet die Literatur des Zweiten Tempels einen höchst eigenständigen Beitrag. Diesen angemessen zu würdigen, würde den Rahmen unserer Einführung sprengen, weshalb wir im Folgenden einige wesentliche Grundlinien tabellarisch zusammenfassen:

Schrift-gruppe	**Beispieltexte**	**Themen/Beiträge zur Bibel-interpretation**
Rewritten Bible	*Jubiläen* um 150 BCE	Eigenständige Rechtstraditionen (Halachot)
	Genesis-Apokryphon (1QGenAp = 1Q20) 2./1. Jh. BCE	Farbige Ausgestaltung biblischer Charaktere
	Liber Antiquitatum Biblicarum (LAB) 1. Jh. CE	Bedeutung der Führungspersönlichkeiten
Erzählungen im Stile der Bibel	*Tobit* (verschiedene Rezensionen) ab 1. Jh. BCE/CE	Gottes Beistand für einen leidenden Gerechten
	Judith um 100 BCE	Rettung Israels vor seinen Feinden
Historiographie/Deutung der Geschichte	*1 und 2 Makkabäer* 1 Makk: 2. Jh. BCE 2 Makk: 1. Jh. CE	Darstellung und Deutung der Makkabäerzeit
	Artapanos 1. Jh. CE	Hellenistische Deutung biblischer Personen
	Josephus (37/38-100 CE): Bellum Judaicum; Antiquitates Judaicae	Deutung der Geschichte Israels für Nichtjuden
Apokalypsen	*1 Henoch* (äthHen) 2. Jh. BCE bis 1. Jh. CE	Fortführung biblischer Prophetie; haggadische Weiterentwicklung biblischer Gestalten wie Henoch, Baruch oder Esra
	Syrischer Baruch (syrBar) 1./2. Jh. CE	
	4 Esra 1./2. Jh. CE	
Weisheits-literatur	*Ben Sira/Sirach/ Ecclesiastes* 2. Jh. BCE	Identifizierung der Tora mit der Weisheit
	Qumran-Psalmen (Hodajot; 1QH und 4QH), 2. Jh. BCE *Psalmen Salomonis* 1. Jh. BCE	Aufgreifen biblischer Sprache und Motive; endzeitliche Interpretation biblischer Geschichte
	Sapientia Salomonis (SapSal) Anfang 1. Jh. CE	Biblische Geschichte und griechische Weisheit
	4 Makkabäer (4 Makk) 1./2. Jh. CE	Treue zum Gott Israels; Martyrologie

Kommentare	*Qumran-Pescharim* (4QpHab), 1. Jh. BCE *Tempelrolle* (11Q19-20)	Endzeitliche Deutung biblischer Bücher An Devarim orientierte Halacha
Philosophie	*Aristobul* 2. Jh. BCE	Frühe Allegorese; biblische Frühgeschichte für Nichtjuden
	Philo von Alexandrien (10 BCE-45 CE): Kommentare und Traktate	Entwickelte Allegorese; Verbindung von griechischer Philosophie mit biblischen Traditionen

Von besonderer Bedeutung für die weitere Entwicklung der jüdischen Exegese ist das halachische und haggadische Material, wie es insbesondere in der Schriftgruppe „Rewritten Bible", bei Philo, Josephus und in Qumran geboten wird. Hinsichtlich der angewendeten interpretativen Methoden, aber auch der in ihnen enthaltenen Traditionen, stellen diese Schriften ein wichtiges Bindeglied zwischen der biblischen Zeit und der rabbinischen Ära dar. So leistet bereits die haggadische und halachische Überlieferung des Zweiten Tempels jene Aktualisierung biblischer Tradition, die für den rabbinischen Midrasch prägend wurde. Insbesondere Philo (aber auch dessen Vorgänger Aristobul) entwickelte mit der Allegorese ein System der Exegese, das eine Neuformulierung biblischer Traditionen im Kontext hellenistischer Kultur ermöglichte. Philo differenzierte bereits zwischen dem buchstäblichen Verständnis und einer Tiefenbedeutung der Texte. Durch die allegorische Deutung wurde es ihm möglich, scheinbar obskuren Vorschriften der Bibel einen ethisch-philosophischen Sinn zu geben. Er konnte somit einerseits an der Befolgung aller Gebote festhalten und andererseits als ein moderner, hellenistisch gebildeter Philosoph denken und leben. Wenn auch die Rabbinen die Allegorese Philos nur sehr eingeschränkt aufgriffen, so verfolgt deren Methode des D'rasch (דרש; vgl. dazu im Folgenden) dennoch ähnliche Ziele: die Anpassung der Gebote an einen neuen historischen Kontext.

Die Pluralität halachischer Traditionen, welche die Epoche des Zweiten Tempels in besonderer Weise auszeichnet (vgl. Qumran, apokalyptisch orientierte Widerstandsgruppen, pharisäische Kreise), setzte sich trotz schwerer Rückschläge aufgrund der militärischen Niederlagen gegen das Imperium Romanum 70 und 135 CE auch in der rabbinischen Literatur fort.

Der diskursive Charakter der meisten Midraschim, der Mischna und des Talmuds kann als ein Echo der Vielfalt jüdischen Denkens jener Zeit angesehen werden.

Weiterführende Literatur

- Ulrich Dahmen, Armin Lange, Hermann Lichtenberger, Die Textfunde vom Toten Meer und der Text der Hebräischen Bibel, Neukirchen-Vluyn 2000.
- Eduard Lohse, Die Texte aus Qumran. Hebräisch und Deutsch, München ^{4}1986.
- Johann Maier, Die Qumran-Essener: Die Texte vom Toten Meer, Bd. I-III, München 1995 und 1996.
- Annette Steudel, Die Texte aus Qumran, Bd. 2. Hebräisch/Aramäisch und Deutsch, Darmstadt 2001.
- Michael E. Stone (Hg.), Jewish Writings of the Second Temple Period. Apocrypha, Pseudepigrapha, Qumran Sectarian Writings, Philo, Josephus, Compendium Rerum Iudaicarum ad Novum Testamentum II,2, Philadelphia 1984.
- Reinhard Weber, Das „Gesetz" bei Philon von Alexandrien und Flavius Josephus: Studien zum Verständnis und zur Funktion der Thora bei den beiden Hauptzeugen des hellenistischen Judentums, Frankfurt/M. u.a. 2001.

Deutsche Übersetzungen, Einleitungen und Literatur zu deuterokanonischen Texten jener Epoche (außer Qumran) finden sich in der von Werner G. Kümmel und Herrmann Lichtenberger herausgegebenen Reihe „Jüdische Schriften aus hellenistisch-römischer Zeit", Gütersloh seit 1973.

2.3 | Die Bibelauslegung der Rabbinen

Die Zerstörung des Tempels und der Stadt Jerusalem im Zuge des Großen Aufstands (66 bis 70/73 CE) markiert eine tiefe Zäsur in der Geschichte der jüdischen Tradition. Die Überlebenden standen vor der Aufgabe, ihre kultische, politische, rechtliche, soziale und kulturelle Identität unter Verzicht auf das zentrale Heiligtum und die Priesterschaft neu zu formulieren. Diese gewaltige Mission übernahmen Gelehrte (*Rabbinen, Rabbanim*), die sich ab dem 2. Jahrhundert CE von einer kleinen Gruppe gelehrter Traditionalisten zu einer prägenden Kraft zu entwickeln begannen. Jene Rabbinen waren es auch, welche nicht nur die Literatur des klassischen Judentums, sondern in gewisser Weise auch das Judentum im eigentlichen Sinne hervorzubringen halfen.

Die rabbinische Literatur kann in drei Hauptformen untergliedert werden:

(1) Halachische Kompendien (*Mischna, Tosefta, Talmudim*)
(2) Aktualisierende Kommentare zur Bibel (*Midraschim*)
(3) Kommentierte Übersetzungen der Bibel (*Targumim*)

Exkurs: Wie rabbinische Texte zitiert werden

Mischna, Tosefta, der palästinische bzw. Jerusalemer Talmud (Jeruschalmi, ca. 5. Jh.) und der Babylonische Talmud (Bavli, ca. 7. Jh.) sind in sechs Ordnungen (Sedarim; סדרים) unterteilt, die wiederum in 63 Traktate (Massekhtot; Singular Massekhtá; מסכתא; aram. „Gewebe“) gegliedert sind. Wenn eine dieser Schriften zitiert werden soll, benennt man zunächst die Grundschrift (Mischna = m, Tosefta = t, Jeruschalmi = j oder p, Bavli = b), sodann den Traktat (manchmal in Abkürzung) und schließlich

(1) im Falle von Mischna und Tosefta: Kapitel und „Mischna“;
z.B. tSchabb VI,3

(2) im Falle des Jeruschalmi: Kapitel, Mischna und Folio;
z.B. jPes III,7; 21b
oder

(3) im Falle des Bavli: nur folio;
z.B. bTa'an 23a.

Midraschim werden mit ihrem Namen oder dessen Kurzform zitiert; in der Regel setzt man die Parascha, die traditionelle Bezeichnung des Abschnitts der Tora, oder Kapitel und Vers der Bibelstelle hinzu. Selten (vgl. Mekhilta) werden auch Traktate angegeben.

In jedem dieser Genres findet eine intensive Reflexion biblischer Traditionen statt, die unterschiedlichen Ordnungsprinzipien folgt. Die halachischen Kompendien sind im Wesentlichen sachbezogen gegliedert (Landwirtschaft, Festzeiten, Familienrecht, Strafrecht, Kult). Die Bibel kann explizit begründend hinzugezogen werden. Midraschim und Targumim hingegen sind an der Struktur der Bibel orientiert. Im Allgemeinen wird in den Midraschim der Akzent eher auf die (halachische oder ethische) Aktualisierung des Textes (D'rasch) gelegt, wohingegen in den Targumim eher auf die Grundbedeutung des Textes Bezug genommen wird.

Innerhalb des Midrasch, einer der bis in das hohe Mittelalter hinein einflussreichsten Literaturgattungen des Judentums, kann man verschiedene Formen voneinander differenzieren:

Nach dem *Inhalt* der zugrunde liegenden biblischen Texte: vornehmlich halachische und vornehmlich haggadische Midraschim.

Nach der *Struktur* der zugrunde liegenden literarischen Gestaltung: kommentierende und homiletische (Predigt-)Midraschim, Rewritten Bible sowie Sammelwerke.

In den homiletischen Midraschim lassen sich zwei Formen erkennen:
(1) Predigt mit *Peticha* (פתיחה; ein Eröffnungsvers aus den Nevi'im oder Ketuvim wird auf eine Torastelle bezogen), *Guf* (גוף; Hauptteil) und *Chatima* (חתימה; Ausblick auf die Erlösung am Ende der Zeiten).
(2) *Jelamdenu*-Form. Anstelle der Peticha steht eine kurze halachische Abhandlung, die mit „Jelamdenu Rabbenu“ (ילמדינו רבינו; „Es belehre uns unser Meister") eingeleitet wird.

Die Rabbinen haben intensiv über Methoden der Auslegung biblischer Texte reflektiert und die Ergebnisse als Regeln (מדות; *Middot*) formuliert. Prinzipiell unterschieden sie zwischen den logisch strenger und methodisch stringenter anzuwendenden Middot halachischer Exegese und der haggadischen Auslegung, die über Spielräume für freie Assoziationen verfügen sollte. Ziel der halachischen Exegese bildete die Aktualisierung und Präzisierung biblischen Rechts für die Bedürfnisse der rabbinischen Zeit. Haggadische Auslegung diente hingegen der ethischen Unterweisung, der Ausschmückung von Predigt und Lehrvortrag oder schlicht dem gehobenen Amüsement.

Zusammenstellungen gängiger Regeln der Auslegung (Middot oder hermeneutische Regeln) finden sich u.a.
- in der Tosefta (Sanh VII,11): „Sieben Middot Hillels",
- in der Einleitung der Sifra: „Dreizehn Middot des Rabbi Jischma'el" sowie
- im Midrasch ha-Gadol zur Genesis, Ausgabe Margaliot, S. 22-23: „32 Middot des Rabbi Eli'eser".

Bei den Middot Rabbi Jischma'els und Rabbi Eli'esers handelt es sich im Wesentlichen um Erweiterungen der Middot Hillels.

Alle hermeneutischen Methoden zur Ableitung von Halacha können auch auf haggadische Texte angewendet werden. Umgekehrt gilt dies nicht. Nach traditioneller Auffassung umfassen die sieben Middot Hillels bzw. die dreizehn Middot Jischma'els die Regeln halachischer Hermeneutik, die 32 Middot Eli'esers beschreiben die entsprechenden haggadischen Verfahren.

Hermeneutische Verfahren	**Erläuterung**	**Beispiel**	**Beleg**
Übersetzung	Hebräische Worte werden in das zu Zeiten des Midrasch geläufigere Aramäische, ins Griechische oder ins Lateinische übersetzt. Veraltete Begriffe werden durch modernere ersetzt.	„Rachel fiel vom Kamel“ (Gen 24,64) – der Midrasch ‚übersetzt' unter Hinweis auf Ps 37,24: „Sie stieg herunter.“	Bereschit Rabba 60,15
Eingrenzung durch Negation	Zur näheren Bestimmung eines Begriffs hält man fest, was dieser *nicht* beinhaltet.	„Wenn sich ein Erschlagener findet“ (Dtn 21,1). Der Midrasch erläutert: „Ein Erschlagener, aber kein Erstickter.“	Sifré Devarim, § 205
Paraphrase	Knappe Bemerkungen werden ausführlicher erläutert.	„Er lasse Sein Angesicht leuchten.“ (Num 6,25): „Er gebe dir das Licht des Antlitzes. R. Nathan sagt: Dies ist das Licht der Schekhina.“	Sifré Bemidbar, § 41
Vergleich	Beinhaltet eine Übertragung z.B. mythischer Ereignisse in die Alltagswelt.	„So vertrieb Er den Menschen“ (Gen 3,24): „R. Jochanan sagte: Wie die Tochter eines Priesters, die geschieden ist und nicht zurückkehren kann. R. Schim'on ben Laqisch sagte: Wie die Tochter eines Israeliten, die geschieden ist und zurückkehren kann.	Bereschit Rabba 21,8

Maschal/ משל **Gleichnis**	Ein theologischer Sachverhalt wird in die Erfahrungswelt der Menschen übertragen; besonders häufig sind Königsgleichnisse.	Warum stehen die Zehn Gebote nicht am Anfang der Tora? Der Midrasch bringt das Gleichnis eines Königs, der seinem Volk erst Wohltaten erbringen muss, bevor er über dieses herrschen darf.	Mekhilta בחודש 5
Kasus/ מעשה **(auch: Beispielerzählung)**	Präzedenzfälle (in der Halacha); Fallbeispiele zur Illustration von Lehrsätzen, Geboten und Weisheitsworten.	Ausgehend von Ex 12,48 wird diskutiert, ob das Gebot der Beschneidung des Sklaven Vorrang vor dem Gebot des Pessach hat. Der Fall der Valeria beantwortet die Frage.	Mekhilta פסחא 15
Liste	Verknüpfung gleichartiger Phänomene zu einem Metatext.	Die sukzessive Erwählung von heiligen Orten und Personen führt zu einer Hierarchie.	Mekhilta פסחא 1
Analogien:	Verschiedene Analogieschlüsse:		
(1) Gesera Schawa/ גזרה שוה	(1) Wenn ein prägnantes *Wort* in zwei unterschiedlichen Bibelversen verwendet wird, ist jeweils derselbe Sachverhalt angesprochen.	In Num 9,2 (Pessach) und in Num 28,2 (Tamid) wird jeweils „zur festgesetzten Zeit" gesagt: Da Pessachopfer den Schabbat verdrängt, deshalb auch Tamid.	Mekhilta פסחא 5

(2) Heqqesch/ הקש	(2) Von einem *Merkmal*, das zwei Objekten gemeinsam ist, wird auf eine weitere gemeinsame Eigenschaft geschlossen.	In Ex 19,2 heißt es: „Israel rastete dort“. Der Midrasch stellt fest: Immer, wenn es heißt: „Sie brachen auf und sie rasteten“, gab es Streit.	Mekhilta בחודש 1
(3) gleicher Kontext	(3) Vom gemeinsamen *Kontext* zweier Objekte werden gemeinsame Merkmale abgeleitet.	Vom Segnen und Verfluchen der Berge Garizim und Ebal (Dtn 11,29) wird auf die gemeinsamen Eigenschaften von Segen und Fluch gefolgert.	Sifré Devarim § 55
(4) gleicher Wert/ במקום בו כיוצא אחר	(4) Verbindung von Sachverhalten hinsichtlich ihrer Bedeutung; Beobachtung von Reihenfolgen bei der Aufzählung.	„Vom Mensch zum Nutzvieh“ (Ex 12,12) – aus dieser Reihenfolge wird gefolgert: Wer zuerst gesündigt hat, wird auch zuerst bestraft.	Mekhilta פסחא 7
(5) Binjan Av/ אב בנין	(5) Ein innerhalb eines/zweier Grundverse/s verwendeter *Begriff* erlaubt die Übertragung der im Grundvers getroffenen Festlegungen auf andere Verse, die den gleichen Begriff enthalten.	Da beim „Schlagen“ im allgemeinen Strafrecht eine „Wunde“ als Beweis gilt, muss auch beim „Schlagen“ von Vater und Mutter (Ex 21,15) eine Wunde als Beweis gelten.	Mekhilta נזיקין 5
Ribui/ רבוי	Die Verwendung bestimmter Partikel (aber, auch, Akkusativpartikel: אף, גם, את) führt zur „Erweiterung“ (Ribui) des Begriffsfeldes.	„et-ha-schamajim“/ את השמים (Gen 1,1: und die Himmel) schließt die Erschaffung der Himmelskörper ein.	Bereschit Rabba I,14

Mi'ut/ מעוט	Die Verwendung bestimmter Partikel (doch, nur, außer: רק ,אך, מן) führt zur „Verkleinerung" (Mi'ut) des Begriffsfeldes.	„Du sollst doch (אך) fröhlich sein" (Dtn 16,5): Fröhlichkeit an Sukkot bezieht sich *nur* auf den Abend des letzten Festtages.	bSukka 48a
Qal wa-Chomer/ קל וחומר	Schluss vom minder Wichtigen auf das Bedeutendere (Schluss a fortiori).	„Und der Ewige sprach zu Mose und zu Aaron im Land Ägypten" (Ex 12,1) – außerhalb der Stadt, denn wenn Mose schon zum Beten aus der Stadt ging (Ex 9,29), um wieviel mehr dann zum Empfang des Wortes des Ewigen!	Mekhilta פסחא 1
Kelal u-F'rat/ כלל ופרט	Bezeichnet einen Komplex von hermeneutischen Regeln, welche die logischen Konsequenzen der gegenseitigen Näherbestimmung allgemeiner und besonderer Angaben beinhalten.	Die allgemeine Aussage geht der besonderen voran: Es ist im Allgemeinen nur enthalten, was im Besonderen genannt ist: Lev 1,2. Die besondere Aussage geht der allgemeinen voran: Das Allgemeine erweitert das Besondere (Ex 22,9).	Sifra Einleitung[2]
Aufhebung eines Widerspruchs	Wenn sich zwei Schriftstellen widersprechen, wird der Widerspruch entweder logisch oder durch Beiziehung einer dritten Bibelstelle aufgehoben.	Ex 12,5 und Dtn 16,5 widersprechen einander, Ex 12,21 entscheidet.	Mekhilta פסחא 4

Berücksichtigung des Kontextes:			
(1) Schluss aus dem Kontext/ מעינו דבר הלמד	(1) Der Kontext einer biblischen Aussage wird zu deren Deutung herangezogen.	Man interpretiert Lev 14,34 mit Lev 14,45.	Sifra Einleitung
(2) Zuordnung/ הכרע	(2) Ein Wort wird syntaktisch neu zugeordnet, um einen Text zu verstehen.	R. Jose ha-Galili zieht das erste Wort von Ex 13,4 („an diesem Tag") zu Ex 13,3: „Nicht soll man Chametz essen an diesem Tag."	Mekhilta פסחא 16
(3) Umstellung von Satzteilen	(3) Bei logischer Unmöglichkeit können Satzglieder umgestellt werden.	„Das Manna wurde madig und stank" (Ex 16,20): Die Ordnung muss umgestellt werden (vgl. 16,24), denn ein Nahrungsmittel fault erst, bevor es Würmer anzieht.	Mekhilta ויסע 5
Berücksichtigung des Klanges:			
(1) Assonanz	(1) Der Name eines Gegenstandes deutet auf etwas mit ihm Verbundenes.	„Schittim" (שטים, Num 25,1) deutet auf die Dummheit (שטות, Schettut) Israels.	Bemidbar Rabba 20,2
(2) Konsonanz	(2) Der Gleichklang zweier Worte weist auf eine Verbindung zwischen ihnen.	Der Frühregen (יורה, Joré) ist ein Lehrer (מורה, Moré) des Menschen – z.B., die Dächer auszubessern.	Sifré Devarim § 42

(3) Änderung	(3) Durch eine kleine Änderung einer Wortform kann das Verständnis erleichtert werden.	Das Wort „deine Zicklein“ (gedijotajikh; Hld 1,8) wird umgedeutet zu „deine Fremdvölker“ (gojotajikh).	Sifré Devarim § 305
(4) Umstellung von Buchstaben	(4) Durch Umstellung von Buchstaben innerhalb eines Wortes ergeben sich neue Dimensionen an Bedeutung.	Das schwierige be-hibar'am (בהבראם , Gen 2,4) wird zu be-Avraham (באברהם) – Die Welt wurde um Abrahams willen erschaffen.	Bereschit Rabba 12,9
Berücksichtigung der Schreibweise			
(1) Auffällige Schreibung	(1) Normalerweise mit/ohne Hilfsvokale(n) geschriebene Worte erscheinen anders und ermöglichen neue Assoziationen.	Das doppelte Jud (וייצר) in Gen 2,7 („und er bildete“) wird auf die beiden Triebe im Menschen gedeutet.	Bereschit Rabba 2,7
(2) Wiederholung	(2) Die *figura etymologica* lässt auf eine besondere Aussageabsicht schließen.	Aus der *figura etymologica* Ex 21,28, „[der Ochse] soll gewiss gesteinigt werden“, folgt, dass man sein Fleisch in gar keinem Fall essen darf.	Mekhilta 10 נזיקין
(3) Gematria	(3) (von griech. grammateia oder geometría). Der Zahlenwert eines Wortes weist auf verborgene Bedeutungen.	Der Zahlenwert des Wortes Tora (= 611) wird auf die Anzahl der von Mose direkt übermittelten Gebote gedeutet.	Schir ha-Schirim Rabba I,13
(4) Notarikon	(4) (griech.: „Schnellschreiber“): Ein Wort wird als Abkürzungswort (Akronym) gedeutet.	Die Namen der Könige, mit denen sich Abraham Gen 14 herumschlägt, werden zerlegt und gedeutet.	Bereschit Rabba 42,4-5

Allegorese	Die Grundelemente eines Textes werden als „Bildebene“ verstanden und systematisch auf eine andere (ethische oder spirituelle) Sachebene bezogen.	Die berühmteste Allegorese ist die Deutung des Hohenlieds/Schir ha-Schirim als Liebeslied zwischen dem Ewigen und Israel.	Schir ha-Schirim Rabba

Die folgenden Prämissen liegen jedweder rabbinischen Interpretation zugrunde:

(1) Die Heiligkeit der Bibel impliziert, dass jedes einzelne Wort in ihr, also auch Dopplungen, vermeintliche Widersprüche oder auf den ersten Blick überflüssig erscheinende Angaben, etwas zu bedeuten haben. Dies ist der Grundsatz der *Omnisignifikanz.*

(2) Weil die Bibel in der Sprache des Ewigen und der Engel verfasst ist, darf sie nie anders als auf Hebräisch studiert werden. Aus diesem Grund muss bei der Interpretation des Textes auch die Form und Anzahl der Buchstaben, deren numerische Bedeutung sowie der Klang der Worte Berücksichtigung finden.

(3) Der Text der Bibel verfügt stets über mehrere Bedeutungsebenen gleichzeitig (vgl. Ps 62,12: „Eines hat Gott gesagt, zweierlei hörte ich“). Dies bezeichnet man als Prinzip der *Polysemie.*

Weiterführende Literatur

- Gerhard Bodendorfer, Matthias Millard (Hg.), Bibel und Midrasch. Zur Bedeutung der rabbinischen Exegese für die Bibelwissenschaft (Forschungen zum Alten Testament 22), Tübingen 1998.
- Daniel Boyarin, Intertextuality and the Reading of Midrash, Bloomington 1991.
- Günter Mayer, Midrasch/Midraschim, in: Theologische Realenzyklopädie. Bd. 22, Berlin/New York 1992, Sp. 735-744.
- Martin J. Mulder (Hg.), Mikra. Text, Translation, Reading and Interpretation of the Hebrew Bible in Ancient Judaism and Early Christianity, Compendium Rerum Iudaicarum ad Novum Testamentum II,1, Assen/ Philadelphia 1988.
- Jacob Neusner, Alan Jeffery Avery-Peck (Hg.), Encyclopedia of Midrash: Biblical Interpretation in Formative Judaism, 2 Bde., Leiden 2005.
- Günter Stemberger, Einleitung in Talmud und Midrasch, München [9]2011.
- David Weiß-Halivni, Peshat and Derash: Plain and Applied Meaning in Rabbinic Exegesis, New York/Oxford 1991.

2.4 | Bibelexegese im Mittelalter

Die Anfänge

Mit der Eroberung des Heiligen Landes durch die Araber im siebten Jahrhundert konnten insbesondere die Lehrhäuser Galiläas ihre Arbeit wieder aufnehmen. Während der byzantinischen Herrschaft in den Jahrhunderten zuvor waren dort jüdische Institutionen systematisch verhindert worden. Die Herrschaft der Araber brachte jedoch nicht nur eine relative Freiheit für die jüdische Gemeinschaft mit sich, sondern führte auch zu einem erheblichen Einfluss der islamischen Kultur und Wissenschaften auf sie. Insbesondere die islamische Philosophie und Grammatik inspirierte entsprechende jüdische Unternehmungen. Die Sorgfalt, mit der arabische Grammatiker sich um einen Normtext des Koran bemühten, verwendeten jüdische Grammatiker alsbald auch auf die Hebräische Bibel. Galiläische Lehrhäuser, insbesondere jene in Tiberias, wurden zu Zentren dieser Gelehrten, die man als *Masoreten* („Tradenten") bezeichnet. Die wertvollsten, noch heute erhaltenen Handschriften der Bibel verdanken sich ihrer Arbeit.

Die Masoreten bemühten sich um einen gesicherten Konsonantentext und ergänzten diesen um Vokalzeichen, um jede Willkür bei der Interpretation der Bibel auszuschließen. Angaben zu Betonung und Tongebung bei der Rezitation vervollständigten ihre Handschriften. Sogar den Bestand an Buchstaben katalogisierten die Gelehrten, so dass die Leser der Hebräischen Bibel erfahren können, wo die Hälfte eines biblischen Buches zu finden ist und wie viele Worte oder Buchstaben ein Text enthält. Die überaus gewissenhafte Arbeit der Masoreten stellt noch heute ein bedeutendes Hilfsmittel für die Bibelwissenschaft dar.

Da in die überlieferten Manuskripte der Heiligen Schrift nicht hineinkorrigiert werden durfte, vermerkten die Masoreten offensichtliche Fehler und Auffälligkeiten des Konsonantentextes sorgfältig am Rand (*Masora parva* oder Randmasora) bzw. am Ende jeder Seite (*Masora magna*). Ihre statistischen, grammatischen und korrigierenden Angaben sind – gemeinsam mit dem Vokalisierungsvorschlag im Text – für das Verstehen schwieriger Texte oft unabdingbar.

In der zweiten Hälfte des 8. Jahrhunderts entstand innerhalb des Judentums eine Gruppe, welche erbitterten Widerstand hervorrief und die bedeutendsten Denker des mittelalterlichen Judentums zur Auseinandersetzung mit ihren Ideen zwang. Diese Gruppe nannte sich *B'né ha-Miqrá* (בני המקרא; „Kinder der Bibel"), besser bekannt als *Karaiten* oder *Karäer*. Sie lehnten die Verbindlichkeit der rabbinischen Tradition insgesamt ab und stützten sich bei der Beschreibung ihrer Glaubens- und Lebensweise ausschließlich auf die Schriftliche Tora. Damit forderten sie nicht nur den jüdischen Mainstream zu einer intensiven Rückbesinnung auf die biblischen Wurzeln der rabbinischen Traditionen heraus, sondern begannen auch selbst mit einer gründlichen Kommentierung der Schriftlichen Tora.

Zu den bedeutendsten Gelehrten, die den Kampf gegen die Karäer in den Mittelpunkt ihres Wirkens stellten, gehörte *Sa'adja Gaon* (882-942). Er war in vielerlei Hinsicht bahnbrechend für die jüdische Geistesgeschichte und auf fast allen Feldern der damaligen Wissenschaft tätig. Sa'adja verfasste nicht nur eines der ersten Gebetbücher (*Siddurim*), sondern (soweit wir wissen) auch die erste Grammatik, das erste Wörterbuch sowie eine der frühesten auf rationaler Philosophie gegründete systematische Darstellung des jüdischen Glaubens (den *Sefer Emunot we-De'ot;* ספר אמונות ודעות).

Mehrfach übersetzte er die Bibel ins Arabische und ergänzte seine Übersetzungen mit kurzen Erläuterungen und Paraphrasen. Den einzelnen Büchern der Bibel stellte er Einleitungen voran. Einigen von ihnen widmete Sa'adja auch eigenständige Interpretationen, darunter Jeschajahu („Das Buch des Strebens nach Verbesserung des Gottesdienstes"), Ijov („Das Buch der Theodizee") oder der Tora („Das Buch des Glanzes"). In diesen Kommentaren bietet Sa'adja ausführliche methodische Diskussionen, die zum ersten Mal in der Geschichte der jüdischen Bibelexegese eine Wertschätzung für die linguistische Interpretation („einfacher oder literaler Schriftsinn") zum Ausdruck bringen. In Abwehr karaitischer Überzeugungen versuchte er nachzuweisen, dass sich sowohl die rabbinische Halacha als auch der Midrasch in völliger Übereinstimmung mit dem Literalsinn biblischer Texte befänden.

Rasch"i – Rabbi Schlomo ben Jitzchaki (1040-1105)

Kein Bibelleser, der sich einer traditionellen jüdischen Edition bedient, kommt an Rasch"i vorbei, dessen umfangreicher Kommentar sich in jeder „Rabbinerbibel" befindet. Schon im 12./13. Jahrhundert hatten seine Anmerkungen zur Bibel weithin Anerkennung und Verbreitung gefunden. Kaum jemand hat die Geistesgeschichte des aschkenasischen Judentums[3] so intensiv beeinflusst wie er. Sein Kommentar zur Tora war das erste überhaupt gedruckte hebräische Buch (1475).

Rasch"i legte großen Wert auf grammatische und philologische Erörterungen und stützte sich bei seiner Arbeit auf die großen wissenschaftlichen Fortschritte der spanischen Grammatiker des 10. Jahrhunderts (Menachem ibn Saruq u.a.). Doch auch seine eigenen Leistungen auf diesem Gebiet waren beachtlich. Sorgfältig unterschied er zwischen biblischem und Mischna-Hebräisch und nutzte diese Differenzen zur Erklärung schwieriger Begriffe. Seine überragende Kenntnis der jüdischen Literatur verhalf ihm zu einer nuancierten Darstellung hebräischer Synonyma. Tausende Begriffe der Hebräischen Bibel übertrug er ins Altfranzösische – auch wenn dies für heutige Leser eher hinderlich als hilfreich ist.

Der bedeutendste systematische Beitrag Rasch"is besteht in der grundlegenden Unterscheidung zwischen der literalen (*P'schat;* פשט) und der „homiletisch"-ethischen Bedeutungsebene (*D'rasch*) des Bibeltextes. Anders als beispielsweise Sa'adja, der in letzter Konsequenz von einer Übereinstimmung der literalen und der Midrasch-Methode ausging, verwendete Rasch"i diese Zugangsweisen methodisch komplementär. Nur etwa ein Viertel seines Tora-Kommentars sind rein philologische Erläuterungen, die er durch umfangreiche Zitate aus Midrasch und Talmud ergänzte. Sein Vorgehen beschrieb Rasch"i im Kommentar zu Gen 3,8 folgendermaßen:

> *„Es gibt zahlreiche haggadische Midraschim. Und schon unsere Lehrer ordneten sie an entsprechender Stelle im [Midrasch] Bereschit Rabba und dem Rest der Midraschim. Ich aber bringe nur den P'schat eines Verses und diejenige Haggada, welche die Worte der Bibel etabliert; das Wort, das dem Gesprochenen entspricht."*

Auch wenn die Kriterien und Prinzipien der Midraschzitation Rasch"is nicht bis ins Letzte geklärt sind, wird deutlich, dass sie einerseits der Ergänzung des Bibeltextes, andererseits seiner Aktualisierung dienlich sind. Durch Ergänzung fehlender Details in biblischer Halacha und Haggada, die gezielte Beifügung ethischer und theologischer Implikationen sowie mittels einer sorgfältigen Darstellung geographischer, historischer und technischer Realia schuf Rasch"i einen konzisen Begleiter für die aufmerksame Bibellektüre.

Bei der Arbeit mit Rasch"is Kommentar ist es zunächst wichtig, sich diese methodischen Grundprinzipien zu vergegenwärtigen. Eine eingehende Durchsicht des Bibeltextes hinsichtlich fehlender Details, unklarer Begriffe oder missverständlicher Aussagen sollte der Beschäftigung mit dem Kommentar vorangehen. Zu beachten ist ferner, dass Rasch"is Bemerkungen häufig den Charakter von Glossen oder Fußnoten haben, die sich erst gemeinsam mit dem Bibeltext zu einem sinnvollen Ganzen fügen. Es ist hilfreich, sich jeweils zu überlegen, ob man es mit einem P'schat oder D'rasch zu tun hat und in welchem Verhältnis beide sowohl zueinander als auch zum biblischen Ausgangsvers stehen.

Abraham ibn Esra (1089-1164)

Abraham ibn Esra war nicht nur ein großer Exeget des spanischen Judentums, sondern darüber hinaus auch ein bedeutender religiöser und weltlicher Dichter, Grammatiker, Mathematiker, Astronom, Übersetzer und Philosoph. Während sein älterer Kollege Rasch"i in späten Lebensjahren mutmaßlich an den Folgen des Ersten Kreuzzugs litt, wurde Abraham ibn Esra um 1140 gezwungen, das islamische Spanien zu verlassen. Von jener Zeit an führte er ein Wanderleben zwischen Italien, der Provence, Nordfrankreich und England – ein Umstand, der ihn in späterer Zeit zum Helden jüdischer Legenden werden ließ: hier und dort auftauchend, wann immer Juden in Not gerieten.

Ibn Esra scheint nicht zu allen Büchern der Bibel Kommentare verfasst zu haben. Zu manchen sind jedoch sogar zwei in seinem Namen überliefert (vgl. Bereschit, Schemot, Tré Assar, Tehillim, Schir ha-Schirim, Ester und Dani'el).

Seine exegetischen Schriften sind eine Schatzkammer der reichen sefardischen[4] Tradition, deren Niedergang sich jedoch bereits abzuzeichnen begann. Zitate frühmittelalterlicher Gelehrter (vor allem Sa'adjas), karaitischer Bibelinterpreten sowie spanischer Philosophen und Grammatiker wurden von ibn Esra kritisch ausgewertet.[5] In seiner Einleitung zum Tora-Kommentar setzte er sich explizit mit vier gängigen Methoden der Exegese auseinander:

Am Vorgehen der Gelehrten in den großen jüdischen Akademien des islamischen Ostens (insbesondere Sa'adjas) bemängelte er, dass sie zu viel „fremde Weisheit", d.h. nicht unmittelbar dem Textverständnis Dienendes, in ihre Kommentare aufgenommen hätten. Den Karaiten warf er vor, die Tora unabhängig von der rabbinischen Tradition erklären zu wollen, was seiner Meinung nach jedoch unmöglich sei, da sich Schriftliche und Mündliche Tora gleichermaßen auf die Weitergabe von Wissen von Generation zu Generation bezögen. Die vor allem von Christen verwendete allegorische Methode hielt ibn Esra für gefährlich, da sie sich auf keinerlei gesicherte externe Maßstäbe gründe. Hinsichtlich der jüdischen Exegeten in Aschkenas kritisierte er, dass diese sich zu sehr auf den Midrasch stützen würden und zu wenig an der hebräischen Grammatik orientiert seien.

Und Abraham ibn Esra selbst? Er definierte seinen eigenen, den fünften Weg der Bibelinterpretation als den Versuch, jeden Vers in Übereinstimmung mit Vernunft und den grammatischen Regeln in seinem wörtlichen Sinn zu erklären. Eingangs seines Kommentars zur Tora beschrieb er dies in einem Gedicht:

„Dies ist das geradlinige Buch[6]
von Abraham, dem Dichter.
Mit den Stricken der Grammatik gebunden,
Und mit den Augen der Vernunft geprüft;
Jeder, der sich darauf stützt: gepriesen sei er! [...]"

Vernunft und Grammatik – dieses Programm wendete ibn Esra konsequent auf die Interpretation biblischer Texte an. Dabei konnte er sowohl auf die Prinzipien rabbinischer Theologen („Tora spricht in der Sprache der Menschen") als auch auf Grundsätze der rationalistischen Philosophen wie Sa'adja zurückgreifen, die keinen Widerspruch zwischen der Vernunft und den Geboten der Tora zuließen. So manche hermeneutische Methode des Midrasch hielt er für unnötig. Warum sollte sich ein Prophet Gottes so unklar ausdrücken (vgl. Kurzkommentar zu Ex 1,7)?

Die Kommentare ibn Esras zeichnen sich durch methodische Sorgfalt und kritische Selbsteinschätzung aus. Wann immer sich der Autor seiner Sache nicht sicher war, vermerkte er dies. Oft bietet er Alternativen zur Interpretation an. Weit sparsamer als Rasch"i zog ibn Esra den rabbinischen Midrasch zur Erklärung eines Bibelverses heran. Zumeist diente er ihm lediglich als eine Art Hilfsmittel oder als Exkurs.

Abraham ibn Esra darf als außerordentlich eigenständiger und kühner Exeget gelten. In vielem war er seiner Zeit weit voraus. Man kann ihn ohne weiteres als Vorläufer der modernen Bibelkritik bezeichnen. Dass bestimmte Passagen der

Tora nicht von Mose geschrieben sein können (eine Behauptung, für die Baruch Spinoza hunderte Jahre später gebannt wurde), ist bereits bei ibn Esra nachzulesen. Er war der erste, der aufgrund stilistischer und inhaltlicher Beobachtungen Jeschajahus Kapitel 40–66 später datierte als den Rest des Buches.

Zweifelsohne sind die Kommentare ibn Esras mitunter komplexe Gebilde, besonders dann, wenn sich der Verfasser intensiv mit seinen Vorläufern auseinandersetzt oder zu ausführlichen philologischen Erklärungen ausholt. Hin und wieder begegnen philosophische oder erste kabbalistische Interpretationen (vgl. den Langkommentar zu Ex 3,13). Dennoch gehört die Lektüre der Texte von Abraham ibn Esra – hat man sich erst einmal in die grammatische Terminologie eingelesen – zu den eher leichteren Übungen innerhalb der hebräischen Auslegungsliteratur.

Rada"q – David Qimchi (ca. 1160-1235)

Josef Qimchi (ca. 1105-1170) sowie seine Söhne Moses (er starb etwa 1190) und David bilden eine Brücke zwischen der südspanischen und der provençalischen Tradition jüdischer Exegeten. Josef musste Andalusien verlassen und siedelte sich in Narbonne an. Er brachte die Methode des P'schat in die D'rasch-orientierte Provence.

Zum bedeutendsten Exegeten der Qimchi-Familie avancierte indessen David (Rabbi David Qimchi, Akronym Rada"q). In der Rabbinerbibel, den *Miqra'ot Gedolot* (מקראות גדולות), findet man ihn als dritten großen Kommentator neben Rasch"i und Abraham ibn Esra. Für die christlichen Hebraisten, die sich seit dem 15./16. Jahrhundert der hebräischen Sprache und Kommentarliteratur zuwandten, avancierte David Qimchi zur bedeutendsten Referenz. Sowohl seine Grammatik (*Sefer ha-Mikhlol;* ספר המכלול) als auch sein Wörterbuch (*Sefer ha-Schoraschim;* ספר השורשים) entwickelten sich zu Standardwerken. Kommentare zu Bereschit, zu den Nevi'im, Tehillim, Mischlé und Divré ha Jamim sind erhalten. David Qimchi schuf in seinen Werken eine Synthese der sefardischen und provençalischen Traditionen. Die grammatische, exegetische, philosophische und kabbalistische Schule Spaniens, repräsentiert durch seinen Vater Josef und Abraham ibn Esra, flossen mit der Kenntnis rabbinischer Quellen zusammen, wie sie provençalischen Gelehrten eigen war. Zahllose Zitate unterschiedlicher Provenienz machen Qimchis Kommentare zu einer Fundgrube der Geschichte jüdischer Exegese.

Anders als noch bei ibn Esra kommt dem Midrasch nicht nur eine Nebenrolle zu. Manches hermeneutische Prinzip der Rabbinen wurde von ihm in die Methodik literaler Auslegung integriert. David Qimchi setzte sich, seinem Vater Josef folgend, intensiv und kritisch mit christlicher Bibelauslegung auseinander. Deren allegorische Auslegung, welche nur allzu oft darauf abzielte, das schlichte, wörtlich zu nehmende Gebot zu relativieren, wurde von ihm zurückgewiesen.

Ramba"n – Mosche ben Nachman (1194-1270)

Mit dem Ramba"n erreichte die jüdische Gelehrtenwelt Spaniens einen weiteren Höhepunkt. Mosche ben Nachman („Nachmanides“), geboren im katalonischen Gerona und von dort 1266/67 vertrieben, starb im Lande Israel, wo er, wie zuvor in Katalonien, als Gemeindeleiter gewirkt hatte. Er verfasste nicht nur Kommentare zur Bibel, sondern war auch ein bedeutender Halachist und Mystiker und wirkte als Arzt sowie als Hauptrabbiner von Katalonien. Im Jahre 1265 zwang man ihn zu einer Disputation mit dem jüdischen Konvertiten Pablo Christiani. In Barcelona, in Anwesenheit des Königs Jakob I. von Aragon und unter dem prüfenden Blick franziskanischer und dominikanischer Mönche, behauptete er sich im Disput und soll, nach eigenen Angaben, sogar das Preisgeld empfangen haben. Seine Gegner indessen erklärten sich selbst zu Siegern der Debatte und sorgten dafür, dass Mosche ben Nachman Spanien verlassen musste.

Besondere Bedeutung erlangte der Torakommentar des Ramba"n. Daneben sind eine mystisch-metaphorische Interpretation des Schir ha-Schirim sowie ein linguistisch ausgerichteter Kommentar zu Ijov erhalten. Die wichtigsten Bezugsgrößen Ramba"ns waren Abraham ibn Esra und Maimonides (1135-1204), dazu mystische Quellen sowie der rabbinische Midrasch, vor allem aber – Rasch"i. Stellenweise bis zu 38 Prozent des von ihm präsentierten Materials soll auf den nordfranzösischen Exegeten zurückzuführen sein.

Bei Mosche ben Nachman, insbesondere in seinem Kommentar zur Tora, entfaltet sich der Parde"s,[7] der Vierfache Schriftsinn jüdischer Spielart, zu ganzer Pracht und Schönheit. Literale Auslegung, ethische, halachische, narrative Exegese (D’rasch), mystische und eschatologische Interpretation sind hier ineinander verwoben.

Parde“s (פרד"ס)	Vierfacher Schriftsinn[8]
P’schat)פשט (	**Sensus litteralis (Literale Bedeutung)**
Beide Verfahren bezeichnen die Erhebung des unmittelbaren Wortsinns des Textes.	
D’rasch)דרש (Bezeichnet ein Verfahren zur historisierenden oder ethischen Aktualisierung des biblischen Textes, wie es ursprünglich im rabbinischen Midrasch praktiziert wurde.	**Sensus tropologicus (ethische Bedeutung)** Bezeichnet ein Verfahren, die ethische Bedeutungsebene eines biblischen Textes zu erheben.
Remes)רמז(Bezeichnet das Verfahren, den philosophischen Gehalt eines biblischen Textes zu erschließen.	**Sensus Allegoricus (Allegorese)** Bezeichnet ein exegetisches Verfahren, das den wörtlichen Sinn des Textes als Bildebene auffasst, die sich systematisch auf eine hinter dem Text verborgene Dimension („Sachebene“) bezieht. Häufig werden mittels der Allegorese Texte der Hebräischen Bibel auf Christus hin („christologisch“) gedeutet.
Śod (סוד) Bezeichnet die mystische bzw. esoterische Bedeutungsebene eines Textes.	**Sensus anagogicus (endzeitliche Bedeutung)** Bezeichnet die Bedeutung eines Textes zur Beschreibung der Prozesse in der Endzeit.

Obwohl der Vierfache Schriftsinn sowohl in der jüdischen als auch in der christlichen Exegese des Mittelalters (ab dem 12./13. Jh.) verwendet wurde, sind deren Teile weithin nicht miteinander in Deckung zu bringen.

Inhaltlich an Qimchi anknüpfend, zeigen auch die Kommentare des Ramba"n eine hohe Wertschätzung für die rabbinische Exegese, ohne deshalb die grammatischen und rationalen Prinzipien des P‘schat außer Kraft zu setzen. Der Grundansatz des Midrasch, jedem lexikalischen, syntaktischen und strukturellen Detail der Bibel Bedeutung beizumessen (Prinzip der Omnisignifikanz), wurde von Nachmanides in ein exegetisches System integriert. Strukturen, Proportionen und Kontext erfahren besondere Aufmerksamkeit.

Nachmanides schuf mit seinen Kommentaren eine Synthese verschiedener jüdischer Denktraditionen. Rationale Philosophie, Sprachwissenschaft und Mystik flossen in seine facettenreichen Interpretationen ein. Die verschiedenen Sichtweisen, die Nachmanides für den biblischen Ausgangstext anbietet, breiten vor dem Leser ein Panorama jüdischer Bibelauslegung aus. Wie in einem Kaleidoskop, in dem sich dieselben Elemente ständig zu völlig neuen Mustern gruppieren, kann auf den rabbinischen Midrasch die Gegenüberstellung von P'schat und D'rasch (Rasch"i), eine Diskussion grammatischer und philosophischer Probleme (im Gespräch mit ibn Esra) und schließlich eine mystische Deutung folgen.

Bibelinterpretation in den Farben der Kabbala

Womöglich unter Rückgriff auf esoterische antike Traditionen entwickelte sich im Hochmittelalter (etwa ab dem 12. Jh.) in der Provence die klassische jüdische Mystik. Zu deren Bezeichnung hat sich ab dem 12. Jahrhundert der Begriff Kabbala (קבלה; hebr. „Tradition") eingebürgert.

„Man kann die Kabbala als platonisierende Durchdringung der gesamten mythologischen und normativ-theologischen, biblisch-rabbinischen Tradition verstehen, wobei dieser Platonismus, wie im Mittelalter üblich, stets auch mit aristotelischen Elementen versehen war."[9]

Als Kernstück vieler kabbalistischer Systeme fungiert die Emanationslehre. Sie sollte dazu dienen, den Abstand zwischen dem (besonders in der hochmittelalterlichen jüdischen Religionsphilosophie) strikt transzendent konzipierten Gott und der Welt zu überbrücken.

Sowohl die platonisierende Emanationslehre als auch die aristotelische Philosophie gingen davon aus, dass Gott letztlich unendlich, unwandelbar und somit prinzipiell unerkennbar ist. Diesen nicht offenbaren Aspekt Gottes bezeichneten etliche kabbalistische Denker als *Ejn Sof* (אין סוף; „ohne Ende"). Platonisierende Entwürfe, derer sich Kabbalisten bedient haben, behaupten jedoch, dass der transzendente Gott von jeher Kräfte aus sich herausströmen („emanieren") ließ, wodurch er sich offenbare. Dieser Vorgang wird seit der Spätantike in der Metapher der Sonne beschrieben, die ihre Strahlen aussendet, aber selbst unverändert und unanschaulich bleibt. In der Kabbala werden diese Kräfte unter Rückgriff auf antike jüdische Mystik als *Sefirot* (ספירות; in etwa: „Gezähltes") gefasst. Diese Bezeichnung entstammt dem rätselhaften spätantiken *Sefer Jezira* (ספר יצירה; „Buch der Schöpfung"). In ihm wird vorgetragen, dass der Ewige die Welt auf 32 Pfaden, nämlich mittels der 22 Buchstaben des hebräischen Alphabets und der zehn Sefirot, geschaffen habe. Die Sefirot emanieren in einer festgelegten Anordnung aus *Ejn Sof*. Diese Struktur, in der Kabbala oft als *Ez Chajim* (עץ חיים; Baum des Lebens) bezeichnet, beschreibt nicht nur die offenbare Gottheit, sondern auch die gesamte Schöpfung in Welt, Mensch und der bösen Gegenwelt. In etlichen kabbalistischen Systemen gelten

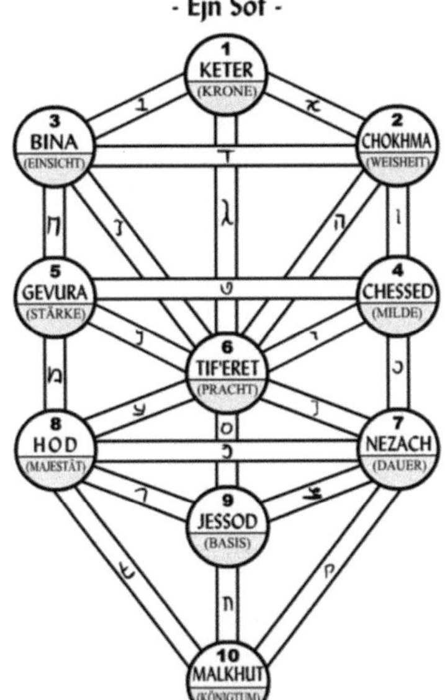

Der kabbalistische „Baum des Lebens"
(Ez Chajim)

die offenbaren Gotteskräfte, der Kosmos und die Gegenwelt, als ein miteinander verbundenes Ganzes.

Die universale Verknüpfung hat unter anderem zur Folge, dass die Sefirot mit so ziemlich allen Bestandteilen des Kosmos korreliert oder identifiziert werden können: mit ethischen Grundwerten, kosmischen Mächten, Farben, Personen, Körperteilen, Orten, Gottesnamen, Naturelementen oder menschlichen Eigenschaften. Ferner werden sie zu Gruppen wie männlich und weiblich, intellektuellen Funktionen oder Himmelsrichtungen geordnet und zueinander in Beziehung gesetzt.

Dank dieser vielfältigen Korrelationsmuster konnte die Struktur der Sefirot als deutender (hermeneutischer) Schlüssel für eine innovative Interpretation der Bibel, aber auch des Talmud oder liturgischer Texte genutzt werden. Alle in dieser Literatur verwendeten Orte, Farben, Mächte, Tage, Diademe, Quellen, Gewänder oder Personen wurden jeweils auf eine der Sefirot bezogen. Geradezu ein Paradebeispiel für diese Art polyvalenter Exegese liefert das Hauptwerk der Kabbala, der *Sohar* (ab dem 13. Jh.). Es suggeriert, auf den ebenso angesehenen wie ungewöhnlichen Rabbinen Schim'on bar Jochai (2. Jh.) zurückzugehen. Bereits kurz nach dem öffentlichen Auftauchen einiger seiner Teile (Ende des 13. Jh.) wurde dies jedoch von jüdischen Gelehrten bezweifelt. Heute wird das Werk allgemein einem kastilischen Kabbalistenkreis um Mosche de Leon (ca. 1240-1305) zugeschrieben. Formal handelt es sich um einen Midrasch zur Tora und den fünf Festrollen.

> *„Komm und sieh: Es gibt ein Kleid, das alle sehen. Die Einfältigen, wenn sie einen Menschen in einem Gewand sehen, das ihren Gefallen findet, schauen sie nicht tiefer. Aber die Bedeutung des Gewandes liegt doch im Körper und die Bedeutung des Körpers in der Seele. So auch die Tora, sie hat einen Körper, nämlich die Gebote der Tora, sie sind ihr Körper. Dieser Körper ist mit Kleidern umhüllt, das sind die weltlichen Geschichten [in der Tora]. Die Toren in dieser Welt schauen nur auf diese Kleider und wissen nicht mehr und schauen nicht, was unter dem Kleid liegt. Diejenigen, die mehr wissen, schauen nicht auf die Kleider, sondern auf den Körper unter den Kleidern. Die Weisen aber, die Diener des höchsten Königs, die am Berg Sinai standen, schauen jedoch nur auf die Seele, die das Wesen von allem ist, die wirkliche Tora. Und in der künftigen Zeit sind sie geladen, die Seele der Seele der Tora zu schauen."*[10]
>
> Sohar III, 152a

Folgt man dem umfassenden Interpretationsansatz des Sohar, dem zufolge erstens Farben, Orte, Personen, Eigenschaften und vieles mehr mit den Sefirot identifiziert und zweitens die verschiedenen sefirotischen Systeme miteinander verknüpft sind, so kann daraus nur folgen, dass die Tora in sich den verschlüsselten Bausatz des Kosmos trägt, den es zu enthüllen gilt.

Weiterführende Literatur

- Israel Herczeg (Hg.), Sapirstein Edition Rashi: The Torah with Rashi's Commentary Translated, Annotated, and Elucidated, 5 Bde., Brooklyn 1998.
- Irene Lancaster, Deconstructing the Bible: Abraham Ibn Ezra's „Introduction to the Torah", New York u.a. 2007.
- Jane Dammen McAuliffe, Barry D. Walfish, Joseph W. Goering (Hg.), With Reverence for the Word: Medieval Scriptural Exegesis in Judaism, Christianity, and Islam, Oxford 2010.
- Magne Sæbø (Hg.), Hebrew Bible/Old Testament. The History of Its Interpretation, Volume I/1 und I/2: From the Beginnings to the Middle Ages, Göttingen 1996 und 2000.

2.5 | Bibelexegese in der frühen Neuzeit und in der Moderne

Mit Moses Mendelssohn (1729-1786) fand die europäische Aufklärung ihr jüdisches Echo. Der Kampf für Emanzipation, das Streben nach moderner Bildung und Kultur konnte nicht ohne Folgen für den Umgang mit der Bibel bleiben. Mendelssohn selbst hat mit seiner Übersetzung der Hebräischen Bibel ins Deutsche, dem *Sefer Netivot ha-Schalom* von 1783 (ספר נתיבות השלום, „Das Buch der Friedenspfade"), Wesentliches dazu beigetragen. Gleiches gilt für den beigefügten hebräischen Kommentar (*Bi'ur;* ביאור), in welchem Mendelssohn und seine Mitstreiter die Prinzipien ihrer Übersetzung offen legten und diese zur jüdischen Tradition in Beziehung setzten. Der Bi'ur bietet darüber hinaus Anmerkungen zu Grammatik und Stil sowie zum korrekten Vortrag (*Kantillene*) der Texte. Die Netivot ha-Schalom dienten anfangs als Lehrbuch für die (hoch-) deutsche Sprache und halfen späteren Generationen deutscher Juden beim Verstehen der Hebräischen Bibel. Mit Mendelssohn begann auch eine neue Ära der jüdischen Bibelexegese.

Die historisch-kritische Methode der (protestantischen) Bibelwissenschaft beeinflusste seit dem 19. Jahrhundert auch die jüdische Exegese (vgl. den Kommentar zum Schir ha-Schirim von Heinrich Graetz). Diese Methode wurde jedoch nicht ohne Widerspruch hingenommen. Der große italienische Exeget *Samuel David Luzzato* (1800-1865) beispielsweise bemühte sich in seinen Kommentaren[11] um eine Synthese traditionell-jüdischer und „moderner" Auslegungsmethoden und folgte Mendelssohn in dessen programmatischer Bilingualität.

Die „Wissenschaft des Judentums", eine sich ab dem 18. Jahrhundert entfaltende intellektuelle Strömung des deutschen Judentums, verschrieb sich der Begründung einer modernen akademischen Befassung mit der eigenen Tradition. Sie brachte bedeutende Exegeten hervor, unter denen sich mit Gelehrten wie *Leopold Zunz* (1794-1886), *Abraham Geiger* (1810-1874) und *David Einhorn* (1809-1879)[12] sowohl Verfechter der historisch-kritischen Exegese wie auch deren Gegner (*David Zwi Hoffmann*, 1843-1921; *Benno Jacob*, 1862-1945)[13] fanden. Im Kern ging es um die Frage, ob die Tora als Offenbarung des Ewigen überhaupt einer geschichtlichen Entwicklung unterliegt und inwiefern sie demzufolge mit historischen und literaturwissenschaftlichen Methoden kritisch untersucht werden kann.

Als einer der bis heute einflussreichsten Kommentatoren der Hebräischen Bibel kann der Begründer des „neo-orthodoxen" Judentums in Deutschland, *Samson Raphael Hirsch* (1808-1888), gelten.[14] Ihm war es vor allem darum zu tun, der Halacha den Vorrang vor einer Anpassung der Juden in das moderne Alltagsleben zu verschaffen. Die Einzigartigkeit der Tora als der Offenbarung an Israel war für ihn unzweifelhafte Prämisse. Insofern bedurfte es keiner kritischen Untersuchungsmethode für den Tanakh. Hirsch empfand jedoch die Notwendigkeit, eine spezifisch jüdische Form ihrer wissenschaftlichen Bibelinterpretation zu entwickeln.[15]

Mindestens ebenso klar gestaltete sich der Widerstand gegen die kritische Bibelwissenschaft in Mittel- und Osteuropa. Als herausragender Vertreter der traditionell-jüdischen Exegese gilt hier *Me'ir ben Jechiel Michael* (der Malbi"m, 1809-1879). In seinen Kommentaren[16] attackierte er das liberale Judentum, das seiner Meinung nach die Grundlagen jüdischen Lebens in Frage stellte. Durch exakte, an der literalen Bedeutung der biblischen Texte ausgerichtete Exegese wollte er die halachischen Grundsätze des orthodoxen Judentums begründen helfen. Gleichzeitig bezog er sich positiv auf die exegetischen Grundsätze der rabbinischen Theologen.[17]

Das 20. Jahrhundert sah eine Reihe herausragender jüdischer Exegeten. Der aus Florenz stammende Gelehrte *Umberto Mosche David Cassuto* (1883-1951) setzte sich in seiner frühen Schaffensperiode intensiv kritisch mit der „Neueren Urkundenhypothese“ Julius Wellhausens auseinander. In späteren Jahren befasste er sich insbesondere mit textkritischen Problemen. So konnte er noch den berühmten Aleppo-Kodex studieren, bevor große Teile dieser bis dato ältesten vollständigen Bibelhandschrift im Jahre 1947 (?) unter mysteriösen Umständen verloren gingen. Cassuto schuf einen noch heute gut rezipierten Kommentar zum Buch Schemot (1967 in Englisch veröffentlicht) und zwei zu Bereschit, von denen der jüngere und ausführlichere ein Torso blieb.

Nechama Leibowitz (1905-1997) kommt das wesentliche Verdienst zu, das Studium der Hebräischen Bibel in Israel popularisiert und vertieft zu haben. Sie war vor allem an der Erhebung des Wortsinnes interessiert und regte ihre zahlreichen Schüler durch gezieltes Fragen dazu an, sich aktiv mit der jüdischen exegetischen Tradition (vor allem mit Rasch"i) auseinanderzusetzen. Ihre Fragen an die Schüler erlangten weite Verbreitung und wurden schließlich – zusammen mit den Antworten Leibowitz' – in Buchform veröffentlicht.[18]

Weiterführende Literatur

- Bernard Casper, An Introduction to Jewish Bible Commentary, London 1960.
- Michael Fishbane, Bible Interpretation, in: Martin Goodman (Hg.), The Oxford Handbook of Jewish Studies, Oxford 2002, S. 680-704.
- Shai Cherry, Torah Through Time. Understanding Bible Commentary from the Rabbinic Period to Modern Times, Philadelphia 2007.
- Hanna Liss: „Das Erbe ihrer Väter“: Die deutsch-jüdische Bibelwissenschaft im 19. und 20. Jh. und der Streit um die Hebräische Bibel, in: Daniel Krochmalnik, Magdalena Schultz (Hg.), מה טוב חלקנו. Wie gut ist unser Anteil (Gedenkschrift für Y. T. Radday), Heidelberg 2004, S. 21-36.
- Magne Sæbø (Hg.), Hebrew Bible/Old Testament. The History of Its Interpretation: From the Renaissance to the Enlightenment [1300-1800], Bd. II/2, Göttingen 2008.

Anmerkungen

[1] Teile vom 1. bzw. Äthiopischen Henoch oder Ben Sira sind mit ziemlicher Sicherheit älter als zum Beispiel Dan 8–12.
[2] Die Einleitung zur Sifra bietet Beispiele für alle dreizehn Middot des Rabbi Jischma'el.
[3] Als aschkenasisches Judentum (abgeleitet vom biblischen Namen Aschkenas, vgl. Gen 10,3) bezeichnet man die jüdische Gemeinschaft des Rheinlandes, die im Laufe der Zeit weiter ostwärts nach Mittel- und Ost(mittel)europa gezogen ist.
[4] Als sefardisch (manchmal auch: sephardisch, abgeleitet von der biblischen Bezeichnung Sefarad, Ovadja 1,20) bezeichnet man die jüdische Gemeinschaft der Iberischen Halbinsel bzw. – nach deren Vertreibung von dort 1492/95 – deren Nachkommen.
[5] Dirk Rotzoll hat in der Einleitung seiner Übersetzung von Abraham ibn Esras Langkommentar zum Buch Schemot (Abraham ibn Esras langer Kommentar zum Buch Exodus, 2 Bde., Berlin/New York 2000, S. LIV-CXLX) eine sehr instruktive Übersicht zu den Quellen ibn Esras zusammengestellt.
[6] Wörtlich: der *Sefer ha-jaschar* (ספר הישר), d.h. Buch des P'schat.
[7] Das Akronym Parde"s (P'schat – Remes – D'rasch – Śod) bedeutet als persisches Lehnwort („Paradies") im Hebräischen so viel wie Garten.
[8] Für den Vierfachen Schriftsinn christlicher Prägung wurde Ende des 13. Jahrhunderts folgender Merksatz formuliert: „*Littera gesta docet; quid credas allegoria; moralis quid agas; quid speres anagogia.*" (Der Literalsinn lehrt die Ereignisse; was du glauben sollst, die Allegorie; der [sensus] moralis, wie du handeln wirst; was du hoffen kannst, die Anagogie.) Vor der Ausprägung der vier Ebenen waren in christlicher Exegese (vgl. Origenes) drei Perspektiven („*materia triplex*") auf die Bibel leitend: *secundum historiam* (literal), *secundum tropologiam* (ethisch) sowie *secundum allegoriam*.
[9] Karl Erich Grözinger, Jüdisches Denken. Theologie, Philosophie, Mystik, Bd. 1: Vom Gott Abrahams zum Gott des Aristoteles, Frankfurt/M. 2004, S. 488.
[10] Übersetzung nach: Karl Erich Grözinger, Jüdisches Denken Bd. 2: Von der mittelalterlichen Kabbala bis zum Hasidismus, Darmstadt 2005, S. 593-594.
[11] Vgl. seine Kommentare zu Jeschajahu (1855), der Tora (1871) sowie zu Jirmejahu, Jechesqel, Mischlé und Ijov (posthum 1876).
[12] Vgl. Leopold Zunz, Bibelkritisches (Gesammelte Schriften, Bd. 1, Berlin 1875, S. 217-270), Abraham Geiger, Urschrift und Übersetzungen der Bibel (1857) sowie David Einhorn, Das Prinzip des Mosaismus und dessen Verhältniß zum Heidenthum und rabbinischen Judenthum, Leipzig 1854.
[13] Hoffmann legte seine Gegnerschaft zur historisch-kritischen Methode in seinem Werk „Die wichtigsten Instanzen gegen die Graf-Wellhausensche Hypothese" (ab 1902/03) dar. Benno Jacob tat selbiges u.a. mit „Quellenscheidung und Exegese im Pentateuch" (1916).
[14] Vgl. seine kommentierte Übersetzung der Tora (1867-1878) und die Übersetzung der Tehillim (1883).
[15] Vgl. Liss, Das Erbe ihrer Väter, S. 27-28.
[16] Vgl. Esther (1845), Jesaja (1849), Hohelied (1860). Kommentare zu den übrigen Büchern der Bibel erschienen in den Jahren 1867-1876.
[17] Vgl. seine Übersicht zu diesen hermeneutischen Regeln, *Ajelet ha-Schachar*, im Vorwort zu seinem Sifra-Kommentar.
[18] Hebr. „*Giljonot*" (Seiten). Sie wurden in viele Sprachen übersetzt; u.a. als „Studies" (5 Bde.) bzw. „New Studies in the Weekly Parasha" (7 Bde., zuletzt 2010) ins Englische.

3 | Die Bibel in der christlichen Geistesgeschichte

Für die Anhänger Jesu von Nazareth, aus denen sich im Laufe der ersten Jahrhunderte CE das Christentum entwickeln sollte, war die Septuaginta die maßgebliche Heilige Schrift. Mit ihrer Hilfe deuteten sie Leben und Lehre Jesu von Nazareth und seiner Gefährten („Apostel") als integralen Bestandteil der Geschichte Israels mit seinem Gott. Bereits im ersten Jahrhundert entstanden wesentliche Teile dessen, was einmal zum Bestand des Neuen Testaments gehören sollte: die echten und ein Teil der pseudepigraphischen Briefe der Apostel, die vier Evangelien und die Offenbarung des Johannes. Für all diese Texte fungierte die Hebräische Bibel als Inventar der je eigenen Erzählung von Jesu Leben, Wirken und Bedeutung.

So ist es auch nicht verwunderlich, dass die ersten Jahrhunderte, die Ära der sog. Kirchenväter (2.-8. Jh.), diejenige Phase der Identitätsbildung war, in der die christliche Auseinandersetzung mit der Hebräischen Bibel – gerade in Abgrenzung zu jüdischen Deutungen – am intensivsten gepflegt wurde. Wie in den Briefen und Evangelien, so wurde auch in den klassischen christlichen Kommentaren der Spätantike die Hebräische Bibel in der Regel konsequent auf Jesus (Christus) hin gedeutet („christologische Interpretation").

3.1 | Die Frühe Kirche – die Zeit der Kirchenväter[1]

Voraussetzungen: Irenäus von Lyon (135-202)

Das monumentale Werk des Irenäus, Bischof von Lyon, „Überführung und Zurückweisung der fälschlich so genannten Gnosis" (bekannt unter seinem lateinischen Kurztitel *Adversus Haereses*), stellt eine wesentliche Etappe in der Entwicklung der frühchristlichen Theologie und Exegese dar. Irenäus dürfte der erste Autor gewesen sein, der von einem Doppelkanon aus der Septuaginta und christlichen Schriften ausging. Vor allem in Abgrenzung von gnostischen Denkern begründete er die Zusammengehörigkeit des zweifachen Kanons. Die Einheit der Bibel diente ihm als Beweis für die Einheit Gottes, die er gegen die Gnosis und ihre dualistischen Konzeptionen von einem „guten", transzendenten und einem „bösen" Schöpfergott zu verteidigen angetreten war.

Dabei erschienen ihm die Schriften der Hebräischen Bibel (des „Alten Testaments") als Darstellung der Epoche des „Ersten Adam" – und somit als Unheilsgeschichte. Sie wird vom „Zweiten Adam" (Christus) gewissermaßen wiederholt und zu einer „Heilsgeschichte" korrigiert (*anakephalaiosis* bzw. *recapitulatio*; adv. haer. III,21,10-23,8). Dieses Schema von der Überbietung des „Alten Testaments" durch das Neue sollte sich Jahrhunderte lang großer Beliebtheit erfreuen und kann als Spielart der Substitutionslehre gelten: Der Alte Bund des Ewigen mit Israel wird vermeintlich durch den Neuen Bund der Kirche abgelöst. Vom Johannes-Prolog (Joh 1,1-18) her entwickelt Irenäus eine Begründung dafür, wesentliche Aussagen der Hebräischen Bibel über Gott auf Christus zu beziehen („christologische Interpretation"). Da der *lógos* (auch „Wort"; Joh 1,1) von allem Anfang an bei Gott war und schließlich mit Christus identifiziert wurde (Joh 1,14), konnte nach Auffassung des Irenäus auch das „Wort Gottes" *an sich* mit Christus gleichgesetzt werden (adv. haer. V,17,1).

Die methodischen Grundlagen: Origenes (um 185-254)

Die Wirkung des Origenes von Alexandria auf viele folgende Generationen christlicher Theologen kann kaum überschätzt werden. Er beeinflusste Jahrhunderte lang christliche Exegeten im lateinischen Westen ebenso wie im griechisch-sprachigen Osten. Nicht einmal die Tatsache, dass große Teile der Theologie des Origenes von Byzanz und Rom für ketzerisch erklärt wurden, änderte etwas an dieser Bewunderung.

Der alexandrinische Theologe schuf mit seinem Werk die methodischen Grundlagen für eine Theorie der christlichen Exegese. Er entwickelte ein didaktisch gestuftes System von Genres der Bibelinterpretation, das Predigtsammlungen (Homilien) für Laien, knappe Einführungen (Scholien) für eine mittlere Ebene und schließlich ausführliche Kommentare („*tomoi*") für die Spezialisten umfasste. Die Werke des Origenes enthalten des Öfteren Reflexionen zur Hermeneutik und zu Methoden der Exegese.[2] Darin findet sich unter anderem eine Theorie der Allegorese, die vor allem für die sog. Alexandrinische Schule der Bibelinterpretation prägend werden sollte. Origenes ordnete den drei Stufen menschlicher Existenz – dem Körper, der Seele und dem Geist – drei Arten von Lesern zu: Anfänger (Laien), rudimentär Gebildete und Experten. Ihnen entsprechen wiederum drei Textebenen: die wörtliche Bedeutung der Texte, die moralisch-pädagogische und schließlich die spirituell-intellektuelle. Der Anspruch des Exegeten sollte darin bestehen, die Rezipienten vom schlichten wörtlich-leiblichen Verstehen der Bibel bis zur höchsten („noetischen") Einsicht in die Heilige Schrift zu leiten.

Auch auf dem Feld der Textkritik leistete Origenes Pionierarbeit. Er veranlasste die Erarbeitung der sog. *Hexapla*, einer synoptischen Gegenüberstellung von sechs (daher: die „Sechsfache") wichtigen Textzeugen der Hebräischen Bibel. Diese bot neben dem hebräischen Konsonantentext (in Original und Transkription) und der von Origenes redigierten Septuaginta drei weitere griechische Übersetzungen. Durch die Auswertung von Gemeinsamkeiten und Unterschieden zwischen diesen Fassungen wollte sich der alexandrinische Theologe dem hebräischen Urtext nähern, den er selbst nicht übersetzen konnte. Seine Hexapla blieb für Jahrhunderte unerreicht und unverstanden. Er war der erste christliche Gelehrte, der die Bedeutung hebräischer Sprachkenntnisse für die Exegese erkannte.

Da sowohl die östliche als auch die westliche Kirche die Theologie des Origenes als häretisch verdammte, sind leider viele seiner Werke vollständig oder weitgehend verloren gegangen. Von seinen Kommentaren zum Tanakh haben sich Fragmente zu den Tehillim (Psalmen), zu Bereschit (Genesis) und zu Schir ha-Schirim (Hohelied) erhalten; von seinen Homilien konnten nur diejenigen zu

Jirmejahu (Jeremia, in Griechisch), zur Tora, zu Jehoschu'a/Schoftim (Josua/ Richter), den Tehillim (Psalmen) und zu Jechesqel (Ezechiel, in lateinischer Übersetzung) bewahrt werden.

In den Spuren des Origenes wandeln die folgenden wesentlichen Exegeten der Spätantike und des frühen Mittelalters:
(1) Didymus der Blinde (um 310-398) [Kommentare zu Bereschit, Sekharja, Ijov, Lehrvorträge zu den Tehillim und Qohelet];[3]
zu seinen Schülern gehörten u.a. die Exegeten und Übersetzer des Origenes,
(2) Rufin (um 345-411/412) [v.a. Übersetzungen von Origenes] und
(3) Hieronymus (um 347-419) [Bibelübersetzungen bzw. Revisionen; Kommentare zu Jeschajahu, den Tehillim und den Tré Assar, Jechesqel, Dani'el, Jirmejahu sowie Hilfsmittel für die Exegese];
(4) Hilarius von Poitiers (um 315-367/368) [Kommentare zu den Tehillim und Ijov];
(5) Ambrosius von Mailand (um 334-397) [Homilien zu Bereschit, den Tehillim; explanatio ad Psalmos],
– der seinerseits wiederum
(6) Augustin (354-430) [De doctrina Christiana als hermeneutisches Grundlagenwerk, Kommentar zu Bereschit, Homilien zu den Tehillim, Randnotizen zu Ijov]
heftig beeinflusste;
(7) Cassiodor (ca. 485-580) [expositio psalmorum];
(8) Gregor I. (540-604) [Kommentare zu Ijov, zum Schir ha-Schirim, Homilien zu Jechesqel].

Hieronymus und Augustin

Für die mittelalterliche Exegese der lateinischen Kirche des Westens erwiesen sich insbesondere die Arbeiten des Hieronymus und Augustins als prägend.

Hieronymus widmete sich insbesondere dem hebräischen Urtext des Tanakh (der *hebraica veritas*), nach dem er die gängigen lateinischen Versionen revidierte bzw. neu übersetzte. In seine Kommentare floss vieles von seiner philologischen Arbeit ein, auch wenn er dezidiert am mehrfachen Schriftsinn festhielt. Zahlreiche mittelalterliche Autoren bedienten sich der von ihm gesammelten Materialien und nutzten diese als Basis für eigene exegetische Bemühungen.

Augustin erlangte vor allem durch seine hermeneutischen Grundlegungen herausragende Bedeutung für die Exegese des Mittelalters. Bei ihm trat die Sorge um den Wortsinn der Schrift hinter eine Orientierung am Doppelgebot der Liebe als Richtschnur der Interpretation zurück. Was nicht unmittelbar zur Gottes- oder Nächstenliebe führe oder der Glaubenswahrheit dienlich sei, müsse allegorisch ausgelegt werden. Dennoch hat auch er sich gelegentlich am Wortsinn der Hebräischen Bibel (vgl. seinen Kommentar „*Genesis ad litteram*") versucht.

Theodor von Mopsuestia (um 350-428) und die Antiochenische Schule

Der aus Antiochia stammende Theologe gilt als herausragender Vertreter der sog. Antiochenischen Schule der Bibelinterpretation. Diese zeichnet sich durch ein hohes Interesse an der literalen Bedeutung der Texte aus, wohingegen sie der Allegorese skeptischer gegenüberstand, als es bei den Exegeten der sog. Alexandrinischen Schule der Fall war.

Theodor bediente sich bei der Erarbeitung seiner Kommentare textkritischer Methoden, indem er verschiedene griechische Übersetzungen miteinander verglich. Seine sorgfältigen Begriffsanalysen orientierten sich an der klassischen griechischen Philologie, wobei er die verschiedenen Bedeutungsebenen wesentlicher Termini und Metaphern der Bibel auslotete. Insbesondere bei seinen Interpretationen der Tehillim (Psalmen) und der Tré Assar (Zwölfprophetenbuch) offenbart sich die Vorliebe der Antiochener für die ‚historische' Deutung der Texte. So werden die Psalmen (Tehillim) fast sämtlich David als Autor zugewiesen und in dessen Leben verortet. Gegenüber einer christologischen Auslegung der Psalmen (Tehillim) und der prophetischen Schriften (Nevi'im), wie sie andernorts gang und gäbe war, äußerte Theodor große Zurückhaltung.

Die Aussagen der Hebräischen Bibel mit Christus in Beziehung zu setzen, ist nach Ansicht der Antiochener eine eigenständige, von der eigentlichen Exegese zu trennende Perspektive, die als „*theôria*" bezeichnet wurde. Um diese Perspektive zu erheben und die verborgene Bedeutung der Schrift zu erkennen, bedürfe es einer eigenständigen Methode, der Typologie. Was für die Autoren der Bibel historische Vorgänge zur Zeit Alt-Israels gewesen sein mögen, erweise sich auf lange Sicht als ein Hinweis auf zukünftige, heilsgeschichtlich relevante Ereignisse.

Neben Theodors Erklärungen zu den Psalmen (Tehillim) und den Kleinen Propheten (Tré Assar) sind Fragmente seines Genesiskommentars (Auslegung zu Bereschit) erhalten sowie eine syrische Übersetzung des Qohelet (Kohelet). Zu den großen antiochenischen Exegeten rechnet man ferner *Ephraem Syrus* (306-373), der Kommentare zu Bereschit (Genesis) und Schemot (Exodus), eventuell auch zu Qohelet (Kohelet) und Jona, verfasst hat. Weiterhin gehören *Johannes Chrysostomus* (349-407), von dem Homilien zu Bereschit (Genesis), Jeschajahu (Jesaja), den Tehillim (Psalmen), Ijov (Hiob) sowie Erklärungen zu den Tehillim und Ijov überliefert sind, sowie *Theodoret von Cyrus* (um 393-466) zu den großen Exegeten der syrischen Kirche. Die antiochenische Tradition wurde in der lateinischen Kirche allerdings kaum rezipiert.

Die spätantike christliche Bibelexegese prägte sowohl methodisch als auch material viele mittelalterliche Exegeten. Auffällig erscheint das sehr selektive Interesse vieler Autoren an Bereschit (Genesis), den Tehillim (Psalmen), Ijov (Hiob) und den Tré Assar (Zwölfprophetenbuch oder Dodekapropheton). Andere Teile der Bibel traten demgegenüber völlig in den Hintergrund.

3.2 | Christliche Exegese im Mittelalter

Die frühmittelalterliche Befassung mit der Bibel war weitgehend von dem Bestreben geprägt, das Erbe der spätantiken Autoren zu bewahren. Zu diesem Zweck nutzte man, vor allem im griechischen Osten, die sog. *Katenen* (von lat. *catena*, „Kette“), in denen den jeweiligen Versen der Bibel Zitate der bedeutendsten Theologen der vorangegangenen Jahrhunderte beigesellt wurden.

Aus der unterrichtlichen Praxis der Kloster- und Kathedralschulen stammte die *Glossa*. Dabei handelte es sich um Bibelhandschriften, in die zwischen den Zeilen z.B. Worterklärungen, grammatische Anmerkungen und Paraphrasen (Interlinearglossen) und auf die Ränder (Marginalglossen) Kommentare der Kirchenväter oder jüngerer Theologen geschrieben wurden. Zum Standardwerk der mittelalterlichen Exegese sollte sich die *Glossa Ordinaria* entwickeln, die ab dem 12. Jahrhundert den Unterricht in den Kloster- und Kathedralschulen in Sachen Bibel prägte. Sie tradierte Aussagen der lateinischen Kirchenväter (insbesondere des Hieronymus) zu den einzelnen Versen der Bibel.

Die Exegese der Schulen

Die Bibelinterpretation entwickelte sich im Hochmittelalter (12./13. Jh.) zur ‚*lectio divina*‘, zu einer eigenständigen wissenschaftlichen Disziplin. Der Schulbetrieb brachte es mit sich, dass die Kommentare zu biblischen Büchern im Laufe der Zeit höchst strukturierte Formen annahmen. Die Quellenbasis der *Glossa* wurde systematisch um einige griechische Kirchenväter, neuere Autoren (wie Isidor von Sevilla) und sogar um jüdische Traditionen erweitert. Letztere dienten vor allem dem Bemühen um den wörtlichen („historischen“) Sinn der Schrift – verfügte man doch selbst zunächst nicht über die Fähigkeit, den Tanakh im Original zu lesen. Außerdem erwartete man sich von den Juden, denen man quasi ein Leben auf dem Stand des altisraelitischen Kultes unterstellte, „authentische“ Auskünfte zu den in der Hebräischen Bibel beschriebenen Realia. Auf Grund dessen dürfte insbesondere die nordfranzösisch-rheinländische Auslegungstradition Schlomo ben Jitzchakis (Rasch“is, 1040-1105) und seiner Schüler christliche Gelehrte beeinflusst haben.

Ein bleibendes Problem der hochmittelalterlichen Exegese bildete die exakte Bestimmung des Verhältnisses zwischen dem Wortsinn und der Allegorese, letztere hermeneutisch begründet von der paulinisch-augustinischen Entgegensetzung von „Buchstaben und Geist“ (2 Kor 3,6).

Als bestes Beispiel für die Exegese der hochmittelalterlichen Kloster- und Kathedralschulen und gleichzeitig wesentlich für deren Neuausrichtung kann die Schule der Abtei von *St. Victor* nahe Paris gelten. Hier wirkten so bedeutende Theologen wie Hugo von St. Victor (um 1097-1141) und dessen Schüler Richard (1110-1173) sowie Andrew von St. Victor (um 1110-1175). Diese drei Gelehrten bilden die Neuansätze und Errungenschaften der hochmittelalterlichen Schulen geradezu exemplarisch ab.

Hugo schuf mit seinen Lehrwerken gewissermaßen die Voraussetzung für die wissenschaftliche Befassung mit der Heiligen Schrift. In dem um 1125 verfassten *Didascalion* ging es ihm um die methodische Abgrenzung der biblischen Exegese von anderen Textdeutungen. Mit *De scripturis et scriptoribus sacris* erarbeitete er eine Einführung in die Techniken der Interpretation (vor allem zur Erhebung des Vierfachen Schriftsinns). Mit dem *Chronicon* und seinen *Annotatiunculae* wollte er seinen Schülern ein Werkzeug an die Hand geben, um sich die wörtlich-historische Bedeutung der Hebräischen Bibel zu erschließen.

Richard konzentrierte sich bei seinen Kommentaren (z.B. zum Hohenlied/Schir ha-Schirim oder zu den Visionen Ezechiels) auf die allegorischen (und anagogischen) Methoden der Exegese. Die wahre Erkenntnis des Ewigen war seiner Ansicht nach auf dem Wege des *sensus litteralis* nicht zu gewinnen. Dieser bilde lediglich die Grundlage für eine Kontemplation, die letztlich zur *mystica intelligentia,* einer christologischen Interpretation der Hebräischen Bibel, führen müsse.

Andrew widmete sein exegetisches Werk fast ausschließlich der Textkritik (dem Vergleich verschiedener Textvarianten) und der Erarbeitung des Wortsinns des Tanakh. Nach dem Vorbild des Hieronymus strebte er nach der Kenntnis des hebräischen Urtextes, der *hebraica veritas*. In seine Übersetzungen und Kommentare integrierte er zahlreiche jüdische Traditionen, unter anderem aus der nordfranzösischen Schule Rasch"is. Andrew interpretierte weite Teile der Hebräischen Bibel; in den Vorworten zu den einzelnen Kommentaren legte er seine Prinzipien und Methoden nieder.

Monastische Exegese

Einen gegenüber den Kathedralschulen anderen Ansatz verfolgten die Exegeten in den Klöstern, die keinen offenen Schulbetrieb unterhielten. Für die vor allem von Zisterziensern und Benediktinern verfassten Kommentare spielte die streng didaktische Darbietung des Stoffes keine Rolle, so dass trotz einer Vers-für-Vers-Erläuterung lange Exkurse und Meditationen eingefügt werden konnten. Die älteren Exemplare der monastischen Kommentare waren weithin Anthologien patristischer oder mittelalterlicher Theologen. Andererseits trat, aufgrund ihrer häufig meditativen Grundhaltung, die Individualität der Autoren unter Umständen klarer hervor als bei den stärker formalisierten Werken der Schulen. Die Interpreten zeigten – ihrer monastischen Lebensweise gemäß – hohes Interesse an dem *sensus tropologicus*, der ethischen Dimension der biblischen Texte.

Als herausragendes Beispiel der klösterlichen Exegese soll auf die Homilien zum Hohenlied (Schir ha-Schirim) des berühmten Abts *Bernhard von Clairvaux* (1090/91-1153) verwiesen werden. Auch seine Interpretation zielte nicht vordringlich auf den Literalsinn, sondern weitaus mehr darauf, die emotionalen und spirituellen Dimensionen der biblischen Texte herauszustellen. An den *Sermones ad Canticum*, den 86 Predigten zum Hohenlied (Schir ha-Schirim), arbeitete

Bernhard in seinem letzten Lebensabschnitt (etwa 1135-1153). Sie erfuhren und erfahren bis zur Gegenwart große Aufmerksamkeit und Bewunderung.

Die Exegese in den Universitäten

Mit der Urbanisierung und der zunehmenden Bedeutung der Städte während des 13. Jahrhunderts entwickelten sich in einigen Ballungszentren (wie Paris, Bologna, Oxford) Universitäten. Damit war eine umfassende Reform der Ausbildung verbunden, die letztlich in eine gegenüber den Schulen noch klarere Struktur des Curriculums mündete. Ein elementares Studium (*cursus biblicus*) wurde deutlich gegen einen fortgeschrittenen *cursus* (*sentenciarum*) abgegrenzt. Diese Grundstruktur blieb nicht ohne Folgen für das exegetische Vorgehen. Zudem hatte die Eingliederung der biblischen Studien in einen Kanon vieler unterschiedlicher Texte zur Folge, dass sich die Frage einer methodischen Abgrenzung zwischen der Interpretation philosophischer, theologischer und biblischer Quellen dringlicher stellte. Dies hatte den gewissermaßen paradoxen Effekt, dass die Bibel zwar mitunter gegenüber dogmatisch-theologischen Texten (wie eben den Sentenzen des Petrus Lombardus) abgewertet, andererseits aber in die wissenschaftliche Methodik und Systematik einbezogen wurde.

Die universitäre Ausbildung wurde (aufgrund ihrer Lage in den Städten) zunächst weithin von Angehörigen der Bettelorden dominiert. Herausragende Vertreter dieser Form der mittelalterlichen Bibelinterpretation waren der Franziskaner Bonaventura (ca. 1217-1274)[4] und der Dominikaner Thomas von Aquin (1224/25? bis 1274).[5] Zu den bedeutenden universitären Exegeten gehörte auch der Franziskaner Nikolaus von Lyra (um 1270/1275 bis 1349), dessen *Postilla literalis super totam Bibliam* für Jahrhunderte zum exegetischen Standardwerk avancierte. Alle drei wirkten an der Pariser Universität.

Weiterführende Literatur

- Jane Dammen McAuliffe, Barry D.Walfish, Joseph W. Goering (Hg.), With Reverence for the Word: Medieval Scriptural Exegesis in Judaism, Christianity, and Islam, Oxford 2010.
- Charles Kannengiesser (Hg.), Handbook of Patristic Exegesis: The Bible in Ancient Christianity, Leiden 2006.
- Henning Graf Reventlow, Epochen der Bibelauslegung, Bd. 1 und 2, München 1990 und 1994.
- Magne Sæbø (Hg.), Hebrew Bible/Old Testament. The History of Its Interpretation, Bd. I/2 The Middle Ages, Göttingen 2000.
- Beryl Smalley, The Study of the Bible in the Middle Ages, Notre Dame [4]1989.

3.3 | Reformation und Frühe Neuzeit

Wie bereits der Grundsatz „Sola scriptura“ erkennen lässt, leitete die Reformation ihre bahnbrechenden Neuansätze von einem gewandelten Verständnis der Bibel her, wenn auch nicht zwingend von einer veränderten Sicht auf den Tanakh. Die Grundlagen dafür schuf diejenige Bildungsinitiative der Frühen Neuzeit, die als Humanismus bezeichnet wird. Dabei legten die jener Strömung zugehörigen Gelehrten mit ihrer dezidierten Rückwendung zum Erbe der Antike und ihren Quellensprachen vor allem das philologische und textkritische Fundament für eine neue Interpretation der biblischen Texte. So erarbeitete beispielsweise Johannes Reuchlin (1455-1522), der über profunde Griechisch- und Hebräischkenntnisse verfügte, wesentliche Hilfsmittel für das Studium der hebräischen Sprache.[6]

Martin Luther (1483-1546): Abkehr vom Vierfachen Schriftsinn

Bei Martin Luther kann man die Übergänge von einer eher traditionellen, an scholastischer Methodik geschulten Exegese zu neuen Ansätzen gut beobachten. In seiner ersten Vorlesung über die Psalmen[7] (1513-1515; gedruckt als *Dictata super Psalterium*) bot der künftige Reformator eine noch sehr traditionelle Interpretation, die sich am Vierfachen Schriftsinn ausrichtete. Später sollte er dessen Verwendung rigoros ablehnen, auch wenn er allegorische Deutungen in praxi mitunter beibehielt:

> *„Weil [Als] ich jung war, da war ich gelertt, und sonderlich, ehe ich in die theologia kam, da gieng ich mitt allegoriis, tropologiis, analogiis umb und machte lauter kunst [...]. Ich weiß, das ein lauter dreck ist, den [denn] nuhn hab ichs fahren lassen und diß ist mein letzte und beste kunst: Tradere scripturam simplici sensu, denn literalis sensus, der thuts, da ist leben, trost, krafft, lehr und kunst innen. Das ander ist narren werck, wie wol es hoch gleist [glitzert].“*[8]

Eine andere methodische Grundstruktur, die aus der Tradition herüberreichte, wurde von Luther allerdings nachdrücklich bekräftigt: die christologische Interpretation des Tanakh, welche zu obigem Zitat in eigenartiger Spannung steht. Christologische Deutungen zeigen sich unter anderem in den „historischen“ Überschriften, die Luther den Psalmen (Tehillim) gab und mittels derer er eine Art Kontextualisierung dieser Texte im Leben Jesu suggerierte. Wenn eine solche Interpretation noch als „sensus litteralis“ durchgehen soll, dann widerspricht dies recht klar dem Verständnis von „historisch“ bzw. „wörtlich“, das schon Vorläufer und Zeitgenossen Luthers von der Angelegenheit hatten.

Der Reformator unterschied daher innerhalb des Wortsinns zwischen dem „historischen“ und dem prophetischen sensus litteralis, wobei letzterer sich nach Ansicht Luthers stets auf Christus bezieht. In der für ihn typischen Schärfe formulierte er in seiner Vorrede auf den Jakobusbrief:

> *„Und darinne stimmen alle rechtschaffene heilige buecher uber eins/ das sie allesampt Christum predigen und treiben. Auch ist das der rechte pruefe stein alle buecher zu taddeln/ wenn man sihet/ ob sie Christum treiben/ odder nicht.“*[9]

Die überragende Bedeutung seiner Bibelübersetzung, die konsequent aus den Originalsprachen erfolgte, dürfte hinreichend bekannt sein.

Johannes Calvin (1509-1564): Der bleibende Wert des „Gesetzes“

Auch der Genfer Reformator befasste sich vor allem im Rahmen seiner reichen Vorlesungs- und Predigttätigkeit mit der Bibel.[10] Mitschriften dieser Veranstaltungen wurden später von Calvin redigiert. Théodore de Bèze (1519-1605), Mitstreiter und Nachfolger Calvins, beschrieb Calvins Arbeit mit der Bibel wie folgt:

> *„Zu dem, dass Calvin jede zweite Woche täglich predigte, hat er sehr oft und soweit es ihm nur möglich war, jeden Sonntag zwei Predigten gehalten. Dreimal wöchentlich hielt er Vorlesungen über Theologie, er leitete die Untersuchungen im Konsistorium und gab jeden Freitag nahezu eine vollständige Vorlesung in der Bibelversammlung, die wir Kongregation nennen, und hat diese Lebensweise solcherart ohne Unterbrechung bis zu seinem Tode fortgeführt, dass er niemals auch nur ein einziges Mal gefehlt hat außer in Zeiten schwerster Erkrankung.“* [11]

Theoretische Aussagen zu Hermeneutik und Exegese finden sich darüber hinaus auch in Calvins theologischem Hauptwerk, der *Institutio religionis christianae* (1536; letzte Fassung 1559). Letztere diente nach eigenem Bekunden dazu, Studierende der Theologie auf die Lektüre der Bibel vorzubereiten. Wie zuvor Luther, so entkoppelt auch Calvin die Heilige Schrift vom Lehramt der Kirche. Die Autorität der Bibel beruhe auf dem Zeugnis des Heiligen Geistes, der auch zu einem richtigen Verständnis ihrer Inhalte anleite (*Institutio* I,7).

Auch bei Calvin erschließt sich die Bedeutung des Tanakh christologisch. Bereits dem Volk Israel sei Christus als ausschließliche Möglichkeit vor Augen gestellt worden, die nach dem „Sündenfall“ verlorene Fähigkeit zum Guten wiederzuerlangen (*Institutio* II,6). Im Unterschied zu Luther erscheinen allerdings die Kontinuitäten zwischen dem Bund des Ewigen mit Israel und dem mit Christus, und demzufolge die Verbindungen zwischen Tanakh und Neuem Testament, größer. Das gesamte „Gesetz Mosis“ (die Tora) gilt Calvin als gnädige Gabe, das auf Christus hinweist. Zwar seien der zeremonielle und der juridische Gebrauch des Gesetzes überholt, der moralisch-sittliche Anspruch der Gebote bestehe jedoch nach wie vor.[12]

In seinen biblischen Kommentaren zu weiten Teilen des Tanakh bezieht Calvin sowohl die philologischen, textkritischen und rhetorischen Erkenntnisse der Humanisten als auch vorreformatorische und reformatorische Autoren ein. Er ist an der „historischen“ Kontextualisierung der Texte ebenso interessiert wie an deren Bedeutung als Quelle der kirchlichen Lehre.

Die Bibel als historischer und literarischer Text: Übergänge zur Moderne

Die nächste Etappe der Entwicklung der Exegese beinhaltete die Betrachtung biblischer Bücher als historische und literarische *Texte*, als Produkte menschlicher Autoren, die in ihre Entstehungszeit eingebettet und ihren sprachlichen Gewohnheiten nach beschrieben und kritisiert werden können und sollen.

Wesentliche Impulse für die historisch-kritische Analyse gingen von *Hugo Grotius* (1583-1645) aus, einem niederländischen Gelehrten, der sich der Bibel – im Sinne der Humanisten – mit ausgeprägtem philologischen Interesse näherte, dem aber andererseits sehr an einer Verankerung der biblischen Bücher gelegen war. Zwar geht er im Großen und Ganzen noch von einer Unfehlbarkeit der geschichtlichen Abläufe aus, wie sie in der Bibel geschildert werden. Andererseits aber hat er spätere Generationen mit seinem Bestreben nach historischer Kontextualisierung der Texte beeinflusst.

Deutlich radikaler gestaltet sich die Wendung hin zur historischen Betrachtung des Tanakh bei *Baruch Spinoza* (1632-1677).[13] Seine diesbezüglichen Ansichten legte er in seinem berühmten *Tractatus Theologico-politicus* nieder, der im Jahre 1670 anonym publiziert wurde. Spinoza ging es letztlich darum, die Freiheit des (philosophischen) Denkens systematisch und staatsrechtlich zu begründen. Dazu war es nötig, die Autorität der Religion (und mit ihr die der offenbarten Schrift) zu definieren – und zu begrenzen. Methodische Voraussetzungen dieses Projekts bildeten die Entwicklung einer kritischen Methode der Bibelinterpretation[14] und deren Anwendung zum Zwecke einer resoluten Nachfrage nach ihren Autoren (vgl. Kap. 8-10). Das Unternehmen mündete in eine Nachfrage darüber, *„in welchem Sinne die Schrift und überhaupt ein Totes Ding heilig und göttlich genannt werden kann; sodann was das Wort Gottes in Wahrheit ist* [...].[15]

Im Ergebnis seiner Recherche hielt Spinoza fest, dass die Bibel – trotz der in ihr enthaltenen lediglich historisch interessanten Aussagen – insofern heilig ist, als dass sie die „wahre Religion", nämlich einfache Grundlehren über Gott (z.B. das Doppelgebot der Liebe) und wesentliche Sittenlehren, enthält, die durch erleuchtete Autoren verbürgt sind. Mit der Grundhaltung, *„die Schrift von neuem mit freiem und unbefangenem Geist zu prüfen und nichts von ihr anzunehmen oder als ihre Lehre gelten zu lassen, was ich nicht mit voller Klarheit ihr selbst entnehmen könnte*",[16] hat Spinoza den Anspruch der modernen Bibelwissenschaft formuliert.

Als *Gotthold Ephraim Lessing* (1729-1781) zwischen 1774 und 1777 die sog. Wolfenbütteler Fragmente publizierte, löste er damit einen handfesten Skandal aus. Immerhin wurde im fünften Teil dieser tatsächlich von *Hermann Samuel Reimarus* (1694-1768) verfassten Texte[17] die Auferstehung Jesu geleugnet. Reimarus' Ansichten zum Tanakh entbehren nicht scharfer antijüdischer Züge. Die in der Hebräischen Bibel beschriebenen Figuren, ja das Volk Israel als solches, wird als ethisch minderwertig disqualifiziert. Das Werk enthalte gar keine göttliche Offenbarung; es sei nicht zum Zwecke der Begründung einer Religion geschrieben worden. Andererseits wies der Autor auch die christologische Interpretation als grobe Fehlinterpretation der Texte ab. Man könnte diese Aussagen getrost mit Stillschweigen übergehen, wenn sie nicht im 20. Jahrhundert von der nationalsozialistischen Bibel-‚Wissenschaft' begeistert aufgegriffen worden wären.

Mit Reimarus teilte Lessing den Gedanken einer historischen Fortentwicklung der Religionen, vermied jedoch dessen antijüdische Invektiven. Andererseits beschrieb er in seiner berühmten „Erziehung des Menschengeschlechts" die in der Hebräischen Bibel dargestellte Epoche (vgl. die Paragraphen 8-50) als eine Art Kinderstube der Menschheit. Das Volk Israel zeigte sich ihm als ungeschliffen und verwildert, bis es aus dem Babylonischen Exil halbwegs geläutert heimkehrte. Die Lehre Christi (die Ära des Christentums) und schon gar die hypothetische Zukunft des „ewigen Evangeliums" als dritte Epoche galten ihm demgegenüber als in jeder Hinsicht überlegen. Das sog. Alte Testament hatte seiner Ansicht nach als Lehrbuch der Menschen-Kinder ausgedient.

Bei *Johann Gottfried Herder* (1744-1803) tritt neben die historische Perspektive eine dezidiert literarische bzw. literarhistorische. Die Bibel ist ihm das Werk menschlicher Autoren, was ihrem Charakter als Heilige Schrift jedoch keinen Abbruch tut, da Gott die heiligen Verfasser dieser Texte eigens instruierte. Die Entstehung der biblischen Urgeschichte (Gen 1–11) dachte er sich als eine Aufarbeitung älterer Urkunden durch den Verfasser der Tora, Mose.[18] In seiner berühmten Abhandlung „Vom Geist der Ebräischen Poesie"[19] arbeitete er die literarischen Eigenheiten der biblischen Lyrik heraus.

Beide Perspektiven, die historische und die literarische, laufen im Werk *Johann Gottfried Eichhorns* (1752-1827) zusammen. Mit dem Göttinger Professor der orientalischen Sprachen begeben wir uns gleichsam in den universitären Bereich zurück, den wir mit Martin Luther verlassen hatten. Eichhorn gilt als Begründer der modernen Einleitungswissenschaft der Bibel.[20] Fußend auf der Mythentheorie seines akademischen Lehrers, Christian Gottlob Heyne (1729-1812), betrachtete er die biblischen Texte nicht mehr nur als freie literarische Schöpfungen ihrer poetisch begabten Autoren, sondern deutete sie im Kontext zeitgenössischer Entwicklungen im Vorderen Orient. Diesen kulturhistorischen Ansatz verwendete Eichhorn auch bei seiner „Einleitung" – wobei er (wie Lessing) dem von der Europäischen Aufklärung inspirierten Grundgedanken einer halbwegs kontinuierlichen Vervollkommnung der Menschheit von der kollektiven „Kindheit" bis zu immer reiferen Stadien folgt.

Weiterführende Literatur

- Hans-Joachim Kraus, Geschichte der historisch-kritischen Erforschung des Alten Testaments von der Reformation bis zur Gegenwart, Neukirchen-Vluyn ^{4}1991.
- Henning Graf Reventlow, Epochen der Bibelauslegung, Bd. 3 und 4, München 1997 und 2001.
- Magne Sæbø (Hg.), Hebrew Bible, Old Testament: From the Renaissance to the Enlightenment [1300-1800], Bd. II/2, Göttingen 2008.

3.4 | In der Moderne

Im 19. Jahrhundert vollzog sich innerhalb der protestantischen Bibelwissenschaft die Entwicklung der historisch-kritischen Exegese. Diese fußte auf der Maßgabe, die Heilige Schrift als eine Sammlung von *Texten* zu verstehen, die als historische Quellen und literarische Schöpfungen betrachtet werden sollten. Auf dem Gebiet der Interpretation der Hebräischen Bibel gehörte vor allem die Graf-Wellhausensche Hypothese zur Quellenscheidung im Pentateuch (zur Tora) zu den einflussreichen und lange prägenden Ergebnissen dieser Wissenschaftskultur.

Wesentliche Voraussetzungen für die klassischen Hypothesen der historisch-kritischen Exegese der Hebräischen Bibel erarbeitete *Wilhelm Martin Leberecht de Wette* (1780-1849). Seine Beobachtungen inhaltlicher und stilistischer Eigenheiten des Buches Devarim (Deuteronomium), das er für jünger als Bereschit (Genesis) bis Bemidbar (Numeri) hielt, führte ihn zu einer neuen Sicht auf die Geschichte Alt-Israels. Die in der Tora vorgestellte Ordnung des Kults und des menschlichen Zusammenlebens sei das Resultat einer Jahrhunderte langen Entwicklung, die sich bis in nachexilische Zeit erstreckte.[21] Die Bibel sei als Geschichtsquelle unbrauchbar, was aber dem (poetischen) Wert der in ihr enthaltenen Erzählungen keinen Abbruch tue. Bedeutende Vorarbeiten leistete de Wette auch für die Interpretation der Tehillim (vgl. „Commentar über die Psalmen", 1811). Er betrachtete dieses biblische Buch als eine lyrische Anthologie und entwickelte in diesem Zusammenhang eine erste Klassifizierung der Texte nach literarischen Gattungen. In der späten Phase seines Wirkens[22] revidierte de Wette seine Auffassung, die Tora sei auf der Grundlage verschiedener „Fragmente" erarbeitet worden und postulierte die Existenz von zwei Hauptquellen: Eine „Urschrift" habe den Namen „Elohim" für den Ewigen verwendet, wohingegen die jüngere („Jehovist") das Tetragrammaton benutzt habe.

Zu seiner klassischen Ausprägung fand die Urkundenhypothese des Pentateuch bei Julius Wellhausen (1844-1918), der dabei auf Arbeiten Karl Heinrich Grafs (1815-1869) zurückgriff. Sein bekanntestes und in vielen Jahrzehnten immer wieder eifrig gelesenes Werk sind die „Prolegomena zur Geschichte Israels" (1878/1883). In ihnen setzte er seine Hypothese der zeitlichen Abfolge der Pentateuchquellen in eine Darstellung der Geschichte Alt-Israels um. Seine materiale Ausführung fanden die Prolegomena in der „Israelitischen und jüdischen Geschichte" (1894). Insbesondere über die exilisch-nachexilische Periode (nicht zu reden von der Zeit danach) fällte Wellhausen – wie übrigens fast alle anderen christlichen Exegeten – ein überaus negatives Urteil.

An der Ausrichtung der Arbeiten Wellhausens wird zugleich deutlich, wo der eigentliche methodische Ort der sog. Quellenkritik (bzw. Literarkritik) anzusiedeln ist: Letztlich handelt es sich bei der Suche nach den Ursprüngen oder den ältesten Bestandteilen einer biblischen Perikope um die Vorarbeit für eine religionshistorische Rekonstruktion, nicht um die Feststellung der Gesamtaussage eines biblischen Textes.

Die Graf-Wellhausensche Hypothese der Quellenscheidung bzw. die „Neuere Urkundenhypothese“

Dieser Hypothese zufolge setzt sich die Tora/der Pentateuch aus den folgenden vier Quellen („Urkunden“) zusammen, die von verschiedenen Redaktoren zu einem durchlaufenden Text verarbeitet worden sind:

(1) „J'wist“ (Sigel J): benannt nach dem bevorzugt gebrauchten Gottesnamen JHWH; traditionell datiert in die Zeit des Königs Salomo (um 950 BCE).

(2) „Elohist“ (Sigel E): diejenige Quelle, die bevorzugt die generische Gottesbezeichnung „Elohim“ verwendet; datiert in die Zeit der ersten Propheten (8. Jh. BCE).

(3) „Deuteronomist“ (Sigel D): diejenige Quelle, die stilistische und inhaltliche Berührungen zum Buch Devarim (Deuteronomium) aufweist; datiert in die Zeit Josias (7. Jh. BCE)

(4) „Priesterschrift“ (Sigel P): diejenige Quelle, die vor allem priesterliches und kultisches Material umfasst und sich durch einen sehr stringenten Aufbau und eine hoch formalisierte Sprache auszeichnet.

Wellhausen fasste seine Hypothese wie folgt zusammen: „Aus J und E ist JE zusammengeflossen und mit JE das Deuteronomium verbunden; ein selbständiges Werk daneben ist Q [=P]. Erweitert zum Priesterkodex ist Q mit JE + Dt vereinigt und daraus der Hexateuch entstanden.“ (Die Composition des Hexateuch, S. 207)

Auch hinsichtlich der Interpretation der prophetischen Bücher erarbeiteten Theologen des 19. und frühen 20. Jahrhunderts wesentliche Neuorientierungen. Hier ist zuerst an das Wirken *Bernhard Duhms* (1847-1928) zu erinnern. Er hat vor allem klassische Kommentare verfasst, darunter den sehr einflussreichen zum Buch Jesaja (Jeschajahu), Göttingen 1892. Die noch heute weithin rezipierte Gliederung des Jesaja (Jeschajahu) in einen vorexilischen („Proto-Jesaja“, Jes 1-39), einen exilischen („Deuterojesaja“, Jes 40-55) und einen nachexilischen Teil („Trito-Jesaja“, Jes 56-66) geht auf ihn zurück.[23] Duhm war es wichtig, auch die biblischen Propheten in einer religionsgeschichtlichen Entwicklungslinie zu verorten. Er unterschied eine assyrische, eine chaldäische und eine persische Epoche der Prophetie Israels, bei der letztlich der Begriff der „Sittlichkeit“ das Urteil über die jeweiligen Persönlichkeiten bestimmt und – wohl unvermeidlich – in nachexilischer Zeit ein Niedergang zu konstatieren ist.[24]

Während sich Wellhausens Werk vor allem auf die historischen Perspektiven der Bibel konzentrierte, wandte sich *Hermann Gunkel* (1862-1932) dezidiert den literarischen Formen zu, in denen diese Texte verfasst worden waren. Im Gegensatz zu seinem älteren Kollegen erkannte Gunkel den exegetischen Wert der altorientalischen Schriften, die man bei Ausgrabungen in Ninive (ab 1873) entdeckt hatte. So vermochte der babylonische Schöpfungsmythos *Enuma eliš* wichtige Aufschlüsse über den historischen und literarischen Kontext der biblischen Texte zu vermitteln. Damit stellte sich das Problem, wie eine Transmission von Konzepten von einer Kultur auf die andere vorzustellen sei. Gunkel gab auch hier den entscheidenden Hinweis, indem er auf die Rolle der mündlichen Tradition verwies. Man dürfe sich bei der Bestimmung des Alters einer bestimmten Vorstellung nicht auf die schriftlichen Quellen fixieren, sondern müsse mit einer, unter Umständen lange zuvor umlaufenden mündlichen Tradierung rechnen.[25]

Sein methodischer Hinweis auf die mündliche Tradition führte ihn folgerichtig zum Einsatz literaturgeschichtlicher Methoden in der Exegese, wie zum Beispiel der Bestimmung von Genres und der Gattungsgeschichte.[26] Insbesondere in seinen Kommentar zu Bereschit bzw. Genesis (vor allem ab der zweiten Auflage, 1902) flossen in reichem Maße („volkskundliche“) Erkenntnisse über mündliche Literaturformen wie Sagen, Legenden und Märchen ein. Damit eröffnete er der Exegese des 20. Jahrhunderts Perspektiven, die ihr aus den Krisen der literarkritischen, einseitig auf die historische Analyse fixierten Interpretation heraushelfen sollten.

Bis weit in die siebziger Jahre des 20. Jahrhunderts hinein dominierte der literarkritische Grundansatz, wie Wellhausen ihn vorgetragen hatte, die christliche Exegese der Hebräischen Bibel. Inzwischen hatte sich allerdings gezeigt, dass beispielsweise die von Wellhausen postulierten „Urkunden“ J und E kein so einheitliches Profil aufweisen, wie es für eine „Quelle“ eigentlich notwendig gewesen wäre. Zunächst behalf man sich damit, vor allem J und E immer feiner zu zergliedern (J1, J2 etc.). Dies führte allerdings letztlich zu einer Atomisierung der Texte und ließ sowohl Deutungen als auch Datierungen absurd erscheinen. Mit der Zeit setzte sich bei vielen Exegeten[27] die Erkenntnis durch, dass man den großen Traditionssträngen wie der Urgeschichte, den Patriarchenerzählungen, der halachischen Überlieferung wieder ein größeres Gewicht zumessen müsse. Diese könnten frühestens im 7. Jahrhundert BCE zu größeren Komplexen zusammengefügt worden sein (vgl. Rendtorff, Childs, Blum). Des Weiteren sollte der feinen Zergliederung der Texte, wie sie durch eine „*diachrone*“, d.h. an hypothetischen Quellen ausgerichtete Exegese entstehe, methodisch durch eine *synchrone*, d.h. eine an der Endgestalt der Texte orientierten Interpretation begegnet werden. Bei dieser exegetischen Neuausrichtung spielte der Einfluss jüdischer Traditionen eine große Rolle, wodurch sich der hermeneutische Zirkel in gewisser Weise schließt.

Weiterführende Literatur

- Jan Christian Gertz, Konrad Schmid, Markus Witte (Hg.), Abschied vom Jahwisten. Die Komposition des Hexateuch in der jüngsten Diskussion, Berlin/New York 2002.
- Werner Klatt, Hermann Gunkel, Zu seiner Theologie der Religionsgeschichte und zur Entstehung der formgeschichtlichen Methode, Göttingen 1969.

- Hans-Joachim Kraus, Geschichte der historisch-kritischen Erforschung des Alten Testaments, Neukirchen-Vluyn [4]1991.
- Rolf Rendtorff, Das Bild des nachexilischen Judentums in der deutschen alttestamentlichen Wissenschaft von Wellhausen bis von Rad, in: ders., Kanon und Theologie. Vorarbeiten zu einer Theologie des Alten Testaments, Neukirchen-Vluyn 1991.
- Rudolf Smend, Deutsche Alttestamentler in drei Jahrhunderten, Göttingen 1989.

Anmerkungen

[1] Vgl. zum Folgenden: Henning Graf Reventlow, Epochen der Bibelauslegung, Bd. 1 und 2, München 1990 und 1994 sowie Siegmar Döpp, Wilhelm Geerlings (Hg.), Lexikon der antiken christlichen Literatur, Freiburg u.a. [3]1998.

[2] Vgl. sein systematisch-theologisches Hauptwerk *Peri Archôn* IV, 1-3 sowie die Einleitungen zu seinen Kommentaren zum Hohenlied (Schir ha-Schirim) und zum Johannes-Evangelium.

[3] Viele der nachfolgend angegebenen Kommentare zur Hebräischen Bibel sind nur fragmentarisch erhalten.

[4] Beispielsweise seine „*Collationes in Hexahemeron*".

[5] Zu den Büchern Jeschajahu (Jesaja), Jirmejahu (Jeremia), den Ekha (Klageliedern), den Tehillim (Psalmen) und Ijov (Hiob). Zumeist sind dies Nachschriften seiner Vorlesungen, die allerdings von ihm redigiert wurden.

[6] Vgl. *De rudimentis Hebraicis* (Pforzheim 1506). Das Buch repräsentiert gleichzeitig eine Einführung in das Studium der hebräischen Sprache, eine Grammatik und ein Wörterbuch. Es basiert auf David Qimchis Grammatik (*Mikhlol*) und ist das erste entsprechende Werk christlicher Provenienz von Bedeutung. Weiterhin verfasste Reuchlin *De accentibus et orthographia linguae hebraicae* (Hagenau 1518).

[7] Ein großer Teil von Luthers Bibelkommentaren geht letztlich auf den universitären Betrieb zurück (vgl. Thomas von Aquin und Bonaventura). Der Text wurde zunächst mit kurzen Erklärungen (*Glossae*) versehen, die man den Lernenden diktierte (deshalb z.B. „*Dictata* super Psalterium") und abschließend zusammenfasste (*Scholion*). Neben den Tehillim (Psalmen) hat Luther auch Bereschit (Genesis) und einige der Nevi'im (Prophetentexte) in seinen Vorlesungen behandelt. In seinen Predigten, die oftmals biblische Bücher kursorisch abhandelten (sog. Reihenpredigten; vgl. zur Tora, zu Tré Assar, Qohelet), hat er nahezu den gesamten Tanakh besprochen.

[8] Martin Luthers Tischreden, WA TR 5, Weimar 1919, S. 45.

[9] Biblia/das ist/die gantze Heilige Schrifft Deudsch, Wittenberg 1546 (Faksimile Leipzig 1983, Bd. 2).

[10] Seine Vorlesungen fanden jedoch außerhalb der Universität, in Kirchen, Schulen und einer 1559 gegründeten Akademie statt. Wie Luther behandelte er in seinen Predigten komplette biblische Bücher (wie Bereschit [Genesis], Devarim [Deuteronomium], Schmu'el [Samuel]) kursorisch. Eine beeindruckende Übersicht zu Predigten und Kommentaren bietet der Artikel von Andreas Mühling (Calvin, Johannes, in: wibilex, http:// www.bibelwissenschaft.de/nc/ wibilex/das-bibellexikon).

[11] Andreas Mühling, Art. Calvin, ibid., der aus Th. Beza, Op. Bd. 21, S. 33, zitiert.

[12] Letzterer wird bei Calvin in drei Funktionsweisen gegliedert: den *usus elenchticus* oder *theologicus* (er soll zur Erkenntnis der eigenen Sündigkeit zu führen); den *usus politicus* oder

civilis (er dient der Abschreckung von moralischem Fehlverhalten) sowie den *tertium usus legis* (er soll den Glaubenden über Gottes Willen belehren). Letzterer war und ist in den Kirchen der Reformation sehr umstritten.

[13] Obwohl Spinoza jüdischer Herkunft ist, wird er in die Geschichte der christlichen Exegetik einbezogen, weil er in diesem Kontext weit intensiver und früher rezipiert worden ist.

[14] Vgl. vor allem *Tractatus,* Kapitel 7.

[15] *Tractatus*, Kap. 12 (Baruch de Spinoza, Opera, Bd. 1, Günter Gawlick, Friedrich Niewöhner [Hg.], Darmstadt ²2011, S. 397).

[16] Ibid., S. 17. (Vorrede des *Tractatus*).

[17] Dabei handelte es sich um Auszüge aus der „Apologie oder Schutzschrift für die vernünftigen Verehrer Gottes", an der Reimarus bis zu seinem Tode gearbeitet hatte.

[18] Vgl. „Über die ersten Urkunden des Menschlichen Geschlechts". Einige Anmerkungen, in: Martin Bollacher u.a. (Hg.), Johann Gottfried Herder: Werke. Zehn in elf Bänden; Bd. 5: Rudolf Smend (Hg.), Johann Gottfried Herder: Schriften zum Alten Testament, Frankfurt/M. 1993, S. 26, sowie die „Älteste Urkunde des Menschengeschlechts", ibid., S. 446.

[19] Ibid., S. 661-1308.

[20] Historisch-kritische Einleitung in das Alte Testament, 3 Bde., erstmals Leipzig 1780-83. In seiner vierten Auflage (Göttingen 1824) umfasste das Werk bereits fünf Bände. Eichhorns Werk und Leistung wird in nahezu jeder christlichen „Einleitung in das Alte Testament" gewürdigt – was übrigens auch für alle kommenden Autoren gilt. Deshalb werden im Folgenden nur noch kurze Skizzen geboten.

[21] Vgl. Wilhelm Leberecht de Wette, Beiträge zur Einleitung in das Alte Testament, Halle 1806/1807.

[22] Vgl. sein Lehrbuch der historisch-kritischen Einleitung in die kanonischen und apokryphischen Bücher des Alten Testaments, ab der sechsten Auflage: Berlin 1844.

[23] Die ersten Autoren, die Jeschajahu (Jesaja) in ein vorexilisches und ein exilisches Buch (Jes 40-66) unterteilten, waren Johann Christoph Döderlein (1745-1792) und Johann Gottfried Eichhorn.

[24] Vgl. Bernhard Duhm, Israels Propheten, Tübingen ²1922.

[25] Vgl. Hermann Gunkel, Schöpfung und Chaos, Göttingen 1895.

[26] Vgl. seinen Kommentar zur Bereschit (Genesis) von 1901 und vor allem denjenigen zu den Tehillim (Psalmen), aus dem Jahre 1926.

[27] Wie Rolf Rendtorff (Das überlieferungsgeschichtliche Problem des Pentateuch, BZAW 147, Berlin/New York 1977); Bernd J. Diebner (Neue Ansätze in der Pentateuchforschung, DBAT 13, 1978, S. 2-13); Brevard S. Childs (Introduction to the Old Testament as Scripture, Philadelphia 1979) oder Erhard Blum (Studien zur Komposition des Pentateuch, BZAW 189, Berlin/New York 1990).

4 | Methodische Einführung in die Bibellektüre

Das Jahrtausende lange intensive Leben mit heiligen Schriften hat in den verschiedenen Religionen zu Regeln des Umgangs mit ihnen geführt, die ebenso unterschiedlich sind wie die Texte selbst. So werden in manchen Kulturen die heiligen Schriften im Wesentlichen rezitiert, in anderen wird jedes einzelne Wort in jeder Generation von neuem diskutiert, analysiert, aktualisiert und auf diese Weise am Leben erhalten. Letzteres gilt in besonderer Weise für die Hebräische Bibel.

Im Laufe der Entwicklung der jüdischen und der christlichen Tradition sind – wie wir gesehen haben – sehr unterschiedliche Methoden und Möglichkeiten entstanden, um biblische Texte zu interpretieren. Neben dogmatisch inspirierten Deutungen (wie zum Beispiel der christologischen Interpretation) entwickelten sich diskursive Modelle, welche die jüdische Tradition weithin prägten oder kritische Perspektiven wie die historisch-kritische Exegese des 19./20. Jahrhunderts. Damit sind die dominierenden Verfahren der Bibelinterpretation benannt, wie sie für Jahrhunderte in Jeschivot, an Universitäten und Hochschulen gelehrt und praktiziert worden sind.

Man könnte weitere Sichtweisen hinzufügen: die feministische Exegese, welche die biblischen Texte auf ihre Bedeutung für die weibliche Seite der Menschheit hin untersucht; die sozial-revolutionäre („Theologie der Befreiung"), welche auf der Einsicht gründet, dass die Bibel überwiegend Erfahrungen sozialer Randgruppen zur Sprache bringt oder „tiefenpsychologisch" orientierte Interpretationen.[1]

Damit wir uns im Dschungel der verschiedenen Perspektiven nicht verirren, sollten wir uns einige wesentliche Grundlinien vergegenwärtigen, bevor es an konkrete methodische Möglichkeiten geht, sich mit biblischen Perikopen zu befassen:

(1) Die Bibel ist ein altes Buch. Die Erfahrungen vieler Generationen sind in ihren Texten verarbeitet. Ihre Geschichten, Lieder und Rechtsvorschriften sind nicht nur über einen sehr langen Zeitraum hinweg entstanden, sie sind teilweise auch mehr als dreitausend Jahre alt. Nicht jede Feststellung, nicht alle Beschreibungen sind uns unmittelbar zugänglich. So manche Äußerung entspringt einem gesellschaftlichen Wertesystem, welches wir nicht teilen. Dies sollte uns aber nicht daran hindern, es kennen zu lernen.

(2) Die Bibel ist keine Zeitung. Die kritische Nachfrage, ob irgendetwas ‚wirklich passiert ist' oder ob irgendjemand ‚wirklich so alt geworden ist', geht an den Intentionen der Texte zumeist vorbei. Viele Zahlenangaben sind nämlich symbolisch zu verstehen. Da viele Erzählungen die Erfahrungen mehrerer Generationen verdichten, sind sie oft ohne Rücksicht auf konkrete historische Gegebenheiten sukzessive aktualisiert und fortgeschrieben worden: Zum Glück! Denn was interessiert uns das ‚wirkliche Alter' eines gewissen Methusalem? Nichts ist

bekanntlich so uninteressant wie die Nachrichten von gestern. Die Einsicht in den Charakter der Bibel als Kompendium menschlicher Erfahrungen verhilft außerdem zu einem Zugang zum Midrasch: Wenn in ihm biblische Geschichten ergänzt und weitergeführt werden, sind dies nicht einfach ‚kühne Erfindungen', sondern Fortschreibungen und Aktualisierungen, die den alten Erfahrungen neue hinzufügen.

(3) Die Bibel ist keine Gegenwartsliteratur. Wenn wir ihren Erfahrungen die Erfahrungen der Generationen von Interpreten hinzufügen, wird es gelingen, den großen zeitlichen Abstand zwischen dem Buch der Bücher und uns schrittweise zu überwinden. Wichtig bei der Aktualisierung biblischer Texte ist eine methodisch korrekte Reihenfolge: Erst nachdem die Aussage einer biblischen Perikope in ihrem ursprünglichen Kontext untersucht worden ist, sollte sie auf die Gegenwart bezogen werden. Die Frage, ‚was hat dies oder jenes mit mir zu tun?', an den Anfang der Lektüre zu stellen, hieße, die meisten antiken Texte kopfschüttelnd zur Seite legen zu müssen. In der jüdischen Tradition wurde dieser Tatsache vor allem dadurch Rechnung getragen, dass in ihren großen Kompendien (Mischna, Talmud und Midrasch) die Meinungen der Minderheit im Prozess der Auslegung bewahrt und der Nachwelt überliefert wurde: Was uns heute richtig erscheint, kann schon morgen mit ganz anderen Augen gesehen werden.

(4) Die Bibel ist ein pluralistisches Buch. Dennoch kann man mit ihr nicht ‚alles beweisen', auch wenn es manchmal den Anschein hat. Da die biblischen Texte aus sehr verschiedenen Perioden der Geschichte Alt-Israels stammen, müssen widersprüchliche Aussagen nicht die Relevanz des gesamten Buches in Frage stellen. Im Gegenteil: die Bibel erweist sich gerade in ihrer Pluralität als lebendige und streitbare Begleiterin. Dadurch werden wir veranlasst, die Situation, in die hinein ein Wort gesprochen ist (den historischen und sozialen Kontext), mitzuhören. Vermeintlich ‚ewige Wahrheiten', auf denen man sich zufrieden zur Ruhe setzen könnte, widersprechen dem biblischen Duktus.

(5) Der Pluralität der biblischen Texte entspricht die Mehrdimensionalität ihrer Auslegung (solange sie methodisch verantwortlich geschieht). Wenn die zahlreichen Erklärer biblischer Texte zu gegensätzlichen Ansichten kommen, sollte man trotzdem nicht auf sie verzichten. Auch in diesem Fall können wir auf jüdische Studientraditionen zurückgreifen, die antike und mittelalterliche Kommentare systematisch in das eigene Denken einbeziehen. Wer sich darum bemüht, sich lernend in die Jahrhunderte lange Suche nach Interpretation und Verständigung mit der Bibel einzureihen, wird die Vielfalt und Mehrdimensionalität ihrer Texte schließlich als Reichtum empfinden können.

Entscheidend für eine verantwortliche Interpretation der Bibel ist letztlich die reflektierte Auswahl der Methode, die zum Einsatz kommen soll. Diese sollte sich nach der Intention richten, mittels derer man auf die Texte blicken möchte.

Wer einen Abschnitt des Tanakh in der vorliegenden Form erschließen will, sollte eine „synchrone“ Methode verwenden (dazu im Folgenden). Wer indessen danach strebt, einen Ausschnitt der Religionsgeschichte Alt-Israels zu rekonstruieren, die Bibel also als historische Quelle zu nutzen, der kann zu „diachronen“ Verfahrensweisen (etwa der Literarkritik) greifen. Wenn schließlich besondere Fragestellungen, etwa die nach der Stellung von Frauen oder sozial Benachteiligter, bedient werden sollen, kann man Methoden der feministischen oder sozialgeschichtlichen Exegese nutzen.

Wichtig ist, diese Methoden nicht miteinander zu vermischen oder ungeeignete Werkzeuge für das angestrebte Ziel einzusetzen. Im alltäglichen Leben würde schließlich auch niemand mit einem Hammer seine Wohnungstür öffnen wollen.

	Synchrone Methoden (z.B. kanonische Exegese)	**Diachrone Methoden** (z.B. historisch-kritische Exegese)
Ziel der Interpretation	Welche wichtigen Aussagen beinhaltet der Text in seiner jetzigen Gestalt?	Was lässt sich über die Entstehung des Textes herausfinden?
Historischer Kontext	Welche Trägergruppen haben ihn (mit-)verfasst?	Welche Trägergruppen haben ihn (mit-)verfasst?
Historischer Transfer	Welche Wirkungsgeschichte hatten dessen Grundaussagen?	Was lässt sich aus dem Text über die Entwicklung einer bestimmten Religion zu einem bestimmten Zeitpunkt entnehmen?
Aktualisierung	Wie fügt sich die Perikope in gegenwärtige theologische/gesellschaftliche Diskussionen ein?	Inwiefern beeinflussen diese historisch relevanten Informationen unser Bild von der betreffenden Religion?

Wir werden im Folgenden einen synchronen Interpretationsweg vorstellen, der bei der Lektüre des Tanakh hilfreich sein kann. Die dazu vorgeschlagenen Arbeitsschritte verstehen sich als Hilfe zur Selbsthilfe beim ersten tieferen Eindringen in die Strukturen eines biblischen Textes.[2] Die Analyseschritte der historisch-kritischen Auslegung der Hebräischen Bibel („diachrone Exegese“) greifen im Grunde bereits über die Ziele einer Bibelkunde hinaus, weshalb wir sie an dieser Stelle nicht eigens erläutern werden.

4.1 | Vorverständnis

Bevor es an das Lesen und Interpretieren einer bestimmten biblischen Perikope geht, sollte man sich darüber klar werden, über welche Vorkenntnisse, Deutungen und Ansichten man bereits verfügt. Insbesondere bei sehr bekannten und einflussreichen Texten (wie der Erzählung von Adam und Eva oder den Zehn Geboten) besteht die Gefahr, das eigene Vorverständnis oder landläufige Ansichten zum Thema in die Bibel einzutragen. Um dies zu vermeiden, sollte vor dem Lesen geklärt werden, was man von einem Text ‚schon alles so weiß'. Dabei lohnt es sich durchaus, diese Vorkenntnisse zu notieren, um sie anschließend (selbst)kritisch überprüfen zu können.

Leitfrage der Klärung eigener Vorkenntnisse:
Was weiß ich bereits über den von mir zu interpretierenden Abschnitt?
Ziel der Klärung eigener Vorkenntnisse:
Vorgefasste Meinungen sollten möglichst nicht in die Texte eingetragen werden.

4.2 | Herstellung eines Textes

Der erste Schritt bei der Bearbeitung einer Perikope besteht darin, diese erst einmal ‚herzustellen'. Das klingt (hoffentlich) nur im ersten Moment paradox. Zunächst gilt es nämlich, den Umfang des ausgewählten Textes zu begründen. In den heutigen Bibelübersetzungen wird einem diese Aufgabe scheinbar sehr leicht gemacht: Schließlich gibt es Bücher-, Kapitel- und Versangaben[3] und in christlichen Ausgaben manchmal auch ziemlich suggestive Überschriften. Aber Vorsicht! Nicht immer sind diese Einteilungen nachvollziehbar; die Titelzeilen über den Abschnitten sind es oft schon gar nicht. Sie gehören keinesfalls zum Text der Bibel. Hier ist die eigene kritische Überprüfung gefragt. Das selbstständige Erfinden von Gesamt- und Teilüberschriften kann darüber hinaus ein hilfreiches Verfahren sein, sich eine Perikope zu erschließen.

Um die Abgrenzung einer literarischen Einheit zu bewerkstelligen, also den Anfang und das Ende eines Texte festzulegen, sollte man auf folgende Signale achten: Textanfänge werden – so nicht Formeln wie ‚Es war einmal' oder Ähnliches zum Einsatz kommen[4] – in der Regel *durch Zäsuren in der Zeit, im Ort oder im handelnden Personal* verdeutlicht. Den Beginn eines Abschnitts kann man also mit einem Wechsel in Zeit, Ort oder Personen[5] markieren; dessen Ende dadurch, dass im Folgenden eine neue Zäsur angeboten wird. Nachdem wir Anfang und Ende einer Erzählung, einer Rede oder eines lyrischen Textes umrissen haben, können wir dazu übergehen, den Wortbestand unserer literarischen Einheit zu sichten: Welche Begriffe, Namen und Wortverbindungen bedürfen eingehender Erklärung?

Wer in der glücklichen Lage ist, Hebräisch gelernt zu haben, darf sich zuerst an eine eigene Übersetzung wagen (‚*Arbeitsübersetzung*'), die nach Abschluss der Interpretation noch einmal kritisch überprüft werden sollte.

Beispiel einer Arbeitsübersetzung (Ex 19,1-8)		
Text	**Beobachtungen**	**(mögliche) Fragen**
1. Im dritten Monat des Auszugs der Kinder Israel aus dem Lande Mizrajim. An diesem Tag kamen sie in die Wüste Sinai.	Überschrift. Dopplung der Zeit: Monat/Tag. Leitwort: Mizrajim/Ägypten; Wüste	Wie ist diese Zeitangabe zu verstehen?
2. Und sie brachen auf von Refidim und kamen in die Wüste Sinai. Und sie lagerten in der Wüste. Und Israel lagerte dort gegenüber dem Berg.	Dopplung: „sie kamen in die Wüste Sinai"; Dopplung: „lagern"	Geographische Lage überprüfen. Name des Berges wird nicht genannt.
3. Mose aber stieg hinauf zu dem Elohim und der Ewige rief ihm zu vom Berg, indem er sagte: So sollst du dem Hause Jakob sagen und den Söhnen Israel berichten:	Mose auf dem Berg (?) Kurz nacheinander erst Elohim (mit Artikel!), dann Ewiger (J'); ebenso doppelte Anrede Israels	Dopplungen müssen interpretiert werden
4. Ihr habt gesehen, was ich an Ägypten getan habe. Ich trug euch nämlich auf Adlersflügeln und brachte euch zu mir.	Auffällige Formulierung: „brachte euch *zu mir*"	Zusammenhang von Ägypten mit Adlersflügeln? Bild nur noch in Dtn 32,10-11.
5. Nun aber, wenn ihr gewiss auf meine Stimme hört und meinen Bund bewahrt, dann werdet ihr mir zur *segula* aus allen Völkern, denn Mir ist das ganze Land.	Figura etymologica „bewahren" Begründung: Herr allen Landes!	In der Konkordanz nachschlagen: סגולה / *śegula*
6. Ihr aber sollt mir ein Königtum von Priestern, ein heiliges Volk werden. Dies sind die Worte, die du zu den Söhnen Israel sprechen sollst.	Doppelte Bestimmung Israels (mit V. 5 sogar eine dreifache)	Wie verhält sich *śegula* zu dem „Königtum der Priester" und dem „heiligen Volk"?

7. Und es kam Mose und rief zu den Ältesten des Volkes. Und er legte vor sie alle diese Worte, die der Ewige ihm geboten hatte.	Mose ist wieder unten; feierlich!	Welche Worte Mose empfing, wird nicht gesagt.
8. Da antwortete das ganze Volk einmütig und sie sagten: Alles, was der Ewige gesprochen hat, wollen wir tun. Und Mose brachte die Worte des Volkes zum Ewigen.	Ein Höhepunkt der Beziehung Gottes zu Israel („einmütig“). Mose ist wieder oben.	Auffällig viel Bergsteigerei!

Alle anderen sind auf deutsche Bibeln angewiesen. Dabei gilt es zu berücksichtigen, dass jede Übertragung bereits eine Interpretation bzw. eine Anpassung an die Lebenswelt des Übersetzers in sich birgt.[6] Es empfiehlt sich daher, über die Aussagetendenz der eigenen Bibelausgabe nachzudenken oder, noch viel besser, mehrere Bibelübersetzungen vergleichend heranzuziehen. Eine Zusammenschau („Synopse“) mehrerer Fassungen desselben Textes hilft zumeist erheblich dabei, die ersten Unklarheiten zu beseitigen und macht an den Punkten, an denen sich die gravierendsten Differenzen zwischen den Übersetzungen ergeben, auf Probleme der hebräischen Urfassung aufmerksam.

Beispiel für einen Vergleich von Übersetzungen (Ex 19,1-6)			
Tur-Sinai (jüd.)	*Einheit (chr.)*	Beobachtungen	Fragen
1. Am dritten Neumond nach dem Auszug der Kinder Jisraël aus dem Land Mizraim, an diesem Tag kamen sie in die Wüste Sinai.	1. Im dritten Monat nach dem Auszug der Israeliten aus Ägypten – am heutigen Tag – kamen sie in der Wüste Sinai an.	Tur-Sinai (T) deutet beide Angaben als Tagesangaben.	Wie kommt die Einheitsübersetzung (E) auf den „heutigen Tag“?
2. Und sie waren von Refidim aufgebrochen und kamen in die Wüste Sinai, und lagerten sich	2. Sie waren von Refidim aufgebrochen und kamen in die Wüste Sinai. Sie schlugen in der	(T): „am Berg gegenüber“ / (E): „gegenüber dem Berg“	Wo liegt Refidim? Wo lagerten die Kinder Israel nun genau?

in der Wüste, und Jisraël lagerte dort am Berg gegenüber.	Wüste das Lager auf. Dort lagerte Israel gegenüber dem Berg.		
3. Mosche aber stieg hinauf zu Gott. Da rief ihm der Ewige vom Berg zu und sprach: „So sollst du sprechen zum Haus Jaakob und kundtun den Kindern Jisraël:	3. Mose stieg zu Gott hinauf. Da rief ihm der Herr vom Berg her zu: Das sollst du dem Haus Jakob sagen und den Israeliten verkünden:	Keine wesentlichen Differenzen zwischen (T) und (E)	
4. Ihr habt gesehen, was ich Mizraim getan, wie ich euch auf Adlersflügeln getragen und zu mir gebracht habe.	4. Ihr habt gesehen, was ich den Ägyptern angetan habe, wie ich euch auf Adlerflügeln getragen und hierher zu mir gebracht habe.	(E) trägt „hierher" in den Text ein oder (T) lässt es weg.	Inwiefern verändert „hierher" den Text?
5. Wenn ihr nun auf meine Stimme hören und meinen Bund wahren werdet, so sollt ihr mir eigen sein aus allen Völkern, denn mein ist alle Erde.	5. Jetzt aber, wenn ihr auf meine Stimme hört und meinen Bund haltet, werdet ihr unter allen Völkern mein besonderes Eigentum sein. Mir gehört die ganze Erde,	(T) liest „eigen sein" und (E) übersetzt „besonderes Eigentum".	(T) zufolge wäre Israel das einzige erwählte Volk; (E) zufolge könnte es das „besonders erwählte" (neben anderen) sein.
6. Und ihr sollt mir sein ein Reich von Priestern und ein heilig Volk. Dies sind die Worte, die du zu den Kindern Israël reden sollst."	6. ihr aber sollt mir als ein Reich von Priestern und als ein heiliges Volk gehören. Das sind die Worte, die du den Israeliten mitteilen sollst.	Keine wesentlichen Differenzen	Was bedeutet „Reich von Priestern"? Ist das synonym mit „heiliges Volk"?

Eine gute Arbeitsgrundlage zum Studium der Bibel wären demnach mindestens zwei Übersetzungen. Wer immer Hebräisch auch nur ein wenig lesen kann, sollte den Urtext hinzuziehen – und sei es nur, um einige wichtige Begriffe aufzusuchen oder sich über den Klang des hebräischen Originals klar zu werden. Um die persönliche Auswahl zu erleichtern, sollen einige der gebräuchlichsten Bibeln vorgestellt werden. Besonders instruktiv ist es, Bibeln jüdischer und christlicher Provenienz miteinander zu vergleichen, weil oft schon in den Übersetzungen die Unterschiede zwischen den Traditionen sichtbar werden.

Jüdische Bibelübersetzungen	**Christliche Bibelübersetzungen**
1. Traditionelle Übersetzungen	
Moses Mendelssohn: Sefer Netivot ha-Schalom. Es ist eine Übersetzung der Tora (Pentateuch), die dem Rhythmus der Hebräischen Sprache folgt und gleichzeitig ein gutes, klangvolles und literarisch poetisches Deutsch bietet. Greifbar ist sie zum Beispiel in der von Annette Böckler herausgegebenen Ausgabe (Berlin [3]2004) oder in der deutschen Übersetzung des „Plaut" (s.u.). Für den Gebrauch der heutigen Leser wurde die Übersetzung Mendelssohns behutsam an gegenwärtige Sprachgewohnheiten angepasst („revidiert").	*Luther-Bibel.* („Die Heilige Schrift in der Übersetzung Martin Luthers") Sie ist in Deutschland noch immer die am meisten verbreitete und überzeugt durch einprägsame und schöne Sprache. Allerdings wird sie insbesondere dem hebräischen Urtext nicht immer gerecht.
Leopold Zunz (Torah Nevi'im Ketuvim. Die 24 Bücher der Heiligen Schrift. Übersetzt von Dr. Zunz, Basel [7]1995; oder in hebräisch-deutscher Ausgabe: Hoza'at Sinai, Basel 2006.) Die 1837 von Zunz herausgegebene Tanakh-Übersetzung kann als die erste vollständige in deutscher Sprache betrachtet werden. Sie ist ein Gemeinschaftsunternehmen mehrerer jüdischer Gelehrter und wurde/wird von deutschen Jüdinnen und Juden viel gelesen. Die Übersetzung ist dicht am hebräischen Text, hochsprachlich, aber zu bewältigen.	*Die Zürcher Bibel* Dies ist die Übersetzung der Schweizer Reformation. Sie kommt dem originalen Text in der Regel näher, ist jedoch häufig nicht so prägnant formuliert wie Luther. Für Luther und die Zürcher Bibel gilt gleichermaßen, dass sie im zeitgeschichtlichen Kontext des 16. Jahrhunderts entstanden sind. Die Umwelt und die reformatorischen Erfahrungen der Übersetzer sind trotz zahlreicher Revisionen überall präsent.

2. Übersetzungen des 19./20. Jahrhunderts	
Buber-Rosenzweig (Die Schrift. Verdeutscht von Martin Buber gemeinsam mit Franz Rosenzweig; diverse Editionen) Auch die von Martin Buber und Franz Rosenzweig erstellte Übersetzung orientiert sich in Duktus und Stil am hebräischen Original; manchmal aber auf Kosten der Verständlichkeit des Deutschen. Freunde der expressionistischen Sprachgebung, expressiver und rhythmisierter Dichtung kommen jedoch voll auf ihre Kosten. Sie berücksichtigt insbesondere den Gebrauch von Leitworten im Hebräischen, was für die Interpretation hilfreich sein kann.	*Die Elberfelder Übersetzung* (diverse Editionen seit 1871) Das Ziel dieser im Umfeld der evangelisch-freikirchlichen Gemeinschaft entstandenen Übersetzung bestand darin, „den des Urtextes Unkundigen […] mit geringen Kosten eine möglichst treue und genaue Darstellung des Wortes Gottes in ihrer eigenen Sprache darzureichen" (vgl. Vorwort der ersten Auflage). Dies geschah zunächst leider oft auf Kosten der deutschen Sprache. Seit den Revisionen der sechziger Jahre (zuletzt 2003) wurden in dieser Hinsicht etliche Anpassungen vorgenommen, die Lesbarkeit zu verbessern.
Naphtali Herz Tur-Sinai (Die Heilige Schrift ins Deutsche übertragen von Naphtali Herz Tur-Sinai, Neuhausen-Stuttgart [5]2008) Sie ist eine Kollektivunternehmung vor allem Berliner Rabbiner und einiger Gelehrter, die im Jahre 1924 unter der Leitung von Tur-Sinai (Torczyner) ihre Arbeit aufnahmen. Nach seiner Emigration nach Israel überarbeitete er das Werk. Es zeichnet sich durch Nähe zum Original, große sprachliche Schönheit und – gegenüber Zunz und Buber/Rosenzweig – bessere Verständlichkeit aus.	*Die Einheitsübersetzung* (diverse Editionen seit 1980) Sie ist letztlich eine Konsequenz des Zweiten Vatikanums (Liturgie in Landessprache) und Projekt der Deutschen Bischofskonferenz zur Erarbeitung einer einheitlichen deutschen Bibel für Deutschlands Katholiken, weshalb sich in ihr auch deuterokanonische Texte finden. Sie bietet eine moderne Sprache und oft auch präzise Übersetzungen.

3. Ausgaben zum vertieften Studium	
„Der Plaut“ (W. Gunther Plaut, Die Tora in jüdischer Auslegung, 5 Bde., Gütersloh ²2008) Die Ausgabe bietet den Text der Tora in Hebräisch und Deutsch, dazu Einführungen, Erläuterungen und Kommentare aus der jüdischen Tradition.	*Die Jerusalemer Bibel* (seit 1968 diverse Editionen; seit 1995 mit dem Text der Einheitsübersetzung) Sie enthält zahlreiche textkritische Anmerkungen und Erklärungen.
Jewish Study Bible (Mark Z. Brettler u.a., JPS, Philadelphia 2004) Es soll erwähnt sein, dass es gerade in englischer Sprache sehr vieles schönes Material zum Bibelstudium jüdischer Provenienz gibt. Die pars pro toto genannte Jewish Study Bible bietet die klassische revidierte JPS-Übersetzung mit zahlreichen Randbemerkungen und einführenden Kommentaren.	*Stuttgarter Erklärungsbibel* (Lutherbibel mit Erklärungen, Neuausgabe Stuttgart 2005) Ebenfalls pars pro toto sei eines der evangelischen Parallelprojekte zur „Jerusalemer Bibel“ genannt – für diejenigen, die Luthers Bibelübersetzung vorziehen oder Erläuterungen und Kommentare aus dezidiert protestantischer Sicht wünschen.

Nachdem die Arbeitsübersetzung bzw. der Übersetzungsvergleich fertiggestellt wurde, sollte man sich noch einmal den Fragen zuwenden, die bei der ersten gründlichen Lektüre entstanden sind. Diese Fragen könnten nämlich durchaus unterschiedlicher Art sein: Sollten sie sich beispielsweise auf *Realien*, auf lokale Gegebenheiten, Maße, Pflanzen, Namen bestimmter Personen oder Werkzeuge beziehen, dann wäre es hilfreich, diese sofort – zum Beispiel mit Hilfe eines Lexikons – zu klären. Sollten sie sich indessen auf *Grundaussagen*, auf theologische oder philosophische Konstellationen, die Charakterisierung von Personen oder Situationen beziehen, dann sollte deren Beantwortung *am Ende und nicht am Anfang* der Interpretation stehen.

Schließlich und endlich gehört es zur ‚Herstellung eines Textes‘, sich einen Eindruck davon zu verschaffen, wovon in dessen Kontext (also: vor und nach dem begründeten Umfang des Ausschnittes) die Rede ist. Für dessen Verständnis ist es eminent wichtig, darüber nachzudenken, wie ‚ein Text in den Angeln hängt' – davon, dass er zufällig dort steht, wo wir ihn gefunden haben, ist nicht auszugehen.

Leitfragen der Herstellung eines Textes:
(1) Woran erkennt man den Anfangs- bzw. Endpunkt einer Perikope?
(2) An welchen Stellen ist der vorliegende Text unsicher; wo unterscheiden sich die Übersetzungen?
(3) Welche Realien bzw. welche Begriffe und Aussagen müssen geklärt werden?
(4) Welche Beziehungen hat der Abschnitt zu seinem unmittelbaren Umfeld?

Ziele der Herstellung eines Textes:
Im Ergebnis dieses Arbeitsschrittes haben wir
(1) den Anfangs- und Endpunkt des Textes festgelegt;
(2) eine Arbeitsübersetzung bzw. einen Übersetzungsvergleich erstellt, der die Grundlage der Interpretation abgeben wird;
(3) die in ihm begegnenden schwierigen Begriffe und Bezeichnungen erarbeitet sowie
(4) seinen Kontext beschrieben (Kontextanalyse).

4.3 | Die Gliederung des Textes – Textanalyse

Im zweiten Schritt der Interpretation eines biblischen Textes geht es darum, sich über dessen Struktur klarzuwerden. Dabei gilt es, sowohl die Form („Textoberfläche") als auch den Inhalt („Tiefenstruktur") zu berücksichtigen. Die Gestaltung einer *Textoberfläche* unterliegt nämlich bestimmten Konventionen („Kohäsion"), ohne die wir ein Stück Literatur nicht als eine Einheit begreifen würden. Zu diesen Konventionen gehören Wiederholungen und eine erkennbare Gliederung oder Binnenverweise (Personal- oder Demonstrativpronomina). Auch die *Tiefenstruktur* eines Textes folgt bestimmten Prinzipien, ohne die wir Worte nicht als zusammengehörig empfinden würden („Kohärenz"). Möglichkeiten einer solchen Tiefenstruktur wären:
(1) Die thematische Entfaltung: Ein Autor bietet eine These an, die er anschließend genauer erklärt.
(2) Die thematische Reduktion: Ein Autor bietet eine Reihe von Phänomenen oder Beispielen an, die er anschließend auf eine These oder ein Prinzip zurückführt.
(3) Die thematische Progression: Ein Autor bietet eine Kette verschiedener Einzelthemen an, die sich auf ein durchlaufendes Oberthema beziehen können, aber nicht müssen (vgl. den Dekalog).

Zum Zwecke der Gliederung sollten wir zunächst sorgfältig auf die Signale achten, die der Text anbietet. Auch hier können der Wechsel des zeitlichen oder örtlichen Schauplatzes oder der Handlungsträger erste Hinweise vermitteln. Wie die meisten literarischen Produkte, zeigen auch die biblischen Schriften oft eine Einleitung, in der die Situation geschildert (vgl. Ex 19, 1-2) oder das Thema präsentiert wird (Dtn 4,1-2). Manches Mal gibt es auch einen Schlussteil, in dem das Gesagte zusammengefasst wird (Dtn 34,10-12).

Viele biblische Perikopen, insbesondere lyrische, sind symmetrisch (A-B-A‘-B‘) oder spiegelsymmetrisch (A-B-B‘-A‘) aufgebaut. Auch solcherlei Beobachtungen erhellen die Binnenstruktur und verhelfen zu Einsichten über die Intention einer literarischen Einheit. Darüber hinaus haben wir es in der Regel mit außergewöhnlich sorgsam und wiederholt redigierten schriftlichen Äußerungen zu tun. Man kann davon ausgehen, dass (mindestens im hebräischen Original) jedes Wort mit Bedacht an seiner Stelle sitzt und ebendort seinen Sinn hat, dem es nachzuspüren gilt. Das ist weniger kompliziert, als es den Anschein hat.

Die Hebräische Bibel arbeitet zum Beispiel sehr häufig mit einem System aus
(1) *Leitworten*: häufig wiederkehrenden Begriffen und
(2) *Signalworten*: seltene oder ungewöhnlich verwendete Termini.

Diese sind zudem oft sogar durch eine Übersetzung hindurch auffindbar. Sie vermitteln Informationen über die Gliederung eines Textes (Wechsel von Leitworten) oder seine Hauptaussagen (Signalworte, Bedeutung der Leitworte). In verschiedenen Abschnitten des Textes wiederkehrende Leitworte können dabei helfen, bestimmte Abschnitte eines Textes einander zuzuordnen (Symmetrie oder Reziprozität).

Ein Beispiel für das Leitwort-Prinzip vermittelt Gen 4,1-16:

A Einleitung: Geburt Kains und Abels (4,1-2)		
V.1 Geburt Kains	[„erkennen"]	vgl. Gen 2,7 u.ö.
V.2 Geburt Abels, Berufe	[bearbeiten; hüten; Erde]	vgl. Gen 2,15
B Die Gabe Kains und Abels (4,3-7)		
V.3-4a Die Darbringung	[Erde]	vgl. Gen 2 u. 3
V.4b-5 Die Reaktion des Ewigen/Kains	[beachten; fallen; Angesicht]	
V.6-7 Warnung des Ewigen	[erheben; fallen; Angesicht]	Zitat Gen 3,16
C DIE TAT KAINS (4,8)		
V. 8 Der Brudermord	[Bruder; ermorden]	
A‘ Der Prozess (4,9-12)		
V.9-10 Das Verhör durch Gott	[Bruder; erkennen; hüten]	Gen 3,9-13
V.11-12 Strafe/Verfluchung	[Bruder; Blut; Erde; bearbeiten]	Gen 3,14-19
B‘ Die Bewahrung (4,13-16)		
V.13 Bitte Kains	[erheben; Schuld]	Gen 3,21
V.14-15 Vertreibung Kains	[Angesicht/der Erde, ermorden]	Gen 2,3-4
V.16 „Auszug Kains“	[Angesicht]	

ZÄHLUNGEN: Die Zahl Siebzig in Gen 1-4	
Gott (Elohim)	40 mal in Gen 1-4
J' Elohim	20 mal in Gen 2-3
J'	10 mal in Gen 4
Ergibt	70
Land	7 mal in Gen 2-4
Feld	7 mal in Gen 2-4
Erde (ádama)	14 mal in Gen 2-4
Mensch (ádam)	21 mal in Gen 2-4
Essen	21 mal in Gen 2-4
Ergibt	70

Die obige Übersicht deutet einerseits auf die gezielte und intensive Verwendung von Leitworten und bildet andererseits die Möglichkeit ab, den Wechsel von Leitworten bei der Gliederung von Texten zu verwenden.[7] Am Beispiel von Gen 4,1-16 wird ferner deutlich, dass die sorgfältig gewählten Begriffe dazu gedacht sind, eine enge Verbindung des Mythos von Kain und Abel mit Gen 2-3 zu etablieren. Bei der Interpretation der Perikopen sind die Leitworte auf jeden Fall einzubeziehen, da sie die Aussage des Textes („Tiefenstruktur") transportieren.[8]

Mit Hilfe der beschriebenen Strukturmerkmale sollte es möglich sein, eine Gliederung des Textes zu erarbeiten. Im Sinne einer Selbstvergewisserung über die Aussage der Einheit erscheint es sinnvoll, für die gefundenen Abschnitte eigene Überschriften zu formulieren.

Leitfragen der Textanalyse:

(1) Gibt es eine ausdrückliche Einleitung des Textes?
(2) Gibt es einen Schlussteil, ein Resümee, eine ‚Moral von der Geschicht'?
(3) Welche weiteren Strukturmerkmale (Strophen, Stilwechsel u.a.) treten auf?
(4) Welches sind die Leit- und Signalworte?
(5) Wie kann man die einzelnen Abschnitte in Überschriften zusammenfassen?

Ziele der Textanalyse:

(1) die Binnenstruktur des Textes (Einleitung, Hauptteil, Schluss) beschreiben,
(2) die Leit- und Signalworte entdecken
(3) und mit ihnen die ersten wichtigen Informationen über die Aussage des Textes zu erhalten.

4.4 | Die äußere Form eines Textes

Der nächste Schritt zielt darauf ab, das literarische Genre („Form") bzw. die Gattung einer Perikope zu bestimmen. Diese Etappe ist wichtig, da ein bestimmter Inhalt gewöhnlich in verhältnismäßig fest gefügten Formen (Gattungen) übermittelt wird, so dass im Umkehrschluss ein literarisches Genre Einsichten in den Inhalt (und die Trägerkreise) eines Textes erlaubt. Dieser Zusammenhang ist äußerst alltäglich. Sollte zum Beispiel jemand im literarischen Genre einer „Büttenrede" anstatt einer leichtgewichtigen Satire wissenschaftliche Zusammenhänge darstellen wollen, hätte er damit weder in einer Universität noch beim Karneval Erfolg. Wer in bestimmten Kontexten spricht oder schreibt, weckt in seinen Hörern oder Lesern Erwartungen an Form und Inhalt, die zugunsten einer gelingenden Kommunikation zu bedienen sind.

Die Exegese, genauer: die „Formkritik" („Formgeschichte"), macht sich diesen Zusammenhang zunutze. Die *synchrone* Methodik fragt im Wesentlichen nach den Auswirkungen eines bestimmten Genres auf den Inhalt. Die *diachrone* Untersuchung interessiert sich zusätzlich für die vermuteten Trägergruppen einer Gattung, um somit den „Sitz im Leben", die Verankerung bestimmter Genres und ihrer Autoren in ihrem historischen Kontext, zu erforschen.

Für unsere Zwecke reicht es, dass wir uns über die Form eines Textes und ihre Auswirkungen auf den Inhalt klar werden. Die erste wichtige Unterscheidung, die zu treffen ist, wäre die zwischen

(1) *Sachtexten* (‚non-fiction': Gesetze, Zeitungen, Chroniken etc.) und

(2) *literarischen Texten* (‚fiction': Lyrik, Epik, Dramatik).

In der Hebräischen Bibel dominieren die literarischen Äußerungen bei weitem. Kompliziert wird es allerdings, wenn ein fiktiver Text den Anschein vermittelt, ein Sachtext zu sein – was gerade in der Bibel durchaus passieren kann.[9]

Der nächste Schritt bei der Bestimmung von literarischen Formen erfordert eine Binnendifferenzierung innerhalb der beiden großen Gruppen ‚non-fiction' bzw. ‚fiction'. Literarische Texte gliedern sich, für den biblischen Hausgebrauch, in *epische* (erzählerische, Prosa) sowie *lyrische* (poetische) Texte. Manche Übersetzungen heben lyrische Passagen im Druckbild hervor. Sonst genügt ein Blick in die Biblia Hebraica Stuttgartensia, um sich zu orientieren. Unter den Vertretern der Sparte ‚non-fiction' gehören die meisten Beispiele zu den halachischen Texten, geben also rechtliche, ethische oder kultische Weisung.

Auf der dritten Etappe erhebt sich nun aber ein doch ziemlich schwerwiegendes Problem: Viele Genres, die gegenwärtig weit verbreiteten Leseerfahrungen (moderner „Gattungskompetenz") entsprechen (wie Märchen, Ballade, Witz), sind in der Bibel nicht vertreten. Dafür gibt es eine Reihe anderer literarischer Formen, die heutzutage nicht mehr zur Anwendung kommen und die man daher aufgrund eigener Gattungskompetenz nicht auf einen Begriff bringen kann. Dazu kommt, dass so manches Mal, vor allem in prophetischen Texten, ein literarisches Genre satirisch verfremdet wird. So zum Beispiel, wenn der Prophet

Amos (Am 5,1-3) seine Anklage gegen die Missstände in Israel in die Form eines Leichenklageliedes fasst. Deutlicher kann man seine Warnung nicht verstecken! Apropos Leichenklagelied: Nicht jeder kann aufgrund der Andersartigkeit antiker Lyrik auf Anhieb erkennen, dass er es mit der (besonderen) Textart eines *Leichen*klageliedes zu tun hat. Zumal in westeuropäischen Gesellschaften der Brauch der öffentlichen Leichenklage seit Jahrhunderten kaum noch gepflogen wird. Aber das *Klagelied* hätte man womöglich erkannt.

Formbestimmung ist also trotz des großen zeitlichen Abstands nicht aussichtslos. Die meisten der literarischen Genres (wie z.B. Fabel, Anekdote oder Exemplum) sind nämlich erstaunlich stabil. So bereitet es uns gar keine Mühe, instinktiv eine antike Fabel von einem antiken Liebeslied zu unterscheiden. Zudem verhilft bereits das Nachdenken über die Gattungszugehörigkeit eines Textes zu mehr Klarheit über sein Thema bzw. seine Grundaussage. Des Weiteren gibt es inzwischen eine ganze Reihe von Hilfsmitteln, die bei der Klassifizierung antiker Texte helfen (s. Literaturverzeichnis).

Leitfragen der Formanalyse:

(1) Handelt es sich bei der vorliegenden Perikope um einen Sachtext (‚non-fiction') oder eine literarische Äußerung (‚fiction')?
(2) Wenn es sich um eine literarische Äußerung handelt: Kann man sie als episch oder lyrisch klassifizieren? Handelt es sich um einen halachischen oder einen andersartigen Sachtext?
(3) Wie lässt sich das Genre des Einzeltextes näher eingrenzen?
(4) Welche hypothetischen Rückschlüsse erlaubt das eingesetzte Genre hinsichtlich der Aussage des Abschnitts?

Ziele der Formanalyse:

(1) Einsichten in das Genre des Textes erarbeiten, die wiederum
(2) Informationen zu dessen Grundaussage gewinnen (lassen) sowie
(3) den/die Verfasser oder die geistige Heimat der literarischen Einheit näher bestimmen.

Weiterführende Literatur

- Robert Alter, The Art of Biblical Narrative, New York 2011.
- Shimon Bar-Efrat, Wie die Bibel erzählt. Alttestamentliche Texte als literarische Kunstwerke verstehen, Gütersloh 2006.
- Uwe Becker, Exegese des Alten Testaments. Ein Methoden- und Arbeitsbuch, Tübingen 2005, S. 97-115.
- Klaus Koch, Was ist Formgeschichte? Methoden der Bibelexegese, Neukirchen-Vluyn [5]1989.
- Helmut Utzschneider, Stefan A. Nitsche, Arbeitsbuch literaturwissenschaftliche Bibelauslegung. Eine Methodenlehre zur Exegese des Alten Testaments, Gütersloh 2001, S. 113-186.

4.5 | Textgruppen

Es ist nicht ganz unwahrscheinlich, dass beim Verstehen einer bestimmten biblischen Perikope noch immer Fragen offen geblieben sind. Wir sind jedoch noch nicht am Ende unserer methodischen Möglichkeiten angelangt: Der nächste Schritt beinhaltet einen Vergleich, der über die Grenzen der von uns zu interpretierenden Perikope hinausreicht.

In der historisch-kritischen Forschung wird diese Phase der Exegese als „Redaktionskritik" bezeichnet. Sie versucht, durch den Vergleich parallel gelagerter Texte den Eigenbeitrag eines Autors oder Redaktors zu erheben, um jenen von einer als ursprünglich vermuteten Form dieses Textes abzugrenzen. Innerhalb der synchronen Arbeitsweise folgt die Herstellung von Textgruppen, also von Perikopen, die sich auf eine ähnliche Weise mit einem vergleichbaren Thema auseinandersetzen. Bei ihrem Auffinden helfen die jüdischen Kommentare in traditionellen Drucken des Tanakh oder (im christlichen Kontext) die Querverweise in den Übersetzungen. Diese befinden sich meist am Ende eines jeden Kapitels (Zürcher, Einheitsübersetzung, Luther), manchmal auch unterhalb der Zwischenüberschrift, in Randmarginalien oder unten im Glossar einer jeden Seite (Jerusalemer Bibel).

Eine weitere (und gegenüber den Querverweisen bessere) Möglichkeit zur Zusammenstellung von Textgruppen bieten die *Konkordanzen*. Dies sind Nachschlagewerke, in denen verzeichnet ist, wo ein Wort innerhalb eines bestimmten Buches zur Anwendung kommt. Wer sich zum Beispiel über die Bedeutung des Allerheiligsten näher informieren möchte, schlägt unter diesem Begriff in einer zur Übersetzung passenden (!) Konkordanz nach – und findet dort sämtliche Bibelstellen, die dieses Wort enthalten. Die Konkordanz ist also ein wichtiges Hilfsmittel für diejenigen, die sich intensiver in biblische Texte einarbeiten wollen oder erfahren möchten, wo eine bestimmte Aussage zu finden ist. Wer über eine digitale Ausgabe der Bibel verfügt (oder eine im Internet vorrätige Übersetzung nutzt), hat mit dieser technischen Finesse im Regelfall sogleich eine Konkordanz zur Hand, da viele Dateiformate auf die in ihnen enthaltenen Worte hin durchsuchbar sind.

Dem Zusammenstellen von Textgruppen liegt ein vergleichbares Verfahren zugrunde: Man kann dem Text einen markanten oder schwer verständlichen Begriff entnehmen und diesen in der Konkordanz aufsuchen. Alle Einträge, die einen substantiellen Beitrag zum Thema dieses Textes leisten, können zu einem Abgleich mit dem Ausgangstext herangezogen werden.

Leitfragen bei der Zusammenstellung von Textgruppen:
(1) Gibt es in der Bibel dem Ausgangstext ähnliche Perikopen, die zum Verständnis der Hauptaussage hilfreich sind?
(2) Welche Hauptaussagen und literarischen Formen bieten jene Perikopen?

(3) Ist der Ausgangstext mit seiner Aussage und seiner formalen Darbietung einzigartig oder wird er von einigen/vielen anderen gestützt?
(4) Welchen Beitrag liefern die Vergleichsperikopen für die Hauptaussagen des Ausgangstextes?

Ziele der Zusammenstellung von Textgruppen:
(1) den Ausgangstext mit Hilfe vergleichbarer Perikopen des Tanakh zu deuten versuchen,
(2) die Stellung des Ausgangstexts innerhalb der Bibel evaluieren.

4.6 | Die (vorläufige) Textaussage

Anhand der bisher entfalteten methodischen Verfahren sollte es möglich gewesen sein, sich dem Inhalt der gewählten Perikope systematisch anzunähern. Nun kommt es darauf an, die dabei erreichten Ergebnisse zu formulieren und schriftlich festzuhalten. Dies kann in den folgenden Schritten versucht werden:
(1) Die eingangs als Fragen zu den Grundaussagen der Perikope qualifizierten Probleme sollten nun im Lichte des bisher Erreichten bearbeitet werden. Sollte dies nicht aufgrund eigener Einsichten gelingen, kann man an diesem Punkt der Arbeit gezielt Kommentare einsetzen.[10] Wer am Ende der Recherchen feststellt, dass das eine oder andere Problem nicht zufriedenstellend gelöst werden kann, sollte auch dies festhalten: Auch negative Resultate sind (zumindest in der Wissenschaft) wichtig.
(2) Ein prüfender Blick auf die Arbeitsübersetzung sollte sicherstellen, ob eventuell die eine oder andere sprachliche Variante oder Beobachtung zu berücksichtigen oder zu hinterfragen ist.
(3) Es erscheint empfehlenswert, die eigene Erkenntnis hinsichtlich der gewählten Perikope kurz und knapp zu formulieren. Dabei gilt es, eine Nacherzählung oder Paraphrase des Textes zu vermeiden.

4.7 | Wirkungsgeschichte

Die Wirkungsgeschichte eines Textes umfasst dessen Verwendung, Zitat, Auslegung oder dessen Einflussnahme auf andere (biblische und außerbiblische) Schriften, Riten oder Regeln der jüdischen und christlichen Tradition, auf die bildende und angewandte Kunst, die klassische und moderne Literatur, den Film und sogar auf zivile Gesetze oder Ereignisse der Geschichte.

Nun ist klar, dass nicht bei jedem auszulegenden Text ein Streifzug durch die Historie der Religionen, durch die Kunstgeschichte oder sämtliche Gesetzesbücher unternommen werden kann. Man sollte aber dessen eingedenk sein, dass es diese Bezüge gibt und sie bewusst in den Prozess der Auslegung mit einbeziehen. Für die gewohnheitsmäßige Interpretation des Tanakh ist die Grundhaltung eines ‚Jägers und Sammlers' äußerst nützlich. Natürlich gibt es schon längst Materialsammlungen und Hilfsmittel: Bibeln mit den Werken großer Maler, mit passenden Auszügen aus Werken der Weltliteratur, Lexika und Kommentare, welche die vielfältigen Einflüsse der Bibel dokumentieren. Das Wissen um die religionsgeschichtliche, historische und künstlerische Wirkungsgeschichte der Bibel ist häufig jedoch eher theoretischer Natur.

Anders verhält es sich in der traditionellen jüdischen Auslegungstradition. Wir haben eingangs festgestellt, dass sich die jüdische Weise, die Hebräische Bibel zu studieren, bewusst in die lange Geschichte ihrer Interpretation einreiht. Jede Generation formuliert ihre Fragen und Antworten im Dialog mit der Tradition. Die Lektüre großer Kommentare wie Rasch"i, ibn Esra oder Nachmanides gehört also zum Procedere der Auslegung unmittelbar hinzu. Das Problem besteht allerdings (wie leider allzu oft) darin, diese hebräisch verfassten Kommentare in vertretbarer Zeit lesen zu können.

Für den Fall nur rudimentär vorhandener Sprachkenntnisse empfiehlt sich der Gebrauch des „Plaut", der den biblischen Texten einige wichtige Äußerungen der Kommentarliteratur zuordnet. Manche der großen jüdischen Kommentare gibt es aber auch in deutschen bzw. englischen Übersetzungen, so dass ihrem Gebrauch eigentlich nichts im Wege steht (vgl. Literaturangaben zu den einzelnen biblischen Büchern).

Die Einbeziehung der Wirkungsgeschichte vermittelt eine weitere Gelegenheit, die erarbeiteten Ergebnisse kritisch zu überprüfen: Haben wir wichtige Aspekte übersehen? Hat uns unser modernes Vorverständnis bei der Interpretation in die Irre geführt?

4.8 | Wichtige Arbeits- und Lesehilfen zur Hebräischen Bibel

Im Folgenden bieten wir – ohne Anspruch auf Vollständigkeit – einige wichtige Hilfsmittel zur Bibelauslegung an:

Konkordanzen

- Avraham Even-Shoshan, A New Concordance of the Bible. Thesaurus of the Language of the Bible, Jerusalem 2000.
- Gerd Lisowski (Hans-Peter Rüger), Konkordanz zum Hebräischen Alten Testament, Stuttgart ³1993.
- Salomon Mandelkern, Veteris Testamenti Concordantiae Hebraicae atque Chaldaicae, Berlin 1937 (Nachdruck Jerusalem 1971).
- Große Konkordanz zur Lutherbibel, Stuttgart 2001.
- Michael Hartmann (Hg.), Die Stuttgarter Konkordanz zur Einheitsübersetzung der Bibel, Stuttgart 2009.
- Franz Joseph Schierse, Franz Bader (Hg.), Die Neue Konkordanz zur Einheitsübersetzung, Düsseldorf 1996.
- Elberfelder Handkonkordanz zur Elberfelder Übersetzung: Wort- und Zahlenkonkordanz, Witten ¹⁰2010.[11]

Anleitungen zur Exegese

- Gottfried Adam, Otto Kaiser, Werner G. Kümmel u.a. (Hg.), Einführung in die exegetischen Methoden, München ⁷2000.
- Robert Alter, The Art of Biblical Narrative, New York 2011.
- Ders., The Art of Biblical Poetry, New York 1987.
- Uwe Becker, Exegese des Alten Testaments. Ein Methoden- und Arbeitsbuch, Tübingen 2005.
- Mark Z. Brettler, How to Read the Bible, Philadelphia 2007.
- Georg Fischer, Wege in die Bibel. Leitfaden zur Auslegung, Stuttgart 2000.
- Barry W. Holtz (Hg.), Back to the Sources. Reading the Classical Jewish Texts, New York u.a. 2006. Darin: „Bible", S. 31-127.
- Luise Schottroff, Marie-Theres Wacker (Hg.), Kompendium feministische Bibelauslegung, München ²1999.
- Emanuel Tov, Der Text der hebräischen Bibel: Handbuch der Textkritik, Stuttgart/Berlin, Köln 1997.
- Helmut Utzschneider, Stefan A. Nitsche, Arbeitsbuch literaturwissenschaftliche Bibelauslegung. Eine Methodenlehre zur Exegese des Alten Testaments, Gütersloh 2001.

Lexika

- Otto Betz, Beate Ego u.a. (Hg.), Calwer Bibellexikon, 2 Bde., Stuttgart 2003.
- Martin Boçian, Lexikon der biblischen Personen. Mit ihrem Fortleben in Judentum, Christentum, Islam, Dichtung, Musik und Kunst, Stuttgart 2004.

- David N. Freedman, Anchor Bible Dictionary, 6 Bde., New York 1992.
- Manfred Görg, Bernhard Lang (Hg.), Neues Bibel-Lexikon, 3 Bde., Zürich 1988-2001.
- John Strange (Hg.), Stuttgarter Bibelatlas. Historische Karten der biblischen Welt, Stuttgart 1989.

Einleitungen in die Bibel

- Matthias Augustin, Jürgen Kegler, Bibelkunde des Alten Testaments. Ein Arbeitsbuch, Gütersloh ^{2}2000.
- Brevard S. Childs, Introduction to the Old Testament as Scripture, Philadelphia 1979.
- Michael D. Coogan, The Old Testament. A Historical and Literary Introduction to the Hebrew Scriptures, New York 2005.
- James L. Kugel, How to Read the Bible: A Guide to Scripture, Then and Now, New York 2007.
- Bernhard Lang, Die Bibel. Eine kritische Einführung, Paderborn u.a. ^{2}1994.
- Julie Pelc (Hg.), The Jewish Bible: A JPS Guide, Philadelphia 2008.
- Rolf Rendtorff, Das Alte Testament. Eine Einführung, Neukirchen-Vluyn ^{7}2007.
- Martin Rösel, Bibelkunde des Alten Testaments. Die kanonischen und apokryphen Schriften, Neukirchen-Vluyn ^{4}2004.
- Thomas Staubli, Begleiter durch das Erste Testament. Düsseldorf ^{4}2010.
- Erich Zenger u.a., Einleitung in das Alte Testament, Stuttgart 1995.

Internet-Ressourcen

- Bibeln im Netz: http://www.bibleserver.com/
- Online Lexikon: http://www.bibelwissenschaft.de/start/
- Resource page for Biblical Studies focusing on Early Christian Writings: http://www.torreys.org/bible/
- Umfassende Linksammlung zur Bibel und antiker Literatur: http://www.uni-siegen.de/phil/kaththeo/linksammlung/bibeltor.html?lang=de
- Umfassende Linksammlung (englisch): http://www.itanakh.org/
- Hebräische Bibel (hebr.-englisch) mit Rasch"is Kommentar (hebr.-englisch): http://www.chabad.org/library/bible_cdo/aid/63255/jewish/The-Bible-with-Rashi.htm

Anmerkungen

[1] Letztere neigen allerdings des Öfteren zu antijüdischen Klischees.

[2] Er wurde für den universitären Gebrauch in Studiengruppen oder auch zu ersten exegetischen Unternehmungen Einzelner entwickelt. Die vorgeschlagene Methode führt also nicht zu einer vollständigen wissenschaftlichen Exegese, wie sie beispielsweise im Zentrum einer (theologischen) Hauptseminar- oder Masterarbeit stehen könnte. Zu diesem Zweck, aber

auch zur vertieften Befassung mit diachronen Formen der Exegese sei Helmut Utzschneider, Stefan A. Nitsche, Arbeitsbuch literaturwissenschaftliche Bibelauslegung. Eine Methodenlehre zur Exegese des Alten Testaments, Gütersloh 2001, empfohlen.

[3] In dieser Weise werden Bibelstellen auch zitiert: So bedeutet 1 Sam 9,15: 1. Buch Samuel/ 1. Schmu'el, 9. Kapitel, Vers 15. Die Einteilung in Kapitel und Verse wurde erst im frühen Mittelalter, und zwar in Judentum und Christentum unabhängig voneinander, vollzogen. Diese Einteilungen müssen also immer vom Text her kritisch überprüft werden.

[4] Dies ist in der Bibel tatsächlich selten.

[5] Vgl. das unten gewählte Beispiel Ex 19,1 (Tur-Sinai): „Am dritten Neumond nach dem Auszug der Kinder Jisraël aus dem Land Mizraim, an diesem Tag kamen sie in die Wüste Sinai." – Hier wird sowohl eine zeitliche wie eine lokale Zäsur gesetzt.

[6] Es ist zum Beispiel aufschlussreich, Luthers sprachlich geniale, aber nicht sehr exakte Übersetzung einmal daraufhin durchzusehen, wie oft er Gegebenheiten seiner Zeit (z.B. „Fürsten", statt des allgemeinen Begriffs „Befehlshaber") in die Übersetzung einbringt. Ein solches Verfahren ist nicht nur üblich, sondern geradezu unvermeidlich, wenn die Leser/innen etwas verstehen sollen.

[7] Vgl. Umberto Cassuto, A Commentary on the Book of Genesis. Bd. 1, Jerusalem [3]1978, S. 13-15.

[8] Alle deutschsprachigen Interpret/innen seien darauf aufmerksam gemacht, dass die hebräische Sprache (im Unterschied zur deutschen) wesentlich von Verben lebt. Bei der Suche nach Leitworten sollte man daher auf die Verben ein wesentliches Augenmerk legen.

[9] Ein Beispiel dafür wäre die Bauanleitung des Zeltheiligtums (Ex 25,10-27,19). Bauanleitungen sind klassische Sachtexte (hofft man zumindest, wenn etwas mit deren Hilfe zusammengesetzt werden soll). Im Kontext des Aufenthalts der Kinder Israels in der Wüste kommt der Leser des Abschnittes allerdings ins Grübeln: Woher sollten die Menschen auf der Halbinsel Sinai die in der Konstruktionsanweisung genannten Materialien bekommen?

[10] Einige Vorschläge zur Kommentarliteratur jüdischer und christliche Provenienz finden sich jeweils ausgangs der Kapitel zu den einzelnen biblischen Büchern im Literaturverzeichnis.

[11] Zur Elberfelder Bibel existieren darüber hinaus auch „Themen"- und „Begriffskonkordanzen".

Tora (Fünf Bücher Mose)

Mit dem Begriff Tora (תורה; hebr. „Weisung") werden die ersten fünf Bücher der Bibel (Fünf Bücher Mose) bezeichnet. Die Tora ist in jeder Beziehung das Zentrum der jüdischen Religion, auf das sich alle anderen Schriften interpretierend beziehen. Ihre Besonderheit besteht darin, dass die religionsgesetzliche Überlieferung (Halacha) in einen narrativen Rahmen gestellt und somit in eine fortlaufende Erzählung (Haggada) integriert wird.

Die überragende Würde der Tora gründet sich in der Überzeugung, dass sich Gott am Berge Sinai grundlegend offenbart und mit Israel verbunden hat. Die Mose übermittelten 613 Mitzwot (248 Gebote und 365 Verbote) umfassen alles, was zu einem gelungenen Leben vor Gott notwendig ist. Deshalb bildet die Tora den liebevoll und sorgfältig gehüteten Schatz Israels, der von Generation zu Generation weitergegeben wird.

Alle späteren Propheten und Theologen können sich nur noch interpretierend und aktualisierend auf die Tora beziehen: „Drehe und wende sie, denn alles ist in ihr." (mAvot V,22). Dies ist eine bedeutende und ehrenvolle Aufgabe, derer sich die jüdischen Gelehrten bis auf den heutigen Tag widmen. Den Prozess ständiger Anpassung, Aktualisierung und Erklärung der Tora bezeichnet man als „Mündliche Tora" (תורה בעל-פה; Tora be-al pé). Sie umfasst alles, was je interpretierend zu den Mitzwot und den sie rahmenden Erzählungen gesagt worden ist (z.B. Mischna, Talmud sowie deren Kommentare) und zukünftig noch gesagt werden wird.

Für die christliche Tradition zeigten sich die Fünf Bücher Mose (der Pentateuch) vor allem als *Vorgeschichte* Israels und als Darstellung der Entwicklung des (sog. Alten) Bundes zwischen dem Ewigen und Seinem Volk bedeutungsvoll. Die Erschaffung der Welt und des Menschen, die Patriarchen und einige der herausragenden Gestalten der Frühzeit Israels, welche als Archetypen des Glaubens und Vor-Abbildungen Christi interpretiert wurden, sowie letztlich die Zehn Gebote befanden (und befinden) sich im Zentrum des christlichen Interesses.

1 | Bereschit (Genesis)

Die Bezeichnung Bereschit (בראשית; „im/am Anfang") geht auf das erste hebräische Wort des biblischen Buches zurück, während der in vielen deutschen Bibelausgaben verwendete griechische Terminus „Genesis" („Ursprung, Entstehung") auf den Inhalt der Schrift deutet. Die Benennung „Erstes Buch Mose" (Lutherübersetzung) verweist wiederum auf die Zugehörigkeit zu den fünf Büchern der Tora (Pentateuch) sowie auf den tradierten Verfasser und Protagonisten im zweiten bis fünften Buch.

Kontext

Das erste Buch der Tora nimmt die Funktion eines Prologs ein. In ihm wird die (universale) Vor- und Entstehungsgeschichte des Volkes Israel vorgestellt, dessen Schicksal und Beziehung zu Gott im Zentrum des gesamten Tanakhs steht. Dementsprechend führt die Urgeschichte (Gen 1,1–11,26) Motive ein, die nicht nur für die anschließenden Vätererzählungen (Gen 11,27–50,26), sondern für die gesamte Bibel relevant bzw. zentral sind. Hier ist zum einen die göttliche Zuwendung hinsichtlich des Menschen zu nennen, welche sich bereits in der wohl geordneten, auf den Menschen ausgerichteten Schöpfung offenbart (Gen 1 und 2), oder auch der Bundesschluss zwischen Gott und Mensch (Gen 9). Exemplarische Erzählungen thematisieren sodann die zunehmende Entfernung des Menschen von Gott und die weitere Enfremdung von seiner zwischenmenschlichen und natürlichen Umgebung: die Entzweiung zwischen Mann und Frau, zwischen Mensch, Tier und Umwelt sowie unter Geschwistern (Gen 3 und 4).

Der Topos der verfeindeten Geschwister durchzieht darüber hinaus die gesamten Vätererzählungen (v.a. Jakob und Esau ab Gen 25,19 sowie Josef und seine Brüder in Gen 37). Erst am Ende der Joseferzählung findet eine vollständige Aussöhnung unter Brüdern, den Söhnen Jakobs, statt (Gen 45). Da jene die zwölf Stämme und somit Israel repräsentieren, schafft ihre Versöhnung und Zusammenführung in Ägypten schließlich die narrativen Voraussetzungen für die nachfolgende Schilderung des Exodus: Die Israeliten leben als Fremdlinge in Ägypten.

Zudem leitet Josefs abschließende testamentarische Verfügung, seinen Leichnam in das verheißene Land zu bringen (Gen 50,24-25), zu den Auszugserzählungen und Beschreibungen der Wüstenwanderung in den folgenden biblischen Büchern über.

Der Beginn des Buches Schemot knüpft dann wiederum mit der Aufzählung der nach Ägypten emigrierten Söhne Israels (Ex 1,1-5) explizit an die Joseferzählung des ersten Buches der Tora an.

Historische Einordnung

Obwohl traditionelle jüdische sowie christliche Zeitrechnungen die Schöpfung und Personen der Ur- und Vätergeschichte auf der Grundlage biblischer Angaben chronologisch verorten, besteht in der Forschung kein Zweifel, dass die angeführten Daten und Zahlen nicht exakte historische Fakten wiedergeben, sondern vielmehr symbolisch oder als Stilisierungen zu verstehen sind. Hierfür sprechen schon die unerreichbar hohen Lebensalter der Urväter (Gen 5,3-32).
Fraglich erscheint auch, ob die nachfolgenden Väter Abraham, Isaak, Jakob und dessen zwölf Söhne (Gen 12–50) auf *konkrete* historische Vorbilder zurückgehen. Vertreter der Bibelwissenschaft gehen zumeist von typisierten bzw. literarisch verdichteten oder stilisierten Darstellungen der Patriarchen als Repräsentanten einzelner Familienverbände oder Stämme aus.[1] Mittels dieser seien die zunächst voneinander unabhängigen Stämme oder Familienverbände in einen nachträglichen genealogischen Zusammenhang gebracht worden, um die Einheit und idealtypische Verbundenheit der Stämme Israels narrativ zu begründen, zu konsolidieren oder zu forcieren.

Im Gegensatz zu den mythischen Schilderungen in den ersten elf Kapiteln vermitteln die Vätererzählungen jedoch Lebensverhältnisse und Erfahrungen, die durchaus auf ein historisch lokalisierbares, soziokulturelles Umfeld verweisen (könnten), indem sie Hauptthemen und Anliegen Angehöriger halb-nomadischer Stämme – wie z.B. ausreichendes Weideland oder Nachkommen – tradieren.

Die sukzessive schriftliche Fixierung der jeweiligen Erzählungen und ihre nachfolgende(n) redaktionelle(n) Zusammenstellung(en) sowie Überarbeitung(en) werden gemeinhin zwischen dem 10. bis 5. Jahrhundert BCE angesetzt.[2]

Aufbau

Bereschit ist mittels zehn Genealogien[3] (hebr. Tol[e]dot: „Nachkommen, Generation, Entstehung") strukturiert, welche u.a. die Stringenz der Entwicklung von der Schöpfung bis zur Entstehung Israels zum Ausdruck bringen. Da der Begriff noch an zwei weiteren Stellen ohne nähere Gliederungsfunktion vorkommt (Gen 10,32; 25,13), könnte zudem ein Verweis auf die zwölf Stämme Israels vorliegen.

Urgeschichte Gen 1,1–11,26	
Vätererzählungen Gen 11,27–50,26	
11,27-25,18	Abraham („Toledot von Terach, des Vaters Abrahams")
25,19-37,1	Jakob, zusammen mit Isaak („Toledot von Isaak, des Sohnes Abrahams")
37,2-50,26	Josef („Toledot von Jakob")

Wichtige Themen und Texte

Den Auftakt der Bibel bildet in Gen 1,1-2,24a ein kunstvoll komponierter Schöpfungsmythos über die Entstehung der Welt (Kosmogonie). Hierbei wird die Schöpfung zunächst als Strukturierung[4] des in Gen 1,2 beschriebenen Chaos (Tohuwabohu, Finsternis, Urflut) vorgestellt. So scheidet der Ewige an den ersten drei Schöpfungstagen (Gen 1,3-13) Licht von Dunkelheit, Himmel und Erde, Land und Meer. Erst ab dem vierten Tag beginnt die eigentliche Erschaffung im Sinne des Hervorbringens der Gestirne (Gen 1,14-19), der Vögel und Wassertiere (Gen 1,20-23) sowie der Landtiere und Menschen (Gen 1,24-31). Den erzählerischen End- und Höhepunkt sowie ihre Vollendung erhält die Schöpfung mit der Einsetzung und Heiligung des Schabbats als Ruhetag am siebten Schöpfungstag. Religionsgeschichtlich steht dieser kosmologische Schöpfungsbericht im Kontext altorientalischer Schöpfungsmythen. Vor allem zum babylonischen Schöpfungsmythos *Enuma eliš* („Als droben") lassen sich zahlreiche (modifizierte) Parallelen feststellen. Aufgrund seiner kultischen Bezüge (Schabbat), der feierlich geformten Sprache, des kunstvollen Aufbaus und der thematischen Schwerpunkte wird er zumeist priesterlichen Kreisen im sechsten bzw. fünften Jahrhundert BCE zugeschrieben (sog. priesterschriftlicher Schöpfungsbericht).

In Gen 2,4b-25 folgt eine weitere, an mythischen Motiven und Erzählformen orientierte Schöpfungserzählung – nun mit Fokus auf der Erschaffung des Menschen (Anthropogonie). Jene wird im Gegensatz zum kosmologischen Schöpfungsmythos an den Anfang gestellt und mit handwerklich-anthropomorphen Vokabeln beschrieben: Der Ewige bildet den Menschen (hebr. אדם/*adam*; hier noch kein Eigenname) laut Gen 2,7 aus Staub der Erde bzw. des Ackerbodens (letzteres: hebr. אדמה/*adama*) und belebt ihn durch Einhauchen des Lebensodems. Anschließend sorgt der Schöpfer für die Lebensgrundlagen des Menschen: Er schafft den Garten Eden mit Pflanzen, dann die Tiere als ein unzureichendes und schließlich die Frau als adäquates Gegenüber.[5] Dieser zweite, wahrscheinlich ältere Schöpfungsbericht (zumeist um 950 BCE datiert) unterscheidet sich zwar von ersterem hinsichtlich Erzählstil, Reihenfolge und Motivik, es lassen sich aber auch Übereinstimmungen, wie z.B. die jeweils akzentuierte besondere Stellung des Menschen, konstatieren.

Der in beiden Berichten harmonische Urzustand wird jedoch durch Missachtung des göttlichen Verbots, vom Baum der Erkenntnis zu essen, seitens des Menschen aufgehoben (Gen 3). Allerdings soll der sog. Sündenfallmythos an dieser Stelle weniger eine tatsächliche urzeitliche Begebenheit oder die Herkunft der Sünde beschreiben, als vielmehr Grundsätzliches über den Menschen sowie hinsichtlich des Wesens und der Folgen der Sünde erörtern. So wird die Sünde als Ungehorsam, Missachtung menschlicher Grenzen, Hybris, Eifersucht bzw. Missgunst und Begierlichkeit expliziert. Unmittelbare Folge seien, wie der Bibeltext ausführt, eine Entfremdung zwischen Gott und Mensch,[6] zwischen den Menschen (konkretisiert am Beispiel der gestörten Beziehung von Mann und Frau),[7] zwischen Mensch und Tier[8] sowie zwischen dem Menschen und seiner

Umgebung.[9] Sie findet schließlich in der weiteren Urgeschichte ihre Fortsetzung: im Brudermord (Gen 4), innerhalb der Flutgeschichte (Gen 6,5-8,22) und der Erzählung vom Turmbau zu Babel (Gen 11,1-9).

Im Anschluss an die Fluterzählung, der zufolge (ähnlich dem mesopotamischen Gilgameschepos) nur ein einziger Mensch mit Familie – der rechtschaffene Noah – die sog. Sintflut mit göttlicher Hilfe in einer Arche überlebt, folgt der erste Bericht eines Bundesschlusses zwischen Gott und Mensch. Das Konzept eines Bundes zwischen Gott und seinem Volk (bzw. zu einer herausgehobenen Einzelperson) gehört zu den zentralen biblischen Vorstellungen und bildet vor allem in den nachfolgenden Vätererzählungen ein durchgehendes Motiv. Sicherte der Ewige Noah, dessen Nachkommen und allen weiteren Lebewesen, die in der Arche überlebt haben, bereits im Rahmen dieses ersten Bundes fortan Bestand zu, so werden den Patriarchen nun konkret (eine Vielzahl von) Nachkommen, Land sowie Segen und Schutz von Gott zugesagt.[10] Als sichtbare Bundeszeichen fungieren sodann der anschließende Regenbogen (Noah-Bund: Gen 9,13) und die Beschneidung (Abrahambund: Gen 17,11).

Anschließend führen zahlreiche Episoden innerhalb der Vätererzählungen aus, wie der Herr wiederholt zugunsten der Stammväter und -mütter Israels eingreift, indem er beispielsweise die langjährige Kinderlosigkeit der Ahnfrauen (Sara, Rebekka und Rahel) aufhebt und somit die Fortexistenz der Familie, des Stammes sowie Israels ermöglicht.[11]

Ein weiteres Leitmotiv stellt die göttliche Erwählung und Bevorzugung des (bzw. der) jeweils Jüngeren in den Vätererzählungen dar. So werden entgegen der herkömmlichen Ordnung, des Erbrechts der Erstgeborenen (Primogenitur), in quasi jeder Generation die älteren Söhne von den auserwählten Jüngeren (Isaak, Jakob, Josef, Ephraim) verdrängt, welche dann ihrerseits die Stellung der zentralen Stammväter Israels einnehmen.

Israels Stammväter und -mütter sind im Buch Bereschit bemerkenswerter Weise zudem nicht als untadelige Charaktere stilisiert. Ihnen werden vielmehr teilweise sogar erhebliche moralische Schwächen und kritikwürdige Handlungen zugeschrieben, so dass sie als menschlich-fehlbar und somit entwicklungsbedürftig, aber auch als durchaus lernwillig und –fähig vorgestellt werden (vgl. hierzu das falsche Tatsachen vortäuschende Reden und Handeln von Rebekka, Jakob oder Rahel; die Zweifel Saras und Abrahams bei der Verheißung ihres Sohnes etc.). Nichtsdestotrotz wendet sich Gott diesen in besonderer Weise zu und lässt ihnen unmittelbare Gottesbegegnungen zuteil werden (Abraham: Gen 15; 18; Jakobs Traum von der Himmelsleiter in Gen 28,10-22 und sein Kampf mit dem Engel des Herrn bzw. mit dem Ewigen selbst in Gen 32,23-33). Allerdings vollbringen sie auch außergewöhnliche (Glaubens-)Taten: Abraham ist bereit, den einzigen Sohn aus Gehorsam zu Gott zu opfern (Gen 22), Josef verzeiht seinen Brüdern, die ihn misshandelt, verraten und verkauft haben (Gen 45).

Wirkungsgeschichte

In der jüdischen Tradition

Zu Simchat Tora, dem „Fest der Tora-Freude“, wird mit der Lesung der letzten Parascha aus dem Buch Devarim (Dtn 33,1-34,12) der alte Zyklus der Toralesung beendet und der neue feierlich mit der ersten Parascha „Bereschit“ (Gen 1,1-2,3) begonnen. Insgesamt unterteilt sich das Buch Bereschit in zwölf Paraschijot (Lese-Abschnitte). Gen 2,1-3 wird zudem wöchentlich bei der Heiligung des Schabbat (Qiddusch) an Erev Schabbat (Schabbatabend) rezitiert.

Auch auf literarischem sowie exegetisch-hermeneutischem Gebiet lässt sich eine breite und vielseitige Rezeption des ersten biblischen Buches feststellen, wie bereits die Vielzahl der Kommentare zum Buch Bereschit bezeugt.[12]

Innerhalb des Tanakh finden sich erst in nachexilischen prophetischen Texten sowie in der biblischen und weiteren jüdisch-hellenistischen Weisheitsliteratur Anklänge an Motive des ersten Schöpfungsberichts. Deutliche Bezüge sind bei Deuterojesaja und in den Weisheitspsalmen zu erkennen sowie im Buch Ijov, in dem die göttliche Größe, Allmacht, Einzigartigkeit und Souveränität im Rahmen einer universalen Schöpfungstheologie entworfen und monotheistisch begründet wird.[13] Die weisheitliche Literatur akzentuiert dabei insbesondere die Relevanz der Weisheit (hebr. חכמה: *chokhma*, griech. σοφία: Sophia) als göttliches Schöpfungswerkzeug oder Bauplan für die Erschaffung von Welt und Mensch.[14] Sie wird von den Rabbinen zumeist mit der Tora identifiziert, welche sodann diese Weisheitsfunktion hinsichtlich der Schöpfung einnimmt (vgl. z.B. Bereschit Rabba 1,1).[15] Demgegenüber stellt die Ablehnung einer Ursubstanz, in Gen 1 noch nicht und in der rabbinischen Literatur nicht gänzlich oder stringent vertreten, ein Charakteristikum mittelalterlicher Religionsphilosophie dar, in welcher – wie beispielsweise seitens Maimonides – eine Schöpfung aus dem Nichts (*creatio ex nihilo)* postuliert wird.

Der theologisch problematische Plural in Gen 1,26 „Lasst uns Menschen machen“, religionsgeschichtlich oft als polytheistisches Relikt gewertet, wird in der jüdischen Tradition (wie auch in der christlichen) in der Regel auf einen himmlischen Engel-Hofstaat gedeutet (z.B. Bereschit Rabba 8,3-5), als Pluralis majestatis aufgefasst (Sa‘adja Gaon, Kommentar zu Bereschit, z. St.) oder auf die Erde als Ansprechpartnerin Gottes bezogen (Nachmanides, Kommentar zur Tora, z. St.).

Eine breite Auslegungstradition entfaltete sich zudem hinsichtlich der biblischen Feststellung, der Mensch sei als bzw. im Ebenbild Gottes (hebr. אלהים צלם: *zelem Elohim*, lat. *imago Dei*) geschaffen (Gen 1,27). Sie entstammt wahrscheinlich der altorientalischen Königsideologie, wonach sich der König oder Pharao – in seiner Funktion als Repräsentant der Gottheit – als Bild bzw. Sohn Gottes inszenierte. Allerdings besteht in der Frage, worin diese Ebenbildlichkeit konkret besteht, kein Konsens. Die philosophischen Antworten Philos (Über die Weltschöpfung, § 69) und der mittelalterlichen Vertreter (z.B. Maimonides, Führer der Unschlüssigen I,1) beziehen jene beispielsweise lediglich auf den Intellekt, nicht auf den körperlich-sinnlichen Teil des Menschen. Laut rabbinischer

Auffassung liegt der Schwerpunkt jedoch in erster Linie auf dem ethischen Moment, der Möglichkeit der freien Entscheidung des Menschen und der damit verbundenen moralischen Verpflichtung. Paradigmatisch stehen hierfür die Aufforderungen in bSota 14a, wonach der Mensch dem Herrn nachfolgen solle, indem er Nackte bekleide, Kranke besuche, Trauernde tröste, Tote bestatte, wie dies auch der Herr laut biblischem Bericht getan hat. Der Mensch ist demzufolge aufgefordert, dem Ewigen in ethischer Weise nachzuahmen und ihm auf diesem Wege ähnlich zu werden (lat. *imitatio Dei*: Nachahmung Gottes).

Die unmittelbar an die Feststellung der Gottebenbildlichkeit und -ähnlichkeit des Menschen anschließende Sentenz, „Als Mann und Frau schuf er sie", beziehen einige Rabbinen zudem auf das Eheideal – u.U. mit dem Umkehrschluss, dass ein Mann, der keine Frau hat, „kein Mensch", d.h. wohl kein Ebenbild Gottes, sei (bJevamot 63a). Die Hochschätzung der Ehe und Fortpflanzung manifestiert sich darüber hinaus in der verbreiteten rabbinischen Ansicht, der erste göttliche Appell an den Menschen im ersten Schöpfungsbericht, „Seid fruchtbar und mehret euch", entspreche dem ersten der 613 Mitzwot, die der Mensch zu erfüllen habe (mJevamot 6,6; vgl. auch die Diskussion in bJevamot 62a/b).

Obwohl in Gen 5,21-24 eher beiläufig erwähnt, wird dem urgeschichtlichen Henoch eine außergewöhnlich umfangreiche Rezeption in außerbiblischer apokalyptischer und mystischer Literatur zuteil (u.a. Äthiopisches Henochbuch, Slavisches sowie Hebräisches Henochbuch). Die um ihn rankenden Legenden und mystischen Spekulationen gründen in der kurzen biblischen Notiz, er sei nicht gestorben, sondern vom Ewigen „hinweggenommen" worden (Gen 5,24). Ihm wird als erhöhtem himmlischen Schreiber und höchstem Engel Metatron eine besondere Funktion im Himmel sowie bei der Vermittlung himmlischer Mysterien zugesprochen. Darüber hinaus dient er den Texten zufolge als Vorbild und Begleiter bei mystischen Himmelsreisen.

Wie Henoch gilt auch Noah in der jüdischen Tradition als gerecht. So führt ihn bereits Ez 14,14.20 zusammen mit Daniel und Hiob unter den exemplarischen Gerechten an. Die nach ihm benannten sieben Noachidischen Gebote werden fortan in rabbinischen Texten und seitens Maimonides als sittlicher Minimalkodex für Nichtjuden definiert, während Juden angehalten sind, allen 613 Geboten und Verboten zu entsprechen.[16]

Eine breite Rezeption erhalten ebenfalls die vier Stammväter und -mütter in deuterokanonischer und rabbinischer Literatur (z.B. in den Testamenten der zwölf Patriarchen). Hier werden ihre Charaktere und Handlungen haggadisch ausgestaltet, wobei sie nun des Öfteren zu ethischen Vorbildern stilisiert, an anderen Stellen wiederum kritisiert werden (Rahel für ihren „Götzendienst", Jakob für seine Täuschung). Da Rahel in der Fremde gestorben ist und Jer 31,15 daran anknüpfend expliziert, Rahel weine um ihre Kinder (Israel), wird sie häufig mit dem Exil bzw. dem in Bedrückung lebenden Volk Israel in Verbindung gebracht: Sie leidet mit ihrem Volk, betrauert oder begleitet Israel während des Exils.[17]

Abraham (hebr. „Vater von vielen/einer Menge", d.h. u.a. der Völker) wird von Juden, Christen und Muslimen als Stammvater angesehen. Der jüdischen Tradition zufolge gilt er als erster Jude, der sich freiwillig zu Gott bekannt hat und somit konkret als Vater der Proselyten (bSukka 49b, vgl. auch die Apokalypse Abrahams). In bBerakhot 13a wird er sogar als Vater der Völker bezeichnet, d.h. der ganzen Welt. Er sei ein „Freund Gottes" (bereits in Jes 41,8, aber auch in Jak 2,23 und im Koran) und Fürsprecher der Menschen (zurückgehend auf seine Fürsprache für Sodom in Gen 18). Juden, Christen und Muslime akzentuieren jeweils seinen Glauben und Gehorsam. So habe Gott Abraham beispielsweise laut einer verbreiteten rabbinischen Tradition zehn Prüfungen auferlegt, die er alle bestanden habe (vgl. mAvot 5,4; Pirqé Avot 5,1-4).

Der größten Prüfung seines glaubenden Gehorsams wird jährlich an Rosch ha-Schana und Jom Kippur gedacht, wenn am ersten Tag von Rosch ha-Schana der Text zu Isaaks Geburt (Gen 21), am zweiten Tag Gen 22, die Aqedat Jitzchaq („Bindung [zur Opferung] Isaaks"), gelesen wird (bMegilla 31a). Darüber hinaus soll der Ton des Schofars (Widderhorn) an Rosch ha-Schana und Jom Kippur den Herrn angesichts des anstehenden Gerichts über alle Menschen an die Verdienste Abrahams und Isaaks erinnern und somit zu einem barmherzigen Urteil bewegen (Tanchuma Buber, Paraschat Wajjera, § 46). Die Lesung der Aqeda ist zudem Bestandteil des Schacharit, des täglichen Morgengebets.

Großen Einfluss erhielt auch die Rezeption der in der Bibel bereits angelegten Identifizierung von Jakob und Esau mit Israel und Edom (vgl. Gen 25; Jo 4,19; Am 1,11-12; Obd). So wird Jakob im Midrasch Bereschit Rabba 65,21 oder bei Rasch"i (zu Gen 25,22ff. und zu Jes 23,1ff.) traditionell mit Israel, Esau nun mit Rom bzw. den Christen gleichgesetzt. Jakobs moralische Vergehen werden in diesem Zusammenhang sodann relativiert, so dass er entlastet, Esau hingegen belastet wird. Demgegenüber nimmt das Buch Hosche'a die Jakoberzählung kritisch auf, indem anhand dieser die Verfehlungen Jakobs bzw. Israels in der Geschichte veranschaulicht werden (vgl. Hos 12,3-15).

Die farbenprächtige Josef-Erzählung (Gen 37–50) erhält schließlich im mittelalterlichen Sefer ha-Jaschar („Buch des Aufrechten") eine breite haggadische Ausgestaltung. Josef selbst wird in rabbinischer Zeit mit dem leidenden Gerechten (Deuterojesaja) verbunden und als Maschi'ach ben-Josef zum (Vorbild des) leidenden Messias, der dem siegreichen davidischen Messias (Maschi'ach ben-David) vorausgeht bzw. vorausgehen kann.

In der christlichen Tradition

Die neutestamentlichen Briefe und die Werke der Kirchenväter enthalten vor allem typologische Aufnahmen der im Buch Bereschit beschriebenen Personen. Die Typologie wird dabei entweder als Präfiguration (Vor-Abbildung) späterer christlicher Protagonisten innerhalb urgeschichtlicher oder -väterlicher Gestalten formuliert oder die jeweiligen Vertreter sind einander antagonistisch, als jeweilige Repräsentanten des Alten und Neuen Bundes, gegenübergestellt.

Melito von Sardes zählt bereits im 2. Jahrhundert in seiner Schrift „Vom Passa" eine Reihe von Personen aus dem Buch Bereschit auf, bei denen er eine Vor-Abbildung des Leidens Jesu Christi erkennt: im ermordeten Abel, im gebundenen Isaak und im verfolgten Josef. Auch Origenes deutet den geliebten, einzigen Sohn Isaak, der das Holz für sein eigenes Brandopfer herbeiträgt, als Hinweis auf Jesus, der sein Kreuz zum Hinrichtungsort trägt.[18]

Typologische Gegenüberstellungen von Adam und Christus (als erster und zweiter, wahrer Adam), welche jeweils den alten oder den neuen Bund repräsentieren, enthalten bereits die Paulusbriefe (Röm 5,12-21; 1 Kor 15,45-50). Auch weitere paulinische Allegorien beziehen sich auf das werdende Juden- und Christentum bzw. auf den Alten und Neuen Bund. So stehen beispielsweise Hagar und Sara oder Ismael, als Sohn einer Sklavin „nach dem Fleische geboren“, und Isaak, als Sohn der Freien, der „nach dem Geiste“ geborene Sohn und somit Freie, diesen zufolge für die unterschiedliche, heilsgeschichtliche Zugehörigkeit (Gal 4,21-31, vgl. auch Origenes, Homilien zu Gen 7). Eine ähnliche, jedoch vermittelnde Deutung präsentiert Cäsarius von Arles im Sermo 88: Durch Jakob (= Christus) küssen sich Lea, das Volk der Juden, und Rahel, das Volk der Heiden, die durch Jakob/Christus miteinander verbunden sind. Seit Justin verwenden die Kirchenväter wahrscheinlich in Analogie zur Adam-Christus-Typologie zudem die Gegenüberstellung der den Tod verursachenden Eva und Maria, die Leben und Heil erwirkt.

Abraham ist schließlich innerhalb eines Stammbaums im Matthäusevangelium als Urahn Jesu (eigentlich Josefs) hervorgehoben (Mt 1,1-2.17). Sein Glaube wird darüber hinaus als Vorwegnahme des christlichen Glaubens gedeutet, der Patriarch selbst gilt als Prophet des Glaubens an Christus (Irenäus, Gegen die Häresien 4,21,1). Zudem überträgt Origenes in seinem Kommentar zu Joh 20,10 Abrahams gläubig-gehorsame Bereitschaft, das Land zu verlassen, wie Gott ihm geheißen hat (Gen 12), allegorisch auf alle „Kinder Abrahams“, die ihr bisheriges Leben in der Nachfolge Christi aufgeben.

Im Neuen Testament und im Koran repräsentiert Abraham die nach Mose am häufigsten vorkommende Gestalt der Hebräischen Bibel. Er wird entsprechend der christlichen Selbstbezeichnung „Kinder Abrahams“ (Joh 8,39) „unser Vater“ genannt (Röm 4,1.17, Apg 7,2) und somit zum Vater der (christlichen) Gläubigen (vgl. Röm 4,11) erklärt. Sein Glaube sei allein ausschlaggebend gewesen und ihm als Gerechtigkeit angerechnet worden (vgl. Gen 15,6). Als Glaubende würden die Christen Abrahams Söhne und nur aufgrund ihres Glaubens und der göttlichen Gnade gerechtfertigt werden – im Gegensatz zu denjenigen, die (noch) nach dem (jüdischen) Gesetz leben und sich vergeblich mittels der (nicht möglichen) Erfüllung desselben Rechtfertigung erhoffen (Gal 3,5-14).

Besonderes Gewicht erhält die Betonung der Relevanz des Glaubens dann in der Abgrenzung von einer veräußerlichten Werkgerechtigkeit und katholischer Ablasspraxis bei Martin Luther: *sola fide* (allein aus dem Glauben) gehört neben *sola gratia* (allein aus der Gnade) und *sola scriptura* (allein durch die [Heilige] Schrift) sowie *solus Christus* (allein [durch] Christus) zu den zentralen Begriffen lutherischer Rechtfertigungslehre.

Als christologische Adaption der Anfangsverse des ersten Schöpfungshymnus (Gen 1,1-5) ist schließlich der einflussreiche Prolog des Johannesevangeliums gestaltet, der Eingang in die Osterliturgie erhalten hat (Joh 1,1-5). Unter Einbezug jüdisch-hellenistischer Logosspekulationen wird Christus hier als präexistenter Logos, das vor der Erschaffung der Welt existierende Wort Gottes, wodurch alles geworden ist, vorgestellt (Joh 1,3). Des Weiteren identifiziert ihn der Verfasser des Prologs mit dem ebenfalls genannten Licht, das in die Welt kam, diese zu erleuchten (Joh 1,9). In der späteren Theologie wird gemeinhin auch eine Erschaffung aus dem Nichts, *creatio ex nihilo*, vertreten.

Ausgehend von der jüdisch-hellenistischen Logos- und Weisheitsspekulation gilt Christus christologischen Definitionen gemäß als erstes und vollkommenes Bild Gottes, als das Ebenbild Gottes schlechthin. Der Mensch ist demzufolge konkret nach dem Bilde Christi erschaffen[19] und daher angehalten, ihm in besonderer Weise nachzufolgen.

Zugleich verkörpert Christus christlicher Grundauffassung zufolge den einzigen Menschen (laut späterer katholischer Dogmatik allerdings zusätzlich noch seine Mutter Maria), der von der Erbsünde befreit ist. Die Erbsündenlehre prägt seit Augustin trotz unterschiedlicher konfessioneller Varianten die christliche Anthropologie. Sie beinhaltet die Vorstellung, dass sich der Sündenfall Adams auf alle Menschen ausgewirkt habe, so dass diese keine wirkliche Freiheit (zum Guten) besäßen und auf die Gnade Gottes angewiesen seien. Entsprechend unterscheiden die Kirchenväter bereits seit Irenäus zwischen der kontinuierlichen Imago Dei des Menschen und der Gottähnlichkeit (lat. *similitudo*), welche der Mensch aufgrund des Sündenfalls (zunächst einmal) verloren hat.

Weiterführende Literatur

Traditionelle jüdische Kommentare in Übersetzung (Auswahl)

- Rasch"i: Raschis Pentateuchkommentar. Vollständig ins Deutsche übertragen und mit einer Einleitung versehen von Rabbiner Dr. Selig Bamberger, Basel [4]1994, S. 1-155.
- Abraham Ibn Esra: Ibn Ezras Commentary on the Pentateuch: Genesis. Transl. into English and Annot. by H. Norman Strickman, Arthur M. Silver, New York 1988.
- Abraham Ibn Esra: Abraham Ibn Esras Kommentar zur Urgeschichte. Mit einem Anhang: Raschbams Kommentar zum ersten Kapitel der Urgeschichte. Übersetzt und erklärt von Dirk U. Rottzoll, Berlin/New York 1996.
- Mosche Nachmanides: Commentary on the Tora. Genesis, New York 1971.

Traditionelle christliche Kommentare in Übersetzung (Auswahl)

- Irenäus: Norbert Brox (Hg.), Adversus haereses – Gegen die Häresien, Fontes Christiani Bd. 8, 1-5, Freiburg u.a. 1993-2000.
- Origenes: Peter Habermehl (Hg.), Die Homilien zum Buch Genesis in der Übersetzung des Rufinus, Freiburg u.a. 2011.
- Origenes: Karin Metzler (Hg.), Die Kommentierung des Buches Genesis, Freiburg u.a. 2010.

- Augustin: Paul Agaësse, Aimé Solignac (Hg.), La Genèse au sens littéral, Biliothèque Augustienne 48-49, Paris 1972.
- Luther: Herbert Carl (Hg.), Exposition of Genesis: Volumes 1 and 2, Grand Rapids 1942.
- Calvin: Wilhelm Goeter, Matthias Simon, Auslegung der Genesis [von Johannes Calvin], in: Otto Weber (Hg.), Johannes Calvins Auslegung der Heiligen Schrift, neue Reihe, Bd. 1, Neukirchen-Vluyn 1956.

Zusammenstellungen traditioneller jüdischer und christlicher Auslegungen

- Roland Gradwohl, Bibelauslegungen aus jüdischen Quellen, 2 Bde., Stuttgart [2]1995.
- Daniel Krochmalnik, Schriftauslegung – Das Buch Genesis im Judentum (Neuer Stuttgarter Kommentar Altes Testament), Stuttgart 2001.
- Dirk U. Rottzoll, Rabbinischer Kommentar zum Buch Genesis, Berlin/New York 1994.
- Gregory T. Armstrong, Die Genesis in der Alten Kirche. Die drei Kirchenväter, Tübingen 1962.
- Theresia Heither, Christiana Reemts, Schriftauslegung – Die Patriarchenerzählungen bei den Kirchenvätern (Neuer Stuttgarter Kommentar Altes Testament), Stuttgart 1999.

Wissenschaftliche Literatur

- Benno Jacob, Das Buch Genesis, Stuttgart 2000.
- Umberto Cassuto, A Commentary on the Book of Genesis, 2. Bde., Jerusalem [4]1992.
- Jürgen Ebach, Genesis 37-50 (Herders Theologischer Kommentar zum Alten Testament), Freiburg 2007.
- James L. Kugel, The Bible as It Was, Cambridge/London 2001.
- Lothar Ruppert, Das Buch Genesis, Düsseldorf 1984.
- Nahum M. Sarna, Genesis (The JPS Torah Commentary), Philadelphia/New York 1996.
- Gerhard von Rad, Das erste Buch Mose. Genesis (Altes Testament Deutsch), Göttingen [12]1987.
- Ephraim A. Speiser, Genesis (The Anchor Yale Bible), New Haven/London [2]2008.
- Claus Westermann, Genesis (Biblischer Kommentar Altes Testament), 3 Bde., Neukirchen-Vluyn 1999.

Anmerkungen

[1] S. hierzu z.B. J. Alberto Soggin, Das Buch Genesis. Kommentar, Darmstadt 1997, S. 197-198.

[2] Vgl. zur historischen Verortung des Buches Bereschit die Ausführungen zu den modernen Entstehungshypothesen der Tora im Grundlagenteil dieses Bandes (Kap. 3.4).

[3] Gen 2,4 (Entstehungsgeschichte des Himmels und der Erde); 5,1 (Nachkommen Adams); 6,9 (Nachkommen Noahs); 10,1 (Nachkommen der Söhne Noahs); 11,10 (Nachkommen

Schems); 11,27 (Nachkommen Terachs); 25,12 (Nachkommen Ismaels) 25,19 (Nachkommen Isaaks); 36,1 und 36,9 (Nachkommen Esaus); 37,2 (Nachkommen Jakobs).

[4] Der griechische Terminus *Kosmos* bedeutet entsprechend v.a. „Einteilung, Ordnung" (Grundbedeutung: „Schmuck", „Zierde").

[5] Die Verwandtschaft bzw. Adäquatheit von Mann und Frau ist im hebräischen Text (Gen 2,23) auch terminologisch akzentuiert: *isch* (איש, hebr. „Mann") und *ischa* (אשה, hebr. „Frau"). Letzteres wird in der Lutherübersetzung in Anlehnung an das Hebräische als „Männin" wiedergegeben.

[6] Diese Entfremdung zeigt sich im Verbergen und bei der Lüge gegenüber dem Ewigen seitens des Menschen (Gen 3,8-10).

[7] Vgl. hierzu die Schuldzuweisung Adams, die Frau hätte ihn veranlasst, vom Baum der Erkenntnis zu essen und das ungleiche Verhältnis zwischen Mann und Frau im Sinne einer Herrschaftsbeziehung des Mannes über die Frau in Gen 3,12 und 3,16.

[8] Exemplarisch steht hierfür die Feindschaft zwischen der Frau und der Schlange bzw. hinsichtlich der jeweiligen Nachkommenschaft (Gen 3,15).

[9] Vgl. hierzu die Ausführungen in Gen 3,17-19 über die Mühsal bei der Bestellung des Ackerbodens.

[10] S. Gen 9,1-17 (Noah), Gen 12,1-3; 15,1-21; 17,1-27 (Abraham), Gen 28,13-15 (Jakob).

[11] Hinsichtlich Sara: Gen 16,1ff.; 18,11ff.; 21,1-7, Rebekka: Gen 25,21ff. sowie bei Rahel: Gen 30,1-24.

[12] Exemplarisch seien hier genannt: Philos allegorischer Kommentar zu ausgewählten Abschnitten (De Opificio Mundi: „Über die Erschaffung der Welt") oder die maßgeblichen mittelalterlichen Kommentare von jüdischen Philosophen wie Maimonides oder Nachmanides (Kommentar zur Tora), der einflussreiche Midrasch Bereschit Rabba oder auch nachbiblische Neufassungen mit ausführlichen Ausgestaltungen („Rewritten Bible") wie das Jubiläenbuch, das Genesis-Apokryphon, Pirqé de-Rabbi Elie'ser oder die Testamente der zwölf Patriarchen sowie mystisch-symbolische Ausdeutungen im Sefer Jezira, im Sefer ha-Bahir oder Sefer ha-Sohar.

[13] Vgl. z.B. Jes 40,26-28; 41,20; 42,5; 45,8-12; 45,18; 51,9-16 u.ä.; Ps 8; 89; 95; 104, 136; Hi 38-40.

[14] So z.B. Spr 8,22-31; Sir 24,3ff. sowie SapSal 9,2.

[15] Antike und mittelalterliche mystische Spekulationen, die unter der Rubrik „Ma'assé Bereschit" (Schöpfungswerke) eingeordnet werden, greifen auf den ersten Schöpfungsbericht zurück und deuten diesen mystisch-symbolisch. Als Schöpfungswerkzeuge gelten in den mystischen Texten z.B. die zehn Grundzahlen und 24 Buchstaben des hebräischen Alphabets (Sefer Jezira). In der Kabbala ist der Schöpfungsprozess auf den innergöttlichen Bereich übertragen und beschreibt die Emanation bzw. Entäußerung der transzendenten Gottheit (Ejn Sof) zur offenbaren, immanenten Gestalt. Diese manifestiert sich in den zehn Sefirot und geht der Erschaffung von Welt und Mensch voraus, indem sie jene vorausbildet und verursacht (Sefer ha-Sohar).

[16] Diese sind laut tAvot Zara 8; bSanhedrin 56a-b, Bereschit Rabba 34,8: „(das Gebot der) Rechtspflege, (das Verbot der) Gotteslästerung, des Götzendiensts, der Unzucht, des Blutvergießens, des Raubs und (des Genusses) eines Gliedes von einem lebendigen Tier". Maimonides, der die Noachidischen Gebote kodifizierte, erläuterte: Jeder, der versuche, diese sieben Gebote zu erfüllen, gehöre zu den Frommen und habe Anteil an der zukünftigen Welt (Mischne Tora, Hilchot Melachim 8,11).

[17] In der späteren Mystik wird Rahel mit diesen Konnotationen mit der Schekhina, der offenbaren Gottheit, identifiziert. Dem Midrasch Ekha Rabba zufolge tritt sie zudem als erfolgreiche Gottesstreiterin für ihre Kinder (Israel oder die gesamte Menschheit) auf (Ekha Rabba, Peticha 24).

[18] Vgl. Origenes, Homilien zum Buch Genesis 8. Er sieht aber auch im dann tatsächlich geopferten Widder einen Vorverweis auf Christus: Dieser symbolisiere die menschliche Natur Jesu, während Isaak auf dessen Göttlichkeit hinweise (Homilien zu Gen 14).

[19] Vgl. zu den verschiedenen christlichen Konkretisierungen, worauf die Ebenbildlichkeit in besonderer Weise bezogen sein könnte, Claus Westermann, Genesis (Biblischer Kommentar Altes Testament), 3 Bde., Neukirchen-Vluyn 1999, S. 203-218.

2 | Schemot (Exodus)

Der hebräische Name des Buches („Namen“, hebr. Schemot; שמות) ergibt sich aus dessen erstem Vers: „Und dies sind die Namen der Kinder Israels, die nach Ägypten kamen“ (Ex 1,1a). In vielen deutschen Bibelübersetzungen findet sich hingegen die Bezeichnung Exodus („Auszug“) für das zweite Buch der Bibel. Darin folgen sie der Septuaginta, welche die fünf Teile der Tora nach ihren jeweilig prägenden Inhalten benennt.

Kontext

In seinen ersten beiden Kapiteln konstruiert Schemot eine Brücke zwischen den Erzählungen der Väter Israels im Buch Bereschit und den Ereignissen um den Auszug der Kinder Israels aus der ägyptischen Knechtschaft. Es beschreibt die Entwicklung der Söhne Jakobs zum Volk Israel (vgl. summarisch Ex 1,1-7). Die Hauptfigur der nachfolgend geschilderten Ereignisse, Mose, wird genealogisch verankert (Ex 2,1) und in die Erzählung eingeführt (Ex 2,2-22).

Mit dem Buch Schemot beginnt der umfassendste zusammenhängende Textkomplex der Hebräischen Bibel. Er erstreckt sich letztlich vom Buch Schemot bis zum Ende der Tora in Devarim. Nach der Befreiung aus der ägyptischen Knechtschaft unter der Führung Moses (Ex 3-15) kulminiert der Bericht in der Kundgabe des Ewigen am Berg Sinai (Ex 19 – Num 10,10). Abschließend wird der vierzig Jahre währende Zug der Israeliten durch die Wüste zum Land der Verheißung geschildert (Num 10,11-36,13). Dieser mündet in eine erneute Einschärfung der Gebote vom Sinai, die als testamentarische Rede des Mose gestaltet ist (Dtn 1,1-33,29). Das Buch hängt also eng mit den nachfolgenden Teilen der Tora zusammen: Schemot, Wajiqra und Bemidbar bilden im Grunde einen Gesamtzusammenhang, der in Devarim noch einmal zusammenfassend zur Sprache kommt. Die überragende Bedeutung der Sinai-Tradition wird durch deren Wiederholung am Ende der Tora wirkungsvoll unterstrichen.

Historische Einordnung

Die im zweiten Buch der Tora dargestellte Epoche umfasst die Fronarbeit Israels im östlichen Nildelta, den Auszug aus Ägypten und den Zug des Volkes zum Berg Sinai, wo sich der Ewige offenbarte. Der geschichtliche Hintergrund des Exodus und – sofern die Historizität des Ereignisse überhaupt vertreten wird – dessen Datierung werden in der Forschung seit Jahrhunderten hitzig diskutiert. Die Bandbreite der Auffassungen reicht von schlichter Übernahme der biblischen Angaben bis hin zu deren völliger Ablehnung.

Zunächst gilt es festzuhalten, dass Schemot den betroffenen ägyptischen Herrscher nicht beim Namen nennt. Er tritt als „Pharao“ oder „der König Ägyptens“ in Erscheinung. Zu den sehr wenigen verwertbaren konkreten Angaben gehören die Bezeichnungen der „Speicherstädte“ (Ex 1,11), an deren Bau die israelitischen Fronarbeiter mitzuwirken gezwungen waren – nämlich Pitom und Ra’amses. Der Name Ra’amses könnte immerhin auf die Zeit der Ramessiden (die 19. und 20. altägyptischen Dynastien; 13.-11. Jh. BCE) verweisen. Allerdings hätten die Israeliten, wären sie zur Zeit der 19. Dynastie (13. Jh. BCE) aus dem Nildelta geflüchtet, den Herrschaftsbereich „Pharaos“ nicht verlassen.

Die zahlreichen Erfahrungen Israels mit Fremdherrschaft aus späterer Zeit, sei es die ägyptische (unter Necho II., 609-595 BCE), die neuassyrische (in der zweiten Hälfte des 7. Jh. BCE) oder die neubabylonische (ab 604 BCE), könnten gleichfalls zur Entstehung oder zu einer Aktualisierung der Exodustradition beigetragen haben.

Die Vorgänge am Berg Gottes (Ex 19-45), insbesondere die Erscheinung des Ewigen und die Übergabe der Tora (der Gebote), entziehen sich ihrem Wesen nach jeder historischen Beurteilung oder Datierung. Die unterschiedlichen Bezeichnungen des Berges deuten darauf hin, dass es den biblischen Autoren auf eine ähnliche Universalität ankam wie beim namenlosen Pharao. In den womöglich ältesten Traditionen trägt der Berg überhaupt keinen Namen; in anderen Texten wird entweder der Name Sinai (eigentlich die Bezeichnung für die gesamte Wüste, vgl. Ex 19,1-2) oder die generische Bezeichnung „Einöde“ (Chorev/Horeb; vgl. Ex 3,1; durchgängig in Devarim) auf ihn übertragen.

Der konkrete Inhalt der halachischen Traditionen, die Schemot mit dem Sinai verknüpfen, weist gleichfalls auf einen sehr langen Zeitraum der Entstehung der Texte (mindestens 9. bis 6. Jh. BCE) hin. Das Buch enthält neben sehr elaborierten ethischen Grundsätzen (Zehn Gebote; Ex 20,11-14)[1] die womöglich älteste Sammlung von Gesetzen (Mischpatim/Satzungen bzw. das „Bundesbuch“, Ex 21-23),[2] und einen umfangreichen kultischen Komplex, der sich um den Bau des Heiligtums rankt (Ex 25-31.35-40). Letzterer, eindeutig priesterlicher Herkunft, dürfte wohl ebenfalls exilischer oder nachexilischer Zeit zuzuweisen sein.

Aufbau

Das sehr sorgfältig konstruierte Buch verhandelt drei große Themenfelder: Die Fronarbeit in Ägypten und die Befreiung von ihr (Ex 1-15), den Beginn der Wüstenwanderung vom „Schilfmeer“ bis zum Berg des Ewigen (Ex 16-18) sowie den Aufenthalt am Sinai nebst der Offenbarung der Tora (Ex 19-40). Die ersten beiden Teile, die man auch als ‚Weg zum Berg Gottes' apostrophieren kann, entsprechen ihrem Umfang nach nahezu dem zweiten.

Schemot setzt bewusst chronologische Gliederungssignale. Die unmittelbare Befreiungstat des Ewigen, die Ex 12 mit der Einsetzung des Pessach beginnt, wird auf den 15. Tag des ersten Monats festgesetzt und bildet einen Referenzrahmen für alle folgenden Ereignisse (vgl. Ex 16,1: genau ein Monat später; Ex 19,1: der erste Tag des dritten Monats; Ex 40,17: Einweihung des Heiligtums am ersten Tag des ersten Monats des zweiten Jahres).

I. Ex 1,1-15,21:	**Die Befreiung aus der ägyptischen Fron**
1,1-2,22	Vorgeschichte: Israel in Ägypten
2,23-7,7	Die Sendung Moses (und Aarons)
7,8-11,10	Die zehn Plagen
12,1-14,31	Einsetzung des Pessachfestes und Befreiung von der Fron
15,1-21	Lyrischer Abschluss: Schilfmeer- und Mirjams Lied
II. Ex 15,22-18,27:	**Auf dem Weg zum Berg des Ewigen**
15,22-27	Israel in Mara/Elim (kein Wasser)
16,1-36	Israel in der Wüste Sin (kein Essen; Manna; Schabbat)
17,1-7	Israel in Massa und Meriba (kein Wasser)
17,8-16	Israel in Refidim (militärische Bedrohung; Amalek)
18,1-27	Israel am Berg des Ewigen (Organisierte Rechtsprechung)
III. Ex 19,1-40,38:	**Am Berg Sinai**
19,1-25	Vorbereitung auf die Offenbarung des Ewigen
20,1-23	Zehn Gebote und *Offenbarung des Ewigen (20,15-23)*
21,1-24,18	*Mischpatim* und *Offenbarung des Ewigen (24,1-18)*
25,1-31,18	Anleitung zum Bau des Heiligtums und *Schabbat (31,12-18)*
32,1-34,35	Das „Goldene Kalb“ und *„neue Tafeln“ (34,10-27)*
35,1-3	*Schabbat*
35,4-40,38	Bau des Heiligtums und *dessen Einweihung (40,17-38)*

Nach jüdischer Tradition umfasst das Buch Schemot elf Paraschijot (Lese-Abschnitte). Es zeigt sich gründlich komponiert und arbeitet mit einem Kontrastschema, das die theologischen Hauptthemen akzentuiert. So wird im ersten Teil der Kampf zwischen dem Ewigen und Pharao besonders hervorgehoben. Der zweite Teil erzeugt mit seinem harten Einsatz in Ex 15,22-27 (Murren des Volkes wegen fehlenden Wassers) einen scharfen Gegensatz zum Jubel nach der Rettung am Meer (Ex 15,1-21). Das Unverständnis über die Haltung des Volkes seinem Erretter gegenüber könnte literarisch nicht stärker artikuliert werden. Der dritte Teil operiert mit deutenden Rahmen. Die Erzählungen Ex 19 und 24 (Bundesschluss) legen sich als interpretierende Klammer um das Bundesbuch (*Mischpatim*) als eine erste größere halachische Einheit. Mit Ex 25-31/35-40, dem Bau des Heiligtums, wird hingegen ein halachischer Rahmen um ein haggadisches Zentrum gezogen. Beide Teile verhandeln die Frage, in welcher Weise der Ewige bei seinem Volk anwesend zu sein gedenkt.

Wichtige Themen und Texte

Der prägenden Figur des Mose wird eine für biblische Verhältnisse sehr ausführliche ‚biographische‘ Einführung zuteil. Sie dient als Prolog für das gesamte

Geschehen, das somit narrativ vorweggenommen wird. Wie sein künftiges Volk, so wird auch Mose wunderbar errettet und „aus dem Wasser gezogen" (Ex 2,1-10); er sucht auf seine Weise seine Landsleute vor der Fronarbeit zu bewahren (Ex 2,11-14) und muss daher fliehen (Ex 2,15-22). In der Berufung des Mose (Ex 3-4) werden alle wichtigen theologischen Themen des kommenden Buches gewissermaßen angespielt: Der Wille des Ewigen, sich seinem Volk zuzuwenden; dessen doppelte Selbstkundgabe im geheimnisvollen vierbuchstabigen Namen („Tetragrammaton"; Ex 3,14) und als Gott der Väter (Ex 3,6.15); der Hinweis auf den Sinai (Ex 3,1-5.12) und auf die Funktion Moses als Künder des Ewigen (Ex 4,10-17).

Mit der Einsetzung von Pessach und der zugehörigen Erzählung von der Befreiung aus ägyptischer Fron (Ex 12-15,21) erreicht das Buch Schemot seinen ersten großen Höhepunkt. Sowohl die Errettung aus dem „Sklavenhause" als auch die Erinnerung an das zuvor erlittene Unrecht bilden eine überaus bedeutende begründende Konstante der biblischen Theologie. Einerseits dient das Pessachfest jährlich und für alle Zeiten dem Volk Israel zum Gedächtnis der eigenen Befreiung (Ex 12,14), andererseits wird jedwedes unsoziales Verhalten unter Hinweis auf das einstige Sklavendasein zurückgewiesen. Die Rettungstat des Ewigen bildet den Anfang und die Basis des Bundes Israels mit seinem Gott, wie es im Ersten Gebot (Ex 20,2) prägnant formuliert ist.

Die Erscheinung des Ewigen auf dem Sinai und mit ihr die Kundgabe der Gebote findet sich in Ex 19 sehr eindrucksvoll vorbereitet. Das Kapitel bietet in sehr dichter narrativer Form einige wesentliche Grundaussagen zum idealen Verhältnis des Volkes Israel zum Ewigen, die in der jüdischen Tradition vielfältige Beachtung erfahren haben: So beschreibt Ex 19,6 Israel als ein „Königtum von Priestern und heiliges Volk". Die Aussage der am Fuße des Berges Versammelten, „Und es antwortete das gesamte Volk gemeinsam und sie sagten: Alles, was der Ewige gesprochen hat, wollen wir tun." (Ex 19,8), gilt als einer der Höhepunkte der Beziehung des Ewigen zu Israel.

Den gewichtigen Auftakt der Kundgabe des Ewigen bilden die Zehn Worte (Asseret ha-Dibb'rot; עשרת הדיברות; zur Bezeichnung vgl. Ex 34, 28; Dtn 4,13 sowie 10,4). In Anlehnung an die griechische Übersetzung des Terminus hat sich in der christlichen Tradition der Name „Dekalog" bzw. die „Zehn Gebote" durchgesetzt. Eine weitgehend parallele Fassung für sie bietet Dtn 5,6-21. Die „Zehn Worte" können als eine Art volkspädagogisches Minimalprogramm betrachtet werden, mit dessen Hilfe man sich die wesentlichen Inhalte des Bundes mit dem Ewigen quasi an zehn Fingern abzählen kann. Bereits in hellenistischer Zeit (vgl. Philo von Alexandrien, 15 BCE bis 45 CE) kannte man die Zweiteilung des Textes in jeweils fünf auf den Ewigen bezogene Gebote und fünf auf ein adäquates menschliches Zusammenleben zielende Verbote. In christlichen Traditionen (katholisch/lutherisch; reformiert/anglikanisch sowie orthodox) finden sich abweichende Zählungen der Gebote, wobei in der katholischen und lutherischen Variante das Gebot, seine Eltern zu ehren, in den Bereich des Ethischen, auf die sog. Zweite Tafel, wandert.

Der Inhalt der Mischpatim (Ex 21,1-23,33; „Bundesbuch") korrespondiert in mancherlei Weise mit dem Dekalog. Zahlreiche Maßgaben im Umgang mit sozial Schwachen werden vorgetragen (vgl. die Sklavengesetze in Ex 21,2-11), Mord und Totschlag (Ex 21,12-14 u.ö.) sowie Diebstahl (Ex 21,16) werden justitiabel gemacht und die Ehrung der Eltern radikal eingeschärft (Ex 21,12.15.17).

Kultischer Rahmen: Ex 20,22-26
Ex 21,1 Überschrift: Dies aber sind die Mischpatim, die du ihnen vorlegen wirst.

A	Ex 21,2-6	Der Hebräische Sklave
	Ex 21,7-11	Die in Schuldknechtschaft verkaufte Tochter
B	Ex 21,12-14	Totschlag und Mord
C	*Ex 21,15-17*	*Drei Tabus: Eltern; Diebstahl von Menschen, Eltern*
A'	Ex 21,18-27	Körperverletzung von Menschen an Menschen
	Ex 21,28-36	Körperverletzung unter Beteiligung von Tieren
B'	Ex 21,37-22,3	Diebstahl von Vieh
	Ex 22,4-5	Schädigung fremder Felder
	Ex 22,6-14	Veruntreuung
	Ex 22,15-16	Verführung einer Jungfrau
C'	*Ex 22,17-19*	*Drei Tabus: Magie, Simonie, Götzendienst*
A"	Ex 22,20-26	Schutz der Bedrängten
	Ex 22,27-30	Schutz Höhergestellter; Erstlinge
B"	Ex 23,1-9	Vor Gericht
C"	*Ex 23,10-12*	*Der Ewige als Herr des Landes, Schabbatjahr, Schabbat*

Kultischer Rahmen: Ex 23,13-19 korreliert mit Ex 20,22-26:
Vorschriften für den Dienst am Ewigen;
Ex 23,20-33 Nachträge

Das Bundesbuch verfügt über eine klare Struktur. In einen kultischen Rahmen (Ex 20,22-26 sowie Ex 23,13-19) findet sich eine eigenständige Sammlung eingefügt, die ihrerseits einen dreiteiligen Aufbau aufweist.

Nach dem Höhepunkt der Beziehungsgeschichte des Ewigen zu Israel (Ex 19-20.24) folgt mit der nächsten Erzählung (Ex 32-34: Gusskalb) erneut ein heftiger Kontrast: Mose befindet sich noch immer auf dem Berg („Sinai"), um die Gebote zu empfangen. Da ergreift Israel bereits theologische Eigeninitative und produziert – pikanter Weise unter tätiger Mitwirkung des künftigen Hohenpriesters Aaron – ein goldenes Stierbild („Gusskalb“ Ex 32,4), das den Retter aus Ägypten bildlich und kultisch repräsentieren soll. Nur mit Mühe gelingt es Mose, den Zorn des Ewigen zu besänftigen.

Mit diesem Vorgang stellt sich erneut die Frage nach der Art und Weise, wie der Ewige bei seinem Volk präsent sein wird (explizit Ex 33,3.12-17). Die Gegenwart des Ewigen kann geradezu als das Hauptthema des Buches betrachtet werden: In dessen ersten Teil zeigt sich der Ewige dem Mose, begleitet schließlich sein Volk beim Auszug in Wolken- und Feuersäule (Ex 13,21-22). Die Sinai-Perikope (ab Ex 19) verhandelt die Präsenz des Ewigen im Bund, der auf den Geboten beruht. Ex 25-40 schließlich thematisiert die *sichtbare* Anwesenheit Gottes, als deren legitime Form das Heiligtum entworfen wird. Das Konzept der Heiligung des Volkes durch die Gebote findet sich bekräftigt, indem eine weitere kleine halachische Sammlung (Ex 34, 1-26) in die Gusskalb-Erzählung eingefügt erscheint. *Narrativ* erfährt es seine Bestärkung mittels der Erzählung vom glänzenden Antlitz des Mose (Ex 34,27-35), das gewissermaßen den Glanz der Tora vom Sinai widerspiegelt.

Wirkungsgeschichte

In der jüdischen Tradition

Die vor allem im Buch Schemot narrativ angelegte Gestalt des Mose, des widerstrebenden und kraftvollen Anführers, des zweifelnden und überzeugenden Fürsprechers, des einzigartigen Propheten und Empfängers der Tora, lässt sich an Bedeutung mit keiner anderen Figur des Tanakh vergleichen. Bereits in der Bibel selbst finden sich, auch außerhalb der Tora, zahlreiche Bezüge auf ihn. In der rabbinischen Tradition entwickelt er sich zu *Mosche Rabbejnu* („unser Lehrer Mose“), dem nicht nur die Fünf Bücher Mose (Tora), sondern die gesamte aktuale und künftige Auslegungstradition („Mündliche Tora“) offenbart worden sei. In dieser Funktion dominiert die Gestalt Moses die gesamte jüdische Tradition bis auf den heutigen Tag.

Von zentraler Bedeutung für alle Generationen des jüdischen Volkes ist ferner die Pessach-Halacha (Ex 12,1-28.43-49; 13,4-10). Das im Buch Schemot beschriebene Vorgehen beim Pessach unterscheidet sich signifikant von dem Wallfahrtsfest, wie es im Tempel und zu Jerusalem gefeiert worden ist (vgl. Lev 23,5-8; Dtn 16,1-8). Daher wird ersteres als *Pessach Mizrajim* (ägyptisches Pessach), letzteres als *Pessach Dorot* (Pessach der Generationen) bezeichnet. Nach der Zerstörung des Tempels (70 CE) wandelte sich das Fest (wieder) von einem Wallfahrts- in ein Familienfest (zurück), das es ursprünglich einmal gewesen war. Auch außerhalb der eigentlichen Auszugserzählung wird häufig auf das Fest Bezug genommen; von seiner Begehung wird oft, ähnlich der Beschneidung, an historischen Wendepunkten der Bibel berichtet (Vgl. Jos 5,10-11; 2 Kön 23,21-23 oder Esr 6,19-22). Die Agenda des heutigen Pessachfests, wie sie von den Rabbinen wesentlich geprägt worden ist, findet ihre Darstellung in der Pessach-Haggada (*Haggada schel Pessach*). Sie hat sich seit dem frühen Mittelalter zu einer der beliebtesten jüdischen Literaturformen entwickelt. Viele reich illustrierte Haggadot (Plural von Haggada) zeugen von der liebevollen Aktualisierung der Pessach-Erzählung über Generationen hinweg.

Der außerordentlich hohen Bedeutung der Befreiung aus Ägypten korrespondieren die zahlreichen Bezugnahmen auf sie in der biblischen und nachbiblischen Tradition. Man kann ohne Übertreibung feststellen, dass es sich beim Exodus um eines der bedeutendsten Paradigmata der jüdischen Geschichtsdeutung handelt: Die Hoffnung auf einen Zweiten Exodus (vgl. Jes 40ff.) lehrte nicht nur zahlreiche Autoren der Bibel hoffen, sondern auch viele Generationen nach ihnen.

Die Zehn Worte/Gebote bildeten schon früh einen wesentlichen Bestandteil der Liturgie am Jerusalemer Tempel.[3] In rabbinischer Zeit, womöglich in Abgrenzung vom werdenden Christentum, wurde der liturgische Gebrauch des Dekalogs zurückgedrängt. Der Abschnitt Ex 19,1-20,23 wird als Tora-Lesung zu Schavu'ot (Wochenfest) vorgetragen, zu den Zehn Worten erhebt sich die Gemeinde. Auch andere Texte aus dem Buch Schemot haben in die Liturgie des jüdischen Gottesdienstes Eingang gefunden. Während der Pessachtage werden Ex 12,21-51; 13,17-15,26; 22,24-23,19; 31,1-16 sowie 33,12-34 gelesen. Zu Purim rezitiert man Amaleks Angriff auf Israel (Ex 17,8-16). Schließlich finden sich im täglichen Morgengebet (Schacharit) und im Nachmittagsgebet (Mincha) die Abschnitte Ex 32,11-14 (Mose besänftigt den Ewigen) sowie Ex 34,1-19 (die Erneuerung des Bundes nach dem Goldenen Kalb). Letztere Perikope enthält mit den Versen 6-7 eine zentrale Selbstkundgabe des Ewigen, welche in der jüdischen Tradition als die Dreizehn Middot (Eigenschaften) Gottes bekannt sind. Sie gelten vor allem der mittelalterlichen Literatur als wesentliche ethische Richtschnur, da der Mensch sich in seinem Handeln an den Middot des Ewigen orientieren soll.

Von hoher halachischer Bedeutung ist die Akzentuierung des Schabbat, wie sie in Schemot wiederholt vorgenommen wird. Allerdings fällt auf, dass die Hebräische Bibel zwar eindrücklich den wöchentlichen Ruhetag einschärft, aber über die präzise Art und Weise seiner Begehung relativ dürftige Informationen vermittelt. Die rabbinischen Gelehrten, die diesem merkwürdigen ‚Versäumnis' Abhilfe schaffen wollten, machten sich die spezifische Präsentation des Schabbat durch Ex 31,12-17/35,1-3 zunutze. In dieser Position rahmt die erneute Einschärfung des Schabbat die Anleitung zur Konstruktion bzw. die Durchführung des Baus der Stiftshütte. Daraus folgerten die Rabbinen, dass sogar die Arbeiten am Heiligtum am wöchentlichen Ruhetag unterbrochen werden müssen. Die in Zusammenhang mit der Errichtung des Heiligtums genannten Tätigkeiten wurden (vgl. Mischna, Traktat Schabbat VII,2) zu einer Liste von 39 (Haupt-)Arbeiten zusammengefasst, die am Schabbat unterbleiben sollten.

Die etwas kryptische Anordnung in Ex 23,19b („Du sollst das Böcklein nicht in der Milch seiner Mutter kochen"), die ursprünglich vielleicht einen fremden kultischen Ritus hatte unterbinden wollen, entwickelte sich letztlich zu einem zentralen Punkt der Kaschrut: der strikten Trennung zwischen Fleisch- und Milchprodukten.

In der christlichen Tradition

Auch für die christliche Tradition spielt das Buch Schemot eine große Rolle. Dies beginnt mit der Figur des Mose, die – insbesondere für das Matthäus-Evangelium (Mt) – geradezu paradigmatische Bedeutung hat. So wird die Kindheit Jesu nach dem Vorbild des Mose gestaltet (Flucht nach Ägypten, Kindermord); die entscheidende Verkündung der Botschaft Jesu („Bergpredigt" Mt 5-7) wird von Matthäus auf einem Berg angesiedelt und teilweise explizit auf die Zehn Gebote bezogen (vgl. „Antithesen" Mt 5,21-47).

Die enge Beziehung zwischen den Passionserzählungen des Neuen Testaments und der Pessachtradition ist allgemein bekannt. Diese dürfte ihre Ursache darin haben, dass Jesus von Nazareth tatsächlich im zeitlichen Umfeld des Pessachfestes gekreuzigt wurde. Aufgrund dieser Verbindung findet sich das letzte Mahl Jesu mit seinen Anhängern als Seder (Pessach-Mahl; Mk 14,12-25 parr) interpretiert und der Kreuzestod als Schlachtung des Pessachlammes (1 Kor 5,7; Joh 1,29). Im Johannes-Evangelium (Joh 19,31) wird denn auch explizit festgestellt, dass Jesus in der Stunde starb, als im Tempel die Pessachlämmer geschlachtet wurden.

Im Unterschied zum jüdischen Umfeld spielt/e der Dekalog in der christlichen Liturgie (sieht man von einigen reformierten Denominationen einmal ab) keine besondere Rolle. Er fand jedoch schon früh und nachhaltig Eingang in die ethische Unterweisung (vgl. Mk 7,10; 10,17-22 parr; Jak 2,10-12; Barn 15,1 u.ö.), vermutlich auch beim Unterricht von Taufkandidaten. Die spezifische *Deutung* des Dekalogs bzw. einiger seiner Teile als Zusammenfassung oder Ersatz aller anderen Gebote der Tora (vgl. Röm 13,8-10) unterscheidet jüdische und christliche Traditionen voneinander. Sehr prägnant wird dies von Martin Luther vorgeführt: Er erklärt zwar einerseits die Gesamtheit der Gebote in der Tora (inklusive des Dekalogs) für obsolet – sie seien der „Jüden Sachsenspiegel" und gingen die Christen nichts an (WA 18, S. 81; 24, S. 9) –, andererseits stellt er aber die Zehn Gebote an den Anfang seiner Katechismen, weil er sie, im Anschluss an spätantike und mittelalterliche christliche Autoren, mit dem natürlichen Gesetz identifiziert, das der Ewige allen Menschen ins Herz gepflanzt habe.

Die Erzählung um das ‚Goldene Kalb' (Ex 32-34) erfreut sich in der antijüdischen Polemik schon im werdenden Christentum erheblicher Beliebtheit. Es diente als immer wieder gern beigezogenes Beispiel für den Ungehorsam Israels, der letztlich zur angeblichen Verwerfung des vermeintlich Alten Gottesvolkes geführt habe.[4] Schon Paulus bot eine kühne Umdeutung der Erzählung Ex 34,29-35, indem er die Hülle auf dem strahlenden Antlitz Moses letztlich als verhüllende Decke interpretierte (noch positiv: 2 Kor 3,7; Wendung ins Negative: 2 Kor 3,12-18), die dem Volk Israel die korrekte (christologische) Sicht auf die Bibel verstelle. Der Einfluss dieser paulinischen Metapher auf die gesamte christliche Tradition hinsichtlich des Verhältnisses zum Judentum dürfte kaum zu überschätzen sein.

Weiterführende Literatur

Traditionelle jüdische Kommentare in Übersetzung

- Rasch"i: Selig Bamberger, Raschis Pentateuchkommentar, Basel ^{4}1994, S. 156-311.
- Rash"i (online): http://www.chabad.org/library/bible_cdo/aid/9862.
- Rashba"m [Schmu'el ben Me'ir]: Martin I. Lockshin, Rashbam's Commentary on Exodus, Brown Judaic Studies 310, Atlanta 1997.
- Abraham Ibn Esra: Dirk U. Rottzoll, Abraham Ibn Esras langer Kommentar zum Buch Exodus, Studia Judaica 17, Berlin/New York 2000.
- Abraham Ibn Esra: H. Norman Strickman, Arthur M. Silver, Ibn Ezra's Commentary on the Pentateuch: Exodus (Shemot) by Abraham Ben Meir Ibn Ezra, New York 1997.
- Abraham Ibn Esra: The Short Commentary on Exodus. Edition and Supercommentary of J. L. Fleischer, Wien 1926.
- Mosche Nachmanides: Chajim Chavel, Commentary on the Tora. Shemot-Exodus, New York 1973.

Traditionelle christliche Kommentare in Übersetzung[5]

- Ephrem Syrus: Paul Féghali (Hg.), Commentaire de l'Exode, Parole de l'Orient 12, 1984/1985.
- Origenes: Marcel Borret (Hg.), Homélies sur l'Exode, Sources chrétiennes 321, Paris 1985.
- Origenes: Wilhelm A. Baehrens (Hg.), Homilien zum Hexateuch in Rufins Übersetzung, Bd. 1: Die Homilien zu Genesis, Exodus und Leviticus, Leipzig 1920.

Wissenschaftliche Literatur

- Umberto Cassuto, Commentary on Exodus, Jerusalem ^{3}1967.
- Brevard S. Childs, The Book of Exodus: A Critical, Theological Commentary, Old Testament Library, Louisville 2004.
- Christoph Dohmen, Erich Zenger, Exodus 19-40 (Herders Theologischer Kommentar zum Alten Testament), Freiburg u.a. 2004.
- Moshe Greenberg, Understanding Exodus, New York 1969.
- Benno Jacob, Das Buch Exodus, Stuttgart 1997.
- Daniel Krochmalnik, Schriftauslegung. Das Buch Exodus im Judentum (Neuer Stuttgarter Kommentar Altes Testament 33/3), Stuttgart 2000.
- Scott M. Langston, Exodus through the Centuries (Blackwell Bible Commentaries), Oxford u.a. 2006.
- Nechama Leibowitz, New Studies in Shemot, 2 Bde., Jerusalem 1986.
- Nachum M. Sarna, Exodus (The JPS Torah Commentary), Philadelphia/New York 1996.

Anmerkungen

[1] Die explizite Verknüpfung des Schabbatgebots mit der Schöpfung deutet auf einen priesterlichen Hintergrund der Tradition, wie sie während und nach dem Babylonischen Exil (585-538/520 BCE) sichtbar wird.
[2] Die ältesten Teile des Bundesbuches (der Grundbestand von Ex 21,12.18-22,14) könnten bereits im 9. Jahrhundert BCE entstanden sein; im 7. Jahrhundert und noch einmal in nachexilischer Zeit (ab dem 6. Jahrhundert) wäre es durchgreifend redigiert worden (sog. deuteronomische bzw. deuteronomistische Redaktion). Vgl. Ludger Schwienhorst-Schönberger, Das Bundesbuch (Ex 20,22-23,33). Studien zu seiner Entstehung und Theologie (BZAW 188), Berlin 1990.
[3] Vgl. den Papyrus Nash (170 BCE oder 70 CE), der die Zehn Worte enthält und auf eine liturgische Vorlage zurückgehen dürfte.
[4] Sehr instruktiv für die Interpretation des Buches Schemot bereits im ersten Jahrhundert: Apg 7,20-44, die Stephanusrede. Eine höchst polemische Interpretation aus dem zweiten Jahrhundert bietet Melito von Sardes, Peri Pascha.
[5] Bis zum hohen Mittelalter dominierten in der christlichen Rezeption der Hebräischen Bibel, dabei den Bedürfnissen der Klöster folgend, vor allem Auslegungen zu Bereschit, den Tehillim und Schir ha-Schirim. Übersetzungen der Kommentare der spätantiken und frühmittelalterlichen Kirchenväter (sieht man von einigen großen Vertretern einmal ab) sind leider noch dünn gesät.

3 | *Wajiqra (Levitikus)*

Das Buch Levitikus, von griech. Levitikon, „levitisches (Buch)", hieß in antiker Zeit Torat Kohanim (תורת כוהנים; „Weisung der Priester"). Inzwischen hat sich in der jüdischen Tradition jedoch ein weiterer Name eingebürgert, der auf das erste Wort dieses Buches, Wajiqra (ויקרא; „Und er rief"), Bezug nimmt. Der Name Levitikus wirkt auf den ersten Blick insofern etwas irreführend, als dass es in diesem Buch so gut wie gar nicht um Leviten[1] im eigentlichen Sinne geht. Sie werden nur in Lev 25,32-34 erwähnt. Einen wesentlichen Teil von Wajiqra bilden jedoch kultische Überlieferungen, weshalb die Bezeichnung plausibel erscheint.

Kontext

Wajiqra kommt als drittes von fünf Büchern der Tora eine zentrale Position zu. Dies mag gegenwärtigen Lesern mit Blick auf seinen Inhalt merkwürdig erscheinen: Sind doch große Teile der in ihm enthaltenen Darstellungen, wie die Beschreibungen der Opfer und der Priesterweihe (Lev 1-10), seit der Zerstörung des Zweiten Tempels (70 CE) ohne jede praktische Bedeutung. Wajiqra enthält jedoch einige einzigartige Abschnitte, deren kulturelle und ethische Bedeutung für das Judentum nicht hoch genug veranschlagt werden können. Dazu gehören die Kapitel über erlaubte und verbotene Speisen (Lev 11), die Vorschriften über sexuelle Beziehungen (Lev 18.20) sowie Lev 19 mit seinen zentralen ethischen Aussagen über den Umgang mit anderen Menschen.

Die Beschreibung der verschiedenen Opfer (Lev 1-7) sowie der Priesterweihe (Lev 8-9) knüpfen inhaltlich direkt an die Schilderung vom Bau des Zeltheiligtums (Ex 35-40) an. Das wiederum an Wajiqra anschließende Buch Bemidbar (Numeri) enthält in seinem ersten Teil (Num 1,1-10,10) Nachträge zu den Büchern Schemot und Wajiqra. In gewisser Weise bilden Wajiqra und Bemidbar eine Einheit. Dies wird auch dadurch unterstrichen, dass das „Dritte Buch Mose" kaum narrative Elemente enthält.

Historische Einordnung

Die literarische Verortung des Buches erfolgt dahingehend, dass Mose der Inhalt des Buches aus dem Ohel Mo'ed (אהל מועד; „Zelt der Begegnung") heraus mitgeteilt wird. Es ist dies der Ort der Kommunikation mit dem Ewigen, welcher sich Ex 33,7-11 zufolge außerhalb des Lagers befindet. Der Lauf der Ereignisse scheint innezuhalten. Einer von nur zwei erzählenden Texten des Buches weiß vom Tode zweier Söhne des Hohepriesters Aaron zu berichten (Lev 10,1-20), der thematisch unmittelbar zum Kontext der Opfer und der priesterlichen Ordnungen passt. Eine weitere narrative Episode (Lev 24,10-23) behandelt den Fall eines Menschen, der den Namen des Ewigen „benannte" und (somit?) lästerte. Beide Texte haben einen klaren kultischen Hintergrund: Sie fungieren als Präzedenzfälle für eine (neue) rechtliche Praxis, die es zu etablieren galt. Aufgrund seines weit überwiegend halachischen Charakters und der wenigen im Buch Wajiqra geschilderten Ereignisse, erscheint der Versuch, diese Episoden historisch zu verorten, weitgehend aussichtslos.

Wajiqra besteht erkennbar aus zwei großen Blöcken (Lev 1–16 sowie Lev 17–26), die sich stilistisch und inhaltlich deutlich voneinander abheben. Insbesondere die im ersten Teil des Buches präsentierten Materialien zeigen Ähnlichkeiten zu priesterlich geprägten Traditionen in anderen Teilen der Tora. Manche Gelehrten fassen diese Traditionen zu einer priesterlich dominierten Kompositionsschicht (K^P) zusammen, die in nachexilischer Zeit eine laientheologische Grundschrift („Deuteronomische Kompositionsschicht" K^D) zu einer Frühfassung der Tora ergänzen sollte.[2] Demgegenüber zeigen Lev 17–26 größere Eigenständigkeit. Das Konzept ritueller Reinheit wird zum Begriff der „Heiligkeit" erweitert und um die Aufforderung zu sozialer und individueller Gerechtigkeit ergänzt. Manche Gebote finden sich erläutert und begründet – ein Phänomen, das in den ersten Kapiteln des Buches kaum zu bemerken ist. Darüber hinaus zeichnen sich die genannten Abschnitte durch eine gewisse Nähe zu Texten des Propheten Ezechiel (ca. 6. Jh. BCE) aus. Die Verklammerung von kultischen und sozialen Anliegen rückt den zweiten Hauptteil von Wajiqra dichter an deuteronomische Denktraditionen heran.

Vorformen der priesterlichen Kompositionsschicht reichen in ihrer schriftlichen Gestalt in die Zeit des Babylonischen Exils (586-520 BCE) zurück. Nachdem die Oberschicht Judäas nach Babylon deportiert worden war, stellte sich das Problem der Bewahrung der eigenen kulturellen Traditionen unmittelbar. Da die Gruppe der Exilierten neben der Elite aus dem Umfeld des Königs („Laientheologen") große Teile der Priesteraristokratie umfasst haben dürfte, lag es nahe, auch die kultische Überlieferung möglichst genau aufzuzeichnen – was sich u.a. im Buch Wajiqra widerspiegelt.

Die priesterschriftliche Kompositionsschicht (K^P) kann in das 5. Jahrhundert BCE datiert werden.[3]

Aufbau

Das Buch Wajiqra umfasst zehn Paraschijot.

Lev 1–10: Der Beginn des Kultes	
1-7	Beschreibung der Opfer für das Volk, den Einzelnen, den Priester
8-9	Die Weihe der Priester
10	Nachtrag: Warnung vor den Gefahren des priesterlichen Dienstes
Lev 11–15: Reinheit und Unreinheit	
11	Reine und unreine Tiere
12	Unreinheit der Wöchnerin
13-15	Unreinheit durch Aussatz und Ausfluss

Lev 16: Das priesterliche Ritual zur Sühne

(korrespondiert mit Lev 10 in seiner Warnung vor den Gefahren eines unrechtmäßigen Priesterdienstes und beschreibt das Jom-Kippur-Ritual, ohne den Versöhnungstag beim Namen zu nennen)

Lev 17–26: Das Heiligkeitsgesetz

17 Schlachtung und Blut

18 Sexualethik: Verbot von Inzest

19 Kult- und Sozialethik

20-21 Sexualethik: Unzucht; die Physis der Priester

22 Der Genuss des Geschlachteten

23.25 Heilige Zeiten

24 Nachträge: Menora und Schaubrote; der Fall eines Gotteslästerers

26 Segen und Fluch (Abschluss der Sammlung)

Lev 27: Nachtrag – Gelübde und Weihegaben

Der erste Teil des Buches Wajiqra (Kap 1–16) kontrastiert sehr wirkungsvoll die Begriffe Reinheit und Unreinheit. Dem in den Kapiteln 1 bis 9 beschriebenen Dienst am Heiligtum wird in einem drastischen Beispiel (Kap. 10) die Gefahr von kultischer Nachlässigkeit beim Tempeldienst vor Augen gestellt. Die Aufgaben der Priester werden in Lev 10,10-11 zusammengefasst.

Die Kapitel 11 bis 15 verhandeln das Thema von Reinheit und Unreinheit im Alltag der Menschen, bevor Kapitel 16, wiederum mit deutlicher Warnung vor jedweder Nachlässigkeit beim Kult, die Möglichkeit einer kultischen Reinigung des ganzen Volkes eröffnet.

Der zweite Teil des Buches (Lev 17–26) wird wegen seines zentralen Konzeptes – die Begegnung mit dem heiligen Gott setzt ein heiliges Volk voraus – „Heiligkeitsgesetz" genannt. Er ist ringförmig komponiert. Im Zentrum steht das sozialethisch geprägte Kapitel 19, darum legen sich mit Lev 18 und Lev 20-21 Abhandlungen über die Heiligung des Körpers.

Den äußeren Rahmen bilden Kapitel, die den Altar zum Thema haben: Kapitel 17 (Schlachtungen im Heiligtum, Verbot des Blutgenusses) sowie 22 (Genuss des Geschlachteten). Hinzu treten die Beschreibung heiliger Zeiten sowie mehrere Nachträge.

Wichtige Themen und Texte

Wichtige Texte des Buches *Wajiqra* mit einer herausragenden Wirkungsgeschichte für die jüdische Tradition sind die Kapitel über reine und unreine Tiere (Lev 11), die zulässigen und unzulässigen ehelichen Verbindungen (Lev 18), das Kapitel 19 sowie der Festkalender (Lev 23).

Die in Lev 11 enthaltenen Speisegebote, die Vorschriften zur persönlichen Reinheit (Lev 12-15) sowie zur Vermeidung von Vermischungen (Lev 19) und Inzest (Lev 18) bilden einen wesentlichen Grundstock der *Kaschrut* (כשרות), wie sie in den Jahrhunderten nach Abschluss der Hebräischen Bibel wesentlich weiterentwickelt und differenziert worden ist. Die Kaschrut (das „Geeignet-Sein“) beschreibt eine Lebensweise, die zu einem rituell und ethisch einwandfreien Verhalten führt. Sie umfasst weit mehr als ‚nur' den Verzicht auf unreine Speisen. Zwei wesentliche Prinzipien, die der Kaschrut insgesamt zugrunde liegen, beinhalten ein Tabu mit Bezug auf Blut sowie tote Tiere oder Menschen. Der Kontakt mit beidem ist, wenn irgend möglich, zu meiden bzw. erfordert eine anschließende rituelle Reinigung. Indem Blut und Tod als das am meisten Verunreinigende deklariert werden, wird der Schutz des Lebens als oberste ethische Direktive (vgl. Gen 9,4-7) unterstrichen.

Lev 19, das zentrale Kapitel des Heiligkeitsgesetzes, bringt in seinem zweiten Vers die zentrale Botschaft des Buches Wajiqra auf den Punkt:

> *„Sprich zur gesamten Gemeinde der Kinder Israel und sage ihnen:*
> *Heilige sollt ihr sein, denn heilig bin ICH, der Ewige, euer Gott.“*

Mehrere ethische Bestimmungen werden darüber hinaus mit einem begründenden „ICH bin der Ewige“ bzw. „ICH bin der Ewige, euer Gott" in ihrer Bedeutung herausgehoben – so die Ehrung der Eltern, die Einhaltung des Schabbat (Lev 19,3) oder die alleinige Verehrung des Ewigen (Lev 19,4). Ziemlich genau in der Mitte des zentralen Kapitels findet sich die Feststellung: „Du wirst deinen Nächsten lieben wie dich. ICH bin der Ewige" (V. 18b).

Wirkungsgeschichte

In der jüdischen Tradition

Das Buch Wajiqra nimmt nicht nur die zentrale Position innerhalb der Tora ein, es erhielt auch einen prominenten Platz in der jüdischen Bildungsgeschichte. Es diente nämlich als ‚Lesebuch', mit dessen Hilfe jüdische Kinder die hebräische Sprache erlernten. Tatsächlich kann das Buch ohne große sprachliche Mühe gelesen werden, hat man sich erst einmal in die technische Sprache der Priester-Tora eingearbeitet. Als weiterer von der Tradition benannter Grund für die Auswahl von Wajiqra als pädagogischer Einstiegsliteratur gilt die unschuldige Reinheit der Kinder, die mit dem Hauptthema des Buches korrespondiert.

Die hohe Bedeutung, die dem Buch Wajiqra bei der Grundlegung der Kaschrut zukommt, spiegelt sich auch in der Geschichte der Halacha. Bereits die Mischna, eines der frühesten Dokumente der rabbinischen Tradition (2./3. Jh. CE), verarbeitet große Teile der dort enthaltenen Traditionen. Dies betrifft beispielsweise die Armenfürsorge (vgl. Lev 19,9-10), das Verbot von Vermischungen (Lev 19,19), Schabbat- und Joveljahr (Lev 25) und selbstverständlich das Korpus der Reinheitsgesetze im engeren Sinne (Lev 11–15). Einer der ältesten Midraschim, Sifra („das Buch") genannt, würdigt Wajiqra einer sorgfältigen Vers-für-Vers-Interpretation, um die Vorgehensweise der Mischna transparent werden zu lassen.[4]

Eine besondere Rolle für den jüdischen Festkalender haben Lev 16 und 23 inne. Im erstgenannten Kapitel ist die einzige detaillierte Schilderung des Rituals enthalten, nach dem der Versöhnungstag zu Zeiten des Ersten Tempels in Jerusalem begangen worden ist. Die Mischna (Traktat Joma) entwickelte diese Darstellung zu einer farbigen Beschreibung der Abläufe am Zweiten Tempel weiter.[5] Nach der Zerstörung des Heiligtums durch die Römer im Jahre 70 CE trat die Rezitation des Rituals während des Zusatzgebets (Mussaf/מוסף) am Jom Kippur an die Stelle seines tatsächlichen Vollzuges. Lev 23 stellt eine der umfassendsten Abhandlungen des gesamten biblischen Festkalenders dar, wobei klare Akzente auf deren kultische Elemente gesetzt werden.

Texte aus dem Buch Wajiqra prägen die Liturgie der Zehn Bußtage, die mit Rosch ha-Schana beginnen und am Jom Kippur enden. Am zweiten Tag des Jahresanfangs (Rosch ha-Schana), der in den konservativen und orthodoxen Gemeinden außerhalb Israels begangen wird, rezitiert man Lev 23,23-32 als zweite Toralesung (*Maftir*). Der Abschnitt enthält den Teil des Festkalenders, welcher Rosch ha-Schana und den Jom Kippur beschreibt. Am Versöhnungstag selbst wird Lev 19,1-18, das Heiligkeitsgesetz, als Maftir vorgetragen. Den sozialethischen Bestimmungen des Buches Wajiqra kommt somit die außerordentliche Würde zu, anlässlich des spirituellen Höhepunkts innerhalb des jüdischen Jahres in Erinnerung gerufen zu werden.

In der christlichen Tradition

Hier fristet das Buch Wajiqra eher ein Schattendasein. Sowohl die Zerstörung des Tempels, wodurch die kultische Gemeinschaft der Jerusalemer „Urgemeinde" mit dem Volk Israel zu Ende ging, als auch die Abkehr der zunehmend nichtjüdischen Anhänger Jesu von der Kaschrut ließen größere Teile der im 3. Buch Mose gebotenen Traditionen als für die Christen obsolet erscheinen. Bereits im Hebräerbrief (Ende des 1. Jh. CE) dominieren typologische Interpretationen des Priestertums und der Tempelopfer.

Größeres Interesse widmet die christliche Tradition allenfalls den sozialethischen Komponenten der dort vorfindlichen Texte. Dies gilt in besonderer Weise für das Gebot Lev 19,18b („Du wirst deinen Nächsten lieben wie dich. ICH bin der Ewige"), das als Teil des sog. Doppelgebots der Liebe interpretiert wird:

> *„Und einer der Schriftgelehrten, der gehört hatte, wie sie miteinander stritten, trat zu ihm. Und da er sah, dass er ihnen gut geantwortet hatte, fragte er ihn: Welches Gebot ist das erste von allen? Jesus antwortete: Das erste ist: Höre, Israel, der Herr, unser Gott, ist allein Herr, und du sollst den Herrn, deinen Gott, lieben mit deinem ganzen Herzen und mit deiner ganzen Seele und mit deinem ganzen Verstand und mit all deiner Kraft. Das zweite ist dieses: Du sollst deinen Nächsten lieben wie dich selbst. Höher als diese beiden steht kein anderes Gebot. Und der Schriftgelehrte sagte zu*

ihm: Schön hast du das gesagt, Meister, und du hast Recht! Einer ist er, und einen anderen ausser ihm gibt es nicht und ihn lieben mit ganzem Herzen und mit ganzem Verstand und mit aller Kraft und den Nächsten lieben wie sich selbst - das ist weit mehr als alle Brandopfer und Rauchopfer. Und Jesus sah, dass er verständig geantwortet hatte, und sagte zu ihm: Du bist nicht fern vom Reich Gottes. Und keiner wagte mehr, ihm eine Frage zu stellen."

(Mk 12,28-34 parr Mt 22,34-40; Lk 10,25-28)[6]

Aus christlicher Perspektive wird das Doppelgebot der Liebe oft als Proprium christlicher Ethik vorgeführt. Diese Einschätzung sollte insofern relativiert werden, als dass sowohl das Gebot, den Ewigen zu lieben (immerhin als Sch'ma Jisrael ein Kernstück des jüdischen Gebetbuches), als auch dasjenige der Nächstenliebe für die jüdische Tradition gleichermaßen höchst bedeutsam sind. Dies gilt auch dann, wenn die beiden ethischen Aufforderungen nicht zu einem Doppelgebot zusammengefasst oder als Ersatz für andere Mitzwot deklariert werden.

Weiterführende Literatur

Traditionelle jüdische Kommentare in Übersetzung

- Rasch"i: Selig Bamberger (Hg.), Raschis Pentateuchkommentar, Basel [4]1994, S. 312-411.
- Rasch"i (online): http://www.chabad.org/library/bible_cdo/aid/9902.
- Raschba"m: Martin I. Lockshin (Hg.), Rashbam's Commentary on Leviticus and Numbers, Brown Judaic Studies 330, Atlanta 2001.
- Mosche Nachmanides: Chajim Chavel (Hg.), Commentary on the Tora. Wajjiqra-Leviticus, New York 1973.

Traditioneller christlicher Kommentar in Übersetzung

- Origenes: Gary W. Barkley (Hg.), Homilies on Leviticus 1-16, The Fathers of the Church, Bd. 83, Washington 1983.

Wissenschaftliche Literatur

- Kurt Elliger, Leviticus (Handbuch zum Alten Testament I/4), Tübingen 1966.
- Erhard S. Gerstenberger, Das dritte Buch Mose/Leviticus (Altes Testament Deutsch 6), Göttingen [6]1993.
- David Hoffmann, Leviticus, 2 Bde., Berlin 1905/1906.
- Daniel Krochmalnik, Christoph Dohmen, Schriftauslegung. Die Bücher Levitikus, Numeri und Deuteronomium im Judentum (Neuer Stuttgarter Kommentar zum Alten Testament 33/5), Stuttgart 2003.
- Nechama Leibowitz, Studies in Vayikra/Leviticus, 2 Bde., Jerusalem 1986.

- Baruch A. Levine, Leviticus (JPS Torah Commentary), Philadelphia u. a. 1989.
- Jacob Migrom, Leviticus (Anchor Bible 3), New York 1991-2001.
- Ders.: Studies in Levitical Terminology, Berkeley 1970.
- Jacob Neusner, The Idea of Purity in Ancient Judaism, Leiden 1973.
- Rolf Rendtorff, Leviticus 1,1-10,20 (Biblischer Kommentar III/1), Neukirchen-Vluyn 2004.
- Ders., Robert Kugler (Hg.), The Book of Leviticus: Composition and Reception, Vetus Testamentum Supplement XCIII, Leiden/Boston 2003.

Anmerkungen

[1] Die Bezeichnung Leviten leitet sich vom israelitischen Stamm Levi ab, welche als Nachkommen von Jakobs drittem Sohn gelten. Angehörige jenes Stammes stellten die Priester (*Kohanim*) und andere dienstbare Geister (eben die *Leviten*) am Tempel zu Jerusalem. Die genaue Funktion der Leviten im Jerusalemer Heiligtum ist in der Forschung umstritten.

[2] Vgl. Erhard Blum, Studien zur Komposition des Pentateuch, Berlin/New York 1990, passim. Als „deuteronomisch" bzw. „deuteronomistisch" bezeichnet man laientheologische Konzepte, wie sie am prägnantesten im Fünften Buch Mose („Deuteronomium") vorgestellt werden.

[3] Vgl. Blum, Studien.

[4] Vgl. Mosche Maimonides, Mischné Tora, Sefer ha-Madá 9.

[5] Vgl. Günter Stemberger, Yom Kippur in Mishnah Yoma, in: Thomas Hieke, Tobias Niklas (Hg.), The Day of Atonement: Its Interpretations in Early Jewish and Christian Tradition, Leiden 2012, S. 121-137.

[6] Zitiert nach der Zürcher Bibel. Vgl. auch Mt 19,19 gegen Mk 10,19; Lk 18,20 und die Didaché 1,2.

Der hebräische Name dieses vierten Buches im Gefüge der Tora, Bemidbar (במדבר; d.h. „In der Wüste") genannt, nimmt Bezug auf dessen Anfangsvers Num 1,1: „Und es sprach der Ewige zu Mose *in der Wüste* Sinai, im Zelt der Begegnung (Ohel Mo'ed) am ersten des zweiten Monats im zweiten Jahr ihres Auszuges aus dem Lande Ägypten, indem er sagte". Die vielleicht geläufigere Bezeichnung des Vierten Buches Mose (Numeri) ist die lateinische Übersetzung des aus der Septuaginta übernommenen Namens Arithmoi (Zahlen). Dieser erklärt sich aus den in den ersten Kapiteln vorgenommenen Zählungen der Israeliten (vgl. Num 1–4).

Kontext

In mancherlei Beziehung bildet das Buch Bemidbar einen Nachtrag zum Buche Wajiqra. Es führt in seinem ersten Teil (Num 1,1–10,10) die dort begonnene Präsentation von kultischen Einrichtungen und Reinheitsgeboten weiter. Dabei bieten die Kapitel 7,1–10,10 wichtige Ergänzungen zur Ausstattung und inneren Ordnung des Heiligtums. Im Anschluss daran dominieren jedoch wieder erzählende Texte. Die mit Ex 34 unterbrochene Darstellung der Vorgänge am Gottesberg wird wieder aufgenommen (Num 10,10) und mit der Wanderung durch die Wüste bis zur Ankunft im Lande Israel fortgeführt. Das Buch Bemidbar bringt somit die Erzählung von der Befreiung aus der ägyptischen Knechtschaft zu einem vorläufigen Abschluss.

Das nachfolgende Buch Devarim (Deuteronomium) präsentiert sich demgegenüber bereits als Rückblick und zusammenfassende Wiederholung der Ereignisse und Gebote, denen lediglich der Bericht vom Tod Moses (Dtn 34) hinzugefügt wird.

Historische Einordnung

Die Erzählung vom Aufenthalt der Israeliten am Berg des Ewigen wird in Num 10,10 wieder aufgenommen. Das Volk bricht vom Sinai auf, an dem es die Gebote empfangen hat. Am Ende des Buches wird von der Landverteilung an diejenigen „Stämme" berichtet, die sich im Ostjordanland niederlassen sollen (Num 32). Mose übergibt die Führung des Volkes an Josua (Num 27,12-23). Der Übergang über den Jordan, der Einzug in das Gelobte Land, kann beginnen.

Das Buch Bemidbar gliedert sich erkennbar in halachische[1] und haggadische Abschnitte. Dabei fällt auf, dass die umfangreicheren gesetzlichen Teile jeweils mit einem Bericht über Zählungen und Listen (vgl. Num 1–4; 25,19–26,65; 33,1-56) eingeleitet werden. Eine Verschränkung haggadischer und halachischer Stücke begegnet ebenso im Buch Schemot, wenn auch nicht in derart häufigem Wechsel. Dieses Kompositionsprinzip entspricht der grundsätzlichen

Intention der Bibel, gesetzliche Texte narrativ einzubinden. So zum Beispiel folgt auf die Vorschrift über das Reinigungswasser (Num 19) eine Erzählung über die Gefährdung des Volkes Israel durch Wassermangel (Num 20,2-13). Diese Beobachtungen legen den Schluss nahe, dass im Buche Bemidbar die planvolle Redaktion derjenigen Kompilatoren (K^P und K^D) am Werke war, die auch Wajiqra und Schemot zusammengefügt haben.

Aufbau

Nach jüdischer Zählung umfasst das Buch Bemidbar zehn Paraschijot.

Num 1,1–10,10: Nachträge zum Buch Wajiqra

1–4	Zählungen der Männer Israels und Anordnung des Heerlagers
5–6	Reinigungsriten und Weihe (Nasiräat).
	Der Aaronitische Segen (6,24-26)
7–10,10	Ausstattung des Heiligtums. Ergänzung der Festordnung

Num 10,11–20,29: Der Weg vom Sinai bis zum verheißenen Land

10,11-36	Aufbruchsbericht	
11,1–14,45	Rebellion und Unzufriedenheit	
	Darin: Kap. 13-14	Die Kundschafter-Erzählung
15		*Halacha: Opfer, Challa, Schabbat, Zizit*
16,1–17,28	Rebellion der Leviten von Korach, Datan und Abiram	
18,1–19,22		*Halacha: Rechte der Priester; Sühneritual*
20,1-29	Rebellion des Volkes; Tod Mirjams und Aarons	

Num 21–36: Eroberung des Negev und erste Besiedlung des Ostjordanlandes

21	Erste Siege über die Völker des Negev
22–24	Bileam
25–26	Abfall des Volkes zu Baal. Strafe und zweite Zählung
27–30	Anordnungen zu Erbrecht, Festopfer und Frauengelübden
31–32	Eroberung und Verteilung des Ostjordanlandes
33–36	Abschluss und Nachträge

Bemidbar zeigt eine recht symmetrische Struktur. Es gliedert sich klar in drei Teile: (1) die Nachträge zu Wajiqra (Num 1,1–10,10), (2) die Vorbereitung der Landnahme (Num 10,11–20,29) und schließlich (3) die beginnenden Auseinandersetzungen mit anderen Völkern (Num 21–36). Das herausragende Stilmittel des Buches besteht im planvollen Wechsel von narrativen und halachischen Texten, die inhaltlich aufeinander bezogen sind. Besonders deutlich zeigt sich dies im Mittelteil des Werks (Num 10,10–20,1-13), der eng mit Ex 16–18.32–34 korrespondiert:

Num 10,11-28 Aufbruch vom Sinai	Ex 13,17-15,21 Aufbruch aus Ägypten
Num 11,1-14,45: Protest des Volkes	Ex 15,22-17,14 (18,1-27): Protest des Volkes
Num 15,1-41: *Halacha (Opfer/Sühne, Schabbat)*	*Ex 19,1-23,19:* *Halacha (Zehn Gebote; Bundesbuch)*
Num 16,1-17,28: Protest der Rotte Korach	Ex 32-34: Rebellion des Volkes (Goldenes Kalb)
Num 18,1-19,22: *Halacha (Priester, Reinigungwasser)*	*Ex 25,1-31,18/ 35,1-40,38:* *Halacha und deren Umsetzung: Zeltheiligtum*
Num 20,1-13: Protest wegen Wasser (Tod Mirjams; Edom)	
Num 20,22-29: Ende einer Ära: Tod Aarons	

Wichtige Themen und Texte

Bemidbar ist gänzlich geprägt vom kontrastierenden Nebeneinander von Ordnung und Aufruhr. Während die halachischen Teile des Buches die Möglichkeit aufzeigen, in Reinheit und heilvollen Grenzen zu leben, berichten die narrativen Texte von Chaos und Auflehnung innerhalb des Volkes. Der fast symmetrische dreiteilige Aufbau des Buches konzentriert sich auf die folgenden Themen: Größe und Funktion der einzelnen Stämme Israels (Teil 1), die inneren Voraussetzungen für den Erwerb des verheißenen Landes (Teil 2) sowie (Teil 3) die Eroberung des Ostjordanlandes.

Unter den besonders wichtigen halachischen Texten von Bemidbar sind vor allem der Priestersegen (Aaronitischer Segen; Num 6,24-26), die Nachträge zum Pessach (Num 9,1-14), die sog. Ladesprüche (Num 10,35-36) sowie die Erbrechtsordnungen (Num 27 und 36) zu nennen. Die Verse Num 15,37-41 bilden den dritten Teil des Sch'ma Jisra'el (s. im Folgenden) und enthalten die Vorschrift, Schaufäden (*Zizit*) an der Kleidung zu befestigen.

Die bekanntesten haggadischen Abschnitte in Bemidbar umfassen die Kundschafter-Geschichte (Num 13–14), die Bileam-Erzählung (Num 22-24) sowie den Bericht über die Einsetzung Josuas zum Nachfolger des Mose (Num 27). Einige der im Buche Bemidbar beschriebenen Gestalten (vgl. Kaleb, Pinchas, Korach oder Bileam[2]) wurden zu Archetypen der jüdischen und christlichen

Literatur. Das Doppelkapitel Num 11 und 12 spielt eine herausragende Rolle bei der Beschreibung des Phänomens der Prophetie im Judentum. Mose wird als einzigartiger Künder Gottes herausgehoben, mit dem der Ewige „von Angesicht zu Angesicht" sprach (Num 12,8), eine Ehre, die außer ihm keinem anderen Menschen zukam.

Wirkungsgeschichte

In der jüdischen Tradition
Wie zu den Büchern Schemot (Mekhilta) und Wajiqra (Sifra und Wajiqra Rabba), so existieren auch zu Bemidbar bedeutende rabbinische Interpretationen. Der halachische Midrasch zu Bemidbar bildet den ersten Teil der Sifré (d.h. Bücher), der zur Unterscheidung von seinem Devarim-Pendant Sifré Bemidbar (SifBem) resp. Sifré Numeri (SifNum) genannt wird. Er beginnt mit Num 5,1, dem ersten größeren halachischen Text, und beschränkt sich im Wesentlichen auf die Erklärung gesetzlicher Abschnitte. Erzählungen wie Num 13–14 oder 16–17 werden ausgelassen. Der Midrasch ist frühestens Ende des 3. Jahrhunderts CE zusammengestellt worden.

Vorschriften des Buches Bemidbar bilden darüber hinaus die biblische Basis für wichtige Texte der Mischna (und des Talmuds). Dies gilt beispielsweise von dem nur in Num 5,11-31 überlieferten Reinheitsordal, welches die Grundlage des Traktates *Sota* (die des Ehebruchs Verdächtige) darstellt. Die Frau eines eifersüchtigen Mannes musste sich einer Art Gottesurteil unterziehen, in dessen Verlauf sie mit Staub versetztes Wasser schadlos zu überstehen hatte. Ebenfalls einzigartig sind die Bestimmungen von Num 6,1-21, das den *Nasir*, einen dem Ewigen geweihten Menschen, beschreibt (vgl. mNasir).

Einige Texte des Buches Bemidbar erhielten einen besonderen Platz in der jüdischen Liturgie. Die Erinnerung an den Auszug aus Ägypten, *Sikharon Jezi'at Mizrajim*[3] (Num 15,37-41), bildet den dritten Teil des Sch'ma Jisrael und wird täglich morgens und abends gesprochen. Die sog. Ladesprüche (Num 10,35-36) werden in traditionellen Gemeinden beim Ausheben (V. 35) bzw. Einheben (V. 36) der Tora-Rolle aus dem Schrein rezitiert, also in denjenigen Fällen, da die Tora im Gottesdienst zum Einsatz kommt. Der Priestersegen (*Birkat Kohanim*/ ברכת כוהנים; Num 6,24-26) hat sowohl in die jüdischen, als auch in die christlichen Liturgien Eingang gefunden. Im jüdischen Gottesdienst wird er vor die 19. Bitte des Hauptgebetes (Tefila, Amida bzw. Sch'moné Essré)[4] eingefügt, wenn der Vorbeter das zunächst leise gesprochene Gebet laut wiederholt. Deshalb erhielt auch die gesamte 19. Bitte den Namen Birkat Kohanim (Segensspruch der Priester).

Das Hauptgebet des jüdischen Gottesdienstes (Tefila, Sch'moné Essré, „Achtzehngebet") wird auch Amida genannt, da es im Stehen gesprochen wird. Seine ersten drei Bitten thematisieren Gottes Macht und Güte; der Mittelteil besteht aus dreizehn Bitten (um Vernunft, Umkehr, Vergebung, Errettung, Heilung,

Segnung des Jahres, Sammlung der unter die Völker Zerstreuten, die Rückkehr der Richter, Vernichtung der Abtrünnigen, Segen für die Gerechten, Jerusalem, die Rückkehr des Königshauses David, um Erbarmen). Die drei abschließenden Teile beinhalten die Bitte um die Annahme des Gottesdienstes, den Dank sowie den Priestersegen. Das Gebet umfasst also trotz seines Namens nicht achtzehn, sondern neunzehn Teile. Dies hängt damit zusammen, dass der Name des Gebetes schon allgemein eingeführt war, als eine zusätzliche Bitte gegen die vom Judentum Abtrünnigen hinzugefügt worden ist. Am Schabbat und an Festtagen wird der Mittelteil der Tefila verändert.

Der „Priestersegen“ wird in traditionellen Gemeinschaften außerdem am Schabbat für die Kinder gesprochen und ist Bestandteil des Morgengebets (*Birchot ha-Schachar;* ברכות השחר). Dieses beginnt übrigens mit einem weiteren, liturgisch sehr gewichtigen Zitat aus dem Buch Bemidbar, nämlich dem unfreiwilligen Segen, den Bileam dem Volk Israel verabreichen musste: *„Wie gut sind deine Zelte, Jakob / Deine Wohnungen, Israel!“ (Num 24,5)*

Unter den haggadischen Texten ragen diejenigen heraus, deren Protagonisten gewissermaßen zu Archetypen der Literaturgeschichte geworden sind: Kaleb, der standhafte Emissär aus der Kundschaftererzählung (Num 13,1–15,41);[5] Korach und seine Gefährten (Num 16/17) entwickelten sich zu Prototypen rebellischen Ungehorsams – wohingegen Pinchas (Num 25,6-18) als Urbild eines religiösen Eiferers herhalten musste. In Teilen der rabbinischen Tradition wächst insbesondere der Bileam-Figur eine hohe Bedeutung zu.[6] Er erscheint als Exponent der Völkerwelt, der in mancherlei Beziehung sogar Mose überlegen war (vgl. Sifré Devarim וזאת § 357, Horowitz, S. 430).[7] Für andere rabbinische Tradenten hingegen war Bileam ein Erzfrevler (mAvot V,19; bSanhedrin 106a) oder doch mindestens ein sehr gefährlicher Gegner Israels (bAvoda Sara 4a-b; bSanhedrin 5b). Einer der von Bileam widerwillig ausgesprochenen Segenssprüche über Israel entwickelte sich – besonders während des Bar Kochba-Aufstandes (132-135) – zu einem messianischen Fanal: Der bewundernde Titel Bar Kokhba (בר כוכבא; aram. „Sternensohn“) für Schim'on bar Kosevá, den Anführer der gleichnamigen Rebellion, stammt nämlich aus den Bileamsorakeln (Num 24,17b): *„Es geht ein Stern aus von Jakob / es ersteht ein Zepter aus Israel.“*

Auch die Gestalt des Pinchas (Num 25,1-18) entfaltet in der biblischen und nachbiblischen Literatur[8] eine reiche Wirkung. Vor dem Hintergrund der römischen Fremdherrschaft und dem Einfluss hellenistischer, später auch christlicher Kulturen wurde der Eiferer gegen Apostasie und Mischehen insbesondere in der rabbinischen Literatur zu einem Verteidiger der jüdischen Tradition stilisiert (vgl. mSanhedrin IX,6; jHagiga 2,1; bSanhedrin 82a). In einer Zeit der Nachlässigkeit gegenüber den eigenen Wurzeln habe er das Recht in seine Hände genommen (jSanhedrin X, 2.28d). Zwölf Wunder wurden ihm vom Ewigen zur Unterstützung gewährt (Sifré Bemidbar § 131). Andererseits äußerten die Rabbinen auch deutliche Zweifel daran, dass Pinchas bei der Tötung des ‚frevelhaften‘ Paares (Num 25,8) nach Recht und Gesetz gehandelt hatte (bSanhedrin 82a). Pinchas soll es übrigens auch gewesen sein, der Bileam schließlich erschlug (bSanhedrin 106b).

In der christlichen Tradition

Wie in der jüdischen, so spielt der sog. Priestersegen (Aaronitischer Segen) auch in der christlichen Liturgie eine bedeutende Rolle. Er kann am Ende des Gottesdienstes vom Priester bzw. vom Pastor/der Pastorin als Ausgangssegen gesprochen werden.

Einige der archetypischen Figuren, die von der jüdischen Tradition akzentuiert und aktualisiert wurden, erfuhren auch in der christlichen Überlieferung besondere Würdigung. Bileam, zum Beispiel, findet im Neuen Testament wiederholt Erwähnung, dies aber durchweg negativ als Repräsentant eines grundfalschen Weges (2 Petr 2,15; Jud 11; Offb 2,14). In der Zeit der Kirchenväter gestaltete sich die Sachlage etwas differenzierter, nachdem man das Orakel Num 24,17b (den Stern von Jakob) auf Christus bezogen hatte.[9] Nun stand man vor dem Problem, einen frevelhaften Propheten zu verdammen, dessen Botschaft aber zu bestätigen. Daher legte man das Wort vom Stern anderen Helden in den Mund (Justin erwählte dafür Jesaja) oder betonte, dass die Weissagung umso gewichtiger sei, wenn sie von einem Gegner komme (Augustin). Manch einer sah in ihm eine tragische Figur, die jedoch noch zu retten sei (Origenes).

Die von Mose als Strafe für den Abfall Israels errichtete kupferne Schlange (Num 21) wird von nachbiblischen Texten jüdischer[10] und christlicher Provenienz immer wieder aufgegriffen und entwickelt sich zu einem beliebten Motiv der Kunstgeschichte.[11] In der christlichen Literatur wurde die mittels einer Stange erhöhte Schlange als Hinweis auf die Kreuzigung Jesu verstanden. Diese typologische Deutung findet sich bereits im Neuen Testament (Joh 3,14) in klassischer Form.

Weiterführende Literatur

Traditionelle jüdische Kommentare in Übersetzung

- Rasch"i: Selig Bamberger (Hg.), Raschis Pentateuchkommentar, Basel ^{4}1994, S. 411-512.
- Rasch"i (online): http://www.chabad.org/library/bible_cdo/aid/9929.
- Raschba"m: Martin I. Lockshin (Hg.), Rashbam's Commentary on Leviticus and Numbers, Brown Judaic Studies 330, Atlanta 2001.
- Abraham ibn Esra: Arthur M. Silver, H. Norman Strickman (Hg.), Ibn Ezra's Commentary on the Pentateuch: Numbers (Series 4), New York 1999.
- Mosche Nachmanides: Chajim Chavel (Hg.), Commentary on the Tora. Bamidbar-Numbers, New York 1975.

Traditioneller christlicher Kommentar in Übersetzung

- Origenes: Wilhelm A. Baehrens (Hg.), Die Homilien zu Numeri, Josua und Judices, Band VI: Homilien zum Hexateuch in Rufins Übersetzung. Teil II: Die Homilien zu Numeri, Josua und Judices, Leipzig 1920.

Wissenschaftliche Literatur

- Reinhard Achenbach, Die Vollendung der Tora. Studien zur Redaktionsgeschichte des Numeribuches im Kontext von Hexateuch und Pentateuch, Wiesbaden 2003.
- Daniel Krochmalnik, Christoph Dohmen, Schriftauslegung. Die Bücher Levitikus, Numeri und Deuteronomium im Judentum (Neuer Stuttgarter Kommentar zum Alten Testament 33/5), Stuttgart 2003.
- Baruch A. Levine, Numbers, 2 Bde. (Anchor Bible 4), New York u.a. 1993 und 2000.
- Jacob Milgrom, Numbers (JPS Torah Commentary), Philadelphia 1990.
- Dennis T. Olson, The Death of the Old and the Birth of the New: The Framework of Numbers and the Pentateuch, Brown Judaic Studies 71, Chico 1985.
- Josef Scharbert, Numeri (Neue Echter Bibel), Würzburg 1992.
- Ludwig Schmidt, Das vierte Buch Mose. Numeri 10,11-36,13 (Altes Testament Deutsch 7,2), Göttingen 2004.
- Horst Seebass, Numeri (Biblischer Kommentar zum Alten Testament IV), Neukirchen-Vluyn 1993ff.

Anmerkungen

[1] Vor allem im ersten Teil des Buches: Num 1–10; aber auch Num 15.18–19; im dritten Teil: Num 25,19–30,17 sowie in den Nachträgen Num 33–36.

[2] Weitere Nennungen Bileams in der Hebräischen Bibel: Dtn 23,5-6; Jos 13,22; 24,9-10; Neh 13,2.

[3] זיכרון יציאת מצרים

[4] Tefila (תפילה), hebr. Gebet; Amida (עמידה), hebr. Stehen, sowie Sch'moné Essré (שמונה עשרה), hebr. Achtzehn, sind synonyme Bezeichnungen für das zentrale Gebet im jüdischen Ritus.

[5] Im Babylonischen Talmud (bSota 34b-35a) findet sich eine ausführliche Nacherzählung der Kundschafter-Erzählung (Num 13-14), der die positive Rolle Kalebs bei der Mission heraushebt.

[6] Bereits bei Flavius Josephus (Ant IV, 104-157!) und Philo (De Migratione 113-114; Conf. 159; Vita Mos I, 264-300) wird die Bileam-Figur intensiv aufgearbeitet.

[7] Einen umfangreichen Vergleich zwischen Mose und Bileam bietet auch Wajiqra Rabba I,13, ein Midrasch zum Buch Wajiqra aus dem 5. Jahrhundert CE. Dieser geht allerdings zu Ungunsten Bileams aus. Zu Bileam vgl. ferner bSanhedrin 105a.b; bSota 11a. Eine umfassende Zusammenstellung der rabbinischen Legenden zu Bileam findet man bei Louis Ginzberg, The Legends of the Jews, Bd. 3, Moses in the Wilderness, Baltimore/London 1998, S. 354-386.

[8] Vgl. Num 31,1-6; Jos 22,13-34; 24,33; Ri 20,27-28; Ps 106,30-31; 1 Chron 9,20. ‚Genealogische' Angaben: Ex 6,25 (Sohn Eleasars, des Sohnes Aarons); 1 Chron 5,28-41; 6,35-38; Esr 8,2. In der deuterokanonischen Literatur: Sir 45,23-24; 1 Makk 2,26.53.
[9] Was womöglich schon mit Mt 2,2; 4,16; Lk 1,78 angelegt ist.
[10] mRosch ha-Schana III,8; Tanchuma Chuqat 19; Bemidbar Rabba 19,22; jRosch ha-Schana 3,59a; Bereschit Rabba 31,8; Philo, Legum Allegoria 20.
[11] Vgl. zum Beispiel das berühmte Altarbild von Lucas Cranach für St. Peter und Paul in Weimar.

5 | *Devarim (Deuteronomium)*

Der hebräische Name dieses fünften und letzten Buches der Tora lautet Devarim (d. h. „Worte"). Er entstammt dem ersten Vers: „Dies sind die Worte, welche Mose zu ganz Israel sprach jenseits des Jordans" (Dtn 1,1a). Die kompliziert anmutende Bezeichnung Deuteronomium beschreibt die auffälligste inhaltliche Besonderheit des Buches: „Zweites Gesetz" (von griech. deúteros nómos[1]): Viele der in den Büchern Schemot bis Bemidbar aufgeführten Vorschriften finden sich in Devarim – wenn auch manchmal mit charakteristischen Abweichungen – „wiederholt". Der Name stammt jedoch vermutlich aus Dtn 17,18, da es heißt: „Und wenn er [der König] auf dem Thron seines Königtums sitzt, dann soll er sich ein Mischné [ein Zweitgesetz, eine Abschrift] dieser Tora schreiben, auf eine Buchrolle vor den levitischen Priestern."

Kontext

Nicht nur die Merkwürdigkeit scheinbarer Wiederholung hebt Devarim von den Büchern Schemot bis Bemidbar ab. Es ist vor allem der literarische Charakter als testamentarische Rede des Mose, der seine Besonderheit begründet. Kein anderes Buch der Bibel ist als eine durchgängige Rede gestaltet. Die inhaltlichen Bindungen zu den anderen Teilen von Exodus und Wüstenwanderung sind außerordentlich eng. Der ungewöhnlich sorgfältig beschriebene Schauplatz („jenseits des Jordans, in der Wüste, in der Arava, gegenüber des Jam Suf, zwischen Paran und Tofel, Lavan und Chazerot und Di-Sahav", Dtn 1,1) verknüpft Devarim mit Num 22,1. Die Einleitung des Buches schließt mit dem Hinweis auf die Einsetzung Josuas zum Nachfolger des Mose (Dtn 3,23-29) und stellt somit eine direkte Verbindung zum Abschluss der in Bemidbar enthaltenen Erzählung (Num 27,12-23) her.

Devarim fungiert im Rahmen der Tora als testamentarische Mahnung des Mose unmittelbar vor der Inbesitznahme des Landes Kanaan, welche bereits Josua leiten wird (vgl. das auf Devarim folgende Buch Jehoschu'a). Somit kommt Devarim eine Brückenfunktion zwischen den Ereignissen um Exodus und Wüstenwanderung (Ex bis Num) sowie dem letztlichen Aufbruch ins Gelobte Land und dem Leben dort zu (Jos bis 2 Kön). Am Ende des Buches und mithin als Abschluss der Tora firmiert der Bericht vom Tode Moses (Dtn 34).

Historische Einordnung

Das Buch Devarim ist, wie gesagt, als eine testamentarische Rede Moses an sein Volk gestaltet. Es suggeriert somit eine doppelte ‚letzte Gelegenheit' zur Ermahnung und zur Besinnung auf das Wesentliche: Mose hält seine abschließende große Ansprache vor seinem Tod und tut dies unmittelbar vor dem Einzug in das Gelobte Land, in dem alles Wirklichkeit werden soll, was am Sinai/Horeb angekündigt worden war. Wie in Wajiqra, so wird auch hier gewissermaßen die Zeit angehalten. Kurz vor dem ersehnten Ziel steht eine intensive Rückschau auf die Ereignisse am Berg des Ewigen und in der Wüste sowie eine nachdrückliche Aufforderung, den Bund mit dem Ewigen als wichtigste Zukunftsaufgabe zu betrachten.

Devarim enthält kaum wirklich erzählende Texte. Es lebt von der direkten Ansprache an seine Leser. Die Eindringlichkeit dieser Ansprache wird durch den auffälligen Wechsel zwischen der zweiten Person Singularis und Pluralis in einer Weise verstärkt, dass sich kaum jemand der Wirkung dieses Buches entziehen kann. Eingebettet in rhetorisch und pädagogisch ausgefeilte Reden, die sich durch einen charakteristischen Stil auszeichnen, findet sich eine Gesetzessammlung (Dtn 12–28). Diese weicht in mancherlei Hinsicht von parallelen Bestimmungen innerhalb der Bücher Schemot bis Bemidbar ab, was den späteren rabbinischen Auslegern raffinierte Erklärungen abnötigte, um die unterschiedlichen Fassungen miteinander zu harmonisieren. Die Intensität seiner Ansprache, die starke pädagogische Ausrichtung, seine rhetorisch und stilistisch brillante Gestaltung und nicht zuletzt seine sozial engagierte Theologie weisen das Buch Devarim als Meisterwerk der nach ihm benannten deuteronomischen Schule aus.

Bei der sog. deuteronomischen Schule handelte es sich um eine von Laien[2] geprägte Strömung, die möglicherweise bereits vor dem Babylonischen Exil den drohenden Untergang Judas durch tiefgreifende innere Reformen abzuwenden suchte. Die historische Zuverlässigkeit der Auffindungslegende des Buches Devarim durch den judäischen König Josia (2 Kön 22,8-20) ist äußerst umstritten. Unabhängig von der Historizität dieser Erzählung nehmen jedoch einige Forscher die Existenz von Vorläufern des Buches an, welche bereits den Reformbemühungen des Königs Josia (bis 609 v.d.Z.), der sog. deuteronomischen Reform, zugrunde gelegen haben sollen.[3]

Andere gehen von einer mehrschichtigen Entstehung des Buches aus, die sich während bzw. nach dem Babylonischen Exil (598/585 bis 539 BCE) vollzogen habe.[4] Als Grundlagen der verschiedenen Ansätze zur Datierung innerhalb der Wissenschaft dienen die Wechsel zwischen der zweiten Person Singularis bzw. Pluralis,[5] die Ähnlichkeiten zwischen Devarim und anderen vorderorientalischen Vertragstexten[6] sowie redaktionskritische Vergleiche zwischen Schemot bis Bemidbar einerseits und Devarim andererseits.

Sicher ist indessen, dass die von der deuteronomischen Schule ausgehenden sozialen und theologischen Impulse den Entstehungsprozess zahlreicher anderer biblischer Bücher, darunter besonders Jehoschu'a bis Melakhim (Jos bis 2 Kön; das „Deuteronomistische Geschichtswerk") sowie Jirmejahu, nachhaltig geprägt und begleitet haben.

Aufbau

Devarim wird in der jüdischen Tradition in elf Paraschijot unterteilt. Im Zentrum des Buches befindet sich eine als Vertrag („Bund") gestaltete Gesetzessammlung, die von einem doppelten Rahmen umschlossen wird. Dieser Rahmen zeigt sich als eine Sequenz testamentarischer Reden des Mose, die jeweils durch Überschriften eingeleitet werden:

Dtn 1,1-4,43	mit Dtn 1,1-5 als Überschrift;
Dtn 4,44-28,68	mit Dtn 4,44 eingeleitet;
Dtn 28,69-32,52	mit Dtn 28,69 als Einleitung;
Dtn 33,1-29	mit Dtn 33,1 als Überschrift.

A Dtn 1,1-4,40 (4,41-43): Erste Einleitungsreden, Äußerer Rahmen

- 1-3 Geschichtlicher Rückblick seit dem Aufbruch vom Horeb
  - 4,1-40 Theologische Konsequenzen für Israel
- 4,41-43 Nachtrag: Asylstädte im Ostjordanland

B Dtn 4,44-11,32: Zweite Einleitungsreden, Innerer Rahmen

- 4,44-6,3 Der Bund am Horeb: Die Zehn Gebote
  - 6,4-8,20 Einschärfung der Gebote
- 9,1-11,32 Geschichtlicher Rückblick: Bundestreue, Bundesbruch

C Dtn 12,1-26,19: Deuteronomisches Gesetzbuch

- 12,1-14,21 Abgrenzung von kanaanäischen Bräuchen, Kult und Reinheit
  - 14,22-16,17 Der Zehnt (Kontext: Armenhilfe, Pessach, Feste)
    - 16,18-18,22 Ämtergesetze (Priester, Richter, König, Prophet)
    - 19,1-25,19 Rechtspflege (Straf-, Familien-, Kriegs-, Zivilrecht)
  - 26,1-15 Erstlinge und Armenpflege
- 26,16-19 Verpflichtung auf das vorliegende Gesetzbuch

B' Dtn 27,1-28,69: Verpflichtung auf das Gebot, Innerer Rahmen

- 27,1-26 Anordnungen für den Jordanübergang
- 28,1-69 Segen und Fluch

A' Dtn 29,1-34,12: Abschluss der Tora, Äußerer Rahmen

- 29,1-30,20 Konsequenzen des Bundesbruches, Verheißung der Heimkehr
- 31,1-34,12 Abschluss der Tora: Abschiedsreden des Mose, sein Tod

Beim Blick auf die Sammlung von Gesetzen in Dtn 12-26 manifestiert sich zunächst nur ein Eindruck von innerer Unordnung. Die Struktur des Korpus wird klarer, wenn man die recht prominente Stellung der Halacha über den Zehnten in Dtn 12-26 verfolgt. Sie findet sich zwei Mal innerhalb des Materials, nämlich Dtn 14,22-29 in Zusammenhang mit dem Schabbatjahr und der Armenpflege

(15,1-11) sowie Dtn 26,1-15, wiederum in Verbindung mit der Armenpflege (Dtn 26,12-13). Diese Dopplung erzeugt eine Art Ringkomposition, in deren Mitte (nicht: Zentrum!) eine Sammlung sichtbar wird, welche die sog. Ämtergesetze (Dtn 16,18-18,22) sowie die Rechtspflege im engeren Sinne (Asyl, Kriegs- und Strafrecht, Eigentum, Familie, Dtn 19,1-25,16) umfasst. Durch die Voranstellung von Dtn 12,1-14,21 wird die Unterscheidung zwischen kultischer Sphäre (vgl. A und B) und den Regelungen für das soziale Miteinander (C) akzentuiert. Die Zentralisierung des Kults am Tempel zu Jerusalem, wie sie im Buch Devarim vorgestellt wird, erforderte ein Konzept für die Heiligung des täglichen Lebens vor Ort. Es stellte sich die Frage, wie die persönliche Reinheit oder eben die Armenfürsorge funktionieren sollte, wenn das örtliche Heiligtum seinen Betrieb einstellte und die lokalen Priester nicht mehr amtieren durften.

12,1 Überschrift

A (1) 12,2-31 Zentralisierung des Kultes in Jerusalem; Freigabe der profanen Schlachtung; Abgrenzung von kanaanäischen Bräuchen
(2) 13,1-19 Abwehr von Verführern zum Götzendienst im Innern
(3) 14,1-21 Kaschrut (Speisevorschriften)

B (1) 14,22-29 Der Zehnt und der Schutz der Bedrängten
(2) 15,1-6 Schabbatjahr
(3) 15,7-23 Armenpflege und Sklavenhalacha
(4) 16,1-17 Wallfahrtsfeste

C (1) 16,18-18,22 Ämtergesetz (Priester, Richter, König, Prophet)
(2) 19,1-25,19 Rechtspflege (ineinander verklammert: Kriegs-, Familien-, Strafrecht, Tabu, Eigentumsdelikte)

B (1) 26,1-11 Erstlinge
(2) 26,12-15 Armenpflege: Zweiter Zehnt

26,16-19 Abschließende Ermahnungen

Wichtige Themen und Texte

Es ist ausgesprochen schwierig, aus der Vielzahl der theologisch bedeutsamen Texte des Buches Devarim „wichtige Themen und Texte“ auszuwählen. Zunächst sollte man sich die Gesamtkonzeption des Buches noch einmal vor Augen führen: Eingebettet in historische Rückblicke, welche die Vergangenheit Israels als Geschichte eines Bundes zwischen Gott und seinem Volk interpretieren, wird dem Leser wieder und wieder die Bedeutung der Gebote eingeschärft. Insbesondere das Gebot der Alleinverehrung des Ewigen und das Bilderverbot stehen im Zentrum der eröffnenden Rahmentexte Dtn 1,1–11,32. Die abschließenden Kapitel des inneren Rahmens Dtn 27,1–30,20 thematisieren vor allem die (un)heilvollen historischen Konsequenzen einer Entscheidung Israels für oder gegen den Gottesbund.

Das vierte Kapitel des Buches bietet ein Kompendium der wichtigsten Einsichten biblischer Theologie in einzigartiger Dichte und Intensität. Dtn 5 enthält nach Ex 20 ein zweites Mal die Zehn Gebote, in diesem Fall mit einer charakteristischen sozialethisch ausgerichteten Begründung für den Schabbat. Das Schm'a Jisra'el (Dtn 6,4) gehört sicher zu den bekanntesten Texten der Bibel (vgl. dazu im Folgenden).

Innerhalb des deuteronomischen Gesetzbuches (Dtn 12–26) sind insbesondere die folgenden Texte von besonderer Bedeutung:

(1) Dtn 12,2-31: das „Zentralisationsgesetz". Es enthält ein Kernstück der deuteronomischen Reform, nämlich die Beschränkung des israelitischen Kultes auf den Tempel zu Jerusalem.

(2) Dtn 16,18-18,22: das „Ämtergesetz". Dieses ist ohne Parallele in allen anderen biblischen Gesetzessammlungen und versucht, die wichtigsten gesellschaftlichen Funktionen so zu definieren, dass sie einem theokratischen System entsprechen. So wird die Macht des Königs auffällig beschnitten; der Prophet (als Interpret der Tora!) erscheint als wichtigste Persönlichkeit innerhalb des Staatswesens.

(3) Viele der Vorschriften zur Rechtspflege sind innerhalb der Bibel einzigartig. Exemplarisch seien hier nur die Gebote zur Kriegführung (Dtn 20) genannt.

Insgesamt dominieren sozial-ethische Begründungen die deuteronomischen Texte weit stärker als die vergleichbaren Sammlungen in Schemot, Wajiqra und Bemidbar.

Ein bis heute wichtiger liturgischer Text wird in Dtn 26 geboten. Die bei der Darbringung der Erstlingsfrüchte zu sprechenden Worte, das sog. Credo („Ein umherirrender Aramäer war mein Vater", vgl. 26,5-10), spielte beim Wochenfest im Tempel eine große Rolle.

Zuletzt kommt den Schlusskapiteln des Buches Devarim, als Abschluss der gesamten Tora, besonderes Gewicht zu. Moselied (Dtn 32) und Mosesegen (Dtn 33) haben sehr anregend auf apokalyptische Texte gewirkt. Das ungewöhnliche Ende Moses bot Anlass zu zahlreichen haggadischen Ausgestaltungen.

Wirkungsgeschichte

In der jüdischen Tradition

Das Buch Devarim übte einen gewaltigen Einfluss auf die jüdische Religionsgeschichte aus. Sein Ansatz, das Lernen und die Weitergabe der religiösen Tradition von einer Generation auf die nächste in das Zentrum des Interesses zu rücken, hat die jüdische Kultur wesentlich geprägt.

Als frühe literarische Reaktionen auf das Buch Devarim wäre vor allem die Tempelrolle (11Q 19-20) der Qumrangruppe zu nennen. Sie ist nicht nur die längste aller in Qumran angefertigten Schriftrollen, sie dürfte auch inhaltlich und konzeptionell eine der interessantesten sein. Ihr Autor wollte ein neues Deuteronomium schaffen; eines, das den Bedürfnissen der Qumran-Gemeinde entgegenkam. Durch seine literarische Nachahmung erhebt dieses Unternehmen den Anspruch göttlicher Offenbarung an einen neuen Mose.

Etliche Traktate der Mischna (und somit des Talmud) fußen auf halachischen Bestimmungen des Buches Devarim. Dazu gehören die Abhandlungen über das Sch'ma Jisrael (mBerakhot I-III), die Armenfürsorge (mPea), Vermischungen von Saatgut oder Geweben (mKila'im; vgl. Dtn 22,9-11), das Eherecht (Ketubbot, Sota) u.v.a. Von außerordentlicher Bedeutung für das nachbiblische Judentum war ferner die Institution des profanen Schlachtens. Durch die Zentralisierung des Kults auf den Tempel (Dtn 12,5-6.11.14 u.ö.) ergab sich die Notwendigkeit, Tiere auch ohne Mitwirkung eines lokalen Priesters schlachten zu dürfen – schließlich konnte man sich nicht mit jedem einzelnen Tier auf den weiten Weg nach Jerusalem machen. Eine solche Möglichkeit eröffnet Dtn 12,15-16.20-25. Die Festlegung auf ein profanes Schlachten bildet gleichzeitig die Grundlage für die rabbinischen Regeln des Schächtens (Schechitta/שחיטה), mittels derer sichergestellt wurde (und wird), dass sich kein Blut mehr im Körper des zu verzehrenden Tieres befindet (vgl. Dtn 12,21 und 14,21). In der Konsequenz unterschied man nun zwischen dem Opfern von Tieren im Heiligtum und dem Schlachten (Schächten) zum persönlichen Gebrauch. Damit wurde letztlich eine größere Unabhängigkeit des alltäglichen Lebens von der Sphäre des Kultes erreicht, was in Phasen des Exils von nicht zu unterschätzender Bedeutung war. Bestimmungen des Buches Devarim (vor allem aus Dtn 22-25) sind weiterhin prägend für das rabbinische Eherecht. Hierzu gehören Regeln für den Prozess der Eheschließung (mit Verlobung und Trauung),[7] für das Vorgehen bei Verdacht auf Untreue oder das Verfahren bei der Scheidung.

Eine vorwiegend halachisch orientierte Auslegung des Buches Devarim bietet Sifré Devarim (SifDev oder SifDtn). Er gehört zu den ältesten rabbinischen Midraschim und wurde vermutlich ausgangs des dritten Jahrhunderts zusammengestellt. Sein ‚haggadisches' Pendant, Devarim Rabba (DevR), gehört zu den homiletischen Midraschim der Tanchuma-Gruppe: Predigten zu den am Schabbat zu lesenden Texten werden mit einer Frageformel eingeleitet, auf die eine kurze halachische Antwort, dann eine längere haggadische Abhandlung folgt. Devarim Rabba enthält sehr unterschiedliches Material und ist daher schwer zu datieren.[8] Besonders die seltsamen Umstände des Ablebens Moses haben die rabbinischen frühmittelalterlichen Erzähler immer wieder inspiriert. So ist mit dem Midrasch Petirat Mosche (7. bis 11. Jh.) ein Werk erhalten, das sich ausschließlich diesem Thema widmet.

Der liturgisch wichtigste und bekannteste Text innerhalb des Buches Devarim ist sicherlich das Sch'ma Jisra'el (שמע ישראל). Zwei der drei Hauptteile des Gebets entstammen Devarim. Es sind: (1) Dtn 6,4-9, genannt Qabbalat Ol Malkhut Schamajim (Empfang des Jochs des himmlischen Königtums) sowie (2) Dtn

11,13-21, genannt Qabbalat Ol ha-Mitzwot (Empfang des Joches der Gebote). Hinzu tritt (3) Num 15,37-41, genannt Sikharon Jezi'at Mizrajim (Erinnerung an den Auszug aus Ägypten).[9] Die beiden genannten Abschnitte Devarims bilden gleichzeitig die wichtigste Quelle für das Gebot, eine Mesusa (hebr. Türpfosten; bezeichnet eine Kapsel mit einem Pergament) an den meisten Türen zu befestigen sowie dafür, zu bestimmten Gebetszeiten Tefillin (Gebetsriemen mit Kapseln) zu tragen.[10]

Darüber hinaus dienen Paraschijot aus Devarim als Lesungen zu den Festen, und zwar: Dtn 30,8-20 (Segen und Fluch – Leben und Tod) am Nachmittag des Jom Kippur, Dtn 33-34 in seiner Funktion als Abschluss der Tora an Simchat Tora, sowie Dtn 4,25-40 (Die Härten des Lebens im Exil) an Tisch'a be-Av. Die zweite Lesung (Maftir) zu den Festen wird geradezu dominiert von Devarim-Abschnitten (Rosch ha-Schana: Dtn 29,9-24; Sukkot: Dtn 28,1-6; Pessach: Dtn 8,10-18 und Dtn 4,32-39; Schavu'ot: Dtn 16,9-12).

In der christlichen Tradition

Zu den (zahlreichen) Texten Devarims, die innerhalb des Neuen Testaments (und der nachfolgenden christlichen Tradition) größere Beachtung fanden, gehören zunächst der Dekalog (Dtn 5,6-21 par Ex 20, 1-14; vgl. Mk 7,1-23 par Mt 15,1-20) und das Sch'ma Jisra'el (Dtn 6,4-5) als erster Teil des sog. Doppelgebots:

> *„[Höre, Israel! Der Ewige ist unser Gott, der Ewige ist einer!] Und du wirst den Ewigen, deinen Gott, lieben mit deinem ganzen Herzen und mit deinem ganzen Leben und mit all deiner Kraft.“*[11]

Zu den Eigenheiten der halachischen Lehre des historischen Jesus von Nazareth scheint sein vehementer Widerspruch gegen die Ehescheidung gehört zu haben, wie er in Mk 10,2-12 (par Mt 19,3-12; Lk 16,18)[12] artikuliert wird. Eine zweite Heirat nach der Scheidung wird – entgegen der Aussage von Dtn 24,1 – als Ehebruch deklariert. Die entsprechende Aussage in Devarim erscheint den Evangelisten (Mk 10,5; Mt 19,8) als Konzession Moses an die „Hartherzigkeit“ der Menschen, die im Widerspruch zur Schöpfungsordnung steht. Matthäus (19,9; 5,32) lässt (gegen Markus und Lukas) allein Unzucht als möglichen Scheidungsgrund gelten. Diese harte Regelung stieß bei Jesu Anhängern verständlicher Weise auf einigen Schrecken: „Wenn die Angelegenheit des Mannes mit einer Frau dergestalt ist, dann ist es nicht gut zu heiraten!“ (Mt 19,10) – was Jesus mit dem kryptischen Hinweis kontert, dass es – neben den unfreiwilligen „Eunuchen“, den Zeugungsunfähigen und Kastraten – für bestimmte Leute durchaus eine Option sein könnte, nicht zu heiraten („Eunuchen für das Königtum der Himmel“).

Die Ehehalacha Jesu trug wesentlich zur Herausbildung gravierender Unterschiede zwischen dem jüdischen und dem christlichen Sozial- und Familienethos bei. In der Alten Kirche wurde Mt 18,12 zu einem zentralen Bezugsvers für Sexualaskese. Seit dem Mittelalter spielt er in der Diskussion um den Zölibat eine große Rolle. Die theologische Diskussion um den Wert der Ehelosigkeit wurde in der Reformationszeit mit außerordentlicher Heftigkeit geführt.

Die hohe liturgische, theologische und ethische Autorität, die dem Buch Devarim im nachbiblischen Judentum zukam, spiegelt sich auch in den Briefen des Paulus wider.[13] Insbesondere die abschließenden Kapitel des Buches (Dtn 27–32), mit ihrer schroffen Gegenüberstellung von Segen (bei Einhaltung des Bundes) und Fluch (bei Vernachlässigung desselben), finden sich bei Paulus wiederholt in eine Deutung der Geschichte Israels einbezogen (vgl. Röm 10,5-21).

Weiterführende Literatur

Traditionelle jüdische Kommentare in Übersetzung

- Rasch"i: Selig Bamberger (Hg.), Raschis Pentateuchkommentar, Basel ^{4}1994, S. 513-608.
- Rasch"i (online): http://www.chabad.org/library/bible_cdo/aid/9965.
- Raschba"m: Martin I. Lockshin (Hg.), Rashbam's Commentary on Deuteronomy: An Annotated Translation, Brown Judaic Studies 340, Atlanta 2004.
- Mosche Nachmanides: Chajim Chavel (Hg.), Commentary on the Tora. Devarim-Deuteronomy, New York 1976.

Traditioneller christlicher Kommentar in Übersetzung

- Theodoret von Cyrus: Agnethe Siquans (Hg.), Der Deuteronomiumkommentar des Theodoret von Kyros, Österreichische Biblische Studien 19, Frankfurt 2002.

Wissenschaftliche Literatur

- Georg Braulik, Deuteronomium (Neue Echter Bibel 15 und 28), 2 Bde., Würzburg 1992/2000.
- Samuel R. Driver, Deuteronomy (International Critical Commentary 5), Edinburgh 1895.
- Daniel Hoffmann, Deuteronomium, Bd. I, Berlin 1913; Bd. II, Berlin 1922.
- Andrew D.H. Mayes, Deuteronomy (The New Century Bible Commentary), Grand Rapids/London 1987.
- Eckart Otto, Deuteronomium 1–11, 2 Bde. (Herders Theologischer Kommentar zum Alten Testament), Freiburg u.a. 2012.
- Horst D. Preuß, Deuteronomium (Erträge der Forschung 164), Darmstadt 1982.
- Martin Rose, 5. Mose (Zürcher Bibelkommentar 5), 2 Bde., Zürich 1994.
- Jeffrey H. Tigay, Deuteronomy (The JPS Torah Commentary), Philadelphia/Jerusalem 1996.

- Timo Veijola, Das 5. Buch Mose. Deuteronomium (Das Alte Testament Deutsch 8,1), Göttingen 2004.
- Moshe Weinfeld, Deuteronomy and the Deuteronomic School, Oxford 1972.

Anmerkungen

[1] Der griechische Name des Buches lautet dementsprechend δευτερονόμιον.

[2] Im Unterschied zu den priesterlichen Autoren der hypothetischen Kompositionsschicht K^P.

[3] Zum Beispiel Julius Wellhausen, Prolegomena zur Geschichte Israels, Nachdruck der sechsten Auflage Berlin 1927, Berlin/New York 2001, passim. So hat beispielsweise Gottfried Seitz (Redaktionsgeschichtliche Studien zum Deuteronomium, BWANT 93, Stuttgart u.a. 1971) die Auffassung vertreten, dass die ältesten Texte von Devarim („deuteronomische Sammlung") zur Zeit des Königs Hiskija bzw. des Propheten Jesaja entstanden sein sollen. Diese seien zur Zeit Josias überarbeitet worden („Deuteronomische Überarbeitung"). Jene frühesten Bestandteile werden vor allem in den Gesetzestexten gesehen und sollen schließlich in der Exilszeit von den testamentarischen Reden gerahmt worden sein (Timo Veijola, Das 5. Buch Mose. Deuteronomium, Göttingen 2004, S. 2-5; ähnlich auch Martin Rose, 5. Mose, Zürich 1994, S. 22-26).

[4] Eine umfassende Darstellung der Forschungsgeschichte und des gegenwärtigen Forschungsstandes bietet Eckart Otto, Deuteronomium I/1, Freiburg u.a. 2012, S. 62-230 (!). In seiner eigenen Rekonstruktion der Entstehung des Buches (vgl. ibid., S. 231-257) beschreibt Otto (nachvollziehbar) das deuteronomische Gesetz (Dtn 12–26) als Revision der Mischpatim (Bundesbuch Ex 21–23). Auch Otto geht von einem mehrstufigen Entstehungsprozess aus, der seinen Anfang bereits in vorexilischer Zeit nahm.

[5] Entlang der unterschiedlichen Anredeformen (Plural bzw. Singular) werden einzelne Textschichten voneinander abgehoben. Selbiges führt jedoch zumeist zu völlig untauglichen Resultaten.

[6] Dazu gehören sehr prominent die Vasallenverträge des neuassyrischen Königs Asarhaddon aus dem Jahr 672 BCE und die Verträge von Sfire, letztere vermutlich Staatsverträge zwischen nordsyrisch-aramäischen Stadtstaaten (vor 740 BCE).

[7] Beide Etappen der Eheschließung, Verlobung (Erusin/ ארוסין) und Trauung (Qiduschin/ קידושין), finden heute in *einer* Zeremonie direkt nacheinander statt.

[8] Günter Stemberger (Einleitung in Talmud und Midrasch, München ^{9}2011, S. 303) datiert das in ihm enthaltene Material zwischen 450 und 800 CE.

[9] Dtn 6,4-9: קבלת עול מלכות שמים; Dtn 11,13-21: קבלת עול המצות und Num 15,37-41: זכרון יציאת מצרים.

[10] Die Mesusot (Plural von Mesusa) werden auf Dtn 6,9 bzw. 11,20 zurückgeführt und enthalten die auf Pergament geschriebenen Abschnitte Dtn 6,4-9 sowie Dtn 11,13-21. Die Tefillin, die an Hand und Kopf befestigt werden, werden auf Ex 13,9 sowie Dtn 6,8; 11,18 zurückgeführt. Auch sie haben Kapseln, in denen neben den beiden Mesusot-Texten zusätzlich Ex 13,1-10.11-16 enthalten sind.

[11] Wobei Mt (22,36-37) und Lk (10,26-27) gegen Mk (29-30) den ersten Satz des Sch'ma (Dtn 6,4) auslassen und den nachfolgenden Vers mit einer auffallenden Variante wiedergeben: „Und du wirst den Herrn, deinen Gott, lieben aus deinem ganzem Herzen und aus all deiner Seele *und aus all deinen Gedanken* und aus deiner ganzen Kraft."

[12] Vgl. auch die berühmten Passagen aus der Bergpredigt Mt 5,27-28.31-32; die ersten beiden Verse unter Hinweis auf den Dekalog; die letzten beiden unter Hinweis auf Dtn 24,1.

[13] Vgl. David Lincicum, Paul and the Early Jewish Encounter with Deuteronomy, WUNT II 284, Tübingen 2010.

Nevi'im (Propheten)

Den zweiten Hauptteil der Hebräischen Bibel bilden nach der Tora die Nevi'im (נביאים; Propheten). Sie umfassen zum einen die Nevi'im Rischonim (נביאים ראשונים; Vordere Propheten), welche eine theologisch gedeutete Darstellung der Geschichte des Volkes Israel von den Anfängen im verheißenen Land bis zum Babylonischen Exil bieten. In diesem Kontext wird bereits mehreren Propheten (z.B. Samuel, Elija oder Elischa) eine zentrale Rolle zugewiesen. Im zweiten Teil, den Nevi'im Acharonim (נביאים אחרונים; Hintere Propheten), sind sodann Schriften mit klassischen Prophetenworten und -erzählungen zusammengestellt: die umfangreichen Großen Prophetenbücher Jeschajahu, Jirmejahu und Jechesqel und daran anschließend die zwölf sog. Kleinen Propheten, Tré Assar.

Die Einheit der Nevi'im wird durch intertextuelle Bezüge zwischen dem ersten und dem letzten Buch gestützt, wodurch der Eindruck eines Rahmens entsteht. So enthält beispielsweise der Schluss des letzten Prophetenbuches eine an dieser Stelle etwas unvermittelte Ermahnung zur Einhaltung der Tora (Mal 3,22), welche jedoch auf Jos 1,7-8 und Jos 23,6.16 zurückweist.

Inhaltlich-konzeptionell führen die Nevi'im den Erzählverlauf der Tora weiter. Der traditionellen Ansicht zufolge legen sie dabei die Tora (bereits) aus bzw. aktualisieren die Offenbarung am Sinai.

Innerhalb der Septuaginta bilden die Propheten nach dem Pentateuch, den Geschichtsbüchern, den Psalmen und Weisheitsschriften den Abschluss der Bibel. Zu den Prophetenbüchern gehören hier jedoch lediglich die Nevi'im Acharonim (Hintere Propheten), während die Nevi'im Rischonim (Vordere Propheten) unter die Geschichtsbücher eingeordnet sind. Die in den meisten christlichen Bibeln übernommene Nachordnung der Propheten hatte für die werdende Kirche den Vorteil, dass das sog. Alte oder Erste Testament nun mit prophetischen Heilsverheißungen endete. So konnte die Botschaft der umittelbar anschließenden Evangelien, mit Jesus Christus beginne die verheißene Heilszeit, als Erfüllung dieser Prophezeiungen gedeutet werden.

Nevi'im Rischonim (Vordere Propheten)

Die weitgehende Fortsetzung der Exodus- und Wüstenerzählung der Tora in den Nevi'im Rischonim veranlasste BibelwissenschaftlerInnen, eine übergreifende Komposition bzw. Redaktion anzunehmen. So ging die historisch-kritische Forschung schon bald von einer kompositorischen oder redaktionellen Zusammenstellung der ersten sechs oder sieben Bücher aus und prägte hierfür die Begriffe *Hexateuch* („sechs Rollen/Bücher"; statt fünf: Pentateuch, so Wellhausen, Eißfeldt oder von Rad) oder zusammen mit dem Buch Schoftim (Richter): *Heptateuch* („sieben Rollen/Bücher").

Andererseits schließen aber die folgenden Bücher Schoftim, Schmu'el und Melakhim wiederum direkt an den Erzählverlauf des Buches Jehoschu'a an und bilden mit der Darlegung der Geschichte von den Anfängen der Eroberung des Landes bis zur Staatsbildung, der Vereinigung unter einem Königtum und dem vorläufigen Untergang desselben im Exil ebenfalls eine stringente Komposition ([Dtn]/Jos – 2 Kön). Diese wurde einer (oder mehreren) Redaktion(en) zugeschrieben, welche unter dem Begriff „Deuteronomistisches Geschichtswerk" (Martin Noth) in die Forschung eingegangen ist. Ob das Buch Jehoschu'a somit in erster Linie als Teil eines Hexateuchs (bzw. Heptateuchs: Sechs- oder Siebenbuch), als Teil eines vom Pentateuch abgegrenzten Deuteronomistischen Geschichtswerks oder gar eines Enneateuchs (das dann neun Bücher, nämlich Gen – 2 Kön, umfasst) gelten sollte oder besser von Kompositonsschichten auszugehen sei, ist weiterhin umstritten, wobei gegenwärtig immer differenziertere Positionen vertreten werden (vgl. hierzu den prägnanten Forschungsüberblick von Georg Braulik, in: Erich Zenger, Einleitung in das Alte Testament, Stuttgart ^{8}2012, S. 237-254).

1 | Jehoschu'a (Josua)

Das sechste Buch der Bibel wurde nach seinem Protagonisten, Jehoschu'a (יהושע „J' ist Hilfe bzw. Retter"), benannt. Der Name ist zugleich Programm, verweist er doch auf die Grundaussage im gleichnamigen Buch: Gottes Hilfe bei der Landnahme. Die deutsche Bezeichnung „Josua" geht auf die hebräische Kurzform[1] zurück.

Kontext

Im hebräischen Kanon bildet Jehoschu'a das erste Buch der Nevi'im, speziell der Nevi'im Rischonim. Die Septuaginta sowie diverse christliche Bibelausgaben führen es demgegenüber als erste Schrift der Geschichtsbücher. In beiden Fällen folgt es jedoch den ersten fünf Büchern der Bibel, der Tora.

Auch inhaltlich schließt das Buch Jehoschu'a unmittelbar an die Tora an. So findet der Erzählbogen, der mit der Urgeschichte (Gen 1–11) bzw. der Landverheißung an die Väter (Gen 12,1-3) im ersten Buch Bereschit begann und in den folgenden vier Büchern mit dem Auszug aus Ägypten unter Führung Moses fortgesetzt worden ist, mit der Erfüllung der Verheißung in Form der Landnahme und -verteilung unter Moses Nachfolger Josua (Jos 1-22) seinen (ersten vorläufigen) Abschluss im Buch Jehoschu'a. Zugleich wird die geschichtliche Darstellung wiederum in der anschließenden Schilderung der Richterzeit im Buch Schoftim weitergeführt.

Direkte intertextuelle Bezüge unterstützen den Eindruck der Zusammengehörigkeit. So erwähnt beispielsweise Jos 1,1 noch einmal die Hauptperson der vier vorangegangenen Bücher der Tora, Mose, bzw. seinen Tod (Dtn 34) und die

Ernennung seines Nachfolgers Josua, Hauptakteur des Buches Jehoschu'a, lässt sich bereits im Buch Devarim finden (Dtn 31,1-8; 34,9).

Historische Einordnung

Der Tradition zufolge schrieb Josua das nach ihm benannte Buch, abgesehen von den letzten Passagen über seinen eigenen und Eleasars Tod, selbst (vgl. hierzu z.B. bBaba Batra 14b.15a). Folglich gebe das Buch – so die Schlussfolgerung – die damaligen Ereignisse weitgehend zeitnah und authentisch wieder.[2]

In der zeitgenössischen Forschung wird dagegen zumeist die Ansicht vertreten, dass es sich hierbei vielmehr um einen idealisierten Rückblick auf die lang zurückliegende Anfangszeit der Ansiedlung und Staatenbildung handelt. Vor allem die Darstellung der Landnahme Kanaans in Jos 1–12, welche als Eroberung seitens eines Zwölfstämmeverbands beschrieben wird, gilt als historisch fragwürdig. Widerspricht sie doch archäologischen Befunden hinsichtlich der regionalen Bedingungen und der sozialen Struktur im 12. Jahrhundert BCE. Zwar lässt sich im Verlauf der ersten Hälfte des 12. Jahrhunderts BCE ein Verfall vieler kanaanäischer Stadtstaaten feststellen, dieser wird jedoch gemeinhin nicht einem militärischen Ansturm seitens des Stämmeverbundes zugeschrieben. Stattdessen wird gegenwärtig zumeist angenommen, dass die eher agrarisch geprägten Nachfolgesiedlungen von bisherigen Halbnomaden bewohnt worden seien, die zur Sesshaftigkeit übergegangen sind. Zudem scheinen sich Kanaanäer aus den ehemaligen Stadtstaaten diesem neuen Gesellschaftssystem angeschlossen zu haben, so dass die „Landnahme" aus archäologischer Sicht letztlich eher als Koexistenz bzw. Übergang zur Sesshaftigkeit vorzustellen sei.[3]

Für das Gesamtbuch werden neben deuteronomi(sti)schen Bearbeitungen oder Kompositionschichten (K^D) eine oder mehrere nachexilische priesterschriftliche Redaktion(en) oder eine entsprechende Kompositionsschicht (K^P) angenommen. Knauf datiert ihre Anfänge in die Zeit um oder vor 600 BCE und ihre Vollendung kurz nach 400 BCE in Jerusalem.[4]

Aufbau

Jos 1–12:	**Eroberung des Westjordanlands**
1,1-1,9	Göttlicher Auftrag zur Landnahme
1,10-7,1	Vorbereitungen und Einnahme Jerichos
7,2-8,35	Zunächst von Gott verhinderte, später unterstützte Eroberung Ais, Toraverlesung
9,1-11,23	Reaktion und Schicksal der Gibeoniter (List und Bestrafung) sowie der westjordanischen Königreiche (Bündnis gegen Israel, Niederlage)
12,1-12,24	Liste der besiegten Könige des Ost- und Westjordanlandes

Jos 13–22:	**Landverteilung**
13,1-13,7	Göttliche Anweisung zur weiteren Landverteilung
13,8-13,33	Bereits zugeteiltes ostjordanisches Territorium (Ruben, Gad und z.T. Manasse)
14,1-17,18	Verteilung des Westjordanlands (Kaleb, Juda, Josef [Efraim und Manasse]), keine Landzuteilung für den Stamm Levi
18,1-19,51	Landzuteilung an die restlichen sieben Stämme (Benjamin, Simeon, Sebulon, Issachar, Ascher, Naftali und Dan) in Schilo
20,1-21,42	Städte mit besonderem Status: Asyl- und Levitenstädte
21,43-21,45	Resümee: Erfüllung der göttlichen Verheißungen
22,1-22,34	Konflikt zwischen ost- und westjordanischen Stämmen (Altarbau), Wiederherstellung der Eintracht
Jos 23–24:	**Abschließendes Wirken und Tod Josuas**
23,1-23,16	Resümee und Ermahnung Josuas
24,1-24,28	Versammlung in Sichem: Rückblick auf die Heilsgeschichte, Verpflichtung auf Gott und seine Tora, Bund in Sichem
24,29-33	Tod Josuas und Eleasars (Aarons Sohn), Beerdigung dieser und der Gebeine Josefs

Wichtige Themen und Texte

Das Hauptthema des Buches Jehoschu'a ist die Landnahme. Sie wird jedoch in erster Linie als Land*gabe* in Form einer göttlichen Übereignung und Zuteilung an Israel charakterisiert. Mit der geschilderten Einnahme Kanaans erfüllt sich der biblischen Darstellung gemäß nun die göttliche Zusage des Landbesitzes an die Väter (z.B. Gen 12,7; 13,14-17 u.a.). Kanaan wird somit in Anknüpfung an den deuteronomischen Sprachgebrauch als rechtmäßiger „Erbbesitz" (Dtn 12,10 u.v.m.) expliziert. Folglich ist die beschriebene militärische, listige oder wundersame Einnahme der jeweiligen Gebiete göttlich legitimiert bzw. von Gott initiiert (Jos 8,1-2) und durch seine Hilfe realisiert: Gott gibt Anweisungen zum Gelingen der Invasion, ordnet Kampfstrategien, Täuschungsmanöver (Jos 8,2-23) oder kultische Verrichtungen an (Jos 6,2-5) und untertützt die Angriffe durch wundersame Eingriffe (Jordanwunder: Jos 3; Einsturz der Mauern von Jericho: Jos 6,20). Exemplarisch und besonders nachhaltig zeigt sich die von Gott herbeigeführte Landnahme bei der Eroberung Jerichos, die nach göttlichen (auch kultischen) Anweisungen umgesetzt wird, wobei der Einsturz der Mauern beim Klang der Widderhörner sodann auf einen direkten Eingriff Gottes zurückgeführt wird (Jos 6). Auffällig ist dabei die im Vorfeld breite Erwähnung Rahabs, der Prostituierten, die die israelitischen Kundschafter bereitwillig versteckt und bei der Eroberung der Stadt zum Dank verschont wird (Jos 2,1-21; 6,22-25).
Die göttliche Übergabe, Verleihung oder Schenkung des Landes wird dann letztlich noch einmal explizit durch die im zweiten Hauptteil geschilderte Verteilung des Landes an die Stämme Israels ausgedrückt (Jos 13,1-22,34).

Dem Namensgeber und Protagonisten des sechsten biblischen Buches kommt die Ehre zu, das Volk Israel in das verheißene Land geführt (Dtn 31,7.23) und somit bei der Erfüllung der Landverheißung einen wichtigen Part erhalten zu haben. Auch die Eroberung bzw. Landverteilung ist vornehmlich mit Josua verbunden, so dass er als erfolgreicher, gottesfürchtiger und mit Geist begabter Feldherr sowie Volksführer (Num 27,18) geschildert wird. Als solcher wird er in die Nähe Moses gerückt und explizit als Diener (z.B. Ex 24,13; 33,11; Num 11,28; Jos 1,1) sowie Nachfolger Moses (vgl. Num 27,12-23; Dtn 1,38; 34,9) vorgestellt. Gleichzeitig zeigt sich eine narrative Angleichung an den großen Vorgänger. So erinnert beispielsweise die Schilderung des Durchschreitens des Jordans unter Josuas Führung (Jos 3,7; 4,14) an den Durchzug durch das Rote Meer unter Mose. Wie Mose wird Josua zudem als „Knecht des Herrn" bezeichnet (Jos 24,29) und als Prophet ausgestaltet (Jos 20,1).

Wirkungsgeschichte

In der jüdischen Tradition

In den nachfolgenden biblischen Büchern lassen sich nicht selten Rückverweise auf Josua bzw. auf die Zeit der Landnahme finden. Hierunter fallen zum einen Aufnahmen von Motiven und Aussagen (1 Kön 16,34; 1 Chron 7,27), zum anderen Rückblicke auf die Geschehnisse, z.B. im Buch Schoftim (Ri 1,1; 2,6-8.21.23; vgl. auch Ps 114,3.5 oder indirekt Neh 8,17).

Außerhalb des hebräischen Kanons führt das hebräische Ben-Sira-Buch bzw. die griechische Jesus-Sirach-Fassung Josua (und Kaleb) im „Lob der Väter" an (Sir 44,1-49,16). Bei Josua, der an achter Stelle unter den ruhmreichen achtzehn Personen (v.a. Herrscher oder Propheten) der Geschichte Israels Erwähnung findet, wird vor allem sein Mut und Erfolg als Kriegsheld, aber auch seine Hilfe und Nachfolge Moses im Prophetenamt herausgestellt (Sir 46,1-6). Die Josua zugewiesene Aufgabe, Bedeutung und Vorherbestimmung, Israel zu helfen bzw. zu retten, indem er an der Eroberung des Israel zugesprochenen Landes als Feldherr mitwirkt, offenbare der deuterokanonischen Schrift zufolge bereits sein Name (Sir 46,1). Josuas Kriegsglück, das durch Gottes wundersames Eingreifen bedingt ist, wird dabei in besonderer Weise an dessen Lauterkeit, an seine vollkommene Treue und seinen Gehorsamkeit gegenüber dem Ewigen „in den Tagen des Mose" (Sir 46,6.7) geknüpft.

Dem 1. Makkabäerbuch zufolge erhält Josua aufgrund der gehorsamen Erfüllung seiner Aufgaben das Richteramt zugesprochen (1 Makk 2,55). Laut Philo verweist sein Name darüber hinaus auf den von ihm erreichten „Vollkommenheitsgrad". Er betont wie die Septuaginta und Flavius Josephus (Antiquitates Judaicae V,1) seine Nachfolgerschaft im Hinblick auf Mose (vgl. auch Philo, virt. § 56; 68; 70).

Die Rabbinen beschäftigt schließlich vor allem das prekäre Moment, dass die Israeliten bei der Landnahme bereits besiedeltes Land erobert haben, wie die geschilderte Vernichtung der Städte und Einwohner Kanaans folglich moralisch und rechtlich legitimiert bzw. interpretiert werden könne. Im Hinblick auf die in der Mischna (mSota VIII, 7a.b) angeführte Unterscheidung diverser Arten von Kriegen (freigewählte Kriege, Kriege des Gebots oder Kriege der Pflicht) wird Josuas Einnahme Kanaans im Jerusalemer und Babylonischen Talmud schließlich als „Krieg der Pflicht" kategorisiert. Er sei von Gott befohlen worden, so dass zu ihm – im Gegensatz zu den davidischen Kriegen (!) – keine Alternative bestanden hätte (bSota 44b par; vgl. auch Maimonides, Mischne Tora VI,5).

Zudem führt eine breite haggadische Überlieferung die im Bibeltext allenfalls vage angelegte Tradition von drei Sendschreiben Josuas aus. Jene entlasten letztlich das israelitische Volk und seinen Heerführer vom Vorwurf, eine gewalttätige Invasion durchgeführt zu haben, bei der den Angegriffenen keinerlei Chance und Rettungsmöglichkeit gewährt worden sei.[5] Vielmehr habe Josua die Einwohner zuvor gewarnt, ihnen die Möglichkeit der Flucht und des Friedensschlusses eingeräumt und erst angegriffen, nachdem sich die Kanaanäer bewusst für einen Krieg entschieden hätten. Josua erhält somit ausgeprägte Züge eines gerechten und vorbildlichen Kriegsherrn.

Der Traktat Megilla des Babylonischen Talmuds gibt schließlich eine weitere Tradition wieder, wonach Rahab als Proselytin und spätere Ehefrau Josuas gilt (bMegilla 14b). Ferner stammten von ihr, die hier als Speisewirtin (nicht als Prostituierte) vorgestellt wird, acht priesterliche Propheten ab. Auch die Prophetin Hulda soll zu ihren Nachkommen gehört haben.

Liturgische Relevanz kommt letztlich mehreren Passagen aus dem Buch Jehoschu'a zu. So bilden die ersten Verse Jos 1,1-18 (oder Jos 1,1-9) die Haftara zur letzten Parascha, mit welcher der Lesezyklus an Simchat Tora schließt, bevor mit den ersten Versen von Bereschit von Neuem begonnen wird. Die Passagen Jos 5,2-6,1 und 6,27 (sowie Jos 3,5-7) erwähnen ein erstes Pessach nach der Wüstenwanderung und sind folglich dem ersten Tag des Pessachfestes zugeordnet.

In der christlichen Tradition

Nur vereinzelt lassen sich Hinweise auf das Buch Jehoschu'a im Neuen Testament entdecken. Eine der wenigen Referenzen enhält jedoch der heilsgeschichtliche Rückblick innerhalb der Stephanusrede, in dem die im Buch Jehoschu'a geschilderte Vernichtung der bisherigen Einwohner relativiert wird, da lediglich eine Vertreibung postuliert wird (Apg 7,45). Demgegenüber akzentuiert die später angeführte Predigt des Paulus die Vernichtung von sieben Völkern im Land Kanaan und die göttliche Landgabe an Israel (Apg 13,19). Der Verfasser des Hebräerbriefs hebt schließlich hervor, Josua habe das Volk nicht in das (eigentliche) „Land der Ruhe" geführt, da sich die Hoffnung auf einen noch künftigen Tag, an dem dies verwirklicht wird, erst in einer weiteren Verheißung konstituiere (Hebr 4,8).

Als rezeptionsgeschichtlich bemerkenswert erweist sich darüber hinaus der Umstand, dass in der biblischen und z.T. auch weiteren christlichen Tradition nicht der Protagonist Josua die größte Aufmerksamkeit erhält, sondern die Kanaanäerin Rahab aus Jericho. Sie wird nicht nur vom Verfasser des Matthäusevangeliums als eine der schillernden Vorfahrinnen in den Stammbaum Jesu eingeordnet (Mt 1,5), sondern gilt auch im Hebräerbrief sowie im Brief des Jakobus als Vorbild im Glauben. Der Brief des Jakobus führt sie sogar als weibliches Pendant zum väterlichen Schwergewicht Abraham an, wobei ihr vor allem die Aufnahme der israelitischen Kundschafter als Verdienst angerechnet wird (Hebr 11,31 und Jak 2,14-26). Ähnlich sind auch im 1. Clemensbrief vor allem ihre Vorbildlichkeit im Glauben (πίστις) bzw. ihre Frömmigkeit sowie ihre tätige „Gastfreundschaft" (φιλοξενία) hervorgehoben (1 Clem 12,1-8). Gleichzeitig führt die Stelle noch eine typologische Deutung des scharlachroten Zeichens an, welches Rahab zum Schutz an ihrem Haus anbringen sollte: Es versinnbildlicht laut 1 Clem 12,7 das Blut des Herrn, als erlösendes Moment für alle, die an Gott glauben und auf ihn hoffen.

In frühchristlicher Literatur und vor allem seit den Kirchenvätern wird darüber hinaus Josua bzw. sein Wirken und Kontext typologisch im Sinne einer Präfiguration Christi gedeutet. Hier bot sich vor allem die Namensanalogie an, welche besonders in der griechischen Form (Jesous) zum Tragen kommt. Mit der Namensgebung Josuas (Jes[o]us) habe der Vater, d.h. Gott, den Worten des Barnabasbriefs gemäß (Barn 12,8), „alles über seinen Sohn Jesus offenbart" (Barn 12,8), wobei dem Namen selbst programmatische Bedeutung zukomme: „Er rettet bzw. wird retten". Justin der Märtyrer unterstreicht in diesem Zusammenhang des Weiteren, dass Josua erst nach seiner Namensänderung (vgl. Num 13,16) das Rettungswerk vollbringen konnte (Dialog mit dem Juden Tryphon 113,3). Erst seit diesem Zeitpunkt sei er in der Lage gewesen, Außergewöhnliches zu bewirken, wie die Sonne zum Stillstand zu bringen oder Amalek zu besiegen (dial. 113,3f.). Durch die Verleihung des Namens habe er Anteil an der Kraft des Geistes Jesu Christi erhalten, der somit bereits in Josua gegenwärtig gewesen sei. Folglich sei nur eine Person mit dem Namen Jesus, Josua, als Vorabbildung des kommenden Jesus Christus in der Lage gewesen, Kanaan zu erobern und Israel als verheißenen Erbbesitz zuzuteilen (dial. 113,3-4).

Auch der Kirchenvater Origenes bot in seiner Predigtreihe mit einer außergewöhnlich großen Anzahl von 26 Homilien zum Buch Jehoschu'a eine allegorisch-typologische Deutung der Namensgleichheit im griechischen Text und hob in diesem Zusammenhang hervor, keine andere Person der Heilsgeschichte sei mit diesem besonderen Namen gewürdigt worden. Josua (bzw. der „alttestamentliche Jesus") sei somit als Vorausbild (Typos) des neutestamentlichen Jesu zu verstehen (hom. in Jos I,1 sowie hom. in Jos VII,1). Auch die in der Bibel geschilderten militärischen Auseinandersetzungen in der Frühzeit Israels deutete Origenes allegorisch bzw. spirituell-individuell. Handle es sich hierbei doch seiner Anschauung zufolge um einen inneren Krieg im Herzen des Menschen. Der Mensch müsse sich in einem geistigen Kampf ebenso wie Josua dem Bösen, Widergöttlichem (v.a. im Menschen selbst sowie im Hinblick auf die Verhältnisse im unmittelbaren zeitlichen Kontext) entgegenstellen, es vernichtend bekämpfen und somit dafür sorgen, dass Gott wirklich herrsche. Eine buchstäbliche Auslegung des biblischen Buches lehnte er dagegen ab, da sie dem christlichen Grundsatz einer friedenbringenden Botschaft Jesu Christi widerspreche (hom. in Jos XV,1).

Eine allegorische Deutung der Kriege Josuas empfahlen auch andere Kirchenväter wie beispielsweise Johannes Chrysostomus, dem undenkbar erschien, dass Gott eine Art Völkermord an den Kanaanäern angeordnet haben soll.[6] Demgegenüber entwickelte Augustinus anhand des Buches Jehoschu'a bei gleichzeitiger Weiterführung der Anschauungen Ciceros die Voraussetzungen und Charakteristika eines gerechten Krieges. So definierte er in seinem Werk „Quaestionum libri septem" die Landnahme Josuas als gerechten Krieg – zum einen, weil Gott diesen befohlen habe und unterstützte, zum anderen, weil diesen Kriegen mit Josua ein wahrhaft gerechter Mensch (homo iustus) vorgestanden habe. Dementsprechend seien die in der Landnahme beschriebenen militärischen Auseinandersetzungen ebenso gerechtfertigt wie die früheren und nachfolgenden Kriege, die diese Bedingungen erfüllen – eine Auffassung, die sich in der weiteren Geschichte als äußerst verhängnisvoll erweisen sollte.

Weiterführende Literatur

Traditioneller jüdischer Kommentar in Übersetzung

- Rasch"i (online): http://www.chabad.org/library/bible_cdo/aid/15785.

Traditionelle christliche Kommentare in Übersetzung

- Origenes: Thomas R. Elßner, Theresia Heither, Die Homilien des Origenes zum Buch Josua. Die Kriege Josuas als Heilswirken Jesu, Stuttgart 2006.
- Johannes Calvin: Karl F. Müller (Hg.), Johannes Calvins Auslegung der Heiligen Schrift in deutscher Übersetzung – Buch Josua, Neukirchen-Vluyn 1920.

Wissenschaftliche Literatur

- Klaus Bieberstein, Josua – Jordan – Jericho. Archäologie, Geschichte und Theologie der Landnahmeerzählungen Josua 1–6, Freiburg/Göttingen 1995.
- Robert G. Boling, Joshua. A New Translation with Notes and Commentary (Anchor Bible), New York u.a. 1982.
- Thomas R. Elßner, Josua und seine Kriege in jüdischer und christlicher Rezeptionsgeschichte, Stuttgart 2008.
- Volkmar Fritz, Das Buch Josua, Tübingen 1994.
- Manfred Görg, Josua (Die Neue Echter Bibel: Kommentar zum Alten Testament mit der Einheitsübersetzung), Würzburg 1991.
- Roland Gradwohl, Josua wird Moses Nachfolger. Jos 1,1-9, in: ders., Bibelauslegungen aus jüdischen Quellen, Stuttgart ^{2}1995, S. 73-83.
- Georg Hentschel, Das Buch Josua, in: Christian Frevel (Hg.), Einleitung in das Alte Testament, Stuttgart ^{8}2012, S. 257-268.
- Ernst Axel Knauf, Josua (Zürcher Bibelkommentare), Zürich 2008.

- Alberto Soggin, Joshua (Old Testament Library), London/Philadelphia 1972.
- Hans-Jürgen Zobel, Josua/Josuabuch, in: Theologische Realenzyklopädie, Bd. XVII, Berlin/New York 1988, S. 269-278.

Anmerkungen

[1] Dabei entfällt das ה und der Name wird zu יושע (Joschu'a) oder ישוע (Jeschu'a) verkürzt.
[2] So z.B. die Meinungen innerhalb der Kommentare von Rasch"i, David Qimchi oder Levi ben Gerschom, während Abrabanel von einer größeren zeitlichen Distanz ausgeht.
[3] S. Volkmar Fritz, Das Buch Josua, Tübingen 1994, S. 14.
[4] Vgl. Ernst Axel Knauf, Josua, Zürich 2008, S. 17.
[5] S. z.B. pSchevi'it 6,1; s. auch Devarim Rabba 5,13-14; Wajiqra Rabba 17,6 und Maimonides, Mischné Tora VI,5.
[6] Vgl. Ernst Axel Knauf, Josua, Zürich 2008, S. 33.

2 | Schoftim (Richter)

Der Titel des biblischen Buches Schoftim (שופטים; griech. κριταί; lat. iudices), „Richter", leitet sich von den Richterpersönlichkeiten innerhalb des Hauptteils ab (Ri 3,7-16,31). Unter diesen wird nur Debora ausdrücklich als Richterin benannt. Ansonsten finden sich lediglich hinsichtlich der sog. Kleinen Richter (Tola, Jaïr, Ibzan, Elon, Abdon) noch Hinweise auf eine Ausübung des Richteramts, während die sog. Großen Richter Gideon, Jiftach oder Simson eher als charismatische Führungs- und Rettergestalten beschrieben werden. Sie repräsentieren somit in erster Linie siegreiche Stammeshelden innerhalb der militärischen Konflikte im vorstaatlichen Israel zwischen Landnahme und Etablierung eines eigenen Königtums.

Kontext

Das zweite Buch innerhalb der Nevi'im Rischonim knüpft unmittelbar an das vorherige Buch Jehoschu'a an, indem es dessen Themen, die Landnahme, konkret die Eroberung des Westjordanlandes, und den Tod Josuas, aufgreift und weiterführt (vgl. Jos 24,29-31; Ri 1,1; 2,6-9). Mit der anhaltenden Bedrohung seitens der Philister und der Erwähnung des Propheten Samuel, der zu Beginn des Buches Schmu'el ebenfalls als (letzter) Richter beschrieben wird (1 Sam 7,15-17; 8,1), ist zudem eine direkte Überleitung zum nachfolgenden Buch geschaffen.

Dennoch lassen sich vor allem zum ersten Buch der Nevi'im Rischonim Dubletten und Widersprüche feststellen. So wird bereits am Ende des Buches Jehoschu'a Tod und Bestattung Josuas erwähnt und obwohl Ri 1,1 mit der einleitenden Formulierung „Nach dem Tod Josuas" beginnt, führt Ri 2,8-9 wiederum eine Erzählung über Josuas Lebensende und Begräbnis an. Zudem weicht die jeweilige Darstellung der sog. Landnahme voneinander ab: Während im Buch Jehoschu'a die vollständige Eroberung und Verteilung Kanaans an die Stämme beschrieben wird, setzen die Ausführungen im Buch Schoftim kanaanäische Städte und Gebiete voraus, die noch nicht von den israelitischen Stämmen erobert werden konnten (s. Ri 1,18.21.27-36).

Historische Einordnung

Die strenge Schematisierung mit wiederkehrenden Momenten und Sprachmustern im Mittelteil lässt eine (redaktionelle) Strukturierung erkennen, die eine einheitliche theologische Deutung der Richterzeit vermittelt. Zumeist wird hierfür ein längerer Entstehungsprozess vorausgesetzt. Allerdings bewahrt das Buch Schoftim offenbar auch sehr alte Textelemente, welche die historische Realität und Bedingungen der vormonarchischen Zeit vermutlich authentischer abbilden und weitgehender mit archäologischen Befunden harmonieren als viele Angaben im Buch Jehoschu'a. Hier sei beispielsweise auf den bereits erwähnten schlüssigeren Bericht bezüglich der nicht eroberten kanaanäischen Gebiete (s. Ri 1,18.21.27-36) hingewiesen. Zudem gilt das sog. Deboralied in Ri 5 als einer der ältesten Texte des Buches bzw. der gesamten Bibel.

Die schillernden und dramatischen Heldenerzählungen der sog. Großen Richter gehen in ihrem Grundbestand vermutlich auf Stammestraditionen (10.-8. Jahrhundert BCE) zurück.[1] Sie wurden wahrscheinlich in Erzählkränzen zusammengeführt, innerhalb des Buches Schoftim komponiert, einheitlich redigiert und spätestens zu diesem Zeitpunkt auf Gesamtisrael bezogen. Die Redaktion bzw. die verschiedenen redaktionellen Bearbeitungen oder Kompositionsschicht/en wird bzw. werden gemeinhin der deuteronomischen Schule zugeschrieben.

Neben der neueren Zuordnung zu einer der beiden prägenden Kompositionsschichten (K^D) wird das Buch oder eine Grundschrift des Buches Schoftim in der klassischen Literarkritik als Teil des sog. Deuteronomistischen Geschichtswerks verstanden. Entsprechend konzipiert, sei die Schrift chronologisch und thematisch zwischen dem Buch Jehoschu'a und den folgenden Büchern Schmu'el und Melakhim eingefügt worden. Hinsichtlich der Endgestalt wird dann bisweilen noch ein späterer Eingriff von priesterlicher Seite angenommen.[2]

Aufbau

1,1–2,5	**Geglückte und missglückte Landnahme(n) nach dem Tod Josuas**	
2,6–3,6	**Zusammenfassende Deutung der Geschehnisse der Josua- und Richterzeit**	
3,7–16,31	**Richter Israels**	
	3,7-3,11	Otniël
	3,12-3,30	Ehud
	3,31	Schamgar
	4,1-5,31	Debora und Barak
	6,1-8,32	Gideon
	8,33-9,57	Abimelech
	10,1-10,2	Tola
	10,3-10,5	Jaïr
	10,6-12,7	Jiftach
	12,8-12,10	Ibzan
	12,11-12,12	Elon
	12,13-12,15	Abdon
	13,1-16,31	Simson
17,1-21,25	**Anhänge: Daniter (17,1–18,31); Benjaminiter (19,1–21,25)**	

Wichtige Themen und Texte

Den weitaus größten Raum nehmen die Ausführungen zu den „Richtern" im Hauptteil des Buches (Ri 3,7–16,31) ein. Die sehr heterogenen Erzählungen mit unterschiedlichen inhaltlichen Akzenten und Charakterbeschreibungen sind durch ein übergreifendes Deutungsschema strukturiert, das diese aneinander angleicht, miteinander verknüpft und zugleich stilisiert. Als sog. Richterschema ist es den nachfolgenden Richtererzählungen des Mittelteils in Form eines Prologs programmatisch vorangestellt und mit einer Erläuterung versehen (Ri 2,11-19). Zum Richterschema gehört zunächst die Feststellung, dass die Israeliten taten, was dem Herrn missfiel, ihn vergaßen und anderen Göttern dienten (Ri 2,11-12). Hierauf folgt der göttliche Zorn gegen sein Volk (Ri 2,12.14) und die Auslieferung Israels in die Hand feindlicher Völker als Strafe (Ri 2,14f.). Daraufhin (konkret aufgrund ihres Hilferufs zum Herrn: Ri 2,18) setzt Gott einen Richter ein, der das Volk mit militärischen Mitteln aus seiner Bedrängnis befreit und Autonomie ermöglicht (Ri 2,16.18). Spätestens nach dem Tod des charismatischen Befreiers fällt das Volk aber wieder in den Götzendienst zurück (Ri 2,17.19), woraufhin sich die Abfolge wiederholt.

Dieses Schema bezieht sich allerdings in erster Linie auf die ausführlicheren Erzählungen der sog. Großen Richter. Demgegenüber erfährt die Leserschaft über die sog. Kleinen Richter lediglich Eckdaten: Herkunft, Dauer der Tätigkeit, Nachkommen, Tod und Begräbnis (Ri 10,1-5; 12,8-15). Die Bezeichnung „Kleine Richter" leitet sich allein aus der kurzen biblischen Erwähnung ab. Sie scheinen im Vergleich zu den ausführlicher behandelten „Großen Richtern", welche eher auf die Belange ihres jeweils eigenen Stammes bezogen sind, leitende Positionen hinsichtlich Gesamtisraels einzunehmen. Die „Großen Richter" repräsentieren dagegen charismatische Stammeshelden, die ihrem Volk im Auftrag Gottes zu Hilfe kommen und dieses retten. Ihre außergewöhnliche heroische Stärke, Unantastbarkeit oder militärischen Erfolge erhalten sie aufgrund des göttlichen Geistes, der sie erfasst bzw. auf ihnen ruht (Ri 3,10; 6,34; 11,29; 13,25; 14,6.19; 15,14).

Unter ihnen nimmt Debora eine besondere Stellung ein: Sie repräsentiert nicht nur die einzige weibliche Richtergestalt, sie wird auch zusätzlich als Prophetin (נביאה/nevi'a) bezeichnet und amtiert dem Bibeltext zufolge im Gegensatz zu den anderen Großen Richtern explizit als Richterin im eigentlichen Sinne, indem sie über die Israeliten Recht spricht (Ri 4,4-5). Trotz ihrer zweifellos zentralen Rolle besiegt sie laut Ri 4–5 im Gegensatz zu den anderen „Großen Richtern" die Gegenseite nicht allein. Ihr stehen vielmehr insbesondere Barak, den sie als Feldherrn für die militärischen Auseinandersetzungen mit den Kanaanäern beruft (4,6-10.12-16), sowie die Keniterin Jaël, welche den kanaanäischen Heerführer Sisera tötet, zur Seite (Ri 4,17-22). Von Debora gehen somit die Initiativen bzw. Anweisungen aus, welche zum Sieg über die Feinde führen. Sie selbst handelt wiederum auf göttlichen Befehl (Ri 4,6). Im sehr alten Siegeshymnus, dem sog. Deboralied (Ri 5), der/das zwar auch Barak zugeschrieben wird (Ri 5,1) und auf die militärischen Verdienste Baraks verweist, steht jedoch in erster Linie Debora im Vordergrund. Sie erhält in diesem den Titel „Mutter Israels", welche die Not ihres Volkes gewendet habe (Ri 5,7).

Mit der Gideonerzählung (Ri 6–8) folgt die erste ausführlichere narrative Darstellung der Geschichte einer männlichen Richtergestalt. Der aus dem Stamm Manasse stammende Gideon (Ri 6,15) wird von Gott zur Bekämpfung der Midianiter eingesetzt, welche die Israeliten – dem Richterschema gemäß (Ri 6,1-6) – infolge ihrer Hinwendung zu anderen Göttern bedrücken. Eine Besonderheit stellt hierbei allerdings die Art der Berufung Gideons dar. Sie wird außergewöhnlich ausführlich geschildert und gleicht dem klassischen Berufungsschema der Propheten: Göttlicher Sendungsauftrag, Einspruch seitens des Berufenen, Anforderung und Erhalten eines göttlichen Zeichens (Ri 6,11-24). Nicht nur die Berufung Gideons ähnelt mit diesen Elementen insbesondere derjenigen des Mose (Ex 3,7-4,17), die gesamte Gideonerzählung enthält diverse explizite oder implizite Bezüge zum Buch Schemot (z.B. Ri 6,7-10). Wie Elija bekämpft Gideon darüber hinaus den Baalskult (vgl. Ri 6,25-32 und 1 Kön 18,16-40) und erhält laut biblischer Begründung somit den Namen Jerubbaal verliehen, der mit „Baal möge gegen ihn streiten" (ursprünglich wahrscheinlich stattdessen: „Baal möge Partei ergreifen, möge verteidigen") übersetzt wird. Der Sieg Gideons, den unmittelbar vor der Schlacht gegen die Midianiter der Geist des Herrn überkommt (Ri 6,34), ist, wie ausdrücklich betont wird, lediglich auf Gottes Mithilfe und nicht auf die militärische Stärke des mit Gideon kämpfenden, zu diesem Zweck eigens reduzierten Heeres zurückzuführen (Ri 7,1-8).

Die Bedrohung durch die Ammoniter wird demgegenüber von Jiftach, dem Gileaditer (Ri 11,1), abgewehrt. Eine Besonderheit stellt hierbei die Tatsache dar, dass Jiftach den Ammonitern vor der entscheidenden Schlacht Friedensverhandlungen anbietet (Ri 11,12-28). Prominent wurde zudem sein außergewöhnliches, tragisches Gelübde, im Falle eines Sieges dasjenige zu opfern, das ihm bei seiner Heimkunft als erstes entgegenkommt: seine einzige Tochter, wie sich herausstellen wird (Ri 11,29-40).

Die sagenreichsten Motive enthalten schließlich die Erzählungen über die letzte, wohl bekannteste Richtergestalt: Simson (auch Samson in Ri 13–16). Bereits die Geburt des Daniters erfolgt unter wundersamen Umständen, geht ihr doch eine langjährige Unfruchtbarkeit der Mutter voraus. Zudem wird die Besonderheit des Kindes durch die außergewöhnliche Ankündigung seiner Geburt seitens eines Engels (Ri 13,3) und dessen Forderung betont, den Knaben Gott zu weihen. Seine Eltern werden verpflichtet, ihn als Nasiräer aufwachsen zu lassen, der weder Alkohol trinkt, Unreines isst noch Haare bzw. Bart schert (Ri 13,4-14). Zudem zeichnet Simson sich durch seine übernatürlichen Kräfte aus. So kann er Löwen (Ri 14,6), Stadttore (Ri 16,3), eine Vielzahl von Männern (konkret: 30, 1000 oder tausende Philister, s. Ri 14,19; 15,15; 16,30) ohne Mühe gleichzeitig bezwingen. Zum Verhängnis wird ihm jedoch seine Zuneigung und Vertrauensseligkeit gegenüber Frauen, namentlich Philisterinnen (zu Timna oder Delila s. Ri 14,1-15,19; 16,1-3; 16,4-31). So bewirkt Delila letztlich seinen Tod, indem sie den Feinden das Geheimnis der übernatürlichen Kraft Simsons verrät, welche in seinen ungescherten Haaren liegt. Seinen Feinden gelingt es daraufhin, ihm die Haare im Schlaf abzuschneiden und ihn somit zu überwältigen. Schließlich wird Simson in einem letzten heroischen Kampf, in dem er mehr Philister erschlägt als je zuvor (Ri 16,39), besiegt und getötet (Ri 16,4-31).

Generell fallen im Buch Schoftim, das die vorstaatliche Epoche vor Einrichtung eines Königtums in Israel thematisiert, die konträren Beurteilungen zur Monarchie auf: So enthält der Mittelteil eher kritische oder ausgesprochen skeptische bzw. ablehnende Haltungen und Urteile gegenüber der Institution eines Königtums, da es dem Ideal einer Theokratie, der Herrschaft Gottes in/über Israel, widerspreche.[3] Demgegenüber werden in Ri 17–21 die religiösen, ethischen und sozialen Missverhältnisse mit dem Fehlen eines Königs begründet, welcher der rechtlichen Willkür Einhalt geboten hätte (s. den leitmotivischen Kehrvers in Ri 17–21 „In jenen Tagen gab es in Israel noch keinen König und jeder tat das Rechte in seinen Augen/was ihm gefiel“ in Ri 17,6; 21,25, s. auch Ri 18,1 und 19,1).

Wirkungsgeschichte

In der jüdischen Tradition

Das Buch Schoftim wird im Babylonischen Talmud ebenso wie die Bücher Schmu'el und Rut dem Propheten Samuel zugeschrieben (bBaba Batra 14b). Eine rabbinische Deutung identifiziert das Buch zudem mit dem in 2 Sam 1,18 (und Jos 10,13) erwähnten (verschollenen) „Buch der Rechtschaffenen/Aufrechten“ (ספר הישר: Sefer ha-Jaschar): Während die Rechtschaffenen in den vorausgehenden Ausführungen zumeist auf Abraham, Isaak und Jakob bezogen worden sind, überliefert die Talmudstelle anschließend ebenfalls einen entsprechenden Bezug auf (die Personen im Buch) Schoftim (bAvoda Zara 25a). Der leitmotivisch im Buch Schoftim wiederkehrende, ursprünglich kritische biblische Satz, „[...] und jeder tat das Rechte in seinen Augen/was ihm gefiel“ (z.B. Ri 17,6), erhält zudem eine positive Deutung: Jeder tat tatsächlich das Rechte bzw. war rechtschaffen.

Die Richterin Debora wird im Talmud neben Sara, Mirjam, Hanna, Abigail, Hulda und Ester zu den sieben Prophetinnen Israels gezählt (bMegilla 14a). Diese Zuordnung bedarf keiner weiteren Erörterung, wird sie doch bereits in Ri 4,4 als Prophetin bezeichnet. Nachfolgend ist sie jedoch zudem als exemplarisches Beispiel einer hochmütigen Frau angeführt, so dass sie ihren „hässlichen“ Namen, „Biene“ (דבורה), verdiene. Auch in bPessachim 66b wird auf Deboras Hochmut verwiesen. Dieser habe dazu geführt, dass sie die Gabe der Prophetie verloren habe.

Durchaus ambivalent wird auch Gideon rezipiert. Lediglich Flavius Josephus beurteilt ihn in seinen überlieferten Schriften ausschließlich positiv, schmückt lobende Züge seinerseits ausführlich aus und akzentuiert vor allem Gideons Bescheidenheit (Antiquitates Judaicae V 6,2-7). Neben der Rezeption des demütigen und großen Retters im Namen Gottes erwähnen jedoch vor allem rabbinische Stimmen auch negative Aspekte hinsichtlich seiner Person bzw. seines

Handelns. So verurteilen einige Rabbinen die Aufstellung des goldenen Efods (Vlies) als Beispiel eines illegitimen Bilderkults.[4]

Jiftach kritisieren jüdische Autoren indessen vor allem aufgrund des unbedacht geäußerten und dann tatsächlich eingelösten Gelübdes. Zur Strafe oder als didaktische Warnung vor dem (unbedachten) Ablegen von Gelübden habe Gott die Opferung seiner Tochter nicht verhindert.[5] Allerdings wird zugleich dezidiert betont, Gott habe dieses Opfer weder angeordnet noch gewollt (bTa'anit 4a). Flavius Josephus spricht Jiftach im diesem Kontext zudem zwei Kardinaltugenden ab: Weisheit und Frömmigkeit (Ant. V 7,10). Darüber hinaus tadeln spätere Ausleger, dass Jiftach seine Tochter nicht durch Geld ausgelöst habe, wie dies hinsichtlich Opfergaben durchaus möglich und toragemäß gewesen wäre (Targum zum Buch Jona zu Ri 11,39e). Als Grund für diese Unterlassung führen weitere Midraschim seinen Stolz bzw. seinen Hochmut an.[6] Zur Strafe seien ihm die Glieder abgefallen. Ferner wird sogar erwogen, dass eine Auslösung gar nicht vonnöten gewesen wäre, weil das Gelübde nicht rechtskonform und somit ungültig gewesen sei (vgl. Bereschit Rabba 60,3). Zumeist gehen die Ausleger folglich davon aus, dass Jiftachs Tochter tatsächlich des Opfertodes gestorben ist. Erst Josef Qimchi vertritt eine Jiftach entlastende Ansicht, wonach Jiftachs Tochter dem Ewigen lediglich zu einem ehelosen Leben geweiht werden sollte. Jiftachs Gelübde habe Qimchi zufolge von Vornherein berücksichtigt, dass ihm auch ein Mensch als erstes entgegenkommen könne. Er habe somit in Vereinbarkeit mit der Tora hinsichtlich der ‚Art des Opfers' differenziert: einen Menschen würde er Gott weihen, ein Tier als Schlachtopfer darbringen.[7] Das Gelübde Jiftachs und die Opferung bzw. Opferbereitschaft der Tochter weist ferner enge Parallelen zur antiken Literatur (Iphigenie) oder zu den Volksmärchen auf und wurde in der späteren Literatur (z.B. Lion Feuchtwanger, Jefta und seine Tochter), in Darstellender Kunst und Tiefenpsychologie mannigfaltig aufgegriffen.

Auch Simson hat eine breite Rezeption auf vielen Gebieten erfahren. In einem längeren Abschnitt im Babylonischen Talmud (bSota 10a) werden verschiedene Aspekte seines Lebens erörtert, indem die in der Mischna (mSota I,8) enthaltene Schlussfolgerung, „Simson folgte seinen Augen, daher stachen ihm die Philister die Augen aus", erklärt und diskutiert wird. Der Mischnasatz bezieht sich offenbar zunächst auf die wiederkehrende biblische Formulierung, dass Simson Philisterinnen *sah* (Ri 14,1; 16,1), begehrte und sich zu seinem und Israels Verhängnis mit jenen einließ. In der Gemara wird Simson wegen dieser Vorliebe angesichts der Folgen seiner Leidenschaft kritisiert (bSota 10a). Sein tragisches Ende entspreche seinem Vergehen – dort, wo er begonnen habe, vom rechten Weg abzuweichen, sei er auch besiegt, d.h. gestraft, worden.
Drei Passagen aus dem Buch Schoftim bilden zudem Haftarot: Ri 4,4-5,31; Ri 11,1-33 sowie Ri 13,2-25.

In christlicher Tradition
Im Hebräerbrief werden Gideon, Barak (nicht Debora!), Simson und Jiftach neben David, Samuel und den Propheten in eine Reihe exemplarischer Helden

der Geschichte gestellt, die aufgrund ihres Glaubens große Taten vollbracht, Gerechtigkeit geübt und Heil erlangt haben (Hebr 11,32-33). Die exponierte Stellung Gideons am Anfang der aufgeführten Richter zeigt sich auch in der weiteren christlichen Wirkungsgeschichte: Er erfuhr insgesamt die umfangreichste christliche Rezeption. Hierbei wurde vor allem auf allegorische und typologische Deutungen zurückgegriffen.

Am häufigsten bezogen sich christliche Exegeten und Interpreten auf das Vlies (Efod) bzw. auf die Zeichenhandlung an der vom Tau jeweils auf geheimnisvolle Weise trocken gebliebenen oder nassen Schafwolle (Ri 6,36-40). Der Tau wird hierbei zumeist allegorisch mit dem Heiligen Geist oder Christus identifiziert. In frühen, sich vom Judentum abgrenzenden bzw. antijüdischen Deutungen wurde dann spätestens mit Irenäus von Lyon (haer. III,17,3) das Vlies auf das Volk Israel bezogen: In der Zeit der Propheten habe es den Tau, d.h. den Heiligen Geist, empfangen (Nässe bei trockener Umgebung, Ri 6,37-38), später sei es jedoch im Gegensatz zur Kirche trocken geblieben, d.h. der Tau bzw. Heilige Geist sei nicht mehr über Israel gekommen.[8] Vor allem in der mittelalterlichen Marienlyrik, in marianischen Homilien und Bildern wurde das Vlies dann ebenfalls auf Maria bzw. auf ihre jungfräuliche Empfängnis und Geburt Jesu übertragen.[9]

Entsprechend der ambivalenten jüdischen Rezeption wird Jiftach auch von christlichen Autoren nicht ausschließlich oder in erster Linie positiv gesehen. Einerseits wird er unter die großen Glaubenshelden gezählt (Hebr 11,32-33) und bisweilen sogar typologisch als Präfiguration Christi gedeutet, der ähnlich dem sich selbst opfernden Hohepriester Jesus Christus sein eigenes Fleisch und Blut opfert (hier allerdings die Tochter). Darüber hinaus bemühen sich christliche Exegeten, das verhängnisvolle Gelübde Jiftachs zu rechtfertigen, kritisieren Jiftach offen für seine Unüberlegtheit oder bedauern wiederum die Auswirkungen desselben. Während beispielsweise Johannes Chrysostomus, Theodoret von Cyrus oder Pseudo-Justin das Gelübde in Anlehnung an jüdische Deutungen u.a. als mahnendes Beispiel und Warnung Gottes interpretieren, um künftige Generationen von ähnlichen Versprechen abzuhalten,[10] bestreiten andere, wie z.B. Origenes, dass Jiftach während dieser Zeit (noch) vom Heiligen Geist erfüllt gewesen sei (s. Origenes, Selecta in Judices PG 12,949 A 1-2). Johannes Chrysostomus sowie Pseudo-Justin führen dies sogar auf eine teuflische Einflüsterung zurück.[11] Hieronymus betont zwar, dass das Opfer nicht gottgefällig gewesen sei, wohl aber die Gesinnung des Opfernden und zählt Jiftach somit zu den Heiligen (Ep. 118 ad Julianum 5).[12] Auch Augustinus entlastet Gott, indem er in seiner systematischen und einflussreichen Erörterung zum Thema Gelübde und Opferung, „Quaestiones in Pentateuchum“ (VII qu. 49), konstatiert, Gott habe Jiftachs Gelübde weder gefordert noch gewollt. Vielmehr habe Jiftach gegen Gottes Verbot von Menschenopfern verstoßen, war aber durch seinen Irrtum schon mit dem Schaden, dem Tod der einzigen Tochter, bestraft genug. Er sei jedoch trotz seines Irrtums zu loben, weil er das Gelübde aufgrund seiner Gottesfurcht erfüllt habe. Auch sei er überzeugt gewesen, dass die Seele seiner Tochter bei Gott sein werde.

Thomas von Aquin erörtert am Beispiel des Gelübdes Jiftachs schließlich, dass die Tötung eines/r Unschuldigen eine an sich unerlaubte Handlung darstellt und Gelübde, in denen Unerlaubtes bzw. Nicht-Rechtmäßiges gelobt wird, keine Gültigkeit besäßen (Summa theologica II/II qu. 88 a. 2). Nichtsdestotrotz sei er ein Heiliger, „weil sein Glaube und seine Frömmigkeit, die ihn überhaupt zum Geloben motivierten, vom Hl. Geist gewirkt waren, weil er über die Feinde gesiegt hat und weil er – [...] wahrscheinlich seine ungerechte Tat bereut hat".[13]

Auch der letzte Richter Simson erfuhr eine typologische Aufnahme von christlicher Seite. Er selbst und seine Lebensgeschichte werden ebenfalls im Sinne einer Präfiguration Christi gedeutet. Angeführt wird diesbezüglich die jeweilige Verheißung einer außergewöhnlichen Geburt durch einen Engel (Ri 13,2-25; vgl. Lk 1,26-38), zudem sei Jesus wie Simson für Silberstücke verraten worden (Ri 16,5.18; vgl. Mt 26,15; 27,3). Wie bereits in jüdischen Abhandlungen wird Simsons allerdings vor allem in mittelalterlichen Sentenzen und Exempla sowie innerhalb der höfischen mittelhochdeutschen Dichtung für seine Lebensweise, dem Hang zur *luxuria*, gerügt. Sie habe ihn anfällig gemacht für weibliche Verführungen.

Weiterführende Literatur

Traditioneller jüdischer Kommentar in Übersetzung

- Rasch"i (online): http://www.chabad.org/library/bible_cdo/aid/15809.

Traditionelle christliche Kommentare in Übersetzung

- Origenes: Die Homilien zum Buch der Richter. Werke mit deutscher Übersetzung, Alfons Fürst, Christoph Markschies (Hg.), (in Vorbereitung).
- Origines: Wilhelm A. Baehrens (Hg.), Homilien zum Hexateuch in Rufins Übersetzung, Bd. VI, Teil 2: Die Homilien zu Numeri, Josua und Judices, Leipzig 1921.

Wissenschaftliche Literatur

- Uwe Becker, Richterbuch, in: Theologische Realenzyklopädie, Bd. XXIX, Berlin/New York 1998, S. 194-200.
- Robert G. Boling, Judges: Introduction, Translation and Commentary (The Anchor Bible), New York 1975.
- Manfred Görg, Richter (Die Neue Echter Bibel: Kommentar zum Alten Testament mit der Einheitsübersetzung), Würzburg 1993.
- Walter Groß, Richter (Herders Theologischer Kommentar zum Alten Testament), Freiburg i. Br. u.a. 2009.
- Georg Hentschel, Das Buch der Richter, in: Einleitung in das Alte Testament, Christian Frevel (Hg.), Stuttgart ^{8}2012, S. 269-279.
- Hans Wilhelm Herzberg, Die Bücher Josua, Richter, Ruth, Göttingen/Zürich ^{6}1986.

- Susan Niditch, Judges. A Commentary, Louisville/London 2008.
- Barry G. Webb, The Book of the Judges. An Integrated Reading, Sheffield 1987.

Anmerkungen

[1] Walter Groß und Georg Hentschel vermuten eine Entstehung im Nordreich in der frühen bzw. mittleren Königszeit (10. bis 8. Jahrhundert BCE). S. Walter Groß, Richter (Herders Theologischer Kommentar zum Alten Testament), Freiburg i.Br. u.a. 2009, S. 83, sowie Georg Hentschel, Das Buch der Richter, in: Einleitung in das Alte Testament, Christian Frevel (Hg.), Stuttgart [8]2012, S. 269-279, S. 274ff.
[2] Vgl. hierzu Uwe Becker, Richterbuch, in: TRE, Bd. XXIX, Berlin/NewYork 1998, S. 194-200, hier S. 197, sowie Manfred Görg, Richter, Würzburg 1993, S. 6.
[3] S. Gideons Begründung für seine Ablehnung der Königswürde in Ri 8,23 oder die Jotamfabel in Ri 9,7-21.
[4] So z.B. in Wajiqra Rabba 22,9 zu Lev 17,3; s. hierzu auch Pseudo-Philo, Liber Antiquitatum Biblicarum XXXVI,4. Vgl. Groß, Richter, S. 474-475.
[5] Vgl. Bereschit Rabba 60,3; Wajiqra Rabba 37,4 Tanchuma Buber Bechuqotai § 7, sowie Pseudo-Philo, Liber Antiquitatum Biblicarum, XXXIX,11.
[6] S. z.B. Bereschit Rabba 60,3, Wajiqra Rabba 37,4, Qohelet Rabba 10,15.
[7] Vgl. Groß, Richter, S. 625.
[8] S. Origenes, hom. in Jud. VIII,4; Augustinus, Enarrationes in Psalmos LXXI,9,1-10. Vgl. Groß, Richter, S. 475f.
[9] Vgl. z.B. Maximus Taurinensis, Sermo XCVII, De natale Domini 3.
[10] Vgl. Groß, Richter, S. 626.
[11] S. Johannes Chrysostomus, Homilia XIV ad Populum Antiochenum sowie Pseudo-Justin, Responsiones ad orthodoxos de quibusdam necessariis quaestionibus qu. 99 responsio.
[12] S. auch hierzu Groß, Richter, S. 627-628.
[13] Zitiert nach: Groß, Richter, S. 629.

3 | Schmu'el (1. und 2. Samuel)

Die beiden Bücher Schmu'el/Samuel (שמואל) sind nach dem ersten Protagonisten, der traditionell auch als Verfasser gilt (bBaba Batra 14b), benannt, obwohl bereits im letzten Drittel des ersten Buches Samuels Tod und Beisetzung berichtet wird (1 Sam 25,1). Ursprünglich wohl als ein Buch konzipiert und wahrgenommen (vgl. bBaba Batra 14b), geht die heute zumeist übliche Zweiteilung der umfangreichen Schrift wahrscheinlich auf die Septuaginta zurück. In dieser werden die Bücher Schmu'el und Melakhim unter vier Königsbüchern oder Büchern der Königreiche zusammengefasst. Während die Zweiteilung des Buches Schmu'el (bzw. die Unterteilung in vier Königsbücher) in (christlichen) lateinischen Übersetzungen übernommen worden ist (Regnorum I-IV), behielten die hebräischen Handschriften die Zählung des Buches als eine Schrift bis in das 15. Jahrhundert grundsätzlich bei. Als frühester Beleg für die Aufteilung in zwei Bücher gilt die erste sog. Rabbinerbibel aus dem Jahr 1448, die, 1517 von Daniel Bomberg gedruckt, fortan richtungsweisende Bedeutung erhielt.

Kontext

Die Zusammenfassung der Bücher Schmu'el und Melakhim in griechischen und lateinischen Bibelausgaben ist nicht willkürlich, bieten diese doch eine fortlaufende, chronologisch und dramaturgisch stringente Erzählung über den Beginn des Königtums und die Abfolge der Regenten Israels, wobei vor allem der Übergang vom Ende des zweiten Buches Schmu'el zum ersten Buch Melakhim fließend erscheint. So wird die in den Büchern Schmu'el beschriebene Lebensgeschichte des Königs David noch in den ersten beiden Kapiteln des (ersten) Buches Melakhim (1 Kön 1,1-2,12) zu Ende geführt und der im zweiten Buch Schmu'el begonnene Erzählfaden über dessen Frau Batscheba und den gemeinsamen Sohn Salomo wieder aufgenommen.

Die Bücher Schmu'el und Melakhim ordnen sich wiederum in die übergreifende Geschichtsdarstellung der Nevi'im Rischonim ein, indem sie die Bücher Jehoschu'a und Schoftim inhaltlich-konzeptionell voraussetzen und weiterführen: Nach den Ausführungen zur Ankunft, zu den ersten Eroberungen und Ansiedlungen in Kanaan im Buch Jehoschu'a und den Berichten über die militärischen Auseinandersetzungen der israelitischen Stämme zur Einnahme, Erweiterung oder Sicherung der Stammesgebiete im Buch Schoftim, folgt nun in den Büchern Schmu'el die Schilderung der Institutionalisierung und Konsolidierung des Zusammenschlusses der Stämme zu einem Staat Israel unter einem königlichen Regenten mit einer gemeinsamen Administration und Außenpolitik.

Die Einrichtung des Königtums wurde zuvor im Buch Schoftim mittels der leitmotivischen Betonung, dass die sozialen, ethischen und kultischen Missstände sowie die um sich greifende (rechtliche) Willkür auf das Fehlen eines Königs zurückzuführen seien, bereits gedanklich vorbereitet (so z.B. Ri 17,6;

21,25). Das erste Buch Schmu'el enthält wiederum explizite Rückverweise bzw. Reminiszenzen auf die Richterzeit (z.B. in 1 Sam 12,9-11 oder 2 Sam 7,11).

In der Septuaginta und innerhalb der nachfolgenden christlichen Ausgaben geht dem ersten Buch Schmu'el allerdings nicht Schoftim, sondern das Buch Rut unmittelbar voraus, während letzteres im jüdischen Kanon zu den Megillot innerhalb der Ketuvim (Schriften) zählt. Die im ersten Vers des Buchs Rut enthaltene zeitliche Einordnung der Geschehnisse in die Zeit der Richter war sicherlich ausschlaggebend für diese Einreihung. Allerdings unterbricht sie letztlich die Erzählstruktur der Geschichtsdarstellung innerhalb der Nevi'im Rischonim.

Historische Einordnung

Die in den Schmu'elbüchern geschilderten Ereignisse und Personen sind in die historische Periode des Übergangs von der vorstaatlichen Epoche zur frühstaatlichen Monarchie in Juda und Israel (11.—10. Jh. BCE) einzuordnen. Als Traditionsliteratur, die in der vorliegenden Form theologische Deutungen des Geschichtsverlaufs enthält, welche zumeist Jahrhunderte später verfasst bzw. redigiert worden sind,[1] haben diese jedoch weder die Anlage noch den Anspruch, Kriterien der modernen Geschichtsschreibung zu entsprechen. Hinsichtlich der historischen Rekonstruktion der Anfänge des Königtums besteht darüber hinaus das Problem, dass die Existenz und die Regentschaft der ersten beiden (und einiger weiterer) Könige, Saul und David, (bisher) nicht durch weitere, außerbiblische Zeugnisse belegt ist. Der archäologische Befund weist allerdings auf einen Anstieg israelitischer Siedlungen zwischen 1100 bis 1000 BCE hin. Angesichts einer zunehmenden Bedrohung der einzelnen Stämme seitens der Seevölker bzw. Philister sahen die israelitischen Stämme anscheinend die Notwendigkeit, sich nicht mehr lediglich bei Bedarf zu militärischen Konföderationen zusammenzuschließen, sondern (wie bereits zuvor die Nachbarvölker Aram, Ammon, Moab und Edom) eine territoriale Monarchie zu etablieren. Als zunächst erfolgreicher militärischer Befehlshaber gegen die Ammoniter und Philister gelang es, dem biblischen Bericht zufolge, zunächst dem Benjaminiter Saul, ein erstes Königtum zu konstituieren. Er hatte laut biblischen Angaben anfänglich nur über sein Stammesgebiet (Benjamin) geherrscht, bis er schließlich als König über die nord- und mittelpalästinischen Stämme eingesetzt wurde (1 Sam 11ff.).

Der biblischen Darstellung zufolge erwuchs diesem in seinem ehemaligen Gefolgsmann David bald ein Rivale um das Königsamt. Nachdem Saul in der Schlacht von Gilboa gegen die Philister mit dreien seiner Söhne gefallen war, soll David in Hebron zum König gesalbt worden sein. Zunächst König über Juda, habe er auch die Herrschaft über die Nordstämme übernommen und vereinte, den biblischen Quellen zufolge, durch geschickte Politik (wie z.B. durch Verlegung seines Residenzortes nach Jerusalem) Süd- und Nordreich zu einem Königtum. Im Laufe seiner Regentschaft soll er sein Herrschaftsgebiet militärisch gesichert, innenpolitisch konsolidiert und administrativ ausgebaut haben. Seine Regierungszeit wird zumeist in die erste Hälfte des 10. Jahrhunderts BCE datiert.

Archäologische Funde verweisen bezüglich der in Schmu'el genannten davidischen Residenzstädte im Gegensatz zur biblischen Darstellung jedoch auf eher bescheidene ländliche Siedlungen und Burgen in Ziklag, Hebron und Jerusalem im genannten Zeitraum.[2] Allerdings gilt dies manchen Forschern (ebenso wenig wie die Nichterwähnung in außerbiblischen Quellen) nicht als Beweis für die Nichtexistenz des als Idealherrscher rezipierten Königs David. Die unmythische, facettenreiche und vielschichtige biblische Darstellung könnte vielmehr für einen historischen Kern der Erzählungen sprechen.[3]

Aufbau

1 Sam 1,1-7,1	Samuel (und Eli) in Schilo
1 Sam 7,2-7,17	Samuel als geistiger und militärischer Führer in Mizpa
1 Sam 8,1-12,25	Samuel und Saul
1 Sam 13,1-15,35	Sauls Regentschaft, Kriege und Verwerfung
1 Sam 16,1-2 Sam 1,27	Saul und David (Samuel)
2 Sam 2,1-14,33	Davids Regentschaft
2 Sam 15,1-20,26	Bedrohung der davidischen Herrschaft
2 Sam 21,1-24,25	Nachträge

Wichtige Themen und Texte

In den Büchern Schmu'el wird der Übergang zum Königtum und die Festigung der Monarchie spannungsreich beschrieben. Positive Schilderungen wechseln sich mit Passagen ab, in denen sowohl die Einsetzung und Institutionalisierung des Königtums als auch das Verhalten und der Charakter einzelner Könige kritisch dargestellt werden. Zwar geht die Ernennung und Wahl des Königs, dem biblischen Text zufolge, zunächst jeweils auf eine göttliche Anordnung zurück, nicht selten wird aber betont, dass es sich hierbei lediglich um ein göttliches Zugeständnis handle (1 Sam 9,15-10,1.17-27: Saul; 1 Sam 16,1-13: David). So warnt Samuel beispielsweise vor den Nachteilen eines Königs für die Bevölkerung (1 Sam 8,11-17). Der Wunsch nach einem König wird vom Propheten (bzw. seitens des biblischen Autors/Redaktors) explizit als Ablehnung der Königsherrschaft Gottes beurteilt und somit im Sinne eines weiteren Abfalls vom Ewigen gedeutet (1 Sam 8,7-8; 10,18-19).

Neben diesen grundsätzlichen Bedenken überliefern die Bücher Schmu'el (wie auch Melakhim) konkrete Kritik an einzelnen Königen, wobei selbst die besonders präferierten Persönlichkeiten nicht ausgenommen werden: Trotz grundsätzlich pro-davidischer und pro-salomonischer Darstellung schildern die biblischen Quellen Davids Ehebruch sowie seinen Mordbefehl im Rahmen der Batscheba-Erzählung (2 Sam 11). Ebenso finden Salomos Intrigen oder dessen gewaltsame Ausschaltung der Konkurrenten bei bzw. nach seiner Investitur (z.B. 1 Kön 1,11-31) oder die Vielzahl ausländischer, andere Götter bzw. Götzen verehrender Frauen (1 Kön 11,1-13) Erwähnung.

Im ersten Buch bilden der Prophet Samuel und der erste König Saul die Hauptpersonen, während die Beschreibung des Lebens und der Regentschaft König Davids das zweite Buch dominiert. Die Relevanz des ersten Protagonisten, Samuel, wird bereits in der Schilderung der besonderen Umstände seiner Geburt bzw. Empfängnis betont. Ähnlich den Geburtserzählungen der Stammväter im Buch Bereschit oder in der Simsonerzählung (Ri 13) geht seine Geburt auf direkte göttliche Initiative zurück. Wie Simson wird Samuel folglich bereits vor seiner Geburt Gott versprochen bzw. geweiht (1 Sam 1,11). Der erwachsene Samuel wirkt dann auch nicht nur als Prophet (explizit in 1 Sam 3,20), er wird zudem als Priester sowie Richter geschildert und setzt schließlich die ersten beiden Könige Israels ein (1 Sam 10,1; 16,1-13).

Saul wird zunächst als ausgezeichnete Wahl aus der Mitte des Volkes vorgestellt: Kein anderer Mann Israels sei besser oder größer gewesen als er (1 Sam 9,2). Wiederholt betonen die biblischen Texte seine Bescheidenheit (1 Sam 9,21, vgl. auch 1 Sam 15,17), habe er doch sogar versucht, seiner Einsetzung zum König zu entgehen (1 Sam 10,22). Im Verlauf seiner Regentschaft verändert sich jedoch die Darstellung Sauls. Ihm wird Ungehorsam gegenüber Gott vorgeworfen, zudem habe er seinem von Gott designierten Nachfolger, David, mit feindlicher Absicht nachgestellt. Statt seiner erzielt nun David – so die biblische Darstellung – militärische und politische Erfolge: Ihm gelingt es dann auch, nach dem Tod Sauls eine königliche Dynastie zu gründen, der Gott ewige Herrschaft zusichert (sog. Nathan-Weissagung in 2 Sam 7,11b-16).

Statt einer einseitigen Stilisierung tradieren die biblischen Texte ein durchaus vielschichtiges, facettenreiches Bild des (später idealtypischen) gesamtisraelitischen Königs David. Eindrücklich wird sein Aufstieg vom Schafhirten und jüngsten Sohn Isais (Jesses) beschrieben, der durch sein Zitherspiel den von einem bösen Geist befallenen König Saul besänftigt (1 Sam 16) und im militärischen Zweikampf mutig den größten und stärksten Philistersoldaten Goliath mit einer Steinschleuder besiegt (1 Sam 17). Als Thronrivale bald von Saul bekämpft, muss er fliehen und weigert sich dennoch, Saul zu töten, als sich die Möglichkeit ergibt (1 Sam 18-27). Nach Sauls Tod tritt er schließlich offiziell das Königtum an.

Das zweite Buch Schmu'el steht letztlich ganz im Lichte seiner Regentschaft und schildert somit die Ernennung Davids zum gesamtisraelitischen König in Personalunion (2 Sam 2,1-4; 5,1-5), die Konsolidierung seiner Herrschaft durch Ausschaltung seiner Rivalen (2 Sam 3-4), die Gründung eines politischen und religiösen Zentrums in Jerusalem (2 Sam 5,6-12; 6,1-23), die Etablierung einer Dynastie (2 Sam 5,13-16) sowie seine außenpolitischen Erfolge (2 Sam 5,17-25; 8,1-14 10,6-19; 12,26-31).

Nachdrücklich wird Davids Mord an dem Hethiter Urija verurteilt, dessen Ehefrau Batscheba er begehrt. Während das erste gemeinsame Kind aufgrund dieses Frevels stirbt (2 Sam 11,1-12,25), erhält das zweite Kind, Salomo, die Zuneigung Gottes (2 Sam 12,24-25) und folgt seinem Vater auf dem Thron (1 Kön 1). Einen großen Teil des zweiten Buches nimmt zuletzt das Aufbegehren Abschaloms, des Sohnes Davids, gegen seinen Vater ein. Ausgelöst durch die angeordnete Blutrache an seinem Bruder Ammon, der seine Schwester Tamar vergewaltigt hat, flieht er (2 Sam 13) und avanciert zum gefährlichen Gegenspieler Davids um den Königsthron (2 Sam 14-18). Ihm folgen weitere Thronaspiranten bzw. Rebellionen, gegen die sich David behaupten muss (2 Sam 20–21).

Wirkungsgeschichte

In jüdischer Tradition

Die in den Büchern Schmu'el (und Melakhim) behandelten Ereignisse unmittelbar vor und während der Königszeit Israels werden in den späteren Büchern Divré ha-Jamim (1. und 2. Buch der Chronik) in modifizierter Form und Intention erneut erzählt. Der Schwerpunkt liegt dabei auf der Darstellung der Geschichte Judas, des Tempels sowie der Königszeit während und nach der Regentschaft des idealisierten Königs David.

Abgesehen von den Stammbäumen in 1 Chron 8,17-40 und 9,35-44 findet somit Saul bzw. die vordavidische Frühzeit des Königtums neben kurzen rückblickenden Verweisen[4] nur im zehnten Kapitel des ersten Buches der Divré ha-Jamim ausführlichere Erwähnung. Konkret werden an dieser Stelle lediglich die Umstände des Todes Sauls und seiner Söhne erörtert, der als Strafe für Sauls Ungehorsam und Totenbefragung gedeutet wird.

Da die Erzählung in Divré ha-Jamim nach der Anführung von Stammbäumen und Listen erst mit der Salbung Davids zum König einsetzt (1 Chron 11), entfällt in diesem Zusammenhang die Vorgeschichte um den Propheten Samuel. Somit fehlt auch die Darstellung Samuels als letztem Repräsentanten der Richter. Wichtiger ist es den Gestaltern von Divré ha-Jamim, dem im Tempel aufgewachsenen und kultische Dienste verrichtenden Propheten Samuel eine levitische Abstammung zuzuschreiben, welche ihn als Priester legitimiert (1 Chron 6,1-15).

Eine ausführliche Würdigung kommt dem Propheten im „Loblied der Väter“ im (deuterokanonischen) Buch Jesus Sirach zu (Sir 46,13-20). Von Gott und seinem Volk geschätzt und geliebt, sei er – sehnsüchtig erwartet – Gott zum Propheten geweiht worden (Sir 46,13). Zugleich betonen die Verse seine priesterliche und richterliche Tätigkeit und Funktion (Sir 46,13b.16-18) sowie seine Unbestechlichkeit (Sir 46,15.19.20). Hinsichtlich letzterer übertreffe er sogar Mose, wie zudem im Babylonischen Talmud betont wird (bNedarim 38b). Vorrang gegenüber Mose wird ihm im Midrasch auch im Hinblick auf die Tatsache eingeräumt, dass er „direkt und ohne ein Heiligtum mit Gott reden konnte".[5] Andererseits kritisieren die Rabbinen, dass seine Opfer nicht toragemäß gewesen seien. Vereinzelt wird ihm gar Scheinheiligkeit und Heuchelei vorgeworfen (s. Wajiqra Rabba 26,7).

Neben Fragmenten einer als „Vision Samuels" (4QVisSam) betitelten Schrift aus Qumran ist auch ein mittelalterlicher „Midrasch Schmu'el" überliefert, der eine Kompilation von Haggadot aus Talmud und Midrasch mit Bezügen zu den Büchern Schmu'el enthält. Zudem haben sich zahlreiche klassische jüdische Kommentatoren mit einzelnen Aspekten seines Lebens beschäftigt.[6]

Grundsätzlich positiv wird jedoch seine Mutter Hanna rezipiert. Sie zählt zu den sieben großen Prophetinnen (bMegilla 14a). Ihrem Gebet wird richtungsweisende Relevanz für die (rabbinische) Definition eines aufrichtigen, echten Gebets zugesprochen (vgl. bBerakhot 31a.b).[7] In späterer Zeit gilt ihr Name auch als Zusammenfassung der grundlegenden Mitzwot bzw. Pflichten der Frau (vgl. bBerakhot 31b): Teighebe (חלה; challa: Anfangsbuch ח = Ch), Reinheitsgebot[8] (נדה; nidda: Anfangsbuchstabe נ = N), Anzünden der Lichter am Schabbat (הדלקת הנרות; hadlaqat ha-nerot: Anfangsbuchstabe ה = H). Daraus ergibt sich als Akronym der hebräische Name Hanna: CHaNaH.

Im Gegensatz zur zum Teil bereits in den Büchern Schmu'el angelegten negativen chronistischen Darstellung wird Saul in der jüdischen Tradition durchaus (auch) positiv beurteilt. So betont Flavius Josephus in seiner Darstellung der Geschichte Israels, Antiquitates Judaicae (Jüdische Altertümer), u.a. die sympathischen Eigenschaften des ersten Königs (Ant 6,45), seine militärischen Erfolge und seine Tapferkeit (Ant 6,80f.). Er führt darüber hinaus Begründungen und differenziertere Erläuterungen für das Handeln Sauls an und relativiert die Schuld Sauls, indem er dessen Reue in besonderer Weise hervorhebt. Auch die Rabbinen übernehmen an einigen Stellen durchaus die positiven Charakterisierungen zu Beginn der biblischen Erzählung der Königwerdung Sauls wie dessen Bescheidenheit[9] oder seine Kriegskunst bzw. Tapferkeit (Midrasch Schmu'el 11,1). Im Gegensatz zu David sei er seiner Frau zudem treu geblieben (Midrasch Tehillim zu Ps 7) und des Weiteren habe er sich auch tatkräftig für die Einhaltung der Tora eingesetzt (s. Midrasch Schmu'el 14,7; 17,2). Der in 1 Sam 13,1 kryptische masoretische Text, „Saul war *ein* Jahr alt, als er König wurde (und regierte zwei Jahre über Israel)", erhält in bJoma 22b seitens R. Hona die Erklärung, er sei sündenlos gewesen wie ein einjähriges Kind (s. auch Midrasch Schmu'el 17,1). Selbst der lediglich kurze Bestand seines Königshauses wird überraschender Weise im Anschluss mit seiner Makellosigkeit begründet (bJoma 22b). Andererseits wird durchaus konstatiert, Saul sei wegen seiner

Sünden (vorzeitig) gestorben (Midrasch Schmu'el 24,7). Laut bBerakhot 12b hat er jedoch die Bluttat in Nob bereut und daher Vergebung erhalten.

Die Ambivalenz der Beurteilung Sauls kommt sehr gut in einer Haggada in bJoma 22a zum Ausdruck. Dieser zufolge sei Saul von einer Stimme aus dem Himmel verwiesen worden, er solle nicht allzu gerecht sein, als er u.a. haderte, unschuldige Tiere und Kinder bei den Amalekitern zu töten. Demgegenüber habe die Himmelsstimme ihn vor der Anordnung der Ermordung der Bewohner der Priesterstadt Nob wiederum mit den Worten gewarnt: „Frevle nicht allzu sehr."

Sein Nachfolger auf dem Königsthron, David, zählt zu denjenigen biblischen Personen, die sowohl von der jüdischen als auch von der christlichen Religions- und Geistesgeschichte am intensivsten rezipiert worden sind. So gilt David bereits in den Büchern Melakhim als idealer König, als nicht erreichbares Vorbild und Maßstab für die Bewertung der nachfolgenden Könige (vgl. 1 Kön 11,6; 15,11). In den Büchern Divré ha-Jamim wird er sodann derart idealisiert, dass in den Schriften Schmu'el und Melakhim noch angeführte Passagen, die ein negatives Licht auf König David werfen könnten, in Divré ha-Jamim oft nicht mehr zur Sprache kommen (so z.B. die Affäre mit Batscheba oder Davids Flucht vor Abschalom).

Die Darstellung Davids als Musiker und Komponist von Klage- und Lobliedern (1 Sam 16; 2 Sam 22, s. auch Ps 18) führte dazu, ihm auch einen Großteil der Psalmen zuzusprechen. Etwa die Hälfte der Psalmen im Buch Tehillim nennen David im Titel – als Urheber oder in Form einer Widmung. Einige Psalmen thematisieren darüber hinaus Momente aus seinem Leben (vgl. auch Sir 47,8-10). Es handelt sich dabei vor allem um Klagelieder, die David in Momenten der Bedrängnis zugeschrieben worden sind.

Die umfangreichste und einflussreichste Wirkung ging allerdings von der biblischen Nathanweissagung aus (2 Sam 7). Die darin enthaltene Verheißung einer fortwährenden davidischen Dynastie und der bleibenden besonderen, gnadenreichen Zuwendung Gottes zu den Nachfolgern des davidischen Königshauses (v.a. 2 Sam 7,12-16) entwickelte sich zum Ausgangspunkt hoffnungsvoller Zukunftserwartungen und erhielt z.B. in mehreren Psalmen ein nachdrückliches Echo (z.B. Ps 89,29-38; 132,11-12; vgl. auch Sir 47,11). Einige der Propheten verknüpften mit seiner Nachkommenschaft die Hoffnung auf einen künftigen König, der Israel erneut politische Autonomie und Einheit verschaffen werde, der gerecht und weise herrschen[10] und dem Land zu Frieden, Recht und Blüte verhelfen werde. Hieraus entwickelten sich in nachbiblischer Zeit konkretere eschatologische Hoffnungen auf einen davidischen Messias, mit dem die erwartete Heilszeit beginnen werde. Zeitweilig wurden diese auch auf das gesamte Volk Israel als Kollektiv übertragen.[11]

Seitens der Rabbinen wird David zudem als beeindruckender, disziplinierter Tora-Gelehrter (bBerakhot 3b) und bedeutender Halacha-Experte bzw. Richter dargestellt (s. Midrasch Schmu'el 19,8). Außerdem versuchten einige Rabbinen, David generell zu entlasten, seine Taten zu legitimieren oder ihn insgesamt als Person zu idealisieren, indem sie die in der Bibel erwähnten negativen Eigenschaften oder Taten negierten oder zu seinen Gunsten erklärten. So heißt es in bSchabbat 56a:

> *„Wer da glaubt, David habe gesündigt, irrt sich nur, denn es heißt: David war in allen seinen Wegen erfolgreich, und der Herr war mit ihm. Wäre es denn möglich, daß die Göttlichkeit [Schekhina] mit ihm war, wenn er eine Sünde begangen hätte!?"*[12]

Anderen Auffassungen zufolge sündigte David durchaus, laut bAvoda 4b-5a jedoch nur, „um den Bußfertigen eine Entschuldigung zu geben"[13] bzw. um die Schuldigen zu ermutigen zu bereuen, denn so wie Gott David verziehen habe, werde er auch allen anderen Menschen verzeihen (vgl. Sohar Teil 2, 107b). Der Midrasch Jalqut Schimoni tradiert darüber hinaus eine Haggada, in welcher der Hochmut Davids (im Vergleich zur Bescheidenheit Sauls) amüsant veranschaulicht wird: Als David sich rühmt, kein Geschöpf habe Gott mehr gepriesen als er, zeigt Gott ihm einen Frosch, der ihn durch seinen Gesang ununterbrochen preist (s. Jalqut II, 889).

Den Büchern Schmu'el sind sechs Haftarot entnommen. Unter diesen werden folgende an besonderen (Fest-)Tagen gelesen: 1 Sam 1,1-2,10 gehört zum ersten Tag von Rosch ha-Schana (Kinderlosigkeit). 1 Sam 15,(1)2-34 ist der Parascha zu Schabbat Sakhor (Amalek) zugeordnet, 1 Sam 20,18-42 wird am Vorabend des Schabbats von Rosch Chodesch (Neumond) rezitiert. 2 Sam 22,1-51 stellt die Haftara zum siebten Pessachtag (Loblieder).

In christlicher Tradition

Die Erzählungen, Personen und Topoi der beiden Bücher Schmu'el haben auch auf das Christentum großen Einfluss ausgeübt. So bildet bereits das Danklied Hannas (1 Sam 2,1-10) eine Vorlage für das Magnifikat, den Lobpreis Marias nach Verkündigung der Geburt Jesu durch den Engel Gabriel und der Begegnung mit der ebenfalls schwangeren Elisabeth (Lk 1,46-55). Schon bei der Beschreibung der vorherigen Unfruchtbarkeit Elisabeths (Lk 1,7, vgl. 1 Sam 1,5-6: Hanna) und der Heiligung des erbetenen Kindes, Johannes (Lk 1,15; 1 Sam 1,11.28: Samuel), sind parallele Erzählmotive erkennbar.

Der Prophet Samuel wird im Neuen Testament lediglich dreimal kurz erwähnt. Zwei Stellen finden sich in der Apostelgeschichte. Apg 3,21-24 zufolge gilt Samuel als einer der Propheten, die Jesus angekündigt haben. Zudem erwähnt ihn Paulus laut Darstellung der Apostelgeschichte im Rahmen eines Geschichtsrückblicks als Propheten des Übergangs zwischen Richter- und Königzeit (Apg 13,20). Auch der Hebräerbrief führt Samuel im Kontext eines geschichtlichen Rückblicks unter anderen Vorbildern im Glauben an (Hebr 11,32).

Die Kirchenväter Augustinus, Gregor der Große oder Isidor von Sevilla deuteten schließlich den Übergang des Priestertums von Eli zu Samuel auf den Beginn des christlichen Zeitalters, des Übergangs vom Alten zum Neuen Bund: Die Verwerfung des Vorgängers Elis und dessen Söhne wurde als Vorverweis auf die vermeintliche künftige Verwerfung Israels interpretiert. Fortan repräsentiere Jesus Christus den wahren Priester eines Neuen Bundes.[14]

Eine intensive Diskussion entfaltete sich unter den Kirchenvätern hinsichtlich der Beurteilung und Deutung der Befragung des verstorbenen Samuels durch die Totenbeschwörerin von En-Dor auf Initiative Sauls (1 Sam 28,3-25). In der Debatte „De engastrimytho" („Über die Bauchrednerin") erörterten die Exegeten, ob es sich tatsächlich um eine Erscheinung Samuels gehandelt habe (so Origenes, Justin, Ambrosius und Augustinus) oder Saul nicht eher ein Dämon im Auftrag Gottes (so Johannes Chrysostomus oder Theodoret von Cyrus) oder in böser Täuschungsabsicht (Tertullian, Gregor von Nyssa sowie Hieronymus) erschienen sei. Denn Magie und Nekromantik, bereits in der Tora (Lev 19,31; 20,6.27; Dtn 18,11) strengstens untersagt, galt auch im späteren offiziellen Christentum als illegitim.

Während Saul nur einmal im Rahmen eines geschichtlichen Rückblicks erwähnt wird (Apg 13,21), zählt König David zu den am häufigsten genannten Personen der Hebräischen Bibel im Neuen Testament. So bildet David einen signifikanten Bestandteil in den im Matthäus- und Lukasevangelium angeführten Genealogien Jesu, um die Herkunft Jesu (bzw. Josefs) aufzuzeigen und ihn somit als Davidsohn, als den erwarteten Messias und künftigen Friedenskönig zu kennzeichnen (vgl. z.B Lk 1,32f.). Sein Geburtsort ist in den Evangelien (Mt 2,1-12; Lk 2,4-7) zudem an den davidischen Herkunftsort angepasst: Bethlehem.[15] Jesus wird somit mit dem angekündigten Spross aus dem Hause Isais (Wurzel Jesses) identifiziert.

Aber auch außerhalb der Geburtserzählungen lassen sich mannigfaltige davidische Verweise bzw. Bezeichnungen Jesu als „Sohn Davids" im Neuen Testament feststellen.[16] Am deutlichsten zeigt sich die Identifikation Jesu mit dem Messias aus dem Haus Davids jedoch in seinem Beinamen, Christus, der bereits ein Bekenntnis darstellt: Jesus ist der Christus. Diese latinisierte Form vom Griechischen χριστός („christos" = „der Gesalbte") bezeichnet als Übersetzung des hebräischen משיח („maschi'ach" = Messias) den gesalbten König, Priester oder Propheten. Darüber hinaus ist auch ein Bezug auf den künftigen Gesandten Gottes, mit dem eine neue Heilszeit bzw. Gottesherrschaft beginnt, impliziert.

Die Erwähnung Davids dient im Neuen Testament aber nicht nur dazu, Jesus als Nachkomme Davids in einen heilsgeschichtlichen Kontext zu stellen. Er gilt auch als Zeuge, der Jesu Kommen, Bedeutung und Wirken prophezeit hat sowie als typologische Präfiguration oder Prototyp Jesu. So habe David laut einer Rede des Petrus (Apg 2,29-36) sogar Jesu Auferstehung vorhergesagt und somit auf einen Nachkommen auf seinem Thron verwiesen, der größer sein werde als er selbst, welcher im Gegensatz zu ihm, der gestorben ist, auferweckt und zur Rechten Gottes sitzen werde (vgl. Apg 13,34-37). Allegorische und typologische Interpretationen von Momenten aus Davids Leben und Wirken auf Jesus waren dann vor allem bei den Kirchenvätern und mittelalterlichen Theologen und Schriftstellern verbreitet.

Seit dem Konzil von Chalkedon (451 CE) bildete der Verweis auf König David auch einen Bestandteil der geschichtlichen Herrscherideologie und -legitimation. Als prominenteste biblische Herrschergestalt wurde er als „Urbild gottwohlgefälligen Herrschertums“[17] konzipiert und idealisiert. Pippin ließ sich im achten Jahrhundert nach seinem Vorbild zum König salben und mit seinem Nachfolger, Karl dem Großen, verstärkte sich schließlich noch die Parallelisierung mit dem idealisierten König „von Gottes Gnaden“, David.

Weiterführende Literatur

Traditionelle jüdische Literatur in Übersetzung

- Flavius Josephus: Heinrich Clementz (Hg.), Des Flavius Josephus Jüdische Altertümer, Übersetzt von Heinrich Clementz, Wiesbaden ^{11}1993.
- Midrasch Sch'muel: Der Midrasch Samuel [Schmu'el], in: August Wünsche (Hg.), Aus Israels Lehrhallen IV-V, Hildesheim 1967, V, S. 1-170.
- Rasch"i (online): http://www.chabad.org/library/bible_cdo/aid/15830.

Traditionelle christliche Kommentare in Übersetzung

- Aurelius Augustinus, Vom Gottesstaat (De civitate dei), Übersetzt von W. Thimme, München/Zürich 1978.
- Gregor der Große (Grégoire le Grand), Commentaire sur le premier livre des rois. Tome II, lat. u. franz., Paris 1993.
- Origenes, Werke. Homilien zu Samuel I, zum Hohelied und zu den Propheten, Bd. 8, Wilhelm Adolf Baehrens (Hg.), Berlin u.a. 1925.

Wissenschaftliche Literatur

- Shimon Bar-Efrat, Das Erste Buch Samuel. Ein narratologisch-philologischer Kommentar, Stuttgart 2007 (Das Zweite Buch Samuel: 2009).
- Georg Hentschel, 2 Samuel (Neue Echter Bibel), Würzburg 1995.
- Georg Hentschel, Saul. Schuld, Reue und Tragik eines „Gesalbten“, Leipzig 2003.
- Rainer Kessler, Samuel. Priester und Richter, Königsmacher und Prophet, Leipzig 2007.
- Eduard Kolb, David. Geschichte und Deutung, Freiburg 1986.
- Thomas Naumann, Die Samuelbücher, Darmstadt 1995.
- Michael Pietsch, „Dieser ist der Sproß Davids...“. Studien zur Rezeptionsgeschichte der Nathanverheißung im alttestamentlichen, zwischentestamentlichen und neutestamentlichen Schrifttum, Neukirchen-Vluyn 2003.
- Abraham Rosner, Davids Leben nach Talmud und Midrasch, Bern 1907.

- Silvia Schroer, Die Samuelbücher (Neuer Stuttgarter Kommentar), Stuttgart 1992.
- Fritz Stolz, Das erste und zweite Buch Samuel (Zürcher Bibelkommentare), Zürich 1981.
- Timo Veijola, David. Gesammelte Studien zu den Davidüberlieferungen des Alten Testaments, Göttingen 1990.

Anmerkungen

[1] Die Vorschläge hinsichtlich des Zeitpunkts der schriftlichen Fixierung der Bücher Schmu'el reichen von der mittleren bzw. späten Königszeit Judas bis in die exilisch-nachexilische Zeit.
[2] S. Walter Dietrich, David. Der Herrscher mit der Harfe (Biblische Gestalten 14), Leipzig 2006, S. 109.
[3] Vgl. Dietrich, David, S. 120-123.
[4] So z.B. in 1 Chron 5,10; 11,2; 13,3.
[5] S. Schemot Rabba 16,4. Vgl. auch Hanna Liss, TANACH. Lehrbuch der jüdischen Bibel, Heidelberg [3]2011, S. 218.
[6] S. hierzu die näheren Ausführungen in Shimon Bar-Efrat, Das Erste Buch Samuel. Ein narratologisch-philologischer Kommentar, Stuttgart 2007, S. 33-36.
[7] Dementsprechend wurden auch Gebetbücher für Frauen nach ihr benannt (s. z.B. das von Jacob Freund 1867 herausgegebene Werk „Hanna – Gebet und Andachtsbuch fuer israelitische Frauen und Maedchen“ [Liss, TANACH, S. 217]).
[8] Dies bezieht sich vor allem auf die Reinigungen infolge der monatlichen und nachgeburtlichen Blutungen.
[9] S. tBerakhot 4,18; Midrasch Tanchuma (Buber) Lev 2b. 4.
[10] So z.B. in Jes 9,1-6; 11,1-11; 16,5; Jer 23,5; 33,15; Mi 5,1-4; Sach 9,9-10.
[11] Ähnliche Aufnahmen der Nathanverheißung der ewigen Herrschaft der davidischen Dynastie finden sich auch in weiteren jüdisch-hellenistischen Schriften, wie z.B. im 1. Makkabäerbuch (1 Makk 2,57), in den Testamenten der zwölf Patriarchen (Test XII Jud 22,2-3) oder innerhalb der Psalmen Salomos (PsSal 17,4). Auch die Schriften der Qumrangemeinde belegen eine Rezeption der Nathanweissagung im messianischen Sinne (z.B. innerhalb der Kriegsrolle, 1QM 11,1-2).
Die Hoffnung auf einen Messias als Nachkomme Davids oder David redivivus (z.B. jBerakhot 2,4) hat dann nicht nur in vielen rabbinischen und weiteren nachbiblischen Schriften und Traditionen Eingang gefunden, sondern ist auch im Sch'moné Essre, dem Achtzehn(-Bitten)-Gebet bzw. der Amida, innerhalb der vierzehnten Berakha enthalten.
[12] Zitiert nach: Der Babylonische Talmud, übersetzt von Lazarus Goldschmidt, Bd. I, Frankfurt a.M. 1996, S. 599.
[13] Der Babylonische Talmud, übersetzt von Lazarus Goldschmidt, Bd. IX, Frankfurt a.M. 1996, S. 444.
[14] Augustinus, De Civitate Dei XVII, 5; Gregor der Große, Kommentar zu den Samuelbüchern, 22-27 sowie Isidor von Sevilla, Allegoricae quaedam sacrae scripturae, 112. Vgl. hierzu auch Rainer Kessler, Samuel. Priester und Richter, Königsmacher und Prophet, Leipzig 2007, S. 234.
[15] Vgl. die Weissagung in Mi 5,1-4, wonach der (messianische) Friedenskönig aus der „Stadt Davids“ kommt; in Mt 2,6 ist Mi 5,1 explizit zitiert; s. auch Joh 7,42.
[16] Z.B. in Mk 10,47; 11,10; Mt 9,27; 15,22; 20,30-31.; 21,9.15; Lk 18,38-39.
[17] Dietrich, David, S. 349.

4 | Melakhim (1. und 2. Könige)

Wie (die Bücher) Schmu'el bildeten auch die beiden Bücher Melakhim (1. und 2. Buch der Könige) ursprünglich ein Buch. Während die Talmudstelle bBaba batra 14b offensichtlich noch ein Gesamtwerk voraussetzt, tradieren Septuaginta und Vulgata zwei bzw. vier Königsbücher. Ab dem 15. Jahrhundert findet sich diese Zweiteilung auch in hebräischen Ausgaben.

Da der Teilung vermutlich die Intention zugrunde lag, zwei kürzere Bücher mit nahezu gleichem Umfang zu erhalten, fällt die gesetzte Zäsur mitten in die Schilderung der Regierungszeit des Königs Ahasja (1 Kön 22,52-54 sowie 2 Kön 1,1-18). Folglich wirkt das erste Buch der Melakhim nicht in sich abgeschlossen, sondern leitet unmittelbar zum folgenden, zweiten Buch über.

Die Bezeichnung Melakhim (מלכים), in der griechischen Übersetzung Basileiôn, in der Vulgata Regnorum, d.h. „Könige" oder „Königreiche", umschreibt den Inhalt der Bücher: die Geschichte der Königreiche bzw. Könige Israels und Judas bis zum Ende des Südreichs. Da die Anfänge des israelitischen Königtums allerdings bereits in den Büchern Schmu'el geschildert werden, erhielten jene in der Septuaginta und innerhalb der Vulgata die Bezeichnung 1./2. Könige, wodurch die ‚eigentlichen' Königsbücher zum 3. und 4. Königsbuch avancierten. Diese Zählung wurde auch in älteren christlichen Bibelausgaben übernommen.

Kontext

Inhaltlich direkt an die Bücher Schmu'el anschließend, sind die Bücher Melakhim eingebettet in die umfangreiche Darstellung der Geschichte der Entstehung, Konstituierung und des Niedergangs des Staates bzw. der Monarchie Gesamtisraels und später des Nord- und Südreichs. Während die Bücher Melakhim dem hebräischen Kanon zufolge zu den Nevi'im gehören, zählen sie mit den anderen Werken der Vorderen Propheten innerhalb der meisten christlichen Ausgaben – in Anlehnung an Septuaginta und Vulgata – zu den historischen Büchern. Dort reihen sich sodann die (späteren) Bücher Divré ha-Jamim (Chronik) als weitere Geschichtsbücher an, während in den klassischen hebräischen Ausgaben Jeschajahu (Jesaja) als erstes Buch der Nevi'im Acharonim, der Hinteren Propheten, den Büchern Melakhim folgt.

In der bereits genannten Talmudstelle wird jedoch noch eine alternative Anordnung überliefert und inhaltlich begründet. Dieser zufolge schließt sich an die Bücher Melakhim (Könige), die mit Zerstörung enden, das Buch Jirmejahu (Jeremia) an, das nur Zerstörung beinhaltet, während das folgende Buch Jechesqel (Ezechiel) mit Zerstörung beginnt, aber in Trostverheißungen ausklingt. Das Buch Jeschajahu (Jesaja) ist schließlich an ungewohnter letzter Stelle der großen Propheten gesetzt, weil es nur Trostverheißungen enthalte (bBaba Batra 14b) und somit einen heilvollen Schluss bietet.

Historische Einordnung

Einer talmudischen Tradition zufolge wird das Buch Jirmejahu aufgrund seiner thematischen Parallelen nicht nur den Melakhim nachgeordnet, der Prophet Jeremia wird sogar als ihr Verfasser genannt (wiederum in bBaba Batra 14b). Die meisten Bibelwissenschaftler gehen jedoch von einer oder mehreren übergreifenden (deuteronomistischen) Redaktion(en) aus.[1]

Die literarische Bearbeitung der Texte, die zeitliche Distanz mit dem Wissen um den weiteren Ausgang der Geschichte Israels (Babylonisches Exil) und die zugrundeliegende Intention, den katastrophalen Ausgang theologisch zu deuten bzw. zu erklären, lässt immer wieder Zweifel an der Historizität der geschilderten Ereignisse und Charakterisierungen der jeweiligen Hauptakteure aufkommen. Dennoch wurden die Bücher Melakhim – auch infolge des Fehlens weiterer Quellen – nicht selten unreflektiert als historische Quellen zur Rekonstruktion der Geschichte Israels herangezogen.

Weder Davids noch Salomos Existenz ist jedoch durch außerbiblische Zeugnisse belegt. Bisherige archäologische Funde aus der Zeit, zu der sie laut biblischer Chronologie regiert haben, enthalten darüber hinaus keine Spuren eines Großreiches oder einer ausgeprägten Bautätigkeit. So wird zwar zumeist nicht angezweifelt, dass Salomo tatsächlich existiert hat oder seine Darstellung in den Königsbüchern auf ein historisches Vorbild zurückgehen könnte. Skepsis besteht allerdings bezüglich der biblischen Schilderung der Relevanz und des Einflusses Salomos über Israel hinaus, hinsichtlich der angeführten Größe seines innerstaatlichen Herrschaftsgebiets und seiner militärischen Stärke (1 Kön 10,26). Auch die Angaben bezüglich der Dauer seiner Regierungszeit (40 Jahre scheinen als Zahl der Vollkommenheit eher auf eine Stilisierung hinzuweisen) oder hinsichtlich seines alles überbietenden Reichtums und Ansehens gelten als wenig vertrauenswürdig.

Erst für die Zeit der omridischen Dynastie verbessert sich die Quellenlage speziell für das Nordreich. Sie belegt, dass Israel gerade unter dem in der Bibel scharf kritisierten König Ahab „eine Rolle auf der Bühne der Weltpolitik spielte“[2], was jedoch in den Büchern Melakhim keinen Widerhall gefunden hat. Bereits sein Vater Omri (Regierungszeit: 881-870 BCE) hatte offensichtlich Macht und Einfluss seines Königtums durch den Ausbau und die Befestigung Samarias als Hauptstadt des Nordreichs konsolidiert und mittels einer ausgeklügelten Heirats-[3] bzw. Bündnispolitik mit den phönizischen und aramäischen Nachbarstaaten resp. der Aussöhnung mit dem Könighaus Judas außenpolitisch gefestigt. Ahab setzte dann wahrscheinlich die väterliche Bündnispolitik fort und wird in einem Bericht des assyrischen Königs Salmanassar III. als einer der stärksten Gegner innerhalb des antiassyrischen syrisch-phönizisch-israelitischen Bündnisses genannt. Neben der militärisch-außenpolitischen Stärke verweisen vor allem auch die archäologischen Funde monumentaler Festungsbauten aus dieser Epoche auf eine wirtschaftliche und kulturelle Blütezeit unter der Regentschaft dieser Könige.

Aufbau

1 Kön 1–11: Erwerb des Königtums und Regentschaft Salomos	
1 Kön 1,1-2,46	Thronfolgeintrigen und Machtsicherung Salomos
1 Kön 3,1-11,43	Salomos Regentschaft
1 Kön 12–2 Kön 17: Geschichte der getrennten Königreiche Israel u. Juda	
1 Kön 12,1-14,31	Regentschaft Rehabeams (Juda) und Jerobeams (Israel)
1 Kön 15,1-16,34	Könige Judas und Israels (bis Joschafat in Juda, bis Ahab in Israel)
1 Kön 17,1-19,21	Wirken des Propheten Elija während und gegen die Regentschaft Ahabs
1 Kön 20,1-22,54	Regentschaft Ahabs und Joschafats; Nachfolger Ahasja und Joram
2 Kön 1,1-8,15	Wirken der Propheten Elija und Elischa
2 Kön 8,16-10,36	Beendigung der Herrschaft Jorams und Ahasjas (Jehu)
2 Kön 11,1-17,41	Regenten und Ereignisse bis zum Untergang des Nordreichs, Tod Elischas
2 Kön 18–25: Geschichte Judas bis zum Babylonischen Exil	
2 Kön 18,1-20,21	Regentschaft Hiskijas
2 Kön 21,1-21,26	Herrschaft Manasses und Amons
2 Kön 22,1-23,30	Regentschaft und Kultreform Josias
2 Kön 23,31-25,30	Letzte Könige Judas und Ereignisse bis zum Babylonischen Exil

Wichtige Themen und Texte

Die Bücher Melakhim bieten einen geschichtlichen Abriss des Königtums Gesamtisraels sowie des späteren Nord- und Südreichs. Mit den Konflikten um die Nachfolge des betagten Königs Davids beginnend, wird ein Bogen von der Herrschaft Salomos über Gesamtisrael, den Königen der geteilten Reiche Juda und Israel, bis hin zum Untergang des Nordreichs und dem assyrischen Exil sowie der Regentschaft der Könige des Südreichs bis zu dem Untergang Judas und dem babylonischen Exil gespannt. Im Zentrum stehen hierbei die jeweiligen Könige, die für das Schicksal des gesamten Volkes verantwortlich gemacht werden. Ihre Verfehlungen, vor allem im kultischen Bereich (Duldung oder Einführung und Unterstützung synkretistischer Kulte, der Verehrung anderer Götter), haben – so das biblische Resümee – die (temporäre) Auflösung der göttlichen Bundesverheißung und somit den Untergang zunächst des Nordreichs, dann auch des Südreichs verschuldet und ausgelöst.

Besonders negativ werden die Könige des Nordreichs geschildert. So habe bereits der erste König des Nordreichs, Jerobeam, mit der Aufstellung von Stier- und Kalbbildern bzw. -skulpturen in Bet-El und Dan (1 Kön 12,28-33) einen Fremdkult an illegitimen Heiligtümern institutionalisiert, welcher den Forderungen in dem unter König Josia aufgefundenen Buch (2 Kön 22,3-23,27) sowie der deuteronomistischen Kultzentralisation (vgl. Dtn 12,13-19) entgegensteht. Eine besonders exponierte Stellung und negative Beurteilung erhält sodann König Ahab, der (zusammen mit seiner Frau Isebel) als direkter Kontrahent des prophetischen Eiferers für die Alleinverehrung J's, Elija, dargestellt ist (1 Kön 16,29-34; 18,1-22,40).

Positiv werden demgegenüber die Bemühungen der judäischen Könige Josia und Hiskija bewertet, die kultische Alleinverehrung des Gottes Israels am Tempel von Jerusalem einzuführen (2 Kön 18,3-8; 2 Kön 22,1ff.: sog. Josianische Reform). Ihre militärischen und innenpolitischen Erfolge werden auf ihr besonderes Verhältnis zum Herrn und auf den entsprechenden göttlichen Beistand zurückgeführt (s. z.B. 2 Kön 18,7), während die Misserfolge der anderen Regenten als göttliche Strafe für das eigene bzw. das väterliche Vergehen gelten (z.B. 1 Kön 21,17-22,38).

Eine zusammenfassende Beurteilung der einzelnen Könige ist bereits zu Beginn den jeweiligen Beschreibungen der Regentschaft in sog. Einleitungsformularen vorgeschaltet. Mit ihren weitgehend stereotypen Formulierungen erhalten sie ebenso wie die leitmotivisch angefügten Abschlussformulare eine rahmende und verbindende Funktion innerhalb der Darstellung der Geschichte des Königtums im Nord- und Südreich.

Das klassische Einleitungsformular in den Büchern Melakhim setzt sich in der Regel aus folgenden Elementen zusammen:

(1) Synchrone Datierung des Regierungsantritts (d.h. zeitliche Einordnung unter Einbezug des Regierungszeit des gleichzeitig amtierenden Königs im anderen Reichsteil)
(2) Angabe des Alters bei Herrschaftsantritt (nur bei Königen Judas)
(3) Angabe der Dauer der Regentschaft
(4) Angabe des Namens der Mutter des Königs (nur bei Königen Judas)
(5) Beurteilung des Königs hinsichtlich seiner Haltung zu Kult und Frömmigkeit.[4]

Das Schema des Abschlussformulars enthält schließlich als wiederkehrende Momente:

(1) einen Quellenverweis
(2) die Angabe des Todes
(3) einen Verweis auf die Bestattung bzw. den Ort der Beisetzung (nur bei Königen Judas)
(4) die Nennung des Nachfolgers.[5]

Dieser schematische Abschluss findet sich bereits beim ersten ausführlicher behandelten König, Davids Sohn und Thronfolger Salomo. Das klassische Einleitungsformular ist an dieser Stelle allerdings durch eine längere Erzählung zur Thronbesteigung ersetzt. Salomo wird zunächst als von seinem Vater geliebt und von Gott erwählt dargestellt, obwohl er sich seiner Thronrivalen – wie beschrieben – gewaltsam und skrupellos entledigt hat. Der Schluss der Salomoerzählung enthält indessen massive Kritik am letzten König Gesamtisraels. So habe er laut 1 Kön 11,1-13 aufgrund seiner Toleranz und der Unterstützung von Fremdkulten seiner zahlreichen ausländischen Frauen den Bund mit Gott gebrochen (1 Kön 11,11) und somit den Verlust und die Aufspaltung des Königreichs nach seinem Tod zu verantworten (1 Kön 11,9-13). Die abschließende negative Bewertung steht in einem starken Kontrast zur vorherigen rühmenden Erwähnung seiner außerordentlichen Weisheit (1 Kön 3,16-28; 5,9-14; 10,1-13), seines beispiellosen Reichtums (1 Kön 10,14-29) und seines Einsatzes für den Tempelbau (1 Kön 5,15-8,66).

Des Weiteren prägt der Elija-Elischa-Erzählzyklus die Bücher Melakhim. Insbesondere Elija wird als engagierter und kompromissloser Verfechter der alleinigen Verehrung des Herrn dargestellt, die er im anhaltenden Kampf gegen den von König Ahab und seiner Ehefrau Isebel protegierten Baalskult durchzusetzen versucht (1 Kön 18). Gleichzeitig prangert er soziale Verbrechen des Königspaars an (1 Kön 21). Im Gegensatz zu den Beschreibungen späterer biblischer Propheten werden den Propheten Elija und Elischa außergewöhnliche charismatische Fähigkeiten zugeschrieben. So erweckt Elija den biblischen Ausführungen zufolge einen Toten (17,17-24) und vermehrt Mehl und Öl auf wunderbare Weise (1 Kön 17,8-16). Ferner gelingt es ihm, in einem ‚Showkampf' gegen (450!) Baalspropheten Feuer und Regen herbeizubeten (1 Kön 18,20-46). Von seinem Schüler Elischa überliefern die Bücher Melakhim eine noch größere Anzahl an Wundern. Dennoch erhält nicht er, sondern Elija bereits in der biblischen Darstellung eine besonders hervorgehobene Stellung. Hierauf verweisen die Ausführungen bezüglich der Gottesbegegnung Elijas in einer Höhle am Horeb, die ihn mit Mose parallelisiert (1 Kön 19,9-18; vgl. Ex 33,18ff.) sowie die Darstellung seiner Entrückung in den Himmel, die ihm anstelle eines natürlichen Todes (2 Kön 2,11) zuteil wird.

Wirkungsgeschichte

In jüdischer Tradition

Wie David, so wird auch Salomo in den Divré ha-Jamim zum idealen Herrscher stilisiert (2 Chron 1–9). Statt der Thronfolgeauseinandersetzungen (1 Kön 1–2) schildert 1 Chron 23,1ff. beispielsweise eine offizielle Einsetzung Salomos als königlicher Nachfolger durch seinen Vater David. Ausgespart bleiben in Divré ha-Jamim auch die Vielzahl ausländischer Frauen Salomos und die durch diese eingeführten Fremdkulte. Gleiches gilt für die prominente Erzählung des ethisch nicht ganz einwandfreien salomonischen Urteils (1 Kön 3,16-28). Demgegenüber führt das Buch Nechemja zwar die normativen Vorschriften bezüglich des Tempelkults auf David und Salomo zurück (Neh 12,45), gleichzeitig wird Salomo aber hinsichtlich seiner Heiratspraxis mit fremdländischen Frauen auch als warnendes Beispiel vorgestellt (Neh 13,26).

Entsprechend der Erwähnung in 1 Kön 5,12, Salomo habe 3000 Sprichwörter und 1005 Lieder verfasst und sei außergewöhnlich weise gewesen, werden Salomo viele Werke poetischer bzw. weisheitlicher Provenienz zugeschrieben. So wird er z.B. in den biblischen Büchern Qohelet, Schir ha-Schirim und (Teilen von) Mischlé bzw. in zwei Psalmen (vgl. Ps 72,1; 127,1) sowie in den deuterokanonischen jüdisch-hellenistischen Schriften Weisheit Salomos (Sapientia Salomonis) und in den Psalmen Salomos als Verfasser genannt. Die besondere Weisheit Salomos findet dann auch in zahlreichen späteren narrativen Traditionen ihre Ausgestaltung.[6] Da für die Rabbinen Weisheit in erster Linie mit der Tora bzw. mit der Auslegung derselben verbunden war, bezogen sie Salomos Weisheit auf dessen außergewöhnliche Kenntnisse der Tora.

Zugleich geht er als Friedenskönig (vgl. z.B. Sir 47,12f.) und honoriger Initiator des Tempelbaus in die nachfolgende Literatur ein (bSanhedrin 104b) und wird andererseits für die hohe Anzahl seiner Frauen und seine sinnliche Verführbarkeit gerügt. Der Talmud tradiert eine Haggada, wonach der Engel Gabriel in der Stunde, als Salomo die ägyptische Tochter des Pharaos ehelichte, die Stadt Rom und somit die Zerstörung Israels begründete (bSanhedrin 21b sowie bSchabbat 56b). Eine Rechtfertigung Salomos enthält jedoch der Jerusalemer Talmud. Laut jSanhedrin 20c,28-33 habe Salomo diese nicht aus sinnlicher Begierde in seinen Harem aufgenommen, sondern um ihnen die Tora bzw. den Gott Israels nahezubringen.

Schließlich verurteilen die Rabbinen auch Salomos gewaltsame Bekämpfung der Thronrivalen und seine Willkür (jQidduschin 61a).

Neben Salomo erhält der Prophet Elija als zweiter Protagonist innerhalb der Bücher Melakhim die größte rezeptions- bzw. wirkungsgeschichtliche Aufmerksamkeit und Relevanz. Obwohl er lediglich in sechs Kapiteln erscheint und innerhalb der Divré ha-Jamim sogar nur einmal am Rande erwähnt wird (2 Chron 21,12-15), steigt er in der nachfolgenden jüdischen und christlichen Rezeptionsgeschichte zum (bzw. zu einem der) wichtigsten Propheten neben Mose auf. Dies verdeutlicht bereits seine Würdigung innerhalb des Lobs an die Väter im Buch Jesus Sirach (Sir 48,1-11), die ausführlicher und überschwänglicher ausfällt als bei jedem anderen Propheten.

Ansatzpunkte und Gründe für diese außergewöhnliche Wirkung der Elijagestalt innerhalb der folgenden Literatur- und religiösen Kulturgeschichte bildeten sicherlich die biblischen Schilderungen der ihm zugeschriebenen Rettungswunder, insbesondere die Erweckung eines Toten (1 Kön 17,17-24, vgl. auch Sir 48,5) und natürlich seine Entrückung (2 Kön 2,1-18). Wie Henoch (Gen 5,24) nicht gestorben, sondern von Gott in den Himmel aufgenommen, wird Elija eine Wiederkunft vor bzw. am Tag des Herrn zugeschrieben. So tritt er bereits dem Buch Male'akhi zufolge als Prophet vor der unmittelbaren göttlichen Ankunft am Tag des Herrn auf, um die Menschen zur Umkehr und Versöhnung zu bewegen und sie somit vor dem Untergang zu bewahren (Mal 3,23-24). In ähnlicher Weise beschreibt ihn Jesus Sirach als denjenigen, der den göttlichen Zorn beschwichtigt und somit zwischenmenschliche Versöhnung sowie die Restitution des gesamtisraelitischen Staates (Wiederaufrichtung der Stämme Jakobs) erwirkt (Sir 48,10). Zugleich wird er im anschließenden letzten Vers des hellenistischen Sirachbuches mit dem individuellen Schicksal nach dem Tod verbunden. In diesem werden diejenigen als glücklich gepriesen, die in Liebe zu Gott gestorben sind und somit Elija sehen werden, d.h. als Gerechte auferstehen bzw. (weiter-)leben. Rabbinische Stimmen betonen darüber hinaus seine Autorität als Lehrer und Schriftausleger: Er werde in der Endzeit alle bisher noch strittigen und widersprüchlichen Punkte und Fragen der Toraexegese ausräumen, ihren wahren Sinn umfassend erläutern bzw. verbindlich entscheiden (vgl. bMenachot 45a, Avot de Rabbi Nathan 1,4).

Die mit Elija verbundenen endzeitlichen Vorstellungen haben zudem umfangreiche Riten während des Pessachfestes beeinflusst. So wird Elija am Vorabend explizit in die Gebete einbezogen und beim Seder-Mahl hält die Familie Stuhl und Weinbecher für ihn bereit, um auf seine Wiederkunft vorbereitet zu sein. Darüber hinaus hat die Hoffnung auf das Kommen Elijas und der damit verbundenen Ankunft des Messias resp. der endzeitlichen Heilszeit Eingang in verschiedene traditionelle Gebete und Lieder gefunden. Hier sei nur das Tischgebet (Birkat ha-Mason) oder das Elijalied im Anschluss an die Havdala, der Zeremonie zum Abschluss des Schabbat, exemplarisch genannt. Ferner ist Elija als Schutzpatron rituell in die Beschneidungszeremonie einbezogen, worauf der währenddessen extra für ihn bereitgestellte, meist besonders geschmückte Sessel oder Stuhl hinweist.[7]

Den Büchern Melakhim ist eine Vielzahl an Haftarot entnommen. Neben der Festtagshaftara am zweiten Tag von Sukkot, in welcher der Übertragung der Bundeslade und Einweihung des Tempels gedacht wird (1 Kön 8,2-21) und der Passage 1 Kön 8,54-9,1 (bzw. sefardisch: 1 Kön 8,54-66) mit der Beendigung der Tempeleinweihung beim Sukkotfest, das gegenwärtig außerhalb Israels zu Schemini Azeret gelesen wird, stellen viele weitere Perikopen aus dem ersten Buch Melakhim Haftarot zur wöchentlichen Toralesung.[8]

In christlicher Tradition

Die Evangelien erwähnen ebenfalls Salomos Pracht (Mt 6,28-30) und Weisheit (Mt 12,42 sowie Lk 11,31). Zugleich nehmen sie auf die Erzählung der Begegnung zwischen Salomo und der Königin von Saba (1 Kön 10,1-13) Bezug. Dieser Besuch der Königin von Saba, in den Evangelien als „Königin des Südens" bezeichnet, korrespondiert hier mit der zuvor betonten Umkehr der Menschen aus Ninive nach der Gerichtsandrohung des Propheten Jona. Ihr Kommen wird somit – im Gegensatz zur biblischen Grundstelle – als Bekehrung interpretiert (Mt 12,38-42; Lk 11,29-32). Salomo wird aufgrund dessen in ein Verhältnis zu Jesus gesetzt, wobei letzterer allerdings den älteren an Größe überrage: „Hier aber ist einer, der mehr ist als Salomo" (Mt 12,42). In der weiteren exegetischen und ikonographischen Rezeptionsgeschichte erscheint Salomo dann entsprechend als Präfiguration bzw. Typus Christi. Neben der ihm zugeschriebenen Weisheit und Friedensherrschaft wird in diesem Zusammenhang vor allem die Erzählung des Salomonischen Urteils sowie seine Identifikation mit dem Bräutigam des ihm zugeschriebenen Schir ha-Schirim (Hohelied) typologisch aufgenommen. Während sich ersteres auf das gerechte Gericht Christi am Jüngsten Tag beziehe (so z.B. Augustinus in De Civitate Dei), gilt die in Schir ha-Schirim beschriebene Liebe zwischen Salomo und der Geliebten als Allegorie für die Beziehung zwischen Christus und der Kirche oder Maria und Gott.

Elija repräsentiert mit 29 bzw. 30 Erwähnungen schließlich den am häufigsten rezipierten Propheten der Hebräischen Bibel innerhalb des Neuen Testaments. Die in Mal 3,1.23-24 enthaltene eschatologische Vorstellung einer Wiederkunft des entrückten Propheten unmittelbar vor dem Anbruch des Tags des Herrn, wird im Neuen Testament in breitem Maße als selbstverständlich vorausgesetzt, übernommen und christlich ausgedeutet. Zumeist wird Johannes der Täufer explizit mit dem wiedergekommenen Elija identifiziert (vgl. Mt 11,14; 17,13; Lk 1,17).[9]

In den Evangelien hat ferner die Vorschaltung der Johanneserzählung eine christologische Funktion: Johannes der Täufer kündigt als wiedergekehrter Elija den Beginn der Endzeit und – den Evangelien zufolge – den Messias[10] an bzw. bereitet ihm den Weg (Mk 1,2.7-11). Jesus, auf den die Erzählung zuläuft, ist somit als der von den Propheten verheißene Messias eingeführt.

Auch Jesus selbst wurde, den Berichten der Evangelien zufolge, zeitweilig seitens seiner Zeitgenossen mit dem wiedergekehrten Elija identifiziert (vgl. Mk 6,14-16; 8,27-28). Dies wird jedoch, direkt (Joh 1,21) oder indirekt (Mk 6,15; 8,28-29), zurückgewiesen und als falsch qualifiziert. Dennoch finden sich in den Darstellungen des Wirkens Jesu diverse indirekte oder direkte Bezüge zum Leben und Werk Elijas (bzw. Elischas). So scheinen vor allem die den Propheten zugeschriebenen Wunder in den Evangelien aufgenommen worden zu sein, allerdings zumeist im Sinne einer Überbietung: Während Elija drei Personen mittels eines Wunders speist (1 Kön 17,8-16), ernährt Jesus in einer wunderbaren Speisung 5000 bzw. 4000 Menschen (Mk 6,35-44; 8,1-10), Elija erweckt einen Toten (1 Kön 17,17-24), Jesus zwei (und am Tag der Auferstehung alle) etc. Schließlich weist die Schilderung der Himmelfahrt Jesu Anspielungen an die Entrückung Elijas auf (2 Kön 2,1-15; Apg 1,1-12).

Im Römerbrief dient die Aufnahme der Klage Elijas, dass er als einziger Verehrer des wahren Gottes übrig geblieben sei (Röm 11,3; vgl. 1 Kön 19,10.14), zusammen mit einer göttlichen Zusage hinsichtlich der 7000 Männer, die keine Verehrer Baals geworden seien (1 Kön 19,18), als biblischer Beleg für den von Gott aus Gnade auserwählten Rest Israels, dem das Heil zuteil wird (Röm 11,4).

Schließlich rühmen die Kirchenväter Hieronymus, Ambrosius, Isidor von Sevilla sowie Abaelard Elija als asketisches Vorbild.

Weiterführende Literatur

Traditionelle jüdische Kommentare und Literatur in Übersetzung

- Flavius Josephus: Heinrich Clementz (Hg.), Des Flavius Josephus Jüdische Altertümer, Übersetzt von Heinrich Clementz, Wiesbaden [11]1993.
- Rasch"i (online): http://www.chabad.org/library/bible_cdo/aid/15885.

Traditionelle christliche Kommentare in Übersetzung

- Aurelius Augustinus: Vom Gottesstaat (De civitate dei), Übersetzt von W.Thimme, München/Zürich 1978.
- Gregor der Große: (Grégoire le Grand), Commentaire sur le premier livre des rois. Tome II, lat. u. franz., Paris 1993.

Wissenschaftliche Literatur

- Rainer Albertz, Elia. Ein feuriger Kämpfer für Gott, Leipzig 2006.
- Volkmar Fritz, Das erste Buch der Könige (Zürcher Bibelkommentare), Zürich 1996.
- Volkmar Fritz, Das zweite Buch der Könige (Zürcher Bibelkommentare), Zürich 1998.
- Georg Hentschel, Die Königsbücher, in: Erich Zenger u.a. (Hg), Einleitung in das Alte Testament, 8. Aufl. hrsg. von Christian Frevel, Stuttgart 2012, S. 301-312.
- Andreas Kunz-Lübcke, Salomo. Von der Weisheit eines Frauenliebhabers, Leipzig 2004.
- Markus Öhler, Elia im Neuen Testament. Untersuchungen zur Bedeutung des alttestamentlichen Propheten im frühen Christentum, Berlin/New York 1997.
- Marvin A. Sweeney, I & II Kings. A Commentary, Louisville/London 2007.
- Jürgen Werlitz, Die Bücher der Könige (Neuer Stuttgarter Kommentar Altes Testament), Stuttgart 2002.
- Ernst Würthwein, Das erste Buch der Könige (Das Alte Testament Deutsch), Göttingen/Zürich [2]1985.

Anmerkungen

[1] S. hierzu Näheres in: Jan Christian Gertz, Tora und Vordere Propheten, in: ders. (Hg.), Grundinformation Altes Testament, Göttingen [4]2010, S. 193-311, S. 300-304; Georg Hentschel, Die Königsbücher, in: Erich Zenger u.a. (Hg.), Einleitung in das Alte Testament, 8. Aufl. hrsg. von Christian Frevel, Stuttgart 2012, S. 301-312, S. 305-307; Marvin A. Sweeney, I & II Kings. A Commentary, Louisville, London 2007, S. 3-26, sowie Jürgen Werlitz, Die Bücher der Könige (Neuer Stuttgarter Kommentar Altes Testament), Stuttgart 2002, S. 21-28.

[2] Werlitz, Bücher der Könige, S. 29.

[3] Prominentestes Beispiel – auch in der Bibel – ist hierfür die Verheiratung seines Sohnes Ahab mit der phönizischen (?) Königstochter Isebel (vgl. 1 Kön 16,31).

[4] Vgl. Werlitz, Bücher der Könige, S. 15, sowie Hentschel, Die Königsbücher, S. 305.

[5] S. Werlitz, Bücher der Könige, S. 16 und Hentschel, Die Königsbücher, S. 305. Beide weisen auch auf mögliche Abweichungen vom üblichen Schema des Rahmenformulars hin, vgl. dazu Werlitz, Bücher der Könige, S. 18-19 und Hentschel, Die Königsbücher, S. 304.
[6] Z.B. im „Lob der Väter" des Jesus Sirach: Sir 47,12-17; bei Josephus: Antiquitates VIII und im Midrasch zum Buch Qohelet, demzufolge Salomo alle anderen Menschen an Weisheit übertroffen habe (QohR 7,23).
[7] S. Schir ha-Schirim Rabba 1,6 sowie Hanna Liss, TANACH – Lehrbuch der jüdischen Bibel, Heidelberg [3]2011, S. 248.
[8] Vgl. Liss, TANACH, S. 246-247 sowie The JPS Bible Commentary. Haftarot. The Traditional Hebrew Text with New JPS Translation. Commentary by Michael Fishbane, Philadelphia 2002.
[9] Hierauf verweist bereits die Einführung des Täufers mit einem auf Elija bezogenen Zitat (Mal 3,1; Mk 1,2). Es ist außerdem kaum zu übersehen, dass die Beschreibung Johannes' derjenigen Elijas hinsichtlich des Erscheinungsbilds und der Lebensweise auffällig ähnelt. Beide tragen einen Gürtel bzw. Schurz und einen Fellmantel als Kleidung (2 Kön 1,8 und Mt 3,4). Johannes der Täufer predigt in der Wüste offenbar nahe der Stelle der Entrückung Elijas (2 Kön 2,1-14; Mt 3,1ff.; Mk 1,1ff.; Lk 3,1ff.; Joh 1,28) und seine Umkehrpredigt korrespondiert mit der Elija zugeschriebenen Intention bzw. Tätigkeit: Er soll bzw. wird viele Menschen zur Umkehr bewegen (1 Kön 18,37; Mal 3,24; Sir 48,10) und Lk 1,15-17 zufolge ist auch Johannes wie Elija mit besonderem Geist ausgestattet (2 Kön 2,9.15). Vgl. hierzu Rainer Albertz, Elia. Ein feuriger Kämpfer für Gott, Leipzig 2006, S. 175.
[10] Albertz weist in diesem Zusammenhang jedoch darauf hin, dass zuvor in der biblischen und jüdischen Eschatologie der Gedanke der Wiederkunft Elijas nicht mit dem Auftreten des Messias verbunden war: „Erst die Christen, die spätestens nach dem Tod der Auferstehung Jesu die Messianität Jesu erkannten und bekannten (vgl. 1 Kor 15,3-5; Röm 6,4; 14,9), haben aufgrund der bestehenden Nähe Jesu zu Johannes dem Täufer diese Verbindung hergestellt. Sie machten konsequent Elija, der einmal ein Wegbereiter Gottes gewesen war (Mal 3,1.23f.), zum Vorläufer des Messias und damit Johannes zum Wegbereiter Jesu (Mk 1,1-8; Lk 7,18-23.24-35)." Albertz, Elia, S. 179.

Nevi'im Acharonim (Hintere Propheten)

Die Nevi'im Acharonim umfassen denjenigen Teil der Hebräischen Bibel, den man gemeinhin als klassische Prophetie begreift. Formal lassen sich diese Bücher in die sog. Großen Propheten (Jes, Jer, Ez) und die sog. Kleinen Propheten (Tré Assar) gliedern. Innerhalb dieser beiden Teile kann man wiederum die vorexilische Prophetie (Jes, Jer; die ersten sechs der Tré Assar) von der exilisch-nachexilischen (Ez; die zweiten sechs der Tré Assar) unterscheiden. Im Aufriss der Septuaginta (LXX) findet sich jedoch eine andere Binnengliederung. Hier werden die sog. Kleinen Propheten den drei Großen vorgeordnet und das Buch Jirmejahu (Jeremia) um die Ekha (Klagelieder) sowie die deuterokanonischen Briefe Baruchs und Jeremias ergänzt. Zusätzlich weist die Septuaginta das Buch Dani'el (mit einigen Zusätzen) dem prophetischen Kanon zu, an dessen Ende es steht.

Die Abfolge von Vorderen und Hinteren Propheten, wie sie die Hebräische Bibel bietet, lässt die Nevi'im insgesamt wie einen zwiefachen Kommentar zur Tora erscheinen: Während die Nevi'im Rischonim die prophetischen Nachfolger Moses in ihrem historischen Wirken chronologisch beschreiben, wenden sich die Nevi'im Acharonim der chronologischen Darstellung ihrer Lehre zu. Beides zusammen thematisiert den Kampf um das Fortleben der Tora in Israel, der im Untergang der Staaten Israel und Juda scheitert und während des Exils wieder auflebt.

5 | *Jeschajahu (Jesaja)*

Der Name des Buches leitet sich vom Namen des Propheten (Jeschajahu [Jesaja] ben Amoz, vgl. Jes 1,1) ab, dem die in ihm erhaltenen Worte traditionell zugeschrieben werden. Jeschajahu bedeutet „der Ewige hilft", was in gewisser Weise die Inhalte des Buches treffend beschreibt.

Kontext

Mit dem Buch Jeschajahu beginnt der zweite Teil der Nevi'im, die Hinteren Propheten. Die Auswahl von Jeschajahu als erstes Buch der Nevi'im Acharonim hat vor allem chronologische Ursachen. Das Wirken Jesajas wird in die Zeit der Könige Usija, Jotam, Ahas und Hiskija im 8. Jahrhundert BCE datiert. Damit geht er dem nachfolgenden Propheten, Jeremia, zeitlich voraus. Man könnte jedoch auch inhaltliche Gründe für diese Anordnung geltend machen. Das mit 66 Kapiteln umfänglichste Buch der Bibel enthält nämlich Texte aus mindestens drei Jahrhunderten, die von der Zeit vor der Eroberung Israels durch die Neuassyrer (722 BCE) bis in die nachexilische Epoche (6. Jh. BCE) reichen. Es ist gewissermaßen ein Kompendium biblischer Prophetie.

Historische Einordnung
Die Überschrift des Buches (Jes 1,1) suggeriert dem Leser, es mit den Worten eines Propheten zu tun zu haben, der im Jerusalem des achten Jahrhunderts BCE gewirkt hat. Tatsächlich zeigen einige der Texte deutliche Bezüge zu jener Epoche: So weisen die Kapitel Jes 7–8 auf den Syrisch-Ephraimitischen Krieg des Jahres 734 BCE hin.[1] Andere Kapitel (vgl. Jes 44–45) erwähnen jedoch den Perserkönig Kyros (559-529); sie gehören also in eine deutlich spätere Zeit. Die traditionelle Sicht auf dieses Phänomen besteht darin, die in die Situation des Babylonischen Exils hineingesprochenen Worte (ab Jes 40) als echte Prophetien eines historischen Jesaja zu betrachten.[2] Schon Abraham ibn Esra (1089-1164) äußerte vorsichtige Zweifel an dieser Auffassung.[3] Die frühe protestantische Bibelkritik des ausgehenden 18. Jahrhunderts schrieb Jes 40–66 schließlich einem anonymen Propheten des 6. Jahrhunderts zu, den man als „Deutero-Jesaja" (zweiten Jesaja) bezeichnete.

Mit Bernhard Duhms (1847-1928) äußerst einflussreichem Jesaja-Kommentar von 1892 setzte sich für lange Zeit eine noch komplexere Entstehungshypothese durch. Er unterteilte den ersten Jesaja (Jes 1-39) in mehrere Sammlungen von Prophetenworten, deren Ursprünge er zum Teil bis in die Makkabäerzeit hinauf datierte. Den zweiten Teil des Buches gliederte er in einen exilischen (Jes 40–55, „Deuterojesaja") und einen nachexilischen Komplex (Jes 55–66), den er als „Trito"- oder Dritten Jesaja bezeichnete. Andere Exegeten folgten ihm in der Dreiteilung des Buches, bevorzugten aber die Annahme *einer* Sammlung im Ersten Jesaja, welche dann nach und nach erweitert wurde.

In den letzten Jahrzehnten sind Zweifel daran aufgekommen, ob es sich bei den Propheten Jesaja wirklich um drei selbstständige Persönlichkeiten handelt oder ob nicht vielmehr Jesaja (und Deutero-Jesaja?) nach dem Exil von verschiedenen Autoren kommentiert und erweitert worden sind. Die kanonische Gestalt des Buches Jeschajahu mindestens deutet auf eine Zweiteilung des Gesamtwerkes hin.

Der ‚Erste' Jesaja, auf dessen Autorität sich das gesamte Buch bezieht, lebte in einer äußerst unruhigen Zeit. Nach der Machtübernahme des assyrischen Königs Tiglat-Pileser III. (745-727 BCE) sahen sich die Völker der Levante wiederholten und teilweise massiven militärischen Kampagnen ausgesetzt. Einer von diesen fiel im Jahre 722 BCE das nördlich an Juda angrenzende Königtum Israel zum Opfer. Auch die Folgezeit war von zahlreichen Aufständen und Strafaktionen geprägt, die in einem Feldzug des assyrischen Großkönigs Sanherib gegen Jerusalem (701-700 BCE) gipfelten. Entlang der prägendsten politisch-militärischen Ereignisse gliedert man die Wirkungszeit (Proto-)Jesajas in vier Abschnitte:

I. Frühphase (ca. 740-734 BCE)	Bis zum Syrisch-Ephraimitischen Krieg	Jes 1,2-3.10-26; 2,6-22; 3,1-9; 3,12-4,1; 5,1-7.8-24
II. 734-732 BCE	Während des Syrisch-Ephraimitischen Krieges	Jes 6,1-8,18, die sog. Denkschrift, die einen dreifachen Rahmen[4] erhielt und mehrfach ergänzt wurde
III. 713-711 BCE	Während der philistäischen Aufstände	Jes 20,1-6; 17,1-3; 22
IV. 701-700 BCE	Während der Belagerung durch Sanherib	Jes 37

Die Sammlung der Worte des „Ersten Jesaja" wurde in den folgenden Jahrhunderten (vor allem nach dem Babylonischen Exil) durch zahlreiche weitere Texte ergänzt, die inhaltlich häufig die jeweilig älteren Worte kontrastieren – so zum Beispiel Jes 2,2-5 mit Jes 1,10-26 (Zion) oder Jes 9,1-6 mit Jes 8,19-23 (Dunkelheit). Zu den historisch jüngsten Partien des ersten Teils Jesaja gehören mutmaßlich die Kapitel 24–27, die sog. Jesaja-Apokalypse.

Insbesondere um die Identität „Deutero-Jesajas" streiten sich die Gelehrten: Handelt es sich tatsächlich um einen anonymen Propheten, der während des Babylonischen Exils wirkte, oder war es vielmehr eine Gruppe von Autoren, etwa „levitische Tempelsänger",[5] die für Jes 40–65 verantwortlich zeichnen? Für Jes 56-66, die von Duhm noch dem „Trito-Jesaja" zuerkannt wurden, hat sich indessen die Auffassung durchgesetzt, dass es sich um „schriftgelehrte Prophetie" handelt. Es sind also Texte, die auf der Basis älterer biblischer Perikopen eine Aktualisierung dieser an die Verhältnisse der persisch-frühhellenistischen Zeit (nach 522- 333 BCE) versuchen.

Aufbau

Erster Teil des Buches Jeschajahu (Jes 1–39)

Jes 1-12	Grundsätzliches: Fluch und Segen, Vergangenheit und Zukunft. Worte an Juda und Jerusalem *Zentrum: Die Sendung Jesajas (Kap. 6)*
Jes 13-23	Das drohende Gericht über die Völker und Jerusalem (Jes 22) *Zentrum: Worte gegen Babylon (Jes 13-14; 21)*
Jes 24-27	Weltgericht und Sammlung der Zerstreuten
Jes 28-39	Jesaja und Hiskija: Unter der Hand Assurs (Jes 28-35) *Geschichtlicher Nachtrag (36-39): Die Errettung Zions*

Zweiter Teil des Buches Jeschajahu (Jes 40–66)	
Jes 40,1-31	Einleitung: Zuwendung Gottes, des Herrschers der Welt, zu Israel
Jes 41,1-48,22	Der neue Exodus: Die Heimkehr der Verbannten
Jes 49,1-55,13	Das neue Zion: Die Wiederherstellung des Volkes
Jes 56,1-59,21	Nachtrag 1: Ethische Vorbereitung auf den kommenden Segen
Jes 60,1-66,24	Nachtrag 2: Ansichten über die Endzeit. Völkerwallfahrt und Völkergericht

Wichtige Themen und Texte

Jeschajahu gehört zu den bedeutendsten und theologisch gewichtigsten Teilen der Bibel und spielt sowohl in der jüdischen Theologie als auch in der Liturgie eine große Rolle. Es ist das große Buch von der Bewältigung nationalen Unglücks, wie es wiederholt über Israel gekommen ist. Trotz der Komplexität seiner Entstehung und dessen vielfacher Fortschreibung gibt es einige wichtige Motive, die das Buch – einem cantus firmus gleich – prägen und den Eindruck inhaltlicher Geschlossenheit vermitteln. Dazu gehört die Gotteslehre. Gott ist der Heilige (qadosch /קדוש) Israels, der von seinem Volk kultische und soziale Entsprechung verlangt. Historische Erfahrungen, besonders das Leben im Exil, haben nach Auffassung der Autoren des Buches gezeigt, dass Gott nicht nur der Herrscher Israels, sondern derjenige der ganzen Welt ist. In der Entwicklung des Henotheismus zum Monotheismus[6] spielt Jeschajahu eine bedeutende Rolle.

Das zweite prägende Thema des Buches ist Zion: das Konzept des heiligen Zentrums Israels und der Welt, auf dessen Wiederherstellung sich alle Hoffnungen konzentrieren. Am Ende der Tage werden sogar die Völker der Welt zum Zion strömen, um den Heiligen Israels zu verehren (Jes 2,2-5). Ein drittes wichtiges Motiv ist das eines gerechten Herrschers aus dem Hause Davids, der zukünftig im Auftrage Gottes einen umfassenden Frieden unter den Menschen sicherstellen wird. Dann wird die Wüste grünen, die Tiere werden an der universalen Harmonie ebenso Anteil haben wie die gesamte Natur (Jes 9; 11).

Die Worte des oder der anonymen Propheten, die in Jes 40–55 zu Wort kommen, bilden die Achse des Buches Jeschajahu. Die Konzeption der Wiederherstellung Israels nach dem Exil, als zweiter Exodus beschrieben (vgl. Jes 41; 43 u. ö.), und das Bild vom Knecht Gottes als dem menschlichen Gegenüber Gottes (Jes 42,1-9; 44,1-5.21-23; 49,1-6; 50,4-9 u.ö.) beleuchten und interpretieren das gesamte Buch.

Kritik des historischen Jesaja (Jes 1–39): *Vor dem Exil*	*Trost und Hoffnung (Jes 40–55):* *Im Exil*	*Was von der Hoffnung bleibt (Jes 56–66):* *Nach dem Exil*
Der Ewige ist der Heilige Israels (Jes 6)	**Der Ewige** ist heilig und der Herrscher der Welt (Jes 40.42-44)	**Der Ewige** ist Herrscher, wird aber nicht immer als solcher anerkannt (Jes 58-59)
Zion, die heilige Stätte, ist verunreinigt und entweiht (Jes 1 u.ö.)	**Zion** wird das Ziel eines Zweiten Exodus, einer Völkerwallfahrt (Jes 41-43 → Jes 2)	**Zion** tut sich noch immer schwer, wird aber vielleicht einst noch geheiligt (Jes 59-60)
Die Herrscher Israels vertrauen nicht auf den Heiligen Israels (Jes 7-8)	Der Ewige wird sein Volk (und die ganze Welt) **selbst beherrschen** und einen Fürst des Friedens erwecken (→ Jes 9;11)	Die Hoffnung auf eine **radikale Änderung der Herrschaftsverhältnisse** wird in die Endzeit verlagert (Jes 65-66)
Der Prophet, vom Ewigen gereinigt, steht einem unreinen Volk gegenüber und kann es nicht erreichen (Jes 6)	**Israel selbst** bzw. ein **leidender Gerechter** („Knecht Gottes“; Jes 49-50) verkörpert das ideale Gegenüber Gottes	**Der Prophet** ermuntert die Frommen zu Geduld und ermahnt die Sünder (Jes 61)

Wirkungsgeschichte

In der jüdischen Tradition

Die Bedeutung des Buches für die jüdische und christliche Religionsgeschichte ist kaum zu überschätzen. In der Haggada gibt es zahlreiche Legenden über den Propheten und seinen Vater Amoz (vgl. Pirqé de-Rabbi Eli‘eser 52; Wajiqra Rabba 6,6). Da das biblische Buch nur sehr spärliche Angaben zum Leben des Propheten macht, erzählte man sich alsbald Geschichten, zum Beispiel über sein grausames Ende unter dem Frevelkönig Manasse. Er soll Jesaja als Falschpropheten verfolgt und den in eine hohle Zeder Geflohenen schließlich mitsamt dem Baum zersägt haben.[7] Auch christliche Autoren rezipierten dieses Motiv intensiv und entwickelten es weiter.[8] Womöglich wurde es von der Darstellung des leidenden Knechts des Ewigen ('עבד ה; Eved J‘) in Jes 52,13-53,12 inspiriert. Die zahlreichen Funde von Jeschajahu-Texten in Chirbet Qumran,[9] wie auch die vielen Zitate im Neuen Testament spiegeln die hohe Popularität des Werks in den ersten Jahrhunderten BCE und CE.

Die rabbinische Haggada betrachtete Jesaja als Mitglied der königlichen Familie, als Neffen des judäischen Königs Amazja (er herrschte von 800-786 BCE).[10] Die harschen Worte des Propheten gegen Zion fanden nicht immer die ungeteilte Zustimmung der rabbinischen Meister (vgl. Pesiqta de-Rav Kahana 14,4). Von besonderem Interesse war – wie für die frühchristlichen Autoren – das vermeintliche Martyrium des Propheten.[11]

Auch für die kabbalistischen Denker bildete Jeschajahu eine bedeutende Referenzquelle. Im Sohar findet man zahlreiche Bezugnahmen zu allen Teilen des Buches. Großes Interesse zeigte der Sohar beispielsweise an der Interpretation der Qeduscha (קדושה), dem Lob der Seraphim für den Ewigen, und der in ihr enthaltenen Feststellung, dass „Seine Kavod die ganze Erde füllt." (Vgl. Sohar I 18b; 71b; 104b; II 52a III 93a; 134a; 190a.b 230b u.ö.).

Jes 6,3 ist Namensgeber und wichtiger Bestandteil der Qeduscha, die bei der Wiederholung der Amida im morgendlichen und im Mussaf-Gebet in deren dritte Bitte eingefügt wird. Die Qeduscha gilt als irdischer Nachvollzug des täglichen Gottesdienstes im Himmel, bei dem die Engel Gott mit „Heilig, heilig, heilig ist der Gott Zeva'ot" loben. Die weitaus meisten der gottesdienstlichen Lesungen aus den Prophetenbüchern (*Haftarot*) sind Jeschajahu entnommen. Sie begleiten große jüdische Feste wie Rosch ha-Schana (Jes 55,1-13), den Jom Kippur (Jes 57,14-58,14) sowie Schavu'ot (Jes 6,1-13).

Die überaus hohe Bedeutung des Buches spiegelt sich jedoch nicht nur quantitativ: Texte aus Jeschajahu prägen die Schabbatot zwischen dem Neunten Av und Rosch ha-Schana und werden, entsprechend ihrer liturgischen Funktion, Haftarot des Trostes genannt.

In der christlichen Tradition

Den urchristlichen Gemeinden, vielleicht sogar Jesus selbst, galt Jesaja als der wichtigste unter den Propheten. Auf kein Buch der Bibel wird innerhalb des Neuen Testaments so oft zurückgegriffen. Insgesamt finden sich dort etwa 400 direkte und indirekte Zitate, Paraphrasen und Anspielungen, die sich recht gleichmäßig auf alle drei Teile des Buches Jeschajahu beziehen. Diese finden sich besonders häufig in den Evangelien und den (echten) Paulusbriefen.[12] Wesentliche Züge des Lebens Jesu werden unter Verweis auf Jesaja-Texte theologisch gedeutet.

Dazu gehört allen voran die Deutung des Leidens und Sterbens Jesu mittels des Knechts J's (vor allem Jes 52,13-53,12)[13] sowie die Verknüpfung der Ankündigung eines Immanuel (Jes 7,14) mit der Geburt Jesu. Auch sein Lehren und Handeln findet sich häufig dezidiert unter Hinweis auf Jeschajahu interpretiert. Die programmatische Interpretation seines Wirkens als Wanderprediger und charismatischer Heiler in Lk 4,18-19 nimmt mehrfach Bezug auf jesajanische Texte:

„Der Geist des Herrn [ist] auf mir,/ denn er hat mich gesalbt,/ den Elenden eine Frohbotschaft zu übermitteln,/ hat Er mich gesandt[...][14]*/ um den Gebundenen Freilassung zu verkünden/ und den Blinden, dass sie wieder sehen können,/ gesandt, damit ich den Zerschlagenen in Freiheit setze,/ zu verkünden ein Jahr der Huld. [in etwa LXX Jes 61,1] Dann schloss er [Jesus] das Buch, gab es dem Diener und setzte sich und die Augen aller in der Synagoge waren auf ihn gerichtet. Da begann er ihnen zu sagen: Am heutigen Tag hat sich diese Schrift, in euren Ohren erfüllt."*

(Lk 4,18-20)

Auch der erste Evangelist deutet Jesu Wirken unter Hinweis auf Jeschajahu (Mt 8,23-9,1). Seine Heilungen interpretiert Mt 8,17 in Bezug auf Jes 53,4. Das älteste Evangelium beginnt programmatisch mit dem Hinweis auf Jes 40,2-3 – auf die Zeit Jesu als Wegbereitung für das Königtum des Ewigen (Mk 1,2-3). Schon der Begriff Evangelium (als Verb vgl. LXX Jes 40,9; 41,27; 52,7; 60,6; 61,1) scheint wesentlich von (Deutero-)Jesajas Trostworten inspiriert. Von der ,dunklen Seite' des Propheten wurde insbesondere die Verstockungstheorie rezipiert (vgl. Jes 6,9-10), die auf diejenigen angewendet wird, denen die Botschaft Jesu nicht überzeugend erschien (vgl. Mk 4,12 parr Mt 13,14-15 und Lk 8,9-10; Joh 12,37-43; Apg 28,26-27; Röm 10,14-21).

Die bedeutendsten christlichen Theologen, unter ihnen Augustinus, Thomas von Aquin, Luther und Calvin, haben sich ausführlich mit Jeschajahu beschäftigt. Insbesondere die Ankündigung eines von einer „jungen Frau" geborenen Kindes (Jes 7,14), die Verheißung eines gerechten Herrschers aus David (Jes 9 und 11) sowie die sog. Gottesknechtslieder (Jes 42,1-4.(7); 49,1-6; 50,4-9; 52,13- 53,12) wurden und werden, wie bereits im Neuen Testament, auf Jesus von Nazareth gedeutet. Die sich auf Jes 7 gründende Lehre von der Jungfrauengeburt führte zu heftigen interreligiösen Kontroversen. Sie ist in der jüdisch-christlichen Auseinandersetzung um die Deutung der Hebräischen Bibel ein wahrer Klassiker. Vergleichbares polemisches Potential, wenn auch nur von christlicher Seite gegenüber der jüdischen genutzt, bot das Verstockungsmotiv, das bereits bei den Kirchenvätern häufig und intensiv zur theologischen Verurteilung Israels und des jüdischen Volkes zur Anwendung kam.[15]

Wie in der jüdischen Liturgie (und Mystik), so spielte auch in der christlichen Gottesdienstordnung Jesajas Vision im Tempel (Jes 6,1-4) und die Qeduscha (das Tris[h]agion und das Sanctus) eine bedeutende Rolle. Das *Trishagion* im orthodoxen Ritus bzw. das Sanctus im katholisch-evangelischen Bereich haben jeweils ihren festen Platz im Gottesdienst. Das Sanctus steht am Anfang des sog. Eucharistischen Hochgebets (katholische Messe) bzw. direkt vor den Einsetzungsworten des Abendmahls (evangelischer Gottesdienst) und wird von der ganzen Gemeinde gesprochen oder gesungen. Als fester Bestandteil der Messe erfuhr Jes 6,3 („Heilig, heilig, heilig ist der Herr Zeba'ot") Vertonungen von vielen bedeutenden Komponisten, wie zum Beispiel in Bachs h-Moll-Messe oder Beethovens Missa Solemnis.

Für die Advents- und Weihnachtszeit spielen Jeschajahutexte (insbesondere Jes 7,14; Jes 9 und 11) eine bedeutende Rolle. Sie werden zu den Weihnachtstagen gelesen und manches Mal auch gepredigt. Überhaupt stellen Texte aus dem Buch Jeschajahu den überragenden Anteil der ansonsten eher spärlichen Bezugnahmen auf die Hebräische Bibel, soweit es um Lese- oder Predigtperikopen geht. Dass man in nahezu jeder Weihnachtskrippe einen Ochsen und einen Esel vorfindet, haben wir ebenfalls Jeschajahu zu verdanken, der in Jes 1,4 anmerkt, dass dieses Getier in der Lage sei, seinen Herrn zu erkennen, Israel aber nicht.

Auch in der Kunstgeschichte haben Gestalt und Worte Jesajas ihre Spuren hinterlassen. Schon in den ältesten bildlichen Zeugnissen des Christentums, wie der Priscilla-Katakombe von Rom, finden sich Darstellungen Jesajas mit Maria und dem Kind. Jesaja-Skulpturen schmücken romanische Kirchen (Vézelay, Moissac) ebenso wie gotische (Chartres, Amiens, Burgos). Auch auf dem berühmten Isenheimer Altar des Matthias Grünewald ziert Jesaja die Szene, da ein Engel Maria die Geburt Jesu ankündigt. Fresken der Renaissancekünstler Raffael und Michelangelo in Rom haben ebenfalls diesen biblischen Propheten zum Gegenstand.

Weiterführende Literatur

Traditionelle jüdische Kommentare in Übersetzung

- Rasch"i (online): http://www.chabad.org/library/bible_cdo/aid/15932.
- Rasch"i: Abraham J. Rosenberg (Hg.), Isaiah = Yesha'yah: A new English translation. Translation of Text, Rashi, and Commentary, 2 Bde., Mikra'ot gedolot; Judaica books of the Prophets, New York 1982-1983.
- Abraham Ibn Esra: Michael Friedländer (Hg.), The Commentary of ibn Ezra in Isaiah, 3 Bde., London 1873-1877.

Traditionelle christliche Kommentare in Übersetzung

- Origenes: Alfons Fürst, Christian Hengstermann (Hg.), Origenes – Werke mit deutscher Übersetzung, Bd. 10: Die Homilien zum Buch Jesaja, Freiburg u.a. 2009.
- Hieronymus: Commentaires de Jérôme sur le prophète Isaie, introduction par R. Gryson, texte établie par R. G. u.a., 5 Bände, VL.AGLB 23, 27, 30, 35, 36, Freiburg 1993-1999.
- Theodoret von Cyrus: Jean-Noel Guinot (Hg.), Commentaire sur Isaïe I-II, Sources Chrétiennes 276, 295, 315, Paris 1980-1984.
- Martin Luther: Der Prophet Jesaja [1528], in: D. Martin Luthers Werke. Kritische Gesamtausgabe (WA 25), Weimar 1902, S. 87-401.
- Johannes Calvin: Wilhelm Boudriot, Otto Weber (Hg.), Johannes Calvins Auslegung der Heiligen Schrift, Bd. 6 und 7: Auslegung des Propheten Jesaja, Neukirchen-Vluyn ^{2}1941 und 1949.

Wissenschaftliche Literatur

- Ulrich Berges, Jesaja. Der Prophet und sein Buch (Biblische Gestalten 22), Leipzig 2010.
- Ders., Jesaja 40-48 (Herders Theologischer Kommentar zum Alten Testament), Freiburg u.a. 2008.
- Willem A.M. Beuken, Jesaja 1-12. 13-27. 28-39 (Herders Theologischer Kommentar zum Alten Testament), Freiburg u.a. 2003/2007/2010.
- Joseph Blenkinsopp, Isaiah 1-39 (Anchor Bible 19), New York u.a. 2000
- Brevard C. Childs, Isaiah (The Old Testament Library), Louisville u.a. 2001.
- Bernhard Duhm, Jesaja (Handkommentar zum Alten Testament), Göttingen [5]1968.
- Georg Fohrer, Das Buch Jesaja. I. Band (Zürcher Bibelkommentar), Zürich/Stuttgart 1960.
- Peter Höffken, Jesaja. Der Stand der theologischen Diskussion, Darmstadt 2004.
- John L. McKenzie, Second Isaiah (The Anchor Bible), Vol. 20, New York u.a. 1969. [Jes 40-66]

Anmerkungen

[1] Dessen Historizität wird allerdings jüngst bezweifelt. Womöglich gab es keine konzertierte militärische Aktion des Nordreichs Israel und Arams gegen Juda, sondern lediglich den (gescheiterten) Versuch einer Attacke Arams auf Juda. Vgl. Ulrich Berges, Jesaja. Der Prophet und das Buch, Leipzig 2010, S. 19-20.
[2] Vgl. Babylonischer Talmud, Baba Batra 15a.
[3] Vgl. seinen Kommentar zu Jes 40,1.
[4] Um Jes 6,1-8,18 legen sich von ‚außen' nach ‚innen' drei Ringe: (1) 5,8-24/10,1-4, (2) 5,25-29/9,7-20 sowie (3) 5,30/8,22. Dieser dreifache Rahmen soll zur Zeit der judäischen Könige Manasse (697-642 BCE) und Josia (639-609 BCE) entstanden sein. Jene Epoche soll auch für die Fortschreibungen in Jes 17,12-14; 8,23b-9,6; 14,24-27; 17,12-14; 28,23-29; 30,27-33; 32,1-5.15-20 verantwortlich sein. Vgl. Berges, Jesaja, S. 21-36.
[5] Vgl. Berges, Jesaja, S. 40-42.
[6] Der Henotheismus (von griech. „ein Gott") unterscheidet sich vom Monotheismus (von griech. „allein/nur ein Gott") dadurch, dass Anhänger henotheistischer Systeme zwar nur einem Gott huldigen, aber die Existenz weiterer Götter nicht grundsätzlich ausschließen. Anhänger monotheistischer Systeme verehren nicht nur einen Gott, sondern behaupten, dass es außer diesem von ihnen angebeteten Gott keine anderen Götter gibt.
[7] Vgl. Vita Prophetarum I,1 (1. Jh.); jSanhedrin X,2.28c.
[8] Vgl. Ascensio Jesaiae 1-5 (3./4. Jh.) sowie die Paralipomena Jeremiou 9,19-21.23-31 (2. Jh.), die intensive Anleihen an jüdischen Darstellungen nehmen. Zahlreiche bildliche Darstellungen aus dem Mittelalter und der Frühen Neuzeit illustrieren den grauslichen Tod des Propheten.
[9] In den elf Höhlen am Toten Meer, in denen Schriften der Qumran-Gruppe lagerten, wurden insgesamt 21 Rollen (bzw. Fragmente von ihnen) mit Texten und sechs Pescharim (Kom-

mentare) zu Jeschajahu gefunden. Lediglich vom Devarim und den Tehillim wurden mehr Handschriften in Qumran entdeckt. Die Worte Jesajas spielen zudem in den Eigentexten der Gemeinschaft eine große Rolle.

[10] bMegilla 10b.

[11] Vgl. jSanhedrin X,2.28c; bJevamot 49b; Pesiqta Rabbati IV,3.

[12] Für Paulus stellt Jeschajahu nach den Tehillim die bedeutendste Referenz dar. Im Römerbrief (vgl. Röm 9,27.29; 10,16.20; 15,12) bilden Jeschajahu-Texte jeweils die Höhepunkte biblischer Zitatreihen. Tragende Bedeutung haben die Worte des Propheten für Paulus' eindringliche Worte über Israel in Röm 9-11.

[13] Vgl. Mt 1,22-23. In Mt 12,18-20 wird die gesamte Identität Jesu unter Hinweis auf Jes 42,1-4 gedeutet.

[14] Hier fehlt ein Stichos des LXX-Jes 61,1. Dafür wird nach „wieder sehen können" eine Zeile aus LXX Jes 58,6 eingefügt.

[15] Vgl. Justin Martyr, Dialog mit dem Juden Tryphon 17,1; 133,4-5; 136,2.

6 | Jirmejahu (Jeremia)

Das Buch erhielt seinen Namen vom Propheten Jeremia (Jirmejahu: „der Ewige ist erhaben"), dessen Worte und mutmaßliches Schicksal in ihm thematisiert werden. Im Unterschied zu vielen anderen Werken der Nevi'im Acharonim bildet die Person des Propheten einen wesentlichen Schwerpunkt der Darstellung.

Kontext

Jirmejahu befindet sich gewissermaßen im Zentrum der sog. Großen Propheten – nach Jeschajahu und vor dem Buch Jechesqel. Ursache dafür ist die chronologische Anordnung der drei Protagonisten in der traditionellen Datierung ihrer Wirkungszeit. Nachdem der Namensgeber des Buches Jeschajahu („Proto-Jesaja") zum Zeugen der Abwehr der ersten Eroberungsversuche Jerusalems geworden sein soll,[1] erlebte Jeremia den tatsächlichen Untergang des Königreichs Juda im Jahre 586 BCE. Der nachfolgende Ezechiel fungierte bereits als Prophet des Babylonischen Exils. Der biblischen Tradition zufolge gehörte er zu denjenigen Teilen der judäischen Oberschicht, die bereits 597 BCE, zehn Jahre vor dem Untergang Judäas, in einer ersten Gruppe nach Babylon deportiert wurden.

Historische Einordnung

> *„Die Worte Jirmejahus, des Sohnes Hilkijahus von den Priestern, die in Anatot im Landes Benjamin waren. An den das Wort des Ewigen erging in den Tagen Joschijahus, des Sohnes Ammons, König Jehudas, im 13. Jahr seines Königtums. Und es erging in den Tagen Jehojakims, des Sohnes Joschijahus, König Jehudas, bis zur Vollendung des elften Jahres von Zidqijahu, des Sohnes Joschijahus, bis zum Exil Jeruschalajims im fünften Monat."* (Jer 1,1-3)

Auch wenn die historische Verortung Jeremias der Überschrift zufolge ziemlich einfach zu sein scheint, gestalten sich die Aussagen zur Entstehung des Buches tatsächlich weitaus komplizierter. Aus den Angaben in Jer 1,2 würde sich ein Beginn der Tätigkeit Jeremias im Jahre 627/626 BCE ableiten lassen. Deren Ende (im fünften Monat des Babylonischen Exils; Jer 1,3) fiele in das Jahr 587/86 BCE, woraus sich eine Wirkungszeit von genau vierzig Jahren ergäbe. Vierzig Jahre jedoch sind eine hochgradig symbolisch aufgeladene Zeitangabe, die auffällig gut zur Stilisierung Jeremias als eines Propheten „wie Mose" passt, an der den Autoren des Buches sehr gelegen ist.

Geht man dennoch davon aus (und a priori spricht auch nichts dagegen), dass ein Prophet namens Jeremia zur Zeit der letzten Könige Judas, von Josia (um 647-609) bis Zedekia (herrschte von 597-587/86), wirksam war, dann erlebte dieser – wie Jesaja – äußerst turbulente Zeiten und wurde zum Zeugen des furchtbaren Untergangs Jerusalems. Höchst rätselhaft, dramatisch und gleichzeitig sehr sinnbildlich gestalteten die Autoren des Buches das Ende des Propheten: Er soll nach der Ermordung Gedaljas, des von den Babyloniern eingesetzten Statthalters in Judäa, gegen seinen Willen nach Ägypten verschleppt worden sein (Jer 43,4-7). Damit nimmt er, am literarischen Vorbild Mose orientiert, sozusagen den umgekehrten Weg: Anstatt das Volk aus Ägypten zu führen, wird er vom Volk nach Ägypten entführt. Dramatisch enden die Worte Jeremias (vermeintlich aus Ägypten herüberschallend) in Jer 52,64: „*Und sie ermatten – bis hierher die Worte Jeremias*."

Wie aus dem Vorspann des Buches ersichtlich, soll der Prophet einer priesterlichen Familie aus Anatot (nahe Jerusalem) entstammen. In keinem anderen Buch der Bibel (Ijov vielleicht ausgenommen) erfährt man ähnlich viel über das äußere und innere Leben seines literarischen (!) Protagonisten. Die Darstellung seines persönlichen Ergehens beginnt mit seiner Berufung (Jer 1), konzentriert sich in den Klagen über die Bürde des prophetischen Amtes (die sog. Konfessionen Jeremias in Jer 11–20)[2] und kulminiert in den Berichten über seine Aktivitäten und die aus ihnen resultierenden Verfolgungen (Jer 26–29; 36–45). Es ist sicher irreführend, diese Texte als authentische biographische Zeugnisse anzusehen: Sie sind überwiegend theologisch und literarisch stilisiert und greifen auf zahlreiche biblische Traditionen außerhalb des Jirmejahu-Buches zurück.

Ähnlich detailliert wie die Angaben zur Person gestalten sich auch die Informationen zum Schicksal der prophetischen Botschaft Jeremias. Jer 36 weiß zu erzählen, dass der Prophet seinen Schreiber Baruch ben Nerija um die Anfertigung einer Rolle mit seinen Worten bat, die König Jojakim jedoch verbrannte. Baruch soll dieses Schriftstück sogleich ersetzt und kontinuierlich ergänzt haben (vgl. Jer 36,32; 45,1-2). Den Umstand, über eine „Ursprungslegende" zu verfügen, hat Jirmejahu mit Devarim gemein, mit dem es auch in terminologischer und theologischer Hinsicht sehr vieles verbindet. Die enge Beziehung zwischen den beiden biblischen Büchern ist häufig beobachtet worden. Die Liste der oft wörtlichen Übereinstimmungen zwischen beiden ist lang[3] und kann nicht anders gedeutet werden, als dass eine literarische Abhängigkeit eines Buches vom anderen anzunehmen ist. Damit wäre für Jirmejahu eine mehrstufige Entstehungsgeschichte anzunehmen, während derer die authentische (?) Überlieferung seines Namensgebers zu prophetischen Worten anderer Provenienz sowie schriftgelehrter Prophetie in den neuen Rahmen einer literarischen „Prophetenerzählung" gefügt wurde. Viele dieser nicht-jeremianischen Texte (sog. Prosareden) und der erwähnte Rahmen arbeiten intensiv mit dem Buch Devarim, indem sie es zitieren, kritisieren oder aktualisieren. Die vielen Parallelen zwischen Dtn 26–33 und Jirmejahu sprechen deutlich für einen nachexilischen Ursprung des Gesamtwerkes, wenn man mit dessen Datierung auch nicht unbedingt – wie Georg Fischer es tut – bis in das 4. Jahrhundert BCE ausgreifen muss.[4]

Mit den zahlreichen Parallelen zu Devarim zeigen sich die intertextuellen Bezüge des Buches Jirmejahu noch längst nicht erschöpft. So werden häufig die intensiven Anleihen an die Ehemetaphorik des Hosche'a (vgl. Hos 1–3 mit Jer 2–3) beschrieben; Motive und Formulierungen der Propheten Amos und Mikha finden sich dort gleichfalls reflektiert. Ähnliches gilt für einige weitere Schriften der Nevi'im.[5]

Der komplexe Entstehungsprozess des Buches spiegelt sich auch im sehr unterschiedlichen Textbestand, den Jirmejahu in seinen griechischen (LXX) und hebräischen Versionen (Qumran und masoretischer Text) aufweist. Die Septuaginta-Fassung ist nicht nur deutlich kürzer als der hebräische Text der Masoreten, sondern auch anders angeordnet. Vermutlich geht die LXX-Fassung auf eine ältere hebräische zurück, die auch von Qumran-Fragmenten repräsentiert wird.

Aufbau

I. Jer 1–25	**Worte des Propheten**
Jer 1–10	Berufung und „frühe Verkündigung" (zur Zeit Josias und Jojakims)
	Darin: Die Tempelrede (Jer 7,1-8,3)
Jer 11–20	Die Bedingungen und Nöte prophetischer Existenz
Jer 21–24	Worte gegen Zedekia und die Führungselite Jerusalems
	Gipfelt im Wort von den Feigenkörben (Jer 24)
Jer 25,1-14	Wort an Jojakim: Ansage des Exils
[Jer 25,15-38	Wort gegen fremde Völker]
II. Jer 26–45	**Worte über Jeremia / Erzählungen über den Propheten**
Jer 26–29	Erzählungen über das Schicksal Jeremias
	Darin: Konsequenzen der Tempelrede (Jer 26)
	Kulminiert im Brief an die Exilsgemeinschaft (Jer 29)
Jer 30–35	Heilsworte Jeremias
	Darin: Trostworte angesichts des nahenden Untergangs (Jer 32-34)
Jer 36–45	Erzählungen über das Schicksal Jeremias
	Darin: Das Schicksal der Schriftrolle Baruchs (Jer 36)
III. Jer 46–51	**Worte gegen fremde Völker**
	Kulminiert in den Worten gegen Babel (Jer 50-51)
Jer 52	**Anhang (entspricht 2 Kön 24,18-25,30)**

Wichtige Themen und Texte

Die Darstellung der Berufung Jeremias (Jer 1,4-19) zeigt viele Gemeinsamkeiten zur Erwählung des Mose (Ex 3–4). Die literarische Intention dieser Erzählung (wie auch weiterer Texte des Buches) besteht darin, Jeremia als letzten Vertreter einer Reihe von „Propheten wie Mose" zu etablieren. Diesem Zweck dient auch die Angabe seiner vierzigjährigen Wirkungszeit, die an die vierzig Jahre erinnern soll, während derer Mose das Volk Israel in der Wüste anführte.

Jeremia muss allerdings, im Unterschied zu Mose, einen ,umgekehrten Exodus' erleben, da er vom eigenen Volk in das ägyptische Exil gezwungen wird. Die Mission, bereits vorgeburtlich zum Propheten „für die Völker“ berufen zu sein (Jer 1,5), hat viele Interpreten beschäftigt und kontroverse Deutungen nach sich gezogen.

Von weitreichender Bedeutung war zudem die Rede gegen den Tempel (Jer 7,1-8,3), die im 26. Kapitel von einem Bericht über Verfolgungen flankiert wird, welche der Auftritt des Propheten im Heiligtum nach sich gezogen haben soll. Jer 7 fasst wesentliche Auffassungen der vorexilischen Prophetie aus der Perspektive deuteronomischer Theologie bündig zusammen.

Ungewöhnlich deutlich und ausführlich befasst sich das Buch mit dem Thema falscher Propheten. Wiederum in enger Verbindung zur deuteronomischen Prophetenhalacha (vgl. Dtn 18,19-22) formuliert Jer 23 ethische und ,handwerkliche' Maßstäbe wahrer und falscher Prophetie. Dies Thema findet sich narrativ umgesetzt (vgl. Jer 7/26), wenn Jer 27–28 vom heftigen Zusammenstoß zwischen Jeremia und Hananja berichtet.

Das sog. Sendschreiben Jeremias an die nach Babylon Deportierten (Jer 29), in denen diese aufgefordert werden, sich auf einen längeren Aufenthalt dort einzurichten und sich um das „Wohl der Stadt“ (Jer 29,7) verdient zu machen, inspirierte spätere Generationen immer wieder zum Nachdenken. Dieser Text enthält zudem (Jer 29,10) die berühmte Ansage der siebzig Jahre, die bis zu einem Eintreffen „guter Verheißung“ in Israel vergehen sollten. Die berührenden, intensiven Schilderungen vom harten Schicksal eines Propheten, der nicht nur zu einem einsamen Leben verdammt (Jer 15,17), sondern auch zahlreichen Verfolgungen ausgesetzt ist, sind innerhalb der Hebräischen Bibel einzigartig und verdichten die zu vermutenden Erfahrungen von Propheten in einer einzigen literarischen Figur.

Wirkungsgeschichte

Vom biblischen Buch inspiriert, entstanden in den ersten Jahrhunderten BCE/CE etliche Werke, die sich auf Jirmejahu und Baruch bezogen. Ein frühes Beispiel dafür bildet die Zuschreibung der Ekha (Klagelieder, Threni) auf Jeremia („Klagelieder Jeremiae“),[6] was zur Sprachbildung der „Jeremiade“ beigetragen hat. Zur Jirmejahu- bzw. Baruchliteratur gehören die sog. Bücher des Baruch, deren erstes (das griechische Baruch-Buch, etwa 1. Jh. BCE) gemeinsam mit dem „Brief des Jeremia“, über die Septuaginta Eingang in den katholischen Kanon gefunden hat.

In der jüdischen Tradition

Weitere Vertreter der Baruch-Literatur, vor allem der Zweite („Syrische“; syrBar, 1./2. Jh. CE) und Dritte („Griechische“; 2. Jh. CE) Baruch gehören zur Gattung der Apokalypsen. Der Vierte Baruch, eine weitere jüdische deuterokanonische Schrift, firmiert auch unter dem Namen *Paralipomena Jeremiae* (ParJer; Mitte des 2. Jh. CE).[7] Sie enthält Erzählungen über einen Jeremia, der in vorbildlicher

Weise als ein Zweiter Mose die Babylonische Exilsgemeinde begleitete. Die hohe Zahl an Werken, die Jeremia (und Baruch) posthum zuerkannt wurden, findet auch im Talmud sein Echo. Dem Babylonischen Talmud (bBaba Batra 15a) zufolge verfasste Jeremia nicht nur „sein Buch“, sondern zusätzlich zu Ehka auch noch die beiden Bücher Melakhim.

In der Pesiqta Rabbati, einer Sammlung von Predigten zu den Festen und herausgehobenen Schabbatot,[8] wird eine umfassende Darstellung von Jeremias Leben und Werk geboten (PesR 26), der zufolge der künftige Prophet bereits als Säugling sein hartes Schicksal beklagte. Er gilt (mit Adam, Jakob und Jesaja) als einer von vier perfekten Menschen, die der Ewige geschaffen hat (PesR 26,1).[9] Viele weitere jüdische Texte der Spätantike und des Mittelalters bieten Legenden über Jeremia, zum Beispiel über dessen Märtyrertod in Ägypten.

Texte aus dem Buch Jirmejahu finden recht häufig Berücksichtigung bei den synagogalen Lesungen aus den Propheten (Haftarot). So wird beispielsweise am zweiten Tag Rosch ha-Schana Jer 31,1-19 verlesen. Herausgehoben erscheint auch die Lesung von Jer 8,13-9,23, die zum Schacharit (Morgengottesdienst) am Neunten Av (*Tisch'a be-Av*) erfolgt, an dem, der jüdischen Tradition nach, beide Tempel zu Jerusalem zerstört worden sein sollen. Darüber hinaus haben Zitate aus Jirmejahu Eingang in verschiedene Gebete gefunden – zum Beispiel in die Amida (Jer 17,14; Jer 31,11) oder, naheliegend, ein Vers aus Jeremias Sendschreiben (Jer 29,7) in das Gebet für das Wohl der Regierung des Staates, in dem eine jüdische Gemeinde beheimatet ist.

In der christlichen Tradition

Die intensiven Bezugnahmen auf das Schicksal des gequälten Propheten, wie sie in jüdischen Erzählungen zu finden sind, haben auch christliche Autoren zu Legenden inspiriert – etwa dahingehend, dass Jeremias Gebet eine Ungezieferplage in Ägypten beendet hätte.[10] In den Texten der Kirchenväter wird vielfach auf das Leiden des Propheten Bezug genommen, der für seine harte Kritik an Israel ebenso zu Unrecht gestraft worden sei, wie später Jesus und dessen Anhänger.[11]

Innerhalb der Kindheitsgeschichte Jesu, die im ersten Evangelium (Mt) der des Mose nachgestaltet ist, bildet der sog. Kindermord des Herodes – inspiriert von der Tötung hebräischer Knaben durch Pharao (Ex 1,15-16) – den tragischen Tiefpunkt. Jeremia wird die zweifelhafte Ehre zuteil, dieses Verbrechen vorausgesagt zu haben, wenn Mt 2,17-18 ausführlich Jer 31,15 („Rachel weint um ihre Kinder“) zitiert.

Von den Texten des Buches Jirmejahu haben weiterhin insbesondere Jer 29,10, die Voraussage des siebzig Jahre währenden Exils,[12] sowie die Ankündigung eines „Neuen Bundes“ (Jer 31,31-34) eine breite Wirkung entfaltet. Der „Neue Bund“ (das „Neue Testament“) spielt in der paulinisch/lukanischen Fassung der Abendmahlserzählung (1 Kor 11,25/Lk 22,20) eine Schlüsselrolle bei der Interpretation des Vermächtnisses Jesu. In der späteren christlichen Deutung von Jer 31,31-34 wird das Wort vom „Neuen Bund“ zu einem zentralen

‚Beleg' für die Ablösung des sog. Alten Bundes des Ewigen mit Israel durch die Kirche.[13]

Die eindrucksvolle Beschreibung des Prophetenlebens Jeremias inspirierte auch tiefgründige und ergreifende literarische Adaptionen seiner Biographie; darunter herausragend der Roman Franz Werfels (1890-1945), „Jeremias. Höret die Stimme" (z.B. Frankfurt/M. ^{5}1994).

Weiterführende Literatur

Traditioneller jüdischer Kommentar in Übersetzung

- Rasch"i (online): http://www.chabad.org/library/bible_cdo/aid/15998.

Traditionelle christliche Kommentare in Übersetzung

- Origenes: Erwin Schadel (Hg.), Die griechisch erhaltenen Jeremiahomilien, Stuttgart 1980.
- Origenes: Erich Klostermann (Hg.), Homilie X über den Propheten Jeremias: aus: Ausgewählte Predigten 1, Leipzig 1903.
- Calvin: Ernst Kochs (Hg.), Johannes Calvins Auslegung des Propheten Jeremia, Auslegung der Heiligen Schrift Bd. 8, Neukirchen 1937.

Wissenschaftliche Literatur

- Robert P. Carroll, Jeremiah (Old Testament Library), London 1986.
- Bernhard Duhm, Das Buch Jeremia (Kurzer Hand-Commentar zum Alten Testament 11), Tübingen/Leipzig 1901.
- Georg Fischer, Jeremia, 2 Bde. (Herders Theologischer Kommentar zum Alten Testament), Freiburg u.a. 2005.
- Ders., Jeremia. Der Stand der theologischen Diskussion, Darmstadt 2007.
- William L. Holladay, A Commentary on the Book of the Prophet Jeremia, 2 Bde. (Hermeneia), Minneapolis 1986/1989.
- Douglas R. Jones, Jeremiah (New Century Bible), London/Grand Rapids 1992.
- Jack R. Lundbom, Jeremiah, 3 Bde. (Anchor Bible 21), New York 1999/2004/2004.
- Werner H. Schmidt, Das Buch Jeremia. Kapitel 1–20 (Altes Testament Deutsch 20), Göttingen 2008.
- Josef Schreiner, Josef Plöger, Jeremia, 2 Bde. (Die Neue Echter Bibel), Würzburg 1981/1984.
- John A. Thompson, The Book of Jeremiah (New International Commentary on the Old Testament), Grand Rapids 1980.

Anmerkungen

[1] Selbiges unter König Hiskija um 701 BCE, als der assyrische Herrscher Sanherib mehrere militärische Kampagnen im fraglichen Gebiet unternahm.
[2] Im Einzelnen sind dies: Jer 11,18-12,6; 14–16; 17,12-18; 18; 19–20.
[3] Vgl. Georg Fischer, Das Ende von Deuteronomium (Dtn 26-34) im Spiegel des Jeremiabuches, in: ders., Der Prophet wie Mose. Studien zum Jeremiabuch, Wiesbaden 2001, S. 228-240; William L. Holladay, Jeremiah 2 (Hermeneia), Minneapolis 1989, S. 53-63; Jack R. Lindbom, Jeremiah (Anchor Bible), 3 Bde, New York [2]2007, S. 109-114.
[4] Vgl. Georg Fischer, Jeremia – ein Prophet im Streit mit Allen, in: ders., Prophet wie Mose, S. 131. Gewöhnlich geht man von „deuteronomistischen" Redaktionen der Worte Jeremias aus (vgl. Werner H. Schmidt, Einführung in das Alte Testament, Berlin/New York [5]1995, S. 235-237).
[5] Eine umfassende Zusammenschau dieser literarischen Parallelen bietet Georg Fischer, Jeremia. Der Stand der theologischen Diskussion, Darmstadt 2007, S.131-147.
[6] Vgl. 2 Chr 35,25.
[7] Vgl. Berndt Schaller, Historische und legendarische Erzählungen: Paralipomena Jeremiae (Jüdische Schriften aus hellenistisch-römischer Zeit), Gütersloh 1998, S. 678-679. Der griechische Titel des Werks bedeutet: „Von Jeremia Ausgelassenes".
[8] Der Midrasch Pesiqta Rabbati ist kaum schlüssig zu datieren. Er enthält Material aus dem 3./4. Jahrhundert, aber auch wesentlich jüngere (mittelalterliche) Texte. Zu den Datierungen vgl. Günter Stemberger, Einleitung in Talmud und Midrasch, München [9]2011, S. 330-334.
[9] Die Avot de-Rabbi Nathan (ARN-A II,5) wissen zu berichten, dass Jeremia bereits beschnitten auf die Welt kam.
[10] Diese Tradition findet sich beispielsweise in den Vitae Prophetarum, einer Sammlung von Erzählungen über die biblischen Propheten, die – vermutlich jüdischen Ursprungs – intensiv christlich überformt worden ist (vgl. Annemarie Schwemer, Studien zu den frühjüdischen Prophetenlegenden Vitae prophetarum, Bd. 1: Die Viten der großen Propheten Jesaja, Jeremia, Ezechiel und Daniel, Tübingen 1996, S. 173-179). Dagegen behauptet David Satran (Biblical Prophets in Byzantine Palestine: Reassessing the Lives of the Prophets, Leiden u.a. 1995, S. 120) einen christlichen und frühbyzantinischen Ursprung des Werks.
[11] Vgl. beispielsweise Origenes, Contra Celsum V,8; Clemens von Alexandrien, Stromateis, III,16, 100.
[12] Vor allem in ihrer Interpretation als siebzig „Jahrwochen" nach Dan 9,1-2.
[13] Vgl. Justin Martyr, Dialog mit dem Juden Tryphon 11,3.

7 | Jechesqel (Ezechiel, Hesekiel)

Das Buch Jechesqel ist nach dem gleichnamigen Propheten benannt, dem die geschilderten Visionen, Gerichts- sowie Heilsprophezeiungen und Zeichenhandlungen zugeschrieben werden. Die hebräische Bezeichnung Jechesqel (יחזקאל, übersetzt: „Gott möge stark/kräftig machen") wird in der Lutherbibel mit Hesekiel wiedergegeben. Die Einheits- oder Zürcher Übersetzung führen den Propheten und das Buch unter dem Namen Ezechiel.

Kontext

In hebräischen Bibelausgaben bildet Jechesqel nach den Büchern Jeschajahu und Jirmejahu das dritte große Prophetenbuch der Nevi'im Acharonim (Hintere Propheten). An Jechesqel schließen sich die Tré Assar (die zwölf kleinen Propheten oder das Zwölfprophetenbuch) an.

Die Sequenz der Großen Propheten entspricht der traditionellen chronologischen Einordnung des Wirkens der jeweiligen Protagonisten, wonach Jesaja und Jeremia vor Ezechiel aufgetreten sind. Der Babylonische Talmud überliefert jedoch in bBaba Batra 14b eine alternative Anordnung, die auch in einigen frühen Bibelhandschriften belegt ist:[1] Jirmejahu, Jechesqel, Jeschajahu. Obwohl der Prophet Jesaja auch von den Rabbinen zeitlich vor Jeremia und Ezechiel angesetzt wird, hätten sie dieser Talmudstelle zufolge somit eine Anordnung befürwortet, welche sich am Hauptinhalt der Schriften – Gerichts- oder Heilsverkündigung – orientiert:

> *„[Das Buch] der Könige schließt mit Zerstörung, Jirmeja enthält nur Zerstörung, Jehezqel beginnt mit Zerstörung und schließt mit Trostverheißung, und Ješája enthält nur Trostverheißungen; wir schließen daher Zerstörung an Zerstörung und Trostverheißung an Trostverheißung."*[2]

Bei detaillierterer Betrachtung lassen sich allerdings besonders zwischen den Büchern Jirmejahu und Jechesqel nähere Bezüge feststellen. So wird beispielsweise der in Jer 31,31-34 formulierte neue Bund, den Gott mit dem bundesbrüchigen Haus Israel schließt, offenbar in Ez 16,59-63 aufgenommen. Auch scheint die jeremianische Äußerung, dass Gott seinem Volk seine Tora bei diesem zweiten Bund auf bzw. in das Herz schreiben werde (Jer 31,33), im Buch Jechesqel nicht nur rezipiert, sondern auch weitergeführt, indem nun sogar ein neues Herz und ein neuer Geist in Aussicht gestellt wird (vgl. Ez 11,19 sowie Ez 36,26). Auffällig ist zudem die analoge Erörterung der persönlichen Verantwortung anstelle einer kollektiven Haftung. Entgegen der Redensart, derzufolge den Söhnen die Zähne stumpf werden, weil ihre Väter saure Trauben gegessen haben (Jer 31,29-30 sowie Ez 18,2ff.), wird jedwede kollektive Bestrafung bzw. Haftung zurückgewiesen. Als Folgerung aus diesen Übereinstimmungen oder Ähnlichkeiten wird die Prophetie Ezechiels bzw. seines Schülerkreises des Öfteren zu einem gewissen Teil als Parallele oder in der Tradition Jeremias (oder umgekehrt) gesehen.[3]

In der Septuaginta sind zwischen den Büchern Jirmejahu und Jechesqel noch die Bücher Baruch, Ekha (Threni, Klagelieder) sowie der Brief Jeremias eingeschaltet und Jechesqel folgen Susanna sowie Dani'el. Die Reihenfolge lautet somit: Jes, Jer, Bar, Klgd, EpJer, Ez, (Sus), Dan. Während die Einheitsübersetzung diese sodann nur in einer leicht veränderten Sequenz anführt, in der das Buch Jechesqel zwischen Baruch und Dani'el erscheint (Jes, Jer, Klgd, Bar, Ez, Dan), schließt sich Jechesqel in evangelischen Bibeln direkt an Ekha an, da das Buch Baruch nicht zum Kanon, sondern zu den Apokryphen gezählt wird.

Historische Einordnung

Das Buch Jechesqel enthält sehr konkrete zeitliche Angaben hinsichtlich des Wirkens des Propheten, die mehr als zwanzig Jahre umspannen und die Schrift strukturieren. Sie reichen vom Datum der Berufungsvision Ezechiels im fünften Jahr (Ez 1,2) bis ins 27. Jahr der Deportation König Jojachins ins Exil (Ez 29,17), d.h. von 594/593 bis 572 BCE.

Weitgehender Konsens besteht hinsichtlich der Auffassung, dass der überwiegende Teil der Schrift in unmittelbarer zeitlicher (und örtlicher) Nähe zum Babylonischen Exil entstanden bzw. redigiert worden ist. Hierfür sprechen die enthaltenen Themen und Perspektiven sowie sprachlich-stilistische Indizien, die oft im Detail mit anderen zeitgenössischen biblischen (z.B. Jer 29) und außerbiblischen Quellen übereinstimmen.[4]

Umstrittener ist dagegen die Antwort auf die Frage, ob und wenn ja, inwieweit die Gestalt des Priesterpropheten Ezechiel auf eine historische Person zurückgeht. Während einige die Historizität der biographischen Angaben postulieren,[5] gehen andere von einer literarischen Kunstfigur aus, weise doch bereits der emblematisch-symbolische Name des Propheten („Gott möge stark/kräftig machen") in diese Richtung.[6] Die größtenteils einheitliche Gesamtkomposition in Form eines Ich-Berichts und die zahlreichen Querverweise innerhalb der Schrift sprächen darüber hinaus für einen literarischen Charakter oder zumindest sehr umfassende redaktionelle Eingriffe.[7] Das Buch Jechesqel hebt sich hier in besonderem Maße von anderen biblischen Prophetenbüchern ab, die zumeist eher eine Sammlung von kürzeren poetischen oder prophetischen Sentenzen bieten. Schon im Babylonischen Talmud wird das Buch erstaunlicher Weise und ohne Begründung den „Männern der großen Synagoge" zugeschrieben, nicht dem Propheten selbst (vgl. bBaba Batra 15a).

Zimmerli geht schließlich von einer sukzessiven Entstehung aus, wobei „z.T. schon fest abgeschlossene Teilgrößen zusammengefügt und Nachträge, welche schon vorgefundene Zusammenhänge zerreißen, eingefügt wurden" und folgert:

> *„Die These vom Propheten als dem ein Gesamtbuch komponierenden Buchschreiber (Smend u.a.) wird von diesen Wahrnehmungen her ebenso unmöglich wie die Auffassung des Buches als eines Pseudepigraphs eines späten Tendenzschriftstellers."*[8]

Aufbau

Ez 1–24: Gerichtsverkündigung gegen Jerusalem/Juda bzw. Israel

1–5 *Ankündigung des göttlichen Gerichts*

1,1-3,27	Vision des himmlischen Thronwagens, Berufung und Aussendung Ezechiels als Prophet und Wächter
4,1-5,17	Zeichenhandlungen bzgl. des Gerichts über Jerusalem

6,1-12,20 *Konsequenzen des göttlichen Gerichts: Vernichtung und Exil*

6,1-7,27	Gerichtsreden gegen Israel
8,1-11,25	Visionen zum Gericht über Jerusalem (Gott verlässt den Tempel)
12,1-12,20	Zeichenhandlungen bzgl. des Exils

12,21-20,24 *Verantwortung und Schuld: Treuebruch*

12,21-14,11	Gerichtsworte gegen Israel
14,12-20,44	Erörterungen, Gleichnisreden und Sinnbilder

21,1-24,27 (Ankündigung:) Vollzug des göttlichen Strafgerichts

Gerichtsworte, Gleichnisse, Zeichenhandlungen

Ez 25–32: Gerichtsworte gegen andere Völker

(Gegen Ammoniter, Moabiter, Edomiter, Philister, Tyrus, Sidon, Befreiung Israels, gegen Ägypten)

Ez 33: Einsetzung Ezechiels als Wächter und Mahner, Zerstörung Jerusalems

Ez 34–48: Heilsverheißungen für Juda/Jerusalem bzw. Israel

34–39 Heilsankündigungen an Juda/Jerusalem bzw. Israel

34,1-34,31	Verheißung göttlicher Fürsorge (neuer Hirt)
35,1-35,15	Ankündigung des göttlichen Vorgehens gegen Edom
36,1-37,28	Verheißungen (Prophetenrede, Vision und Zeichenhandlung)
38,1-39,22	Ankündigung eines göttlichen Vorgehens gegen Gog von Magog
39,23-39,29	Resümierende Bekräftigung

40–48 Tempelvision

40,1-42,20	Ausmessung und Beschreibung des Tempels
43,1-43,9	Gottes Rückkehr in den Tempel
43,10-44,31	Anweisungen hinsichtlich des Tempels bzw. Tempelkults
45,1-46,24	Allgemeine Anweisungen (Landaufteilung, Feste, Zehnt)

47,1-47,12	Tempelquelle
47,13-48,29	Aufteilung und Grenzen des Landes
48,30-48,35	Tore Jerusalems und Zusage der Gegenwart Gottes in Jerusalem

Wichtige Themen und Texte

Ezechiel gilt als der Prophet der Gola (גולה), des (Babylonischen) Exils bzw. der Exulanten par excellence. Bereits in den ersten Versen werden er und seine Gotteserscheinung im Land der Chaldäer (Babylon) verortet (Ez 1,1-3) – entgegen der bisher als selbstverständlich vorausgesetzten Prämisse, göttliche Prophetie könne es nur in Israel geben, weil sich die Gegenwart des Ewigen geographisch auf Israel (oder konkreter auf Jerusalem, Zion oder den Tempel) beschränke. Das Buch Jechesqel bietet indessen eine Begründung und dramaturgische Veranschaulichung für diese neue Erfahrung im Rahmen einer Vision: Die Kavod (כבוד) – die Herrlichkeit Gottes als Terminus Technicus für die göttliche Gegenwart auf Erden, v.a. im Tempel – hat das Heiligtum sowie Jerusalem kurz vor der Zerstörung durch die Babylonier verlassen (Ez 10).

Die gesamte Botschaft ist folglich exilorientiert: ihre Adressaten sind die Angehörigen der judäischen Elite im Babylonischen Exil. Die enthaltenen Visionsberichte und Zeichenhandlungen sowie die prophetischen Reden konzentrieren sich dementsprechend auf die Veranschaulichung und Versinnbildlichung, Begründung und Deutung des Exils sowie auf künftige Hoffnungen und Bedingungen hinsichtlich der Aufhebung desselben.

Wie seine prophetischen Vorgänger prangert Ezechiel zunächst mittels Droh- und Gerichtsreden politische, soziale, ethische und vor allem kultische Missstände[9] sowie die Abkehr von Gott bzw. seiner Tora an. All dies habe schließlich die Zerstörung Jerusalems bzw. das Exil als gerechte göttliche Bestrafung zur Konsequenz gehabt.[10] Die Schuld Israels (bzw. Judas) wird dabei anhand klassischer prophetischer Gerichtsworte (z.B. in Ez 13–15) sowie mittels umfassender Geschichtsrückblicke bzw. -sinnbilder (Ez 16; 20; 23) aufgezeigt. Ähnliche (kürzere) Beispiele letzterer enthalten bereits die Prophetenbücher Hosche'a, Jeschajahu und Jirmejahu (Hos 11,1-6; Jes 1,2-4; Jer 2,2-37).[11] Allerdings erscheinen die Anklagen und auch die Konsequenzen im Buch Jechesqel noch radikaler und seine Bilder der Abkehr Israels von Gott bzw. der Hinwendung zu anderen Göttern im Sinne der Untreue und Buhlschaft noch eindringlicher, härter und erschreckender, bewegen sich diese doch für manche sogar am Rande der Pornographie oder Obszönität (v.a. Ez 16 sowie 23).[12]

Besonderen Nachdruck erhält die Gerichtsbotschaft durch die zahlreichen ungewöhnlichen bzw. obskuren Zeichenhandlungen, welche dem Propheten Ezechiel zugeschrieben werden. Diese beinhalten jeweils eine göttliche Aufforderung zu einer besonderen Aktion, mit der eine Botschaft verbunden ist, welche anschließend zumeist noch einmal expliziert wird.[13] So habe Ezechiel laut biblischer Schilderung nicht nur eine Schriftrolle gegessen (Ez 3,1-3), sondern zudem an einem Modell mit Lehmziegeln und Eisenplatten die babylonische Belagerung Jerusalems ‚spielend' vorweggenommen (Ez 4,1-3), sich zur Demonstration der Schuld Israels tagelang auf eine Seite gelegt (Ez 4,4-8; 40 Tage für die Schuld des Hauses Juda) und das künftige Nichteinhalten der Speisevorschriften im Exil mittels des Essens von Fladen aus nicht nur (!) unreinem Rindermist betont (Ez 4,12-15). Außerdem soll er sich zum Zeichen des kommenden Gerichts über Jerusalem die Haare geschert und an diesen weitere Zeichenhandlungen durchgeführt (Ez 5,1-4) sowie eine Flucht inszeniert haben, um die kommende Deportation darzustellen (Ez 12,1-20) und – dem göttlichen Befehl gemäß – nicht einmal nach dem Tod seiner Frau angemessen getrauert haben, um die mangelnde Einsicht und Umkehrbereitschaft seines Volkes aufzuzeigen (Ez 24,15-27).

Zuweilen ist das Leben des Propheten in seiner Gesamtheit als ‚Mahnzeichen' bzw. Sinnbild für die Wahrheit der Weissagungen evoziert (Ez 12,6.11; 24,24.27). So wird beispielsweise die über ihn verhängte Stummheit (Ez 3,24-26) ebenso wie die Wiedererlangung der Sprache nach dem Fall Jerusalems (Ez 24,24-27; 33,21-22) im Sinne der allgemeinen Zeichenhaftigkeit seines Lebens gedeutet.[14]

Ein weiteres Charakteristikum des Prophetenbuchs stellen die ausführlichen und außergewöhnlichen Visionen dar. Bereits in den ersten Kapiteln wird im Rahmen eines Visionsberichts und unter Aufnahme von Bildern und Vorstellungen vor allem aus dem babylonischen Kontext in ungewohnter Weise eine Gotteserscheinung geschildert: die Merkava (מרכבה), der göttliche Thronwagen der Kavod, d.h. der Gegenwart/Herrlichkeit Gottes (Ez 1–3.8–10). Dieser ist den Ausführungen zufolge von vier „Lebewesen" (חיות) mit vier Gesichtern und Flügeln (Ez 1,5-14) flankiert, die später als Keruvim/Kerubim (כרבים) bezeichnet bzw. identifiziert werden (Ez 10). Ihnen sind jeweils Ofanim (אופנים: „Räder") mit einer Vielzahl von Augen (Ez 1,18) zugeordnet. Über diesen befindet sich Ez 1,26-28 zufolge oberhalb einer Platte eine Art Thron der Kavod des Herrn.

Eine weitere, ganz andersartige Vision enthält Ez 37. In ihr ist die Wiederbelebung der Gebeine des Hauses Israels visionär umgesetzt. Sie werden infolge der prophetischen Verkündigung erneut lebendig und von Gott in ihr Heimatland, Israel, heimgeführt – ein Bild für die Restitution des Volkes Israels als Kollektiv.

Schließlich enthalten die letzten Kapitel des Buches Jechesqel eine Vision hinsichtlich des wiederaufgebauten Tempels in Jerusalem und der künftigen Landverteilung (Ez 40–48). Hier ist nun auch Gott wieder zugegen, dessen Rückkehr im Bild der feierlich einziehenden Kavod des Herrn visionär inszeniert wird (Ez 43,1-5). In diesem Zusammenhang kommt dem erwähnten Deuteengel eine bedeutende Stellung zu. Er führt den Propheten als himmlische Mittlergestalt in der Vision und deutet das von Ezechiel Geschaute. Eine Besonderheit der Visionen und Zeichenhandlungen stellt dabei das für das Buch Jechesqel charakteristische Moment des unvermittelten dramatischen Einbezugs, der außergewöhnlichen „Betroffenheit" des Propheten, dar. Ezechiel schaut nicht nur eine Vision und ist somit ein weitgehend unbeteiligter Beobachter, sondern er wird durch die Hand des Herrn oder den Geist körperlich entrückt (Ez 3,14; 8,3-4; 37,1; 40,1-3). Er wandert selbst durch den alten oder den künftigen Tempel (Ez 8.40-48) oder über das Feld mit Totengebeinen (Ez 37,2) und greift auf göttliche Anordnung hin ein, indem er beispielsweise eine Buchrolle verzehrt (Ez 3,2-3) oder die Wiederbelebung der Gebeine durch seine prophetische Verkündigung bewirkt (Ez 37,7-10).

Diese Schilderungen außergewöhnlicher persönlicher Beteiligung oder Ergriffenheit innerhalb der Visionen sowie die Zeichenhandlungen haben Ezechiel nicht selten den Ruf des absonderlichsten oder exzentrischsten Propheten der Bibel eingebracht.[15] Während einige in ihm einen großartigen Visionär, Performance-Künstler (Staubli) oder PR-Spezialisten (Shalev)[16] sehen, meinen andere, pathologische Züge in seinem Verhalten oder Ergehen erkennen zu können oder ordnen jene in den parapsychologischen Bereich ein.[17]

Trotz kollektiver Verheißungen und vorheriger Anklagen stellt die besondere Betonung und Reflexion hinsichtlich der persönlichen Schuld und deren Folgen für den einzelnen Menschen eine weitere Besonderheit des Prophetenbuches dar. Hier lässt sich eine Individualisierungstendenz konstatieren. Statt Kollektivhaftung wird die alleinige persönliche Verantwortung und Schuld hervorgehoben. Lediglich für diejenigen, die Recht und Gerechtigkeit üben bzw. umkehren, ist Rettung vor dem göttlichen Strafgericht möglich. Jeder ist somit selbst für sein Schicksal verantwortlich. Veranschaulicht wird dieses Prinzip der ausschließlichen individuellen Verantwortung mittels der Erörterung und Aufhebung des auch in Jer 31,29 angeführten Sprichworts: „Die Väter essen saure Trauben, doch der Söhne Zähne werden stumpf“ (Ez 18,2). Diesem, offenbar von der Exilsgeneration verwendeten Sprichwort, das die eigene Unschuld angesichts der Schuld der Väter am Exil ausdrücken sollte, wird in den folgenden Ausführungen widersprochen: Weder haften die Kinder für die schlechten Taten ihrer Eltern (Ez 18,14-20) noch werden frevlerisch handelnden Kindern die guten Taten ihrer Eltern angerechnet (Ez 18,10-13, vgl. auch Ez 14,20).

Wirkungsgeschichte

In jüdischer Tradition

Verschiedene Quellen enthalten Hinweise auf Diskussionen hinsichtlich der Frage, ob das Buch Jechesqel zum Kanon der biblischen Schriften gehören sollte. So überliefert beispielsweise der Babylonische Talmud rabbinische Bedenken gegenüber dem Prophetenbuch. Diese begründen sich in erster Linie in einigen festgestellten Diskrepanzen zur Tora. In einer mindestens an drei Stellen überlieferten Haggada wird jedoch Rabbi Chananja ben Chisqija gewürdigt, der die Widersprüche nach einem ausgiebigen, lang währenden Studium der Schriften aufgehoben habe.[18] Letztlich wird die Kontroverse hinsichtlich der Kanonzugehörigkeit der Schrift von den Rabbinen somit (überwiegend) positiv entschieden. Als problematisch galten beispielsweise einige kultische bzw. priesterliche Bestimmungen (bSchabbat 13b; bMenachot 45a). Auch die im

Buch Jechesqel (Ez 18) besonders betonte, ausschließlich persönliche Verantwortung steht bMakkot 24a zufolge im Widerspruch zur Tora, konkret zu Ex 34,7, wonach Gott der Schuld der Väter an den Kindern und Kindeskindern bis zur dritten bzw. vierten Generation gedenkt. Allerdings geben die Rabbinen in diesem Fall der im Buch Jechesqel vertretenen Auffassung den Vorzug.

Zudem verweisen die Rabbinen vor allem hinsichtlich der Thronwagenvisionen im ersten und zehnten Kapitel auf die Gefährlichkeit, diese (mystischen) Texte (Unverständigen) zu erklären bzw. auszulegen (mChagiga 2,1; tChagiga 2,1; bChagiga 11b.13a). Zur Bekräftigung werden Beispiele von Jünglingen genannt, die beim Lesen der Passage durch ein himmlisches Feuer verbrannt seien (bChagiga 13a). Im sog. Lob der Väter (Sir 49,8) zeigt sich die Thronwagenvision allerdings in besonderem Maße betont, wird doch ausschließlich jene im Zusammenhang mit dem Propheten Ezechiel angeführt (Sir 49,8). Zumindest indirekte Bezüge zu dieser Vision lassen sich darüber hinaus in antiken apokalyptischen und angelologischen Werken feststellen.[19]

Deutliche Aufnahmen liegen jedoch im Äthiopischen Henochbuch (1 Hen 14) vor: Der Himmelsreisende Henoch wird mit ähnlichen Formulierungen und Bildmotiven an einen (himmlischen) Ort transportiert und sieht dort den Thron Gottes sowie Kerubim.[20] Hier, wie auch andernorts in der antiken mystischen jüdischen Literatur, werden dabei die Thronwagenvision am Anfang und die Tempelvision am Ende des Buches Jechesqel miteinander verknüpft. So schildern die Werke der Hekhalotliteratur[21] mystische Reisen durch die sieben Himmel. Die entsprechenden Beschreibungen der Hekhalot (der Hallen des himmlischen Palastes) lehnen sich dabei eng an die Ausführungen der Tempelvision im Buch Jechesqel (Ez 40–48) an[22] und das angestrebte Ziel, die Schau Gottes in Gestalt der Merkava im siebten Himmel sowie deren Ausgestaltung, lässt sich motivgeschichtlich nahezu unmittelbar auf die ersten Kapitel des Buches Jechesqel zurückführen. Die verwandte oder identische Merkava-Mystik bildete letztlich eine zentrale Form esoterischen Denkens in der rabbinischen Zeit, wobei die Thronwagenvision Ezechiels als sog. Ma‘asse Merkava hierfür nicht nur den zentralen Bezugs- und Kristallisationspunkt darstellte, sondern diese auch namenstechnisch prägte.

Mannigfaltige Bezüge zeigen, dass das Buch Jechesqel zudem innerhalb der Qumrangemeinde in hohem Ansehen gestanden haben muss, auch wenn bisher lediglich wenige Fragmente einer Abschrift des biblischen Buches in Chirbet Qumran gefunden worden sind.[23] So wurde beispielsweise die Motivik von Gog von Magog (später Gog und Magog) aus Ez 38–39 in diversen Qumrantexten aufgenommen,[24] um hier wie auch in der weiteren Traditionsgeschichte[25] den apokalyptischen (End-)Kampf zwischen Gut und Böse, zwischen den Kindern des Lichts und der Finsternis zu beschreiben.

Darüber hinaus fand sich unter den Funden von Qumran auch eine pseudepigraphische Schrift (2. Jh. BCE), die sich inhaltlich und stilistisch an das kanonische Buch Jechesqel anlehnt: 4QPseudo-Ezechiel (4QPsEz).[26] Hier wird vor allem Ez 37, die Restitution Israels, aufgenommen und in eine unmittelbar bevorstehende Zukunft transferiert.

Der Talmudtraktat bSanhedrin 92a-b enthält ferner eine rabbinische Diskussion über die Frage, ob Ez 37 ein Beleg für die Auferstehung der Toten sei und wenn ja, wie sich diese gestalte bzw. auf wen sie sich bezöge. Während in der Schule Elijahus gelehrt worden sei, hierbei handle es sich um die Frommen, die der Herr dereinst für das ewige Leben beleben wird, habe Rabbi Eli'eser die Ansicht vertreten, die von Ezechiel belebten Toten seien nur für eine kurze Zeit wiederbelebt worden, um ein Loblied anzustimmen.

Ezechiels Vision des Auszugs der Kavod aus dem Tempel in östliche Richtung (Ez 10,18-19) sowie die Vision der Rückkehr derselben in den künftigen Tempel (Ez 43,1-9) boten schließlich die Grundlage der rabbinischen und mystischen Vorstellung der göttlichen Präsenz im Exil. Dieser zufolge befindet sich auch die Schekhina im Exil. Die Schekhina, der neue rabbinische Terminus Technicus für die göttliche Gegenwart, für Gottes Einwohnen auf Erden, steht konkret für seine immanente, erfahrbare Gestalt, mit der der Mensch Kontakt aufnehmen kann. Der Ewige hat folglich in Gestalt der Schekhina den Tempel vor dessen Zerstörung verlassen und die deportierten Israeliten ins Exil begleitet. Er bzw. seine Schekhina erscheinen nun auch außerhalb Israels, wie u.a. Ezechiels Berufung und Visionen in Babylon belegen. Die Rabbinen heben mit dieser Vorstellung der göttlichen Anwesenheit aber auch die göttliche Treue, das Mitleid oder sogar Mitleiden mit seinem deportierten Volk in besonderer Weise hervor (vgl. z.B. Ekha Rabba 15a sowie mSanhedrin IV,5). Die Rückkehr der Zerstreuten nach Israel und der Schekhina zum Zion bezeichnet sodann den Beginn der künftigen, eschatologischen Heilszeit.

In der späteren mystischen Tradition (im mittelalterlichen Sohar, in der Lurianischen Kabbala und in theologischen Konzeptionen ab der zweiten Generation des Chassidismus) bietet die Vorstellung einer im Exil befindlichen Schekhina eine Erklärung des besonders für Israel als unheilvoll erfahrenen Zustands auf Erden. Dieser widerspricht der Intention der Schöpfung und lässt sich hiermit nun metaphysisch erklären. Als Hintergrund wird letztlich ein Korrespondenzverhältnis vorausgesetzt: Himmlische und irdische, (die teilweise) göttliche und menschliche Sphäre entsprechen einander und bedingen sich gegenseitig.

Ungeachtet dieser Möglichkeit der Erklärung und Legitimierung der Verkündigung Ezechiels auf „heidnischem Boden“ gab es aber auch immer wieder Stimmen, die einen Großteil seiner Prophetie trotz eindeutiger gegenteiliger Aussagen der Bibel innerhalb Israels verorteten. So kombiniert laut Greenberg beispielsweise

> *„Raschi (im Anschluß an die Mekhilta und den Targum) ‚[...] theologische Bedenken gegen die Angemessenheit von Prophetie auf fremder, unreiner Erde mit der Beobachtung, daß in einigen Worten das Exil nicht erkennbar sei‘ (z.B. Kap. 17). Er schließt daraus nicht nur, daß Ezechiel seine Laufbahn bereits im Lande Israel begonnen habe, sondern auch, daß einige Worte in seinem Buch in die Zeit gehören müßten, als er noch dort lebte (zu 1,2).“*[27]

Obwohl die liturgische Verwendung vor allem des ersten Kapitels des Buches Jechesqel unter den Rabbinen durchaus umstritten war, hat sich die Lesung von Ez 1,1-28 in Verbindung mit Ez 3,12 schließlich doch als Haftara für den ersten Tag von Schavu'ot durchgesetzt. Weitere Festtagshaftarot bilden die Vision der belebten Gebeine am Schabbat zu Pessach und die Gog-von-Magog-Passage am Schabbat zu Sukkot. Darüber hinaus stellen diverse weitere Passagen aus dem Buch Jechesqel Haftarot zu den Wochenabschnitten. Ferner bilden einzelne Verse aus dem Buch Jechesqel zentrale Bestandteile von Gebeten.[28]

In christlicher Tradition

Zwar wird Ezechiel im Neuen Testament weder genannt noch werden Stellen aus dem Buch wörtlich zitiert, dennoch setzen mannigfaltige Anklänge, vor allem innerhalb der Offenbarung des Johannes, das Prophetenbuch als Vorlage voraus. Während Bezüge zum Buch Jechesqel in anderen neutestamentlichen Büchern zumeist lediglich im Rahmen vereinzelter Verse enthalten sind,[29] greift der Verfasser der Johannesoffenbarung nicht nur auf viele Topoi und Themen der prophetischen Schrift zurück, die dann einen neuen, christlichen Akzent erhalten, sondern orientiert sich auch konzeptionell am biblischen Bezugstext.[30] In beiden Schriften steht eine Schauung Gottes bzw. die Thronwagenvision am Anfang, an die sich die prophetische Sendung anschließt (Ez 2–3; Offb 1,19-3,22), welche aus einer Ich-Perspektive erzählt und an späterer Stelle erneut aufgegriffen wird (vgl. Ez 1,4-28 und 10,1-22; sowie Offb 1,9-20 und 4,1-11). Parallelen bestehen hierbei vor allem in der Beschreibung des Thronwagens (Ez 1 und 10 sowie Offb 4). Als gemeinsame Topoi lassen sich beispielsweise die vier Lebewesen (Kerubim) anführen, deren Aussehen mit einem Löwen, Stier, Menschen und Adler verglichen wird.[31] In beiden Visionen kommt zudem einer Buchrolle, die von innen und außen beschrieben ist und die prophetische Botschaft enthält, eine tragende Funktion zu: Während Ezechiel diese essen soll und somit die Gerichtsbotschaft verinnerlicht (Ez 2,8-3,3), geht es in Offb 5,1-4 zunächst um die Frage, wer würdig sei, die mit sieben Siegeln versiegelte Buchrolle zu öffnen. Sie wird schließlich dem Lamm übergeben, während das Motiv des Essens der Buchrolle erst in Offb 10,8-11 erwähnt wird. Diejenigen, die sich nicht an Gräueltaten beteiligt haben, erhalten Ez 9,4-6 zufolge ein Zeichen auf die Stirn und werden dadurch vom Strafgericht verschont. In Offb 7,1-4 wird dieses Motiv aufgegriffen, als Siegel bezeichnet und mit der symbolischen Zahl 144.000 verbunden.[32]

Auch das Motiv der Dirne als Personifikation der Untreue gegenüber Gott und des Götzendienstes wird in beiden Schriften verwendet.[33] Im Buch Jechesqel symbolisiert sie Jerusalem (Ez 16) oder das Nord- bzw. Südreich (Ez 23), in Offb 17 bezeichnet sie Babylon oder Rom.

Zudem ist der (End-)Kampf gegen Gog von Magog in der Offenbarung des Johannes im Rahmen der beiden Endschlachten, zuletzt gegen den Satan, aufgegriffen (Offb 19,11-20,10).[34] Die abschließende Tempelvision als Verheißung eines neuen heilvollen Wohnens Gottes inmitten Israels in Ez 40-48 erhält in der Offenbarung schließlich die Variation, dass dort nicht der Tempel im Mittelpunkt steht, sondern ein neues Jerusalem, das vom Himmel herabkommt, so dass Gott unter den Menschen wohnen kann (Offb 21). Hier ist somit der apokalyptische Gedanke eines neuen Himmels und einer neuen Erde impliziert.

Schon in frühkirchlicher Zeit wurden die verschiedenen Aspekte der vier Lebewesen bzw. Kerubim der Thronwagenvision auf die Evangelien übertragen bzw. dienten als Symbole für die Evangelisten. Mit Blick auf die jeweiligen Anfänge der Evangelien oder auf weitere Traditionen wurde dem Evangelium bzw. dem Evangelisten Matthäus folglich zumeist der Mensch, Markus der Löwe, Lukas der Stier sowie Johannes der Adler zugeordnet.

In den neutestamentlichen Schriften scheint darüber hinaus vor allem die Vorstellung des von Gott eingesetzten Hirten über sein Volk, der im Buch Jechesqel als Gottes Knecht David bezeichnet wird (Ez 34; vgl. Sach 11), eine große Wirkung ausgeübt zu haben. Sie bezieht sich dort entweder auf Gott selbst (so z.B. im Gleichnis vom verlorenen Schaf in Mt 18,12-14; Lk 15,3-7) oder in Korrespondenz zur späteren Tradition auf Jesus als guten Hirten (besonders in Joh 10 sowie in Mk 14,27; Mt 2,6; 10,6; 15,24; 26,31).[35]

Ferner wirkte die Anrede Ezechiels als Menschensohn, die im Buch Jechesqel wohl lediglich seine menschliche Natur unterstreichen sollte, auch auf die apokalyptische Literatur. So wird er in Büchern wie im IV. Esrabuch oder in den Henochbüchern, in Anlehnung an Dan 7,13, mit einer endzeitlichen Gestalt identifiziert, die von Gott bevollmächtigt ist, als endzeitlicher Richter und Vollender aufzutreten. Im Frühchristentum avanciert der Terminus schließlich mehr und mehr zu einem Hoheitstitel für den leidenden und erhöhten Jesus Christus (z.B. Mt 17,22).

Patristische Kommentare oder Homilien zum Buch Jechesqel sind nur in geringer Zahl und dann auch meist lediglich fragmentarisch erhalten. Belegt sind Kommentare von Hippolyt von Rom, 14 katechetische Homilien von Origenes in der Überarbeitung des Hieronymus mit zumeist allegorischen Auslegungen der Schrift, eine Kommentierung von Theodoret von Cyrus, eine Übersetzung mit Auslegung von Hieronymus sowie 22 Homilien von Gregor dem Großen im Rahmen des vierfachen Schriftsinns.[36]

Neben Elementen der Thronwagenvision nahmen die Kirchenväter vor allem das Rettungszeichen auf der Stirn (Ez 9,4-6), das von Origenes, Tertullian und Hieronymus mit dem Kreuz identifiziert wurde, sowie die Ausführungen zur persönlichen Verantwortung, zur Buße, Umkehr und Vergebung (Ez 14,12-20; 18,33) auf. Das Wächter- und Hirtenamt des Propheten übertrugen sie auf die Fürsorgepflicht kirchlicher Würdeträger oder deuteten es christologisch.[37] Ferner identifizierte beispielsweise Tertullian die Belebung der Totengebeine mit der individuellen Auferstehung, Hieronymus bot dagegen zudem eine geistliche Auslegung derselben als neues Leben aus dem Glauben.[38]

Weiterführende Literatur

Traditionelle jüdische Literatur in Übersetzung

- The Apocryphal Ezekiel, M. E. Stone, B. Wright, D. Satran (Hg.), Atlanta 2000.
- Rasch"i (online): http://www.chabad.org/library/bible_cdo/aid/15830.

Traditionelle christliche Kommentare in Übersetzung

- Origenes: Wilhelm Adolf Baehrens (Hg.), Werke. Homilien zu Samuel I, zum Hohelied und zu den Propheten, Bd. 8, Berlin u.a. 1925.
- Johannes Calvin: Otto Weber (Hg.), Auslegung des Propheten Ezechiel (Kapitel I-20), 9. Bd., auf Grund der gedruckten Vorlesungen in Auswahl übersetzt und neu bearbeitet von Ernst Koch, Neukirchen 1938.

Wissenschaftliche Literatur

- Gerhard Bodendorfer, Das Drama des Bundes. Ezechiel 16 in rabbinischer Perspektive, Freiburg 1997.
- Henk Jan de Jonge, Johannes Tromp (Hg.), The Book of Ezekiel and its Influence, Padstow 2007.
- Hans F. Fuhs, Ezechiel (Neue Echter Bibel Altes Testament), Würzburg 1984.1988.
- Moshe Greenberg, Ezechiel (Herders Theologischer Kommentar zum Alten Testament), Freiburg 2001.2005.
- Frank-Lothar Hossfeld, Das Buch Ezechiel, in: Erich Zenger u.a (Hg.), Einleitung in das Alte Testament, 8. vollständig überarbeitete Auflage herausgegeben von Christian Frevel, Stuttgart 2012, S. 592-609.
- Bernhard Lang, Ezechiel. Der Prophet und das Buch, Darmstadt 1981.
- Karl-Friedrich Pohlmann, Ezechiel. Der Stand der theologischen Diskussion, Darmstadt 2008.
- Karl-Friedrich Pohlmann, Der Prophet Ezechiel (Altes Testament Deutsch), Göttingen 1996.2001.
- Franz Sedlmeier, Das Buch Ezechiel (Neuer Stuttgarter Kommentar – Altes Testament), Stuttgart 2002.2013.
- Shemaryahu Talmon, Michael A. Fishbane, The Structuring of Biblical Books. Studies in the Book of Ezekiel, in: Annual of the Swedish Theological Institute, vol. 10 (1975/1976), S. 129-153.
- Walther Zimmerli, Ezechiel. 1. Teilband Ezechiel 1-24 (Biblischer Kommentar), Neukirchen-Vluyn ^{2}1979.

Anmerkungen

[1] Vgl. Moshe Greenberg, Ezechiel 1-20, Freiburg i. Br. 2001, S. 20.
[2] Der Babylonische Talmud. Nach der ersten zensurfreien Ausgabe unter Berücksichtigung der neueren Ausgaben und handschriftlichen Materials ins Deutsche übersetzt von Lazarus Goldschmidt, Bd. VIII, Frankfurt/Main 1996, S. 55; bBaba Batra 14b.
[3] Vgl. Klaus Koch, Die Profeten II. Babylonisch-persische Zeit, Stuttgart u.a. [2]1988, S. 90, sowie Karl-Friedrich Pohlmann, Ezechiel. Der Stand der theologischen Diskussion, Darmstadt 2008, S. 202.
[4] Vgl. hierzu die Ausführungen in: Greenberg, Ezechiel 1-20, S. 28-34; Frank-Lothar Hossfeld, Das Buch Ezechiel, in: Erich Zenger u.a (Hg.), Einleitung in das Alte Testament. 8. vollständig überarbeitete Auflage herausgegeben von Christian Frevel, Stuttgart 2012, S. 592-609, hier: S. 594-595, sowie Konrad Schmid, Hintere Propheten (Nebiim), in: Jan Chr. Gertz (Hg.), Grundinformation Altes Testament. Eine Einführung in Literatur, Religion und Geschichte des Alten Testaments, Göttingen [4]2010, S. 313-412, hier: S. 365-369.
[5] So z.B. Walther Zimmerli, Ezechiel, 1. Teilband Ezechiel 1-24, Neukirchen-Vluyn [2]1979, S. 24, sowie Hossfeld, Das Buch Ezechiel, S. 606.
[6] Vgl. Hanna Liss, TANACH. Lehrbuch der jüdischen Bibel, Heidelberg [3]2011, S. 283-284; Matthijs J. de Jong, Ezekiel as a Literary Figure and the Quest for the Historical Prophet, in: Henk Jan de Jonge, Johannes Tromp (Hg.), The Book of Ezekiel and Its Influence, Padstow 2007, S. 1-16, hier: S. 5; Joachim Becker, ‚Erwägungen zur ezechielischen Frage', in: Lothar Ruppert, Peter Weimar, Erich Zenger (Hg.), Künder des Worts: Beiträge zur Theologie der Propheten. Festschrift J. Schneider, Würzburg 1982, S. 137-149, S. 139, sowie Karin Schöpflin, Theologie als Biographie im Ezechielbuch. Ein Beitrag zur Konzeption alttestamentlicher Prophetie, Tübingen 2002, S. 345.
[7] S. De Jong, Ezekiel as a Literary Figure, S. 15.
[8] Zimmerli, Ezechiel, S. 114*.
[9] S. beispielsweise die diesbezüglichen Ausführungen in: Hanna Liss, TANACH. Lehrbuch der jüdischen Bibel, Heidelberg [3]2011, S. 282, sowie Hossfeld, Das Buch Ezechiel, S. 608.
[10] Vgl. hierzu z.B. Klaus Koch, Die Profeten II. Babylonisch-persische Zeit, Stuttgart u.a. [2]1988 S. 100ff.; Matthijs J. de Jong, Ezekiel as a Literary Figure and the Quest for the Historical Prophet, in: Henk Jan de Jonge, Johannes Tromp (Hg.), The Book of Ezekiel and its Influence, Padstow 2007, S. 1-16, hier: S. 2-3.
[11] S. des Weiteren Zimmerli, Ezechiel, S. 88*.
[12] So z.B. die Einschätzung von Konrad Schmid, Hintere Propheten (Nebiim), in: Jan Chr. Gertz (Hg.), Grundinformation Altes Testament. Eine Einführung in Literatur, Religion und Geschichte des Alten Testaments, Göttingen [4]2010, S. 313-412, hier: S. 370 oder Liss, TANACH, S. 282.
[13] Hossfeld nennt drei Funktionen von Zeichenhandlungen: „Sie konkretisieren die Gerichts- und Heilsansage. Sie wollen die Öffentlichkeit mobilisieren und zur umkehrenden Einsicht bringen, aus diesem Grund hat man sie mit Straßentheater bzw. Happenings verglichen. Sie wollen schließlich das Zukünftige im Voraus abbilden und unterstreichen damit eine Eigentümlichkeit der Verkündigung des Propheten, die Zukunft detailliert vorauszusagen." Hossfeld, Das Buch Ezechiel, S. 596.
[14] Vgl. Liss, TANACH, S. 286-287.
[15] So z.B. Thomas Staubli, Begleiter durch das Erste Testament, Düsseldorf 1997, S. 274, sowie Klaus Koch, Die Profeten II. Babylonisch-persische Zeit, Stuttgart u.a. [2]1988, S. 97-98.
[16] Vgl. hierzu die essayistische Annäherung an den Propheten bei Meir Shalev, Hesekiels großer Auftritt. Geschichten über PR, in: ders., Der Sündenfall – ein Glücksfall? Zürich 1999, S. 60-75.

[17] Als pathologische Diagnosen werden u.a. physische Erkrankungen wie Lähmung, Aphasie oder Katalepsie genannt, während auf psychischer Ebene auf Schizophrenie bzw. Halluzinationen verwiesen wird. S. Bernhard Lang, Ezechiel. Der Prophet und sein Buch, Darmstadt 1981, S. 57-76 oder Koch, Die Profeten II, S. 97-98.

[18] Es wird jeweils betont, dass er sich hierfür mit 300 Krügen Öl, die ihm eine sehr lange Zeit Licht verschafften (oder auch Nahrung, so Rasch"i), in einen Söller zurückgezogen hat (vgl. (bSchabbat 13b; bChagiga 13a sowie bMenachot 45a).

[19] Vgl. hierzu die exemplarische Aufzählung impliziter Bezüge innerhalb des Buches Dani'el bei Franz Sedlmeier, Das Buch Ezechiel. Kapitel 25-48, Stuttgart 2013, S. 338 sowie die Verweise auf die Aufnahme von Bildern und Formeln aus dem Buch Jechesqel innerhalb apokalyptischer Literatur in: Zimmerli, Ezechiel, S. 116*.

[20] S. die angeführten Details in: Paul M. Joyce, Ezekiel 40-42: The Earliest ‚Heavenly Ascent' Narrative?, in: Henk Jan de Jonge, Johannes Tromp (Hg.), The Book of Ezekiel and its Influence, Padstow 2007, S. 17-41, S. 17-18.

[21] Klassische Werke der Hekhalotliteratur sind z.B. Re'ujot Jechesqel, Hekhalot Rabbati, Hekhalot Sutarti sowie der sog. Hebräische Henoch.

[22] Beispielsweise nimmt bei der Himmelsreise Henochs wie im Buch Jechesqel ebenfalls ein begleitender Engel, der durch die himmlischen Hallen führt und das Geschaute deutet, eine zentrale Stellung ein.

[23] S. Zimmerli, Ezechiel, S. 115*-116*.

[24] Gog-von-Magog-Motive finden sich beispielsweise in der Kriegsrolle (z.B. 1QM XI 13-18) und in weiteren Texten, z.B. in 4Q523 (4QJonathan) und 4Q161 (4QpJesaja[a]).

[25] Z.B. innerhalb der rabbinischen Literatur oder in apokalyptischen Schriften wie den Sibyllinischen Orakeln III. S. Rieuwerd Buitenwerf, The Gog and Magog Tradition in Revelation 20:8, in: Henk Jan de Jonge, Johannes Tromp (Hg.), The Book of Ezekiel and its Influence, Padstow 2007, S.165-181, hier: S. 172-175.

[26] S. Schmid, Hintere Propheten, S. 371.

[27] Greenberg, Ezechiel, S. 32.

[28] So ist z.B. Ez 3,12 in der Qeduscha im traditionellen Jozer aufgenommen, der ersten Berakha vor dem Sch'ma am Morgen, oder in der Qeduscha in der dritten Berakha der Amida (Sch'moné Essré). Ez 16,60 gehört zu den Sikhronot beim Mussaf an Rosch ha-Schana, Ez 36,8 zur zehnten Berakha der Amida im Winter und Ez 43,27 zur Tefilla am achten bzw. neunten Tag von Sukkot.

[29] So z.B. Ez 36,20-21 in Röm 2,24 oder Ez 9,6 in 1 Petr 4,17.

[30] S. hierzu und zum Folgenden: Sedlmeier, Das Buch Ezechiel 25-48, S. 343-347 und die Ausführungen sowie die umfangreiche Auflistung der Einzelbezüge in: Ian K. Boxall, Exile, Prophet, Visionary. Ezekiel's Influence on the Book of Revelation, in: Henk Jan de Jonge, Johannes Tromp (Hg.), The Book of Ezekiel and its Influence, Padstow 2007, S. 147-164.

[31] Während der Johannesoffenbarung zufolge jedoch jeweils nur ein Lebewesen einem der genannten Tiere bzw. Menschen gleicht, vereinen die himmlischen Lebewesen im Buch Jechesqel jeweils alle Momente in einer Person.

[32] Diese Zahl setzt sich aus den zwölf Stämmen Israels als altes Volk Gottes zusammen, multipliziert mit den zwölf Aposteln als Vertreter des neuen Bundesvolks (144), vervielfacht mit der Zahl 1000, welche hier für die Unendlichkeit steht. Vgl. Sedlmeier, Das Buch Ezechiel 25-48, S. 344.

[33] Allerdings habe u.a. die „drastische sexuelle Bildersprache", vor allem in Ez 16 und 23, auch als „Hemmschuh" für die Rezeption des Buches Jechesqel gewirkt, wie Hossfeld akzentuiert: s. Hossfeld, Das Buch Ezechiel, S. 609.

[34] Vgl. hierzu Rieuwerd Buitenwerf, The Gog and Magog Tradition in Revelation 20:8, in: Henk Jan de Jonge, Johannes Tromp (Hg.), The Book of Ezekiel and its Influence, Padstow 2007, S. 165-181.

[35] S. auch Sedlmeier, Das Buch Ezechiel 25-48, S. 342-343.
[36] Vgl. Sedlmeier, Das Buch Ezechiel 25-48, S. 347-348.
[37] S. Sedlmeier, Das Buch Ezechiel 25-48, S. 348-350.
[38] Vgl. Sedlmeier, Das Buch Ezechiel 25-48, S. 350-351. Zu weiteren Deutungen von Methodius, Justin oder Irenäus s. Johannes Tromp, ‚Can These Bones Live?‘ Ezekiel 37: 1-14 an Eschatological Resurrection, in: Henk Jan de Jonge, Johannes Tromp (Hg.), The Book of Ezekiel and its Influence, Padstow 2007, S. 61-78.

8 | Tré Assar (Dodekapropheton, Zwölfprophetenbuch)

Im Kanon der Hebräischen Bibel bildet der Korpus der Tré Assar den zweiten Teil der Nevi‘im Acharonim (Hintere Propheten) und folgt somit den drei Großen Prophetenbüchern Jeschajahu, Jirmejahu und Jechesqel. Er setzt sich aus zwölf einzelnen Prophetenschriften zusammen, die aufgrund ihres geringeren Umfangs auch als „Kleine Propheten“ bezeichnet werden. Die Tré Assar („Zwölfprophetenbuch“ oder griech. „Dodekapropheton“) werden schon früh als ein Buch verstanden und gezählt (s. bBaba Batra 14b-15a).

Die Anordnung der hebräischen Schriften folgt in erster Linie chronologischen Prinzipien: Die Propheten, die in das 8. Jahrhundert BCE eingeordnet werden, stehen zu Beginn (Hos, Jo, Am, Obd, Jon, Mi). Anschließend folgen Repräsentanten aus dem 7./6. Jahrhundert BCE (Nah, Hab, Zeph) und als letztes ist die Generation des 6. Jahrhunderts BCE (Hag, Sach, Mal) angeführt. Auch eine zweigliedrige Konzeption ist denkbar: den sechs Büchern vorexilischer Propheten schließen sich sechs Prophetenschriften aus der Zeit während oder nach dem Exil an. Bei Propheten, die im selben zeitlichen Kontext verortet werden oder bei Prophetenbüchern ohne chronologische Angaben scheinen des Weiteren quantitative und inhaltliche Momente für die Einfügung innerhalb der Tré Assar ausschlaggebend gewesen zu sein.

Eine alternative Gliederung bietet die Septuaginta. Hier sind die Prophetenschriften mit unklaren oder fehlenden historischen Verweisen wie die Bücher Jo‘el, Ovadja und Jona an anderer Stelle aufgeführt. Die Anordnung scheint eher inhaltlich, auf ein dreigliederiges eschatologisches bzw. heilsgeschichtliches Schema ausgerichtet: Während die ersten vier Bücher (Hos, Am, Mi, Jo) das Gericht gegen Israel thematisieren, haben die nachfolgenden Schriften (Obd, Jon, Nah) das Strafgericht gegen die Völker und die fünf letzten Prophetenbücher (Hab, Zeph, Hag, Sach, Mal) schließlich das Heil für Israel zum Inhalt.

Weiterführende Literatur

- Jörg Jeremias, Neuere Tendenzen der Forschung an den Kleinen Propheten, in: Perspectives in the Study of the Old Testament and Early Judaism. Festschrift für A.S. van der Woude, Leiden 1998, S. 122-136.
- Klaus Koch, Die Profeten I. Assyrische Zeit, Stuttgart u.a. [3]1995.
- Klaus Koch, Die Profeten II. Babylonisch-persische Zeit, Stuttgart u.a. [2]1988.
- Gerhard Krause, Studien zu Luthers Auslegungen der kleinen Propheten, Tübingen 1962.
- Hanna Liss, TANACH. Lehrbuch der jüdischen Bibel, Heidelberg [3]2011.
- James D. Nogalski, Literary Precursors to the Book of the Twelve, Berlin/New York 1993.

- Konrad Schmid, Hintere Propheten (Nebiim), in: Jan Christian Gertz (Hg.), Grundinformation Altes Testament. Eine Einführung in Literatur, Religion und Geschichte des Alten Testaments, Göttingen [4]2010, S. 313-412.
- Erich Zenger (Hg.), „Wort Jhwhs, das geschah..." (Hos 1,1). Studien zum Zwölfprophetenbuch, Freiburg 2002.

8.1 | Hosche'a (Hosea)

Das Buch Hosche'a (hebr. הושעיה, „Hoschaja": „JHWH/der Herr rettet oder hat geholfen") leitet sich vom gleichnamigen Propheten ab (Hos 1,1), dessen Leben und Worte im vorliegenden Buch tradiert sind. Die Septuaginta führt es unter dem Titel „Osée".

Kontext

Das Buch Hosche'a eröffnet den Reigen der Tré Assar. Da es früh datiert wird und mit 14 Kapiteln zu den längsten der Kleinen Propheten(schriften) zählt, erscheint die Anordnung an erster Stelle durchaus gerechtfertigt. In der Forschung wird allerdings zumeist vorausgesetzt, dass das Amosbuch, zu dem breite Parallelen hinsichtlich Ausrichtung und Struktur bestehen, chronologisch früher anzusetzen ist oder zumindest auf eine ältere prophetische Überlieferung zurückgeht.

Historische Einordnung

Die meisten Theologen und Religionshistoriker ordnen das prophetische Wirken Hoseas unter Bezugnahme auf die zeitlichen Angaben im ersten Vers zwischen 750 bis 725 BCE ein. Er gilt folglich zusammen mit Jesaja als ältester biblischer Schriftprophet nach Amos, der wie jener im Nordreich aufgetreten sein soll und dessen Lehre im Nachhinein tradiert sowie schriftlich fixiert worden ist.

Allerdings enthält das Hosche'abuch fast keine Informationen hinsichtlich der historischen Person des Propheten – weder sein Herkunftsort noch sein ursprünglicher Beruf oder die Umstände seiner Berufung zum Propheten finden Erwähnung. Im Unterschied zu seinem historischen Vorgänger Amos – und allen anderen klassischen biblischen Propheten, die aus dem Südreich stammten – wird jedoch gemeinhin postuliert, dass er wohl auch im Nordreich Israel aufgewachsen ist und dort über einen längeren Zeitraum gewirkt hat.

Aufbau

Hos 1,1	**Überschrift: Vorstellung des Propheten**
Hos 1,2–3,5	**Zeichenhandlung: Hoseas Ehe mit einer untreuen Frau**
1,2-1,9	Anordnung und Vollzug der Ehe, Symbolnamen der Kinder
2,1-2,3	Heilvoller Ausblick: Umkehrung der Symbolnamen
2,4-2,15	Ankündigung und Vollzug des Prozesses und der Verstoßung der untreuen Frau
2,16-2,25	Neuer Ehebund, Restitution, Umkehrung der Drohnamen
3,1-3,5	Selbstbericht: Wiederaufnahme der Ehebrecherin, Gomer, Umkehr Israels
Hos 4,1–9,9	**Prophetische Gerichtsrede: Israels Vergehen und göttliche Ahndung**
4,1-4,3	Allgemeine Anklage und Unheilsandrohung gegen Israel
4,4-4,14	Anklage gegen die Priester bzw. Vergehen im kultischen Bereich
4,15-4,19	Mahnung
5,1-5,15	Anklage gegen die Führungsschicht: moralische und politische Vergehen
6,1-6,3	Bußlied, Bußaufruf des Volkes
6,4-7,16	Ablehnende Antwort Gottes: Anklage Israels
8,1-9,9	Ankündigung des göttlichen Strafgerichts
Hos 9,10–14,1	**Historische Rückblicke und Sinnbilder: Geschichte der Schuld**
9,10-11,11	Schuldhaftes Handeln Israels in der Geschichte, göttliches Heilshandeln, Erbarmen
12,1-14,1	Ephraims/Jakobs Vergehen und Gottes Reaktion
Hos 14,2–14,10	**Aufruf/Mahnung zur Umkehr**

Wichtige Themen und Texte

Bei der Mehrzahl der hoseanischen Worte handelt es sich um Unheilsprophetien gegen Israel, die sich vor allem aus Vergehen im kultischen Bereich begründen. Diese beziehen sich insbesondere auf die Verehrung anderer Gottheiten (wie Baal und Aschera) und die Integration synkretistischer Praktiken in den israelitischen Kult. Die vehementen Anklagen sind hierbei in eindrucksvollen Bildern entfaltet. Dies gilt in besonderer Weise für die Verwendung der Ehe des Propheten als Metapher. Auf göttliche Anordnung hin soll er im Rahmen einer Zeichenhandlung eine (Kult- oder Tempel-)Prostituierte heiraten und mit ihr Kinder zeugen (Hos 1,2a). Die (bald) untreue Ehefrau soll Israel (wörtlich: „das Land") versinnbildlichen, das sich vom Herrn abgewendet hat (Hos 1,2b) und Ihm untreu geworden ist, indem es sich Fremdgötterkulten (vor allem dem Baalskult) zugewendet hat (vgl. Hos 2,10.15.19, vgl. auch Hos 4,12; 5,4). Sodann künden die (göttlich verordneten) Namen der Kinder aus dieser Ehe das künftige Strafgericht Gottes an Israel und dessen Abkehr von seinem Volk an. Dies kommt vor allem im Namen des zweiten und dritten Kindes in Hos 1,6.9 zum Ausdruck: Lo-Ruchama (לא רחמה „Kein Erbarmen" oder „Sie findet kein Erbarmen") und Lo-Ami (לא עמי „Nicht mein Volk"). Der letzte Name signalisiert mit der Umkehrung der Bundesformel (Ex 6,7) und in Anlehnung an die Ehe-Scheidungsformel sogar besonders rigoros die Auflösung des Bundes mit Israel. Auf diese Ankündigung der Verstoßung, der Negierung von Erwählung und Errettung Israels, folgt allerdings unmittelbar im nächsten Kapitel die Umkehrung des (mit den metaphorischen Namen) Angekündigten und eine Wiederaufnahme der traditionellen Heilszusagen: Die Söhne Israels werden zahlreich sein wie der Sand am Meer, sie werden Söhne des lebendigen Gottes genannt werden und ihre politische Macht wiedererlangen. Die untreue Ehefrau werde laut Hos 2,4-6 zwar zusammen mit ihren Kindern einerseits verstoßen, bestraft und der Schande ausgesetzt, andererseits will der Herr sie, d.h. Israel, daran hindern, anderen Liebhabern (Baalen) nachzulaufen (2,8-9). Er beabsichtige, sie erneut in die Wüste zu locken, dort zu umwerben (Hos 2,16) und mit ihr einen ewigen (Ehe-)Bund zu schließen (Hos 2,21-22).

Neben der unmoralisch und rechtswidrig handelnden politischen Elite klagt der Prophet im Folgenden vor allem die Priester an, weil sie göttliche Weisungen missachten, vergessen und somit dem Volk Wissen um Gott vorenthalten bzw. Gotteserkenntnis verhindern (Hos 4,6). Die Erkenntnis (Gottes) bildet den leitmotivischen Kontrastbegriff zum Vergessen, Nicht-Erkennen oder dem Ehebruch.[1] Sie umfasst im Buch Hosche'a vor allem das Sich-Erinnern an bzw. Wissen um das heilsgeschichtliche Eingreifen des Herrn in der Frühzeit Israels (Herausführung aus Ägypten, Leitung und Fürsorge in der Wüste)[2] und ist Voraussetzung für die Teilhabe an der künftigen Heilszeit (s. u.a. Hos 2,22).

Die Zeit der Wüstenwanderung wird in der Prophetenschrift poetisch als Periode der ersten Liebe, der Erwählung und Brautzeit, aber auch der elterlichen Zuneigung und Fürsorge zwischen Gott und Israel ausgestaltet (vgl. Hos 2,16-25; 9,10; 11,1; 11,4). Schon damals habe das Volk (gelegentlich) seinen Wohltäter vergessen und sich anderen Gottheiten zugewandt (z.B. Hos 9,10; 11,1-3; 13,1-2). Die Geschichtsrückblicke dienen neben der Betonung der göttlichen Zuwendung letztlich vor allem dazu, die Anfänge und Ursachen des Fehlverhaltens Israels aufzuzeigen, welches in erheblicher Diskrepanz zum göttlichen Handeln an seinem Volk steht.

Eine Besonderheit des Buches Hosche'a besteht zudem in der vielschichtigen, ergreifenden Metaphorik und Begrifflichkeit, mit der Gottes Liebe und Leidenschaft für sein Volk dargestellt wird. Diese könnte auch als Ausgestaltung der im Zusammenhang mit dem alleinigen Verehrungsgebot (Ex 20,5; Dtn 4,24) formulierten Feststellung, er sei ein eifersüchtiger Gott, ein Gott, der aus Liebe für sein Volk eifert, verstanden werden (Hos 13,4). So wird er einerseits als betrogener und trotzdem leidenschaftlich liebender, verletzter Ehemann geschildert, der weiterhin um seine untreue, störrische Partnerin kämpft, sie straft und doch nicht von ihr lassen kann (Hos 1–3). Andererseits werden die anschließenden göttlichen Strafaktionen entsprechend drastisch mittels Raubtiermetaphern versinnbildlicht (Hos 5,14; 11,10; 13,7-8) oder mit Knochenfäulnis bzw. Krankheiten verglichen, welche wiederum allein durch Gott geheilt werden können (Hos 5,12-13; 6,1; 7,1). Anhaltend ringe der Ewige folglich auch in Gericht und Strafe um die Liebe seines Volkes, um Umkehr und Gotteserkenntnis bei seinem Volk (z.B. Hos 6,6), d.h. letztlich um Israels Heil.

Wirkungsgeschichte

In der jüdischen Tradition

Theologische Traditionen, Themen und Bilder des Buches Hosche'a haben offensichtlich besonders die Prophetenschriften Jirmejahu und Jechesqel sowie das Buch Devarim beeinflusst. Auch in diesen Büchern wird das Verhältnis zwischen Gott und Israel mit der Metapher der Ehe beschrieben, wobei ebenfalls die Frau (Israel bzw. Juda) die Ehe bricht, indem sie sich anderen Männern zuwendet. Der Ehebruch verweist auf der Sachebene entweder auf Israels Fremdgötterkult oder in politischer Hinsicht auf die Suche nach außergöttlicher Hilfe in Allianzen mit irdischen Großmächten in Zeiten der Bedrohung (vgl. v.a. Jer 2–3; Ez 16; 23).

Als problematisch und somit besonders erklärungsbedürftig galt den späteren Rezipienten und Exegeten jedoch zumeist die „anstößige“, göttlich verordnete Ehe (und Liebe) des Propheten, so dass eine tatsächliche Heirat des Propheten mit einer Prostituierten und die Gründung einer Familie beispielsweise seitens der Targumim ausgeschlossen und stattdessen als bloße Gleichnisrede gedeutet wurde. Ibn Esra, David Qimchi und Maimonides gehen in ihren Kommentaren lediglich von einer göttlichen Vision aus. Demgegenüber wird an einigen Stellen des Babylonischen Talmud durchaus ein realer Vollzug der Ehe vorausgesetzt und diese als pädagogische göttliche Maßnahme gedeutet, weil der Prophet nicht nur versäumt habe, den Herrn um Erbarmen für Israel zu bitten, sondern ihm zudem nahegelegt habe, ein anderes Volk zu erwählen. Folglich habe Gott dem Propheten befohlen, Gomer (so der Name der Ehebrecherin laut Ez 3) zu heiraten und ihn dann aufgefordert, sich nach der Geburt der Kinder von jener bzw. jenen zu trennen. Als Hosea dies jedoch nicht über's Herz bringt, überträgt der Herr dessen Skrupel laut rabbinischer Darstellung in einem Qal wa-Chomer-Schluss (Schluss vom Leichteren zum Schweren) auf seine eigene Situation: Wenn sich Hosea schon nicht von einer Ehebrecherin und Kindern, von denen er nicht einmal weiß, ob es die Seinigen sind, trennen kann, wie sollte dann der Herr sein Volk, die Kinder seiner Getreuen Abraham, Isaak und Jakob, preisgeben können? (bPessachim 87a.b, vgl. hierzu auch Seder Elijahu Zuta 9).

Pesiqta Rabbati 44,23 zufolge gilt Hosea zudem als größter Prophet unter seinen (vermeintlichen) Zeitgenossen, Jesaja, Amos und Micha, weil er sein Volk nicht nur zur Umkehr aufgerufen, sondern es auch beten gelehrt habe.

Liturgische Relevanz erhielten schließlich mehrere Passagen des Hosche'abuches. Neben den Haftarot zu den Wochenabschnitten[3] stellt Hos 14,2-10 mit dem Aufruf zu Buße und Umkehr eine der Haftarot an Schabbat Schuva (Schabbat zwischen Rosch ha-Schana und Jom Kippur), dem traditionellen Zeitraum der Vergegenwärtigung der eigenen Sünden. Sie wird zudem von sefardischen Juden als Mincha-Haftara (Nachmittagsgebet) zu Tisch'a be-Av gelesen. Schließlich werden die Verse Hos 2,21-22 beim Anlegen der Tefillin gesprochen und versinnbildlichen mit den Bezügen zur Traurede („ich traue dich mir an" / „verlob dich mir") die Liebesbeziehung zwischen Gott und seinem Volk.

In der christlichen Tradition

Das christliche Umfeld rezipierte ebenfalls die Metapher der Ehe und Liebe zwischen Gott und Israel und bezog jene nun zumeist auf die messianische Zeit im Sinne einer Hochzeit zwischen Gott (bzw. Jesus) und der Kirche.[4] Viele Kirchenväter übernahmen dieses Bild, ebenso eine Vielzahl von Lyrikern und MystikerInnen des Mittelalters (u.a. Bernhard von Clairvaux und Mechthild von Magdeburg), gestalteten es unter Bezugnahme auf Schir ha-Schirim emotional und farbenreich aus und übertrugen es auf die individuelle Beziehung zwischen Jesus und der menschlichen Seele.

Besondere Relevanz erhielt im Neuen Testament und in der späteren christlich-protestantischen Tradition schließlich Hos 6,6 („Denn an Liebe/ Barmherzigkeit habe ich Wohlgefallen und nicht an Schlachtopfern und an Gotteserkenntnis mehr als an Brandopfern"). Bereits der Evangelist Matthäus tradierte diesen Vers als Antwort Jesu auf die Anklagen der Pharisäer, er halte sich nicht an die Reinheits- und Schabbatgebote (Mt 9,13 sowie 12,7).

Zudem erfuhren die Verse Hos 6,1-2 eine breite christliche Rezeption. Vor allem Hos 6,2 wurde bereits seit Tertullian von der Mehrzahl der Kirchenväter, später von Luther und vielleicht schon in den Evangelien auf die Auferstehung Jesu am dritten Tage gedeutet. Paulus nimmt in 1 Kor 15,55 („Tod, wo ist dein Sieg? Tod, wo ist dein Stachel?") Hos 13,14 im modifizierten Sinne als Triumphruf über den Tod auf (vgl. auch Offb 6,8). In diesem Kontext fand er auch in zahlreiche Osterlieder Eingang.

Weiterführende Literatur

Klassische jüdische Kommentare und Kompilationen in Übersetzung

- Midrasch: Jacob Neusner (Hg.), Hosea in Talmud und Midrash. Studies in Judaism, Lanham u.a. 2006.
- Midrasch: August Wünsche, Der Prophet Hosea, übersetzt und erklärt mit Benutzung der Targumim, der jüdischen Ausleger Raschi, Aben Ezra und David Kimchi, Leipzig 1868.
- Rasch"i (online): http://www.chabad.org/library/bible_cdo/aid/16155.
- Abraham ibn Esra: Abe Lipshitz (Hg.), The Commentary of Rabbi Abraham Ibn Ezra on Hosea, edited, translated into English by A. Lipshitz, New York 1988.

Klassische christliche Kommentare in Übersetzung

- Theodoret: Robert C. Hill (Hg.), Theodoret of Cyrus: Commentary on the Prophets Vol 3: Commentary on the Twelve Prophets, Brookline 2007.
- Martin Luther: Johann G. Walch (Hg.), Martin Luthers sämtliche Schriften – Auslegung des Alten Testaments (Fortsetzung). Auslegung über die grossen und etliche der kleinen Propheten, nämlich Hosea, Joel und Amos, Reprint der zweiten Auflage, Gross Oesingen 1986.
- Johannes Calvin: John Owen (Hg.), Hosea: Commentary on the Twelve Minor Prophets, Commentaries on the Minor Prophets, Bd. 1, Reprint: Grand Rapids 1986.

Wissenschaftliche Literatur

- Umberto Cassuto, The Prophet Hosea and the Books of the Pentateuch (1933), in: Biblical and Oriental Studies I, Jerusalem 1973, S. 79-100.
- Shalom Coleman, Hosea Concepts in Midrash and Talmud, Bloemfontein 1960.
- Harold Louis Ginsberg, Studies in Hosea 1-3, in: Yehezkel Kaufmann (Hg.), Jubilee Volume, Jerusalem 1960, S. 50-69.
- Hosea. A New Translation with Introduction and Commentary by Francis I. Andersen and David Noel Freedman (The Anchor Bible), New Haven/London 1980.
- Jörg Jeremias, Hosea und Amos. Studien zu den Anfängen des Dodekapropheton, Tübingen 1996.
- Jörg Jeremias, Der Prophet Hosea (Altes Testament Deutsch), Göttingen 1983.
- Wilhelm Rudolph, Hosea (Kommentar zum Alten Testament), Berlin 1966.
- Hans Walter Wolff, Dodekapropheton 1: Hosea (Biblischer Kommentar Altes Testament), Neukirchen-Vluyn [4]1990.

- Erich Zenger (Hg.), „Wort Jhwhs, das geschah..." (Hos 1,1). Studien zum Zwölfprophetenbuch (Herders Biblische Studien), Freiburg 2002.

Anmerkungen

[1] S. z.B. Hos 2,10.22; 4,1.6; 5,4; 6,3.6; 13,4; 14,10.
[2] Vgl. Hos 13,4-5; 12,10; 2,10.
[3] Zu diesen zählen Hos 2,1-22; Hos 11,7-12,12 und Hos 12,13-14,10.
[4] Vgl. z.B. Mt 9,15; Mt 22,1-14; 25,1-13; Joh 3,29; 1 Kor 6,15-17; 2 Kor 11,2; Eph 5,25-33.

8.2 | Jo’el (Joel)

Der Name Jo‘el/Joel bedeutet übersetzt „der Ewige (J’) ist Gott“.

Kontext

Das Buch Jo‘el ist im Tanakh an zweiter Stelle der Tré Assar, zwischen den Büchern Hosche‘a und Amos, positioniert. Die Septuaginta führt es an vierter Stelle – zusammen mit zwei weiteren, im Bibeltext nicht datierten prophetischen Schriften: Ovadja und Jona. Diesen gehen in der griechischen Ausgabe die umfangreicheren Bücher Hosche‘a, Amos und Mikha voraus, welche den jeweiligen Einführungen zufolge während der Regentschaft von Königen des 8. Jahrhunderts BCE wirkten.

Die Stellung des Jo‘elbuches innerhalb der Hebräischen Bibel wird seitens inhaltlicher und terminologischer Anklänge zu den benachbarten Prophetenbüchern gestützt. So erinnert beispielsweise der eindringliche Appell zur Umkehr und Buße des Propheten Joel (z.B. Jo 2,12-13) an entsprechende Aufrufe im letzten Kapitel des Hosche‘abuches (Hos 14,2-3; vgl. zudem Hos 6,1). Auch die theologisch problematische Vorstellung der Reue Gottes findet sich implizit im Buch Hosche‘a (vgl. Hos 11,8) und als explizites Hoffnungsmoment in Jo 2,13-14 sowie im Buch Jona (Jon 3,9-10) akzentuiert. Noch markanter und umfangreicher präsentieren sich die Parallelen zum nachfolgenden Amosbuch. So entspricht Am 1,2a beispielsweise fast wörtlich Jo 4,16a (vgl. auch Jer 25,30) und auch die abschließenden Heilsverheißungen zeigen auffällige verbale Übereinstimmungen (Am 9,13b und Jo 4,18a). Beide Prophetenbücher thematisieren darüber hinaus die Ereignisse am „Tag des Herrn“ (Jo 3,4; 4,14-15; Am 5,18) als Tag des göttlichen Gerichts und Am 1,3-2,3 (oder Am 1,3-2,16) erscheint schließlich gewissermaßen als Ausgestaltung des im Jo‘elbuch angekündigten Gerichts über die Völker.

Historische Einordnung

Die zeitliche Ansetzung des Buches Jo‘el variiert erheblich. Da Hinweise zur historischen Einordnung des Propheten fehlen, reichen die Spekulationen hinsichtlich der möglichen Entstehung der Schrift vom 9. bis zum 3. Jahrhundert BCE. Während die redaktionelle Einordnung Jo’els zwischen den ältesten Propheten der Zeit (Hosea und Amos) für eine frühe, vorexilische Datierung sprechen würde (Rudolph, Koch), setzen andere aufgrund der terminologischen, zeit- und traditionsgeschichtlichen Bezüge eine nachexilische Entstehung voraus (Schmid, Wolff).

Einige Vertreter der Literarkritik gehen ferner von verschiedenen Entstehungsphasen aus und ordnen dann die ersten beiden Kapitel des Jo’elbuchs zumeist der vorexilischen, die beiden letzten der nachexilischen Zeit zu. Andere postulieren demgegenüber die Einheitlichkeit des Prophetenbuchs und verweisen in diesem Zusammenhang auf die zahlreichen inhaltlichen Bezüge innerhalb der Schrift.

Aufbau

Jo 1,1: Überschrift	
Jo 1,2–2,27:	**Heuschreckenplage**
1,2-1,20	Aufruf zur Klage wegen Verwüstung des Landes durch Heuschreckeneinfall
2,1-2,11	Ankündigung der Schrecken des Tages des Herrn (v.a. Heuschrecken)
2,12-2,17	Aufruf zur Umkehr und zum Fasten bzw. Bußgottesdienst
2,18-2,27	Göttliche Rettung, Heilszusage für Juda/Israel: der Herr ist mitten in Israel
Jo 3,1–4,21:	**Ankündigung der Ereignisse vor bzw. am Tag des Herrn**
3,1-3,2	Ausgießung des göttlichen Geistes
3,3-3,4	Zeichen, die den Tag des Herrn ankündigen (Blut, Feuer, Finsternis)
3,5	Rettung derer, die den Namen des Herrn anrufen
4,1-4,14	Göttlicher Kampf gegen die Fremdvölker
4,15-4,16b	Ereignisse am Tag des Herrn (Finsternis, göttliche Stimme)
4,16c-4,21	Göttliche Rettung, Heilszusage für Juda: Vernichtung Ägyptens und Edoms, Wohnen des Herrn auf dem Zion

Wichtige Themen und Texte

Der erste Teil des Buches scheint einer Klageliturgie anlässlich eines Fast- oder Bußtages – bzw. einer entsprechenden Aufforderung hierzu – nachempfunden zu sein. So dominiert in den ersten beiden Kapiteln der wiederholte Aufruf zur Klage, zur Buße und zur Umkehr (Jo 1,13; 1,14; 2,12; 2,15-17). Diese soll allerdings nicht rein äußerlich bleiben. Der prophetische Redner mahnt vielmehr, angesichts der Heuschreckenbedrohung nicht (nur) Kleider, sondern die eigenen Herzen zu zerreißen. Erst eine grundsätzliche Umkehr von ganzem Herzen (Jo 2,13) ermögliche die Rettung und das nachfolgend in Aussicht gestellte Heil Israels.

Anlass sowie Kontext des Aufrufs zur Buße ist der Tag des Herrn, der als nahe bzw. unmittelbar bevorstehend akzentuiert wird (Jo 1,15; 2,1; 4,14). Die Ankündigung und Beschreibung der Ereignisse an diesem Tag des göttlichen Gerichts bilden das zentrale Thema des Buches Jo'el. Zwar handelt es sich hierbei um einen sehr verbreiteten Topos innerhalb der biblisch-prophetischen Literatur, im Jo'elbuch wird dieser jedoch besonders eingehend, multiperspektivisch und systematisch behandelt. Ursprünglich wohl als ein hoffnungsvoller Tag für Israel konzipiert, an dem der Herr – entsprechend Jo 4,1-17 – zugunsten seines Volkes in die Geschichte eingreift und Israels Feinde besiegt, weitet sich der Bezugsrahmen im Laufe der Zeit immer mehr in Richtung einer Universalisierung sowie einer Erweiterung auf die Frevler des eigenen Volkes aus. So kann sich das Gericht einerseits als ein Gericht über andere Völker oder aber lediglich auf ein einzelnes (exemplarisches) (Fremd-)Volk, gegen die Erde im Ganzen oder auf (Frevler in) Israel bzw. Juda im Besonderen beziehen. Im Jo'elbuch wird der klassische Topos in der Weise aktualisierend aufgenommen und innovativ ausgestaltet, dass er nicht mehr als ein rein zukünftiges, sondern unmittelbar bevorstehendes oder bereits in die Gegenwart hineinreichendes Ereignis gefasst wird.

Ein besonderes Phänomen an jenem Tage stellt laut Jo 3,1-2 die Ausgießung des göttlichen Geistes (רוח/*ru'ach*) über alles Fleisch, d.h. über die ganze Menschheit, dar (vgl. Gen 6,12-13.17 u.ö.). Alle erhalten somit die Gabe der Prophetie, werden prophetische Träume und Visionen haben, womit sich letztlich ein in Num 11,29 angeführter Wunsch Moses erfüllt: „Wenn doch nur das ganze Volk des Herrn zu Propheten würde und der Herr seinen Geist auf alle legte".

An diesem großen und schrecklichen Tag, vor dessen Ankunft die Sonne sich in Finsternis und der Mond in Blut verwandeln (Jo 3,4) und an dem selbst Finsternis sein wird, werde Gott – so die Ankündigung – zudem die versammelten Völker im Tal Josaphat („Gott richtet") in einer Endschlacht besiegen (Jo 4,1-16). Die Völker werden in dramatischer Umkehrung der Heilsverheißung in Jes 2,2-4 und Mi 4,1-4 u.a. zur vollkommenen Mobilisierung ihrer Kräfte aufgefordert, ihre Pflüge in Schwerter umzuschmieden (Jo 4,10). Droht den feindlichen Völkern somit die endgültige, strafende Vernichtung, so kündet Jo 3,5 denjenigen Rettung auf dem Berg Zion bzw. in Jerusalem an, die den Namen des Herrn anrufen. Mit weiteren Anklängen an Ausführungen zur messianisch-eschatologischen Heilszeit des Buches Jeschajahu wird dem getreuen Volk Israel ein Heilszustand entsprechend der Anfangszeit der Schöpfung, d.h. konkret paradiesische Verhältnisse auf dem Zion, in Aussicht gestellt. Gott selbst werde sodann auf dem Zion wohnen (Jo 4,18-21).

Wirkungsgeschichte

In der jüdischen Tradition

Aus dem Buch Jo'el wird lediglich Jo 2,15-27 nach aschkenasischer Tradition am Schabbat Schuva, dem Schabbat in der Bußwoche zwischen Rosch ha-Schana und Jom Kippur, neben Hos 14,2-10 gelesen. Beide Passagen thematisieren die menschliche Reue und die göttliche Heilsverheißung für diejenigen, die zum Herrn umkehren. Darüber hinaus kann Jo 2,15-17 als Haftara zur Parascha Wajelech (Dtn 31,1-30) herangezogen werden.

Der in Jo 2,23b erwähnte „Lehrer der Gerechtigkeit", welcher sich ursprünglich auf den Frühregen bezogen hatte (in der Weise, dass er die Menschen anhält, die Ernte zum rechten Zeitpunkt einzuholen und in Sicherheit zu bringen), wurde in den Texten der Qumrangemeinde auf ihren Gründer und erhofften endzeitlichen Lehrer der Gerechtigkeit gedeutet.

In der christlichen Tradition

In das kollektive christliche Gedächtnis ist das Buch Jo'el mit dem Topos der Ausgießung des göttlichen Geistes eingegangen. Das entsprechende Jo'elzitat, in dem auch die weiteren Vorzeichen des Tages des Herrn thematisiert werden (Jo 3,1-5), ist in der Apostelgeschichte Petrus in den Mund gelegt. Er deutet mit diesem die Pfingstereignisse (Zungenrede der Apostel, wodurch sie in der Lage sind, die christliche Lehre in allen Sprachen zu verkünden) als Erfüllung der Weissagungen Joels (Apg 2,16-21): Die Apostel sind vom Heiligen Geist erfüllt, die messianische Heilszeit hat mit Jesus Christus begonnen und fortan wirkt der Heilige Geist nach christlicher Auffassung nun in der Kirche. Den Verheißungen im dritten Kapitel des Jo'elbuches gilt dementsprechend auch das Hauptinteresse der Kirchenväter.

Der Tag des Herrn wurde in der jüdischen und christlichen Apokalyptik als universales, endzeitliches Geschehen am Jüngsten Tag rezipiert sowie mannigfaltig, bildreich und dramaturgisch ausgestaltet – so auch in der Offenbarung des Johannes (explizit z.B. in Offb 6,12.17), in der wiederholt Verse aus dem Prophetenbuch aufgegriffen worden sind. Besonders signifikant ist die Aufnahme des Heuschreckenmotivs als ein Vorbote bzw. eine Begleiterscheinung des Tages des Schreckens und der Vergeltung (Offb 9,1-12). Hier bot sich wie auch in anderer apokalyptischer Literatur die Kombination mit der Heuschreckenplage vor dem Exodus aus Ägypten (Ex 10,1-20) an.

Weiterführende Literatur

Traditionelle jüdische Kommentare und Kompilationen in Übersetzung

- Gottfried Widmer, Die Kommentare von Raschi, Ibn Esra, Radaq zu Joel. Text, Übersetzung und Erläuterung mit einer Einführung in die rabbinische Bibelexegese, Basel 1945.
- Jacob Neusner (Hg.), Micah and Joel in Talmud and Midrash. A Source Book, Lanham u.a. 2006.
- Rasch"i (online): http://www.chabad.org/library/bible_cdo/aid/16169.

Traditionelle christliche Kommentare in Übersetzung

- Theodoret of Cyrus: Commentary on the Prophets Vol 3: Commentary on the Twelve Prophets, Brookline 2007.
- Martin Luther: Johann G. Walch (Hg.), Martin Luthers sämtliche Schriften – Auslegung des Alten Testaments (Fortsetzung). Auslegung über die grossen und etliche der kleinen Propheten, nämlich Hosea, Joel und Amos, Reprint der zweiten Auflage, Gross Oesingen 1986.

- Johannes Calvin: John Owen (Hg.), Calvin's Commentaries on the Twelve Minor Prophets, Bd. 2: Joel, Amos, Obadiah, Reprint: Grand Rapids 2005.

Wissenschaftliche Literatur

- Siegfried Bergler, Joel als Schriftinterpret, Frankfurt/Main u.a. 1988.
- Miloš Bič, Das Buch Joel (Evangelische Verlagsanstalt), Berlin 1960.
- James L. Crenshaw, Joel. A New Translation with Introduction and Commentary (The Anchor Yale Bible), New Haven/London 1995.
- Jörg Jeremias, Die Propheten Joel, Obadja, Jona, Micha (Altes Testament Deutsch), Göttingen 2007.
- Wilhelm Rudolph, Joel – Amos – Obadja – Jona (Kommentar zum Alten Testament), Gütersloh 1971.
- Ruth Scoralick, „Auch jetzt noch“ (Joel 2,12a). Zur Eigenart der Joelschrift und ihrer Funktion im Kontext des Zwölfprophetenbuches, in: Erich Zenger (Hg.), „Wort JHWHs, das geschah...“ (Hos 1,1). Studien zum Zwölfprophetenbuch, Freiburg u.a. 2002, S. 47-69.
- Hans Walter Wolff, Dodekapropheton 2. Joel und Amos (Biblischer Kommentar Altes Testament), Neukirchen-Vluyn ^{3}1985.

8.3 | Amos

Kontext

Obwohl Amos als ältester Schriftprophet der Bibel gilt, steht das gleichnamige Prophetenbuch erst an dritter Stelle der weitgehend chronologisch konzipierten Tré Assar im Tanakh, während es in der Septuaginta an zweiter Stelle, zwischen den Schriften Hosche'a und Mikha, eingefügt ist. Innerhalb der Hebräischen Bibel wird die Anordnung zwischen Jo'el und Ovadja mittels sprachlicher und thematischer Anklänge gestützt. So entspricht Am 1,2a nahezu wörtlich Jo 4,16a und auch thematisch-konzeptionell fügen sich die anschließenden Gerichtsworte über die Völker in Am 1,3-2,3 fast nahtlos an das im Schlusskapitel des Jo'elbuches (Jo 4,1-14) beschriebene Völkergericht an. Mit der etwas unvermittelten Erwähnung Edoms zum Abschluss der Prophetenschrift (Am 9,12, auch in Jo 4,19) klingt dann zudem bereits das Hauptthema des nachfolgenden Buches Ovadja, die Schuld und Bestrafung Edoms, an.

Historische Einordnung

Die Datierung des öffentlichen Wirkens des Propheten Amos im ersten Vers des Prophetenbuchs ist außergewöhnlich ausführlich und präzise. Obwohl keine weiteren zeitgenössischen oder biblischen Quellen die tatsächliche Existenz Amos' bestätigen, wird gemeinhin postuliert, dass die Traditionen auf einen historischen Propheten zurückgehen, der in der ersten Hälfte des 8. Jahrhunderts BCE (konkret um 760 BCE) im Nordreich aufgetreten ist. Demgegenüber besteht hinsichtlich der Frage der Dauer seines prophetischen Wirkens kein Konsens. Zwar schließt die Mehrzahl der Experten einen längeren Zeitraum von mehreren Jahrzehnten oder auch Jahren aus, ob er jedoch einige Wochen bzw. Monate an mehreren Orten im Nordreich oder lediglich während eines Festes am Heiligtum Bet-El öffentlich aufgetreten ist, bleibt weiterhin umstritten.

Gleiches gilt für die geographische Einordnung des im ersten Vers angeführten Wohnorts des Propheten, Teko'a. Zumeist mit einem gleichnamigen, wenige Kilometer südöstlich von Bethlehem gelegenen Ort identifiziert (vgl. 2 Chron 20,20), wird dieser vereinzelt auch im Nordreich lokalisiert. Während Amos im selben Vers zunächst als Schafzüchter eingeführt wird, bezeichnet er sich selbst laut Am 7,14 als (Rinder-)Hirte und Einritzer (= Zieher, Anbauer) von Maulbeerfeigen, um zu betonen, kein נביא (*navi*), Prophet bzw. Prophetenschüler im ursprünglichen oder professionellen Sinne zu sein.

Kontext der Zeit- und Gesellschaftskritik des Propheten bildete, so die überwiegende Ansicht, der Zeitraum der 40jährigen Herrschaft Jerobeams II., unter dessen Regentschaft das Nordreich aufgrund eines entstehenden Machtvakuums im Schatten Assyriens eine Phase der territorialen Expansion und wirtschaftlicher Prosperität erlebte. Archäologische Funde belegen vor allem für die Hauptstadt Samaria während dieser Zeit eine Zunahme des wirtschaftlichen Wohlstands. Allerdings nahmen offensichtlich auch die sozialökonomischen

Diskrepanzen und Spannungen zu, weil die Herausbildung der begüterten Oberschicht mit luxuriösem Lebensstil auf Kosten einer zunehmenden Verarmung sozial schwächerer Volksschichten erfolgte.

Nach der Zerstörung des Nordreichs Israel wurde die Amosüberlieferung wahrscheinlich in Juda tradiert. Dies geschah sicher nicht in Form einer bloßen Kompilation prophetischer Amos-Sprüche. Vielmehr wurde seine Botschaft literarisch komponiert und nahm in dieser Form eine richtungsweisende Vorbildfunktion für die nachfolgenden biblischen Prophetenbücher als neue Gattung ein.

Aufbau

Am 1,1–1,2	**Überschrift und Einleitung**
Am 1,3–2,16	**Gerichtsworte gegen Nachbarvölker, Juda und Israel**
1,3-2,3	Gegen Fremdvölker
2,4-2,5	Gegen Juda (Südreich)
2,6-2,16	Gegen Israel (Nordreich)
Am 3,1–6,14	**Gerichtsworte gegen Israel**
3,1-3,8	Prämissen der Prophetie
3,9-4,3	Sozialkritik
4,4-4,13	Kultkritik
5,1-5,15	Kritik an der Beugung des Rechts
5,16-5,27	Kultkritik
6,1-6,14	Sozialkritik
Am 7,1–9,10	**Visionen**
7,1-7,3	Heuschreckenvision
7,4-7,6	Dürre- und Feuervision
7,7-7,9	Zinn- oder Senkbleivision
7,10-7,17	Konflikt zwischen Amos und Amazja
8,1-8,14	Obstkorbvision
9,1-9,4	Vision des Untergangs des Heiligtums
9,5-9,6	Doxologie
9,7-9,10	Drohwort gegen Frevler in Israel
Am 9,11–9,15	**Heilswort: Erneuerung Judas**

Wichtige Themen und Texte

Der erste Hauptteil mit den Völkersprüchen (Am 1,3-2,16) erscheint als unmittelbare Fortsetzung des Jo'elbuches und erweckt somit zunächst den Eindruck einer typischen Gerichtsankündigung bezüglich der Nachbarvölker. Diese stellt sich jedoch überraschender Weise bald als Anklage gegen Israel selbst (Am 2,6-16) heraus. Dem *eigenen* Volk werden nun ebenfalls vier Verbrechen vorgeworfen, die zum göttlichen Strafgericht führen. Die Israelstrophe bildet dabei die Klimax, gleichzeitig aber auch einen Bruch mit dem bisherigen Schema und stellt somit V-Effekt, Grundaussage sowie Pointe des Textes dar.

Entsprechend ausführlich gestalten sich die Anklagen an Israel. Während den vorherigen Völkern vornehmlich Gewalttaten an anderen Völkern (v.a. gegenüber Israel) vorgeworfen worden sind, beziehen sich die Anschuldigungen gegen Israel in erster Linie auf den sozialen Umgang mit Angehörigen des eigenen Volks (Am 2,6-8). Rigoros werden zeitgenössische gesellschaftliche Missstände aufgezeigt. Das Augenmerk richtet sich dabei vor allem auf die Eliten, die Wohlhabenden, die auf Kosten der ökonomisch und sozial Schwächeren luxuriös leben, andere rücksichtslos ausbeuten, übervorteilen und mit ihren Geschäftspraktiken in Armut sowie Abhängigkeit bringen (Am 2,6-9; 5,2; 6,1-6; 8,4-6). Eine Schlüsselstellung nehmen hierbei – wie auch im Mikhabuch – die Begriffe *mischpat* (משפט „Recht") und *zedaka* (צדקה „Gerechtigkeit, Schaffung von Recht") ein (Am 5,6-7; 6,12-14; 5,23-27). Eng mit dieser Sozialkritik verbunden werden im Amosbuch jedoch ebenfalls kultische und rechtliche Vergehen aufgezeigt. Der Opferkult sei nichtig und werde vom Herrn sogar abgelehnt und verabscheut – so die Grundaussage –, sofern er nicht mit einem entsprechenden sozialen und rechtlichen Ethos einhergehe, wenn Recht und Gerechtigkeit nicht respektiert werden.

Die entsprechende Gerichtsandrohung wirkt umso überraschender und befremdlicher, da sie sich gegen das sich in einer besonderen Beziehung zum Herrn wähnende (und stehende) Volk richtet. Der Prophet konterkariert somit die falsche Überzeugung der Sicherheit: Gerade Israel – später konkreter die Frevler und Skrupellosen innerhalb Israels – wird/werden zur Rechenschaft gezogen werden. Das Privileg der Erwählung zieht somit auch eine besondere Verantwortung und Haftung nach sich, Fehlverhalten wiegt angesichts des exklusiven göttlichen Heilshandeln an seinem Volk noch schwerer: „Nur euch habe ich erwählt aus allen Geschlechtern der Erde, darum ziehe ich euch zur Rechenschaft / suche ich an euch heim alle eure Sünden" (Am 3,2).

Der Tag des Herrn – herkömmlich der Tag des göttlichen Eingreifens und der Abrechnung mit den feindlichen Völkern (so ebenfalls in Jo 4) – bringt nun auch für (Frevler in) Israel Finsternis, Gericht und Verderben (Am 5,18.20). Die Unausweichlichkeit desselben wird im Amosbuch u.a. durch den Einbezug von Klage- und Weheliedern, die dem Beerdigungsritual entnommen sind, besonders betont und provokant inszeniert: Über das noch äußerst lebendige, sich in wirtschaftlicher Prosperität befindende Israel, das sich als Volk des Herrn versteht, stimmt der Prophet die Totenklage an (Am 5,1-2.16-17; 6,1) – als wäre es bereits gestorben, das Nordreich längst von Assyrien besiegt (wie dies 722 BCE dann tatsächlich eintreten wird). Eine entsprechende Unausweichbarkeit kommt auch in den Visionen zum Ausdruck. Zwar können die ersten beiden Unheilsvisionen (Heuschrecken und Dürre durch eine Feuerglut) aufgrund der Fürbitte des Propheten noch abgewendet werden (Am 7,1-6), ab der dritten Vision ist davon jedoch nicht mehr die Rede. Stattdessen wird mit der Zerstörung des Altars am Heiligtum die letzte Hoffnung auf Sühne, Zuflucht und Asyl symbolisch vernichtet. Die Visionen entfalten somit die mit dem Amosbuch einsetzende Unheilsprophetie, die in ihrer Radikalität bemerkenswert ist und von späteren Schriftpropheten übernommen wird.

Allerdings relativieren die in die Unheilsprophetie eingeschalteten kurzen hoffnungsvollen Passagen schließlich doch noch die Absolutheit und Ausweglosigkeit des Untergangs. Die zumeist als sekundär betrachtete, wohl nach dem Sieg Babyloniens über Juda und dem Babylonischen Exil entstandene Heilsverheißung am Ende der Prophetenschrift (Am 9,11-15) entfaltet eine Hoffnung auf Restitution. Sie bezieht sich allerdings lediglich auf Juda. Diesem wird der Wiederaufbau der zerfallenen Hütte Davids – im Gegensatz zu den dann zerstörten Palästen und dem sündigen Königtum Samarias (Am 3,9-12; 6,8; 8,3; 9,8) – in Aussicht gestellt. Das Volk Israel (d.h. Juda?) werde hinfort, so die Verheißung, im erneuerten Staat auf ewig im fruchtbaren Land leben, das der Herr ihm schenken wird.

Wirkungsgeschichte

In der jüdischen Tradition

Als entstehungsgeschichtlich erstes kanonisches schriftprophetisches Werk liegt die Bedeutung des Amosbuches vor allem in seinem literarischen Einfluss auf die nachfolgenden biblischen Prophetenbücher. Hier ist besonders die inhaltliche Rezeption innerhalb der Jesaja-Überlieferung – nach dem Eintreffen des Untergangs Israels – hervorzuheben (vgl. z.B. Jes 1,10-17 und Am 5,21-27).

In seinem Kommentar erläutert Ibn Esra die scharfe göttliche Ablehnung (veräußerlichter) kultischer Handlungen, indem er deren Prämisse, sie gewährten automatisch Sicherheit und Unantastbarkeit, problematisiert. Zumeist wird im Hinblick auf die Kultkritik des Propheten, wie z.B. seitens David Qimchi, zudem das Primat moralischer Gesinnung und Verhaltensweisen, der Einhaltung ethischer Gebote wie des Dekalogs hervorgehoben. Allerdings weisen die Rabbinen andererseits auch die Ablehnung des Opferdienstes (die in grundsätzlicher Form tatsächlich nicht im Amosbuch impliziert ist) wiederholt zurück.[1]

Die Rabbinen akzentuieren ferner vor allem die Relevanz der ethischen Botschaft des Propheten Amos, indem sie diese als Quintessenz der Gesamtheit der Gebote bezeichnen (bMakkot 23b-24a). Ähnlich der Zusammenfassung der ganzen Tora durch die Goldene Regel Hillels, wird Amos im Hinblick auf andere, bedeutende Propheten als derjenige hervorgehoben, der zusammen mit Habakuk den Inhalt der Tora auf *ein* Grundprinzip zusammengefasst habe: „Mich suchet und lebet“ (Am 5,4). Demgegenüber habe David hierfür elf Gebote (Ps 15) benötigt, Jesaja sechs (Jes 33,15-16) und Micha drei (Mi 6,8).

Im Hinblick auf seine Person wird darüber hinaus in den Midraschim mittels eines Wortspiels mit dem Namen Amos und dem hebräischen Adjektiv עמס (*amus;* etwa: „beladen“) spekuliert, er habe wie Mose eine schwere Zunge besessen, so dass er den Beinamen „der Stotterer“ erhalten habe (Wajiqra Rabba 10,1; Qohelet Rabba 1,2). Laut bNedarim 38 ist er zudem wohlhabend und gottesfürchtig gewesen, bSukka 52 zufolge zählt er zu den acht Fürsten der Menschheit.

Schließlich wird in der späten (mittelalterlichen) apokryphen Schrift „Das Leben der Propheten“ von seinem gewaltsamen Tod berichtet: Zuvor bereits des Öfteren vom Priester Amazja geschlagen, habe ihn Amazjas Sohn letztlich durch einen Schlag auf den Kopf im Tempel getötet. Laut einer alternativen Version innerhalb einer mittelalterlichen Legende wurde er jedoch von König Usija mit einem glühenden Eisen erschlagen.

Die Vorstellung der Restitution der zerfallenen Hütte Davids ist in Qumran-Texten mit messianischen Vorstellungen verknüpft, in denen der endzeitliche Aufbau derselben dem kämpferischen Messias bzw. dem verheißenen Tora-Ausleger zugeschrieben wird (4Q Flor 1,12-13).

Liturgische Relevanz in Form von Haftarot kommt sodann den Abschnitten Am 2,6-3,8 und Am 9,7-15 zu.

In der christlichen Tradition

Im Neuen Testament greift der Verfasser der Apostelgeschichte zweimal auf das Buch Amos zurück. So legt er Stephanus eine Nacherzählung der in Am 7,1-53 angeführten Heilsgeschichte Israels in den Mund und integriert in Apg 7,42-43 die Verse Am 5,25-27 in Form eines direkten Zitats (der Septuaginta-Fassung), um zu explizieren, dass Israel seinem besonderen Gottesverhältnis nicht (immer) gerecht geworden sei. Dies zeige sich vor allem in dem hier fokussierten Abfall von Gott, der Hinwendung zum Götzendienst in der Wüste. Ferner wird die Septuaginta-Version von Am 9,11-12 in Apg 15,13-18 als Belegstelle im Kontext der Streitfrage des sog. Apostelkonzils herangezogen, ob Heidenchristen auf das gesamte Gesetz verpflichtet werden sollen.

Frühchristliche messianische Weissagungen greifen darüber hinaus die Vorstellung des Wiederaufbaus der zerfallenen Hütte Davids wiederholt auf. So bezieht beispielsweise Augustinus, der Amos‘ Botschaft typologisch als prophetische Rede und somit Weissagung hinsichtlich des Messias versteht, diese auf Jesus Christus (De civitate Dei 28,18).

Weiterführende Literatur

Traditioneller jüdischer Kommentar in Übersetzung

- Rasch”i (online): http://www.chabad.org/library/bible_cdo/aid/16173.

Traditionelle christliche Kommentare in Übersetzung

- Theodoret of Cyrus: Commentary on the Prophets Vol 3: Commentary on the Twelve Prophets, Brookline 2007.
- Martin Luther: Johann G. Walch (Hg.), Martin Luthers sämtliche Schriften - Auslegung des Alten Testaments (Fortsetzung). Auslegung

über die grossen und etliche der kleinen Propheten, nämlich Hosea, Joel und Amos, Reprint der zweiten Auflage, Gross Oesingen 1986.
- Johannes Calvin: John Owen (Hg.), Calvin's Commentaries on the Twelve Minor Prophets, Bd. 2: Joel, Amos, Obadiah, Grand Rapids 2005.

Wissenschaftliche Literatur

- Francis I. Andersen, David N. Freedman, Amos. A New Translation with Introduction and Commentary (The Anchor Yale Bible), New Haven/London 2008.
- Ulrich Dahmen, Gunther Fleischer, Das Buch Joel, Das Buch Amos (Neuer Stuttgarter Kommentar AT), Stuttgart 2000.
- Roland Gradwohl, „Wie Wasser ergieße ich Recht". Am 5,21-24, in: ders., Bibelauslegungen aus jüdischen Quellen, Bd. 1, Stuttgart [2]1995, S. 306-318.
- Jörg Jeremias, Der Prophet Amos (Altes Testament Deutsch), Göttingen 1995.
- Klaus Koch, Die Propheten I. Assyrische Zeit, Stuttgart u.a. [3]1995.
- Shalom Paul, Amos. Hermeneia, Minneapolis 1991.
- Wilhelm Rudolph, Joel – Amos – Obadja – Jona, Gütersloh 1971.
- Konrad Schmid, Hintere Propheten (Nebiim), in: Jan Christian Gertz (Hg.), Grundinformation Altes Testament. Eine Einführung in Literatur, Religion und Geschichte des Alten Testaments., Göttingen [4]2010, S. 313-412, zu Amos: S. 385-391.
- Shalom Spiegel, Amos vs. Amaziah, in: Judah Goldin (Hg.), The Jewish Expression, New York 1970, S. 38-65.
- Hans Walter Wolff, Dodekapropheton 2. Joel und Amos (Biblischer Kommentar Altes Testament), Neukirchen-Vluyn [3]1985.

Anmerkungen

[1] Vgl. Roland Gradwohl, Bibelauslegung aus jüdischen Quellen, Bd. 1, Stuttgart [2]1995, S. 306-318, hier: S. 310.315.

8.4 | Ovadja (Obadja)

Das Buch mit der kürzesten Überschrift in den Tré Assar, „Vision/Schauung Ovadjas/Obadjas“ (wörtlich: „Knecht des Herrn“, lat. Abdias, von griech. Abdiou), ist mit 21 Versen zugleich das kürzeste Buch der Hebräischen Bibel.

Kontext

An vierter Stelle der Tré Assar, zwischen den Büchern Amos und Jona gelegen, weist das Buch Ovadja sowohl zu den vorherigen Prophetenschriften Jo‘el und Amos als auch zum nachfolgenden Jonabuch enge thematische sowie verbale Parallelen auf. So wird Edom (Esau) in den drei prophetischen Büchern (Jo, Am, Obd) angeklagt, verbrecherisch gegen den eigenen Bruder Israel (Jakob) vorgegangen zu sein. Während jedoch die Verweise auf Edom innerhalb der vorherigen Bücher eher temporär aufscheinen, werden sie im Buch Ovadja gesondert thematisiert, ausführlich begründet und entfaltet. Des Weiteren verbindet der Begriff und der Vorstellungsrahmen des „Tags des Herrn“ die drei genannten Bücher – im Buch Ovadja wird er nun jedoch ausschließlich auf Edom bezogen. Die Vorstellung, dass der Rest Edoms und aller Völker von Israel/Juda in Besitz genommen wird (Obd 17.19.20), klingt an Formulierungen zum Abschluss des Amosbuches an (Am 9,12). Beide Schriften münden zudem in einer Verheißung des dauerhaften Wohnens des Volkes Israel im eigenen Land (Am 9,14-15, implizit in Obd 19-21). Das der Ovadjaschrift nachfolgende Jona-Buch greift darüber hinaus mit dem erwähnten Propheten, der Ninive das göttliche Strafgericht ankündigen soll, scheinbar den in Obd 1 genannten, zu den Völkern gesandten Boten wieder auf.

In der Septuaginta wurde die erste Hälfte der Bücher der Tré Assar umgestellt: den drei umfangreichen Büchern Hosche‘a, Amos und Micha folgen die drei kürzeren Jo‘el, Ovadja und Jona. Allerdings erfolgte die alternative Reihung nicht ausschließlich nach quantitativen Kriterien (dann hätte u.a. Jona Ovadja vorausgehen müssen), auch chronologische und inhaltliche Erwägungen scheinen eine Rolle gespielt zu haben. So sind in der Septuaginta die drei in ihrer Überschrift datierten Bücher beispielsweise den drei Büchern ohne zeitliche Angaben vorangestellt.

Historische Einordnung

Über die historische Identität eines Propheten Obadja gibt es keine gesicherten Informationen.[1] Auch die Datierung des Buches Ovadja ist umstritten. Zumeist wird das Babylonische Exil bzw. die Eroberung Jerusalems/Judas 587/6 BCE als zugrundeliegende historische Erfahrung vorausgesetzt. Uneinigkeit besteht dabei jedoch weiterhin in der Frage, ob die Prophetenschrift direkt nach der

Katastrophe oder im fünften, vierten oder sogar erst im dritten Jahrhundert BCE entstanden ist.

Das Verhältnis zwischen den Nachbarvölkern Edom und Israel/Juda war stets ambivalent und konfliktreich. Als Kontrahenten im Kampf um Land und Einfluss kam es im Lauf der Geschichte immer wieder zu territorialen Spannungen und Auseinandersetzungen um die Vormachtstellung. Das gleichzeitige Bewusstsein gemeinsamer Wurzeln bzw. enger verwandtschaftlicher Beziehung zwischen Edom und Israel zeigt sich u.a. exemplarisch im Bruderpaar Jakob (Israel) und Esau (Edom) im Buch Bereschit ausgedrückt. Diese historische Ausgangslage erklärt (z.T.) die Heftigkeit, mit der die Edomiter im Buch Ovadja angeklagt werden: ihnen wird mangelnde Hilfsbereitschaft gegenüber dem Brudervolk Jakob (Juda), Kollaboration mit dessen Feinden, Schadenfreude und Vorteilsnahme beim Untergang Judas vorgeworfen (Obd 10-14). Konkret könnten sich die Anschuldigungen speziell auf die Position beziehen, die Edom während der babylonischen Eroberung Jerusalems/Judas einnahm.

Aufbau

V. 1 Überschrift und Einleitung

V. 2-15 Gerichtsankündigung an Edom

- 2-4 Drohrede: Sturz des hochmütigen Edom
- 5-9b Drohrede: Vernichtung Edoms
- 9c-15 Begründung: Edoms Schuld

V. 16-21 Heilsverheißung an Juda/Israel

- 16-18 Vernichtung der Völker und Edoms, Rettung für Juda (bzw. Israel) auf dem Zion
- 19-20 Inbesitznahme des Landes durch Rückkehr der Exulanten
- 21 Gericht über Edom, Gottes Königsherrschaft

Wichtige Themen und Texte

Das Buch Ovadja besteht im Wesentlichen aus Gerichtsworten gegen Edom. Mehr als die Hälfte der 21 Verse führen die Vergehen der Edomiter gegenüber dem benachbarten Brudervolk Juda/Israel aus. Sie begründen – der Prophetenschrift gemäß – das vernichtende Gerichtsurteil gegen Edom und erklären dies als Gerechtigkeit schaffende, göttliche Maßnahme entsprechend dem Talionsprinzip[2] (Obd 15b). Nur ganz vereinzelt wird das Gericht auf „alle Völker" ausgeweitet (Obd 15-16).

Der besondere Fokus auf Edom, das als benachbartes, rivalisierendes, aber auch verwandtes Volk besonders heftig und polemisch verurteilt wird oder geradezu als Prototyp aller Feinde Judas/Israels gilt, ist ein verbreiteter Topos innerhalb der biblischen prophetischen Literatur. Vor allem zwischen den Prophetenbüchern Ovadja und Jirmejahu bestehen zahlreiche Parallelen hinsichtlich der verwendeten Motive und des Vokabulars (z.B. Obd 1b-4 sowie Jer 49,7-2).

Der Gedanke eines ausgleichenden (eschatologischen) göttlichen Gerichts ist mit dem Terminus und Bedeutungsrahmen des Tags des Herrn verbunden, der hier entsprechend Jo 4 und weiterer Parallelstellen (entgegen Amos) nun wieder traditionell allein auf die Feinde Judas/Israels abhebt: Für jene stellt er sich als ein Tag der Dunkelheit und des Schreckens dar, für Israel/Juda ist es ein Tag der Restitution und Freude. So müssen die verurteilten Völker an diesem Tag unaufhörlich trinken und werden vergehen (Obd 16) – ein Motiv, dem offensichtlich das verbreitete prophetische Bild des Bechers des Zorns bzw. des Gerichts oder „des Bechers aus der (rechten) Hand des Herrn" zugrunde liegt (vgl. Hab 2,16; Ps 75,9). Er versinnbildlicht somit das göttliche Strafgericht, das Leid und Verderben bewirkt. Zunächst habe Israel/Juda selbst aus diesem getrunken (Obd 16; vgl. Jer 25,15-29, Ps 75,9; Jes 51,17-23). Entsprechend werden in Jer 51,7 konkret die Babylonier als „Becher in der Hand des Herrn" bezeichnet. Allerdings sei das Leid, das diese mit der Eroberung Judas und im Kontext des Babylonischen Exils über das Volk Gottes gebracht haben, – so die Prämisse – temporär: Während Juda/Israel lediglich für eine begrenzte Zeit aus dem Becher des Zorns oder Taumels trinken müsse, werde jener daraufhin an die feindlichen Völker weitergereicht, die gezwungen seien, diesen bis zum bitteren Ende auszutrinken (vgl. z.B. Jes 51,17-23 sowie Ps 75,9).

In Obd 17-21 klingt ferner die Zionstheologie der Psalmen und der früheren prophetischen Literatur an. In den sog. Zionspsalmen wird der Zion als heiliger Berg bezeichnet (Ps 2,6), den der Herr liebt bzw. erwählt hat (Ps 78,68; Ps 132,13). Laut Ps 74,2; 132,13; 135,21 und Jes 8,18 u.ö. wohnt der Herr selbst auf dem Zion und thront als König auf diesem (Ps 99,1-2). Von dort werde in der Endzeit zudem der siegreiche Kampf gegen die versammelten feindlichen Völker geführt (Ps 48 und Ps 76; Jes 17,12-14) sowie Gericht und Strafe gegen die Völker (Ps 76), Frieden und Heil für Israel ausgehen. Er gilt somit für (die Gottesfürchtigen in) Israel als sichere Zuflucht und symbolisiert göttlichen Schutz. Auch Obd 17 nennt den Berg Zion als Zufluchts- und Rettungsort neben Jerusalem.

Laut Obd 19-21 werden die zurückgekehrten Exulanten das ehemalige Land wieder einnehmen und von Zion aus speziell Edom richten bzw. beherrschen. Gott selbst werde dann – gemäß der traditionellen Vorstellung – als König herrschen.

Wirkungsgeschichte

In der jüdischen Tradition

Im Babylonischen Talmud (bSanhedrin 39b) wird hervorgehoben, dass Obadja in der Bibel als *sehr* gottesfürchtig charakterisiert wird, während es von Abraham (der traditionell als Gottesfürchtiger par excellence gilt) lediglich heißt, er sei gottesfürchtig gewesen (vgl. Gen 12,14). Obadja gilt zudem als edomitischer Proselyt, der folglich seinem eigenen Volk den Untergang geweissagt hat. Die Prophetie sei ihm verliehen worden, weil er 100 Propheten des Herrn vor der durch Ahab und Isebel veranlassten Verfolgung und Vernichtung gerettet habe (s. 1 Kön 18,4).[3]

Edom, bereits in der Danielvision (Dan 11) als viertes und letztes Weltreich expliziert, ist in der rabbinischen Literatur zunächst mit dem römischen Imperium (Bereschit Rabba 65,21) identifiziert worden. Diese Verbindung wird im Midrasch u.a. mittels eines Wortspiels zwischen Edom und Blut (hebr. דם „dam") als Hinweis auf die Raub- und Habgier Roms hergestellt (Bereschit Rabba 63,5). Später, nachdem das Christentum römische Staatsreligion geworden war, wurde Edom Deckname bzw. Codewort für Christen.

Das gesamte Buch Ovadja liefert nach dem sefardischen Ritus die Haftara zur Parascha Wajischlach. Ferner gehört der letzte Halbvers in Obd 1,21 („Und der Herr wird herrschen als König", vgl. auch Sach 14,9) zu einem der Verse, die im Mussaf-Gebet zu Rosch Ha-Schana gelesen werden, um die alleinige und künftige Gottesherrschaft auszurufen. Er ist zudem in die tägliche Morgenliturgie eingegangen.

In der christlichen Tradition

Im Brief an die Römer wird mittels Jakob und Esau die freie göttliche Erwählung und Verwerfung – auch innerhalb des erwählten Volkes – expliziert, welche nicht von Werken des Einzelnen abhängt, sondern vom Herrn vorherbestimmt ist (Röm 9,12-13). Diese Stelle kann als Beginn der christlichen Motivgeschichte der Jakob-Esau-Gegenüberstellung, wie sie bereits im Buch Ovadja expliziert wird, verstanden werden.

Darüber hinaus ist der aus der prophetischen Gerichtsrede stammende Topos des Bechers des Zorns in der Offenbarung des Johannes als apokalyptisches Moment rezipiert. Laut Offb 14,10 droht er denjenigen, die das „Tier und sein Standbild" anbeten. Offb 16,19 zufolge reichte der Herr der Großmacht Babylon einen solchen und leitete damit das vernichtende Strafgericht gegen Babylon ein. Eine ähnliche, bereits in der Hebräischen Bibel präfigurierte Vorstellung stellt der Becher (des Leids) dar, aus dem Unschuldige trinken müssen (Jer 49,12). Dieser Gedanke wird vor allem im Matthäusevangelium in der Rede vom Kelch aufgenommen, den Jesus und seine Jünger in der Nachfolge trinken müssen (Mt 20,22). Kurz vor seiner Gefangennahme bittet Jesus ferner im Garten Gethsemane, dass der für ihn bestimmte Kelch (des Leidens und gewaltsamen Sterbens) an ihm vorübergehe, sofern es Gottes Wille sei (Mt 26,39), erklärt sich aber schließlich bereit, diesen anzunehmen und bis zum Schluss zu trinken (Mt 26,42; vgl. auch Joh 18,11).

Hauptthema der jesuanischen Botschaft war die Verkündigung der Gottesherrschaft, die letztlich in der Tradition der prophetischen heilsgeschichtlichen Verheißung steht und auch in Obd 21 zum Tragen kommt.

Weiterführende Literatur

Traditioneller jüdischer Kommentar in Übersetzung

- Rasch"i (online): http://www.chabad.org/library/bible_cdo/aid/16182.

Traditionelle christliche Kommentare in Übersetzung

- Theodoret of Cyrus: Commentary on the Prophets Vol 3: Commentary on the Twelve Prophets, Brookline 2007.
- Martin Luther: Johann G. Walch (Hg.), Dr. Martin Luthers sämtliche Schriften/14, Vorreden, historische und philologische Schriften: (Das „Passional" mit Illustrationen); Als Ergänzung des 6. Bd.: Auslegung des Alten Testaments (Schluß); Auslegungen über die Propheten Obadja bis Maleachi, Reprint der zweiten Auflage, Groß Oesingen 1987.
- Johannes Calvin: John Owen (Hg.), Calvin's Commentaries on the Twelve Minor Prophets, Bd. 2: Joel, Amos, Obadiah, Reprint: Grand Rapids 2005.

Wissenschaftliche Literatur

- Gerson D. Cohen, Esau as Symbol in Early Medieval Thought, in: Studies in the Variety of Rabbinic Cultures, Philadelphia 1991, S. 243-269.
- Alfons Deissler, Zwölf Propheten II: Obadja, Jona, Micha, Nahum, Habakuk (Die Neue Echter-Bibel. Kommentar), Würzburg ^{2}1986.
- Jörg Jeremias, Die Propheten Joel, Obadja, Jona, Micha (Das Alte Testament Deutsch), Göttingen 2007.
- Obadiah. A New Translation with Introduction and Commentary by Paul R. Raabe (The Anchor Bible), New York u.a. 1996.
- Hans Walter Wolff, Dodekapropheton 3. Obadja und Jona (Biblischer Kommentar Altes Testament), Neukirchen-Vluyn ^{2}1991.

Anmerkungen

[1] Bereits Abraham ibn Esra, Nachmanides und David Qimchi betonen in ihren Kommentaren zur Stelle – im Gegensatz zu Isaak Abravanel – die Unmöglichkeit, den Propheten zeitgeschichtlich eindeutig einzuordnen.

[2] Talion (lat. „Vergeltung") ist eine juristische Bezeichnung für eine Bestrafung, die dem vorangegangenen Vergehen ‚exakt' entspricht.

[3] Er wird somit mit dem gleichnamigen Obadja aus dem 1. Buch Melakhim identifiziert.

8.5 | Jona

Der hebräische Name Jona (יונה; „Taube“) wird in der Septuaginta als Ionas wiedergegeben.

Kontext

Während das Buch Jona in der Hebräischen Bibel an fünfter Stelle der Tré Assar, zwischen Ovadja und Mikha, angeführt ist, bildet es in der Septuaginta das sechste Buch nach den Schriften Jo‘el und Ovadja.[1] Aufgrund der Aufnahme der (neu-)assyrischen Hauptstadt Ninive und infolge der traditionellen Identifizierung des Protagonisten Jona mit einem gleichnamigen Propheten unter König Jerobeam II. (2 Kön 14,25), wurde Jona bald als ein Prophet des 8. Jahrhunderts BCE betrachtet. Als (jüngerer) Zeitgenosse der Propheten Amos bzw. Hosea erschien somit auch die Einordnung an verhältnismäßig früher Stelle im hebräischen Kanon der Tré Assar verständlich und gerechtfertigt.

In der klassischen kanonischen Anordnung führt das Buch Jona mit der Ankündigung des Tags des Herrn ein Grundthema der vorherigen Prophetenbücher fort. Bezogen sich die Gerichtsandrohungen im Buch Jo‘el insbesondere auf die (benachbarten) Fremdvölker und im nachfolgenden Buch Amos sodann auch auf die Frevler Israels, gelten sie in der anschließenden, dem Buch Jona vorgeschalteten Schrift Ovadja wiederum lediglich dem benachbarten Edom. Der Jona-Erzählung zufolge wird der Prophet Jona nun ebenfalls mit einer Unheilsbotschaft zu einem anderen Volk geschickt: in die Stadt Ninive.

Das nachgeordnete Mikha-Buch enthält dann schließlich sogar einen Aufruf an *alle* Völker bzw. an die „Erde und alles, was sie erfüllt“ (Mi 1,2), Gottes Zeugnis (und Urteil) im göttlichen Gerichtsprozess – allerdings gegen *Israel* – zu vernehmen.

Historische Einordnung

Obwohl Prophet und Erzählung mit der Erwähnung Ninives narrativ in assyrischer Zeit verortet sind, wird die tatsächliche Entstehung des Buches zumeist wesentlich später – in nachexilischer Zeit, lange nach dem Zusammenbruch des assyrischen Reiches – angesetzt. Auf den spätpersischen oder frühhellenistischen Zeitraum (4. oder 3. Jahrhundert BCE) verweisen sowohl terminologische als auch thematische, traditionsgeschichtliche Bezüge zu Prophetenerzählungen in der dritten Person – etwa zum Elija-Zyklus[2], zu Passagen der Jesajatradition (vgl. Jes 36-39), zur deuteronomistischen Jeremia-Überlieferung,[3] zu den Prophetenbüchern Jo‘el[4] und Chaggai, zu den Tehillim und vielleicht sogar zur griechischen Mythologie.[5]

Aufbau

Zumeist wird die Schrift in zwei Teile gegliedert, wobei eine übergreifende Symmetrie vorausgesetzt wird. Am Anfang beider Teile ergeht ein Befehl des Herrn an Jona, auf welchen dieser beim ersten Mal mit Ungehorsam (Jon 1,1-3), beim zweiten Mal mit Gehorsam (Jon 3,1-3a) reagiert. Die Gottesfurcht der nichtjüdischen Seeleute (Jon 1,4-16) korrespondiert daraufhin mit der Umkehrbereitschaft der Niniviten im zweiten Teil (Jon 3,4-3,10) und die Reaktion Jonas (Jon 2,2-11) bzw. seitens Jonas und Gott (Jon 4,1-11) beschließt jeweils die beiden Hauptteile. Auch in der hier angeführten, leicht modifizierten Gliederung ist die symmetrische Struktur erkennbar. Sie trägt allerdings zusätzlich dem akzentuierten Dialog zwischen Gott und Jonas am Ende der Schrift Rechnung.

Jon 1,1–2,11 Erster Auftrag, Reaktion und Konsequenzen

1,1-1,2	Auftrag an Jona, Ninive die göttliche Gerichtsbotschaft zu verkünden
1,3	Jonas Weigerung und Flucht
1,4-1,5	Reaktion Gottes: Gefährdung durch Sturm
1,6-1,16	Reaktion der Seeleute
2,1-2,10	Jonas Reaktion: Buße und Umkehr
2,11	Jonas Verschonung/Rettung durch Gott

Jon 3,1–3,10 Erneuter Auftrag, Reaktion und Konsequenzen

3,1-3,2	Auftrag an Jona, Ninive die göttliche Gerichtsbotschaft zu verkünden
3,3-3,4	Jonas Gehorsam, Ausführung des göttlichen Auftrags
3,5-3,9	Reaktion der Niniviten: Buße und Umkehr
3,10	Göttliche Verschonung der Ninivite

Jon 4,1–4,11 Disput zwischen Jonas und Gott

4,1-4,6	Jonas Hadern mit Gott aufgrund der Verschonung Ninives
4,7-4,11	Gottes Antwort/Reaktion

Wichtige Themen und Texte

Während die meisten Schriften, die der biblischen Prophetie zugeordnet sind, Sammlungen von Aussprüchen enthalten, welche *von* einem Propheten stammen bzw. diesem zugeschrieben werden, enthält das Jonabuch vornehmlich eine *Erzählung über* den Propheten. Demgemäß beschränkt sich die explizit überlieferte Verkündigung des Propheten Jona auf lediglich fünf (hebräische) Wörter in direkter Rede: „noch vierzig Tage und Ninive ist umgestürzt/umgestülpt" (Jon 3,4b). Hinsichtlich der Gattungszuordnung besteht aufgrund der vielfältigen, komplexen Stoffe und Traditionen im Jonabuch kein Konsens: Lehrschrift, Prophetenbiographie, Legende, Novelle, Midrasch oder

Satire stellen nur einige der Vorschläge zur Klassifizierung der Prophetenschrift dar.

Das zentrale Thema des Jonabuches bildet die menschliche Umkehr und das (daran anschließende) Erbarmen Gottes. Selbst die Einwohner Ninives, welche als Inbegriff der sündigen, heidnischen Frevler verstanden werden, können den Herrn aufgrund ihrer umfassenden Reue und Buße von seinem Vernichtungsbeschluss abbringen und werden verschont. Überraschend, aber auch provokanter Weise zeigen sich die Heiden – die Niniviten und die Besatzung auf dem Schiff nach Tarsis – als (zumindest zunächst) weitaus einsichtiger, umkehrbereiter und gottesfürchtiger als der Prophet des Herrn.[6] So versucht jener, sich des göttlichen Befehls zu entziehen, bildet somit nicht nur zu den reuigen Niniviten eine Art Kontrastfigur, sondern auch zu den vielen anderen Propheten, die zwar dem göttlichen Ruf ebenfalls nicht begeistert bzw. widerstrebend nachgekommen, ihm aber letztlich trotzdem gefolgt sind (vgl. Am 3,8; Jer 1,6; Ex 4,13).

Der konkrete Grund für seine Weigerung und Flucht wird erst im Nachhinein (Jon 4,2) deutlich: Jona ahnt, dass Gott das Urteil nicht vollstrecken wird und sich – auch an den Niniviten – als ein gnädiger (חנון) und barmherziger (רחום) Gott erweisen werde, der langmütig (ארך אפים) und reich an Huld (ורב-חסד) ist. Diese Attribute sind der göttlichen Selbstbeschreibung nach der Bundeserneuerung am Sinai entnommen (Ex 34,6-7). In der Vorlage folgt der Aufzählung der göttlichen Wesensmerkmale zudem die hoffnungsvolle Schlussfolgerung, Gott könne den über sein Volk verhängten Urteilsspruch „bereuen“ und „umkehren“ (!). Entsprechend hat Jona der Erzählung zufolge Gottes „Reue“ (ונחם על הרעה) – im Gegensatz zum hoffenden heidnischen Kapitän und König von Ninive – *befürchtet* (Jon 3,9 und implizit Jon 1,6). In seiner Annahme, dass der Herr Ninive trotz seiner Gerichtsankündigung letztlich verschonen werde, behält er somit zu seinem ausgesprochenen Missfallen sogar Recht (s. Jon 3,10). Denn statt einer gerechten Vergeltung der Vergehen der Fremdvölker schließt die Gnade des Gottes Israels – so die vielleicht unangenehme oder gar provozierende Hauptaussage des Buches Jona – auch die Niniviten als exemplarische, bußbereite Heiden ein, sofern sie sich dem Herrn in aufrichtiger Buße zuwenden.

Letztlich handelt es sich bei Jona um eine tragische Figur, da das von ihm vorausgesagte Unheil nicht eintritt. Obwohl bzw. weil er den göttlichen Auftrag am Ende ausführt, kann er als ein Prophet verstanden werden, dessen Prophezeiung sich nicht bewahrheitet und somit als falsche Vorhersage identifiziert werden kann. Er könnte, folgt man Dtn 18,22, somit als falscher Prophet gelten. Allerdings wird mittels der göttlichen Wende aber auch die absolute Souveränität und die umfassende Gnade Gottes betont: Gott ist nicht an sein gerechtes Urteil und Strafmaß (wofür Jona steht) gebunden, sein Heilswillen und -wirken erstreckt sich nicht nur auf Israel, sondern auf alle Völker, auf die gesamte Schöpfung. Diese Vorstellung setzt somit eine Universalisierung des Welt- und Gottesbildes voraus.

Wirkungsgeschichte

In der jüdischen Tradition
Das gesamte Buch Jona hat aufgrund des zentralen Themas der Umkehr, die göttliches Erbarmen bewirken kann, Eingang in die Liturgie des Jom Kippur gefunden.[7] Es spiegelt die Hoffnung wider, dass Gott an diesem Tag der Versöhnung ein mildes Urteil über die Menschen besiegelt.

Anknüpfungen an die Jona-Erzählung sind bereits im deuterokanonischen Buch Tobit zu entdecken (3. bis 1. Jahrhundert BCE). Beide Lehrerzählungen enthalten das Motiv des Verschlingens durch einen großen Fisch. Explizit nehmen dann Tob 14,4 und 14,8 in der vermutlich jüngeren Tobit-Handschrift G^{I} Bezug auf Jona bzw. auf seine Vorhersage der Zerstörung Ninives. Diese kann aber, anders als im Buch Jona, nicht mehr abgewendet werden, sondern steht unwiderruflich bevor. Der Widerspruch zur biblischen Jonaerzählung ist in der wahrscheinlich älteren Tobit-Handschrift G^{II} (Kodex Sinaiticus) in der Weise gelöst, dass der Name Jona durch Nahum ersetzt worden ist. Denn bei letzterem wird vorausgesetzt, dass seine Drohbotschaft an Ninive uneingeschränkt eingetreten ist.[8]

Die in den Büchern Jona und Nachum abweichenden Schilderungen des Schicksals Ninives wurden bereits innerhalb der Targumim nivelliert, erklärt oder aufgelöst. So fügt beispielsweise der Targum Jonathan in Nah 1,1 einen Rückverweis auf die ‚vorherige' Prophetie Jonas ein: Zwar hätten die Niniviten nach Jonas Gerichtsankündigung ihre Sünden bereut, später seien sie aber erneut der Sünde verfallen. Hieraus erkläre und rechtfertige sich dann die nachfolgende, endgültige Unheilsverheißung durch den Propheten Nahum. Eine weitere Möglichkeit, die Spannung zwischen den beiden Schriften aufzulösen, besteht darin, die Echtheit oder Nachhaltigkeit der Buße der Niniviten in Frage zu stellen, wie z.B. in pTa'anit 1.2, 65b, während sie wiederum in der Mischna und im Babylonischen Talmud durchaus als Musterbeispiel menschlicher Umkehr akzentuiert wird (mTa'anit 2,1 sowie bTa'anit 16a).

Zentrales Interesse erhielt im Laufe der Rezeptionsgeschichte auch immer wieder die Frage nach den Gründen für Jonas Weigerung und Flucht. In der Interpretation der Mechilta, die von klassischen Kommentatoren wie Rasch"i, Joseph Kara, David Qimchi und Abraham Ibn Ezra aufgenommen worden ist, wird Jonas Handeln mit seiner Loyalität gegenüber seinem Volk, Israel, erklärt, welche(s) er somit über den Gehorsam gegen Gott stellt. Jona habe laut dieser Argumentation befürchtet, die umgehend reumütigen Niniviten könnten Israel, das sich oft als „störrisch" gegenüber dem prophetischen Gotteswort gezeigt habe, als positives Gegenbeispiel vorgehalten werden. So wäre unter Umständen lediglich den Niniviten und somit Heiden, nicht aber dem Volk Gottes, das göttliche Erbarmen zuteil geworden. Israel wäre dagegen letztlich beschämt worden, da ihm hätte nachgesagt werden können, erst durch das Vorbild der Heiden zur Umkehr bewegt worden zu sein (s. Mechilta, Bo; vgl. u.a. auch Pirqé de-Rabbi Eli'eser 10).

Isaak Abravanel betont demgegenüber, Jona habe sich geweigert, Ninive durch seine Prophetie zur Umkehr zu bewegen und somit vor der Vernichtung zu retten, weil er vorhergesehen habe, welches Leid Israel in der weiteren Geschichte durch die Assyrer erfahren werde.[9]

Der Mechilta zufolge hat dieser mangelnde Ehrerweis Jonas gegenüber Gott wiederum die Konsequenz, dass seine Prophetie nicht durch ihn selbst oder seitens eines Nachfolgers weitergeführt wird: Gott habe ihn zwar noch ein zweites Mal als Prophet ausgesendet (Jon 3,1), danach habe er jedoch keinen weiteren prophetischen Auftrag mehr erhalten (Pis'cha § 1). Allerdings wird an dieser Stelle Jonas Einsatz für sein Volk auch einmal positiv gewürdigt: Jona habe laut Rabbi Nathan mit Bezug auf Jon 1,12 sein eigenes Leben für Israel riskiert. Ein weiteres Motiv für die Flucht Jonas bieten die Pirqé de-Rabbi Eli'eser (PRE 10): Jona wollte verhindern, nicht nur von seinem eigenem Volk, sondern auch noch von „Götzendienern" als falscher Prophet bezeichnet zu werden, sofern die Prophezeiung aufgrund der Umkehrbereitschaft nicht eintreffen würde.[10]

Letztlich wird Jona in der haggadischen Literatur als Vertreter des Gerechtigkeitsprinzips präsentiert. Als Midda (Erscheinungsweise) Gottes bildet die Gerechtigkeit ein Gegenüber zur Barmherzigkeit Gottes, die theoretisch in einem ausgeglichenen Verhältnis zueinander stehen (müssen). Faktisch ist in den rabbinischen Schriften jedoch zumeist das Überwiegen der letzteren zugunsten Israels oder der Menschheit insgesamt postuliert. Im Midrasch Jona wird dies (unter Rückgriff auf Dan 9,9) auch dem Propheten als demütige Erkenntnis in den Mund gelegt, mit der das biblische Buch endet.

Der Midrasch Jona bietet eine Zusammenstellung verschiedener rabbinischer Auslegungen zum Prophetenbuch. Er beinhaltet Traditionen, die auch im Jalqut (Schim'oni), einer Kompilation rabbinischer Midraschim, überliefert sind. Außerdem enthält er Ausschnitte aus Pirqé de-Rabbi Eli'eser (10), dem Jerusalemer bzw. Babylonischen Talmud. Der zu Jon 2,11 beginnende zweite Kommentarteil führt schließlich eine hebräische Übersetzung aus dem Sohar, dem klassischen mystischen Werk des Mittelalters, an.

In der christlichen Tradition

Das Buch Jona gehört zu den am breitesten rezipierten Prophetenbüchern der Bibel in der christlichen Traditionsgeschichte. Ein besonders einflussreiches Moment der christlichen Wirkungsgeschichte der Jona-Schrift wird in Mt 12,38-42 und Lk 11,29-32 expliziert: die Deutung des Schicksals Jonas im Sinne der Taufe und vor allem in Hinblick auf Tod und Auferstehung Jesu. Jonas Schicksal gilt hier als „Zeichen": Wie Jona drei Tage und Nächte im Bauch des Fisches verbracht hat, so verbleibt laut Mt 12,40 der „Menschensohn [nur] drei Tage und Nächte im Innern der Erde [d.h. im Grab]". Jonas Leben wird somit typologisch gedeutet – es nimmt den Tod (im Bild des Verschluckens seitens des Fisches) und die Auferstehung Jesu (Ausspeien) vorweg, präfiguriert sie bzw. deutet sie voraus. Allerdings wird Jonas Geschichte entsprechend der typologischen christlichen Aufnahme durch das Mysterium Jesu überboten:

„Hier aber ist einer, der mehr ist als Jona“ (Mt 12,41, vgl. Lk 11,32). Eine ähnliche Bildsymbolik des „Verschluckens“ und „Ausspeiens“ für Tod und Auferstehung bzw. Wiedergeburt enthalten bereits ältere Mythen (z.B. ägyptischer Provenienz). Zudem begünstigt die Wortwahl in Jon 2,3 und Jon 2,7, in der die Situation des Propheten als Sche‘ol expliziert wird, bereits die Assoziation auf den Tod, handelt es sich hierbei doch in erster Linie um das biblische Totenreich bzw. den Zustand des Todes. In der Kunst versinnbildlicht Jona daher besonders oft die Auferstehungshoffnung. Vor allem in der Grabkunst, in Katakomben und auf Sarkophagen, zählt er demgemäß zu den am häufigsten abgebildeten Personen der Hebräischen Bibel.

Hieronymus stellt schließlich in seinem Jona-Kommentar vor allem die vergleichbare Funktion und Heilstat Jonas und Jesu als Retter der Heiden besonders heraus, wobei der jüngere den älteren hierbei wiederum übertreffe. Neben dieser typologischen Zusammenschau von Jonas und Jesus verkörpert Jona, Hieronymus zufolge, aber auch den Inbegriff des „widerspenstigen Juden“ (Hieronymus, In Ionam III,1-5 u. IV,9-11).

Weiterführende Literatur

Traditionelle jüdische Kommentare in Übersetzung

- Midrasch: Midrasch de-Jona, in: August Wünsche, Aus Israels Lehrhallen II, Hildesheim 1967 (Adolf Jellinek, Bet ha-Midrasch).
- Rasch“i (online): http://www.chabad.org/library/bible_cdo/aid/16183.

Traditionelle christliche Kommentare in Übersetzung

- Hieronymus: Hieronymus, Commentarius in Ionam prophetam – Kommentar zu dem Propheten Jona, Übersetzt und eingeleitet von Siegfried Risse (Hg.), Turnhout 2003.
- Theodor von Mopsuestia: Charlotte Köckert, Der Jona-Kommentar des Theodor von Mopsuestia. Eine christliche Jona-Auslegung an der Wende zum 5. Jahrhundert (mit einer Übersetzung des Kommentars), in: Der problematische Prophet. Die biblische Jona-Figur in Exegese, Theologie, Literatur und Bildender Kunst, Johann Anselm Steiger, Wilhelm Kühlmann (Hg.), Berlin/Boston 2011, S. 1-38, Übersetzung: S. 21-38.
- Martin Luther, Der Prophet Jona ausgelegt (1526), in: Martin Luthers Werke. Kritische Gesamtausgabe (Weimarer Lutherausgabe XIX), Weimar 1897, S. 169-251.

Wissenschaftliche Literatur

- Beate Ego, The Repentance of Nineveh in the Story of Jonah and Nahum‘s Prophecy of the City‘s Destruction – A Coherent Reading of the Book of the Twelve as Reflected in the Aggada, in: Paul L. Redditt,

Aaron Schart (Hg.), Thematic Threads in the Book of the Twelve, Berlin 2003, S. 155-164.
- Arnold M. Goldberg, Jonas in der jüdischen Schriftauslegung, in: Bibel und Kirche 17 (1962), S. 17-18.
- Hayim Greenberg, Go to Nineveh, in: The Inner Eye. Selected Essays, Bd. 1, New York 1953, S. 57-61.
- Jörg Jeremias, Die Propheten Joel, Obadja, Jona, Micha, Göttingen 2007.
- Rüdiger Lux, Jona. Prophet zwischen „Verweigerung" und „Gehorsam", Göttingen 1994.
- Uriel Simon, Jona. Ein jüdischer Kommentar (Stuttgarter Bibelstudien), Stuttgart 1994.
- Hans Walter Wolff, Dodekapropheton 3. Obadja und Jona, (Biblischer Kommentar Altes Testament), Neukirchen-Vluyn ^{2}1991.
- Hans Walter Wolff, Studien zum Jonabuch, Neukirchen-Vluyn ^{3}2003.

Anmerkungen

[1] In der Septuaginta steht das Buch Jona zusammen mit den beiden weiteren, nicht datierten Prophetenschriften Jo'el und Ovadja hinter den zeitlich ins 8. Jahrhundert BCE verorteten, umfangreicheren Büchern Hosche'a, Amos und Mikha. Wäre die Anordnung allein nach quantitativem Kriterium erfolgt, müsste das Jonabuch mit vier Kapiteln jedoch den 21 Versen des Ovadja vorgeordnet sein. Als Abschluss des ersten Teils der Prophetenbücher steht es in der Septuaginta nun aber thematisch passend unmittelbar vor der Nachumschrift, die ebenfalls Gerichtsankündigungen gegen Ninive enthält. Im Gegensatz zur Jonaerzählung wird im Buch Nachum jedoch keine Buße seitens der Niniviten erwähnt. Es bietet somit keine Möglichkeit der Aufhebung des Vernichtungsurteils.

[2] Vgl. beispielsweise Elijas Flucht in die Einöde (1 Kön 19,3 und Jon 4,5) und seinen Wunsch zu sterben (1 Kön 19,4 und Jon 4,3.8) sowie einzelne Motive wie z.B. den Strauch, unter den sich Elija bzw. Jona jeweils setzen (רתם Ginster in 1 Kön 19,4-5 und קיקיון Rizinus laut Jon 4,6-10).

[3] Umkehr und die daraufhin mögliche Reue (!) Gottes bilden auch zentrale Themen der deuteronomistischen Jeremia-Überlieferung (vgl. z.B. Jer 18,8; 26,3-6 sowie Jon 3,10). Zudem scheint das Schicksal Jonas dem Leben Jeremias angeglichen worden zu sein: beide verweigern sich zunächst der göttlichen Bestimmung, erfahren Einsamkeit und wünschen sich den Tod. S. Jer 1,6-7; 15,10-21; 20,7-18; 26-29; 36-45.

[4] Hinsichtlich des Jo'elbuches lassen sich sogar wörtliche Übereinstimmungen feststellen: vgl. z.B. Jo 2,13b/Jon 4,2b (unter jeweiliger Bezugnahme auf Ex 34,6-7 s.u.) sowie Jo 2,14a und Jon 3,9a.

[5] Hier ist vor allem das Motiv des Verschlingens und Ausspeiens durch den großen Fisch zu nennen, das zumeist als Aufnahme eines (u.a.) ägyptischen Sonnenmythos verstanden wird. Der Untergang der Sonne wird diesem zufolge in den Bildern des Verschluckens durch einen Fisch oder seitens eines Drachens dar- und vorgestellt, der Sonnenaufgang entspricht schließlich dem Ausgespieenwerden derselben. Der Mythos symbolisiert zudem Tod und Leben, Abstieg in die Unterwelt sowie Geburt bzw. Wiederauferstehung.

[6] Während die heidnische Schiffsbesatzung zum Herrn betet, ihm Gottesfurcht, Opfer und Gelübde entgegenbringt (vgl. Jon 1,14.16), schläft Jona und betet erst im Bauch des Fisches – allerdings ein Dankgebet, keinen Klage- oder Bittpsalm. Vgl. auch die Bußbereitschaft der

Niniviten (Kap. 3) und Jonas anschließendes Hadern mit Gottes Aufhebung des Vernichtungsbeschlusses (Kap. 4).

[7] Das Buch Jona bildet zusammen mit Mi 7,18-20 die Haftara zum Minchagebet an Jom Kippur. Vgl. auch bMegilla 31a.

[8] Vgl. zu den unterschiedlichen Textzeugnissen in den Kodizes Alexandrinus und Vaticanus und dem Kodex Sinaiticus: Heinz-Josef Fabry, Nahum, Freiburg i. Br. 2006, S. 116.

[9] S. Uriel Simon, The JPS Bible Commentary: Jonah, Philadelphia 1999, S. IX.

[10] Ähnlich argumentieren in der Nachfolge Daniel al-Kumissi, Sa'adjah Gaon, Rasch"i, Joseph Kara, David Qimchi, Abraham bar Chija, Abravanel u.v.a.

8.6 | Mikha (Micha)

Der Name Mikha (Micha) (מיכה: „wer ist wie...“) stellt wahrscheinlich eine Kurzform dar, bei der das göttliche Bezugswort gekürzt worden ist. Für die Langform ist hier entweder El/Gott („Michael“: „Wer ist wie Gott/El“) oder eine Form von J' (so z.B in Jer 26,18: „Michajah“: „Wer ist wie J'“) hinzuzufügen.

Kontext

Das Buch Mikha bildet die sechste Prophetenschrift innerhalb der Tré Assar. Es steht somit zwischen den beiden Ninive-Prophetenbüchern Jona und Nachum. Michas Mahnungen richten sich jedoch an das eigene Volk bzw. an die Einwohner oder Repräsentanten Samarias, Jerusalems oder Judas (Mi 1,1), wobei der Prophet ihnen jeweils Unheil, letzterem alternierend auch Heil prophezeit.

Diese Anordnung der drei kleinen Prophetenbücher könnte in theologischer Hinsicht die uneingeschränkte göttliche Souveränität akzentuieren: Erbarmen oder Gericht für Ninive oder auch hinsichtlich seines eigenen Volks liegt gänzlich in Gottes Hand und Ermessen.

Innerhalb der Septuaginta folgt das Mikhabuch – wohl aufgrund seines Umfangs und seiner Datierung – in unmittelbarem Anschluss an die Bücher Hosche‘a und Amos.

Historische Einordnung

Der Überschrift zufolge lebte der Prophet in der zweiten Hälfte des 8. Jahrhunderts BCE (vgl. auch Jer 26,17-19) und gilt somit als jüngerer Zeitgenosse der Propheten Amos, Hosea und Jesaja. In diese Zeit passt auch die Ankündigung der Zerstörung Samarias zu Beginn des Buches (Mi 1,6-7), die 722/21 BCE mit der assyrischen Eroberung eingetroffen ist. Weitere Prophetensprüche und redaktionelle Eingriffe stammen wahrscheinlich aus neubabylonischer, persischer, vielleicht sogar hellenistischer Zeit, setzen somit zusätzlich die Zerstörung Jerusalems, das Babylonische Exil und die nachexilische Restitution voraus.

Laut Einführungsformel stammt der Prophet Micha aus Moreschet(-Gat), einem südwestlich von Jerusalem gelegenen Ort. Obwohl Micha nicht näher charakterisiert ist – weder der Name seines Vaters, der väterliche oder sein eigener Beruf noch ein Berufungsbericht werden erwähnt – wird er zumeist der gebildeten bzw. begüterten landjudäischen Oberschicht zugerechnet. Nichtsdestotrotz scheint er bzw. scheinen die Verfasser und Redaktoren des Buches auch mit den soziokulturellen Verhältnissen, Rechts- und Kulttraditionen in Jerusalem vertraut.[1]

Aufbau

Mi 1,1	Überschrift und prophetische Einführung
Mi 1,2-2,11	Anklage und Unheilsankündigung/Gericht gegen Samaria, Jerusalem, Israel
Mi 2,12-2,13	Heilsverheißung (Sammlung: ganz Jakob, Rest Israels)
Mi 3,1-3,12	Anklage und Unheilsandrohung/Gericht gegen korrupte Führungsschicht
Mi 4,1-5,14	Heilsverheißung (Zion, Restitution Israels)
Mi 6,1-7,7	Anklage und Gerichtsandrohung gegen Israel
Mi 7,8-7,20	Heilsverheißung

Wichtige Themen und Texte

In seiner vehementen Kritik an den sozialen Verhältnissen in Israel/Juda ähnelt das Buch Mikha dem ältesten Prophetenbuch Amos. Wie im Vorgängerwerk wird vor allem die wirtschaftliche, politische und geistige Führungsschicht[2] angeklagt, die sozial Schwächeren der Gesellschaft[3] zu unterdrücken und keine solidarische Schutzfunktion auszuüben, sondern jegliche Rechtsordnung zu korrumpieren. Die Gewalttaten werden dabei sehr drastisch im Sinne des Kannibalismus am eigenen Volk beschrieben. Entsprechend drakonisch gestalten sich auch die Gerichtsandrohungen: Den Häuptern Jakobs und Richtern des Hauses Israel werde die Haut abgezogen und das Fleisch von den Knochen gerissen (Mi 3,1-3). Lediglich die bisherigen Opfer repräsentierten laut Mi 3,3.5 nunmehr das Volk Gottes, während „die Häupter Jakobs und Richter aus dem Haus Israel“ von Gott zur Rechenschaft gezogen würden und die angekündigte Zerstörung Jerusalems bzw. Zions aufgrund des von ihnen begangenen Unrechts zu verantworten hätten.

Wie in den Büchern Amos und Jeschajahu fungiert Mischpat)משפט), „Recht“, als Schlüsselbegriff. Die Nichteinhaltung oder mangelnde Umsetzung desselben bildet dann auch die Grundlage für den Rechtsstreit (ריב: *riv*) Gottes mit Israel (Mi 6,2). Während Gott seinem Volk stets treu und rettend zur Seite stand (vgl. z.B. Mi 6,4-5), habe Israel sich nicht an seinen Teil der Bündnisverpflichtung gehalten. Diese bestand in der Beachtung der göttlichen Verordnungen, welche ihm explizit eingeschärft worden seien: „Es ist dir gesagt worden, Mensch, was gut [ist] und was der Herr von dir fordert: nur Recht tun, Güte/Barmherzigkeit/Treue/ Gemeinschaftssinn [חסד; *chessed*] lieben und demütig wandeln [הצנע לכת] mit deinem Gott.“ (Mi 6,8)

Da Gott von seinem Volk aber insbesondere die Einhaltung der ethischen Sozialnormen und Treue gefordert habe, könnten selbst die größten Opfer (Mi 6,7) die Verfehlungen nicht sühnen und entsprächen nicht dem, was Gott erwarte. Die Zerstörung Jerusalems wird somit als Vergeltung für jene Rechtsvergehen angekündigt, in diesem Sinne begründet und als unumgängliche Konsequenz dargestellt. Eine Möglichkeit der Abwendung der Katastrophe wird dabei offenbar nicht in Erwägung gezogen und somit auch nicht explizit zur Umkehr aufgerufen.

Das Buch Mikha enthält aber auch Heilsverheißungen. Mi 2,12-13 verweist auf einen Rest Israels (nach dem Exil), der von Gott gesammelt und dem er als König bei der Rückführung vorangehen werde. Dem aus Hinkenden (vgl. Zeph 3,19) und Schwachen bestehenden Rest wird in Mi 4,7 verheißen, (wieder) zu einem mächtigen Volk zu werden, wobei Gott selbst auf ewig auf dem Zion gegenwärtig sein und von dort aus über sein Volk herrschen werde.

Auch weitere Heilsverheißungen beziehen sich im Buch Mikha auf den Zion und entsprechen theologischen und eschatologischen Vorstellungen wie sie ebenfalls in den sog. Zionspsalmen Ps 46; 48; 76 oder im Buch Jeschajahu (Jes 2,2-5) vertreten sind: Zum Zion werden die Völker in einer eschatologischen Wallfahrt ziehen (Mi 4,2; 7,11), denn von dort wird die Weisung ausgehen (Mi 4,2). An jenem Ort werde der Herr Recht sprechen und Frieden stiften, so dass Schwerter in Pflugscharen/Pflüge, Lanzen in Winzermesser umgeschmiedet würden (Mi 4,3; s. die nahezu wörtliche Parallele zwischen Mi 4,1-3 und Jes 2,2-4). Der Zion wird schließlich auch Schutz vor dem endzeitlichen Ansturm der Völker verleihen (Mi 4,9-13), welche zuletzt auf diesem heiligen Berg gerichtet würden. Eine wichtige Funktion kommt in diesem angekündigten Geschehen einem wie David aus Bethlehem stammenden künftigen Herrscher (Mi 5,1-5) zu. Er soll als Hirt und Regent über das restituierte Friedensreich Israel herrschen.

Wirkungsgeschichte

In der jüdischen Tradition

Innerbiblisch verweist Jer 26,18-19 explizit auf den Propheten Micha von Moreschet zur Zeit des judäischen Königs Hiskija. Dies geschieht im Kontext einer Anklage gegen Jeremia, weil er im Auftrag und Namen Gottes die Zerstörung des Tempels und Jerusalems prophezeit habe (Jer 26,2-7). Einige der Ältesten erinnern zu seiner Entlastung und Legitimation der Jirmejahu-Stelle zufolge an Micha, der bereits zuvor im Namen des Herrn die Zerstörung Zions, Jerusalems bzw. des Tempelberges (Mi 3,12) angekündigt habe, ohne deshalb vom König hingerichtet worden zu sein.

In der Talmudstelle bMakkot 24a werden die drei Forderungen in Mi 6,8 („Recht [*mischpat*] tun/verwirklichen, Güte/Barmherzigkeit/Treue [*chessed*] lieben, und demütig wandeln [הצנע לכת] mit deinem Gott") als Essenz der 613 Gebote gedeutet und anderen Zusammenfassungen der Tora gegenübergestellt, welche eine Quintessenz von elf Geboten bis zu einem einzigen Gebot herausstellen. Laut bSukka 49b konkretisiert Rabbi Eleasar die drei angeführten Forderungen, indem er sie jeweils auf zwischenmenschliche Gebote bzw. Verhaltensweisen anwendet: „Recht tun/verwirklichen“ identifiziert er mit dem Recht, Güte beziehe sich auf das „Erweisen von Liebesdiensten“ und „demütig wandeln mit deinem Gott“ auf das (letzte) Geleit eines Toten bei der Bestattung sowie das Führen einer Braut unter den Hochzeitsbaldachin.

Liturgische Relevanz erhielten vor allem die Verse Mi 7,18-20.[4] Sie bilden einen Teil der Haftara zu Schabbat Schuva (nach dem sefardischen Ritus) und den Abschluss der Haftara zu Mincha (Nachmittagsgebet) am Jom Kippur. Darüber hinaus werden sie neben weiteren Bibelversen während der Taschlich-Zeremonie rezitiert. Dieser Brauch, am Nachmittag des ersten Tages von Rosch ha-Schana an einem Fluss die Taschen der Kleider auszuleeren, um die Übertragung von Sünden und Unreinheit zu versinnbildlichen, leitet sich von Mi 7,19b ab: „Und du wirfst)ותשליך *we-taschlikh*) in die Meerestiefen alle ihre (andere Version: unsere) Sünden“.

In der christlichen Tradition

Christologisch bedeutsam wurde vor allem die im Neuen Testament mit Mi 5,1 begründete messianische Prämisse, der künftige Friedensherrscher werde wie David aus Bethlehem stammen. Folglich ist auch die Geburt Jesu von Nazareth in den jeweils ersten beiden Kapiteln des Matthäus- und Lukasevangeliums in Bethlehem lokalisiert und wird narrativ plausibilisiert (Heimatort Josefs, Volkszählung). Explizit schlussfolgert der Verfasser des Matthäusevangeliums dann nach Aufnahme der Mikhastelle im Sinne des Christusgeschehens, Bethlehem sei *keineswegs* die unbedeutendste unter den führenden Städten von Juda, werde doch aus ihr ein Fürst hervorgehen, der Hirt des Volkes Israel (Mt 2,6).

Zudem überliefert das Matthäusevangelium (Mt 10,35) offensichtlich eine Jesus zugeschriebene provokante Aufnahme eines Mikhaverses. Während jedoch die angeführte Verachtung des Sohnes gegenüber dem Vater, die Gegnerschaft zwischen Schwiegertochter und Schwiegermutter bzw. unter Hausgenossen in Mi 7,6 als Warnung fungiert, angesichts des Gerichts niemandem außer Gott zu vertrauen, bezeichnet Jesus sich selbst laut Mt 10,34-36 als denjenigen, der diese Entzweiung bewirkt. Nicht sei er gekommen, Frieden zu bringen, sondern das Schwert (Mt 10,34). Von seiner Jüngerschaft erwarte er eine entsprechend rigorose Entscheidung für ihn bzw. eine Nachfolge, die Entzweiung und Absonderung von den nächsten Angehörigen in Kauf nimmt (vgl. Mt 10,37-39).

Schließlich bezieht Paulus den Gedanken des heiligen Restes (Mi 5,6) auf einen aus Gnade erwählten Rest (Röm 11,1-10).

Weiterführende Literatur

Traditioneller jüdischer Kommentar in Übersetzung

- Rasch"i (online): http://www.chabad.org/library/bible_cdo/aid/16187.

Traditionelle christliche Kommentare in Übersetzung

- Theodoret of Cyrus: Commentary on the Prophets Vol 3: Commentary on the Twelve Prophets, Brookline 2007.
- Martin Luther: Johann G. Walch (Hg.), Dr. Martin Luthers sämtliche Schriften / 14, Vorreden, historische und philologische Schriften: (Das „Passional" mit Illustrationen); Als Ergänzung des 6. Bd.: Auslegung des Alten Testaments (Schluß); Auslegungen über die Propheten Obadja bis Maleachi, Reprint der zweiten Auflage, Gross Oesingen 1987.

Wissenschaftliche Literatur

- Roland Gradwohl, Bibelauslegungen aus jüdischen Quellen, 2 Bde., Stuttgart ^{2}1995.
- Jörg Jeremias, Die Propheten Joel, Obadja, Jona, Micha (Altes Testament Deutsch), Göttingen 2007.
- Rainer Kessler, Micha (Herders Theologischer Kommentar zum Alten Testament), Freiburg i.Br. u.a. ^{2}2000.
- Robert Oberforcher, Das Buch Micha (Neuer Stuttgarter Kommentar Altes Testament), Stuttgart 1995.
- Helmut Utzschneider, Micha (Zürcher Bibelkommentar), Zürich 2005.
- Hans Walter Wolff, Dodekapropheton 4. Micha (Biblischer Kommentar Altes Testament), Neukirchen-Vluyn ^{3}2004.

Anmerkungen

[1] Vgl. Hans Walter Wolff, Dodekapropheton 4. Micha, Neukirchen-Vluyn ^{3}2004, S. XV.
[2] Aufgeführt werden die reichen Grundbesitzer (Mi 2,1-3 vgl. Jes 5,8), die politische (Mi 3,1-4.9-12) und geistige Führungsschicht (Mi 3,5-8, vgl. Mi 3,11).
[3] Kleinbauern in Mi 2,2; Frauen und Kinder laut Mi 2,9; Arme in Mi 2,10.
[4] Eine weitere Haftara bildet die Passage Mi 5,6-6,8.

8.7 | Nachum (Nahum)

Der hebräische Name נחום (*nachum*: „Tröster") leitet sich wahrscheinlich von der Langform נחמיה (*Nechem-Ja*: „J'/der Herr tröstet" oder von נחמאל (*Nechem-El*: „Gott tröstet") ab und wird in der Septuaginta als Naoum wiedergegeben.

Kontext

Im siebten Buch der kleinen Propheten bildet wiederum Ninive bzw. die Drohbotschaft an die neuassyrische Metropole das Hauptthema. Hier wird jedoch im Gegensatz zum Buch Jona weder eine Buße der Niniviten noch eine anschließende Verschonung derselben erwähnt oder in Betracht gezogen. Stattdessen beschreiben rigorose Bilder den dramatischen Untergang der Stadt. Der Kontrast zwischen den beiden Prophetenschriften ist in der Septuaginta noch augenscheinlicher, da das Buch Nachum hier dem Buch Jona unmittelbar folgt.

Intertextuelle Bezüge im Sinne von Leitwortverknüpfungen sind aber auch hinsichtlich des in der Hebräischen Bibel vorangestellten Mikhabuchs zu konstatieren. Vor allem zwischen dem Ende des Mikha- und dem Anfang des Nachumbuches können terminologische und inhaltliche Parallelen oder Adaptionen konstatiert werden: Mi 7,18-20 schließt mit dem Akzent auf Gottes Erbarmen, das er seinem Volk bzw. dessen übrig gebliebenem Rest wieder erweisen werde und auch Nah 1,3 erwähnt die Langmütigkeit des Herrn diesem gegenüber, während er mit Macht und Härte gegen die feindlichen Völker vorgehen werde (Nah 1,2-8). Letzteres entspricht wiederum den Ausführungen zur Beschämung und Bestrafung der Völker in Mi 7,11-17.

Noch größere Anklänge lassen sich zwischen den Büchern Nachum und Chavaquq feststellen. Die Fülle der Querbezüge und Stichwortassoziationen[1] sowie der Sachverhalt, dass sich das Buch Chavaquq schon in allen bekannten antiken Textausgaben an das Buch Nachum anschließt, haben dazu geführt, entweder eine direkte literarische Abhängigkeit oder eine gemeinsame redaktionelle Überarbeitung anzunehmen oder sogar eine Zweiprophetenrolle zu postulieren,[2] welche später in die Tré Assar eingebunden worden ist.

Historische Einordnung

Das Buch Nachum gehört zu den Prophetenschriften, die keine expliziten Angaben oder Hinweise hinsichtlich der zeitlichen Einordnung des angeführten Propheten bzw. seiner Prophetie enthalten. Lediglich die zentrale Ninive-Thematik bietet einen gewissen Anhaltspunkt, setzt man voraus, dass hier – zumindest zu einem Teil – auf die historische neuassyrische Hauptstadt (seit dem 8. Jahrhundert BCE) bzw. auf deren bevorstehende oder bereits eingetretene Eroberung (612 BCE) Bezug genommen wird. Da zumeist tatsächlich ein neuassyrischer Kontext postuliert wird, besteht weitgehender Konsens, das öffentliche Wirken Nahums bzw. die Entstehung der gleichnamigen Schrift in das 7. Jahrhundert BCE zu datieren. Zumeist wird noch eine weitere Eingrenzung während des Zeitraums zwischen dem Fall Thebens im Jahr 663 BCE und dem Fall Ninives (612 BCE) vertreten. Dies setzt eine Identifizierung des in Nah 3,8-10 angeführten No-Amon mit Theben voraus.

Vom Propheten Nahum selbst erfahren die LeserInnen der Schrift abgesehen von der überlieferten Botschaft lediglich, dass er ein Elkoschite war, d.h. wahrscheinlich aus einem Ort namens Elkosch stammte. Dieser Ort ist jedoch nicht mehr sicher lokalisierbar. Die Vorschläge reichen von einer Verortung in Mesopotamien (in der Nähe von Mossul bzw. Ninive) bis hin zu einer galiläischen oder einer – zumeist bevorzugten – judäischen Lokalisation.

Aufbau

Nah 1,1	Überschrift
Nah 1,2-1,8	Hymnus: Gottes Zorn und Vorgehen gegen seine Feinde (Akrostichon)
Nah 1,9-2,1	Drohwort: Gericht gegen Gegner Gottes und Judas
Nah 2,2-2,14	Drohwort: Vernichtung Ninives
Nah 3,1-3,19	Drohwort: Strafe/Ergehen Ninives

Bei Hinzunahme der Gliederung des folgenden Buches Chavaquq lässt sich eine konzentrische Anordnung konstatieren:

Nah 1	Theophanie
Nah 2 – 3	Gerichtandrohung gegen Ninive bzw. die Assyrer
Hab 1 – 2	Gerichtsandrohung gegen die Babylonier
Hab 3	Theophanie

Wichtige Themen und Texte

Erstaunlich vehement, drastisch und mitleidlos kündet das Buch Nachum den Untergang der Stadt Ninive bzw. der Assyrer an und visualisiert diesen detailliert und anschaulich in verschiedenen furchterregenden, bizarren Bildern, Umschreibungen und Worten. Gott selbst werde jene im Kampf zerschmettern (Nah 2,2), der junge Löwe (der assyrische König bzw. Königssohn oder die Assyrer insgesamt) werde mit dem Schwert getötet (Nah 2,14), die Krieger werden vom Feuer und Schwert wie von einem Heuschreckenschwarm gefressen werden (Nah 3,15). Mit dem drastischen Bild der Entblößung und Preisgabe zur Schmähung der frevlerischen Dirne als Metapher für das sündige (andere Götter/Götzen verehrende) Volk lehnt sich Nah 3,5-6 dann an ein auch in Jer 13,26-27, Hos 2,4-5 sowie in Ez 16,37-38 enthaltenes Sinnbild an, das dort allerdings auf Jerusalem bzw. Juda bezogen war.

Den Drohworten und Ausführungen zur Vernichtung Ninives geht ein in Sprache, Aufbau, Stil und Inhalt dem Psalter ähnelnder Hymnus voraus, der als alphabetisches Akrostichon[3] komponiert ist. In ihm wird das machtvolle Eingreifen Gottes im Kontext einer Theophanie geschildert. Als eifernder und zorniger Gott verfolge und vernichte er seine Feinde, wie in eindrucksvollen und sprachgewaltigen Bildern dargestellt bzw. inszeniert wird: Er kommt in/mit einem gewaltigen Sturm (Nah 1,3), verursacht das Versiegen von Flüssen und Meeren (Nah 1,4), das Verwelken der Vegetation (Nah 1,4), das Beben der Erde (Nah 1,5-6) und wird in seiner Zerstörungstat mit einem verheerenden Feuer und einer reißenden Flut verglichen (Nah 1,6.8). Das Präludium stellt die nachfolgend thematisierte Vernichtung der Weltmacht Assyrien zugleich in einen kosmischen Rahmen, wirkt sie sich doch auf die gesamte Schöpfung aus. Entsprechend wird auf die göttliche Schöpfermacht und Weltherrschaft verwiesen, welche die irdische Macht der Assyrer übertreffe: Wie diese gegen andere und besonders das Volk Gottes zerstörerisch vorgegangen seien, so würden jene nun selbst vernichtet werden.

In der konzeptuell angelegten Identifikation der Niniviten mit den Feinden Israels bzw. Gottes wird ihre Niederlage sodann als Wiederherstellung einer gerechten Weltordnung dargestellt: mit den strafenden Vergeltungsmaßnahmen gegen die einen geht die Hilfe und Rettung derer einher, die bei Gott Zuflucht und Schutz suchen (Nah 1,7). Neben der inhaltlichen Nähe des beschriebenen vergeltenden Eingreifens Gottes gegen Frevler und Unterdrücker zugunsten seiner bedrängten Getreuen klingt auch terminologisch mit dem Begriff des Tages der Not/Bedrängnis (יום צרה) der bereits u.a. aus der Prophetie der Bücher Amos, Jo'el oder Ovadja bekannte Topos des Tags des Herrn an.

Wirkungsgeschichte

In der jüdischen Tradition

In der kanonischen Anordnung erscheint das Buch Nachum als direkter Gegenentwurf zu der in den Tré Assar an früherer, fünfter Stelle vorangestellten Jona-Schrift. Unter Berücksichtigung der tatsächlichen historischen Abfolge ist dagegen eher eine umgekehrte Einflussnahme anzunehmen. Der Targum thematisiert die divergente Ausrichtung der beiden Schriften und erläutert die Abfolge der Bücher mit der Erklärung, die im Buch Jona beschriebene Umkehr der Niniviten sei nur temporär oder vordergründig gewesen.

Darüber hinaus enthält der Targum Pseudo-Jonathan bereits eine aktualisierende Interpretation des Textes, wenn die in Nah 1,8 erwähnten Gegner bzw. Feinde Gottes in die Zeit der Zerstörung des zweiten Tempels (70 CE) verortet werden. Auch der Historiker Flavius Josephus zitiert eine Drohrede gegen Ninive (Nah 2,9-14) und deutet Ninive in diesem Zusammenhang als Chiffre für das zeitgenössische Rom (Antiquitates Judaicae IX 239-242).

Besondere Aufmerksamkeit erhält das Buch vor allem in der apokalyptisch-aktualisierenden Kommentarliteratur der Qumrangemeinde. Der wahrscheinlich aus der Mitte des 1. Jahrhunderts BCE stammende Pescher zum Nachum-Buch, 4Q Pescher Nachum (4QpNah oder 4Q169), bietet einen weitgehend erhaltenen fortlaufenden Kommentar zur Prophetenschrift. Gemäß der in den Pescharim überlieferten qumranspezifischen Auslegung der Prophetenbücher werden die Inhalte des biblischen Textes im Pescher Nachum als Prophezeiungen für die Gegenwart oder der nahen Zukunft der Qumrangemeinde gedeutet und somit auf unmittelbar bevorstehende historische oder zeitgeschichtliche Verhältnisse transferiert. So werden beispielsweise die Feinde Gottes und Israels im Pescher mit den zeitgenössischen Kontrahenten der Qumrangemeinschaft identifiziert: Ninive gilt ihnen konkret als Chiffre für die pharisäischen Gegner, deren Umkehr oder „Bekehrung" noch nicht völlig ausgeschlossen wird, während No-Amon, die Sadduzäer, bereits besiegt seien und keine Chance mehr auf Rettung hätten. Der raubende und mordende Löwe in Nah 2,12-14 wird auf Alexander Jannäus gedeutet, von dem Flavius Josephus berichtet, er habe infolge eines pharisäisch-seleukidischen Aufstands Massenkreuzigungen angeordnet.[4] Mit dem bald oder bereits geretteten Juda identifizieren sich die Gemeindemitglieder schließlich selbst.

Das in dieser Weise decodierte Nachumbuch erhält folglich den Charakter einer Kampfschrift für die apokalyptische Endschlacht der Kinder des Lichts (der Qumrangemeinde) gegen die Kinder der Finsternis, deren Ausgang bereits im Buch Nachum prophezeit worden sei. Alle Ereignisse und Schicksale der Beteiligten in der als Endzeit verstandenen Gegenwart gelten der Qumrangemeinde somit als vorherbestimmt, so dass der Bibeltext (Nah 2–3) als Bestärkung und Appell für ihren apokalyptischen Endkampf – das erste Kapitel darüber hinaus als Trostbuch – gelesen wird.

In der gesamten rabbinischen Überlieferung kommt dem Buch Nachum dagegen lediglich eine untergeordnete Rolle zu.

In der christlichen Tradition

Im Neuen Testament hat das Buch Nachum ebenfalls keine eindeutigen Spuren hinterlassen. Gelegentlich wird eine Aufnahme des Motivs des Freudenbotens oder des Verkündigers des Friedens (Nah 2,1, aber auch Jes 52,7) in Apg 10,36, in Röm 10,15 oder Eph 6,15 angenommen oder ein Nachhall der Buhlerin in Nah 3,4 hinsichtlich des Bildes der Hure Babylons in der Offenbarung des Johannes (beispielsweise in Offb 17) expliziert. Des Weiteren könnten die Ausführungen zum Endgericht in Offb 9,21-22; 17,2 und 18,23 oder zum göttlichen Zorngericht (Joh 3,36, Röm 1,18 u.ö.) ein Echo der Prophetie Nahums darstellen.

Auch in der späteren christlichen Literatur und Liturgie kommt dem Buch Nachum keine wesentliche Bedeutung zu. Allerdings verfasste Hieronymus 393 CE u.a. einen Kommentar zu dieser Prophetenschrift.

Weiterführende Literatur

Traditionelle jüdische Kommentare in Übersetzung

- Rasch"i (online): http://www.chabad.org/library/bible_cdo/aid/16194.
- David Qimchi: Der Kommentar des David Kimchi zum Propheten Nahum, Walter Windfuhr (Hg.), Gießen 1927.

Traditionelle christliche Kommentare in Übersetzung

- Theodoret of Cyrus: Commentary on the Prophets Vol 3: Commentary on the Twelve Prophets, Brookline 2007.
- Martin Luther: Johann G. Walch (Hg.), Dr. Martin Luthers sämttliche Schriften 14, Vorreden, historische und philologische Schriften: (Das „Passional" mit Illustrationen); Als Ergänzung des 6. Bd.: Auslegung des Alten Testaments (Schluß); Auslegungen über die Propheten Obadja bis Maleachi, Reprint der zweiten Auflage, Gross Oesingen 1987.

Wissenschaftliche Literatur

- Walter Dietrich, Nahum/Nahumbuch, in: Theologische Realenzyklopädie, Bd. 23, Berlin 1994, S. 737-742.
- Duane L. Christensen, Nahum. A New Translation with Introduction and Commentary (The Anchor Yale Bible Commentaries), New Haven 2009.
- Beate Ego, The Repentance of Nineveh in the Story of Jonah and Nahum's Prophecy of the City's Destruction – A Coherent Reading of the Book of the Twelve as Reflected in the Aggada, in: Paul L. Redditt und Aaron Schart (Hg.), Thematic Threads in the Book of the Twelve, Berlin 2003, S. 155-164.
- Heinz-Josef Fabry, Nahum (Herders Theologischer Kommentar zum Alten Testament), Freiburg i. Br. 2006.
- Heinz-Josef Fabry, Die Nahum- und Habakuk-Rezeption in der LXX und in Qumran, in: Erich Zenger (Hg.), „Wort JHWHs, das geschah..." (Hos 1,1). Studien zum Zwölfprophetenbuch, Freiburg u.a. 2002, S. 159-190.
- David Flusser, Pharisäer, Sadduzäer und Essener im Pescher Nahum (hebr. 1970), in: Karl Erich Grözinger u.a. (Hg.), Qumran, Darmstadt 1981, S. 121-166.
- Rainer Kessler, Nahum-Habakuk als Zweiprophetenbuch. Eine Skizze, in: Erich Zenger (Hg.), „Wort JHWHs, das geschah..." (Hos 1,1). Studien zum Zwölfprophetenbuch, Freiburg i. Br. 2000, S. 149-158.
- Lothar Perlitt, Die Propheten Nahum, Habakuk, Zephanja (Altes Testament Deutsch), Göttingen 2004.
- Klaus Seybold, Profane Prophetie. Studien zum Buch Nahum, Stuttgart 1989.

- ders., Nahum, Habakuk, Zephanja (Zürcher Bibelkommentare), Zürich 1991.
- Yigael Yadin, Pescher Nahum (4QpNahum) erneut untersucht, in: Karl Erich Grözinger u.a. (Hg.), Qumran, Darmstadt 1981, S. 167-184.

Anmerkungen

[1] Hierzu vermerkt Fabry: „Unverkennbare Bezüge liegen in Nah 1,4 und Hab 3,8ff.; Nah 1,5 und Hab 3,6.10; Nah 1,7 und Hab 3,16; Nah 2,4f. und Hab 1,8 f.; Nah 3,1f. und Hab 2,12 vor. Beide Buchüberschriften sind zudem identisch gebildet und beide Bücher haben die Grausamkeit der Mesopotamier zum Thema. Eine poetisch-strukturelle Zuordnung beider Bücher ergebe sich aus der chiastischen Anordnung der Hymnen in Nah 1 gegenüber Hab 3 (große Ähnlichkeiten in der Theophanie-Motivik in Nah 1,3b-6 und Hab 3,3-15) sowie der Zweiteilung der Spracheinheiten Nah 2–3 und Hab 1–2, wodurch sich beide Bücher als eine literarische Einheit auszeichneten [...].“ Heinz-Josef Fabry, Nahum, Freiburg i. Br. 2006, S. 100-101.

[2] Eine solche erwägt Kessler: s. Rainer Kessler, Nahum-Habakuk als Zweiprophetenschrift. Eine Skizze, in: Wort JHWHs, das geschah...“ (Hos 1,1). Studien zum Zwölfprophetenbuch, Erich Zenger (Hg.), Freiburg u.a. 2002. S. 149-158; vgl. auch Konrad Schmid, Hintere Propheten (Nebiim), in: Jan Chr. Gertz (Hg.), Grundinformation Altes Testament, Göttingen [4]2010, S. 313-412, hier S. 399.

[3] Der jeweilige Beginn der Verse ab Nah 1,2 mit dem nachfolgenden Buchstaben des hebräischen Alphabets endet allerdings bereits mit dem elften Buchstaben (כ), nicht erst mit dem letzten des Aleph-Bets.

[4] Vgl. 4Q169, I,5-7; Flavius Josephus Ant. XIII, 372-383 und Bellum I, 88-98.

8.8 | Chavaquq (Habakuk)

Der Name des Propheten und des gleich lautenden Buches, Chavaquq/Habakuk (חבקוק), in der Septuaginta Ambak(o)um, leitet sich vielleicht aus dem Akkadischen ab und bezeichnet in diesem Fall eine wohlriechende Pflanze (vielleicht: Minze). Im Hebräischen könnte der Name darüber hinaus auf die Wurzel חבק (*chavaq)* zurückgehen: „umarmen, liebkosen".

Kontext

Als achte Prophetenschrift innerhalb der Tré Assar steht Chavaquq zwischen den Büchern Nachum und Zephanja. Die vielfältigen Parallelen sowie die thematischen und terminologischen Bezüge zum vorangehenden Buch Nachum wurden bereits im vorherigen Kapitel detailliert ausgeführt. Exemplarisch seien hier noch einmal die Ankündigung der göttlichen Vergeltung der Unterdrückung seitens der Israel beherrschenden mesopotamischen Mächte (Assyrer bei Nachum, Chaldäer bzw. Neubabylonier im Buch Chavaquq) genannt sowie die Schilderung des Eingreifens Gottes zugunsten seines Volkes. Die intertextuellen Bezüge erscheinen derart signifikant, dass sogar eine gemeinsame Redaktion zu einer Zweiprophetenrolle vor Aufnahme in den Kanon der Prophetenbücher angenommen worden ist.[1]

Auch zur nachfolgenden Schrift, dem Buch Zephanja, bestehen zahlreiche thematische und begriffliche Übereinstimmungen (v.a. hinsichtlich Hab 3 und Zeph 1).

Historische Einordnung

Die Angaben zur Person des Propheten und zur historischen Einordnung seiner Prophetie bzw. seiner Schrift sind äußerst rar innerhalb des Prophetenbuchs. Als einziger zeitgeschichtlicher Orientierungspunkt könnte die Erwähnung der in Hab 1,6 als bekannt vorausgesetzten und vorhergesagten *Kasdim*)כשדים), die Chaldäer bzw. Babylonier, genannt werden. Folglich variieren die Thesen zur zeitlichen Einordnung des Propheten und der zugehörigen Schrift und reichen vom Beginn des 7. Jahrhunderts BCE bis ins 4. Jahrhundert BCE. Einer rabbinischen Tradition im Midrasch Seder Olam Rabba (SOR 20) zufolge, welche auch Rasch"i rezipiert, habe Habakuk zur Zeit des Königs Manasse (698-642 BCE) gewirkt. Andere verorten die ursprüngliche Prophetie aufgrund der Nähe zum frühen Jeremia in die zweite Hälfte des 7. Jahrhunderts BCE, konkret um 630 BCE (z.B. Seybold, Otto sowie Jöcken).

Vertreter einer diachronen Entstehungshypothese nehmen eine spätere (erste) Aktualisierung der Botschaft Habakuks – entweder seitens des Propheten selbst oder seines Schülerkreises – zur Zeit der aufkommenden neubabylonischen Bedrohung bzw. während des Babylonischen Exils an, wobei die Invasoren demnach mit den Neubabyloniern identifiziert werden.[2] Andere lokalisieren den Propheten gleich in die Zeit der aufstrebenden babylonischen Vorherrschaft, d.h. ca. zwischen 612 und 597 BCE,[3] während die Endredaktion des Buches des Öfteren im 4. Jahrhundert BCE[4] bzw. in hellenistischer Zeit[5] vermutet wird. Vor allem die universale Perspektive, wie sie in Hab 3 zu finden ist, wird dann einer späteren Bearbeitung zugeschrieben.[6]

Aufbau

Teil I	
Hab 1,1-2,4	Klagen und göttliche Antworten
Hab 2,5-2,20	Weherufe hinsichtlich der Unterdrücker
Teil II	
Hab 3,1-3,19	Gebet hinsichtlich eines Eingreifens Gottes

Wichtige Themen und Texte

In Klagen, die in Sprache, Gestaltung sowie Inhalt an Klagen innerhalb der Tehillim oder bei Jirmejahu erinnern, und mittels – bereits aus dem Amosbuch bekannten – Weherufen, erhebt der Prophet Habakuk schwere Vorwürfe angesichts ungerechter und gewalttätiger sozialer Verhältnisse (v.a. Hab 1,3-4; 2,5-17). Wie zuvor Amos oder Micha kritisiert er diese mit besonderer Schärfe und Prägnanz. So prangert beispielsweise Hab 2,5-7 die Gewinnsucht und Ausbeutung von Wucherern und Plünderern an, in Hab 2,15-16 wird zudem die Beschämung anderer aus Rache und Zorn kritisiert. Darüber hinaus verurteilt der Prophet ebenso wie Hosea, Jesaja oder Jeremia die kultische Verehrung von leblosen Götzenbildern (Hab 2,18-19).

Wie bereits im Jirmejahubuch die Neubabylonier oder die Assyrer im Buch Jeschajahu, werden fremde Mächte als Strafwerkzeug Gottes verstanden: Gott selbst erwecke das schonungslose und ungestüme Volk, um das Gericht an Israel zu vollziehen (Hab 1,12). Allerdings wird auch dieses wegen seiner enthemmten, maßlosen Grausamkeit, Hybris und Gottlosigkeit letztlich vom Ewigen zur Rechenschaft gezogen und bestraft werden (Hab 1,11). Auf die Frage hin, wie der Herr Unterdrückung und Mord seitens der Ruchlosen zulassen könne (Hab 1,12-17), verweist eine zweite Prophezeiung auf einen unbekannten, aber festgelegten künftigen Zeitpunkt, auf den Unterdrückte bzw. Gerechte warten und ihre Hoffnung setzen sollen (Hab 2,2-3). Diese Weissagung ist mit der Verheißung verbunden, dass der Gerechte im Gegensatz zum vermessenen, nicht rechtschaffenen Menschen aufgrund seiner Treue, seines Glaubens und Festhaltens (an Gott) am Leben bleiben werde (Hab 2,4).

Im nachfolgenden Psalmengebet wird sodann die künftige Theophanie des Herrn, sein Kommen und sein machtvolles Eingreifen auf Erden, eindrücklich vor Augen gestellt. Bei einem kosmischen Kampf gegen Gewalten der Natur (Chaoskampf) und feindlicher Völker befreit er – in Anlehnung an Schöpfungstermini und an die große Befreiungstat am Roten Meer (Ex 15) geschildert – sein Volk bzw. seinen Gesalbten und vernichtet dessen Feinde und Unterdrücker. Diese Ankündigung des bevorstehenden Tags der Not für die Israel bedrückenden feindlichen Despoten (Hab 3,16) soll die Adressaten in der Zeit der Bedrängnis ermutigen, in Ruhe auszuharren, auf Gottes heilbringende Intervention zu vertrauen und ihn zu preisen (Hab 3,16-19).

Wirkungsgeschichte

In der jüdischen Tradition

In spätnachexilischer, frühjüdischer sowie frühchristlicher Literatur wurde das Buch Chavaquq vor allem im Rahmen eschatologischer bzw. apokalyptischer Spekulationen rezipiert. Besondere Relevanz kam dabei dem Vers Hab 2,3 zu, auf den klassischer Weise bei der Frage nach dem ausbleibenden Eintreffen endzeitlicher Ankündigungen und Verheißungen verwiesen wird: Selbst wenn sich das Ende verzögere, so sei der Zeitpunkt desselben doch von Gott bestimmt und der Einzelne folglich angemahnt, auf diesen vertrauensvoll zu warten.[7] Gleichzeitig gilt der Vers in rabbinischer Literatur als Referenzstelle für die Ablehnung spekulativer Endzeitberechnungen (s. bSanhedrin 97b) oder dient zur Erklärung des ausbleibenden Heils, welches beispielsweise mit der mangelnden Bußbereitschaft seitens des Menschen begründet wird (pTa'anit 63d).

Eine eingehende Auslegung hat dieser Vers bzw. haben die gesamten ersten beiden Kapitel des Prophetenbuchs in dem Pescher zum Buch Chavaquq der Qumrangemeinde (1QpHab) erhalten. In diesem Kommentar wird der Inhalt der Prophetenschrift der Gattung des Peschers gemäß Vers für Vers auf die unmittelbare Gegenwart der Qumrangemeinde (um die Mitte des 1. Jahrhunderts BCE) ausgelegt. Als Prämisse wird dabei vorausgesetzt, dass die vom Propheten angekündigten Weissagungen sich nicht auf Ereignisse in unmittelbarer Zukunft der Niederschrift beziehen. Vielmehr könnten die im Buch Chavaquq enthaltenen Prophezeiungen lediglich von der Qumrangemeinde angemessen verstanden werden, weil sie sich erst in ihrer Zeit bzw. in ihrer baldigen Zukunft erfüllten, während Gott dem Propheten selbst „die Vollendung der Zeit" nicht kundgegeben habe (s. 1QpHab VII,1-5). Entsprechend werden die im biblischen Text genannten Chaldäer (Hab 1,6) im Pescher Chavaquq (wie auch im verwandten Pescher zum Buch Nachum) mit den zeitgenössischen Gegnern der Gemeinde bzw. Israels, d.h. vor allem mit den Römern („Kittäern"), identifiziert (s. 1QpHab II,12).

Laut einer Stelle im Traktat Makkot des Babylonischen Talmuds hat der Prophet Habakuk darüber hinaus in Hab 2,4 die gesamten 613 Gebote der Tora in einem Gebot zusammengefasst: der Fromme/Gerechte wird durch seine Treue/seinen Glauben (אמונה) leben (bMakkot 24a). Demgegenüber habe David hierfür elf (Ps 15), Jesaja sechs (Jes 33,15), Micha drei (Mi 6,8), (Deutero-)Jesaja zumindest noch zwei (Jes 56,1) und Amos ebenfalls nun bereits nur noch eine einzige Ermahnung (Am 5,4) benötigt (vgl. bMakkot 23b.24a).

Die Person des Propheten erhielt auch in weitere Schriften Eingang. So erscheint er (wahrscheinlich) in einem apokryphen Zusatz zum Buch Dani'el der Septuaginta: „Bel und der Drache". Diesem zufolge wird Habakuk, vom Engel des Herrn am Schopf gefasst, von Judäa nach Babylon gebracht. Dort soll er Daniel, der aufgrund seiner Weigerung, Bel anzubeten in einer Löwengrube gefangen ist, Nahrung bringen und stärken (Zus. Dan 3,1[LXX] 32-38). Es handelt sich hierbei auch um ein beliebtes Motiv der Darstellenden Kunst.

Laut einer kabbalistischen Tradition wird Habakuk darüber hinaus mit dem Sohn der Frau aus Schunem, welche den Propheten Elischa bewirtet und ihm Unterkunft geboten hat (2 Kön 4,8-37), identifiziert. Daraufhin habe Elischa ihr einen Sohn verheißen und später vom Tode auferweckt (s. Sohar 1,7; 2,44-45). Ausschlaggebend war dabei wohl der Anklang an den Namen des Propheten in der Zusage Elischas, die Frau werde in einem Jahr einen Sohn umarmen/liebkosen (חבק; chavaq).

Liturgische Relevanz kommt besonders dem Gebet im letzten Teil zu. Es bildet die Haftara am zweiten Tag von Schavu'ot, wobei in aschkenasischen Gemeinden Hab 3,1-19, in sefardischen Hab 2,20-3,19 gelesen wird. Ausschlaggebend für die Wahl des Chavaquq-Textes dürfte die in diesem enthaltene Beschreibung der Theophanie gewesen sein, welche der Darstellung des Erscheinens des Herrn am Sinai (s. Ex 19,16-19) ähnelt.

In der christlichen Tradition

Auch in der christlichen Rezeption haben vor allem Hab 2,3 und 2,4 besondere Aufmerksamkeit erhalten. So werden die Christen im Brief an die Hebräer in Anknüpfung an diese Verse ermutigt, trotz Bedrängnis standhaft und vertrauensvoll auf die (sich verzögernde) Wiederkunft Christi (Parusie) zu warten (Hebr 10,37-38). 2 Petr 3,9 führt darüber hinaus einen Grund für das bisherige Ausbleiben der Parusie an: Gott warte noch auf die Bekehrung aller, um zu verhindern, dass auch nur einer zugrunde gehen werde.

Zudem gilt Hab 2,4 in seiner griechischen Wiedergabe, „der Gerechte aber wird aus Glauben leben", als klassische Referenzstelle für die paulinische Rechtfertigungslehre. So wird jener Vers in den beiden Paulusbriefen angeführt, in denen diese explizit entwickelt wird (Röm 1,17 und Gal 3,11), um zu betonen, dass der Mensch nicht durch Einhalten des „Gesetzes", sondern ausschließlich aufgrund seines Glaubens gerechtfertigt und somit leben werde.

Großen Einfluss auf die christliche Kunst und Volksfrömmigkeit hatte ferner die Septuagintaversion von Hab 3,2: „Inmitten zweier Tiere (Lebewesen) wirst du dich offenbaren, wenn die Jahre genaht sind, wirst du erkannt; wenn die Zeit gekommen ist, wirst du erscheinen." Der Vers fungiert zusammen mit Jes 1,3, „Der Ochse kennt seinen Besitzer und der Esel die Krippe seines Herrn", im apokryphen Pseudo-Matthäus-Evangelium 14 als Erfüllungszitat: Der neugeborene Heiland Jesus Christus liegt in einer Krippe neben *Ochs* und *Esel*. Dieses

‚tierische Equipment' der Geburtserzählung findet sich noch nicht innerhalb des Neuen Testaments.

Weiterführende Literatur

Traditioneller jüdischer Kommentar in Übersetzung

- Rasch"i (online): http://www.chabad.org/library/bible_cdo/aid/16194.

Traditionelle christliche Kommentare in Übersetzung

- Theodoret of Cyrus: Commentary on the Prophets Vol 3: Commentary on the Twelve Prophets, Brookline 2007.
- Martin Luther: Johann G. Walch (Hg.), Dr. Martin Luthers sämtliche Schriften/14, Vorreden, historische und philologische Schriften: Das „Passional" mit Illustrationen; Als Ergänzung des 6. Bd.: Auslegung des Alten Testaments (Schluß); Auslegungen über die Propheten Obadja bis Maleachi, Reprint der zweiten Auflage, Gross Oesingen 1987.
- Johannes [John] Calvin, Commentaries on the Twelve Minor Prophets. Vol. 4: Habakkuk, Zephaniah, Haggai, Now first translated from the original Latin by John Owen, Grand Rapids 1950.

Wissenschaftliche Literatur

- Francis I. Andersen, Habakkuk. A New Translation with Introduction and Commentary (The Anchor Bible), New York u.a. 2001.
- Alfons Deissler, Zwölf Propheten II. Obadja – Jona – Micha – Nahum – Habakuk. Zwölf Propheten III. Zefanja – Haggai – Sacharja – Maleachi, Dresden 1989.
- Heinz-Josef Fabry, Die Nahum- und Habakuk-Rezeption in der LXX und in Qumran, in: Erich Zenger (Hg.), „Wort JHWHs, das geschah..." (Hos 1,1). Studien zum Zwölfprophetenbuch, Freiburg u.a. 2002, S. 159-190.
- Peter Jöcken, Das Buch Habakuk. Darstellung der Geschichte seiner kritischen Erforschung mit einer eigenen Beurteilung, Köln/Bonn 1977.
- Rainer Kessler, Nahum-Habakuk als Zweiprophetenschrift. Eine Skizze, in: Erich Zenger (Hg.), Wort JHWHs, das geschah..." (Hos 1,1). Studien zum Zwölfprophetenbuch, Freiburg u.a. 2002, S. 149-158.
- Klaus Koch, Die Profeten II. Babylonisch-persische Zeit, Stuttgart u.a. ²1988.
- Eckart Otto, Habakuk/Habakukbuch, in: Theologische Realenzyklopädie, Bd. 14, Berlin 1985, S. 300-306.
- Lothar Perlitt, Die Propheten Nahum, Habakuk, Zephanja (Altes Testament Deutsch), Göttingen 2004.
- Wilhelm Rudolph, Micha – Nachum – Habakuk – Zephanja, Berlin 1977.

- Klaus Seybold, Nahum, Habakuk, Zephanja (Zürcher Bibelkommentare), Zürich 1991.

Anmerkungen

[1] Vgl. z.B. Rainer Kessler, Nahum-Habakuk als Zweiprophetenschrift. Eine Skizze, in: Erich Zenger (Hg.), Wort JHWHs, das geschah..." (Hos 1,1). Studien zum Zwölfprophetenbuch, Freiburg u.a. 2002, S. 149-158.
[2] S. hierzu Eckart Otto, Habakuk/Habakukbuch, in: Theologische Realenzyklopädie, Bd. 14, Berlin 1985, S. 300-306, S. 302, sowie Klaus Koch, Die Profeten II. Babylonisch-persische Zeit, Stuttgart u.a. [2]1988, S. 87-88.
[3] So z.B. die pseudepigraphische Schrift: Vita Prophetarum 28,43 oder in der wissenschaftlichen Literatur: Francis I. Andersen, Habakkuk. A New Translation with Introduction and Commentary (The Anchor Bible), New York u.a. 2001, S. 27; s. auch Matthias Augustin, Jürgen Kegler, Bibelkunde des Alten Testaments. Ein Arbeitsbuch, Gütersloh [2]2000, S. 238, sowie Wilhelm Rudolph, Micha – Nachum – Habakuk – Zephanja, Berlin 1977, S. 194.
[4] So z.B. Lothar Perlitt, Die Propheten Nahum, Habakuk, Zephanja (Altes Testament Deutsch), Göttingen 2004, S. 43.
[5] Vgl. Konrad Schmid, Hintere Propheten (Nebiim), in: Jan Chr. Gertz (Hg.), Grundinformation Altes Testament, Göttingen [4]2010, S. 313-412, hier S. 400.
[6] Vgl. Schmid, Hintere Propheten, S. 400-401.
[7] S. z.B. IV Esr 4,26.34.39; syrBar 21,21.25 u.a.; vgl. des Weiteren bSanhedrin 97b, aber auch: Hebr 10,37-38.

8.9 | Zephanja (Zefanja)

Der Name Zephanja (צפניה), in der Septuaginta „Sophonias“ (Σοφονίας), lässt sich als „J‘/der Herr hat rettend/schützend geborgen“ übersetzen. Er könnte somit zugleich auf den Inhalt des Buches verweisen, endet dies doch mit Verheißungen, in denen dem verbleibenden Rest Israels göttlicher Schutz und Geborgenheit auf dem Zion zugesichert wird.

Kontext

Als neuntes Buch der Tré Assar steht diese Schrift zwischen den traditionell als vorexilisch geltenden Prophetenbüchern Nachum sowie Chavaquq und den nachexilischen Schriften Chaggai, Sekharja und Male'akhi. Der Prophet kündet demnach die Katastrophe (Niederlage und Zerstreuung Israels/Judas) an, welche sodann in den nachfolgenden nachexilischen Büchern vorausgesetzt wird. Wie eine Fortsetzung und Einlösung der Verheißung der Heimführung der Zerstreuten und der Restitution des Gottesvolks am Ende des Buches Zephanja erscheint zudem die Schilderung des Wiederaufbaus des Tempels im Anschluss an die Heimkehr der Judäer aus dem Exil im unmittelbar folgenden Buch Chaggai.

Historische Einordnung

Obwohl die Überschrift des Buches die genealogische Abstammung Zephanjas außergewöhnlich ausführlich über mehrere Generationen darlegt, bleibt die historische Person des Propheten im Dunkeln. Zephanja bzw. sein Auftreten wird gewöhnlich lediglich in die Zeit der Regentschaft des judäischen Königs Josia (639-609 BCE) und somit unmittelbar vor der babylonischen Invasion und Vorherrschaft in Juda bzw. Jerusalem eingeordnet.

Die Vertreter einer Frühdatierung verorten das Auftreten Zephanjas in die ersten Regierungsjahre des Königs, das heißt zur Zeit der Unmündigkeit Josias und somit vor der josianischen Kultreform (622 BCE).[1] Demgegenüber argumentiert Seybold, der Grundbestand der Botschaft des Prophetenbuches sei eher in die spätassyrische bzw. spätjosianische Zeit zu datieren und schlägt eine Einordnung um 615 BCE vor.[2]

Zumeist wird für das vorliegende Gesamtwerk ein literarisches Wachstum mit verschiedenen Entwicklungsstufen angenommen. Der vorgeschlagene Zeitrahmen reicht dabei vom 7. Jahrhundert BCE bis in die nachexilische bzw. spätnachexilische Zeit oder sogar bis ins 3. oder 2. Jahrhundert BCE.

Aufbau

Zeph 1,1	Überschrift
Zeph 1,2-2,3	Gericht am Tag des Herrn (Weltgericht und Gericht gegen Jerusalem/Juda)
Zeph 2,4-2,15	Gerichtsankündigung gegen Fremdvölker
Zeph 3,1-3,8	Weheruf und Begründung für die Unheilandrohung
Zeph 3,9-3,20	Verheißungen für den verbleibenden Rest Israels

Wichtige Themen und Texte

Das Buch Zephanja wird gern als „Kompendium"[3] oder „Mikrokosmos"[4] biblischer Prophetie bezeichnet, weil es ihre wesentlichen formalen sowie inhaltlichen Elemente in komprimierter Form enthält.

Hauptthema ist der auch in den Büchern Amos, Jo'el, Jeschajahu und Ovadja, Ez 30 oder Mal 3 angekündigte Tag des Herrn. Dieser wird im Buch Zephanja allerdings besonders facettenreich und dramatisch dargestellt und ausführlich begründet. Mit immer neuen, furchterregenden Epitheta in Zeph 1,14-18 ausgemalt und als bitter umschrieben, gilt er als ein Tag des Zorns, der Not und Bedrängnis, der Verwüstung und des Untergangs, der Dunkelheit und Finsternis, der Wolken und des Wolkendunkels, des Schofars und des Lärms. Auch der Vollzug des göttlichen Gerichts erhält eine außergewöhnlich drastische Explikation: verschwinden lassen, wegraffen, „ausrotten". Vom Feuer des göttlichen Eifers werde letztlich die gesamte Erde verzehrt (Zeph 1,2-4; 1,18; 3,8). Sarkastisch lädt der Prophet zum Schlachtopfer ein, bei dem die Eingeladenen selbst das Opfer sein werden (Zeph 1,7) und kündet an, dass an diesem Tag das Blut der Menschen wie Asche und ihr Fleisch wie Kot weggeschüttet werde (Zeph 1,17).

Wie im Buch Jo'el ist der als nahe angekündigte Tag des Herrn multiperspektivisch konzipiert: Das strafende göttliche Eingreifen werde sich der Zephanjaschrift zufolge nicht nur (wie etwa im Buch Ovadja) gegen die Fremdvölker, sondern ebenfalls gegen die führenden, rechtsbeugenden und unterdrückenden Bevölkerungsgruppen Israels, Judas bzw. Jerusalems richten (vgl. Amos, Jeschajahu). Letztlich werde es aber beinahe die gesamte Bevölkerung treffen. Zudem erhält der Tag des Herrn eine universale Ausrichtung in der Prophetenschrift, da allen Bewohnern auf Erden in Anlehnung an die Sintfluterzählung (Gen 6–9) im Sinne einer Zurücknahme der Schöpfung (Menschen, Vieh, Vögel, Fische in umgekehrter Reihenfolge der Erschaffung) die Vernichtung angekündigt wird (Zeph 1,2-3.18). Diese – auch innerhalb der biblischen Prophetenbücher – außergewöhnlich harte, absolute und ausführliche Gerichtsprophetie wird mit den zutiefst gewalttätigen, korrupten und gottfernen zeitgenössischen Verhältnissen im Rahmen des sozialen, politischen und wirtschaftlichen Zusammenlebens in Juda begründet.

Zephanjas radikale Sozial- und Kultkritik richtet sich allerdings wie bei den anderen Propheten in erster Linie gegen die führenden und wohlhabenden Schichten des eigenen Volks, gegen die Königssöhne (Zeph 1,8), Fürsten (Zeph 1,8; 3,3), Richter, Propheten und Priester (Zeph 3,3-4) sowie gegen Händler und wohlgenährte Reiche. Zugleich wird denjenigen, die fremde Götterkulte praktizieren (Zeph 1,4-5), ebenso die Vernichtung angekündigt wie denjenigen, die Gott nicht suchen (Zep 1,6), ihm nicht vertrauen bzw. seine Nähe nicht suchen (Zeph 3,2) oder ihm weder Gutes noch Böses (d.h. keine Einflussnahme bzw. Ohnmacht) zuschreiben (Zeph 1,12).

Die Unheilsandrohungen gegen die Fremdvölker (Zeph 2,4-15), welche in geographischer Ordnung angeführt sind, werden in klassischer Weise mit ihrer verächtlichen und gewalttägigen Behandlung Israels und ihrer Hybris begründet (s. Zeph 2,8.10.15). Zugleich dient der Prophetenschrift zufolge die Vernichtung der Völker als warnendes Zeichen, fortan Gott zu fürchten und sich ihm wieder zuzuwenden (Zeph 3,7).

Entsprechend richten sich die nach der bisherigen radikalen und universalen Gerichtsankündigung überraschenden Heilsverheißungen auf einen kleinen, armen und demütigen Rest von bisher Unterdrückten, Verstreuten und „Hinkenden“ (Zeph 2,11-20, v.a. Zeph 2,19; vgl. auch Mi 4,6-7). Ihnen wird gemäß der klassischen Zionstheologie Rettung, Sicherheit und Zuflucht bei Gott zugesprochen: Der Herr selbst werde in ihrer Mitte wohnen, sie werden heimgeführt werden und erhalten nach bisheriger Unterdrückung und Schmach nun Ruhm und Ansehen unter den Völkern. Fortan werden sie sich nicht mehr wegen ihrer Verfehlungen schämen müssen, sondern als demütiges Volk Unrecht und Lüge meiden und sich Gott zuwenden (Zeph 3,11-13).

Der universalen Gerichtsbotschaft entspricht aber schließlich auch die völkerübergreifende Heilsankündigung: Selbst die Lippen der Völker werde der Herr verwandeln, dass sie ihn verehren und ihm in einer Völkerwallfahrt die einst Deportierten als Geschenk zurückbringen (Zeph 3,9-10).

Wirkungsgeschichte

In der jüdischen Tradition

Das prägende Thema des Buches, der nahe Tag des Herrn als Tag des göttlichen Zorns und der Vergeltung, bildet auch den Haupttopos der Rezeption des Prophetenbuches innerhalb jüdischer und christlicher eschatologischer sowie apokalyptischer Literatur. Innerbiblisch wird bereits eine Aufnahme dieses Motivs im (dann spät datierten) Buch Jo‘el angenommen (z.B. Jo 1,15; 2,1-2).

Zwei fragmentarisch erhaltene Kommentare (Pescharim) zum Buch aus Qumran, 1QpZeph (zu Zeph 1,18-2,2) und 4QpZeph (zu Zeph 1,12-13), belegen ferner, dass diese Stellen zum Tag des Herrn seitens der Qumrangemeinde auf das bevorstehende apokalyptische Endgericht gedeutet worden sind, welches die Mitglieder der Qumrangemeinde in ihrer unmittelbaren Zukunft verortet haben. Auch in der rabbinischen Literatur bildet der Tag des Zorns das hauptsächliche Bezugsmoment. Vor allem Zeph 1,15 wird in diesem Kontext zitiert.[5]

Aus dem Buch Zephanja entstammt – in Abweichung zur älteren Tradition – gegenwärtig keine Haftara.

In der christlichen Tradition

Zephanjas Prophezeiungen, konkret die enthaltenen Verse zur göttlichen Vergeltung am nahen Tag des Herrn, finden vor allem im einzigen apokalyptischen Buch des Neuen Testaments, der Offenbarung des Johannes, ihren Widerhall. Auch hier werden die Ausführungen im Buch Zephanja als Ankündigung des Weltendes, des apokalyptischen Endgerichts gedeutet und der Endzeittermin als Tag des Zorns apostrophiert (Zeph 1,15 sowie Offb 6,17).

Darüber hinaus klingt mit der in Offb 16,1 angeführten Aufforderung an die Engel, die sieben Schalen mit dem Zorn Gottes über die Erde auszugießen, Zeph 3,8 an, wonach Gott ankündigt, seinen Zorn, konkret: die ganze Glut seines Zorns, über die Völker auszugießen, dass die ganze Erde vom Feuer seines Eifers verzehrt werde.

In der lateinischen Form *dies irae dies illa* („ein Tag des Zorns [ist] jener Tag"), gingen die Worte in Zeph 1,15 und die nachfolgenden Verse von 1579 bis 1962 schließlich zudem in die katholische Totenmesse des Missale Romanum ein. Seit dem Zweiten Vatikanischen Konzil wird die Sequenz jedoch lediglich im Rahmen des Stundengebets der Lesehore zu Allerseelen weiterhin liturgisch verwendet.

Generell hat das Buch Zephanja in frühjüdischer und frühchristlicher Literatur im Vergleich zu anderen Schriften der Tré Assar wie z.B. Hosche'a, Amos, Sekharja, Male'akhi oder Jona verhältnismäßig geringe Aufmerksamkeit erhalten. Allerdings verweisen zwei koptische Handschriften sowie Clemens von Alexandrien in seinen „Stromata" (5,11.77) auf eine frühjüdische Apokalypse des Zephanja, die wahrscheinlich nicht vor Ende des 2. Jahrhunderts CE von koptischen Christen in Ägypten redigiert worden ist. Den überlieferten Fragmenten zufolge enthielt diese eine universale Gerichtsdarstellung mit einer Vision des Propheten Zephanja zum Schicksal der verstorbenen Menschen in Himmel und in der Hölle. Hier scheint vor allem das Zephanja-Motiv des Tags des Zorns rezipiert worden zu sein. Aber auch die Vorstellung, dass Patriarchen und Gerechte für die Bestraften beten, ist diesen zu entnehmen.

Ausführliche Kommentare zum Buch Zephanja stammen von Kirchenvätern wie Theodor von Mopsuestia, Kyrillos (Cyrill) von Alexandrien, Theodoret von Cyrus, Hesychios von Jerusalem und im Westen von Hieronymus. Im Mittelalter kommen dann noch Kommentare von Haymon von Auxerre, Rupert von Deutz und seitens Albertus Magnus hinzu.

Vor allem die universalen Heilsprophetien in Zeph 3,9-10 (ggf. auch Zeph 2,11) sowie die Verheißungen eines verbleibenden Rests Israels (Zeph 3,11-13) wurden spätestens seit Origenes auf die Kirche gedeutet. Auch moderne Befreiungstheologen knüpften mit ihrer Option für die Armen bzw. einer Kirche der Armen an den in Zeph 3,12-13 enthaltenen Gedanken eines demütigen und armen Rests, dem die Heilsverheißungen gelten, an.

Weiterführende Literatur

Traditioneller jüdischer Kommentar und Kompilation jüdischer Traditionsliteratur in Übersetzung

- Jacob Neusner, Zephaniah, Haggai, Zechariah and Malachi in Talmud and Midrash. A Source Book, Lanham u.a. 2007.
- Rasch“i (online): http://www.chabad.org/library/bible_cdo/aid/16197.

Traditionelle christliche Kommentare in Übersetzung

- Theodoret of Cyrus, Commentary on the Prophets Vol 3: Commentary on the Twelve Prophets, Brookline 2007.
- Martin Luther: Johann G. Walch (Hg.), Dr. Martin Luthers sämtliche Schriften/14, Vorreden, historische und philologische Schriften, Das „Passional" mit Illustrationen; Als Ergänzung des 6. Bd.: Auslegung des Alten Testaments (Schluß); Auslegungen über die Propheten Obadja bis Maleachi, Reprint der zweiten Auflage, Gross Oesingen 1987.
- Johannes [John] Calvin, Commentaries on the Twelve Minor Prophets. Vol. 4: Habakkuk, Zephaniah, Haggai, Now first translated from the original Latin by John Owen, Grand Rapids 1950.

Wissenschaftliche Literatur

- Ehud Ben Zvi, A Historical-Critical Study of the Book of Zephaniah, Berlin/New York 1991.
- Adele Berlin, Zephaniah (The Anchor Yale Bible Commenaries), New York 1994.
- Walter Dietrich, Milton Schwantes (Hg.), Der Tag wird kommen. Ein interkontextuelles Gespräch über das Buch des Propheten Zefanja, Stuttgart 1996.
- Hubert Irsigler, Zefanja (Herders Theologischer Kommentar zum Alten Testament), Freiburg u.a. 2002.
- Norbert Lohfink, Zefanja und das Israel der Armen, in: Bibel und Kirche, Bd. 39 (1984), S. 100-108.
- Lothar Perlitt, Die Propheten Nahum, Habakuk, Zephanja (Das Alte Testament Deutsch), Göttingen 2004.
- J. J. M. Roberts, Nahum, Habakkuk, and Zephaniah. A Commentary, Louisville 1991.
- Klaus Seybold, Satirische Prophetie. Studien zum Buch Zefanja (Stuttgarter Bibelstudien), Stuttgart 1985.

- Klaus Seybold, Nahum, Habakuk, Zephanja (Zürcher Bibelkommentare Altes Testament), Zürich 1991.

Anmerkungen

[1] S. z.B. Matthias Augustin, Jürgen Kegler, Bibelkunde des Alten Testaments. Ein Arbeitsbuch, Gütersloh [2]2000, S. 240; Alfons Deissler, Zwölf Propheten II. Obadja – Jona – Micha – Nahum – Habakuk; Zwölf Propheten III. Zephanja – Haggai – Sacharja – Maleachi, Leipzig 1989, S. 103-104. Vgl. auch Zenger, der diese Ansicht allerdings lediglich referiert: Erich Zenger, Das Zwölfprophetenbuch, in: Erich Zenger u.a., Einleitung in das Alte Testament, Christian Frevel (Hg.), Stuttgart [8]2012, S. 622-699, hier: S. 680.
[2] Vgl. Klaus Seybold, Nahum, Habakuk, Zephanja, Zürich 1991, S. 88.
[3] So bereits der Reformator Martin Bucer in der Einführung seines Zephanjakommentars aus dem Jahre 1528 („Argumentum in Zephaniah prophetam"), s. Hubert Irsigler, Zefanja (Herders Theologischer Kommentar zum Alten Testament), Freiburg u.a. 2002, S. 33.
[4] Laut Walter Dietrich, Vorwort, in: Walter Dietrich und Milton Schwantes (Hg.), Der Tag wird kommen. Ein interkontextuelles Gespräch über das Buch des Propheten Zefanja, Stuttgart 1996, S. 7.
[5] So z.B. innerhalb des Babylonischen Talmuds in: bSchabbat 118a, bBaba Batra 10a.10b.116a.141a, bAvoda Zara 18b, innerhalb der Mekhilta de-Rabbi Jischma'el XI,1 sowie Pesiqta de-Rav Kahana XVI,8. S. Irsigler, Zefanja, S. 78, sowie Jacob Neusner, Zephaniah, Haggai, Zechariah and Malachi in Talmud and Midrash. A Source Book, Lanham u.a. 2007, S. 1-39.

8.10 | Chaggai (Haggai)

Der Name Chaggai/Haggai (חגי) leitet sich vom hebräischen Wort חג („chag") für „Festtag" ab und kann somit sinngemäß als „mein(e) Festtag(sfreude)" oder „geboren an einem Festtag" – ähnlich dem hierzulande gebräuchlichen Terminus „Sonntagskind" – übersetzt werden. Die Septuaginta führt das Buch unter der Bezeichnung „Aggaios", die in der Vulgata als „Agg(a)eus" wiedergegeben wird.

Kontext

An zehnter Stelle der Tré Assar leitet die Schrift Chaggai die Prophetenbücher ein, die traditionell in die nachexilische Zeit datiert werden. Die Anordnung vor dem Sekharjabuch entspricht einerseits den chronologischen Angaben innerhalb der Überschriften der jeweiligen Bücher, zum anderen korrespondiert sie mit den Zeugnissen des Buches Esra, in denen der Prophet Haggai immer vor Sacharja genannt wird (Esr 5,1; 6,14). Die Nachtvisionen in den ersten Kapiteln des Sekharjabuches könnten in dieser kanonischen Abfolge somit als Einlösung der Weissagungen im vorangestellten Buch Chaggai verstanden werden.

Ferner lässt sich das Buch Chaggai als ummittelbare Fortsetzung zur vorangestellten Prophetenschrift Zephanja lesen. In die Zeit vor dem Babylonischen Exil datiert, könnte der Inhalt letzterer als Ankündigung des im Buch Chaggai Berichteten verstanden werden, scheinen doch die Verheißungen am Ende der Schrift (Zeph 2,9-20) mit der Bekehrung der Völker, der Sammlung der Verstreuten und der Restitution eines Restes Israels auf dem Zion geradezu auf die im Buch Chaggai thematisierte nachexilische Zeit zu verweisen: Die dort beschriebene Heimkehr der babylonischen Exulanten wäre dann konkret als Erfüllung der in Zeph 2,20 angeführten Zusicherung der göttlichen Heim- und Zusammenführung Israels und der Bau des Tempels als Voraussetzung und Zeichen des erneuten Wohnens des Herrn inmitten seines Volkes (vgl. Zeph 2,15) zu interpretieren.

Historische Einordnung

Die präzisen Datierungen der jeweiligen Prophezeiungen scheinen eine ungewöhnlich konkrete zeitliche Einordnung des öffentlichen Auftretens des Propheten zuzulassen. Alle Prophetenworte sind dem zweiten Regierungsjahr des persischen Königs Darius I. zugewiesen. Demzufolge wäre der Prophet Haggai in einem Zeitraum von wenigen Monaten, konkret in der zweiten Hälfte des Jahres 520 BCE, öffentlich aufgetreten.

Historisch möglich wurden der Wiederaufbau des Tempels sowie die Rückkehr judäischer Exulanten durch den Siegeszug des persischen Königs Kyros (538 BCE), der die Nachfolge der babylonischen Herrscher antrat. Eine der von ihm veranlassten Maßnahmen bildete die Restitution vernachlässigter Kulte. So gab er auch die Erlaubnis zum Wiederaufbau des Jerusalemer Heiligtums (sog. Kyros-Edikt, vgl. Esr 6,3-5). Das Edikt wurde, nach Auskunft der Bibel, trotz der Beauftragung des „Statthalters" Scheschbazzar mit dem Wiederaufbau (Esr 5,14-16), erst Jahre später unter Dar(e)ius I. Hystaspes (522/1-486/5 BCE) in die Tat umgesetzt. Die Einweihung des zweiten Tempels fand demzufolge schließlich im Jahr 515 BCE statt. Da Haggai jedoch nicht mehr im Zusammenhang mit seiner Fertigstellung erwähnt wird (vgl. Esr 6,15-18), wird zumeist angenommen, dass er ebenso wie Serubbabel zu dieser Zeit – aus welchen Gründen auch immer – nicht mehr zugegen war. Unsicherheit und Dissens besteht zudem hinsichtlich der Frage, ob der Prophet Haggai zur Gruppe der Heimkehrer oder zu den im Land Verbliebenen gehörte, wenngleich eine leichte Tendenz hinsichtlich seiner Zuordnung zur daheimgebliebenen Landbevölkerung zu verzeichnen ist.[1]

Die Niederschrift der Prophezeiungen Haggais wird aufgrund der fehlenden Erwähnung der Bau-Endes und der Tatsache, dass der mit besonderen Heilsverheißungen und Hoffnungen verbundene Serubbabel zu dieser Zeit offensichtlich keine Rolle mehr gespielt hat, oft auch noch vor 515 BCE angesetzt.

Aufbau

Hag 1,1-1,11	Aufforderung zum Wiederaufbau des Tempels
Hag 1,12-1,15	Beistandsverheißung für den Tempelaufbau
Hag 2,1-2,9	Gott sorgt für die Herrlichkeit des Tempels
Hag 2,10-2,19	Verheißung zur Grundsteinlegung des Tempels
Hag 2,20-2,23	Verheißung an Serubbabel

Wichtige Themen und Texte

Der Prophet bzw. das Buch Chaggai fokussiert die Ereignisse um den Wiederaufbau des Tempels in persischer Zeit (um 520 BCE) und die damit verbundenen Hoffnungen. In diesem Zusammenhang kommen in den ersten drei Abschnitten (Hag 1,1-2,9) zunächst die Probleme und Auseinandersetzungen hinsichtlich des Tempelbaus zur Sprache. Die vom Propheten überlieferten Aussagen verkünden hierbei den ausdrücklichen göttlichen Wunsch und Appell, den Wiederaufbau des Heiligtums trotz bestehender Widrigkeiten und Vorbehalte unverzüglich zu beginnen. Gott verheißt dem Prophetenbuch zufolge in diesem Zusammenhang göttlichen Beistand (Hag 1,13-9), wachsende Prosperität und Erntesegen sowie eschatologisches Heil nach der Grundsteinlegung oder Vollendung des Tempels (v.a. Hag 2,15-23). Den Einwänden derjenigen, die den Beginn des Tempelbaus verzögern, weil sie zunächst den Bau ihrer eigenen Häuser bzw. die Wirtschaft befördern möchten (Hag 1,2-6) oder aufgrund kärglicher Bedingungen fürchten, der neue Tempel würde der Pracht des Vorherigen nicht entsprechen (Hag 2,3-5), wird entgegengehalten, erst mit dem neuen Tempel könne auch wieder eine ertragreiche Ernte und wirtschaftliche Prosperität zu erwarten sein. Denn Gott selbst halte jene aufgrund des ausbleibenden Engagements für sein Heiligtum zurück (Hag 1,9-11; 2,15-17).

Ausgangspunkt dieser mit dem Tempel verbundenen Heilszusagen bildet zunächst das religionstheoretische und -praktische Postulat kultischer Reinigung. Nur der Jerusalemer Tempel als einziges legitimes Gesamtheiligtum Israels bzw. des Gottes Israels ermögliche eine kultische Reinigung als Vorbedingung für den Kontakt zum Herrn und seiner (segensreichen) Zuwendung. Vor allem liegt den Heilsverheißungen um den Wiederaufbau des Tempels allerdings die theologische Prämisse zugrunde, der Tempel bzw. Zion sei Wohnstatt Gottes. An diesem Ort wird Gott in der Mitte Israels gegenwärtig gedacht; hier wohnt der Herr inmitten Israels. Die Gottesnähe und -begegnung verbürgt schließlich menschliches Heil, Segen auf allen Gebieten, Sicherheit und Schutz. Mit dem wiederaufgebauten Tempel wird somit der Beginn der eschatologischen Heilszeit in Aussicht gestellt.

Besonders hervorgehoben werden in diesem Zusammenhang Serubbabel, der Statthalter Judas, und der Hohepriester Josua (Hag 1,12.14; 2,2.4.21-23), deren Geist der Herr vor allem deswegen erweckt habe, damit sie die Arbeit am Tempel beginnen (Hag 2,14). Serubbabel erhält in der letzten Prophezeiung zudem eine weitere, besondere Auszeichnung: Er wird als Knecht des Herrn bezeichnet, den Gott erwählt habe und den er an jenem Tage, da Gott die irdischen Machtverhältnisse umkehren wird, zu seinem Siegelring machen werde (Hag 2,21-23). Im Gegensatz zu seinem Beitrag für die Wiedererrichtung des Heiligtums wird seine konkrete Funktion im Rahmen der neuen Heilszeit jedoch nicht explizit erwähnt. Als bisheriger Statthalter dürfte er sicherlich auch als künftiger Verwalter der Gottesstadt bzw. Judas vorausgesetzt werden.

Der auf ihn bezogene Gottesspruch, „denn ich habe dich erwählt" (Hag 2,23), erinnert an die Heilszusagen an die Patriarchen und Israels als Volk Gottes, aber auch an die biblische sowie altorientalische Inthronisationsformel der Könige, mit der sie als göttlich legitimierte und eingesetzte Könige konstituiert werden (vgl. z.B. Ps 2,6-7). Umstritten ist allerdings, ob mit der Person Serubbabel an dieser Stelle bereits messianische Verheißungen im eigentlichen Sinne verbunden sind.

Dennoch gilt Serubbabel als Garant für den Wiederaufbau bzw. für die Vollendung des Tempels, zu dessen Zeit und an dessen Person sich der Heilswillen Gottes offenbart. Er wird in diesem Zusammenhang als politische Spitze Judas angesprochen, während der ebenfalls aus dem Exil stammende Groß- oder Hohepriester Josua (Jehoschu'a: im Buch Esra in der Kurzform Jeschua) offenbar das künftige geistliche Oberhaupt repräsentiert (Hag 1,12.14; 2,2.4; Esr 5,2).

Beide verbürgen somit aufgrund ihrer Herkunft die politische und religiöse Kontinuität im nachexilischen Judäa.

Wirkungsgeschichte

In der jüdischen Tradition
Die früheste überlieferte Rezeption der Haggaiüberlieferung ist wohl im Esrabuch zu finden. Hier werden Haggai sowie Sacharja in weitgehender Übereinstimmung mit den beiden zugeordneten Schriften der Tré Assar als Propheten vorgestellt, die mit ihrer Verkündigung entscheidend am Beginn und Fortgang des Wiederaufbaus des Tempels nach dem Babylonischen Exil beteiligt gewesen sind (vgl. Esr 5,1; 6,14).

Haggai, Sacharja und Maleachi gelten ferner als letzte Propheten. Nachdem jene gestorben sind, ist laut rabbinischer Ansicht der heilige Geist von Israel gewichen. Die Prophetie sei demzufolge zu ihrem Ende gekommen, so dass fortan allenfalls eine himmlische Hallstimme (בת קול) als eine Art Echo erklinge (bJoma 9b, bSota 48b, bSanhedrin 11a). Die Berufung auf eine Überlieferung aus dem Mund einer dieser Propheten diente den rabbinischen Weisen in der Folge als maßgebliche Autorisierung ihrer Lehre (vgl. z.B. bChullin 137b, bBechorot 58a, vgl. auch bRosch ha-Schana 19b oder allein auf Haggai bezogen: bJebamot 16a).

Serubbabels und Josuas Bedeutung für die Umsetzung der Wiedererrichtung des Heiligtums hebt auch der Verfasser des Buches Jesus Sirach besonders hervor (Sir 49,11-12; vgl. auch Josephus, Antiquitates Judaicae 11,31-74). Sollten mit der Person Serubbabels allerdings tatsächlich messianische Hoffnungen verbunden worden sein, so haben diese in den überlieferten Schriften offenbar keinen nachhaltigen Widerhall gefunden – vielleicht, so die Spekulationen, weil dieser zur Beendigung des Tempels nicht mehr zugegen war bzw. im Nachhinein keine tatsächliche Erfüllung der messianischen Verheißungen erkannt worden ist.[2]
In die Liturgie hat das Buch Chaggai ebenso wie die Schriften Nachums und Zephanjas keinen nachhaltigen Eingang erhalten.

In der christlichen Tradition
Der Kirchenvater Hieronymus mutmaßt in seinem Chaggaikommentar zu Vers 1,13, dass es sich bei Haggai um einen Engel in menschlicher Gestalt gehandelt habe.

Generell nimmt das Buch Chaggai in der christlichen Tradition jedoch meist eine untergeordnete Rolle ein oder wird christologisch bzw. in Abgrenzung vom Judentum ausgelegt. So deuten beispielsweise Martin Luther und Calvin Hag 2,7 in ihren Kommentaren zum Buch Chaggai auf Christus oder das Christentum. Beispielsweise gibt Martin Luther in Anlehnung an Hieronymus' Übersetzung statt des Plurals „Und kommen werden die Kostbarkeiten aller Völker" den

Versteil mit „Kommen wird der von allen Völkern Ersehnte“, d.h. Christus, wieder und führt anschließend hinsichtlich Haggai aus:

> *„Er weissagt auch von Christo im andern Kapitel, dass er schier kommen sollt, ein Trost aller Heiden. Damit er heimlich anzeigt, dass der Juden Reich und Gesetz sollt ein Ende haben.“* (Weimarer Ausgabe. Deutsche Bibel 11/II, 320-321)

Auf Hag 2,6-7 wird ferner gemeinhin die Redewendung „Himmel und Erde in Bewegung setzen“ zurückgeführt.

Weiterführende Literatur

Traditionelle jüdische Kommentare und Kompilation jüdischer Traditionsliteratur in Übersetzung

- Jacob Neusner, Zephaniah, Haggai, Zechariah and Malachi in Talmud and Midrash. A Source Book, Lanham u.a. 2007.
- Rasch“i (online): http://www.chabad.org/library/bible_cdo/aid/16200.

Traditionelle christliche Kommentare in Übersetzung

- Theodoret of Cyrus: Commentary on the Prophets Vol 3: Commentary on the Twelve Prophets, Brookline 2007.
- Martin Luther: Johann G. Walch (Hg.), Dr. Martin Luthers sämtliche Schriften/14, Vorreden, historische und philologische Schriften: (Das „Passional" mit Illustrationen); Als Ergänzung des 6. Bd.: Auslegung des Alten Testaments (Schluß); Auslegungen über die Propheten Obadja bis Maleachi, Reprint der zweiten Auflage, Gross Oesingen 1987.
- Johannes [John] Calvin, Commentaries on the Twelve Minor Prophets. Vol. 4: Habakkuk, Zephaniah, Haggai, Now first translated from the original Latin by John Owen, Grand Rapids 1950.

Wissenschaftliche Literatur

- Alfons Deissler, Zwölf Propheten III. Zefanja – Haggai – Sacharja – Maleachi, Würzburg 1988.
- Martin Hallaschka, Haggai und Sacharja 1–8. Eine redaktionsgeschichtliche Untersuchung, Berlin/New York 2011.
- John Kessler, The Book of Haggai. Prophecy and Society in Early Persian Yehud, Leiden u.a. 2002.
- Rüdiger Lux, Prophetie und Zweiter Tempel. Studien zu Haggai und Sacharja, Tübingen 2009.
- Henning Graf Reventlow, Die Propheten Haggai, Sacharja und Maleachi (Altes Testament Deutsch), Göttingen 1993.

- Wilhelm Rudolph, Haggai – Sacharja 1–8 – Sacharja 9–14 – Maleachi (Kommentar zum Alten Testament), Berlin 1981.
- Ina Willi-Plein, Haggai, Sacharja, Maleachi (Zürcher Bibelkommentare Altes Testament), Zürich 2007.
- Hans Walter Wolff, Dodekapropheton 6. Haggai (Biblischer Kommentar Altes Testament), Neukirchen-Vluyn [2]1991.
- Hans Walter Wolff, Haggai/Haggaibuch, in: Theologische Realenzyklopädie, Bd. 14, Berlin 1985, S. 355-360.

Anmerkungen

[1] So z.B. Hans Walter Wolff, Dodekapropheton 6. Haggai, Neukirchen-Vluyn [2]1991, S. 3. Vgl. dagegen: Wilhelm Rudolph, Haggai – Sacharja 1–8 – Sacharja 9–14 – Maleachi, Berlin 1981, S. 21.

[2] Vgl. Konrad Schmid, Hintere Propheten (Nebiim), in: Jan Christian Gertz (Hg.), Grundinformation Altes Testament, Göttingen [4]2010, S. 313-412, S. 406.

8.11 | Sekharja (Sacharja)

Der Name dieses Propheten(buchs) leitet sich vom hebräischen Verb *sakhar*)זכר) ab und bedeutet mit theophorem Suffix: „J' war/ist eingedenk", im Sinne von „J' hat sich erinnert". Die lateinische Bezeichnung der Person und Schrift, Zacharias, geht auf die griechische Form (Ζαχαρίας) zurück.

Kontext

Das elfte Prophetenbuch innerhalb der Tré Assar führt das bestimmende Thema der vorherigen Schrift Chaggai fort. Gemeinsame terminologische und formale Elemente – zumindest zwischen Sach 1 bis 8 und dem Buch Chaggai – vermitteln hierbei eine stringente Erzählstruktur. So scheinen die Überschriften in Sach 1,1; 1,7 und 7,1 an das vorangestellte Buch Chaggai angeglichen, während die gliedernden Überschriften im zweiten (und dritten) Teil Sekharjas (Sach 9,1 und 12,1) wiederum der Formulierung im nachfolgenden Buch Male'akhi (Mal 1,1) entsprechen (משא: „Ausspruch"). Rüdiger Lux folgert daraus, dass das Buch Chaggai einst zusammen mit Sach 1–8 ein Zweiprophetenbuch gebildet habe. Dementsprechend seien die sog. Nachtgesichte in den ersten acht Kapiteln des Sekharjabuchs im Zusammenhang und in Korrespondenz mit den Ankündigungen des Propheten Haggais zu sehen, da sie diese fortsetzten bzw. einlösten.[1] Hag 1–2 und Sach 1–8 hätten dieser Konzeption zufolge somit eine ursprüngliche redaktionelle Einheit gebildet und Mal 1–3 sei schließlich an die letzten Kapitel des Buches Sekharja angeglichen worden.

Historische Einordnung

Das öffentliche Wirken des Propheten Sacharja wird in der Prophetenschrift teilweise in die Zeit der Wirksamkeit Haggais und später datiert (explizit allerdings lediglich von 520 bis 518 BCE), woraus sich auch das gemeinsame Thema, der Wiederaufbau des Tempels, erklärt. Das Esrabuch belegt die Tätigkeit der Propheten Haggai und Sacharja innerbiblisch (Esr 5,1 und 6,14) und weist auf ihren Einsatz für den Tempelbau, ihre diesbezügliche Ermutigung und Begleitung hin. Ob Sacharja allerdings die Tempelweihe im Jahr 515 BCE noch erlebt hat bzw. bei dieser zugegen war, gilt als ebenso fraglich wie die entsprechende Präsenz des Propheten Haggai[2] oder wird im Vorherein gänzlich verneint[3]. In Neh 12,16 erscheint Sacharja zudem unter den aufgelisteten Heimkehrern aus dem Babylonischen Exil.

Demgemäß wird der erste Teil des Prophetenbuches (Sach 1–8) in der Literarkritik dem genannten Propheten bzw. einem Zeitgenossen im 6. Jahrhundert BCE zugeschrieben (Protosacharja). Für die nachfolgenden Kapitel werden dagegen spätere Autoren angenommen, die unter den Bezeichnungen „Deuterosacharja" (Kap. 9–11) und „Tritosacharja" (Kap. 12–14) in die Forschung eingegangen sind und zeitlich zwischen 300 bis 200 BCE eingeordnet werden.[4]

Aufbau

Sach 1–8:	**Visionen und Ermahnungen**
1,1-1,6	*Aufruf zur Umkehr und entsprechende Reaktion Israels*
1,7-6,8	*Acht nächtliche Visionen Sacharjas und deren Deutungen*
1,7-1,17	Reitervision und Deutung
2,1-2,4	Vision von Hörnern und Schmieden sowie Deutung
2,5-2,17	Vision der Ausmessung Jerusalems, Deutung und Aufrufe
3,1-3,10	Vision der Investitur des Hohepriesters Josua, Ankündigung eines göttlichen Knechts
4,1-4,14	Leuchtervision mit Ölbäumen, Frage, Deutung sowie Verheißung
5,1-5,4	Vision der fliegenden Schriftrolle, Deutung
5,5-5,11	Vision der Frau im Fass, Deutung
6,1-6,8	Vision von vier Wagen mit verschiedenfarbigen Pferden, Deutung
6,9-8,23	*Verheißungen, Ermahnungen und Anfrage*
6,9-6,15	Hohepriester und Spross (Krönung und Herrschaft)
7,1-7,14	Frage zum Trauerritual am Tag der Tempelzerstörung
8,1-8,23	Verheißungen und Ermahnung
Sach 9–11:	**Sprüche bzw. Heilsverheißungen**
9,1-9,8	Unheilsverheißung gegen feindliche Völker
9,9-9,10	Verheißung eines Friedenskönigs
9,11-9,17	Befreiung und Rückführung des Gottesvolkes, göttliche Rettung und Schutz
10,1-10,2	Begründung für das Exil: Götzendienst, Führungslosigkeit
10,3-10,12	Bestrafung der schlechten Hirten, Rückführung aus dem Exil
11,1-11,3	Klageaufruf an besiegte feindliche Völker
11,4-11,17	Weheruf gegen schlechte Hirten des Gottesvolkes
Sach 12–14:	**Sprüche bzw. Heilsverheißungen bezüglich Jerusalem**
12,1-12,9	Rettung gegen Ansturm feindlicher Völker
12,10-12,14	Ausgießung des Geistes des Mitleids und des Gebets über Jerusalemer
13,1-13,6	Heilbringendes reinigendes göttliches Wirken
13,7-13,9	Vernichtung des schlechten Hirten und Läuterung des verbliebenen Rests
14,1-14,21	Siegreicher göttlicher Kampf um Jerusalem, Heiligung Gottes

Wichtige Themen und Texte

Als eindrucksvollstes Charakteristikum des Buches Sekharja gelten die acht sog. Nachtgesichte des Propheten in den ersten acht Kapiteln. Diese sind im Gegensatz zur Mehrzahl der biblischen Visionen der vorherigen Propheten nicht

mehr eindeutig aus sich selbst heraus verständlich oder werden in einer unmittelbar anschließenden Deutung von Gott oder dem Propheten aufgelöst, sondern bedürfen der expliziten Erschließung und Erklärung seitens eines Engels. Eine solche (himmlische) Mittlergestalt, die anstelle des direkten Kontakts zwischen Gott und Mensch vermittelnd zwischen diese tritt und die visionären himmlischen Botschaften deutet (*angelus interpres*: „Deuteengel"), stellt ein typisches Moment (v.a. nachbiblischer bzw. deuterokanonischer) apokalyptischer Literatur dar.
Als Hauptthema der Visionen sowie des gesamten Buches lässt sich wiederum die Restitution Jerusalems, des Tempels bzw. des Gottesvolks mit entsprechenden Heilszusagen benennen. Im Gegensatz zum vorhergehenden Buch Chaggai, in dem vor allem der Appell im Vordergrund stand, den Tempelbau zu beginnen oder diesen nicht einzustellen, wird nun auch die Reinigung bzw. Läuterung von Sünde und Schuld als Voraussetzung und Begleitmoment des heilvollen Neubeginns betont.

In der ersten Vision (Sach 1,7-17) wird geschildert, dass Gott Reiter auf verschiedenfarbigen Pferden ausschickt, die Erde zu durchziehen (Sach 1,10-11). Dies weist – wie im Folgenden erläutert – auf das Ende des Zorns des Herrn gegenüber seinem Volk nach 70 Jahren Exil hin. Fortan werde sich der Ewige Jerusalem bzw. Zion wieder in Barmherzigkeit zuwenden (Sach 1,16), ihm göttliche Hilfe, Heilsgaben sowie Trost zukommen lassen (V. 14.17). Die Folgen seines Zorns gegen die Völker, welche sein Volk zerstreut haben, werden im anschließenden Nachtgesicht (Sach 2,1-4) ausgeführt, in dem die Vernichtung von vier Hörnern (Völker der Erde) durch Schmiede beschrieben wird: Gott werde folglich sein Strafinstrument, dessen Werk in eine Vernichtungstat ausgeartet ist, strafen (V. 15).

Die anschließende dritte Vision, in der ein Mann Jerusalem mit einer Messschnur vermisst, verweist sodann auf den Wiederaufbau der Stadt (Sach 2,5-9). Hieran schließen sich Verheißungen an, wonach der Herr erneut inmitten seines Volkes wohnen werde, Jerusalem erwählt und schützt (Sach 2,9-17). Mit der Wiedererrichtung korrespondiert aber auch die Restitution der sozialen Ordnung, der geistlichen und weltlichen Führung. So wird in der vierten Vision die Neueinkleidung des Hohepriester Josua im Sinne einer Reinigung und Investitur veranschaulicht (Sach 3,1-7). Das folgende Bild des siebenarmigen Leuchters mit flammenden Lampen lässt sich auf die Anwesenheit Gottes deuten (Sach 4,1-3.10), während die beiden flankierenden Ölbäume die beiden Gesalbten (einen geistlichen und einen königlichen messianischen Repräsentanten – Josua und Serubbabel?) symbolisieren.

Im Anschluss verweisen die fliegende Buchrolle im sechsten Nachtgesicht, die Diebstahl und Meineid vergilt (Sach 5,1-4) sowie die Entfernung der Frau im Fass – als Verkörperung der Ruchlosigkeit innerhalb der siebten Vision (Sach 5,5-11) – offenbar auf die Wiederherstellung der Rechtsordnung in Juda bzw. auf Erden im Kontext dieser Erneuerung. Das letzte Bild knüpft schließlich mit den vier Wagen, welche mit mehrfarbigen Pferden die Erde durchziehen, an die erste Vision an. Sie versinnbildlichen die vier Winde des Himmels, welche Gottes Geist (ru'ach/ רוח) in den Norden bringen. Lux interpretiert dies als Hinweis auf die „universale Wirksamkeit“ Gottes, da mit dem Land des Nordens die „äußerste Peripherie der überschaubaren Welt“[5] angeführt werde.

Als exponierte Personen treten im Rahmen der Visionsberichte und in den umgebenen oder nachfolgenden Aussprüchen der Hohepriester Josua sowie Serubbabel, letzterer als staatlicher Bauherr des Tempels, auf. Auch in den Büchern Chaggai (Hag 1,1.12.14; 2,2.4) und Esra (Esr 3,8) sind sie jeweils zusammen genannt. Serubbabel wird konkret als Garant eines kommenden „Sprosses“ (Sach 3,8) bezeichnet. Gelegentlich scheint zudem ein Verweis auf einen königlichen Spross auf, der den Tempel des Herrn bauen und gemeinsam mit einem Priester in Frieden regieren wird (Sach 6,12-13). Hier klingen messianische Verheißungen bezüglich eines königlichen (davidischen) Friedensherrschers an, die wohl zunächst auf Serubbabel bezogen worden sind (Sach 6,9-11), welchem sowohl Grundsteinlegung als auch Vollendung des Tempels zugeschrieben werden (Sach 4,7-10).

Messianische Vorstellungen und Hoffnungen sind jedoch auch in den anderen Teilen des Buches erhalten: In Sach 9,9-10 wird beispielsweise ein universaler Friedenskönig angekündigt, der demütig und als gerechter Helfer auftritt. Diese Verse sind in Heilsverheißungen eingebunden, die mit der Rückkehr Gottes auf den Zion, seinem Wohnen auf Erden – im wieder erbauten Jerusalemer Tempel – verknüpft sind (Sach 2,14-15; 8,3). Sie führen die traditionelle Tempel- und Niontheologie fort. Jerusalem werde folglich wieder unter göttlichem Schutz stehen (Sach 2,9; 8,2). An diesem Ort werde der Herr alle Feinde innerhalb eines eschatologischen Völkerkampfes besiegen (Sach 12.14) und eine gerechte soziale Ordnung, Heil sowie Frieden einführen (Sach 8; 9,10; 10,3-5; 11,4-17; 13).

Jerusalem avanciert somit zu einem Ort, zu dem alle Völker kommen werden, um sich dem Volk Gottes anzuschließen (Sach 2,15) und den Herrn zusammen mit Israel anzubeten (Sach 8,22-23). Hier wird der Herrr sein zerstreutes Volk wieder zusammenführen.

Sach 3,1-2 gehört schließlich zu einer der wenigen Passagen innerhalb des Tanakh, in der die Person des später so prominenten Satans vorkommt. Er wird hier in einer himmlischen Szenerie geschaut, in der er sich anschickt, den Hohepriester Josua anzuklagen, aber vom Engel des Herrn in die Schranken gewiesen wird.

Wirkungsgeschichte

In der jüdischen Tradition

Wie bereits in den Ausführungen zur Wirkungsgeschichte des Buches Chaggai erwähnt, zählt der Prophet Sacharja laut rabbinischer Tradition zusammen mit den nachexilischen Propheten Haggai und Maleachi zu den letzten Propheten. Nach ihrem Tod sei der Heilige Geist von der Erde bzw. Israel gewichen, wie die Rabbinen mehrfach akzentuieren, so dass Gottes Wort fortan lediglich indirekt mittels einer himmlischen Hallstimme vernommen werden könne (vgl. bJoma 9b, bSota 48b, bSanhedrin 11a).

Liturgische Relevanz erhielten mehrere Passagen aus dem Buch Sekharja. So bildet der Abschnitt Sach 2,14-4,7 die Haftara für den ersten Schabbat innerhalb der Chanukkawoche, enthält jener doch für das Tempelweihfest relevante Themen wie die Gegenwart Gottes im Tempel (Sach 2,14-17), die Läuterung und Investitur des Hohepriesters (Sach 3,1-10) sowie den siebenarmigen Leuchter (Sach 4,1-6).[6] Aufgrund der Erwähnung des Laubhüttenfests in Sach 14,16 stellt die Passage Sach 14,1-21 ferner traditionell die Haftara zum ersten Tag von Sukkot. Sach 14,9 ist schließlich Bestandteil des Alenu-Gebets, des Hymnus am jeweiligen Ende der drei Tagesgebete.

Der in den Nachtgesichten zentrale Deuteengel, der *angelus interpres*, fand in der nachfolgenden apokalyptischen Literatur breite Aufnahme. So wird er bereits in den Visionen Daniels (Dan 7–12) mit dem Engel Gabriel identifiziert. In den Himmelsvisionen der Henochbücher führt er den Himmelsreisenden auf seinem Weg durch die Himmel und erklärt das dort Geschaute.

Besonders beeinflusst hat das Buch Sekharja zudem die Messiasvorstellungen bzw. jene wurden in diesem Sinne rezipiert. Beispielsweise konnte die Konzeption einer Zwei-Messias-Lehre auf die beiden Gesalbten innerhalb der fünften Vision (Sach 4,14) Bezug nehmen. Auch die Vorstellung eines leidenden Messias, wie sie bereits in den Qumranschriften und später vor allem in der rabbinischen Literatur überliefert wird, lässt sich u.a. auf Sekharjapassagen zurückführen. Dieser Tradition zufolge geht dem siegreichen königlichen Messias (Maschi'ach ben David) eine leidende Messiasgestalt (Maschi'ach ben Joseph) voran. Er stirbt jedoch eines gewaltsamen Todes, zumeist im eschatologischen Kampf. So wird beispielsweise in bSukka 52a ein gefallener ‚Messias' mit dem Durchbohrten, um den laut Sach 12,10 ganz Jerusalem trauert, gleichgesetzt,[7] was den nachfolgenden davidischen Messias veranlasse, den Herrn ausschließlich um den Erhalt seines Lebens zu bitten.

In der christlichen Tradition

Auch im Christentum, v.a. im Neuen Testament bzw. speziell im Rahmen der Passionserzählung Jesu, erhielten messianische Auslegungen von Passagen des Buches Sekharja besondere Aufmerksamkeit.

Der Einzug des friedfertigen, demütigen messianischen Friedenskönigs auf einem Esel findet sich im Rahmen des Einzugs Jesu nach Jerusalem an prägnanter Stelle der Evangelien, zu Beginn der Passionserzählungen, platziert,[8] wobei Sach 9,9 in Mt 21,5 und Joh 12,14 zudem explizit zitiert wird. Es handelt sich jedoch den Evangelien zufolge nicht um einen sogleich siegreichen Messias, der Frieden stiften und die universale Herrschaft antreten kann. Vielmehr müsse Jesus, dem Durchbohrten in Sach 12,10 gleich, zunächst sterben. In Joh 19,37 wird demgemäß der Lanzenstich in die Seite des bereits toten Jesu am Kreuz als Erfüllung dieses Schriftverses im Buch Sekharja expliziert.

Außerdem scheint der im Matthäusevangelium erwähnte Lohn über 30 Silberlinge für den Verrat an Jesus und die Auslieferung desselben durch Judas auf das Buch Sekharja zurückzugehen. In Mt 27,9 (vgl. auch Mt 26,15 sowie Mt 27,3) wird zwar auf den Propheten Jeremia als Referenzquelle verwiesen, tatsächlich handelt es sich jedoch bei der angegebenen Belegstelle um ein direktes Zitat aus Sach 11,12-13, das diese Summe als Spottlohn für den Hirten (Preis für einen Sklaven) anführt. Im Markus- und Matthäusevangelium wird zudem das Drohwort, dass der Hirte erschlagen und die Schafe zerstreut werden (Sach 13,7), von Jesus in einer Prophezeiung auf die Situation seiner Jünger unmittelbar nach seinem Tod bezogen (Mk 14,27 sowie Mt 26,31; vgl. auch Joh 16,32).

Neben diesen christologisch gedeuteten Stellen aus dem zweiten (oder dritten) Teil des Buches scheinen sich auch die Beschreibungen innerhalb der Offenbarung des Johannes an das Vokabular und die Bilder der Visionen Sacharjas (oder verwandter Literatur) anzulehnen.

In den allgemeinen Sprachgebrauch ist schließlich die in Sach 5,2 geschaute riesige, zwanzig Ellen lange und zehn Ellen breite fliegende Schriftrolle eingegangen: der ellenlange Brief.

Weiterführende Literatur

Traditioneller jüdischer Kommentar und Kompilation jüdischer Traditionsliteratur in Übersetzung

- Jacob Neusner, Zephaniah, Haggai, Zechariah and Malachi in Talmud and Midrash. A Source Book, Lanham u.a. 2007.
- Rasch"i (online): http://www.chabad.org/library/bible_cdo/aid/16205.

Traditionelle christliche Kommentare in Übersetzung

- Theodoret of Cyrus: Commentary on the Prophets Vol 3: Commentary on the Twelve Prophets, Brookline 2007.
- Martin Luther: Johann G. Walch (Hg.), Dr. Martin Luthers sämtliche Schriften/14, Vorreden, historische und philologische Schriften: (Das „Passional" mit Illustrationen); Als Ergänzung des 6. Bd.: Auslegung des Alten Testaments (Schluß); Auslegungen über die Propheten Obadja bis Maleachi, Reprint der zweiten Auflage, Gross Oesingen 1987.
- Johannes [John] Calvin, Commentaries on the Twelve Minor Prophets. Vol. 4: Habakkuk, Zephaniah, Haggai, Now first translated from the original Latin by John Owen, Grand Rapids 1950.

Wissenschaftliche Kommentare

- Holger Delkurt, Sacharjas Nachtgesichte. Zur Aufnahme und Abwandlung prophetischer Traditionen, Berlin/New York 2000.
- Robert Hanhart, Dodekapropheton 7.1. Sacharja 1–8 (Biblischer Kommentar Altes Testament), Neukirchen-Vluyn 1998.
- Sandra Hübenthal, Transformation und Aktualisierung. Zur Rezeption von Sach 9–14 im Neuen Testament, Stuttgart 2006.

- Christian Jeremias, Die Nachtgesichte des Sacharja, Göttingen 1977.
- Rüdiger Lux, Prophetie und Zweiter Tempel. Studien zu Haggai und Sacharja, Tübingen 2009.
- Risto Nurmela, Prophets in Dialogue. Inner-Biblical Allusions in Zechariah 1–8 and 9–14, Åbo 1996.
- Henning Graf Reventlow, Die Propheten Haggai, Sacharja und Maleachi (Altes Testament Deutsch), Göttingen 1993.
- Wilhelm Rudolph, Haggai – Sacharja 1–8 – Sacharja 9–14 – Maleachi (Kommentar zum Alten Testament), Berlin 1981.
- Klaus Seybold, Die Bildmotive in den Visionen des Propheten Sacharja, in: Vetus Testamentum Supplement, Bd. 26 (1974), S. 92-110.
- Ina Willi-Plein, Haggai, Sacharja, Maleachi (Zürcher Bibelkommentare), Zürich 2007.

Anmerkungen

[1] Vgl. Rüdiger Lux, Das Zweiprophetenbuch. Beobachtungen zu Aufbau und Struktur von Haggai und Sacharja 1–8, in: ders., Prophetie und Zweiter Tempel. Studien zu Haggai und Sacharja, Tübingen 2009, S. 3-26, bes. S. 8ff. S. hierzu auch die vorherigen Ausführungen zum Buch Chaggai sowie Konrad Schmid, Hintere Propheten (Nebiim), in: Jan Christian Gertz (Hg.), Grundinformation Altes Testament, Göttingen [4]2010, S. 313-412, S. 404.
[2] Vgl. hierzu beispielsweise Erich Zenger, Das Zwölfprophetenbuch, in: Christian Frevel (Hg.), Einleitung in das Alte Testament, Stuttgart [8]2012, S. 622-699, S. 692.
[3] So z.B. von Rudolph: Wilhelm Rudolph, Haggai – Sacharja 1-8 – Sacharja 9-14 – Maleachi, Berlin 1981, S. 61.
[4] Vgl. hierzu die Ausführungen in: Ina Willi-Plein, Haggai, Sacharja, Maleachi, Zürich 2007, S. 51-53 sowie S. 151-152.
[5] Rüdiger Lux, JHWHs „Herrlichkeit" und „Geist". Die „Rückkehr JHWHs" in den Nachtgesichten des Sacharja, in: ders., Prophetie und Zweiter Tempel. Studien zu Haggai und Sacharja, Tübingen 2009, S. 193-222, hier: S. 220.
[6] Die Verse Sach 2,14-17 werden zudem als Haftara zu Num 8,1-12,16 gelesen.
[7] Der rabbinischen Gegenposition zufolge handelt es sich bei dem betrauerten Durchbohrten jedoch um den bösen Trieb, wobei zur Untermauerung der Argumentation wiederum auf einen Sekharjavers, nämlich Sach 8,6, verwiesen wird.
[8] S. Mk 11,1-11; Mt 21,1-11; Lk 19,28-38 und Joh 12,12-16.

8.12 | Male'akhi (Maleachi)

Die Bezeichnung des letzten kleinen Propheten(buches) Male'akhi (מלאכי : „mein Bote, mein Engel") lässt offen, ob es sich bei dieser um einen Eigennamen handelt. Die Septuaginta gibt die griechische Umsetzung „Malachias" als Appellativ wieder („durch/mit Hilfe seines Boten/Engels"). Auch die Mehrzahl der erhaltenen Targumversionen lassen mit dem eingefügten Relativsatz, „dessen Name Esra der Schreiber lautete", erkennen, dass Maleachi nicht als Eigenname verstanden worden ist (vgl. ebenfalls bMegilla 15a).

Kontext

Das Buch Male'akhi beendet den Reigen der Tré Assar und bietet an dieser Position durchaus einen sinnvollen An- und Abschluss. Es wird wie die Schriften Chaggai und Sekharja in die nachexilische, persische Zeit datiert und führt somit die in diesen Büchern angesprochenen Themen weiter. Neben inhaltlichen Parallelen zeigt sich die Zusammengehörigkeit der drei Prophetenschriften auch anhand formaler Gemeinsamkeiten. So fällt die parallele Überschriftengestaltung in den letzten zwei Teilen des Buches Sekharja (Sach 9,1 und 12,1) und in Mal 1,1 (jeweils משא: „Ausspruch") auf. Sie verweist auf eine mögliche gemeinsame Redaktion oder Angleichung der beiden bzw. drei letzten Bücher.

Konkret befassen sich alle drei Prophetenbücher zudem insbesondere mit dem Tempel bzw. dem Kult und schließlich legt auch die signifikante Verwendung der Bezeichnung Bote/Engel des Herrn)'מלאך ה: „Male'akh J'") direkte terminologische Bezüge zwischen diesen Schriften nahe.[1]

Historische Einordnung

Zwar fehlen konkrete zeitliche Angaben, die Forschung datiert das Buch Male'akhi bzw. die zugrunde liegende Grundschrift aber relativ einmütig in das 5. oder 4. Jahrhundert BCE, d.h. in die persische Zeit nach Wiederaufnahme des Kults im neu errichteten Tempel (515 BCE). Zumeist wird mit Blick auf die kritisierte Nachlässigkeit bei der Ausübung kultischer Normen ein gewisser Zeitabstand zur historischen Wiedereinweihung des Tempels vorausgesetzt.

Die Mehrzahl der Exegeten verorten die Schrift bzw. den Grundbestand derselben wie Meinhold, Rudolph und Zenger aufgrund des Akzents der ‚Mischehen'-Problematik (Mal 2,11-12), die besonders zur Zeit Esras signifikant gewesen ist, dann konkret in das 5. Jahrhundert BCE.[2] Kessler erwägt noch eine spätere Datierung in das 4. oder sogar 3. Jahrhundert BCE.[3] Über die Herkunft des Propheten, zu seiner Stellung, seinem Kontext und Leben finden sich weder im letzten Buch der Tré Assar noch in einem anderen biblischen Buch weitere Angaben.

Aufbau

Mal 1,1	Überschrift
Mal 1,2-1,5	Liebe des Herrn zu Jakob/Israel
Mal 1,6-2,9	Kultische Verfehlungen der Priester (Aufhebung des Bundes)
Mal 2,10-2,16	Fehlende Treue zum Herrn
Mal 2,17-3,5	Vergeltung am Tag des Herrn für die Frevler
Mal 3,6-3,12	Festhalten Gottes am Bund trotz Israels Untreue
Mal 3,13-3,21	Gerechter Ausgleich (Eintrag im „Buch“)
Mal 3,22-3,24	Ermahnung und Ankündigung der Wiederkunft Elijas vor dem Tag des Herrn

Wichtige Themen und Texte

Ein bestimmendes Moment des Buches Male'akhi umfasst den Themenkomplex des Bundes und der Erwählung Israels, der in verschiedenen Facetten der Vater-Kind-Beziehung veranschaulicht wird. So verweist bereits das erste Diskussionswort mit dem Rückbezug auf die Jakob-Esau-Tradition auf die besondere Liebe und Erwählung Israels (Jakobs), die sich laut Mal 1,2-5 in dem strafenden göttlichen Vorgehen gegenüber dem verfeindeten Bruder-/Nachbarvolk Edom (Esau) offenbare.

Im anschließenden Diskussionswort wird nun diese Vater-Sohn-Metaphorik unter dem Aspekt der herkömmlichen Tradition bzw. des Gebots der Elternehrung (vgl. Ex 20,12) auf die geforderte Ehrerbietung der Priester bzw. des Volks Israels innerhalb des Gottesdienstes übertragen (Mal 1,6-2,9). Durch Nachlässigkeit bei den kultischen Verrichtungen wie z.B. Schlachtungen von nicht makellosen, minderwertigen Tieren erwiesen die Leviten der Schrift zufolge Gott nicht die nötige Ehre, Achtung und Ehrfurcht (Mal 1,6-14). Ihnen wird somit die Auflösung des besonderen göttlichen Bundes, der für sie Leben und Heil bedeutet, angedroht.

Im dritten Diskussionswort findet die Vatermetaphorik sodann im Hinblick auf die göttliche Schöpfertätigkeit und den Bund mit den Vätern Anwendung, um die Treulosigkeit und Abkehr von den göttlichen Bundesweisungen darzulegen. Konkret wird an dieser Stelle die Heirat von Frauen, die anderen Göttern dienen (Mal 2,11, vgl. auch Neh 13,23-27), und die Aufhebung des Ehebundes genannt. Die Scheidung von der ersten Frau, d.h. die Verstoßung der „Frau der

Jugend" (Mal 2,14-16), widerspreche der Argumentation zufolge der Schöpfungsordnung, da Gott Mann und Frau als Einheit geschaffen habe (vgl. Gen 2,24).

Auf die Frage nach der Gerechtigkeit (Theodizeeproblem) vor dem Hintergrund der ausbleibenden gerechten Vergeltung für gute und böse Taten durch Gott (Mal 2,17), welche letztlich auch die Verheißungen des Bundes bzw. diesen selbst in Frage stellt, kündet das vierte Diskussionswort einen Boten des Bundes an, der das Kommen des Herrn ankündigt und vorbereitet (Mal 3,1). Die anschließenden Ausführungen zum Tag, an dem der Herr kommen und für ausgleichende Gerechtigkeit sorgen, Gericht über die Frevler halten und den sozial Schwachen bzw. Unterdrückten Recht verschaffen wird (Mal 3,2-5), knüpfen an die bekannten Ausführungen zum Tag des Herrn und an die Sozialkritik in den früheren Prophetenbüchern an.

Nachfolgend wird mit dem Rückbezug auf die Väterzeit auf die göttliche Bereitschaft, am Bund festzuhalten, verwiesen: Gott habe sich nicht verändert und die Israeliten seien immer noch Söhne Jakobs (Mal 3,6) – und dies, obwohl sie seit jener Zeit immer wieder die Bestimmungen des Bundes, die Tora, nicht eingehalten, den Herrn vielmehr durch Nichtabgabe des Zehnts betrogen bzw. herausgefordert hätten. Gott sei jedoch immer noch bereit, sich seinem Volk zuzuwenden, wenn es zu ihm umkehrt (Mal 3,7-12).

Die erneute Thematisierung des Theodizeeproblems im letzten Diskussionswort, wonach die Frevler offenbar straflos ausgehen sowie Erfolg haben und Überhebliche glücklich gepriesen werden (Mal 3,13-15), endet mit dem Hinweis auf ein Buch, in welchem vor dem Herrn diejenigen eingetragen werden und somit zur Erinnerung verzeichnet sind, die Gott fürchten und seinen Namen achten. Nur jene werden am Tag des Herrn gerettet werden und Heil erlangen (Mal 3,16b-21). Im Rahmen dieser eschatologischen Erwartung künden die Verse die Wiederkunft des Propheten Elija an, den Gott vor dem Tag des Herrn auf die Erde, zu seinem Volk schicken wird, um dieses auf den Tag der Vergeltung vorzubereiten und somit vor der Vernichtung zu retten.

Wirkungsgeschichte

In der jüdischen Tradition

Das Buch Male'akhi bildet nicht nur die letzte Schrift innerhalb der biblischen Prophetenbücher, der Prophet Maleachi gilt laut jüdischer Tradition zudem als letzter Prophet, bevor die Prophetie bzw. der Geist des Herrn von Israel resp. von der ganzen Erde gewichen sei. Er wird in diesem Sinne zusammen mit den beiden anderen nachexilischen Propheten Haggai und Sacharja genannt (bJoma 9b, bSota 48b, bSanhedrin 11a). Alle drei stehen aber laut rabbinischer Auffassung auch für die Kontinuität, die Bewahrung und Weitergabe des göttlichen Wortes mittels der schriftlichen Tora und seiner Auslegung, wenn ihnen im Babylonischen Talmud zu dritt die Leitung bzw. Autorisierung der aramäischen Übersetzung des Prophetenteils im Targum Jonatan zugeschrieben wird (vgl. bMegilla 3a).

Liturgische Relevanz erhielt vor allem Mal 1,1-2,7, die Haftara zur Parascha Toledot (Gen 25,19-28,9), sowie die Verse Mal 2,4-24, welche am Schabbat vor Pessach, dem Schabbat ha-Gadol, gelesen werden.

Das Buch Male'akhi hat breite Rezeption in der nachbiblischen, deuterokanonischen, qumranischen, rabbinischen und späteren jüdischen sowie neutestamentlichen bzw. (früh-)christlichen Literatur erfahren. Dies gilt vor allem für die auf Elija bezogenen Verse (Mal 3,1.23-24), die auf eine Wiederkunft des Propheten als Vorläufer Gottes in der Endzeit hinweisen.[4] Als Prophet, der nicht gestorben, sondern entrückt ist (2 Kön 2,1-11), wird seine Wiederkunft am Ende der Tage erwartet. Die Vorstellung, dass er erscheinen wird, um den Beginn der messianischen bzw. End-Zeit anzukünden, ist auch in die Zeremonie des Sederabends zum Pessachfest eingegangen. Dem Propheten wird beim Sedermahl u.a. ein Platz und Becher bereitgestellt, um die Hoffnung auf dessen Wiederkunft und auf den damit verbundenen baldigen Beginn der Heilszeit auszudrücken.

In der christlichen Tradition

Das Neue Testament enthält die ersten bisher bekannten Belege für die Vorstellung, dass die in Mal 3,23 verheißene Wiederkunft Elijas der Ankunft des *Messias* vorausgeht. Da das sog. Alte oder Erste Testament in christlichen Bibeln in Anlehnung an die Anordnung der Septuaginta mit dem Buch Male'akhi endet, erscheint die Ankündigung der Geburt Jesu Christi (Mt, Lk) bzw. seine Taufe und der Beginn des öffentlichen (messianischen) Wirkens (Mk) als unmittelbarer Anschluss und Erfüllung der Verheißungen des letzten Prophetenbuches. Entsprechend wird Johannes der Täufer, der in den Evangelien als Vorläufer und Ankünder Jesu Christi gedeutet ist, in Lebensweise und Kleidung wie der Prophet Elija beschrieben (Mk 1,6). Zudem stellt die Verheißung des Boten, der (Gott bzw. dem Messias) den Weg bahnt, ein direktes Zitat aus Mal 3,1 dar. Sie wird jedoch im Markusevangelium dem Propheten Jesaja zugeschrieben und in den anderen neutestamentlichen Stellen ganz ohne Stellenverweis angeführt (Mk 1,2).[5]

Weitere Erwähnungen der Vorstellung einer Wiederkunft Elijas im Rahmen der Evangelien finden sich noch innerhalb des sog. Messiasbekenntnisses (Mk 8,27-30; Mt 16,13-20 sowie Lk 9,18-21), in dem Petrus die Meinung einiger referiert, Jesus sei der wiedergekommene Elija sowie innerhalb der Verklärungsszene mit Elija und Mose und in der nachfolgenden Frage nach dem Zeitpunkt seiner Wiederkunft (Mk 9,2-13; Mt 14,1-13; Lk 9,28-36) oder bei der (fälschlichen) Annahme einiger, Jesus rufe kurz vor seinem Tod Elija zur Hilfe (Mk 15,35; Mt 27,47).

Weiterführende Literatur

Traditioneller jüdischer Kommentar in Übersetzung und Kompilation jüdischer Traditionsliteratur

- Jacob Neusner, Zephaniah, Haggai, Zechariah and Malachi in Talmud and Midrash. A Source Book, Lanham u.a. 2007.
- Rasch"i (online): http://www.chabad.org/library/bible_cdo/aid/16219.

Traditionelle christliche Kommentare in Übersetzung

- Theodoret of Cyrus: Commentary on the Prophets Vol 3: Commentary on the Twelve Prophets, Brookline 2007.
- Martin Luther: Johann G. Walch (Hg.), Dr. Martin Luthers sämtliche Schriften/14, Vorreden, historische und philologische Schriften, Das „Passional" mit Illustrationen; Als Ergänzung des 6. Bd.: Auslegung des Alten Testaments (Schluß); Auslegungen über die Propheten Obadja bis Maleachi, Reprint der zweiten Auflage, Gross Oesingen 1987.
- Johannes [John] Calvin, Commentaries on the Twelve Minor Prophets. Vol. 4: Habakkuk, Zephaniah, Haggai, Now first translated from the original Latin by John Owen, Grand Rapids 1950.

Wissenschaftliche Literatur

- Rainer Kessler, Maleachi, (Herders Theologischer Kommentar zum Alten Testament), Freiburg i.Br. 2011.
- Arndt Meinhold, Maleachi (Biblischer Kommentar), Neukirchen 2006.
- Henning Graf Reventlow, Der Prophet Sacharja (1–8), in: ders., Die Propheten Haggai, Sacharja und Maleachi (Altes Testament Deutsch), Göttingen 1993.
- Wilhelm Rudolph, Haggai – Sacharja 1-8 – Sacharja 9-14 – Maleachi (Kommentar zum Alten Testament), Berlin 1981.
- Ina Willi-Plein, Haggai, Sacharja, Maleachi (Zürcher Bibelkommentare), Zürich 2007.

Anmerkungen

[1] Vgl. Hag 1,13; Sach 1,7-6,15; Mal 1,1; s. auch Mal 3,1-2.
[2] S. Meinhold, Maleachi, S. XXXIII; ders., Maleachi/Maleachibuch, S. 7; Rudolph, Haggai – Sacharja 1–8 – Sacharja 9–14 – Maleachi, S. 248, sowie Zenger, Das Zwölfprophetenbuch, S. 696. Vgl. hierzu auch die Ausführungen in: Rainer Kessler, Maleachi, Freiburg i.Br. 2011, S. 75.
[3] Vgl. Kessler, Maleachi, S. 76-77.
[4] So bereits im Targum zu Dtn 30,4. Vgl. auch die Stellen in der Qumranschrift CD VI,12-13; XX,19-21, im deuterokanonischen IV. Esrabuch 6,26 sowie im Talmud bErubin 43b.
[5] Mt 11,10; Lk 7,27; vgl. zur Identifikation Elijas mit Johannes dem Täufer auch Mt 17,10-11 sowie Lk 1,17.

Ketuvim (Schriften)

Die Ketuvim („Schriften"), der dritte Teil des biblischen Kanons, wurde zugleich am spätesten festgelegt. Noch unter den Rabbinen des 2. Jahrhunderts CE, die für das in der Mischna zusammengestellte Material verantwortlich zeichnen, waren einige Bücher der Ketuvim (wie Qohelet, Schir ha-Schirim oder Ester) umstritten (vgl. mJadajim 3,5; bBerakhot 57b; bMegilla 7a u.ö.). Andere (wie ben Sira) werden zwar von den Meistern des Talmud zitiert (vgl. bChagiga 13a; bJebamot 63b; bKetubbot 110b), dann aber doch als deuterokanonisch eingestuft und vereinzelt sogar als Lektüre verboten (bSanhedrin 100b). Offensichtlich wurde also die Zuordnung und Reihenfolge der Ketuvim in der frühen rabbinischen Ära noch heftig diskutiert. Eine Aufzählung des Talmuds (vgl. bBaba Batra 14b) stellt zum Beispiel das Buch Rut an die Spitze der Ketuvim, während bBerakhot 57b bereits die traditionelle Anordnung bietet.

Die Ketuvim enthalten Werke sehr unterschiedlichen Zuschnitts, so dass eine innere Systematik dieses Teils der Bibel schwer auszumachen ist. Das Traumbuch des Talmud (bBerakhot 55aff.) unterscheidet zwischen großen und kleinen Büchern der Ketuvim, wenn es ausführt:

> *„Drei große Schriften sind es: Wer den Sefer Tehillim [im Traum] sieht, erwarte Frömmigkeit; Mischlé: Er erwarte Weisheit und Ijov: Er sorge sich vor Strafen. Drei kleine Schriften sind es: Wer das Schir ha-Schirim im Traum sieht, erwarte Frömmigkeit, Qohelet: Er erwarte Weisheit und Ekha [Qinot]: Er sorge sich vor Strafen. Wer das Buch Ester sieht, dem wird ein Wunder zuteil."* (bBerakhot 57b)

Entwickelt man das Schema des Talmud weiter, so lassen sich drei Gruppen von Ketuvim innerhalb dieses dritten Teils der Bibel unterscheiden: die drei großen Weisheitsschriften (Tehillim, Ijov und Mischlé), die fünf Megillot (Rut, Schir ha-Schirim, Ekha, Qohelet und Ester) sowie der Rest (Dani'el, Esra-Nechemja, Divré ha-Jamim).

1 | Tehillim (Psalmen)

Der hebräische Name des Buches Tehillim bedeutet „Lobgesänge" oder „Preisungen". Auch wenn manches Mal Trauer und Klage zu dominieren scheinen, deutet diese Überschrift auf die beherrschende Absicht des Buches hin, Gott zu loben. Die in deutschen Bibeln verwendete Bezeichnung Psalmen entstammt dem Griechischen psalmós, d.h. ein von der Leier (psaltêrion) begleitetes Lied. Nicht nur der Name, auch die Zählung der Psalmen unterscheidet die Septuaginta vom hebräischen Urtext.

Die Septuaginta fasst die Psalmen 9/10 sowie 114/115 zu jeweils einem zusammen, teilt aber andererseits Ps 116 und 147, so dass sich am Ende wie in der hebräischen (masoretischen) Tradition 150 Psalmen ergeben. Diese symbolträchtige Anzahl wird allerdings durch einen 151. Psalm sowie durch vierzehn Oden ergänzt – beide Textteile fanden jedoch ebenso wenig Aufnahme in den christlichen Kanon wie die achtzehn Psalmen Salomos. Die Zählweise der Septuaginta erscheint insofern von Belang, als dass sie in vielen traditionellen christlichen Texten aufgegriffen worden ist.

Kontext

Das Buch Tehillim mit seinen 150 Psalmen eröffnet den dritten Teil der Hebräischen Bibel, die *Ketuvim* (Schriften). Diese herausgehobene Stellung entspricht dem hohen Rang der Psalmen in der jüdischen und christlichen Religionsgeschichte. Die *Ketuvim* formulieren die Antwort Israels auf die grundlegende Offenbarung Gottes, wie sie in der *Tora* gegeben und in den *Nevi'im* auf wechselnde historische Situationen hin interpretiert worden ist. Die Tehillim spiegeln die Reaktion des Menschen auf die Selbstkundgabe Gottes, ihr Gespräch mit Ihm in buchstäblich allen Lebenslagen. Deshalb vermochten sie ihre Aktualität durch die Zeiten zu bewahren und wurden zu einem tröstenden Begleiter für Generationen gläubiger Juden und Christen. Im Anschluss an die Tehillim bietet die Hebräische Bibel das Buch Mischlé (Buch der Sprüche). Da das Buch Mischlé gemeinhin Salomo, dem Sohn *Davids*, zugeschrieben wird, der wiederum als Autor der Psalmen gilt, erscheinen die Tehillim den Mischlé ‚chronologisch' vorgeordnet.

Wie die Tehillim, so gehören auch die Mischlé zur Gruppe der sog. Weisheitsliteratur. Das Buch Mischlé bietet aber eher Sammlungen von Sentenzen und Aphorismen als (liturgische) Dichtungen. In der Septuaginta und den auf ihr fußenden christlichen Bibeln wird die Abfolge der Ketuvim gleich zu Beginn umgestellt: Das Buch Ijov geht den Tehillim voran. Eine mögliche Deutung dieser Ordnung bestünde darin, dem erzählenden Rahmen des Buches Ijov eine Brückenfunktion zu den voraufgehenden „historischen Büchern", dem lyrischen Hauptteil Ijovs eine solche für die poetischen Psalmen zuzuweisen. In gewisser Weise könnte man die Tehillim auch als Antwort auf die Klage Hiobs interpretieren.

Historische Einordnung

Traditionell wird das Buch Tehillim König David zugeschrieben,[1] welcher der biblischen Legende nach ein großer Sänger und Harfenspieler gewesen sein soll (vgl. 1 Sam 16,14-23). Die Überschriften vieler Psalmen, die der Sammlung vermutlich erst nachträglich hinzugefügt worden sind, benennen neben David noch eine Reihe weiterer Autoren wie Asaf, Korach oder sogar Mose. Viele der Gebete sind aber auch anonym überliefert. Sprache, Stil und (soweit erkennbar) historischer Hintergrund deuten jedoch darauf hin, dass die 150 Psalmen aus höchst unterschiedlichen Epochen der Geschichte Alt-Israels stammen. Sie wurden von Autoren verfasst, die sehr divergenten sozio-kulturellen Kontexten zuzuweisen sind. Manche der Psalmen lassen eine kultische Abkunft vermuten, ohne dass diese präzise zu bestimmen ist: Sie sind priesterlich geprägt. Andere thematisieren das menschliche Königtum im Verhältnis zum göttlichen: Sie wurzeln also eher im höfischen Milieu, könnten aber auch auf Prozessionen gesungen worden sein. Wieder andere meditieren den wunderbaren Weltenplan und die Aufgabe eines jeden Geschöpfes darin: Hier kommen weisheitlich gelehrte Kreise zu Wort. Der größte Teil der Lieder und Gebete sind allerdings literarische Meditationen persönlicher Natur: von Leidenden, Armen oder Gerechten, die aus ihrer Not heraus zu Gott schreien. Jeder Dichter könnte sie geschrieben haben, von den Anfängen der Königszeit bis weit nach der Rückkehr aus dem Exil. So sind die Tehillim ein Gebetbuch der ganz besonderen Art: eine Generationen übergreifende Reflexion auf das Leben des Menschen angesichts Gottes.

Sicher scheint, dass das heute vorliegende Buch eine lange Entwicklung hinter sich hat, die in mehreren Etappen vor sich ging. Darauf deuten u.a. die unterschiedlichen Zählungen und Zusätze in der Septuaginta, aber auch die Überlieferung von Qumran, die ihrerseits in Inhalt und Anordnung Abweichungen zum masoretischen Text zeigt. Eine recht überzeugende Hypothese besteht darin, eine erste Sammlung in Ps 1–119 zu sehen.[2] Zwei Tora-Psalmen, nämlich Psalm 1 und 119, hätten darin den äußeren Rahmen, Psalm 2 und 110 (zwei Königspsalmen) den inneren Rahmen abgegeben. Dieser ersten Redaktionsstufe wurden nachträglich zwei weitere Sammlungen angefügt, und zwar:

(1) eine Sammlung von Wallfahrtspsalmen (Ps 120–134),
mit einem neuen Anhang (*Hallel* Ps 135–136; Zusatz Ps 137) sowie
(2) eine letzte Gruppe Davidspsalmen (Ps 138–145),
wiederum mit einem *Hallel* als Abschluss (Ps 146–150).

Aus dieser Hypothese ergäbe sich die folgende Grobstruktur des Buches:

RAHMEN I:			Psalm 1 Ein Lob des *Tora*-Studiums
	RAHMEN II:		Psalm 2 Gottes *Königtum* über Israel
		SAMMLUNG I:	Ps 3–88 (David – Korach – Asaf – Verschiedene Autoren), Psalm 89 Gottes *Königtum* über Israel
		SAMMLUNG II:	Ps 90–109 (inhaltlich miteinander verwandte Psalmen)
	RAHMEN II:		Psalm 110 Gottes *Königtum* über Israel Halleluja (liturgischer Abschluss): Psalm 111–118
RAHMEN I:			Psalm 119 Das große Lob der *Tora*

ANHANG I:	Die Aufstiegslieder (*Schiré ha-Ma'alot*; Ps 120–134); Hallel Ps 135,136 und thematisch passender Zusatz: Ps 137
ANHANG II:	
SAMMLUNG III:	Davidspsalmen (Ps 138–145)
	Hallel Ps 146–150

Aufbau

Eine übersichtliche Gliederung des Buches Tehillim zu erstellen, gehört zu den schwierigeren Aufgaben einer Bibelkunde. Es gibt zahlreiche Möglichkeiten einer solchen Einteilung: Man könnte die Autoren (David, Asaf o.a.) zugrunde legen, oder aber die literarische Form (z.B. Klage-, Bittpsalmen, Wallfahrtslieder). Man könnte Datierungen versuchen (was aber sehr schwierig ist) oder nach Überschriften oder Redaktionsstufen gliedern. Wir werden im Folgenden neben der vielleicht strukturell hilfreichen kritischen Gliederung die traditionelle Einteilung des Tehillim in fünf Büchern zugrunde legen, wohl wissend, dass wir die Gründe für diese Anordnung der Tehillim im Einzelnen kaum mehr rekonstruieren können.

BUCH 1: Psalm 1–41
Psalm 1–2 Thematische Einleitung (Lob der Tora; König David)
Psalm 3–41 Davidspsalmen
Psalm 3–14 Klagepsalm-Dyptichon
Mitte: Psalm 8
Psalm 15–24 Der Beter im Heiligtum Gottes
Mitte: Psalm 19
Psalm 25–34 Unter Gottes Schutz
Mitte: Ps 29/30
Psalm 35–41 Klagepsalmen
Liturgischer Abschluss: Psalm 41,14

BUCH 2: Psalm 42–72
Psalm 42–49 Psalmen der Korachiter
Abschluss: Asafpsalm (Ps 50)
Psalm 51–71 Davidspsalmen
Abschluss: Psalm Salomos (Ps 72)
Liturgischer Abschluss: Psalm 72,18-19 [„Ende der Gebete Davids"; Ps 72,20]

BUCH 3: Psalm 73–89
Psalm 73–83 Psalmen Asafs
Psalm 84–89 Psalmen-Dyptichon der Korachiter
(84,85. 88,89 „Esrachiter")
Zentrum: Psalm Davids (Ps 86)
Liturgischer Abschluss: Psalm 89,53

BUCH 4: Psalm 90–106
Psalm 90 Einleitung (Mosepsalm; Gott und Mensch)
Psalm 91–100 Die Treue Gottes als Herrscher der Welt
Abschluss: Psalm Davids (Psalm 101)
Psalm 102–106 Die Treue Gottes in Schöpfung und Geschichte
Zentrum: Psalm Davids (Psalm 103)
Liturgischer Abschluss: Psalm 106 (Hallel)

BUCH 5: Psalm 107–150
Psalm 107 Thematische Einleitung (Danklied der von Gott Befreiten)
Psalm 108–110 Davidspsalmen
Psalm 111–113 Abschluss: Hallel
Psalm 114–118 Dank für Befreiung und Rettung durch Gott
Psalm 117–118 Abschluss
Psalm 119 Lob der Tora
Psalm 120–134 Wallfahrtspsalmen (Schiré ha-Ma'alot)
Psalm 132–133 David
Psalm 135–136 Liturgischer Abschluss
(dazu Anhang: Psalm 137 Heimweh nach Zion)
Psalm 138–145 Davidspsalmen
Großer liturgischer Abschluss: *Das Hallel Ps 146–150*

Diese traditionelle Gliederung lässt die folgenden gestalterischen Prinzipien erkennen:
(1) Die Psalmen haben einen festen Platz in der Liturgie. Dies zeigt sich unter anderem daran, dass die Abschlüsse der Bücher und Teilsammlungen jeweils liturgische Formeln enthalten.
(2) David prägt als exemplarischer Beter und Frommer, als Urbild des gehorsamen Königs das Buch Tehillim (vgl. die dominierende Funktion der Davidspsalmen in der Gliederung).
(3) Das gesamte Buch steht unter der Leitidee des Tora-Studiums (Ps 1; 119). Dies wird ebenfalls durch die Entsprechung fünf Bücher Tora – fünf Bücher Tehillim zum Ausdruck gebracht.

Wichtige Themen und Texte

Der Charakter der Tehillim als Gebetbuch erlaubt es nicht, wichtige Texte herauszustellen. Dies muss jede/r Betende für sich selbst entscheiden. Wir werden daher im Rahmen der Wirkungsgeschichte auf einige besonders geschichtsmächtige Texte Bezug nehmen. Es gibt jedoch wichtige thematische Linien, die das Buch Tehillim inhaltlich bestimmen.[3]

(1) *Tora*. Der Gehorsam gegenüber der Tora bestimmt das Leben des Gerechten (Ps 1), der sich jedoch aufgrund des eigenen Schicksals im Gegensatz zum Wohlergehen der Frevler immer wieder in schwere Zweifel gestürzt sieht (vgl. die ab Ps 3 dominierenden Klagepsalmen). Den großen Kontrapunkt zu Anfrage und Selbstzweifel setzt Ps 119. Dieser ist ein alphabetisches Akrostichon und zugleich der längste Psalm überhaupt. In ihm finden Angst und Klage, Hoffnung und Gewissheit zu einer Balance, die ein Leben im Gehorsam gegenüber den Geboten möglich sein lässt.

(2) *David.* Er ist die Leitidee des Buches schlechthin. David fungiert einerseits als exemplarischer Beter und Frommer, andererseits als ein idealer König. Wie um diesen Eindruck zu verstärken, stellen viele der sekundären Psalmen-Überschriften bestimmte Ereignisse im Leben Davids als ihren Anlass heraus. So scheint die erste Teilsammlung Ps 3–14 weitgehend von Davids Kummer über seinen Sohn Absalom geprägt (vgl. Ps 3.7.9.11). Den mit den Davidsgeschichten Vertrauten ermöglicht diese Zuschreibung eine doppelte Empathie: Sie können sich mit dem Leiden des frommen *Menschen* als solchem identifizieren und finden zugleich im Schmerz *Davids*, also einem konkreten Schicksal, ein illustres und überzeugendes Vorbild.

(3) *Königtum.* Sowohl das Königtum Gottes als auch sein irdisches Abbild, das Königtum Davids, repräsentiert ein wichtiges Motiv der Tehillim. Auch dies wird bereits durch den Aufbau des Buches vermittelt. Psalm 2, an den Anfang des Buches gerückt, setzt dabei wesentliche Akzente: Der Aufruhr der Völker entspricht dem Aufruhr der Frevler. König David wird gleichermaßen als Repräsentant Gottes *und* als ein exemplarischer Frommer eingeführt. Königspsalmen finden sich immer wieder an herausgehobenen Stellen des Buches (vgl. Ps 72; 89; 110). Darüber hinaus enthält das vierte Buch eine eigenständige kleine Sammlung von Hymnen, die den Ewigen als König der Welt proklamieren (Ps 93–100).

(4) *Schöpfung.* In enger Beziehung zur Vorstellung vom Königtum des Ewigen bietet das Buch eine ganze Reihe von Psalmen, die sich mit der Welt als wohlgeordneter Schöpfung und mit dem Ewigen als deren Urheber befassen (vgl. Ps 19,1-7; 33,6-9; 65,7-14 u.ö.). Häufig wird die verlässliche und dauerhafte Ordnung der Welt Gottes dem Chaos und der Willkür frevelhaften menschlichen Treibens entgegengestellt, die – wie der Leidende hofft und weiß – keinen Bestand haben werden (Ps 74; 102 u.ö.). Manche Schöpfungspsalmen sind weisheitliche Hymnen (vgl. Ps 104; 147–148), denen an einer umfassenden Darstellung der wunderbaren Werke des Ewigen gelegen ist.

(5) *Das Heiligtum auf dem Zion*. Dass es innerhalb der Tehillim etliche Lieder gibt, die das Jerusalemer Heiligtum besingen, sollte niemanden verwundern. Sie konzentrieren sich auf zwei Themen: die mythische Beschreibung der göttlichen Anwesenheit dort (vgl. Ps 46–48; Ps 74.76.84 u.ö.) sowie den Aufstieg dorthin. Letzteres wird in den Aufstiegs- oder Stufenliedern besungen – welche womöglich eine Wallfahrt zum Heiligtum begleiteten (שירי המעלות/Schiré ha-Ma'alot; vor allem Ps 120–134).

Wirkungsgeschichte

Hier nun könnte man die gesamte Geschichte persönlicher Spiritualität in Judentum und Christentum sowie des Gottesdienstes beider Religionen erzählen. Keine Liturgie findet ohne Psalmen statt. Sie begleite(te)n Juden und Christen in allen Lebenslagen; manch eine/r beherrscht(e) die 150 Psalmen gar auswendig. Lieder, Sprichworte, Gebete und geläufige Metaphern wurden von ihnen geprägt. Eine auch nur annähernd erschöpfende Würdigung des Einflusses der Tehillim auf die abendländische Kultur erscheint völlig unmöglich. Die folgenden Beispiele sollen, keinesfalls mit dem Anspruch auf Vollständigkeit, der Illustration dieser Feststellung dienen.

In der jüdischen Tradition
Die Popularität des literarischen Genres Psalm und seine Bedeutung für die Gläubigen wird durch zahlreiche deuterokanonische Dichtungen unterstrichen, die den Spuren der Tehillim folgten. Man denke nur an die Psalmen Salomonis (PsSal) aus dem 1. Jahrhundert BCE, die *Hodajot* (הודיות), die Danklieder der Qumrangemeinde (11Q Hod) und die vielen, in deuterokanonische Bücher integrierten Psalmen.[4] Längst nicht allen biblischen Büchern widmeten rabbinische und frühmittelalterliche Autoren einen eigenen Midrasch. Das Buch Tehillim jedoch gehört zu jenen Bevorzugten, die einer solchen Aufmerksamkeit gewürdigt waren. Der *Midrasch Tehillim*, nach seinen Anfangsworten auch *Midrasch Schocher Tov* genannt, entstammt in seiner heutigen Form wohl erst dem Mittelalter (13. Jh.).[5] Sein erster Teil (zu Ps 1–118) ist jedoch bedeutend älter (3. bis 7. Jh.). Hinweise in der rabbinischen Literatur deuten darauf hin, dass es andere haggadische Midraschim zu den Psalmen gegeben haben muss, die jedoch nicht überliefert sind. Psalmen dienten den Gelehrten Israels als bevorzugte Predigttexte und seinen Dichtern als Vorbilder des *Pijjut* (פיוט), der synagogalen Poesie. Eine Vielzahl von biblischen Psalmen hat in die jüdischen Liturgien Eingang gefunden. Insbesondere das „ägyptische" oder „*Pessach-Hallel*" (Ps 113–118), das „große" (*Hallel gadol*; Ps 136) und das „*tägliche Hallel*" (Ps 145–150) bildeten sich als selbstständige liturgische Einheiten heraus, die zu verschiedenen Anlässen in das Gebet einfließen.[6] Schon beim morgendlichen Eintritt in die Synagoge werden die ersten Psalmverse gesprochen (Ps 5,8; 26,8; 95,6; 69,14). In einigen Elementen der Gebetsordnung findet man sie in besonders großer Dichte:

(1) *Pesuqé de-Simra.*[7] Dieser Komplex des morgendlichen Gottesdienstes (Schacharit) bildet den zweiten (offiziellen) Teil der Vorbereitung auf das Hauptgebet. Gerahmt von Lobsprüchen, bestehen die Pesuqé de-Simra hauptsächlich aus Psalmen: Nach dem zentralen alphabetischen Ps 145 werden vielerorts Ps 146–150 (das „tägliche Hallel") gebetet. Die präzise Zusammensetzung der Psalmtexte innerhalb der Pesuqé de-Simra variiert jedoch je nach Ort und Tradition; sie werden oft auch durch andere Stücke der Tradition oder Meditationen ergänzt.

(2) *Kabbalat Schabbat.* Unter dem prägenden Einfluss der Kabbalisten von Safed[8] entstand dieser besondere Eingangsteil in den abendlichen Gottesdienst (Arevit oder Ma'ariv) am Schabbat, den man als „Empfang des Schabbat" (קבלת שבת) bezeichnet. Er ist geprägt durch sechs Psalmen (Ps 95–99 sowie 29), von denen jeder einen der Wochentage symbolisiert, welche dem als Braut erwarteten Schabbat entgegensehen. Nach einem Hymnus, heutzutage meist das von Schlomo Alkabez komponierte Lekha Dodi,[9] folgen mit Ps 92 und 93 zwei weitere Vertreter ihrer Zunft.

(3) *Tehillim für die sieben Tage der Woche.* Dem hohen Stellenwert der Tehillim entspricht es, dass im Schlussteil der Liturgie noch ein weiterer Psalm gesprochen werden kann, der je nach Wochentag variiert (Sonntag: Ps 24; Montag: Ps 48; Dienstag: Ps 82; Mittwoch: Ps 94; Donnerstag: Ps 81; Freitag: Ps 93; Schabbat: Ps 92).

Selbstverständlich sind im Hauptgebet (Amida) selbst, wie auch in den rahmenden Texten der Amida und des Schm'a Jisra'el zahlreiche weitere Psalmverse verankert. Gleiches gilt für die liturgischen Texte, welche die Toralesung begleiten.

In der christlichen Tradition

Auch den frühen Christen war der Sefer Tehillim Gebetbuch und Begleiter in allen Lebenslagen. Das Neue Testament steckt voller Psalmen (ca. ein Drittel aller Bibelzitate) und wusste auch eigene Dichtungen beizusteuern, die sich an diesem Genre orientieren (vgl. *Magnificat*: Lk 1,46-55; *Nunc Dimittis:* Lk 2,29-32). Die Passionsgeschichte Jesu hat Psalm 22 zur literarischen Vorlage. Mehrere Details (etwa das Würfeln um das Gewand Jesu; vgl. Mk 15, 24 par mit Ps 22,19) sollen Jesu Kreuzigung als paradigmatisches Leiden eines Gerechten deuten. Gott als „guter Hirte" (Ps 23) ist allenthalben präsent: im Neuen Testament selbst, in der Kirchengeschichte (vgl. den Krummstab der katholischen Bischöfe; die Bezeichnung „Hirtenbrief" oder „Pastor") und der Kunst. In der Liturgie aller christlichen Konfessionen, in zahlreichen Liedern der Gesangbücher werden Psalmen verwendet oder zitiert. Im Eingangsteil der katholischen Messe (vgl. Graduale), der anglikanischen und evangelischen Gottesdienste („Eingangspsalm") spielen Psalmen eine wesentliche Rolle. Das sog. Stundengebet der orthodoxen, katholischen, anglikanischen und von einigen evangelischen Kirchen besteht im Wesentlichen aus Psalmen (vgl. Book of Common Prayer). Auch bei Prozessionen und Kasualien (vgl. Ps 23 bei Beerdigungen) kommt ihnen eine bedeutende Funktion zu. In seiner „Vorrhede auff den Psalter" lobt Martin Luther (in seiner charakteristischen christologischen Deutung) das Buch als eine Bibel im Kleinen:

> *„Uber das/ das allerley Göttlicher heilsamer Lere und Gebot darinnen stehen/ Und solt allein des halben theur und lieb sein/ das von Christus sterben und aufferstehen/ so klerlich verheisset/ und sein Reich und der gantzen Christenheit stand und wesen furbildet/ das es wol möchte ein kleine Biblia heissen/ darinn alles auffs schönest und kürzest/ so inn der*

ganzen Biblia stehet/ gefasset und zu einem feinen Enchiridion oder Handbuch gemacht und bereitet ist.“[10]

Psalmen-Übersetzungen haben für viele Nationalsprachen Europas sprachbildend gewirkt. Dies gilt übrigens auch für das Deutsche. Es ist interessant, eine lutherische Übersetzung der Tehillim einmal auf vermeintliche ‚Sprichwörter' hin zu durchsuchen. Bis auf den heutigen Tag werden die Psalmen wieder und wieder nachgedichtet und aktualisiert. Als Beispiele dafür seien nur Kurt Marti und Ernest Cardenal genannt.

Handschriften und Drucke dieses biblischen Buches wurden von Juden und Christen immer wieder liebevoll illustriert (mittelalterliche Gebetbücher, aber auch Rubens, Rembrandt etc.). Besonderen Einfluss hatten die Psalmen jedoch auf die Musik. Die hebräische Bezeichnung *Halleluja*, die für einen Teil der christlichen Liturgie steht, ist nur ein Beispiel dafür. Von synagogaler Musik, gregorianischen Gesängen über die Kirchenlieder Luthers, von Bachs Kantaten über Strawinskys Psalmen-Symphonie (1930) und Leonard Bernsteins Chichester-Psalmen (1963) bis zu ABBAs „By the Rivers of Babylon" reicht die Spannweite von Psalmenvertonungen.

Weiterführende Literatur

Traditionelle jüdische Kommentare in Übersetzung

- Midrasch: William G. Braude (Hg.), The Midrash on Psalms, 2 Bde., New Haven 1959.
- Abraham ibn Esra: H. Norman Strickman (Hg.), Rabbi Abraham Ibn Ezra's Commentary on the First Book of Psalms, Bd. 1: Chapters 1-41, Bd. 2: Ch. 42-72, The Reference Library of Jewish Intellectual History, Bd.1, Brighton/Ma. 2009.
- Rasch"i: Mayer I. Gruber (Hg.), Rashi's Commentary on Psalms, Philadelphia 2007.
- David Qimchi (Rada"q): The Longer Commentary of R. David Kimhi on the First Book of Psalms (I-X, XV-XVII, XIX, XXII, XXIV), Translated From the Hebrew by R. G. Finch. With an Introduction by G. H. Box, New York/London 1919.
- David Qimchi: Joshua Baker, Ernest W. Nicholson (Hg.), The Commentary of Rabbi David Kimhi on Psalms CXX-CL: No. 120-150, University of Cambridge Oriental Publications, Cambridge 1973.
- Samson Raphael Hirsch, Die Psalmen übersetzt und erläutert von S. R. Hirsch, Basel 2005.
- Uriel Simon, Four Approaches to the Book of Psalms: From Saadiah Gaon to Abraham Ibn Ezra, New York 1990.

Traditionelle christliche Kommentare in Übersetzung

- Augustin: Hans Urs von Balthasar (Hg.), Über die Psalmen (Auszug aus Augustins Enarrationes in Psalmos), Leipzig 1936.

- Augustin: [Enarrationes in Englisch] A. Cleveland Coxe (Hg.), Expositions on the Books of Psalms, Nicene and Post-Nicene Fathers Bd. 8, Edinburgh, Reprint 2004; http://www.ccel.org/ccel/schaff/ npnf108.ii.i.html.
- Thomas von Aquin: Jean-Eric Stroobant (Hg.), Commentaire sur les Psaumes, Introduction, traduction, notes et tables par Jean-Éric Stroobant de Saint Éloy, Paris 1996.
- Martin Luther: Erwin Mülhaupt (Hg.), Martin Luthers Psalmenauslegungen, 3 Bde., Göttingen 1965.
- Johannes Calvin (Jean Calvin): Eberhard Busch (Hg.), Der Psalmenkommentar. Eine Auswahl (Calvin-Studienausgabe 6), Neukirchen-Vluyn 2008.

Wissenschaftliche Literatur

- Robert Alter, The Book of Psalms: A Translation with Commentary, New York/London 2009.
- Adele Berlin, Biblical Poetry Through Medieval Jewish Eyes. Indiana Studies in Biblical Literature, Bloomington/Indianopolis 1991.
- Mitchell Dahood, Psalms, 3 Bde. (Anchor Bible 16-17 A), Garden City/New York 1982/1983.
- Susan E. Gillingham, Psalms Through the Centuries (Blackwell Bible Commentaries), Bd. 1, Oxford 2007.
- Dies. (Hg.), Jewish and Christian Approaches to the Psalms. Conflict and Convergence, Proceedings of the Oxford Conference on Jewish and Christian Approaches to the Psalms, Oxford 2013.
- Frank-Lothar Hossfeld, Erich Zenger, Die Psalmen, 2 Bde., Würzburg 1993/2002.
- Hans-Joachim Kraus, Psalmen (Biblischer Kommentar), 2 Bde., Neukirchen-Vluyn ^{7}2003.
- James Kugel, The Idea of Biblical Poetry: Parallelism and Its History, New Haven 1981.
- Andreas Nachama, Marion Gardei, Du bist mein Gott, den ich suche. Psalmen lesen im jüdisch-christlichen Dialog, Gütersloh 2012.
- Klaus Seybold (Hg.), Neue Wege der Psalmenforschung (HBS 1), Freiburg i.Br. 1994.

Anmerkungen

[1] „David schrieb das Buch der Tehillim, mit der Hilfe von zehn ‚Alten'; mit der Hilfe vom ersten Adam, mittels Melchizedek, mittels Abraham, mittels Mose, mittels Heman und mittels Jedutun und durch Asaf und mittels der drei Söhne Korachs. Jeremia schrieb sein Buch und das Buch Melakhim sowie Ekha." (bBaba Batra 14b).

[2] So z.B. Claus Westermann, Zur Sammlung des Psalters, in: ThV 8 (1962), S. 337-341.

[3] Vgl. dazu die sehr instruktive Übersicht bei Rolf Rendtorff, Theologie des Alten Testaments. Ein kanonischer Entwurf, Bd. I: Kanonische Grundlegung, Neukirchen-Vluyn 1999, S. 295-310.
[4] Vgl. dazu: David Flusser, Psalms, Hymns and Prayers, in: Michael E. Stone (Hg.), Jewish Writings of the Second Temple Period: Apocrypha, Pseudepigrapha, Qumran Sectarian Writings, Philo, Josephus, Assen/Philadelphia 1984, S. 551-578.
[5] S. Günter Stemberger, Einleitung in Talmud und Midrasch, München [9]2011, S. 358-359.
[6] Das „ägyptische" Hallel wird zu den frohen Festtagen, insbesondere zu den Wallfahrtsfesten Pessach, Schavu'ot und Sukkot, vorgetragen. Das große Hallel (הלל גדול) hat seinen Platz ebenfalls in den Liturgien der Festtage. Das tägliche Hallel wanderte aus der häuslichen Gebetspraxis in die Synagoge ein und fungiert als ein wesentlicher Teil der Pesuqé de-Simra.
[7] פסוקי דזימרא (aramäisch für „gesungene Verse").
[8] Im 16. Jahrhundert bildete sich im obergaliläischen Safed (Zefat) eine Gemeinschaft von Gelehrten, deren halachische, liturgische und kabbalistische Werke das Judentum nachhaltig prägen sollten. Zu ihnen gehörten u.a. Jitzchak Luria (1534-1572), Mosche Cordovero (1522-1570), Schlomo Alkabez (1505-1576) und Joseph Karo (1488-1575).
[9] לכה דודי. Die Kabbalisten von Safed zogen tatsächlich gemeinsam aus der Stadt hinaus, um der Braut Schabbat entgegenzugehen.
[10] Martin Luther, Biblia/das ist/ die gantze Heilige Schrifft Deudsch, Reprint Leipzig 1983.

2 | Mischlé (Sprüche, Sprichwörter, Proverbien)

Der Name der Schrift Mischlé (משלי) oder Mischlé Schlomo (Sprüche Salomo) geht auf das erste bzw. die ersten beiden Worte im hebräischen Text des Buches zurück. Das dem Nomen zugrundeliegende Verb משל (maschal: „gleich sein", „gleichen") lässt verschiedene Übersetzungsvarianten zu. Am häufigsten sind die deutschen Bezeichnungen „Sprüche" (Salomos) – so z.B. innerhalb der Lutherbibel sowie in der Zürcher Bibel – oder „Sprichwörter", als Variante der Einheitsübersetzung. Innerhalb der Septuaginta als „Paroimiai" (παροιμίαι: „Sprichwörter") wiedergegeben, führt die Vulgata das Weisheitsbuch schließlich unter dem Titel „Proverbia" (bzw. *liber proverbiorum*), welcher in der entlehnten Form „Proverbien" gebräuchlich ist.

Der Text der griechischen Übersetzung weist signifikante Unterschiede zum hebräischen Text auf. Diese beziehen sich einerseits auf die jeweilige Strukturierung, insbesondere im Hinblick auf Überschriften sowie Textfolge, andererseits auf quantitative und inhaltliche Aspekte (Zusätze, Auslassungen, Modifikationen).

Kontext

Innerhalb der Hebräischen Bibel gehört das Buch Mischlé (Spr) zu den Ketuvim, speziell zu den Weisheitsschriften bzw. Büchern Salomos, denen auch die Bücher Ijov sowie Qohelet zugeordnet sind. Der Standort der Schrift variiert: Im Babylonischen Talmud wird Mischlé an vierter Stelle der Ketuvim nach den Büchern Rut, Tehillim und Ijov genannt (bBaba Batra 14b). In kanonischen hebräischen Bibelausgaben rangiert Mischlé jedoch zumeist zwischen den beiden anderen großen poetischen Büchern, Tehillim und Ijov. Die enge Bindung zu den Tehillim und Ijov wird zusätzlich durch ein gemeinsames Akzentsystem gestützt, während die anschließenden fünf Bücher der Megillot (Rut, Schir ha-Schirim, Qohelet, Ekha, Ester) eine weitere separate Einheit bilden.

Innerhalb der Septuaginta ist die Schrift den anderen, Salomo zugeschriebenen Weisheitsbüchern zugeordnet (s. die Unterteilung Psalmoi und Sophia)[1] und befindet sich zwischen den Oden sowie Qohelet. In deutschen Übersetzungen folgt das Buch Mischlé jedoch zumeist den Büchern Ijov und Tehillim.

Historische Einordnung

Innerhalb des Buchs Mischlé wird Salomo – sowohl im Titel des Werks als auch in Überschriften einiger Sammlungen – als Verfasser angeführt (Spr 1,1; 10,1; 25,1), so dass ihm bald die Autorschaft der gesamten Schrift zugeschrieben worden ist. Bereits in der Septuaginta werden keine weiteren Verfasser oder Sammler mehr genannt.[2] Unterstützung fand diese Zuschreibung in dem biblisch vermittelten Bild Salomos als König von unvergleichbarer Weisheit (1 Kön 5,10-11; 10,1-13.23-25), der u.a. 3000 Sprüche verfasst haben soll (1 Kön 5,12).

Allerdings verweisen die Sprüche selbst – explizit oder implizit – auf unterschiedliche zeitliche Kontexte, Verfasser oder Tradenten, so dass die salomonische Gesamtverfasserschaft zweifelhaft erscheint. Stattdessen werden zumeist verschiedene Sammlungen aus unterschiedlichen geschichtlichen Epochen angenommen. Die konkreten Zeitpunkte bzw. Zeiträume ihrer Entstehung, die Weitergabe und Niederschrift der einzelnen Sprüche oder ihre Zusammenfassung in kleinere und größere Sammlungen können jedoch nicht mehr zuverlässig rekonstruiert werden. Überlieferungsgeschichtlich stellt sich das vorliegende Buch Mischlé somit als eine Sammlung diverser Sammlungen dar.

Eine Alternative zur traditionellen salomonischen Zuschreibung vertreten allerdings bereits die Rabbinen in bBaba Batra 15a, welche König Hiskija und sein Kollegium als Verfasser oder Sammler nennen. Die Mischlé selbst führen an einigen Stellen „Weise" an, auf welche die jeweiligen Worte zurückgehen sollen (Spr 22,17 und 24,23), womit eine Beamtenschaft der ausgehenden Königszeit in Juda gemeint sein könnte, die dem höfischen Kreis angehörte. Die Zuschreibung des gesamten Buches Mischlé an Salomo wäre folglich in erster Linie dahingehend zu deuten, dass Autoren, Kompilatoren oder Redakteure die enthaltenen Sprüche im Geiste, in der Tradition und Autorität des überlieferten weisen Königs verstanden wissen wollten.

Entstehungs- und traditionsgeschichtlich werden darüber hinaus signifikante Einflüsse und Bezüge zur Weisheitsliteratur der altorientalischen Umgebung vorausgesetzt.[3] So wurden beispielsweise „sprachliche, stilistische und inhaltliche"[4] Ähnlichkeiten zu nordsyrischen Texten aus Ugarit konstatiert, welche ebenfalls Zahlensprüche und Doppelvergleiche enthalten. Des Weiteren lassen sich diverse Analogien zur mesopotamischen Weisheitsliteratur finden.[5] Am eingehendsten wurden jedoch Parallelen bzw. etwaige Bezüge (und Adaptionen) zur ägyptischen Weisheitsliteratur untersucht, da hier auf ein besonders umfangreich überliefertes Textmaterial zurückgegriffen werden konnte.[6]

Ob die Spruchweisheit in Israel ursprünglich aus mündlich überlieferten Traditionen hervorgegangen ist oder erst von Schriftkundigen am königlichen Hof bzw. Weisheitslehrern verfasst worden sind, die diese aufgezeichnet haben, ist weiterhin umstritten. Die endgültige redaktionelle Zusammenstellung der Sprüche bzw. einzelner Sammlungen wird jedoch gemeinhin in das 4. bis 3. Jahrhundert BCE[7] oder in das beginnende 2. Jahrhundert BCE[8] datiert.

Aufbau

Spr 1,1–9,18	**Weisheitliche Lehrreden**
1,1 -1,7	Prolog: Intentionen, allgemeine Mahnung, Weisheit zu erlernen
1,8- 9,18	Konkrete Mahnungen in zehn Abschnitten, Weisheit anzunehmen und weisheitsgemäß zu leben (Redeeinsätze: Mein Sohn)

Spr 10,1–22,16	**Spruchsammlung I (Mischlé/Sprüche Salomos)** Rechte und falsche Lebensführung und deren Konsequenzen im Einzelnen bzw. in konkreten Lebenssituationen
Spr 22,17–24,22	**Spruchsammlung II (Divré/Worte von Weisen)** Zusammenstellung von Lehrsprüchen, Ermahnungen, die Lehre zu befolgen
Spr 24,23-24,34	**Spruchsammlung III (Weitere Worte/Sprüche von Weisen)** Ermahnungen hinsichtlich rechter Lebensweise
Spr 25,1–29,27	**Spruchsammlung IV (Weitere Mischlé/Sprüche Salomos, Sammlung Hiskijas)** Lebensweisheitssprüche
Spr 30,1-30,33	**Divré/Worte Agurs**
30,1-14	Weisheitliche Reflexionen (Ich-Perspektive)
30,15-33	Zahlensprüche
Spr 31,1-31,31	**Divré/Worte an Lemuel**
31,1-9	Ermahnungen an den König (rechte Lebensführung und gerechtes Richten)
31,10-31	Lob der tüchtigen Frau (Eschet Chajil; אשת חיל)

Wichtige Themen und Texte

Das Buch Mischlé setzt sich aus einer Vielzahl von Sprüchen (hebr. משל [*maschal*: „Gleichnisspruch, Kunstspruch, Sprichwort"] oder דבר [*davar*: „Ausspruch"]) zusammen. Es handelt sich hierbei zumeist um eine Zusammenstellung kurzer, zweigliedriger Sentenzen, deren Teile mittels eines Parallelismus membrorum verbunden sind. Bei diesem Stilmittel hebräischer bzw. altorientalischer Poesie wird eine im ersten Vers konstatierte Aussage durch einen zweiten Vers mit anderen Worten gleichen oder ähnlichen Inhalts ergänzt.[9] So z.B. Spr 22,1:

> *„Ein Name [guter Ruf] [ist] kostbarer als großer Reichtum, besser als Silber und Gold [ist] gutes Ansehen."*

Neben dieser Art des Vergleichsspruchs („besser als") enthält das Buch Mischlé Aussagesprüche (Spr 13,3 oder 26,27), Zahlensprüche (Spr 30,24-28), Mahnsprüche (Spr 22,17-19 und 22,22-23) oder Glückwünsche (Spr 3,13). Darüber hinaus führen vor allem die ersten neun Kapitel auch längere Lehr- bzw. Mahnreden (Spr 5,1-6; 31,1-9) sowie Gedichte an.[10] Spr 30,7-9 könnte zudem als Gebet klassifiziert werden.

Thematisch bietet das Buch Mischlé ein Konglomerat und Kondensat von Lebenserfahrungen und Weisheitstraditionen, beziehen sich doch die jeweiligen Sprüche auf die verschiedensten Themen- und Lebensbereiche. Es lässt sich als Lehrbuch für die Gestaltung eines gelingenden Lebens lesen und weist in dieser Hinsicht große Ähnlichkeiten zur Weisheitsliteratur der altorientalischen Umgebung auf.

So werden bereits in den einführenden Versen die Vermittlung von Weisheit (חכמה: *chokhma*) und Zucht/Erziehung (מוסר: *mussar*) sowie Verstehen/Erkenntnis (בינה: *bina*) und Einsicht (שכל: *sekhel*) als leitende Intentionen des Buches genannt, daran anschließend aber auch moralische Zielsetzungen der Anleitung zu einer von Gerechtigkeit (צדק: *zedeq*), Rechtsgemäßheit/Rechtssinn (משפט: *mischpat*) und Aufrichtigkeit (משרים: *mescharim*) geprägten Lebensweise angeführt (Spr 1,2-3). Neben der Weitergabe von Weisheit, die in erster Linie als erlernbares und lebenspraktisches Wissen konfiguriert, erhält jedoch auch die Gottesfurcht (יראת ה': *jir'at J'*: „Furcht des Herrn") durch ihre leitmotivische sowie zentrale Erwähnung eine besondere Betonung (Spr 1,7; 15,33 sowie 31,30). Sie geht der Erkenntnis/dem Wissen (דעת: *da'at* laut Spr 1,7) bzw. der Weisheit (laut Spr 9,10; 15,33) voraus und gilt somit als Voraussetzung für den Erwerb von Wissen und Weisheit. Andererseits ermöglicht erst die Suche und bereitwillige Annahme der Weisheit laut Spr 2,2-5 Gottesfurcht und Gotteserkenntnis, komme doch die Weisheit, Erkenntnis und Einsicht vom Herrn (Spr 2,6).

Demgemäß werden in den einzelnen Sprüchen konkrete Handlungen, Gesinnungen und das jeweilige Ergehen von Weisen und Toren – d.h. im Buch Mischlé ebenfalls der Gerechten und Frevler, der Gottesfürchtigen und entgegengesetzt Gesinnten – antithetisch gegenübergestellt. Sie stehen jeweils paradigmatisch für einen der beiden Wege, die ein Mensch einschlagen kann. Vorausgesetzt wird dabei eine gerechte Weltordnung, der gemäß jeder handeln soll. Dieses Handeln bedingt schließlich auch das eigene bzw. gemeinschaftliche Ergehen (Tun-Ergehen-Zusammenhang). Postulieren die Mischlé hier vielleicht eher ein Idealbild, wird der Tun-Ergehen-Zusammenhang dann besonders in den Büchern der späteren Weisheit, Ijov oder Qohelet, mit Blick auf die eigene Lebens- und Welterfahrung vehement in Frage gestellt.

Die ethischen Ermahnungen beziehen sich in der Weisheitsschrift sowohl auf einen Verhaltenskodex für das zwischenmenschliche Leben und Handeln, das von Solidarität, Fürsorge, Aufrichtigkeit und Rechtmäßigkeit geprägt sein soll, als auch auf das angemessene, ehrfürchtige und gläubige Verhalten gegenüber Gott. Des Öfteren wurde bzw. wird daher der allgemeine, universale Charakter des Buches Mischlé wie der (biblischen) Weisheitsliteratur generell herausgestellt. Die sonstigen biblischen Hauptthemen, die Geschichte Israels mit seinem Gott, konkret der Exodus, der Bundesschluss, die Übergabe der Tora, spielten dagegen eine untergeordnete Rolle. Gegenwärtig wird aber vermehrt auf diesbezügliche implizite Anspielungen innerhalb des Buches verwiesen.[11]

Evident sind dagegen die Anklänge an die Schöpfungserzählungen, setzt das Buch Mischlé doch sowohl einen Schöpfer der Welt (Spr 8,22-31) als auch der

Menschen (Spr 14,31; 17,5; 20,12; 22,2) voraus, welcher innerhalb der Welt zudem eine harmonische, gerechte Ordnung eingesetzt habe und gewährleiste.

Ein Novum stellt dabei die Vorstellung einer personifizierten Schöpfungsmittlerin dar: Laut Spr 8,22-31 erwarb (hebräische Fassung von Spr 8,22) oder schuf (Septuaginta) Gott die Weisheit vor der weiteren Schöpfung (vgl. auch Spr 3,22 LXX: „Der Herr hat mich erschaffen als Anfang seiner Wege auf seine Werke hin"). Sie war demzufolge bei seinem Schöpfungswerk anwesend, animierte ihn diesbezüglich oder wirkte dabei mit. Während die Leser wiederholt vor der verführerischen, fremden, ehebrecherischen Frau, später mit der Torheit identifiziert, gewarnt werden,[12] wird die um die Menschen werbende „Frau Weisheit" wärmstens empfohlen, auch von ihr selbst (Spr 1,20-33; 8,1-9,6). Das Buch endet schließlich mit einem alphabetisch strukturierten Loblied auf die tüchtige Frau (אשת חיל: eschet chajil), einer treu sorgenden, patenten und gottesfürchtigen Frau, die alle übertrifft (in Spr 31,10-31).

Wirkungsgeschichte

Zahlreiche Wendungen und Sprichwörter aus dem allgemeinen Sprachgebrauch gehen auf Verse im Buch Mischlé zurück. Hierzu zählen Geflügelte Worte wie „Lästermaul" (Spr 4,24) oder „Zweischneidiges Schwert" (Spr 5,4). Zudem leiten sich beispielsweise Redewendungen wie „Der Mensch denkt, Gott lenkt" (Spr 16,9), „Hochmut kommt vor dem Fall" (Spr 16,18), „Wer Unrecht sät, wird Unheil ernten" (Spr 22,8) oder „Wie du mir, so ich dir" (Spr 24,29) von dieser biblischen Schrift ab.

In der jüdischen Tradition

Während die Zugehörigkeit des Buches Mischlé zum Kanon der biblischen Schriften im Traktat bBaba Batra 14b selbstverständlich vorausgesetzt wird, erscheint diese an einer anderen Stelle des Babylonischen Talmuds durchaus diskussionsbedürftig. So überliefert bSchabbat 30b Zweifel an der Aufnahme des Buches Mischlé in den biblischen Kanon. Gegen eine Kanonisierung spräche der im Buch enthaltene Widerspruch zwischen Spr 26,4 („Antworte dem Toren nicht nach seiner Torheit...") und Spr 26,5 („Antworte dem Toren nach seiner Torheit..."). Dieser wird aber im Folgenden in der Weise aufgelöst und erklärt, dass sich der erste Vers auf „weltliche Dinge", der zweite auf „Worte der Tora" beziehe. Hinsichtlich letzterer dürfe keine Antwort verwehrt werden und die Antwort müsse an das Verständnisvermögen des Adressaten angepasst werden.

Auch in den Avot de Rabbi Natan (1. bis 2. Jh.) sind Bedenken hinsichtlich des kanonischen Gebrauchs des Buches enthalten. Als problematisch gilt die Gleichnisform (Avot de Rabbi Natan 1,1) sowie die als anstößig empfundenen Stellen mit erotischem Bezug (z.B. Spr 7,10-20). Nach der Auslegung der problematischen Stellen durch die Männer der Großen Synagoge sei Mischlé aber letztlich doch als kanonisch eingestuft worden.

Aus spätrabbinischer Zeit (8. oder 9. Jh.) stammt wahrscheinlich der Midrasch zum Buch Mischlé, der offensichtlich nur fragmentarisch erhalten ist und ältere Quellen integriert. Die große Anzahl der Entlehnungen aus dem Babylonischen Talmud scheinen auf eine (ungewöhnliche) Entstehung des Midrasch in Babylonien zu verweisen.

Obwohl dem Buch Mischlé durchaus ethische Relevanz zukommt und Mischlé-Verse somit auch in „homiletischen Midraschim als Ausgangsverse für Predigten, welche dann in kunstvoller Weise zum Wochenabschnitt hinführen“[13], verwendet werden, besitzt das Buch nur einen marginalen liturgischen Stellenwert. Eine Ausnahme bildet die letzte Passage der Schrift, das Loblied auf die tüchtige Frau (אשת חיל: *eschet chajil*), in Spr 31,10-31. Es wird regelmäßig zu Beginn der häuslichen Schabbatfeier rezitiert. Neben dem Bezug auf die Frau des Hauses, die mit diesem Lied geehrt wird, wird die tüchtige Frau auch auf den Schabbat selbst, die Tora oder im kabbalistischen Kontext auf die Schekhina (die weiblich konnotierte bzw. personifizierte Gegenwart Gottes) gedeutet.

Bereits die Rabbinen identifizierten die bei der Schöpfung beteiligte Weisheit (Spr 8,22ff.) mit der Tora, welche dem Herrn bei der Erschaffung der Welt als Bauplan gedient habe (vgl. z.B. Bereschit Rabba 1,1).

In der christlichen Tradition

Im Neuen Testament lassen sich diverse Bezüge zum Buch Mischlé finden. In der Einleitung zum „Buch der Sprichwörter“ der Neuen Jerusalemer Bibel werden konkret 14 Zitate und ca. 20 Anspielungen auf das Weisheitsbuch der Hebräischen Bibel zurückgeführt. So rezitiert der Verfasser des Jakobusbriefs in Jak 4,6 die griechische Version von Spr 3,34 als Schriftbeleg für die göttliche Gnade. Zudem kann der Hinweis auf die Weisheit, welche von Gott erbeten und von ihm geschenkt wird (Jak 1,5-7), als impliziter Bezug zu Spr 2,1-6 gedeutet werden. In 1 Kor 1-3 wird dann in der Folge weltliche und göttliche Weisheit gegenübergestellt.

Paulus zitiert in seinen Anweisungen für das soziale Zusammenleben im bzw. aus dem Geist, wonach auch den hungrigen sowie durstigen Feinden Essen bzw. Trinken zu geben sei, Spr 25,21-22 (Röm 12,20). Im Hebräerbrief werden zudem die Verse Spr 3,11-12 (LXX) sowie Spr 4,26 (LXX) als Mahnung angeführt, die Zucht, welche der Herrn dem Menschen zuteilwerden lässt, als Erziehungsmittel zum Heil des Menschen anzunehmen und den eigenen Weg neu auszurichten (Hebr 12,5-6.13).

Mischlé bzw. die Weisheitslehre bilden somit bereits eine Grundlage für die moralische Belehrung der frühen Kirche und auch Jesus selbst wird in den Evangelien als Weisheitslehrer, der sich „weisheitlichen Formen der Rede und Sprache bedient“, dargestellt bzw. stilisiert. Zeigt ihn doch die „älteste Jesusüberlieferung“ als „Weisheitslehrer“ (Mk 2,17.19.21-22; 4,22.25). Lk präsentiert ihn schließlich als „Boten der Weisheit, ja, als Personifikation der göttlichen Weisheit (Lk 7,31-35)“[14].

Während die Weisheit bei den Rabbinen mit der Tora als Heilsmittel identifiziert wird, bietet der Christushymnus im Brief an die Kolosser (Kol 1,15-17) eine alternative christologische Interpretation. Die in der christlichen Tradition fortan verbreitete Gleichsetzung der personifizierten, präexistenten, bei der Schöpfung anwesenden und vermittelnden Weisheit, welche Weish 7,26 zufolge ein Ebenbild Gottes darstellt, mit Christus, ist bereits an dieser Stelle und ebenso in 1 Kor 1,24 oder im Prolog des Johannesevangeliums neutestamentlich angelegt. Neben dem Christusbezug wurde die Weisheit später auch als Allegorie Mariens, eines Engels oder der Tugend übergreifend erörtert.

Aufgrund der starken Präsenz des Buches im Neuen Testament scheint es erstaunlich, dass ihm in späteren theologischen und liturgischen Kontexten nur eine geringe Rolle zukommt. Erst seit der Liturgiereform im Geiste des Zweiten Vatikanischen Konzils werden einige wenige Texte der Weisheitsschrift im Gottesdienst gelesen.

Weiterführende Literatur

Midraschausgaben in Übersetzung

- Midrasch Mischlé in Englisch: Eliezer Ginsburg (Hg.), Mischlei/Proverbs. A New Translation with a Commentary Anthologized from Talmudic, Midrashic and Rabbinic Sources, New York 1998.
- Midrasch Mischlé in Deutsch: August Wünsche (Hg.), Der Midrasch Mischle. Das ist die allegorische Auslegung der Sprüche Salomos, Leipzig 1885 (Online-Ausg.: Frankfurt/Main, Universitätsbibliothek 2011).

Traditioneller jüdischer Kommentar in Übersetzung

- Rash"i (online): http://www.chabad.org/library/bible_cdo/aid/16372.

Traditioneller christlicher Kommentar in Übersetzung

- Hippolyt: Marcel Richard, Les Fragments du Commentaire de S. Hippolyte sur les Proverbes de Salomon. Edition provisoire, in: Le muséon et la revue des religions 79 (1966), S. 61-94.

Wissenschaftliche Literatur

- Hans F. Fuhs, Das Buch der Sprichwörter. Ein Kommentar, Würzburg 2001.
- Arndt Meinhold, Die Sprüche I-II (Zürcher Bibelkommentare Altes Testament), Zürich 1991.
- Leo G. Perdue, Wisdom Literature. A Theological History, Louisville/London 2007.
- Otto Plöger, Sprüche Salomos (Proverbia), (Biblischer Kommentar Altes Testament), Neukirchen-Vluyn 1984.
- Magne Sæbø, Sprüche (Altes Testament Deutsch), Göttingen 2012.
- Ludger Schwienhorst-Schönberger, Das Buch der Sprichwörter, in: Erich Zenger u.a. (Hg.), Einleitung in das Alte Testament, 8. vollstän-

dig überarbeitete Auflage herausgegeben von Christian Frevel, Stuttgart 2012, S. 453-463.

- Markus Witte, Das Sprüchebuch (Die Sprüche Salomos/Proverbien), in: Jan Christian Gertz (Hg.), Grundinformation Altes Testament. Eine Einführung in Literatur, Religion und Geschichte des Alten Testaments, Göttingen [4]2010, S. 445-458.

Anmerkungen

[1] In Anlehnung an die Septuaginta führen die deutschen Ausgaben Mischlé entweder unter den Poetischen Büchern (Zürcher Bibel, Die Gute Nachricht), den Lehrbüchern (Lutherübersetzung) oder Weisheitsschriften (Einheitsübersetzung) an, sofern nicht ganz auf eine Kategorisierung verzichtet wird.

[2] Die fremdländisch klingenden Namen Agur in Spr 30,1 oder Lemuel (bzw. seine Mutter Spr 31,1) entfallen innerhalb der Septuaginta ebenso wie die zusätzlichen Verweise auf Salomo in Spr 10,1 sowie 25,1.

[3] Vgl. hierzu Johannes Fichtner, Die altorientalische Weisheit in ihrer israelitisch-jüdischen Ausprägung. Eine Studie zur Nationalisierung der Weisheit in Israel, Gießen 1933 und Otto Plöger, Sprüche Salomos (Proverbia), Neukirchen-Vluyn 1984, S. XXIII-XXIX; Arndt Meinhold, Die Sprüche I-II, Zürich 1991, S. 26-37, sowie Hans F. Fuhs, Das Buch der Sprichwörter. Ein Kommentar, Würzburg 2001, S 16-19.

[4] Meinhold, Sprüche, S. 27; s. diesbezüglich auch Plöger, Sprüche Salomos, S. XXVIIf.

[5] So bestehen beispielsweise Parallelen zu den sumerischen bzw. sumerisch-akkadischen Sprichwörtern, die ebenfalls Tun-Ergehen-Zusammenhänge voraussetzen, zur sumerischen „Lehre des Schuruppak“, die wie Spr 1–9 die Anrede „Mein Sohn“ enthält, zu den Ermahnungen in der babylonischen Schrift „Ratschläge der Weisheit“, zum „Rat an einen Prinzen“, dem sog. Babylonischen Fürstenspiegel oder zu den aramäisch überlieferten, wahrscheinlich ursprünglich assyrischen „Achikar-Sprüche[n]“, welche den Anhang zum Achikar-Roman bilden und thematische Berührungen zum Buch Mischlé aufweisen. Vgl. hierzu Meinhold, Sprüche, S. 27-30.

[6] Im Besonderen wurde diesbezüglich auf die „älteste, vollständig erhaltene Lebenslehre“ (Meinhold, Sprüche, S. 31) zur Unterweisung für den hohen Beamtenstand, die „Lehre des Ptahhotep“, aus dem 3. Jahrtausend BCE, verwiesen sowie auf den Fürstenspiegel „Lehre für Merikare“ aus dem Mittleren Reich, der einen Tun-Ergehen-Zusammenhang proklamiert, die „Lehre des Amenemhet“, ebenfalls eine Art Fürstenspiegel, welcher dem ersten, einem Attentat zum Opfer gefallenen König der 12. Dynastie in den Mund gelegt ist, die „Lehre des Cheti“ als Anweisungen für Beamte sowie die persönliche Frömmigkeit präsentierenden Werke, die „Lehre des Ani“ und die „Lehre des Amenemope (oder: Amen-em-ope)“ aus dem Neuen Reich (v.a. Spr 22,17-22, s. Meinhold, Sprüche, S. 34 sowie Witte, Das Sprüchebuch, S. 454), die „Spruchsammlung des Anch-Scheschonki“, die vielleicht im 4. Jahrhundert BCE verfasst worden ist und wie das Buch Mischlé die typologische Gegenüberstellung Weiser versus Tor enthält, sowie die Ermahnungen zu einer rechten Lebensweise in der ca. 300 BCE entstandenen „Lehre des Papyrus Insinger“. Vgl. Meinhold, Sprüche, S. 30-37; Plöger, Sprüche Salomos, S. XXIV-XXVII, sowie Fuhs, Buch der Sprichwörter, S. 16-17.

[7] So z.B. Witte, Das Sprüchebuch, S. 453 oder Ludger Schwienhorst-Schönberger, Das Buch der Sprichwörter, in: Einleitung in das Alte Testament, Erich Zenger u.a. (Hg.), 8. vollständig überarbeitete Auflage herausgegeben von Christian Frevel, Stuttgart 2012, S. 453-463, S. 460.

[8] S. hierzu Meinhold, Sprüche, S. 39 oder Fuhs, Buch der Sprichwörter, S. 18. Letzterer setzt allerdings einen einzelnen Verfasser bzw. Dichter voraus, keine Sammler oder Redaktoren (vgl. ibid., S. 15).

[9] Arndt Meinhold beschreibt die Charakteristika des Parallelismus membrorum wie folgt: „Damit ist die Gestaltung einer Langzeile mittels zweier Hälften gemeint, die eng aufeinander bezogen sind und in dieser Bezogenheit ihre Aussage machen. Das führt in den meisten Fällen zu einer Doppelung der Vorstellungen und Gedanken und eröffnet beinahe unerschöpfliche Möglichkeiten des Variierens und Nuancierens. [...] Der Parallelismus membrorum entspricht einer Eigenheit orientalischen Denkens. Anders als im abendländischen Denken legte der orientalische Mensch die Bedeutungen der Wörter nicht in scharfen Grenzlinien (‚Definitionen') fest, sondern bestimmte sie im Verbund mit anderen ähnlich gefüllten." Meinhold, Sprüche, S. 17-18.

[10] Vgl. z.B. Spr 1,20-33; 8,1-36; 9,1-6; 9,13-18.

[11] S. Schwienhorst-Schönberger, Buch der Sprichwörter, S. 463, sowie Fuhs, Buch der Sprichwörter, S. 16.

[12] So z.B. in Spr 5,1-23; 7,5-27): in Spr 9,13-18: (Frau) Torheit.

[13] Hanna Liss, TANACH. Lehrbuch der jüdischen Bibel, Heidelberg ^{3}2011, S. 347.

[14] Hans F. Fuhs, Das Buch der Sprichwörter. Ein Kommentar, Würzburg 2001, S. 18. Bereits Bultmann hat darauf aufmerksam gemacht, dass ein großer Teil der Reden Jesu dem Buch Mischlé entstammt bzw. große Ähnlichkeiten zu diesem aufweist.

3 | Ijov (Ijob, Hiob)

Das Werk Ijov ist nach seiner Hauptperson benannt. Die hebräische Bezeichnung (איוב) wird zumeist als Frage oder Bitte übersetzt, welche sodann zum Inhalt des Buches passt: „Wo ist der [göttliche] Vater?". Die Lutherübersetzung gibt den Namen mit Hiob wieder.

Kontext

Das Buch Ijov steht zumeist an dritter Stelle der Ketuvim, nach den Tehillim und Mischlé. Auch innerhalb der Septuaginta und in katholischen Bibelausgaben gehört es zu den Weisheitsbüchern, welche den Geschichtsbüchern folgen. Allerdings unterscheiden sich die jeweiligen Sequenzen der Weisheitsschriften: Während das Buch Ijov in der Septuaginta an sechster Stelle, zwischen Schir ha-Schirim und der Sapienta Salomonis (Weisheit Salomos), eingefügt ist, führt die katholische Zählung die Schrift als erstes Weisheitsbuch (s. Einheitsübersetzung). Auch innerhalb der Ausgaben der Lutherübersetzung oder in der Zürcher Bibel bildet das Buch Ijov den Beginn, allerdings ist es hier zusammen mit den anderen Weisheitsbüchern den Poetischen Schriften zugeordnet.

Historische Einordnung

Im Text keinem Verfasser zugeordnet, wird das Buch in der klassischen talmudischen Referenzstelle Mose zugeschrieben (bBaba Batra 14b.15a). Dieser Zuordnung schließt sich sogleich eine umfangreiche Diskussion seitens der Rabbinen an, wo und wann Hiob zu verorten sei (in die Zeit der Patriarchen, der Landnahme oder des Exils) oder ob er u.U. eine ausschließlich fiktive Figur sein könnte.[1]

In der gegenwärtigen Forschung wird zum größten Teil davon ausgegangen, dass es sich bei dem Buch Ijov um eine Lehrerzählung bzw. -dichtung handelt, die viele Parallelen zur außerisraelitischen Weisheitsliteratur aufweist und somit in den weiteren orientalischen Kontext einzuordnen ist. So lassen sich eine Vielzahl sumerischer, babylonischer und ägyptischer, aber auch griechischer Schriften aus dem 3. Jahrtausend bis zum 5. Jahrhundert BCE anführen, welche ebenfalls das sog. Hiobproblem, die Frage nach dem unschuldig leidenden Menschen, behandeln.[2]

Aufgrund der fehlenden zeitlichen Bezüge fällt die historische Einordnung des Buches schwer. Zumeist wird die Abfassung oder Redaktion der vorliegenden Fassung jedoch zwischen dem 5. bis 3./2. Jahrhundert BCE angenommen.[3]

Dissens besteht jedoch weiterhin hinsichtlich der Beurteilung der Einheitlichkeit des Werks. Oft wird postuliert, dass die Rahmenerzählung (Hi 1–2 sowie 42,7-17) und die poetischen Dialoge (Hi 3,1–42,6) erst später zusammengefügt worden seien und zusätzliche Ergänzungen (z.B. die Elihurede) erfahren haben.

In jüngster Zeit wird das Buch Ijov aber immer häufiger auch als literarische Einheit wahrgenommen bzw. erörtert.[4]

Aufbau

Hi 1,1–2,13 Rahmenerzählung: Prolog

1,1-5	Hiobs Wohlergehen und Frömmigkeit
1,6-22	Himmlische Versammlung und erste Prüfung
2,1-10	Erneute himmlische Versammlung und zweite Prüfung
2,11-13	Besuch und Anteilnahme der drei Freunde Hiobs

Hi 3,1–42,6 Dialoge

3–27	*Dialog: Hiob – ‚Freunde'*	
	3,1-26	Hiobs Klage und Selbstverfluchung
	4-14	1. Redezyklus (Elifas – Hiob / Bildad – Hiob / Zofar – Hiob)
	15-21	2. Redezyklus (Elifas – Hiob / Bildad – Hiob / Zofar – Hiob)
	22-27	3. Redezyklus (Elifas – Hiob / Bildad – Hiob)
28	*Lob der Weisheit*	
29–31	*Hiobs Klage*	
32–37	*Elihus Reden*	
38,1–42,6	*Dialog: Gott – Hiob*	
	38,1-40,5	Erste Rede: Gott – Hiob
	40,6-42,6	Zweite Rede: Gott – Hiob

Hi 42,7–16 Rahmenerzählung: Epilog

42,7-9	Hiobs Bestätigung durch Gott
42,10	Hiobs Restitution
42,11	Reaktion der Verwandten
42,12-16	Göttlicher Segen für Hiobs weiteres Leben

Wichtige Themen und Texte

Rahmenerzählung und Hauptteil des Buches Ijov sind nicht nur verschiedenen Gattungen (Prosa und Poesie) zuzuordnen, auch inhaltlich lassen sich zwischen diesen signifikante Unterschiede feststellen. Hier ist in erster Linie die Charakterisierung Hiobs zu nennen: Während Hiob in der Rahmenerzählung als „frommer Dulder" dargestellt wird, begegnet in den Dialogen ein streitbarer Diskussionspartner, der um eine (göttliche) Antwort und Erklärung für sein unverschuldetes Leid ringt.

Im Buch Ijov wird somit ein grundlegender Topos der (älteren) israelitischen und altorientalischen Weisheitsliteratur angesprochen und problematisiert. Dieser umfasst die Grundanschauung einer gerechten Weltordnung, welche im Leben des Einzelnen und der Gemeinschaft erfahrbar ist. Auf die Lebenspraxis bezogen bedeutet dies, dass jeder Mensch für sein Schicksal selbst verantwortlich ist. Es liegt in eigener Hand, das Leben gelingen zu lassen, indem man sich der weisheitlichen Weltordnung gemäß verhält bzw. erlernt, wie ein weisheitsgemäßes und somit glückliches Leben zu gestalten ist.

Wie im Buch Mischlé stellen somit Weise, Gerechte und (zumeist auch) Glückliche ebenso Synonyme dar wie Toren, Frevler und Unglückliche. Denn zwischen Handeln und Ergehen des Menschen – so die Grundannahme – besteht eine unmittelbare Korrelation, der sog. Tun-Ergehen-Zusammenhang. Das heißt konkret, dass es dem Rechtschaffenden und Gottesfürchtigen, der seine Gesinnung und sein Handeln an der weisheitlichen, göttlichen Ordnung orientiert, gut geht, während es dem Unwissenden und Frevler zwangsläufig schlecht ergeht. Das Maß der ethisch-moralischen Integrität bzw. Verfehlung sei demzufolge für jeden sichtbar, da es am jeweiligen Schicksal des Menschen ablesbar sei. Schicksalsschläge und Leiden müssen somit verdient bzw. gerechtfertigt sein, denn Gott, der diese gerechte Weltordnung eingesetzt hat, richtet gerecht.

Dies entspricht auch der Grundauffassung der ‚Freunde' bzw. Diskussionsgegner Hiobs, die während der ausgedehnten Streitgespräche (Hi 3–27.32–37) versuchen, das unvermittelt und drastisch über Hiob einbrechende Unglück zu erklären und in ihren umfangreichen Redebeiträgen letztlich immer wieder zum Schluss kommen, dass Hiob sein Leiden selbst verschuldet haben muss. Hiob bestreitet allerdings diesen Zusammenhang für seine Person vehement; er ist sich keines Vergehens bewusst, das ein solches Unheil als Strafe oder Konsequenz rechtfertigen könnte. Daher erhofft er sich von Gott eine Antwort, könne eine solche doch nur von ihm kommen, weil Gott diese gerechte Weltordnung eingesetzt hat und garantiere (vgl. Hi 31,35-40).

Es handelt sich hierbei um ein generelles und zentrales theologisches Problem, das sich angesichts des (unverschuldeten) Leids stellt: Muss nicht Gott als dafür verantwortlich bezeichnet werden? Wenn er tatsächlich, wie im jüdischen, christlichen und islamischen Monotheismus postuliert, gütig, allmächtig und allwissend ist, wie erklärt sich dann das Leiden (Unschuldiger) auf der Welt? Wie kann Gott das Leiden und Böse zulassen, wenn er doch gut und gerecht ist, die Geschichte und Unendlichkeit überblickt sowie voraussieht und gleichzeitig die Allmacht hat, alles zu ändern? Oder in anderen Worten: Kann Gott das Böse oder Leiden nicht verhindern, ist er aber gut und allwissend, dann ist er nicht allmächtig; will er es nicht, obwohl er es kann und voraussieht, dann ist er nicht gütig; weiß er es nicht, dann ist er nicht allwissend. Das zugrunde liegende Anliegen der Rechtfertigung Gottes (Theodizee) erweist sich angesichts des Leidens und des Bösen auf der Welt als ebenso grundsätzliches wie vieldiskutiertes Problem und führt letztlich zumeist in eine Aporie. Auswege aus dieser werden dann allenfalls in Erklärungsversuchen und Lösungsansätzen gefunden, die zumeist eine der theologischen Prämissen relativieren oder ein lediglich begrenztes menschliches Wissen voraussetzen. Auf letzteres scheint auch die biblische Antwort Gottes an Hiob zu verweisen: Denn nach der Herausstellung der gewaltigen Schöpfungstaten des Ewigen und seiner Macht über Himmel und Erde im Kontrast zur Geringfügigkeit des Menschen hinsichtlich des Weltganzen (Hi 38–41) verstummt Hiob und bekennt seine mangelnde Einsicht und Begrenztheit (Hi 42,1-6).

Allerdings hält die Rahmenerzählung zwei weitere – vielleicht auch nicht wirklich befriedigende – Erklärungsmuster bereit, welche Hiob in der Erzählung jedoch selbst verborgen bleiben: Dieser zufolge ist Hiobs Leiden auf die herausfordernde Unterstellung des Satans zurückzuführen, Hiob sei lediglich fromm und rechtschaffen, weil es ihm gut gehe. Um zu beweisen, dass Hiob auch dann noch gerecht und gottergeben sein werde, wenn dies nicht mehr der Fall ist, lässt Gott zu, dass (der) Satan Leid über Hiob bringt. Hier ist somit zunächst der Gedanke der Bewährung angesprochen und dramatisch umgesetzt: Leid als Prüfung für den Gerechten. Könnten aufgrund dieser Schilderung Zweifel an der göttlichen Güte und Souveränität aufkommen, so klingt im Prolog aber noch ein weiteres erklärendes Moment an, das wiederum in der Konsequenz eine gedankliche Einschränkung hinsichtlich der absoluten göttlichen Allmacht und des Monotheismus nach sich ziehen würde: Nicht Gott ist für das Böse verantwortlich, wie noch bei Deuterojesaja (Jes 45,7) ausdrücklich betont, sondern ein göttlicher Widerpart. Dieser Gedanke ist in der Rahmenerzählung allerdings lediglich angelegt, wird doch (der) Satan, ebenso wie in späterer rabbinischer Literatur, immer noch als Engel im Dienst Gottes beschrieben, nicht als widergöttliches Prinzip im Sinne eines Dualismus. Satan nimmt zwar gleichzeitig die Stellung des Versuchers, Anklägers und der strafenden Instanz ein, dies aber alles unter den Augen und mit Billigung Gottes. So willigt Gott auch im Buch Ijov zunächst ein bzw. sanktioniert Satans Vorgehen und ermächtigt ihn schließlich, Hiob Schaden zuzufügen (Hi 1,12; 2,6).

Insgesamt lässt das Buch Ijov aber eher Fragen offen, statt einfache Antworten zum Problem des leidenden Gerechten und der Theodizee zu bieten. Dies hat sicher u.a. zur großen Wirkkraft des Buches beigetragen.

Wirkungsgeschichte

Der im Buch Ijov verhandelten Problematik kommt bis in die heutige Zeit größte Relevanz bzw. Aktualität zu. Die Schrift inspirierte bedeutende Werke der Weltliteratur, der Darstellenden Kunst u.v.m. Exemplarisch seien hier Goethes Faust, Hans Sachs' Hiob-Schauspiel und Joseph Roths Hiob-Roman genannt. Als Geflügeltes Wort ist der Begriff der Hiobsbotschaft für eine Unheilsnachricht in den allgemeinen Sprachgebrauch eingegangen.

In der jüdischen Tradition

Bereits in der Septuaginta sind einige Modifikationen hinsichtlich der Wiedergabe des Textes festzustellen. Neben der Abschwächung von Stellen, die offenbar anstößig erschienen oder an der Vollkommenheit und Transzendenz Gottes zweifeln lassen konnten, kommt vor allem in einem ergänzenden Zusatz am Ende des Werks ein neuer Gedanke hinzu. Dieser erhält als Erklärung für das Leiden der Gerechten in der weitereren Geschichte besondere Bedeutung: Hi 42,17 (LXX) verweist auf eine künftige Auferstehung Hiobs. Fortan, vor allem seit den Makkabäerbüchern, bildete die Vorstellung der Auferstehung der Gerechten, besonders derjenigen, die für ihren Glauben gestorben sind, eine zentrale Vorstellung im Judentum, welche vom Christentum übernommen wurde und Trost bzw. Hoffnung in Zeiten der Bedrängnis und Verfolgung spenden konnte.

Wahrscheinlich aus dem ersten oder zweiten Jahrhundert CE stammt auch das Testament Hiobs, eine hellenistisch-jüdische Schrift, die als testamentarische Abschiedsrede konzipiert ist und Momente des Buches Ijov narrativ ausgestaltet, indem es vor allem Hiobs Standhaftigkeit und Frömmigkeit betont. Zum Lohn wird seine Seele laut dieser Tradition mit einem Thronwagen zu Gott gebracht, während sein Körper bestattet wird.[5]

Bereits in der Septuaginta (LXX Hi 42,17d) als König von Edom bezeichnet, gilt Hiob im Testament Hiobs (Hi 28,7) als König von Ägypten. Er nimmt dem Text zufolge Dina, die Tochter Jakobs, zur zweiten Frau[6], erhält einen neuen Namen (Job/Hiob, zuvor Jobab) und wird zum Proselyten. Als er in diesem Zusammenhang die Verehrungsstätten Satans zerstört, zieht er sich dessen Feindschaft zu. Allerdings schildert das Testament lediglich einen Pakt zwischen Gott und Jobab bzw. Hiob, nicht zwischen Satan und Gott.

Innerhalb der Bibel wird Hiob lediglich ein weiteres Mal im Buch Jechesqel erwähnt (Ez 14,12-20), wo er wie auch in späteren rabbinischen Schriften als exemplarischer Gerechter dargestellt ist (vgl. auch Devarim Rabba 2,4). Vor allem seine Taten der Nächstenliebe in Form der Zedaqa, der Armenfürsorge, werden in diesem Kontext betont (mAvot I,5, vgl. auch TestHiob 9,7 sowie Sir 49,9).

Allerdings werfen die Rabbinen auch die Frage auf, ob Hiob Gott aus Liebe oder lediglich aus Furcht gedient habe und finden hierfür unterschiedliche Antworten (mSota V,5; tSota VI,1; bSota 31a). Im Babylonischen Talmud wird Hiob diesbezüglich in Verbindung mit Abraham behandelt und verglichen (bSota 31a). Diese Zusammenschau findet sich auch in anderen rabbinischen Quellen, in denen es vor allem darum geht, den Glauben und die Gerechtigkeit Hiobs herauszustellen sowie zu unterstreichen, dass er wie Abraham alle Glaubensprüfungen bestanden habe (vgl. Bereschit Rabba 57).

Ein in Qumran gefundener Targum zum Hiob-Buch (11QTargumJob) gehört schließlich zu den ältesten Schriftzeugen aramäischer Bibelübersetzungen.

Ausschnitte aus dem Buch Ijov wurden zudem bisweilen am Tisch'a be'Av, dem Tag der Tempelzerstörung, gelesen. Beim Ma'ariv, dem täglichen Abendgebet, wird ferner in der fünften Berakha für die Wochentage Hi 12,10 (zusammen mit Ps 31,6) zum Schutz während der Nacht gebetet.

In der christlichen Tradition

Im Neuen Testament wird Hiob lediglich einmal im Jakobusbrief (Jak 5,11) erwähnt. Diese Stelle unterstreicht ebenso wie die Mehrzahl der nachfolgenden

Kirchenväter vor allem Hiobs geduldiges Ausharren und seine Standhaftigkeit. Seit der Zeit der Kirchenväter, vor allem mit Clemens von Alexandrien und Origenes, erhält Hiob sodann einen festen Platz in der christlichen Literatur und wird im Gegensatz zu manchen rabbinischen Ausführungen fast ausschließlich positiv betrachtet bzw. avanciert schnell zum beliebten Heiligen und Schutzpatron für vielfältige Angelegenheiten.

Origenes deutet Hiob schließlich typologisch auf Christus: So wie Christus sei auch dieser versucht worden; wie Hiob dem Teufel ausgeliefert worden sei, so sei auch Christus (zum Heil der Menschen) hingegeben worden.[7] Die christliche Hiobrezeption bezog sich folglich in erster Linie auf die Darstellung Hiobs in der Rahmenerzählung, während der mit seinem Schicksal und Gott hadernde Hiob in den Dialogen des Mittelteils fast gar keine Erwähnung findet.

Auch in der christlichen Liturgie kommt dem Buch Ijov nur eine untergeordnete Rolle zu. Im dreijährigen Lesezyklus werden lediglich zwei Stellen aus dem Weisheitsbuch gelesen (Hi 7,1-4.6-7 sowie Hi 38,1.8-11 und Hi 19,1.23-27a an Allerseelen als Verweis auf die Auferstehungshoffnung).[8]

Weiterführende Literatur

Traditionelle jüdische Kommentare und Kompilationen in Übersetzung

- M. Eisemann, Iyov/Job. A New Translation with a Commentary Anthologized from Talmudic, Midrashic and Rabbinic Sources (Art Scroll Tanach Series), Brooklyn/New York 1994.
- Malbim: The Malbim on Iyov, an English translation of the Malbim's classic commentary on the Book of Job. Translated by Herbert Weisberg and Yosef Y. Kazarnovsky, Jerusalem 2012.
- M. Qimchi: Commentary on the Book of Job. Edited and Translated by H. Basser, B. Walfish, Atlanta 1992.
- Rambam: Führer der Unschlüssigen. Übers. (und Kommentar) von Adolf Weiß, Hamburg 31995 (Buch 3, Kapitel 22–23).
- Ramban: Milton Kanter, Translation of the Introduction of Ramban to the Book of Iyov, in: Academic Journal of the Hebrew Theological College 1 (2001), S. 13-35.
- Saadia Ben Joseph Al-Fayyumi: The Book of Theodicy: Translation and Commentary on the Book of Job. Translated by L.E. Goodman (Yale Judaica Series), Vol. XXV, New Haven 1988.
- The Targum of Job / Targum of Proverbs / Targum of Qohelet (Aramaic Bible), Celine Mangan, John F. Healey, Peters S. Knobel (Hg.), Collegeville 1991.

Traditionelle christliche Kommentare in Übersetzung

- Gregor der Große: Gregory the Great, Morals on the Book of Job, translated and with notes and indices, John Henry Parker, J. Rivington, Oxford/London 1847.
- Job. Ancient Christian Commentary on Scripture, Manlio Simonetti, Marco Conti (Hg.), Downers Grove 2006.
- Johannes Chrysostomus: St. John Chrysostom, Commentary on the Sages, Commentary on Job, Robert C. Hill, Brookline 2007.
- Thomas von Aquin: Thomas Aquinas, The Literal Exposition on Job, A Scriptural Commentary Concerning Providence. Translated with an introduction by Martin D. Yaffe and Anthony Damico. Atlanta/Saarbrücken 1989.
- Johannes Calvin: Ernst Kochs (Hg.), Johann Calvins Predigten über das Buch Hiob, Neukirchen-Vluyn 1950.

Wissenschaftliche Literatur

- Jürgen Ebach, „Ist es ‚umsonst', daß Hiob gottesfürchtig ist?", in: E. Blum u.a. (Hg.), Die Hebräische Bibel und ihre zweifache Nachgeschichte. Festschrift für R. Rendtorff, Neukirchen-Vluyn 1990, S. 319-335.
- Jürgen Ebach, Streiten mit Gott. Hiob. Teil 1: Hiob 1-20, Neukirchen-Vluyn 32007.
- Robert Eisen, The Book of Job in Medieval Jewish Philosophy, Oxford/New York 2004.
- Felix Gradl, Das Buch Ijob (Neuer Stuttgarter Kommentar Altes Testament), Stuttgart 2001.
- Moshe Greenberg, Reflections on Job's Theology, in: The Book of Job. A New Translation According to the Traditional Hebrew Text, Philadelphia 1980, S. 327-333.
- Franz Hesse, Hiob (Zürcher Bibelkommentare), Zürich 21992.
- Friedrich Horst, Hiob, 1. Teilband Hiob 1-19 (Biblischer Kommentar Altes Testament), Neukirchen-Vluyn 51992.
- Thomas Krüger, Manfred Oeming, Konrad Schmid, Christoph Uehlinger (Hg.), Das Buch Hiob und seine Interpretationen. Beiträge zum Hiob-Symposium auf dem Monte Verità vom 14.-19. August 2005, Zürich 2007.
- Roland E. Murphy, Wisdom Literature. Job, Proverbs, Ruth, Canticles, Ecclesiastes and Esther, Grand Rapids 1981.
- Gabrielle Oberhänsli-Widmer, Hiob in jüdischer Antike und Moderne. Die Wirkungsgeschichte Hiobs in der jüdischen Literatur, Neukirchen-Vluyn 2003.
- Manfred Oeming, Konrad Schmid, Hiobs Weg. Stationen von Menschen im Leid, Neukirchen-Vluyn 2001.
- Ludger Schwienhorst-Schönberger, Das Buch Ijob, in: Erich Zenger u.a (Hg.), Einleitung in das Alte Testament, 8. vollständig überarbeitete

Auflage herausgegeben von Christian Frevel, Stuttgart 2012, S. 414-427.

- Hans Strauß, Hiob, 2. Teilband 19,1-42,17, Neukirchen-Vluyn 2000.

Anmerkungen

[1] Im Hebräischen ist hier māšāl, im Sinne eines Gleichnisses, einer Dichtung angeführt.
[2] S. eine Auswahl altorientalischer Paralleltexte in: Ludger Schwienhorst-Schönberger, Das Buch Ijob, in: Erich Zenger u.a (Hg.), Einleitung in das Alte Testament, 8. vollständig überarbeitete Auflage herausgegeben von Christian Frevel, Stuttgart 2012, S. 414-427, S. 419-420.
[3] Vgl. Schwienhorst-Schönberger, Das Buch Ijob, S. 424; Roland E. Murphy, Wisdom Literature. Job, Proverbs, Ruth, Canticles, Ecclesiastes and Esther, Grand Rapids 1981, S. 20, sowie Felix Gradl, Das Buch Ijob, Stuttgart 2001, S. 26.
[4] S. Rolf Rendtorff, Theologie des Alten Testaments. Ein kanonischer Entwurf. Band 1: Kanonische Grundlegung, Neukirchen-Vluyn 1999, S. 312.
[5] Vgl. hierzu Felix Gradl, Das Buch Ijob, Stuttgart 2001 S. 348f., sowie v.a. Gabrielle Oberhänsli-Widmer, Hiob in jüdischer Antike und Moderne. Die Wirkungsgeschichte Hiobs in der jüdischen Literatur, Neukirchen-Vluyn 2003, S. 56-93.
[6] Von einer Heirat zwischen Hiob und Dina berichten auch rabbinische Quellen, z.B. Targum Hiob 2,9; bBaba Batra 15b; Bereschit Rabba 19,12; 57,4; 76,9; 80,4.
[7] Vgl. Felix Gradl, Das Buch Ijob, Stuttgart 2001, S. 352-353.
[8] S. Gradl, Das Buch Ijob, S. 358.

4 | Megillot (Festrollen)

Als Megillot (Schriftrollen; im konkreten Fall „Festrollen“) bezeichnet man fünf Texte der Hebräischen Bibel, denen durch ihre liturgische Lesung während bestimmter Feste oder Gedenktage eine herausgehobene Bedeutung zukommt.

Megilla	Anlass	Ort und Form der Lesung
Schir ha-Schirim	Pessach	Im Morgengebet (Schacharit) am Schabbat während der Festtage
Rut	Schavu'ot (Wochenfest)	Außerhalb Israels: Schacharit am 2. Tag Schavu'ot
Ekha	Tisch'a be-Av (9. Av)	Im Abendgebet (Arevit/ Ma'ariv); auf eine spezielle Melodie
Qohelet	Sukkot (Laubhüttenfest)	Im Morgengebet am Schabbat während der Festtage Sukkot
Ester	Purim	Muss während Arevit und Schacharit möglichst aus einer Schriftrolle (Megilla) und von einem/einer Vorbeter/in vorgetragen werden

Die Zusammenstellung dieser fünf Schriften als Festrollen wurde erst im frühen Mittelalter (8. Jh.) vorgenommen. Im Talmud (bBaba Batra 14b-15a) ist sie noch nicht vorausgesetzt. Sie findet sich daher ebenso wenig in der Septuaginta wie in den von ihr abhängigen christlichen Bibeln. In ihnen werden die Megillot, ihrem literarischen Charakter folgend, als „historische“ oder weisheitliche Bücher den jeweiligen Chronologien oder ihren vermeintlichen Verfassern zugeordnet (vgl. zu den einzelnen Werken). Aber auch die interne Anordnung der Megillot differiert. In manchen wichtigen hebräischen Bibelhandschriften (z.B. im Codex Petrogradensis, dem die Biblia Hebraica Stuttgartensia folgt) wird eine „chronologische“ Abfolge der Texte geboten, der zufolge Rut (vermeintlich in der Zeit der Richter Israels angesiedelt) den König Salomo zugeschriebenen Büchern Schir ha-Schirim und Qohelet voraufgeht. Erst an dritter Stelle folgen – wegen Jeremia als ihrem „Autor“ – die Ekha (Klagelieder); den Schluss bildet Ester. In den traditionellen jüdischen *Druck*ausgaben des Tanakh und ihren Übersetzungen (vgl. Tur-Sinai oder Zunz) folgt man jedoch der oben angegebenen Anordnung der Texte, die sich an der Abfolge der Feste und Gedenktage im kultischen Jahr orientiert. Letzteres beginnt mit dem Monat Nissan (März/April im Gregorianischen Jahr); vom 14. bis 21. (22.) Nissan wird Pessach gefeiert.

4.1 | Schir ha-Schirim (Hoheslied, Hohelied Salomos)

Der Titel dieses Buches entstammt dessen ersten Vers, der zugleich als Überschrift des gesamten kleinen Werks betrachtet werden kann: „Lied der Lieder, welches von Salomo ist." Die Formulierung Schir ha-Schirim (Lied der Lieder) bringt im Hebräischen einen Superlativ zum Ausdruck, weshalb man den Titel des Büchleins ohne weiteres mit „das beste" oder „das schönste Lied" wiedergeben kann. Im Deutschen sind unter anderem die Bezeichnung Hohe(s)lied (Salomos) oder dessen lateinische Form Canticum Canticorum gebräuchlich.

Kontext

Schir ha-Schirim gehört – wie erwähnt – zur Gruppe der Megillot, die innerhalb der Ketuvim (Schriften) zwischen der weisheitlichen Trias Tehillim – Mischlé – Ijov und den drei letzten biblischen Büchern (Dani'el, Esra/Nechemja und Divré ha-Jamim) eingeordnet worden sind. Im Unterschied zu jüdischen Handschriften und Drucken findet sich Schir ha-Schirim in christlichen Bibeln, der Septuaginta (LXX) folgend, der weisheitlichen Literatur zugeordnet. Demzufolge muss man es im dritten Hauptteil der Bibel (Psalmoi kai sophía) suchen, in dem es – vermeintlich chronologischen Prinzipien folgend – als Werk des Königs Salomo nach Qohelet (Kohelet, Prediger) zu stehen kommt. In den evangelischen Bibelausgaben erscheint das Schir ha-Schirim als letztes in der Reihe der Weisheitsliteratur, unmittelbar vor den Großen Propheten.

Historische Einordnung

Traditionell wird das Schir ha-Schirim dem israelitischen König Salomo (10. Jh. BCE) zugeschrieben, zumal dieser in Vers 1,1 explizit als Verfasser angeführt wird. Die Historizität jener Angabe kann jedoch mit guten Gründen bezweifelt werden. Im Alten Orient war es gängige Praxis, ein eigenes oder ein anonymes Werk einer bekannten Person zuzuschreiben (Phänomen der Pseudepigraphie). Ein solcher literarischer Kunstgriff verhalf den eigenen Ansichten zu besonderer Würde oder ermöglichte es den Rezipienten, das ihnen vorliegende Schriftstück in eine bestimmte Tradition einzuordnen.

Solches sollte auch in diesem Fall vorausgesetzt werden, nachdem Schir ha-Schirim mehrere hervorragende Anknüpfungspunkte für eine solche Zuschreibung bereithält. Zunächst wird Salomo in den Versen des Buches mehrfach erwähnt (vgl. Hld 1,1.5; 3,7.9.11; 8,11.12). Zum anderen galt dieser König als Inbegriff eines Weisen (1 Kön 3), der noch dazu 1005 Lieder verfasst haben soll (1 Kön 5,12). Schließlich soll der Bestand seiner Haupt- und Nebenfrauen die hohe Anzahl seiner Lieder nur unwesentlich unterschritten haben, wie 1 Kön 11,1-8 höchst missbilligend anmerkt, wobei nicht nur die schiere Menge der Damen, sondern vor allem ihre multiethnische Herkunft Unbehagen erregte.

Wann (und von wem) das Schir ha-Schirim tatsächlich verfasst worden ist, steht dahin. In der Forschung wird diese Frage seit langem kontrovers diskutiert, ohne dass sich derzeit ein Konsens abzeichnet. Das Spektrum an Datierungen reicht vom 10. Jahrhundert BCE (Gerlemann, Ruth/Hohelied, S. 75ff.) über das 8./7. bzw. 6. Jahrhundert (vgl. Keel, Hohelied, S. 12ff.) bis weit in die nachexilische Zeit hinein (3. Jahrhundert BCE). Sprachgeschichtliche Indizien weisen bei einem Großteil der Lieder eher in eine späte Epoche.[1]

Schir ha-Schirim weist unbestritten Einflüsse außerbiblischer Traditionen auf. Zumeist wird in diesem Zusammenhang auf ägyptische, babylonische und kanaanäische Texte erinnert; in jüngster Zeit nimmt man jedoch verstärkt (wieder) griechische Paralleltraditionen in den Blick.[2] Ein verhältnismäßig breiter Konsens besteht darüber, dass Schir ha-Schirim aus Teilsammlungen besteht, die aus Traditionen mit unterschiedlicher Entstehungs- und Überlieferungsgeschichte stammen. Diese seien schließlich durch eine oder mehrere Redaktion(en) planvoll zum vorliegenden Buch zusammengefasst worden.

Aufbau

Der Charakter des Hohenliedes als einer Sammlung von Liebeslyrik unterschiedlicher Provenienz könnte es geboten erscheinen lassen, auf eine Gliederung des Werks von vornherein zu verzichten. Womöglich wäre es hinreichend, das Werk als eine assoziativ aneinandergereihte Folge von einzelnen Liedern oder kleinen Sammlungen zu betrachten, welche jeweils die erotische Liebe oder die Sehnsucht nach ihr thematisieren.

Spätestens im (abschließenden) Redaktionsprozess wurden jedoch strukturelle Hinweise im gesamten Text verankert, die sich leitmotivisch durch das gesamte Buch ziehen. Als der auffälligste unter ihnen präsentiert sich die Formel „Beschworen hab‘ ich euch, Töchter Jerusalems“ (Hld 2,7; 3,5; 5,8; 8,4). Selbige kann man dazu nutzen, die acht Kapitel des Buches zu gliedern. Zudem fällt auf, dass einige der eingangs vorgestellten Motive – etwa die Aufforderung zur Eile (Hld 1,2-4 mit 8,13-14), das Bild des Weinbergs (Hld 1,6 mit 8,11-12) oder die Rede von den um ihre Schwester besorgten Brüdern (Hld 1,6 mit 8,8-10) – am Ende des Buches wieder aufgegriffen werden. Somit wird ein Rahmen (Hld 1,2-6 mit 8,8-14) um das Werk gelegt, das intern durch die „Töchter Jerusalems“ zusätzliche Strukturierung erfährt.[3]

Hld 1,1	**Überschrift**
Hld 1,2-1,6	Rahmen: Die Flucht der Hüterin des Weinbergs
Hld 1,7-2,7	I. Der Wechselsang der Liebenden: Wem sollt' ich dich vergleichen?
Hld 2,8-3,5	II. Der Ruf des Geliebten – doch ist er nicht zu finden.
Hld 3,6-5,1	III. Die Schönheit der Schwester-Braut Vorangestelt: 3,6-11 Die prachtvolle Prozession des Königs Salomo
Hld 5,2-5,8	IV. Der Traum vom Geliebten – doch er ist fort
Hld 5,9-6,3	V. Suche nach dem Geliebten mit den Töchtern Jerusalems
Hld 6,4-7,10	VI. Gesänge des Mannes: Schön bist Du!
Hld 7,11-8,4	VII. Die Sehnsucht nach dem Geliebten: Komm!
Hld 8,5-7	VIII. Gefunden!
Hld 8,8-14	Rahmen: Der Weinberg Salomos und der Schwester-Braut

Wichtige Themen und Texte

Das Schir ha-Schirim hat eigentlich nur *ein* Thema: In immer neuen Variationen wird den Leser/innen die leidenschaftliche erotische Liebe mit ihren Begleiterinnen Sehnsucht und Verzweiflung vor Augen geführt. Das emotionale Geschehen zwischen Mann und Frau entfaltet sich farbenprächtig und lebendig. Aufgrund der dialogischen Dramatisierung sieht man sich unmittelbar in das Geschehen hineingenommen und von den Gefühlen und dem Begehren der beiden Protagonisten direkt berührt. Umfang und Intensität der Beschreibung der Liebe von Frau und Mann sind in der Bibel ohne Beispiel.

Als ungewöhnlich und bemerkenswert erweist sich weiterhin der Umstand, dass der Frau und ihrer Gefühlswelt breiter Raum gewährt wird. Ihre sehnsuchtsvolle Suche nach dem Geliebten, ihre Sicht auf ihn als Partner, ihre Auseinandersetzung mit der Umwelt nehmen in den Liedern eigentlich mehr Raum ein als die ihres männlichen Pendants. Rätselhaft erscheinen mitunter die Verweise auf Salomo, der augenscheinlich als Kontrastfigur zum geliebten Jüngling fungiert. Der König zieht in einer prachtvollen Prozession in der Ferne vorbei (Hld 3,6-11) oder wird als stolzer Besitzer eines offensichtlich ertragreichen Weinbergs vorgeführt (Hld 8,11-12). Das füreinander entflammte Paar gehört indessen eher dem einfachen Volk an; bewegt sich ohne Sänfte an der frischen Luft und schwelgt in Metaphern und Vergleichen aus der Natur.

All dies kann eigentlich nur zur Frage aller Fragen leiten, warum diese Sammlung erotischer Lyrik – sie als „profane Liebeslieder" zu bezeichnen, käme beinah einer Beleidigung gleich – in die Hebräische Bibel Aufnahme fand. Die Verwunderung darüber gründet sich weiterhin darin, dass Gott an keiner Stelle des Werkes erwähnt wird. Ebendies hat das Schir ha-Schirim zwar mit Qohelet und Ester gemein; allerdings handelt es sich bei den anderen beiden Kandidaten wenigstens um ein weisheitliches Buch über den Sinn des Lebens (Qohelet) bzw. um eine Erzählung der Errettung der israelitischen Minderheit vor ihren Verfolgern (Ester).

Versuche, Schir ha-Schirim als ursprünglich doch irgendwie kultisches Werk, etwa als Darstellung einer Heiligen Hochzeit (hieròs gámos)[4] auszuweisen, werden derzeit nur von einer Minderheit der Forscher vertreten. Das Problem, wie es zur Aufnahme von Liebeslyrik in die Bibel kam, kann daher nur von der Rezeptionsgeschichte her beantwortet werden.

Wirkungsgeschichte

In der jüdischen Tradition

Es lässt sich denken, dass die Einbeziehung des Schir ha-Schirim in den biblischen Kanon recht umstritten war. Bereits der erste Vers des Buches, die Zuschreibung auf König Salomo, mag diesem Ziel gedient haben. Die frühe rabbinische Tradition, vertreten durch die Mischna (2./3. Jh.), vermittelt ein ziemlich lebendiges Bild von den Auseinandersetzungen um Schir ha-Schirim. Sie behauptet den energischen Einsatz eines ihrer bedeutendsten Gelehrten, nämlich Rabbi Aqibas, für das inkriminierte Buch:

> *„Sagte Rabbi Aqiba: Um Himmels willen! Niemand in Israel sei geteilter [Meinung] wegen des Schir ha-Schirim, dass es die Hände nicht verunreinige!*[5] *Denn es gab in der ganzen Welt(zeit) nichts, das an den Tag heranreicht, an dem das Schir ha-Schirim gegeben wurde, denn alle Bücher [der Bibel] sind heilig, Schir ha-Schirim aber ist das allerheiligste. Und wenn sie geteilter [Meinung] waren, dann waren sie es nur wegen Qohelet."*
>
> mJadajim III,5

Es versteht sich von selbst, dass die Kanonisierung erotischer Lieder, die noch dazu keinen expliziten Hinweis auf Gott erhielten, intensive und reiche Bemühungen um deren Interpretation nach sich zogen. Diesem Ziel dient beispielsweise der Midrasch zu diesem Buch, Schir ha-Schirim- bzw. Hohelied Rabba. Seltener firmiert er, dem ersten in ihm angeführten Zitat aus Spr 22,29 folgend, unter der Bezeichnung *Aggadat Chazita*. Es handelt sich hierbei um einen exegetischen Midrasch, in dem der Text Vers für Vers allegorisch bzw. typologisch ausgelegt wird.[6]

Schir ha-Schirim ist nach Ansicht der Rabbinen demzufolge das einzige Buch der Bibel, das nicht nach dem wörtlichen Sinn ausgelegt werden soll bzw. darf. Es ist also *nicht* als ein Dialog zwischen zwei liebenden Menschen zu verstehen, sondern soll als eine Metapher (oder Allegorie) für das Verhältnis zwischen

Gott (dem Bräutigam) und seiner Braut Israel gelten. Eine Deutung des Verhältnisses zwischen dem Ewigen und seinem erwählten Volk im Bilde einer Ehe oder Liebesbeziehung wurde bereits von Propheten wie Hosea, Jeremia und Jesaja entwickelt. Sie hat dem Schir ha-Schirim, neben der Zuschreibung auf Salomo, vermutlich den Weg in den biblischen Kanon geebnet.

Der Deutung des Schir ha-Schirim auf die Liebe zwischen Gott und Israel führte (vermutlich im 8. Jahrhundert CE) zur Einführung des Werks in die Pessach-Liturgie. Schließlich gilt die Befreiung aus ägyptischer Knechtschaft als Beginn der Beziehung zwischen dem Ewigen und seinem Volk. Im sefardischen Judentum nimmt Schir ha-Schirim darüber hinaus einen wichtigen Platz bei der Eröffnung des Schabbat ein, da es nach der Entzündung der Kerzen rezitiert wird. Dies mag vor allem kabbalistisch inspiriert sein, da der *Schabbat* als Braut Israels gilt.

Seit sich in der Kabbala (etwa ab dem 12. Jahrhundert) das Konzept einer sich in männlichen und weiblichen Sefirot offenbarenden Gottheit durchsetzte, verhalf dies auch der Interpretation des Schir ha-Schirim zu neuen, ungeahnten Möglichkeiten. Wohl nicht ganz zufällig beginnt das Hauptwerk der Kabbala, der Sohar, mit einem Zitat aus Hld 2,2. Nun wurde das Geschehen zwischen den Liebenden auch mythisch-mystisch ausgelegt: In den innergöttlichen Bereich verlagert, brachte Schir ha-Schirim die Sehnsucht der zehnten (weiblichen) Sefira, der *Schekhina,* nach ihrem männlichen Partner, *Tif'eret*, zum Ausdruck. Mosche Cordovero (1522-1570), einer der führenden Kabbalisten aus Safed, deutete das Werk hingegen als inniges Gespräch zwischen der Seele und Gott. Damit griff Cordovero eine Allegorese auf, die bereits Philo von Alexandrien (ca. 10 BCE-40 CE) vorgetragen hatte.

In der christlichen Tradition

Die christlichen Exegeten haben der allegorischen und typologischen Deutung jüdischer Interpreten eigene Varianten entgegengesetzt, indem sie den Bräutigam mit (Gott-)Vater, Christus oder dem Heiligen Geist, die Braut mit der Kirche, Maria oder der menschlichen Seele identifizierten.

Zu Schir ha-Schirim existieren zahllose Auslegungen, Predigtsammlungen und Meditationen. Wenige andere Bücher der Hebräischen Bibel erfreuten sich derart liebevoller Zuwendung seitens christlicher Autoren. Herausragende Kommentatoren des Schir ha-Schirim sind Origenes (um 185 bis 254) sowie Bernhard von Clairvaux (1090/91-1153). Origenes' Interpretation des Schir ha-Schirim als eines Hochzeitsliedes der in Liebe zum göttlichen Logos (λόγος) entbrannten Seele hat Generationen von christlichen Theologen ebenso tief beeindruckt, wie die theoretischen Ausführungen zu seiner Methode, die Origenes im Vorwort seines Kommentars bietet.

Im Mittelalter spielte Schir ha-Schirim für die poetischen Darstellungen der (geistlichen) Minne eine große Rolle. Innerhalb der monastischen Theologie, wie auch im mystischen Denken, wurde häufig auf die erotischen Lieder Bezug genommen. Seit Ambrosius von Mailand (um 340-397) wurde die weibliche Protagonistin der Texte zunehmend mit Maria identifiziert. In ihrer Wirkung unübertroffen sind die Predigten zum Hohenlied des Zisterzienserabtes Bernhard von Clairvaux. Sie werden bis auf den heutigen Tag (und nicht nur von katholischen Geistlichen) gelesen und meditiert.

Schir ha-Schirim inspirierte zahlreiche literarische und künstlerische Werke: Nachdichtungen, Vertonungen seiner Texte sowie bildnerische Umsetzungen. Exemplarisch sei hier nur auf zwei Kantaten Johann Sebastian Bachs (BWV 49 und 140) und die Gemälde von Marc Chagall verwiesen.

Weiterführende Literatur

Traditionelle jüdische Kommentare in Übersetzung

- Rasch"i (online): http://www.chabad.org/library/bible_cdo/aid/16445.
- Abraham ibn Esra: Henry J. Matthews (Hg.), Abraham Ibn Ezra's Commentary on the Canticles: After the First Recension, London 1874.
- Levi ben Gershom (Gersonides): Menachem Kellner (Hg.), Commentary on Song of Songs, Yale Judaica Series 28, New Haven 1998.
- Meir Leibusch Malbi"m: Julien Darmon (Hg.), Cantiques de l'âme. Chirei ha-néfech. Double commentaire sur le Cantique des cantiques, Paris 2009.
- Moses ibn Tibbon: Otfried Fraisse, Moses ibn Tibbons Kommentar zum Hohenlied und sein poetologisch-philosophisches Programm, Studia Judaica 25, Berlin/New York 2004.
- Rasch"i: Avraham Schwartz, Yisroel Schwartz (Hg.), המגילות עם פירוש רש״י מתורגמים שורה בשורה (The megilloth and Rashi's commentary with linear translation): Esther, Song of Songs, Ruth, New York 1983.
- Meir Zlotowitz, Shir ha Shirim/Song of Songs. An Allegorical Translation Based upon Rashi with a Commentary Anthologized from Talmudic, Midrashic and Rabbinic Sources (Art Scroll Tanach Series), Brooklyn/New York 1999.

Traditionelle christliche Kommentare in Übersetzung

- Gregor von Narek: Roberta Ervine (Hg.), The Blessing of Blessings: Gregory of Narek's Commentary of the Song of Songs, Cistercian Studies, Cistercian Publications 2008.
- Origenes: Luc Brésard, Henri Crouzel (Hg.), Commentaire sur le Cantique des Cantiques, Sources chrétiennes 375 und 376, Paris 1991-1992.
- Origenes: R.P. Lawson (Hg.), The Song of Songs: Commentary and Homilies, Ancient Christian Writers 26, New York/Mahwah 1956.
- Rupert von Deutz, Commmentaria in Canticum Canticorum. Kommentar zum Hohelied, 2 Bde., Fontes Christiani 70, 1 und 2, Darmstadt 2005.
- Bernhard von Clairvaux: Sämtliche Werke lateinisch/deutsch, Bde. 5 und 6, Innsbruck 1995/1996.

- Martin Luther, Vorlesungen über Jesaja und Hoheslied 1528/31, Weimarer Ausgabe 31/2, Weimar 1914.

Wissenschaftliche Literatur

- J. Cheryl Exum, Song of Songs (Old Testament Library), Louisville 2005.
- Gillis Gerleman, Ruth. Das Hohelied (Biblischer Kommentar XVIII), Neukirchen-Vluyn [3]2011.
- Christian D. Ginsberg, The Song of Songs and Coheleth (commonly called the Book of Ecclesiastes). Translated from the Original Hebrew, with a Commentary, Historical and Critical (Vorwort von Sheldon H. Blank), New York 1857, Reprint 1970.
- Anselm C. Hagedorn (Hg.), Perspectives on the Song of Songs – Perspektiven der Hoheliedauslegung, BZAW 346, Berlin/New York 2005.
- Othmar Keel, Das Hohelied (Zürcher Bibelkommentare AT 18), Zürich [2]1992.
- Hans-Peter Müller, Otto Kaiser, James A. Loader, Das Hohelied. Klagelieder. Das Buch Esther (Altes Testament Deutsch 16/2), Göttingen [4]1992.
- Marvin H. Pope, Song of Songs. A New Translation with Introduction and Commentary (The Anchor Bible 7C), Doubleday/New York [2]1980.
- Robert L. Wilken, The Song of Songs. Interpreted by Early Christian and Medieval Commentators (The Church's Bible), Grand Rapids 2003.
- Yair Zakovitch, Das Hohelied (Herders Theologischer Kommentar zum Alten Testament), Freiburg u.a. 2004.

Anmerkungen

[1] Yair Zakovitch, Das Hohelied, Freiburg u.a. 2004, S. 66, vertritt eine sehr einleuchtende Kompromisslinie, der zufolge die endgültige literarische Fixierung der Sammlung erst in hellenistischer Zeit (3. Jh. BCE) bewerkstelligt worden ist, wobei das Büchlein dennoch etliches an älterem Material enthält.

[2] Vgl. Hans-Peter Müller, Zum Werden des Lyrischen. Am Beispiel des Hohenliedes und frühgriechischer Lyrik, in: Anselm. C. Hagedorn (Hg.), Perspectives on the Song of Songs – Perspektiven der Hoheliedauslegung (BZAW 346), Berlin/New York 2005, S. 245-259. Zu innerbiblischen und altorientalischen Paralleltraditionen vgl. auch Zakovitch, Hohelied, S. 49-62.

[3] Vgl. Rendtorff, Einführung, S. 275-276.

[4] Der Begriff bezeichnet eine geschlechtliche Verbindung zwischen zwei Göttern oder diejenige zwischen Gott und Mensch. Die „Heilige Hochzeit" spielte in den Kulten vieler antiker Völker eine große Rolle und konnte u.a. der Begründung von Herrschaft eines Königshauses, von Fruchtbarkeitskulten oder jahreszeitlichen Festen dienen. Sammlungen

von Liebesliedern im Kontext einer Heiligen Hochzeit sind beispielsweise aus Sumer (Inanna mit Dumuzi) und Babylon (Ischtar und Tammuz) bekannt.

[5] Der kultische Terminus „die Hände verunreinigen“ impliziert, dass ein Gegenstand derart heilig oder unrein (also: tabu) ist, dass er nicht einfach angefasst werden darf. Sollte man ihn dennoch berühren, muss man sich anschließend „reinigen“. Im konkreten Fall bedeutet der Begriff „Verunreinigung der Hände“, dass es sich beim fraglichen Text um einen Bestandteil der Heiligen Schrift handelt.

[6] Der hohen liturgischen Bedeutung der Megillot entsprechend, wurden mit der Zeit Midraschim zu allen fünf Festrollen zusammengestellt. Der Midrasch Rabba zum Schir ha-Schirim wurde etwa in der zweiten Hälfte des 6. Jahrhunderts CE zusammengestellt (vgl. Günter Stemberger, Einleitung in Talmud und Midrasch, München [9]2001, S. 349).

4.2 | Rut (Ruth)

Das Buch Rut ist nach seiner Hauptheldin, der Moabiterin Rut, benannt. Die Bedeutung dieses Namens lässt sich aus dem Hebräischen nicht erhellen. Dies ist umso erstaunlicher, als dass in den vier Kapiteln des kleinen Werks zahlreiche „sprechende" Orts- und Personennamen aufgeboten werden. Wenn man nicht zu volks-„etymologischen" Erklärungen wie zum Beispiel „Genuss" (von רוה „Satt werden/sein") oder „Freundschaft" (Re'ut; רעות) greifen will, wird man sich damit abfinden müssen, dass ausgerechnet die Hauptfigur des Buches keinen Namen trägt, der zu deutenden Assoziationen einlädt.

Kontext und historische Einordnung

Innerhalb der Megillot nimmt das Buch Rut, je nach geltendem Ordnungsprinzip, den ersten („chronologische" Anordnung) oder den zweiten Platz (Festkalender) ein. In der Septuaginta und den ihr folgenden christlichen Bibeln findet sich das Werk unter die „Historischen Bücher" eingereiht, weshalb es – wiederum aus chronologischen Erwägungen – seinen Ort zwischen den Schoftim (Richtern) und Schmu'el (1/2 Sam) findet.

Die Handlung des Buches Rut wird bereits mittels seiner ersten Worte in der Richterzeit verankert: „Und es war in den Tagen des Richtens der Richter" (1,1aα). Diese zeitliche Zuweisung, mit großer Sicherheit eine literarische Fiktion, spielt für den Inhalt des Erzählten kaum eine Rolle. Auf Ereignisse oder Charakteristika der Richterzeit, wie sie in den Büchern Jehoschu'a oder Schoftim dargestellt werden, nimmt Rut keinen Bezug. Der Grund für die explizite Verortung der Geschichte in jene Epoche dürfte darin liegen, dass Rut pointiert als Ahnfrau König Davids eingeführt werden sollte (Rut 4,18-22).

Es herrscht in der Forschung keine Einigkeit darüber, wann das Buch Rut verfasst worden sein könnte.[1] Die Datierungsversuche der Wissenschaftler/innen spreizen sich zwischen der frühen Königszeit (um 1000 BCE) und der hellenistischen Periode (4. Jh. BCE). Die Entscheidung hinsichtlich des Alters des Buches Rut hängt wesentlich davon ab, ob man dessen abschließende Verse (Rut 4,17b bzw. Rut 4,18-22 par 1 Chron 2,9-15) für einen späteren Zusatz oder für einen integralen Bestandteil des Buches hält.[2] Wer das Buch in die frühe Königszeit datiert, interpretiert es in der Regel als eine Apologie gegen Kritiker einer vermeintlich moabitischen Herkunft Davids. Andere vermuten einen Einspruch gegen das deuteronomische Gesetz (Dtn 12–26) als wesentliches Entstehungsmotiv für die Erzählung und verorten sie daher in die frühen Regierungsjahre Josias (um 638-609 BCE): Leviratsehe und die Aufnahme von Moabiter/innen in die Gemeinschaft Israels werden in Rut anders gefasst als in den halachischen Passagen des Buches Devarim. Wer die Rückkehr aus der Fremde in die Heimat und – mehr noch – die Problematik der sog. Mischehen (vgl. dazu im Folgenden) für das prägende Thema des Buches hält, tendiert in der Regel zu einer späten Ansetzung des Büchleins in die „fortgeschrittene Perserzeit“ (2. Hälfte des 5. Jahrhunderts BCE), als die biblischen Bücher Esra-Nechemja verfasst wurden.[3]

Es ist außerordentlich schwierig, auf der Grundlage dieses Sachstands zu einer begründeten Entscheidung zu kommen. Viele Argumente gegen eine Spätdatierung, etwa der Art, dass man König David nicht nachträglich eine moabitische Herkunft andichten könne oder dass man im Buch Rut keine anderen halachischen Positionen beziehen könne als in Devarim, tragen nicht. Genealogien können sehr wohl späterhin konstruiert sein und halachische Pluralität gehört (auch in der Bibel) zu den ziemlich häufig auftretenden Phänomenen. Unter den relevanten Themen des Buches Rut scheint das der Mischehen tatsächlich dasjenige zu sein, welches am ehesten als explizite Stellungnahme in einer ‚echten‘ Kontroverse denkbar ist. Dies weist, neben der wiederholten Aufarbeitung älterer biblischer Traditionen, auf eine nachexilische Entstehungszeit. Die Vertrautheit mit solcherlei Überlieferung und die äußerst kunstvolle Sprache der Erzählung lässt an schriftgelehrte Autoren denken.[4]

Aufbau

Das Buch Rut zeichnet sich nicht nur durch eine herausragende Sprachgebung aus, sondern auch durch seine äußerst kunstvoll konstruierte Struktur. Jedes der vier Kapitel behandelt einen eigenen Ort und folgt jeweils demselben Grundgerüst.[5] Narrative und dialogische Teile wechseln einander ab. Der Text macht intensiv Gebrauch von Leitworten, um seine Anliegen herauszuarbeiten. Weiterhin fällt der häufige und virtuose Gebrauch von „sprechenden Namen“ auf: Die gesamte Familie Naomis – vielleicht mit Ausnahme Ruts – verfügt über solche.[6] Der Name Betlehem (בת לחם) spielt u.a. mit dem hebräischen Wort für Brot (Lechem; לחם) und kontrastiert somit die Hungersnot und deren Ende, welche das Verlassen der Heimat ursprünglich ausgelöst hat (Rut 1,1.6).

Rut 1,1-22:	**Naomi und Rut kehren heim**	
	1,1-5 Exposition	Der Tod der männlichen Familienmitglieder
	1,6-19a Dialog	Heimkehr. Rut entscheidet sich für Naomi (1,16-17)
	1,19b-22	Ankunft in Betlehem (Bet-Lechem: „Brothausen“)
Rut 2,1-23:	**Rut arbeitet auf den Feldern des Boas**	
	2,1-2 Exposition	Rut entschließt sich zur Arbeit für Boas
	2,3-16 Dialog	Rut lernt Boas kennen
	2,17-23	Naomis Erklärung und Ratschlag
Rut 3,1-18:	**Rut auf der Tenne des Boas**	
	3,1-5 Exposition	Naomis Plan für Rut
	3,6-15	Rut bittet Boas, seiner Pflicht als Verwandter nachzukommen
	3,16-18	Rut berichtet ihrer Schwiegermutter

Rut 4,1-22:	**Boas „löst“ die Frauen „aus“**	
	4,1-2 Exposition	Gerichtsverhandlung im Tor
	4,3-12	Boas löst den eigentlichen „Löser“ ab und die Frauen aus
	4,13-17a	Boas vollzieht die Leviratsehe
	4,17b-22	Genealogischer Anhang

Wichtige Themen und Texte

Das Buch Rut präsentiert sich in erster Linie als eine Führungsgeschichte. Durch Gottes Milde (חסד; chessed: Rut 1,8; 2,20; 3,10) werden Naomi und Rut aus Not und Verzweiflung gerettet, kehren nach Betlehem und in den Schoß der Familie (Naomis) zurück. Allerdings vollzieht sich die Intervention des Ewigen nicht durch sichtbare Wunder, sondern im Verborgenen: Sie ist vor allem eine Führung des menschlichen Herzens, die sich insbesondere in der Treue Ruts, der Moabitin, manifestiert.

Die Tatsache, dass sich ausgerechnet eine Moabitin als vorbildliche Schwiegertochter erweist und ihre Schwiegermutter nicht verlässt (Rut 1,16 wird oft als Trauspruch eingesetzt, was aber der Kontext eigentlich nicht nahelegt), enthält kulturellen Sprengstoff. Immerhin verbietet Dtn 23,4-5 die Eingliederung von Menschen moabitischer (oder ammonitischer) Abkunft in Israel bis in die zehnte Generation. Auch die Herleitung der beiden Völkerschaften von einem alkoholgeschwängerten Inzest (Gen 19,36-38) wirkt nicht gerade schmeichelhaft. Umso mehr erstaunt es, dass ausgerechnet eine Moabitin zur Urgroßmutter Davids erklärt wird (Rut 4,17b-22).

Falls es sich nicht um eine alte genealogische Tradition handeln sollte (vgl. evtl. 1 Sam 22,3-4), dann erscheint die Stellungnahme des Buches zugunsten der Eingliederung ethnisch fremder Ehefrauen und von Mischehen (gegen Esr 9-10 und Neh 13) umso prononcierter. Wie immer der präzise historische Hintergrund der Polemiken ausgesehen haben mag: Es scheint sich beim Problem des Umgangs mit Fremden um ein gesellschaftlich äußerst virulentes gehandelt zu haben – was es in vielen Kulturen bis auf den heutigen Tag ist.

Außer der Mischehen-Frage berührt das Buch Rut mit der Leviratsehe (Rut 4,1-12 mit Dtn 25,5-10; Gen 38) und der Nachlese auf den Feldern (Rut 2 mit Lev 19,9-10 und Dtn 24,19-22) weitere wichtige soziale Institutionen der Halacha. Eine sog. Schwager- oder Leviratsehe sollte u.a. zur sozialen Absicherung einer kinderlosen Witwe beitragen, indem der Bruder (oder ein anderer naher Verwandter) eines Verstorbenen für einen männlichen Erben sorgte. Dem Erhalt des familiären (Land-)Besitzes galt die halachische Vorschrift des „Lösens“ (vgl. Lev 25,24-34). Wenn jemand verarmte und seinen Grund zu verkaufen gezwungen war, so war der Nächstverwandte verpflichtet, das Land zurückzukaufen (vgl. Rut 4; Jer 32,6-15). Ein namenloser nächster Verwandter Naomis kommt ebendieser Pflicht nicht nach (Rut 4,6-12), so dass Boas für ihn als „Löser“ (גואל; go'el) in die Bresche springen muss.

Wirkungsgeschichte

In der jüdischen Tradition

Wie zu den anderen Megillot, so existiert auch zum Buche Rut ein Midrasch, Rut Rabba, der um ca. 500 zu datieren ist.[7] Rut Rabba müht sich, die im gleichnamigen biblischen Buch berichteten Ereignisse in die Geschichte Israels einzuordnen. Die Behauptung, Rut sei die Urgroßmutter König Davids, wird weder in Rut Rabba, noch sonst in der rabbinischen Tradition in Frage gestellt.

Talmud und Midrasch (wie auch spätere jüdische Traditionsschriften) ringen allerdings mit der moabitischen Abkunft der getreuen Schwiegertochter (vgl. Rut Rabba II,9; IV,1.6; VII,7.10 u.ö.) ebenso wie mit ihrer Eingliederung in das Volk Israel. Der berühmte Eid, mit dem Rut ihrer Schwiegermutter Naomi ihre Treue versichert („Wohin du gehst, will auch ich gehen" etc. Rut 1,16) wird zu einem regelrechten Konversionsverfahren umgestaltet, in deren Verlauf Rut zunächst drei Mal abgewiesen wird (Rut Rabba II,16.22).[8] In der jüdischen Tradition entwickelt sich Rut zur Idealfigur einer Proselytin.

Spätestens im 8. Jahrhundert vollzog sich die Zuordnung der heutigen Megillot zu einigen großen Fest- und Gedenktagen. Dabei wurde Rut dem Wochenfest (Schavu'ot) beigegeben. Der Anknüpfungspunkte sind einige; der offensichtlichste aber ist der, dass die ab Rut 2 berichteten Ereignisse eben zur Erntezeit stattfinden, deren Ende ja mit Schavu'ot feierlich begangen wird. Weiterhin hat man das Geburts- und Sterbedatum König Davids mit dem 6. Siwan, dem (ersten) Tag des Wochenfestes, identifiziert. Manch Bewohner/in oder Besucher/in des Heiligen Landes pilgert deshalb zu Schavu'ot an die Stätte, die gewöhnlich als das Grab Davids betrachtet wird.

In der christlichen Tradition

Für die christliche Tradition erweist sich der davidisch-messsianische Aspekt des Buches als besonders bedeutsam. Immerhin vollziehen sich die Ereignisse in Bethlehem und begründen die davidische Genealogie. Insbesondere der Autor des Matthäus-Evangeliums bezieht sich eindeutig auf das Buch Rut (vgl. Mt 1,1-3 mit Rut 4,17-22). Auch der dritte Evangelist (Lk 3,32) bezieht Boas in seine Genealogie Jesu ein – allerdings ohne Rut ausdrücklich zu benennen.

Die hohe Wertschätzung Ruts als Ahnfrau Davids (und somit, nach christlicher Auffassung, Jesu) setzt sich in der frühchristlichen Literatur fort. Sie gilt als besonders tugendhaft und wird typologisch als Kirche aus den Heidenvölkern gedeutet.[9] Da sie als Moabitin nicht „unter dem Gesetz" stünde, könne sie als Vorbild des „gesetzesfreien" Christentums der Heiden fungieren. In einer vergleichbaren theologischen Tendenz liegt die Interpretation des Boas als Typos für den Christus-Messias[10] durch Johannes Chrysostomus. Wie Boas die Moabitin Rut, so habe auch Christus die Heiden in seine Kirche aufgenommen. Dies sei in Zurückweisung des Verhaltens der Juden geschehen, die sich den Nichtjuden gegenüber stets feindselig verhalten hätten.

Heutigentags spielt das Buch Rut sowohl in der christlichen als auch in der jüdischen Re-Lecture biblischer Texte eine große Rolle – insbesondere (aber nicht nur!) in feministisch-theologischen Kreisen. Seine mutige und dezidierte Stellungnahme zu drängenden halachischen Fragen seiner Entstehungszeit, wie etwa dem Umgang mit Fremden, mit weniger Privilegierten oder den Mischehen, inspiriert Leser/innen bis auf die Gegenwart.

Weiterführende Literatur

Traditionelle jüdische Kommentare in Übersetzung

- Rasch"i (online): http://www.chabad.org/library/bible_cdo/aid/16453.
- Abraham ibn Esra: Dirk U. Rotzoll (Hg.), Abraham Ibn Esras Kommentare zu den Büchern Kohelet, Ester und Rut, Studia Judaica 12, Berlin/New York 1999.
- Rasch"i: Avraham Schwartz, Yisroel Schwartz (Hg.), המגילות עם פירוש רש״י מתורגמים שורה בשורה (The Megilloth and Rashi's commentary with linear translation): Esther, Song of Songs, Ruth, New York 1983.

Traditionelle christliche Kommentare in Übersetzung

- Ambrosius von Mailand: Johann Ev. Niederhuber (Hg.), Des Heiligen Kirchenlehrers Ambrosius von Mailand Lukaskommentar, Bibliothek der Kirchenväter 21, Kempten u.a. 1915. [vgl. Kommentar zur Genealogie Jesu]
- Johannes Chrysostomus: Johann Chrysostomus Baur (Hg.), Des heiligen Kirchenlehrers Johannes Chrysostomus Erzbischofs von Konstantinopel Kommentar zum Evangelium des hl. Matthäus, Bibliothek der Kirchenväter 23, Kempten u.a. 1915. [vgl. Kommentar zur Genealogie Jesu]

Wissenschaftliche Literatur

- Derek R.G. Beattie, Jewish Exegesis of the Book of Ruth, Journal for the Study of the Old Testament Supplement 2, Sheffield 1977.
- Edward F. Campbell, Rut (Anchor Bible), New York 1975.
- Christian Frevel, Das Buch Rut (Neuer Stuttgarter Kommentar AT 6), Stuttgart u.a. 1992.
- Gillis Gerleman, Ruth. Das Hohelied (Biblischer Kommentar 18), Neukirchen-Vluyn ^{2}1981.
- Robert L. Hubbard, The Book of Ruth (New International Commentary on the Old Testament), Grand Rapids ^{2}1989.
- Tod Linafelt, Timothy K. Beal, Ruth/Esther. Berit Olam: Studies in Hebrew Narrative And Poetry, Collegeville 1999.
- Kirsten Nielsen, Ruth. A Commentary (Old Testament Library), London 1997.
- Wilhelm Rudolph, Das Buch Ruth. Das Hohe Lied. Die Klagelieder (Kommentar zum Alten Testament XVII/1-3), Gütersloh 1962.
- Yair Zakovitch, Das Buch Rut (Stuttgarter Bibelstudien 177), Stuttgart 1999.

- Erich Zenger, Das Buch Ruth (Zürcher Bibelkommentare AT 8), Zürich ²1992.

Anmerkungen

[1] Zur Forschungsgeschichte vgl. Robert L. Hubbard, The Book of Ruth, Grand Rapids ²1989, S. 23-35.
[2] Für eine Datierung des Buches relevant wären ferner die diesbezügliche Beurteilung von Rut 1,1 sowie Rut 4,7. In die frühe Königszeit datiert beispielsweise Hubbard, Book of Ruth, S. 46; das 7. Jahrhundert BCE präferiert z.B. Wilhelm Rudolph, Das Buch Ruth. Das Hohe Lied. Die Klagelieder, Gütersloh 1962, S. 27-29.
[3] Vgl. Irmtraud Fischer, Rut (Herders Theologischer Kommentar zum Alten Testament), Freiburg i. Br. ²2005, S. 89-91; Yair Zakovitch, Das Buch Rut (Stuttgarter Bibelstudien 177), Stuttgart 1999, S. 62-64.
[4] Vgl. Fischer, Rut, S. 91. Allerdings muss das Nachdenken über eine etwaig weibliche Autorin des Buches (ibid., S. 93-94) reine Spekulation bleiben. Zu den zahlreichen Bezügen zwischen Rut und anderen biblischen Perikopen vgl. Fischer, Rut, S. 47.
[5] Vgl. die instruktiven Übersichten bei Thomas Staubli, Begleiter durch das Erste Testament, Düsseldorf ²1999, S. 327, oder alternativ: Fischer, Rut, S. 25.
[6] Elimelech (אלימלך; „Mein Gott ist König"), Naomis Ehemann weist bereits auf die davidische Dynastie, die am Ende des Buches eingeführt wird. Naomi (נעמי ; No'omi: „die Angenehme"; vgl. Rut 1,20) möchte sich in „Mara" (מרה; „die Bittere") umbenannt wissen. Die beiden Schwiegersöhne Machlon (מחלון; „der Kränkliche") und Kiljon (כליון; „der Schwächliche") sterben – und sehen sich schon namenstechnisch dem Boas (בעז; „der Kraftvolle") gegenübergestellt. Orpa (ערפה ; „die den Rücken [Kehrende]"), Naomis andere Schwiegertochter, kehrt nach Moab zurück. Eine Übersicht zu den verwendeten Leitworten bietet Fischer, Rut, S. 36-40.
[7] S. Günter Stemberger, Einleitung in Talmud und Midrasch, München ⁹2001, S. 351.
[8] Ein Verfahren zur Aufnahme von Proselyten scheint sich in erst hellenistischer Zeit (bis zum 1. Jahrhundert BCE) herausgebildet zu haben. Es ist jedoch unbekannt, wie dies genau aussah und wie häufig es zur Anwendung kam. Wie es auch in Rut Rabba zu sehen ist, spielten dabei das Erlernen von Halacha und deren Übernahme, (für Männer) die Beschneidung und Reinigungsriten (Tauchbad?) eine Rolle. Festlegungen zum Verfahren finden sich erst im Babylonischen Talmud schriftlich niedergelegt (bJevamot 47a-48a; bKeritot 8b-9a). Sie könnten aber palästinische Traditionen des 3. Jahrhunderts CE wiedergeben.
[9] Vgl. Ambrosius von Mailand (um 340-397), Exp. Luc. III, 33 (Lukaskommentar; Giovanni Coppa (Hg.), Sancti Ambrosii Episcopi Mediolanensis Opera 11, Expositionis Evangelii Secundum Lucam, Mailand 1978); deutsch: Ambrosius von Mailand, Lukaskommentar, S. 139-142.
[10] Vgl. zum Beispiel Johannes Chrysostomus (ca. 347-407) in seiner dritten Homilie zum Matthäusevangelium (in deutscher Übersetzung: Johannes Chrysostomus, Matthäuskommentar, S. 50-51.

4.3 | Ekha (Threni, Klagelieder)

Von seinem ersten Wort (Ekha, איכה, d.h. „Wehe") erhielt das Buch seinen hebräischen Namen: „Wehe, einsam sitzt die Stadt, [einst] reich an Volk" (Klgl 1,1). Die griechische Bezeichnung Threni leitet sich von *thrênos*, Totenklage, ab und beschreibt somit wie auch der in den deutschen Bibeln übliche Titel „Klagelieder" sowohl das literarische Genre als auch den Hauptinhalt des Buches. Dieser Name entspricht dem ursprünglichen Titel der fünf Lieder, wie er im Talmud (bBaba Batra 15a) genannt ist: Qinot (קינות). In der Vulgata, der lateinischen Normbibel des Mittelalters, findet sich das griechische Threni ins Lateinische übersetzt: Lamentationes.

Kontext

Das Buch Ekha gehört zu den fünf Festrollen (Megillot), deren dritten bzw. vierten Platz es einnimmt. Die ältesten überlieferten kompletten hebräischen Bibelhandschriften wie der Aleppo-Kodex[1] oder der Codex Petrogradensis und mit ihnen die wissenschaftlichen Editionen der Biblia Hebraica führen Ekha auf dem vierten Platz. Ihm voraus geht Qohelet (Kohelet, Prediger), eine zu Sukkot gelesene skeptische Weisheitsschrift; anschließend an die Ekha folgt das zu Purim verlesene Buch Ester. Diese Anordnung innerhalb der Megillot erklärt sich aus der „historisch“ orientierten Abfolge der biblischen Bücher, einer Fiktion, die auch für andere Teile der hebräischen Bibel (vgl. Nevi'im) Gültigkeit hat. Aufgrund der traditionellen Zuschreibung des Buches Ekha zum Propheten Jeremia folgt es Qohelet, das von König Salomo verfasst worden sein soll und geht Ester voraus, das den „Männern der Großen Versammlung" zugewiesen wird (vgl. bBaba Batra 14b/15a). In den traditionellen jüdischen Ausgaben der Hebräischen Bibel hingegen findet sich Ekha als Lesung für den 9. Av und entsprechend der Reihenfolge der Feste an dritter Stelle: nach Schir ha-Schirim (Pessach) und Rut (Schavu'ot).

In der Septuaginta (LXX) und den ihr folgenden (v.a.) christlichen Varianten der Bibel werden die Threni (bzw. Lamentationes oder Klagelieder) aufgrund der Annahme, der Prophet Jeremia sei ihr Verfasser gewesen, in den Bestand der ihm bzw. seinem Schreiber Baruch zugeschriebenen Texte eingeordnet (Baruch, Threni, Epistolé Jeremiou). Dabei findet man die Threni in der LXX an deren zweiter Stelle; in der Vulgata und mithin im katholischen Kanon folgen sie direkt auf das Buch Jirmejahu. Die vermeintliche Autorschaft des Propheten wurde inspiriert und gestützt durch eine Notiz in den Divré ha-Jamim (2 Chron 35,25), wo es heißt:

> *„Und es hielt Jeremia Totenklage über Josia und [so] sagten alle Sänger und Sängerinnen in ihrer Totenklage über Josia bis auf den heutigen Tag. Und sie setzten es als Satzung über Israel. Und sie finden sich aufgeschrieben in den Totenklageliedern [qinot].“*

Historische Einordnung

Die fünf Lieder des Buches Ekha gelten somit als Ausdruck der Trauer, die der Prophet Jeremia angesichts des zerstörten Jerusalems empfunden hat. Manch deutsche Bibeledition bezeichnet sie daher auch als „Klagelieder Jeremias". Die Verfasserschaft des großen Propheten würde die fünf Kapitel Ekha in einen unmittelbaren zeitlichen Zusammenhang mit der Eroberung Jerusalems durch die Neubabylonier unter König Nebukadnezar im Jahre 587/86 BCE bringen.

Tatsächlich weisen die fünf Klagelieder jedoch beträchtliche Unterschiede zueinander auf. Dies gilt sowohl für das klagende Subjekt[2] und das Genre[3] als auch für den Stil und Inhalt der einzelnen Texte. Schon beim ersten Lesen wird der unterschiedliche zeitliche Abstand zu den Ereignissen deutlich: Insbesondere das zweite Lied (Ekha 2) artikuliert das namenlose Entsetzen eines Zeugen der furchtbaren Zerstörung Jerusalems.[4] Auch Ekha 1 könnte in relativer zeitlicher Nähe zur Eroberung der Stadt verfasst worden sein, zeugt aber von einem gegenüber Ekha 2 fortgeschrittenen theologischen Verarbeitungsstand (vgl. Berges, Klagelieder, S. 94-95). Ekha 4 greift indessen bereits auf Motive der ersten beiden Lieder zurück;[5] zudem finden sich erste Überlegungen zu einer Tilgung der Schuld Zions (Klgl 4,22). Das fünfte und letzte Kapitel des Buches hingegen trägt sich sogar schon mit vorsichtigen Gedanken an eine Zukunft (Klgl 5,21-22) und wird daher vermutlich noch etwas später zu datieren sein. Die größte Distanz zum Untergang Judas verrät Ekha 3, ein weisheitlich geprägter Psalm, in dem es um die menschliche und theologische Bewältigung des Leidens geht. In der vermuteten zeitlichen Reihenfolge wären die Lieder während und nach dem Exil geschaffen worden. Zum Ort ihrer Entstehung lassen sich keine Angaben finden.[6]

Wie bei anderen biblischen Literaturformen, so zeigen auch die Klagelieder enge Gemeinsamkeiten mit Gattungen und Kunsttraditionen ihrer geographischen Umwelt, in diesem Fall mit Stadtuntergangs-Klagen vorderorientalischer Stadtstaaten. Deren älteste Beispiele (aus Sumer oder Ur) stammen bereits aus dem 19. Jahrhundert BCE und verhandeln – wie Ekha – die Not der betroffenen Bürger und die Nachfrage nach dem unverständlichen Handeln der jeweiligen Gottheiten.[7]

Aufbau

Die fünf Poeme des Buches Ekha zeichnen sich durch hohe literarische Kunstfertigkeit aus. Dies wird schon daran erkennbar, dass sie in enger Anlehnung an das hebräische Alphabet gestaltet worden sind. Ekha 1–4 sind alphabetische Akrosticha;[8] Ekha 5 scheint mit seinen 22 Versen immerhin noch am Alphabet orientiert, ist aber kein Akrostichon. Seinen Höhepunkt erreicht die lyrische Meisterschaft im jüngsten und zentralen dritten Poem, da alle drei Doppelzeilen (Dikola) mit demselben Buchstaben beginnen.

Ekha 1:	*„Wie einsam sitzt die Stadt, einst reich an Volk"* Der Sturz der Fürstin Jerusalem in den Abgrund
Ekha 2:	*„In seinem Zorn verdunkelt"* Bericht über die grauenvolle Vernichtung Jerusalems
Ekha 3:	*„Ich bin der Mann, der Elend sah"* Versuch über die Bewältigung des Leids
Ekha 4:	*„Glanzlos das Gold, verdunkelt das Feingold"* Über Schuld und Strafe
Ekha 5:	*„Gedenke, Herr, was uns geschehen!"* Bitte um einen Weg zur Umkehr

Wichtige Themen und Texte

Trotz seines geringen Umfangs kommt Ekha eine große Bedeutung zu. Es leistete nämlich einen gewichtigen Beitrag für das religiöse Weiterbestehen Israels nach der Katastrophe des Untergangs Judas. Die erste Errungenschaft des Buches besteht darin, das tiefe Entsetzen angesichts von Tod und Zerstörung in Worte gefasst zu haben. Sehr wahrscheinlich halfen Klagelieder wie Ekha 1 oder 2 der verstörten judäischen Gemeinschaft im Exil (und danach), während des Gottesdienstes oder in gemeinsamen Trauerfeiern, den Schmerz der Überlebenden zum Ausdruck zu bringen. Die zweite, theologische Bedeutung des Buches ist in dem Versuch zu sehen, die Katastrophe zu deuten. Die Worte der Propheten, deren politische, soziale und kultische Kritik man zuvor nicht ernst genommen hatte, fanden grausame Bestätigung. Das Buch Ekha kann als einer der frühesten Versuche gelten, doch noch etwas aus der Geschichte zu lernen und sich somit eine Zukunft als Volk Gottes zu bewahren. Einige Beispiele für die Akzeptanz prophetischer Kritik nach dem Untergang Jerusalems mögen diese Einschätzung belegen:

(1) Manche der vorexilischen Propheten (vgl. Hos 7,8-13; Jes 30,1-7; Jer 2,14-19) hatten die Hoffnung der judäischen Könige auf Unterstützung durch ausländische Bündnispartner als trügerisch bezeichnet. Nun hatte sich diese Einschätzung grausam bewahrheitet (vgl. Klgl 1,2.7.19; 4,17-18; 5,6).

(2) Israel wurde seitens der Propheten zahlreicher kultischer Vergehen beschuldigt, weswegen die Funktion des Heiligtums als Ort der Begegnung mit Gott in Frage gestellt und die Bedeutung von Opfern und Festen zweifelhaft geworden war (vgl. Hos 4,1-10; Am 6; Jer 7). Die Ekha übernehmen diese Deutung (Klgl 1,8-9.14; 2,6-7), beklagen aber auffällig oft das Vergehen einzelner Funktionsträger wie der Priester und Propheten (Klgl 2,14; 4,13).

(3) Der „Tag des Herrn", der Tag göttlichen Zornes, entpuppte sich tatsächlich, wie von den kritischen Propheten angekündigt (Am 5,18-20; Jes 22,1-14), als ein Gerichtstag über Israel/Juda und nicht etwa (nur) als eine Strafe für die Fremdvölker (vgl. Klgl 1,12.15; 2,1.21-22).

(4) Im Falle einer Katastrophe hatte sich nicht der Gott Israels als schwach, sondern das Volk als strafwürdig erwiesen (Klgl 1,8.18; 2, 17; 4,6).

Die großen theologischen Schulen der Exilszeit sollten die sich hier nur erst vorsichtig abzeichnenden Ansätze zu einer Bewältigung der Katastrophe aufgreifen und zu einer umfassenden Deutung der Geschichte Israels mit seinem Gott verdichten. Am Ende der Ekha (Klgl 5,21) schimmert ein wenig Hoffnung auf, die sich in eine schüchterne Bitte kleidet: *„Wende uns, Ewiger, Dir zu, dann können wir uns umwenden! Erneuere unsere Tage wie vor alters!"*

Wirkungsgeschichte

In der jüdischen Tradition

Auf die Bedeutung des Buches Ekha für den exilischen Gottesdienst wurde schon verwiesen.[9] Der weitere Verlauf der Geschichte des jüdischen Volkes, die zweite Zerstörung des Tempels im Jahre 70 CE, Erfahrungen von Fremdherrschaft, Vertreibung, von Pogromen und Massenmord verschafften den Ekha eine bestürzend bleibende Aktualität.

Auch in der rabbinischen Tradition herrschte die Überzeugung vor, die fünf Poeme seien von Jeremia verfasst worden (bBaba Batra 15a). Mehr noch: Die Ekha seien mit der Schriftrolle identisch, die König Jojakim verbrannt habe und die im Anschluss daran neu geschrieben und um weitere Trauergesänge ergänzt worden sei (vgl. Jer 36 mit bMo'ed Qatan 26). Schon bevor Ekha in den Rang einer Festrolle erhoben wurde, genoss das Buch eine hohe Wertschätzung unter den Rabbinen.

Wie zu den anderen Teilen der Megillot, so gibt es auch zu den Ekha einen exegetischen Midrasch, den *Ekha Rabbati*. Er bietet in fünf Kapiteln eine durchgehende Auslegung des Buches; einfache Erläuterungen werden durch Gleichnisse und Erzählungen ergänzt. Ekha Rabbati gehört zu den älteren rabbinischen Schriften (5. Jh.) und ist vor allem aufgrund der in ihm enthaltenen Märtyrertraditionen bedeutsam für die jüdische Religionsgeschichte.

Die kunstvollen Lieder haben vergleichbare Dichtungen der synagogalen Poesie (*Pijjut*) nachhaltig beeinflusst. Ekha wird am 9. Av (*Tisch'a be-Av*/תשע באב), dem Trauertag anlässlich der Tempelzerstörung(en), während des Abendgottesdienstes (Ma'ariv) verlesen. Die Rezitation der Ekha erfolgte mit einer besonderen Melodie (Kantillation). Der letzte Vers des Buches (Klgl 5,21: „Wende uns, Ewiger, Dir zu") wird im Morgengebet (Schacharit) nach der Einhebung der Torarolle in den Schrein gesungen.

In der christlichen Tradition

Wenn jemand die Beschwerden eines anderen als „Jeremiaden" bezeichnet, so ist dies vom Buche Ekha abgeleitet. Literarische Bearbeitungen der Ekha sind dennoch verhältnismäßig selten. Aus dem 17. Jahrhundert sind beispielsweise die kastilischen Klagelieder (*Lagrimas de Hieremias castellanas* [1613]) des spanischen Dichters Francisco Gómez de Quevedo y Villegos (1580–1645) bekannt. Die polnische Poesie kennt zwei Anleihen bei den Ekha, die *Treni* Jan Kochanowskis (1580) sowie die *Skargi Jeremiego* (1893) des Kormel Ujejskis, ein Denkmal für die Leiden Polens.

Innerhalb der christlichen Tradition spielten die Ekha bis zum Zweiten Vaticanum vor allem in den Trauerliturgien der Passionszeit eine große Rolle. In den letzten Tagen der Karwoche (Mittwochnacht bis Karsamstag) wurden *lectiones* aus Ekha vorgetragen, an deren Ende man jeweils den Satz *„Jerusalem, convertere ad Dominum Deum tuum"* einfügte. Damit erhielten die Ekha eine antijüdische Deutung, die sich nahtlos in die traditionelle christliche Feindseligkeit gegen Israel einfügte, wie sie insbesondere die Passionszeit prägte. Einige Verse des Buches (Klgl 1,12; 2,13) wurden in die Liturgie des „Gedächtnisses der Sieben Schmerzen Mariens" eingefügt, wobei Maria mit der „Tochter Jerusalems" (Klgl 2,13) identifiziert wird – was vor dem Hintergrund der Karliturgie nicht einer gewissen Ironie entbehrt.

Dem einstens hohen Stellenwert für die christliche Liturgie verdanken wir zahlreiche Vertonungen ihrer Texte. Im Mittelalter dominierten einstimmige (monophone) Melodien. Polyphone Vertonungen findet man ab dem späten 15. Jahrhundert. Herauszuheben wären die *Lamentationes* von Giovanni Pierluigi Palestrina, die *Leçons de Ténèbres* des François Couperin, des Thomas Tallis oder William Byrds. Auf Texten der Ekha basiert Bachs Kantate „Schaut doch und seht" ebenso wie Leonard Bernsteins erste *Jeremiah Symphony* (1943) oder Strawinskys *Threni* aus dem Jahr 1958.

Weiterführende Literatur

Traditionelle jüdische Kommentare in Übersetzung

- Rasch"i (online): http://www.chabad.org/library/bible_cdo/aid/16457.
- Abraham ibn Esra: Dirk U. Rotzoll (Hg.), Abraham Ibn Esras Kommentare zu den Büchern Kohelet, Ester und Rut, Studia Judaica 12, Berlin/New York 1999.
- Mosche Alscheikh: Yitzhak Hirshfeld (Hg.), The Book of Eikha: Solace Amidst the Ashes. The Commentary of Rabbi Moshe Alshich on Megillath Eichah/Lamentations, Jerusalem 1998.

Traditionelle christliche Kommentare

Aufgrund der Textanordnung durch die griechische (LXX) und lateinische Überlieferung wurden die Klagelieder zumeist in Jeremia-Kommentaren mit bedacht.

- Jean Calvin: Rudolphe Berger (Hg.), Sermons sur les livres de Jérémie et des lamentations, Supplementa Calviniana, Bd. 6, Neukirchen-Vluyn 1971.

Wissenschaftliche Literatur

- Ulrich Berges, Klagelieder (Herders Theologischer Kommentar zum Alten Testament), Freiburg u.a. 2002.
- Hans-Jochen Boecker, Klagelieder (Züricher Bibelkommentar Altes Testament 21), Zürich 1985.
- Heinrich Groß, Josef Schreiner, Klagelieder (Neue Echter Bibel 14), Würzburg 1986.
- Paul M. Joyce, Diana Lipton, Lamentations through the Centuries (Blackwell Bible Commentaries), Oxford u.a. 2013.
- Tod Linafelt, Surviving Lamentations: Catastrophe, Lament, and Protest in the Afterlife of a Biblical Book, Chicago 2000.
- Robert B. Salters, Lamentations: A Critical and Exegetical Commentary (International Critical Commentary), New York/London 2010.

Anmerkungen

[1] Große Teile des Aleppo-Kodex gingen 1947 oder 1958 unter bis heute ungeklärten Umständen verloren. Zur abenteuerlichen Geschichte der Handschrift vgl. Matti Friedman, Der Aleppo-Codex, Freiburg u.a. 2012.

[2] In Ekha 2 und 4 wird das Elend Jerusalems ohne Bezug auf einen Sprecher beschrieben; in Ekha 1 kommt partiell das personifizierte Jerusalem zu Wort (Klgl 1,9.11-16.18-21); in Ekha 3 spricht ein anonymer Einzelner, in Ekha 5 ein Kollektiv.

[3] Ekha 1, 2 und 4 sind *Qinot*, Ekha 3 ist ein Klagelied des Einzelnen, Ekha 5 ein Volksklagelied.

[4] Eine Mehrheit der Exegeten hält Ekha 2 tatsächlich für den ältesten Text der Sammlung (vgl. z.B. Hans-Jochen Boecker, Klagelieder, Zürich 1985, S. 42).

[5] Zu Einzelnachweisen vgl. Ulrich Berges, Klagelieder, Freiburg u.a. 2002, S. 236-237.

[6] Berges, Klagelieder, datiert Ekha 2 unmittelbar nach 587 BCE (S. 133), Ekha 1 vor 550 BCE (S. 95), Ekha 4 Ende des 6. Jahrhunderts BCE (S. 239), Ekha 5 ebenfalls Ende des 6. Jahrhunderts (S. 276) und Ekha 3 als jüngsten Text auf die Mitte des 5. Jahrhunderts BCE (S. 186).

[7] Vgl. beispielsweise Michael Emmendörffer, Der *ferne Gott.* Eine Untersuchung der alttestamentlichen Volksklagelieder vor dem Hintergrund der mesopotamischen Literatur, Forschungen zum Alten Testament 21, Tübingen 1998.

[8] Als Akrostichon bezeichnet man Texte (oft Lyrik), bei der die ersten Buchstaben einer oder mehrerer aufeinander folgender Zeilen oder Verse eine Bedeutung haben. So können zum Beispiel nacheinander alle Buchstaben des Alphabets (alphabetisches Akrostichon) abgehandelt werden; manchmal ergeben die fraglichen Anfangsbuchstaben den Namen des Verfassers.

[9] Vgl. Rainer Albertz, Religionsgeschichte Israels in alttestamentlicher Zeit, Grundrisse zum Alten Testament 8, 2 Bde., Göttingen 1992, S. 385-386.

4.4 | Qohelet (Kohelet, Prediger)

Der hebräische Name des Buches ergibt sich aus dessen Überschrift (Koh 1,1), wo es heißt: „Worte Qohelets, des Sohnes Davids, König in Jerusalem". Zweifelsohne soll mit dieser Zuschreibung Salomo bezeichnet werden (vgl. auch Koh 1,12). Schwierig aber gestaltet sich die Übersetzung des Begriffs Qohelet, der vermutlich von qahal (קהל; „Versammlung, Gemeinde") abgeleitet ist. Außerhalb des Buches begegnet das Wort Qohelet nicht. Entfernte Parallelbildungen (*ha-Soferet*: Esr 2,55; *ha-Poqeret*: Esr 2,57) lassen an eine Art Amt denken – etwa einen Versammlungsleiter. Diese Übersetzungsprobleme spiegeln sich auch in den griechischen (Ekklêsiastês[1]), lateinischen und deutschen (Luther: „Prediger") Buchtiteln wider.

Kontext

In den ältesten heute vorliegenden Codizes der Hebräischen Bibel erhielt Qohelet seinen Platz als drittes Buch der Megillot. Dieser Anordnung liegt eine Chronologie zugrunde, die sich an den traditionellen Zuschreibungen (Rut zu Samuel, Schir ha-Schirim und Qohelet zu Salomo, Ekha zu Jeremia etc.) orientiert. In Ausgaben der Hebräischen Bibel, die sich nicht an den genannten alten Codizes orientieren, rückt Qohelet an die vierte Stelle der Megillot, da das Buch zu Sukkot, dem Laubhüttenfest – dem vierten in der Reihe der jüdischen Jahresfeste und Gedenktage –, verlesen wird. In der Septuaginta und, ihrem Beispiel folgend, in den christlichen Editionen, bestimmt der literarische Charakter des Buches seine Einordnung unter die „Weisheitsschriften". Es folgt dort auf Mischlé, die ebenso wie das nachfolgende Schir ha-Schirim König Salomo als ihrem Autor zugewiesen werden.

Historische Einordnung

Für weite Teile der jüdischen und christlichen Tradition hat sich durch die Titelzeile („Sohn Davids, König in Jerusalem") die Frage nach dem Autor des Buches erledigt.[2] Es gehört wie die Weisheitssprüche (Mischlé) und Schir ha-Schirim (die Septuaginta fügt ihnen noch die Sophia Salomonis, die Weisheit Salomos, hinzu) zum Korpus der Salomonischen Schriften und müsste dementsprechend um das Jahr 950 BCE entstanden sein. Die kritische Bibelwissenschaft sieht dies erheblich anders. Die in Qohelet überdeutlich werdende Krise der traditionellen Weisheit gehört nicht an den Anfang, sondern ans Ende der biblischen Literaturgeschichte. Es reflektiert geistige (Zweifel an der gerechten Ordnung der Welt) und soziale Verhältnisse (Herrschaft des Geldes, Koh 7,11-12; 10,19) der hellenistischen Ära. Auch sprachlich weist Qohelet in eine späte Zeit,[3] so dass dessen Datierung zwischen 250-200 BCE weithin übereinstimmend vorgenommen wird.[4]

Aufbau

Eine konzise Gliederung des zum Teil aus Einzelsprüchen bestehenden Buches ist nicht ganz einfach. Der formkritisch orientierte Vorschlag A.G. Wrights,[5] dem sich die nachfolgende Einteilung verdankt, hat den Vorteil, dass sie Signale des Textes, wie die häufig wiederkehrende Feststellung „Alles ist Hauch“, berücksichtigt:

Koh 1,1 *Überschrift*

Koh 1,2–6,10 *Vanitas Vanitatum! („Alles ist Hauch und Haschen nach Wind")*

1,2-11 Das große Gedicht von der Windhaftigkeit allen Seins
1,12-3,15 Erster Beweisgang: Nichts als Ärger im privaten Leben;
darin: „Alles hat seine Zeit" (Koh 3,1-8)
3,16-4,16 Zweiter Beweisgang: Nichts als Unrecht in der Gesellschaft
4,17-5,6 Guter Rat: Sei trotzdem fromm!
5,7-6,10 Dritter Beweisgang: Reichtum und Armut – sinnlos.

Koh 6,11–12,8 Alte Weisheiten im Test (Woher soll man wissen...?)

6,11-12 Einleitung: Viele Worte, viel Wind.
7,1-8,17 Alte Spruchweisheiten im Test;
darin: Koh 7,23-8,17: Beobachtungen Kohelets
9,1-9,10 Resümee: Ein lebender Hund ist besser als ein toter Löwe!
9,11-12,8 Neue Spruchweisheiten, aber:
Resümee Nr. 2: Letztlich ist doch alles eitel (Koh 12,8)

Koh 12,9-11.12-14 Zwei Nachworte

Wichtige Themen und Texte

Viele Texte des Buches Qohelet haben inzwischen den Rang von Geflügelten Worten erreicht: „Alles ist eitel!" (Koh 1,2.14.17; 2,11.17.26; 4,4.6.16; 6,9; 12,8) oder in der etwas intellektuelleren Variante: *vanitas vanitatum,* ruft der verzweifelte Mensch angesichts des lästigen Unverstands seiner Zeitgenossen. „Ein Jegliches hat seine Zeit!" zitiert man die schöne Übersetzung Luthers (Koh 3,1), um entweder die Erfüllung einer Pflicht oder den Verzicht auf ebendiese zu begründen. „Es gibt nicht Neues unter der Sonne" (Koh 1,9), stöhnt derjenige, der zum wiederholten Mal mit derselben Dummheit konfrontiert wird. Die resignative Abgeklärtheit eines reichen Mannes von hoher Bildung, wie sie die Texte von Qohelet atmen, stößt bei den Lesern entweder auf Empörung oder auf tiefe Sympathie: Zwar ist alles irgendwie sinnlos, aber dennoch muss man sich seine Gottesfurcht erhalten (Koh 3,14-15; 7,18). Nicht, weil es einem persönlich nützen würde, sondern weil die Welt nun einmal so ist, wie sie ist. Damit wird das Problem Hiobs aufgegriffen: „Wer sündigt und hundert Male Böses tut, lebt dennoch lang." (Hi 8,12). An die Stelle der Rebellion tritt jedoch beim Dichter des Qohelet Resignation, manchmal gar Zynismus. Dennoch kann man sich dem Charme der Texte (z.B. Koh 9,7-10), ihrer gesellschaftskritischen Wucht (Koh 4,1-4) kaum entziehen. Studierende sollten das Buch Qohelet mit Vorsicht zum Ratgeber wählen (vgl. Koh 12,12) und bedenken, dass Qohelet zunächst alles studiert hat und erst dann zu seinen defätistischen Schlüssen kam.

Qohelet steht am Ende einer langen Kette des Ringens um eine erfüllte Existenz des Menschen in der Welt und im Angesicht des Ewigen. Hatte sich der Konflikt zwischen dem ethisch vorbildlichen Handeln des Einzelnen und seinem (misslichen) Geschick („Tun-Ergehen-Zusammenhang") zunächst noch im Kontext einer Generationen übergreifenden ausgleichenden Gerechtigkeit lösen lassen, so rebellierten spätere biblische Autoren dagegen (vgl. Ez 18). Jede/r sollte für seine eigene Schuld belangt werden, nicht aber für die Fehler anderer. Im Buch Ijov zeigte sich jedoch deutlich, dass ein solches Konzept in die Krise führt, da es nun einmal ziemlich viele anständige Menschen gibt, denen es deutlich übler ergeht als rücksichtslosen Zeitgenossen. Das Buch Qohelet erreicht in diesem theologischen Debakel ein äußerst fragiles (und womöglich unbefriedigendes) Gleichgewicht: Zwar können – entgegen der traditionellen weisheitlichen Sentenzen – weder Bildung noch Reichtum, physische Genüsse oder Macht als sinnstiftende Indikatoren für ein gelungenes Leben vor Gott gelten, weil all dieses letztlich keinen Bestand hat. Wen Gott belohnt oder straft, bleibt für den Menschen völlig undurchsichtig. So bleibt dem Weisen nichts anderes übrig, als diese irdischen Güter trotzdem zu genießen (wunderschön: Koh 9,7-10) und den Ewigen zu fürchten: auch und gerade, wenn man Ihn nicht versteht.

Wirkungsgeschichte

Auf die zahlreichen Bonmots und Sprichwörter, welche die Weltkultur dem Buche Qohelet verdankt, wurde schon hingewiesen.

In der jüdischen Tradition

Die resignative Grundposition des Qohelet, insbesondere seine Skepsis in Bezug auf den Erwerb von Weisheit (Koh 1,12-18), konnte die Rabbinen, deren ganzes Streben auf das Studium der Tora ausgerichtet war, nicht zu Begeisterungsstürmen hinreißen. Die Aufnahme des Buches in den Kanon war demzufolge auch äußerst umstritten (vgl. mEdujot V,3; mJadajim III,5). Zudem störte man sich an den Widersprüchen in unterschiedlichen Sentenzen des Buches bzw. zwischen Qohelet und anderen Teilen der Bibel (bSchabbat 30b). Dennoch erschien dem Talmud und den großen Midraschim Qohelet unbestritten als Werk König Salomos (vgl. Schir ha-Schirim Rabba I,1.8.10; bBaba Batra 14b). Es sei – gegenüber seinem ‚jugendlichen' Hohelied – ein Produkt seines Alters gewesen, was denn auch die gelegentlich zynische Attitüde des Buches erkläre.

Wie zu den anderen Megillot, so existiert auch zu Qohelet ein exegetischer Midrasch, Haggadat Qohelet bzw. Qohelet Rabba. Er entstammt möglicherweise dem 8. Jahrhundert.

> *„Die sieben Mal 'Windhauch' im Qohelet entsprechen sieben Welten, zu denen der Mensch gehört: Mit einem Jahr ist er wie ein König, der in einer überdachten Sänfte sitzt und von allen geherzt und geküsst wird. Mit zwei und drei Jahren ist er wie ein Schweinchen, der seine Hände in die Gosse steckt. Mit zehn hüpft er dann herum wie ein Zicklein. Mit zwanzig ist er wie ein wieherndes Pferd, selbstverliebt und sich nach einer Frau sehnend. Hat er geheiratet, ist er wie ein Esel. Wenn er Kinder hat, wird er unverschämt wie ein Hund, um Nahrung heranzuschaffen und ihre Bedürfnisse zu befriedigen. Wenn er alt geworden ist, ist er gekrümmt wie ein Affe."*
>
> Qohelet Rabba 1,2

(Wobei der Midrasch natürlich pflichtschuldigst hinzufügt, dass die obige Einschätzung nur für jene gilt, die keine Tora gelernt haben.)

Das Buch Qohelet wird am Schabbat innerhalb der Sukkotwoche im morgendlichen Gottesdienst verlesen. Der Grund für die Auswahl des Werkes für das Fest mag darin liegen, dass sowohl in Qohelet als auch im Laubhüttenfest die Unsicherheit und Fragilität des menschlichen Lebens thematisiert wird. Während der sieben (neun) Tage sind die Feiernden gehalten, ihre Häuser so oft wie möglich zu verlassen und Aufenthalt in provisorischen Hütten zu nehmen. Das schwierige Verhältnis der Sentenzen des Qohelet zum Hauptstrom der frommen Tradition inspirierte wiederholt jüdische Gelehrte zu Intepretationen und Homilien zum Buch. Erwähnt seien hier der philologisch orientierte Kommentar des Schmu'el ben Me'ir (Raschba"m, ca. 1080-1174) oder die Predigten zum Qohelet des berühmten Mosche ben Nachman (Ramba"n, Nachmanides; 1194-1270).

In der christlichen Tradition

Die ältesten, alle weiteren Interpretationen prägenden Auskünfte zur Deutung des Qohelet in der Frühen Kirche stammen von Origenes (185-253 BE), dessen eigene Auslegungen zu diesem Buch leider nicht erhalten sind. Im Vorwort seines Kommentars zu Schir ha-Schirim[6] entwickelt der große alexandrinische Exeget seine Theorie zum gegenseitigen Verhältnis der drei „salomonischen" Schriften Mischlé, Qohelet und Schir ha-Schirim. Er ordnet sie den philosophischen Teildisziplinen Ethik (Mischlé), Physik (Qohelet) und „Theoria" (Schir ha-Schirim) zu. Dem Buch Qohelet fällt dabei die Aufgabe zu, seine Leser anzuleiten, durch Anschauung der Natur Wichtiges von Unwichtigem, Sinnvolles vom Nutzlosen zu unterscheiden und letztlich dem Richtigen zu folgen. Damit würde der Weise die zweite Stufe seines geistlich-spirituellen Weges zu Gott erreichen, der ihn lehrt, die Nichtigkeit der weltlichen Güter zu erfassen, bevor Schir ha-Schirim (auf der dritten und letzten Etappe) die Sehnsucht nach den Ewigen Dingen meditieren lässt.

Der früheste unter den noch heute erhaltenen Kommentaren geht dann – fast folgerichtig – auf einen der bedeutenden Schüler des Origenes, Gregor Thaumaturgos (um 210-270), zurück. In seiner „Metaphrasis in Ecclesiasten Salomonis“ erfolgt eine kommentierte Wiedergabe des Buches, die deutlich bemüht ist, den Inhalt des sperrigen Werks den theologischen „Vorgaben“ anzupassen.[7] Die Weichenstellung des Origenes und Gregors wird auch von einigen der späteren bedeutenden Kommentatoren des Qohelet aufgegriffen, wie etwa von Gregor von Nyssa (um 338-394), Hieronymus (347-419) oder von Gregor dem Großen (540-604). Hieronymus entfaltet in seinem „Commentarius in Ecclesiasten“[8] die von Origenes eingeführte Auffassung, Qohelet instruiere zu einer Haltung der „contemptio mundi“ (Geringachtung der Welt), einer Einsicht in die Vergänglichkeit alles Irdischen. Diese Einstellung öffne letztendlich den Blick für das Eigentliche – nämlich das Aufgehoben-Sein der Schöpfung in Gott, zu dem alles zurückstrebt. Zudem bietet Hieronymus einen „sensus spiritualis“, eine letztlich christologisch-ekklesiologische Interpretation des Buches, die von dem vermeintlichen Gegensatz zwischen dem an irdischen Lebensfreuden orientierten „Alten Testament“ und seiner spirituellen Überhöhung durch das „Neue“ lebt. Das Konzept der *contemptio mundi*, der inneren Distanz zu den materiellen Dingen der Welt, die den Menschen als „Eitelkeiten“ von der umfassenden Liebe zu Gott ablenken, prägte auch den ersten Traktat des äußerst populären Werks von Thomas a Kempis (1380-1471), „Nachfolge Christi“ (De imitatione Christi). Das mystische Buch wurde von Generationen katholischer und evangelischer Christen gelesen und repräsentiert noch heute einen Klassiker der spirituellen Literatur. Erst in den Qohelet-Kommentaren reformatorischer Theologen (vgl. Martin Luther, Philipp Melanchthon, Johannes Benz) findet sich die Ansicht bestritten, Qohelet ginge es um die Anleitung zur Geringschätzung alles Irdischen. Das Buch beinhalte vielmehr eine Abhandlung über die göttliche Vorsehung (Luther, Melanchthon) bzw. einen Vorgriff auf die paulinische Rechtfertigungslehre (Benz).

Weiterführende Literatur

Traditionelle jüdische Kommentare in Übersetzung

- Rasch“i (online): http://www.chabad.org/library/bible_cdo/aid/16462.
- Abraham ibn Esra: Dirk U. Rotzoll (Hg.), Abraham Ibn Esras Kommentare zu den Büchern Kohelet, Ester und Rut, Studia Judaica 12, Berlin/New York 1999.
- Mosche ben Nachman (Nachmanides): Charles B. Chavel (Hg.), The Words of Koheleth, in: ders., Ramban (Nachmanides). Writings and Discourses Bd. 1, New York 1978, S. 141-231.
- Schmu'el ben Me'ir (Raschba“m): Sara Japhet, Robert B. Salters, The Commentary of R. Samuel ben Meir *Rashbam* on Qoheleth, Jerusalem 1985.

Traditionelle christliche Kommentare in Übersetzung

- Gregor Thaumaturgos: John Jarick (Hg.), Gregory Thaumaturgos' Paraphrase of Ecclesiastes, SBL, Septuagint and Cognate Studies Series 29, Atlanta 1990.
- Gregor von Nyssa: Françoise Vinel (Hg.), Grégoire de Nysse, Homélies sur l'Ecclésiaste, Introduction, traduction et notes, Sources Chrétiennes 416, Paris 1996.
- Hieronymus: Gérard Fry (Hg.), Jérôme. Commentaire de l'Ecclésiaste. Traduction, introduction, annotations, guide thématique, Les Pères de la foi, Paris 2001.
- Martin Luther, Vorlesungen über Prediger Salomonis und 1. Johannesbrief 1526/27; Predigten 1526, Weimarer Ausgabe Bd. 20, Weimar 1898.

Wissenschaftliche Literatur

- Eric S. Christianson, Ecclesiastes through the Centuries (Blackwell Bible Commentaries), Oxford u.a. 2007.
- James L. Crenshaw, Ecclesiastes. A Commentary (Old Testament Library), Philadelphia 1988.
- Michael V. Fox, A Time to Tear Down and a Time to Build Up. A Rereading of Ecclesiastes, Grand Rapids/Cambridge ^{2}2010.
- Thomas Krüger, Kohelet (Prediger), (Biblischer Kommentar XIX, Sonderband), Neukirchen-Vluyn 2000.
- Norbert Lohfink, Kohelet (Neue Echter Bibel), Würzburg ^{6}2009.
- Ludger Schwienhorst-Schönberger, Kohelet (Herders Theologischer Kommentar zum Alten Testament), Freiburg u.a. 2004.
- Choon-Leong Seow, Ecclesiastes (Anchor Bible), New York 1997.
- Addison G. Wright, The Riddle of the Sphinx. The Structure of the Book of Qoheleth, in: James L. Crenshaw (Hg.), Studies in Ancient Israelite Wisdom, Brooklyn/New York 1976, S. 245-266.
- Walter Zimmerli, Das Buch des Predigers Salomo (Altes Testament Deutsch 16/1), Göttingen ^{3}1980.

Anmerkungen

[1] Ἐκκλησιαστής in der Septuaginta (von griech. ἐκκλησί α, Versammlung) und Liber Ecclesiastes in der Vulgata.

[2] Im Babylonischen Talmud (bBaba Batra 15a) finden wir jedoch eine abweichende Auffassung hinsichtlich des Autors von Qohelet. Dort wird das Werk – gemeinsam mit Jeschajahu, Mischlé und dem Schir ha-Schirim – dem König Hiskija (ca. 752-697 BCE) „und seinen Gehilfen" zuerkannt, was eine Datierung in das späte 8. Jahrhundert BCE zur Folge hätte. Diese Verortung verursacht die späte Platzierung des Buches im Kanon.

[3] Vgl. Anton Schoors, Words Typical of Qohelet, in: ders., Qohelet in the Context of Wisdom, Leeuven 1998, S. 17-39.

[4] Vgl. Ludger Schwienhorst-Schönberger, Kohelet, Freiburg u.a. 2004, S. 102-103.
[5] Vgl. Addison G. Wright, The Riddle of the Sphinx: The Structure of the Book of Qohelet, CBQ 30, 1968, S. 313-334. In weiten Teilen vergleichbar zeigt sich Lohfinks Gliederung entlang einer „palindromischen Gesamtkonstruktion“ mit Zentrum in Koh 4,17-5,6 (Kohelet, S. 10).
[6] Cant. Prol. I,1-23. Vgl. Luc Brésard, Henri Crouzel, Origène: Commentaire sur les Cantique des cantiques, SC 375, Paris 1991, S. 128-163.
[7] Vgl. hierzu und im Folgenden: Schwienhorst-Schönberger, Kohelet, S. 124-134, sowie Eric S. Christianson, Ecclesiastes through the Centuries, Oxford u.a. 2007, S. 19-64.
[8] Hieronymus‘ Kommentar war für das gesamte Mittelalter prägend.

4.5 | Ester (Esther)

Mit seinem Namen ehrt das Buch eine seiner Hauptfiguren, die schöne Jüdin Ester, welche durch Tapferkeit und Geschick ihr Volk vor dem Untergang rettet. „Ester" ist kein hebräischer Name, weswegen die weibliche Hauptperson des Buches auch einen zweiten, hebräischen Namen (Hadassa, d.h. Myrte) trägt. Ester könnte vom altpersischen star- (Stern) oder von der Göttin Ischtar abzuleiten sein.[1]

Kontext

In der Hebräischen Bibel findet sich das Buch Ester als fünfte und letzte Rolle unter die Megillot eingereiht. Weil Ester von Zeitgenossen Esras, den „Männern der großen Versammlung", verfasst worden sein soll und zu Purim, dem letzten der Jahresfeste, verlesen wird, stimmen „historische“ und kalendarische Reihung überein.

Die Aufnahme von Ester in den biblischen Kanon war in rabbinischer Zeit umstritten, da es den Namen Gottes nicht ein einziges Mal erwähnt.

> *„Rav Schmu'el bar Jehuda sagte: Ester schickte zu den Weisen: Legt mich für Generationen fest!*[2] *Sie schickten zu ihr: Möchtest du Eifer zwischen uns und den Weltvölkern erregen?! Sandte sie ihnen: Ich bin schon in die Chroniken der Könige von Persien und Medien eingeschrieben! Rav und Rabbi Chanina und Rabbi Jochanan und Rabi Chaviva […] lehrten: Ester schickte zu den Weisen: Schreibt mich auf für die Generationen! Sie schickten zu ihr: ‚Habe ich dir nicht geschrieben: dreifach‘ [Spr 22,20] Dreifach und nicht vierfach!*[3] *Bis dass sie in der Tora einen Vers geschrieben fanden: ‚Schreibe dies als Erinnerung in das Buch!‘ [Ex 17,14]*[4] *[…] Sagte Rav Jehuda, sagte Schmu'el: Ester verunreinigt die Hände nicht.*[5] *Entsprechend [dieser] Aussage meinte Schmu'el, dass Ester nicht im Heiligen Geist gesagt wurde – aber hatte Schmu'el nicht [andernorts] gesagt, Ester sei im Heiligen Geist gesagt worden?! – Gesagt, um es zu rezitieren, aber nicht gesagt, um es aufzuschreiben!“*
>
> bMegilla 7a

Der fehlende Bezug zu Gott wurde offensichtlich nicht nur von den Rabbinen als ein Mangel empfunden.[6] Zahlreiche Zusätze, die von den Tradenten der Septuaginta (LXX) dem Buch beigegeben sind, mühten sich redlich, diesem Umstand abzuhelfen. Zu diesen gehören ein Traum Mordechais (LXX Est 1a-m), die Deutung jenes Traumes (LXX Est 10,3a-l) sowie Gebete Mordechais (LXX 4,17a-i) und Esters (LXX Est 4,17k-z; 5,1a-f.2a-b).

Dem Konzept der Septuaginta folgend, wird Ester unter die Historischen Bücher der Bibel, zwischen den deuterokanonischen Werken Judith und dem 1. Makkabäerbuch, angeordnet.

Historische Einordnung

„Es geschah in den Tagen des Achaschwerosch. Dies ist Achaschwerosch, König von Hodu bis Kusch, [von] 127 Provinzen." (Est 1,1) Die Geschichte, von der im Buch die Rede ist, soll sich also zu Zeiten des Ahasver-Xerxes ereignet haben, der von 485 bis 465 BCE regierte. Von einer ihrer weiteren Hauptpersonen, dem ebenso klugen wie frommen Mordechai, hingegen heißt es, er sei von Nebukadnezar II. (ca. 640-562 BCE) zusammen mit König Jojachin (um 616 bis nach 560 BCE) nach Babylon verschleppt worden (Est 2,6). Diese Deportation geschah im Jahre 595 v.d.Z. – Mordechai wäre also zu Zeiten des Xerxes mindestens 115 (!) Jahre alt gewesen.

Die Liste der historischen Unstimmigkeiten ließe sich problemlos verlängern: Herodot, ein griechischer Historiker des 5. Jahrhunderts BCE, weiß nichts von einer Königin Waschti (Est 1,9), die Xerxes verstoßen haben soll (Est 1,16-22).[7] Vollends phantastisch erscheint die Episode, nach der sich Xerxes unter den schönsten Frauen seines Reiches ausgerechnet die Judäerin Ester zu seiner neuen Gemahlin bestimmte (Est 2). Der achämenidische Herrscher musste nämlich seine Königin eigentlich aus wenigen Familien der persischen Hocharistokratie erwählen.

Andere Züge der Erzählung deuten indessen darauf hin, dass der Verfasser des Buches mit den politischen und ethnischen Gegebenheiten Persiens vertraut war. Das Land Israel und seine Hauptstadt spielen so gut wie keine Rolle. Das Buch Ester kann dementsprechend in Persien verfasst worden sein, nur eben deutlich später (3. Jh. BCE), als es sich den Anschein gibt. Ein weiteres Indiz für die späte Entstehung (oder doch mindestens die zögerliche Rezeption) bildet der Umstand, dass Ester weder im Kanon des ben Sira auftaucht noch unter den Qumran-Handschriften zu finden ist.

Das Buch ist das einzige Dokument der Bibel, welches als Ganzes das (Über-)Leben Israels in der Diaspora thematisiert. Seine historische Einkleidung ist fiktional. Eine gewisse Nähe zeigt Ester zur Tradition um Jakobs Sohn Josef (Gen 37,2–50,26). Auch diese Erzählung spielt an einem fremdländischen Königshof, an dem ein Angehöriger Israels um sein Überleben kämpft und schließlich ein hohes Amt erringt.

Aufbau

Das Buch Ester ist in erster Linie eine Erzählung, gattungsgeschichtlich eine Novelle, die man vor allem ‚schmökern' muss. Eine Gliederung ist in einem solchen Fall für das Verständnis des Textes nicht unbedingt nötig.

Exposition:	**Est 1,1–2,23**	**Die Jüdin Ester wird Königin Persiens**
	1,1-22	Die Verbannung Waschtis
	2,1-20	Die Erhebung Esters zur Königin
	2,21-23	Mordechai deckt ein Komplott gegen Xerxes auf

Grundkonflikt:	**Est 3,1–7,10 Hamans Plan zur Vernichtung der Juden wird vereitelt**	
	3,1-15	Hamans Plan zur Vernichtung der Juden
	4,1-17	Mordechais Plan zur Rettung der Juden
	5,1-8	Ester bereitet die Rettung der Juden vor
	5,9-7,10	Mordechais Aufstieg – Hamans Untergang
Lösung:	**Est 8,1–10,3 Die Rettung der Juden und deren festliche Begehung**	
	8,1-17	Ester erreicht die Rettung der Juden
	9,1-19	Tötung aller Feinde des jüdischen Volkes
	9,20-10,3	Einsetzung von Purim als Gedenktag

Wichtige Themen und Texte

Ester weist im Vergleich zu anderen Büchern der Bibel zahlreiche Besonderheiten auf. Es enthält (wie Schir ha-Schirim und Qohelet) den Namen Gottes nicht, darüber hinaus noch nicht einmal den generischen Begriff (Elohim; אלהים). Dafür aber wird zwanzig Mal das Wort „(Trink-)Gelage" erwähnt – so oft wie in allen anderen Teilen der Bibel zusammen. Sowohl das längste Wort (Est 9,3) als auch den längsten Vers (Est 8,9) des Tanakh gibt es im Buch Ester.

Das bestimmende Thema der Erzählung, die Rettung des jüdischen Volkes aus der Hand seiner Feinde, erweist gerade in seiner fiktionalen Gestaltung eine dramatische Aktualität. Auch wenn, zugespitzt formuliert, die Bewahrung der Judäer Persiens durch die Königin Ester niemals stattgefunden hat, so ereignete sie sich doch in jeder Epoche der jüdischen Geschichte auf's Neue.

Einige mythische Elemente, zweifelsohne bewusst in die Novelle eingebracht, stützen diese Deutung: Die Namen der beiden Protagonisten Ester und Mordechai klingen deutlich an zwei der bedeutendsten babylonischen Gottheiten, Ischtar und Marduk,[8] an. Die genealogische Ableitung der beiden Hauptkontrahenten Mordechai (von König Saul; Est 2,5) und Hamans von Agag, dem König der Amalekiter und Erzgegner Israels (Est 3,1), unterstreicht die Annahme, dass die Geschichte von Ester und Mordechai als exemplarischer Kampf Israels um sein Überleben zu deuten ist.

Das zweite wesentliche Motiv des Buches Ester bildet die Einsetzung des Purim (von pur; פור, „Los"; vgl. Est 3,7; 9,26-32). Anders als es uns die Erzählung glauben machen will, begründet jedoch nicht das Buch die Entstehung eines Festes, sondern das Fest die Entstehung des Buches. Vermutlich ist Purim schon alt-persischen Ursprungs und wurde von den in Persien ansässigen Juden mitgefeiert. Es könnte eine Art Karneval am Neujahrstag gewesen sein, bei dem man maskiert durch die Straßen zog, um den Winter auszutreiben, reichlich aß und trank und schließlich Lose warf, um die glücklichen Tage des kommenden Jahres zu bestimmen. Dieses, von den Persern übernommene Fest war bei den dortigen Juden sehr beliebt, stieß aber bei der jüdischen Bevölkerung Palästinas auf Ablehnung. Für eine allgemeine Anerkennung des

Festes bedurfte es also einer „historischen“ Verankerung und Deutung der Purim-Bräuche in der jüdischen Kultur. Genau dies leistet das Ester-Buch.

Wirkungsgeschichte

In der jüdischen Tradition

Aufgrund seiner Funktion als Festlegende für Purim hat das Buch Ester eine sehr bedeutende und breitgefächerte Wirkung in der jüdischen Geschichte entfaltet, von der nur einige Aspekte beleuchtet werden können. Wie zu den anderen Megillot, so existiert auch zu Ester ein eigenständiger Midrasch (Ester Rabba), dessen erster Teil (zu Est 1–2) ab 500, dessen zweiter Teil (zu Est 3–8,15) jedoch erst im 11. Jahrhundert als Ersatz für einen verlorenen Vorgänger verfasst worden ist.[9] Über Ester Rabba hinaus existieren zahlreiche weitere Midraschim und Targumim zur Purim-Erzählung, so dass Ester zu den am meisten traditionell kommentierten Büchern der Bibel zählt. Der Mischna-Traktat Megilla beschäftigt sich in seinen ersten zwei Kapiteln mit Herstellung und angemessener Lesung der Ester-Rolle.

Kunstgeschichtlich bedeutend ist die Tatsache, dass der Megillat Ester von jeher besondere Aufmerksamkeit zuteil wurde. Es gibt wunderbar illustrierte Handschriften aus nahezu allen jüdischen Kulturkreisen aller Epochen. In Persien kopierten schon die Kinder im Vorfeld des Purimfestes in Schönschrift und mühevoller Kleinarbeit die Esterrolle. Sie wird zum Purimfest am 14. Adar, sowohl im Abend- als auch im Morgengottesdienst, verlesen. Wenn irgend möglich, soll dies tatsächlich aus einer Schriftrolle erfolgen. Sobald während des Vortrags der Name Haman Erwähnung findet, wird von den Hörenden (oft unter Zuhilfenahme von Ratschen) kräftig gelärmt, um das Andenken an den Frevler symbolisch zu tilgen.

Auch hinsichtlich der jüdischen Literatur hat die Geschichte von Ester eine unschätzbare Wirkung entfaltet. Es scheint zu den Gepflogenheiten von Purim gehört zu haben, merkwürdige, groteske oder spannende Geschichten zu erzählen. Die Esternovelle selbst bot reichlich Möglichkeit zu farbenprächtiger Illustration und Übertreibung. Ein prominentes Beispiel dafür liefert die umfängliche Diskussion der Erzählung durch den Babylonischen Talmud (bMegilla 12 a-16b).

Fast alle bedeutenden jüdischen Exegeten des Mittelalters haben Kommentare zum Buch Ester verfasst.[10] Zu ihnen gehören Schlomo ben Jitzchaki (Rasch“i; 1040-1105), Schmu'el ben Me'ir (Raschba“m, um 1080-1174), Abraham ibn Esra (1084-1164), Bachja ben Ascher (13. Jh.), Levi ben Gerschom (Ralba“g, 1288–1344) oder Jitzchak Arama (1420-1494).

Das mittelalterliche Purim hat eine ganze Reihe von Bräuchen des christlichen Karneval in sich aufgenommen. In Aschkenas, den jüdischen Siedlungsgebieten Zentraleuropas, wählte man Purim-Könige und Purim-Rabbis, die in satirischen Reden durchaus auch geheiligte Sitten durch den Kakao zogen. Neben Mummenschanz und Stegreif-Spielen wurde das Purim-Shpil des aschkenasischen Purim zu einer der wichtigsten Wurzeln des jiddischen Theaters. Bedeutende Dichter wie Itzik Manger (1901-1969) haben Purimspiele, satirische Aktualisierungen der Estergeschichte, verfasst.

In der christlichen Tradition
In der christlichen Theologie- und Religionsgeschichte fristet Ester eher ein Schattendasein. Kein patristischer Autor verfasste einen Kommentar zum Buch. In den frühen christlichen Listen der biblischen Bücher, wie sie zum Beispiel Melito von Sardes (starb um 180) oder Theodor von Mopsuestia (um 350-428) zusammenstellten, fehlt Ester. Origenes (um 185-254) rückt das Buch ganz ans Ende seines Kanons. Ein ähnliches Bild ergibt sich für das Mittelalter und die frühe Neuzeit. Nur wenige der großen Autoren (so Hrabanus Maurus, um 780-856, oder Hugo de St. Victor, um 1097-1141) verfassten allegorische Interpretationen zu Ester. Keiner der großen Reformatoren hinterließ einen Kommentar zu diesem Buch.

Wesentlich intensiver gestaltete sich die Rezeption der Erzählung in Literatur, Musik und Malerei. Jüdische und christliche Autoren schufen gleichermaßen Bearbeitungen des Ester-Buches, so zum Beispiel Hans Sachs (1530), Salomon Usque/Leone di Modena (1588), Racine (1689), Grillparzer (1848), Max Brod (1918) und Sammy Gronemann (1925). In der Bildenden Kunst sind Estermotive seit dem dritten Jahrhundert CE (Synagoge von Dura-Europos) immer wieder anzutreffen. Man findet sie in den Kathedralen von Chartres (13. Jh.) und Saragossa (17. Jh.), auf Gemälden von Botticelli, Tintoretto, Paolo Veronese, Rubens, Rembrandt und anderen. Musikalische Bearbeitungen des Stoffes lassen sich seit dem 14. Jahrhundert aufweisen. Bedeutende Komponisten wie Palestrina, Caldara, Händel (*Haman and Mordecai* von 1720. Dies Oratorium wurde sogar ins Hebräische übersetzt) sowie Ditters von Dittersdorf schrieben Kantaten und Oratorien. Eugen d'Albert schuf zu Grillparzers unvollendet gebliebenem Drama eine Ouvertüre (1888). Auf der Basis eines provençalischen Purimshpils schuf Darius Milhaud seine Oper *Esther de Carpentras*.

Weiterführende Literatur

Traditionelle jüdische Kommentare in Übersetzung

- Rasch“i: Avraham Schwartz, Yisroel Schwartz (Hg.), המגילות עם פירוש רש״י מתורגמים שורה בשורה (The megilloth and Rashi's commentary with linear translation): Esther, Song of Songs, Ruth, New York 1983.
- Rasch“i (online): http://www.chabad.org/library/bible_cdo/aid/16474.

Wissenschaftliche Literatur

- Adele Berlin, Esther (JPS Bible Commentary), Philadelphia 2001.
- Jo Carruthers, Esther Through the Centuries, Oxford u.a. 2008.

- Sidnie White Crawford, Leonard J. Greenspoon (Hg.), The Book of Esther in Modern Research, JSOT Supplement 380, London/New York 2003.
- Werner Dommershausen, Günter Krinetzki, Ester/Hoheslied (Neue Echter Bibel), Würzburg 1995.
- Gillis Gerleman, Esther (Biblischer Kommentar XXI), Neukirchen [2]1982.
- Tod Linafelt, Timothy K. Beal, Ruth/Esther. Berit Olam: Studies In Hebrew Narrative And Poetry, Collegeville 1999.
- Harald Martin Wahl, Das Buch Esther: Übersetzung und Kommentar, Berlin/New York 2009.
- Barry D. Walfish, Esther in Medieval Garb: Jewish Interpretation of the Book of Esther in the Middle Ages, New York 1993.

Anmerkungen

[1] Ischtar (sumerisch: Inanna) gehörte zu den herausragenden Göttinnen verschiedener mesopotamischer Kulturen. In Babylon war sie (neben Marduk) Hauptgöttin. Eines ihrer wichtigen Symbole war der Morgen- bzw. Abendstern (der Planet Venus). Kriegerische Aktivitäten, aber auch das sexuelle Begehren fielen in ihre ‚Zuständigkeit'.

[2] Das bedeutet: Macht das Purim-Fest zu einer dauerhaften Institution!

[3] In der Bibel wird drei Mal (Ex 17,14; Dtn 25,19; 1 Sam 15,2-3) dazu aufgerufen, Amaleks nicht mehr zu gedenken. Da Haman aus Amalek gewesen sein soll, hätte man seiner (gegen Spr 22,20) im Buche Ester bereits zum vierten Male „gedacht".

[4] Nach rabbinischer Lesart steht, wie in der nachfolgenden talmudischen Diskussion ausgeführt wird, „schreibe dies" für die Erwähnung Amaleks in Schemot und Devarim, „als Erinnerung" für die Erwähnung im ersten Buch Schmu'el, so dass „in das Buch" einen vierten Hinweis auf das ungeliebte Volk – eben im Buche Ester – impliziert.

[5] D.h.: Ester ist kein heiliges Buch.

[6] Die im Talmud zitierten Gelehrten kommen zu dem Schluss, dass Ester doch irgendwie heilig ist, da man aus einigen Versen mindestens indirekt einen Bezug zum Ewigen herauslesen kann.

[7] Xerxes war mit der persischen Adligen Amestris verheiratet. Zeitgenössische griechische Autoren (wie Herodot und Ktesias von Knidos) berichten von ihrer Grausamkeit und Eifersucht – mögen aber in ihrem Urteil nicht besonders objektiv gewesen sein. Vereinzelt wird Ester mit Amestris identifiziert.

[8] Marduk firmierte zunächst als Stadtgott Babylons, späterhin als Hauptgott des babylonischen Pantheons. Im Schöpfungsmythos *Enuma eliš* tritt er der Göttermutter Tiamat im Kampf entgegen und rettet somit die jüngere Göttergeneration vor dem Untergang.

[9] S. Günter Stemberger, Einleitung in Talmud und Midrasch, München [9]2011, S. 354.

[10] Eine umfassende Liste dieser Kommentatoren bietet Barry D. Walfish, Esther in Medieval Garb: Jewish Interpretation of the Book of Esther in the Middle Ages, New York 1993, S. 3; vgl. auch S. 205-229. Eine Beschreibung ihrer Werke findet sich auf den Seiten 3-9.

5 | Dani'el (Daniel)

Das Buch wurde nach seinem Hauptprotagonisten Dani'el (דניאל; „Gott ist mein Richter") benannt. Es gehört zu den jüngsten Büchern der Bibel. Ein Frommer namens Daniel findet auch in Ez 14,14 und 28,3 Erwähnung. Ez 14,14 stellt ihn in eine Reihe mit Noah und Hiob, die als einzige vor dem Zorn des Ewigen bestehen würden. Es wird allgemein vermutet, dass die Erzählungen und Visionen des Buches auf eine (eben auch bei Jechesqel vorausgesetzte) legendarische Danielfigur Bezug nehmen, die in der vorderorientalischen Kultur bekannt war. Diese Annahme wird durch die ugaritische Aqhat-Erzählung gestützt, in der ein frommer König *dn'il* die Hauptfigur darstellt.[1]

Kontext

In der Hebräischen Bibel rückt das Dani'elbuch in den letzten Teil der Ketuvim (Schriften), platziert hinter die Megillot und vor Esra/Nechemja. Die Septuaginta und mithin die christliche Tradition klassifiziert Dani'el als den letzten der sog. Großen Propheten. Diese unterschiedliche Einordnung wurzelt in der dominierenden Einschätzung des Buches als spät und möglicherweise minder gewichtig (Tanakh) bzw. als textlich umfänglich und jüngster Prophet (Septuaginta). Die unklare Stellung des Buches spiegelt sich auch in frühen griechischen Manuskripten und den Listen biblischer Bücher, die von einigen frühchristlichen Autoren angefertigt worden sind. Höchst interessant erscheint der Hinweis des Kirchenvaters Hieronymus (347-420), dass man das Buch Dani'el in den christlichen Gemeinden nicht nach der Septuaginta, sondern nach der Theodotion (um 150 CE) zugeschriebenen, tatsächlich aber deutlich älteren griechischen Übersetzung las.[2]

Wie das Buch Ester (LXX), so weist auch die Septuaginta-Fassung des Dani'elbuches einige Zusätze auf,[3] die sich im masoretischen Text nicht finden, also weder in den jüdischen Kanon noch in denjenigen der reformatorischen Kirchen aufgenommen worden sind. Insgesamt blickt Dani'el auf eine komplexe Traditionsbildung zurück, in der sich die hebräisch-aramäische Überlieferung (der masoretische Text wird weithin gestützt von Qumran-Fragmenten) substantiell von der Septuaginta unterscheidet.[4]

Die Erzählungen des Dani'elbuches (Dan 2–6) weisen enge Beziehungen zur Josef-Novelle, aber auch zum Buch Ester auf. Die Nähe insbesondere zwischen den Narrativen um Josef und Daniel betrifft nicht nur die Grundzüge der Ereignisse (der Hauptheld wird gefangen genommen und erringt eine hohe Position an einem fremden Königshof wegen seiner Fähigkeit, Träume zu deuten), sondern reicht bis in Formulierungen hinein. Dies veranlasste einige Forscher, Dani'el insgesamt als „Midrasch" zu Gen 37.39–47.50 zu bezeichnen – was vielleicht zu weit führt. In jedem Fall lassen sich in etlichen Teilen des Buches Dani'el dichte Interpretationen älterer biblischer Texte nachweisen. So kann man Dan 9,24-27 zweifellos als einen Midrasch zu Jer 25,11-12; 29,10 betrachten.[5]

Historische Einordnung

Die Handlung des Werkes wird in der Zeit des Babylonischen Exils verortet: Daniel und seine Gefährten seien während der ersten Deportationswelle (597 BCE) an den Hof König Nebukadnezars verschleppt worden und hätten ihre judäische Identität dort behaupten müssen.

Schon bei oberflächlicher Betrachtung erweist sich jedoch – wie bei der Ester-Rolle – die Fiktionalität dieses ‚historischen' Settings: Nebukadnezar II. hatte keinen Sohn namens Belschazzar (vgl. Dan 5). Ein Bel-šarru-usur (bzw. Belschazzar) war vielmehr der Sohn und Kronprinz des letzten babylonischen Königs Nabonid (herrschte von 555-539 BCE), der von etwa 552 bis 543 BCE in Vertretung seines Vaters regierte. Ebenso wenig übernahm „Darius der Meder" (Dan 5,31; der persische König Dareios, 549-486 BCE?) den babylonischen Thron, sondern Kyros II. (um 590/580 bis 530 BCE).

Die Visionen im zweiten Teil des Buches Dani'el (Dan 7–12) geben einen deutlichen Hinweis auf den historischen Kontext seiner Autoren. So kulminiert die Vision von den vier Tieren, die vier Weltreiche symbolisieren (Dan 7,1-28), in der für das judäische Volk bedrückenden Regentschaft des seleukidischen Königs Antiochos IV. Epiphanes (ca. 215-164 BCE). Gleichzeitig verweist die ungewöhnliche Mehrsprachigkeit des Buches auf eine sukzessive Entstehung des Werks.[6] Das heute vorliegende Buch zeigt einen hebräischen Rahmen (Dan 1,1-2,4a; Dan 8–12), in den eine Sequenz aramäischer Erzählungen und Visionen eingebettet ist (Dan 2,4b-7,28).

Rainer Albertz[7] hat ein Modell der Erstellung des Dani'elbuches vorgelegt, das dieses Werk in der frühen apokalyptischen Literatur verortet. Unter Apokalyptik (von griech. Αποκάλυψις; „Enthüllung") versteht man eine theologische Perspektive, welche von einem (nahe) bevorstehenden Ende der Weltgeschichte her die Gegenwart als eine Epoche der Anfechtung deutet, in der eine zumeist kleine Gruppe von Getreuen ihren Glauben gegen eine als feindlich empfundene gesellschaftliche Mehrheit bewährt.

Eine allgemein anerkannte Definition der Apokalyptik gibt es bisher nicht. Die Zuordnung von Texten und Gruppierungen zur Apokalyptik wird zumeist anhand bestimmter Elemente vorgenommen. Dazu gehören u.a. eine (akute) Naherwartung der Endzeit; die kosmische Dimensionierung auch kleinräumig bedeutender Ereignisse; ein Nexus zwischen Verhalten der Menschen und zukünftigem Geschehen; der hohe Stellenwert von Visionen und Periodisierungen (zwei grundsätzlich verschiedene Weltzeiten stehen einander gegenüber, der alte Äon wird vom neuen Äon abgelöst); Symbolsprache und Pseudepigraphie. In der jüngeren Apokalyptik zeigen sich zusätzlich folgende Merkmale: Dualismus und messianische Gestalten; eine (zunehmend) ausgeprägte Angelologie und Dämonologie; ein enzyklopädischer Anspruch, der sich zum Beispiel durch die Einbeziehung von Astronomie/Astrologie oder geographischer Erkenntnisse zeigt.

Die Apokalyptik entwickelte sich ab dem 3. Jahrhundert BCE zu einer bedeutenden geistigen Strömung, die das werdende Judentum und das werdende Christentum gleichermaßen prägen sollte.

Datierung/Geschichte der Apokalyptik	**Historischer Kontext**	**Entstehung des Dani'el-Buches**
Vorphase (3. Jh. bis 221 BCE)	Ptolemäerherrschaft bis zum Regierungsantritt Antiochos' III.	Sammlung griechischer Daniel- Erzählungen (Dan 4-6*)
Erste Hauptphase (221-200 BCE)	Anti-ptolemäische Unruhen in Palästina	Aramäisches Dani'elbuch (Dan 2-7)
Zweite Hauptphase (167-160 BCE)	Makkabäer-Aufstand	Hebräisches Dani'elbuch (Dan 1-12)

Nach der Eroberung des syro-palästinischen Raums durch Alexander den Großen (333/332 BCE) und dessen frühen Tod (323 BCE) geriet Judäa in den Sog jahrelanger Machtkämpfe zwischen Alexanders Generälen und Nachfolgern, vor allem zwischen den Herrschern der Levante (Antigonos; dann Seleukos) und Ägyptens (Ptolemaios I.).[8] Mit dem Beginn der Herrschaft des Seleukiden Antiochos III. 221 BCE brachen in Judäa erneut heftige militärische Auseinandersetzungen zwischen Ptolemäern und Seleukiden aus (der vierte und fünfte Syrische Krieg). Diese führten letztlich im Jahre 200 BCE zu einem antiptolemäischen Aufstand, der von der durch rigide Steuerpolitik verarmten und durch Hellenisierungsbestrebungen in ihrer Identität verunsicherten Bevölkerung getragen wurde.

Ein Jahr später verdrängten die Seleukiden die Ptolemäer endgültig aus ihren Besitzungen im östlichen Mittelmeerraum. Die anfängliche Begeisterung der Judäer für ihre neue Besatzungsmacht schlug allerdings recht schnell in Ernüchterung um. Insbesondere die Hellenisierungspolitik Antiochos' IV. (175-164 BCE) erregte den Zorn der Verfechter einer an der Tora orientierten Lebensweise. Als der seleukidische König schließlich im Jahre 167 BCE ein Edikt erließ, welches die kultische Autonomie der Judäer gänzlich außer Kraft setzte, löste er damit einen Aufstand aus, der unter der Führung priesterlicher Traditionalisten („Makkabäer") stand. Zu den gemäßigten Unterstützern dieser Bewegung gehörten wohl auch die Autoren des aramäischen und hebräischen Dani'elbuches.[9]

Aufbau

Das Dani'elbuch lässt sich sowohl entlang der in ihm verwendeten Sprachen als auch aufgrund der dominierenden literarischen Gattungen – Erzählung und Visionsbericht – gliedern. Das (mutmaßlich) ältere aramäische Werk (Dan 2–7*) enthielt vor allem Märtyrer-Legenden bzw. Lehr-Erzählungen, aber auch bereits eine apokalyptische Vision (Dan 7).[10] In ihnen geht es im Kern um die Infragestellung politischer Macht und die Anerkennung des Herrschaftsanspruchs des Ewigen.

Strukturiert man das Buch hingegen entlang der verwendeten Genres, so erweist sich Dan 7 als Zäsur (oder Kulminationspunkt), in dem der Text auf einen Ich-Erzähler wechselt und zudem der (babylonische) König, wie auch die Gefährten Daniels, in den Hintergrund treten. Trotzdem zeigen sich zahlreiche Bezüge zwischen den beiden Teilen des Buches, indem etwa durchgängige Datierungen (Dan 2,1; 7,1; 8,1; 9,1; 10,1) eingefügt worden sind, oder aber mit Dan 2 und 4 Träume und deren Deutung eine prominente Rolle spielen.

I. Einleitung (Dan 1,1-21; hebräisch)
Die Vorgeschichte: Daniel und seine Gefährten am Hof zu Babylon

II. Lehrerzählungen von den Grenzen menschlicher Macht (Dan 2–6; aramäisch)
Darunter: Drei Männer im Feuerofen (Dan 3); Die Schrift an der Wand (Dan 5); Daniel in der Löwengrube (Dan 6)

III. Die Visionen Daniels (Dan 7–12; aramäisch/hebräisch)
Darunter: Visionen vom Ende der Herrschaft (Dan 7 und 8); Siebzig Jahre (Dan 9)

Wichtige Themen und Texte

Das Dani'elbuch ist das einzige apokalyptisch geprägte Buch, das in die Hebräische Bibel Aufnahme gefunden hat. Es gehört mithin zu einem großen theologischen Fundus des hellenistischen Judentums, dem unter anderem auch Teile der Henoch-Literatur, die Esra- und Baruch-Apokalypsen zuzurechnen sind.

In den Lehr-Erzählungen des ersten Hauptteils wird die Treue der Hauptprotagonisten zum Ewigen und seiner Tora akzentuiert. Unter ständiger Gefahr für Leib und Leben halten sich Daniel und seine Gefährten strikt an Schabbat und Kaschrut. Wunderbarer Weise überleben sie Feuer (Dan 3) und Löwen (Dan 6) und geben somit den von fremden Kulten und Kulturen angefochtenen Judäern ein leuchtendes Beispiel für die Bewährung eigener Traditionen. Das Buch Dani'el zeigt also eine klar erbauliche Absicht.

Von den Visionen im zweiten Teil des Werks ragen insbesondere das siebente und das neunte Kapitel heraus. Dan 7, das wie Dan 2 und 8 das Ende menschlicher Herrschaft thematisiert, bietet eine überaus einflussreiche Vision eines endzeitlichen Gerichts. In ihm erscheint nach dem „Hochbetagten" (Dan 7,9), vor dem die Bücher des Gerichts geöffnet werden, [einer] „wie ein Menschensohn", dem die Macht über die Menschheit verliehen wird:

> *„Ich schaute in einer nächtlichen Schauung: Und, siehe, mit den Wolken des Himmels kam einer, der wie ein Menschensohn war/ und bis zum Alten der Tage gelangte er und vor Ihn brachte man ihn./ Ihm aber gab man Herrschaft und Ehre und sein Königtum/ und alle Völker der Welt und die Sprachen dienten ihm./ Seine Herrschaft ist eine ewige Herrschaft, die nicht vergeht,/ und sein Königtum [ist eines], das nicht zugrunde geht."*
>
> Dan 7,13-14

Wie Dan 7, so entfaltete auch Dan 9 ein intensives Nachleben vor allem in der christlichen Tradition. Das neunte Kapitel bietet eine Interpretation der „Voraussage" Jeremias (vgl. Jer 25,11-12; 29,10) über das Gericht des Ewigen gegen Babylon. Hier werden dessen siebzig Jahre als siebzig Jahr-*Wochen* interpretiert (Dan 9,24; sieben Mal siebzig Jahre), nach deren Ablauf es zum endzeitlichen Gericht kommen sollte. Es lässt sich denken, wie inspirierend diese Nachricht auf apokalyptische Gruppen und messianisch orientierte Persönlichkeiten in allen Epochen der jüdischen und christlichen Religionsgeschichte gewirkt hat.

Schließlich bietet das Dani'elbuch (Dan 12,2-4) einen ersten vorsichtigen Hinweis auf das Konzept eines Lebens nach dem Tod bzw. auf eine Auferweckung der Gestorbenen, wie es sich in nachbiblischer Zeit entwickelte.

Wirkungsgeschichte

In der jüdischen Tradition

Außerhalb akut messianischer Strömungen und Episoden spielt(e) das Buch Dani'el in der jüdischen Tradition keine allzu große Rolle. Im Babylonischen Talmud (bMegilla 3a, bSanhedrin 94a) wird dann auch explizit festgehalten, dass Daniel zwar Visionen gehabt habe, dennoch nicht als Prophet zu betrachten sei. Andererseits hat die legendarische Figur des frommen Daniel reiche Spuren in der rabbinischen Haggada wie auch in der späteren erbaulichen Erzählliteratur hinterlassen (z.B. bJoma 77a; Avot de-Rabbi Nathan A 4).

Trotz der relativ sparsamen Bezugnahme auf das Dani'elbuch[11] haben viele der großen mittelalterlichen Gelehrten wie Rasch"i, Abraham ibn Esra, Levi ben Gerschon oder Jitzchak Abravanel (1437–1508) Kommentare zum Buch Dani'el verfasst. Dies mag, neben der eigenen Hoffnung auf eine endzeitliche Erlösung, auch als Reflex auf die intensive christliche Bezugnahme auf Dan 7 und 9 gelten. Kaum eine polemische oder apologetische jüdische Schrift des Mittelalters kommt ohne eine Interpretation der „siebzig Jahre" bzw. Jahr-*Wochen* nach Dan 9,24 aus.

Die vier Königreiche (Dan 2 und 7) finden sich wiederholt interpretiert und aktualisiert (Wajiqra Rabba XIII,5; Ibn Esra z.St.): Das vierte Reich – eigentlich das der Seleukiden – fand sich schnell auf Rom bzw. die Christen, aber auch auf die islamische Herrschaft bezogen (Ibn Da'ud, Sefer ha-Kabbala).[12] Andere Exegeten (vgl. Rasch"i, Ibn Esra, Abravanel) insistierten – gerade in Abwehr christlicher Deutungen – darauf, dass die Weissagungen Daniels längst in Erfüllung gegangen seien und sich die siebzig Jahr-*Wochen* (Dan 9,24) auf die Periode des Zweiten Tempels bezögen. Die Zahlenangaben und Endzeitberechnungen des Werks (vgl. auch Dan 12,12) haben – trotz einer ‚offiziellen' Reserve gegen derartige Spekulationen (vgl. bSanhedrin 97b) – auch jüdische Autoren immer wieder in ihren Bann gezogen und zu eigenen Ausführungen angeregt.

Für die Geschichte der jüdischen Liturgie erwies sich die Notiz Dan 6,11 von Bedeutung, der zufolge die Frommen (in der Diaspora) drei Mal täglich in Ausrichtung nach Jerusalem gebetet hätten. Aus Dan 9,3 wurde geschlossen, dass man nach dem Hauptgebet (der Amida) private Gebete, vor allem solche um Vergebung (*Tachanunim*), sprechen solle. Dasselbe Kapitel diente dann auch als Vorbild und Quelle für liturgische Sündenbekenntnisse.

In der christlichen Tradition

Naturgemäß entfaltete das einzige apokalyptische Buch des Tanakh auf das Christentum – als einer ursprünglich eschatologisch ausgerichteten jüdischen Gruppe – eine weitaus größere Wirkung als auf sein jüdisches Geschwister. Dieser Einfluss macht sich womöglich schon beim historischen Jesus von Nazareth selbst geltend, der sich als „Menschensohn" bezeichnet haben soll.[13] Die Angelegenheit wird zusätzlich durch die Tatsache verkompliziert, dass in den Worten Jesu (wie sie in den Evangelien wiedergegeben werden) der Begriff Menschensohn unterschiedlich gebraucht wird: Etwa als gegenwärtig wirkender „Mensch", als zukünftig kommender (apokalyptischer) oder als leidender und sterbender Menschensohn. ‚Jesus' spricht vom Menschensohn stets in der dritten Person; außerhalb der Evangelien findet der Titel kaum Verwendung.

Der Bezug der Evangelien auf Dan 7,13 ist evident (Mk 8,38; 13,26; 14,62 parr; Joh 3,13; 5,22-27 u.ö.). Doch auch Motive und Anspielungen auf andere Teile des Buches lassen sich ohne weiteres aufweisen.[14] Besondere Dichte und Intensität nehmen die Rückgriffe auf Dani'el in der einzigen Apokalypse des Neuen Testaments, der Offenbarung des Johannes, an. Dies betrifft beinahe alle Teile des Buches; vor allem aber Dan 2 und 7. Bereits die Eingangssequenz mit den berühmten Sendschreiben (Offb 1,7-3,22) zeigt sich ebenso von Dan 7 wie von Dan 10,2-12,4 geprägt. Ähnliches lässt sich auch für Offb 13 und 17 (Tiervisionen) beobachten. Auch wenn die Offenbarung ihre biblischen Vorlagen kaum je explizit zitiert, so sind doch die Anleihen insbesondere aus dem Dani'elbuch mit Händen zu greifen.

Ähnlich intensiv gestaltet sich auch die Auseinandersetzung der frühchristlichen Autoren mit der biblischen Apokalypse. Bereits die berühmte apologetische Schrift Justins (um 100-165), der Dialog mit dem Juden Trypho, enthält zahlreiche Zitate aus Dani'el.[15] Der erste umfängliche (homiletische) Kommentar zum Buch stammt von Hippolyt (um 170-235). Er befasste sich besonders intensiv mit der ‚historischen' Zuordnung der vier Reiche, bei der er in Teilen der Interpretation des Flavius Josephus folgte (vgl. Ant. X,10-11; §§ 186-281). Die siebzig Jahrwochen (Dan 9,24) hielt er für einen Hinweis auf die Geburt Christi.[16] Hippolyt lehnte jedwede akut-endzeitliche Deutung der Apokalypse ab. Seiner Ansicht nach würde die Menschheitsgeschichte 6000 Jahre andauern, woran eine Tausendjährige Herrschaft Christi anschlösse.

Auf die Bedeutung des Kommentars von Hieronymus wurde schon verwiesen. Er, wie auch andere frühchristliche Theologen, bezogen in ihren Werken Stellung zu den Angriffen auf die christologische Interpretation des Buches Dani'el wie sie der platonische Philosoph Porphyrios von Tyros (ca. 232-301/305) in seinem Traktat „Gegen die Christen" (XII) vortrug.[17] Trotz der Skepsis gegenüber eschatologischer Naherwartung, wie sie das Werk Hippolyts (wie auch der um 407 entstandene Kommentar Hieronymus') zu erkennen gibt, erlangte die Figur des „verächtlichen Mannes" (Dan 11,21-35) als eines „Anti-Christ" erhebliche Bedeutung, sogar bei dem sonst der literalen Exegese verpflichteten Hieronymus.

Im Mittelalter setzte sich die Faszination christlicher Autoren für das Dani'elbuch ungebrochen fort. Etliche weitere Apokalypsen (z.B. einige der Sibyllinen, ein slawischer Daniel, die griechische Apokalypse des Daniel) orientierten sich literarisch und inhaltlich an dem in ihm enthaltenen Material. Einige der großen Exegeten des lateinischen Westens kommentierten das Werk, so zum Beispiel Andrew von St. Victor (um 1110-1175) oder Albertus Magnus (um 1200-1280). Im Spätmittelalter und vor allem während der Reformation kam der Antichrist zu ungeahnten Ehren, indem er mit dem jeweilig amtierenden Papst oder dem Papsttum an sich gleichgesetzt wurde.

Martin Luther verfasste (anders als Calvin) dennoch keinen eigenständigen Kommentar zum Buch. Seine Auffassung zum Thema findet sich in seinem recht ausführlichen Vorwort seiner Übersetzung zu Dani'el (1530 bzw. 1541) sowie in seiner „Offinbarung des Endchrists aus dem Propheten Daniel wydder Catharinum" von 1524, in welchem er eine Interpretation von Dan 8 darbietet. Die äußerst einflussreiche, mit Holzschnitten Lucas Cranachs versehene Polemik „Passional Christi und Antichristi" (1521, WA 9) setzte die spätestens seit Jan Hus allgemein bekannte Identifikation des Papstes mit dem Antichrist bildgewaltig um.

Überragende Bedeutung erlangte das Buch Dani'el, wie sich denken lässt, von jeher innerhalb von christlichen Gemeinschaften mit einer lebendigen Endzeiterwartung. Das galt für die lutherische Reformation ebenso wie für puritanische Immigranten in die Neue Welt. Selbiges setzt sich bis auf den heutigen Tag fort.

Weiterführende Literatur

Traditionelle jüdische Kommentare in Übersetzung

- A.F. Gallé, Daniel. Avec des commentaires de R. Saadia, Aben-Ezra, Raschi, Paris 1900.
- Rasch"i (online): http://www.chabad.org/library/bible_cdo/aid/16484.

- Jafet ben-Ali Halevi: David Samuel Margoliouth, A Commentary on the Book of Daniel, Oxford 1889.
- Jitzchak Abravanel: Jean-Christophe Attias, Isaac Abravanel, La Mémoire et l'Espérance, Paris 1992, S. 77-156 (Auszüge aus dem Danielkommentar Abravanels).

Traditionelle christliche Kommentare in Übersetzung

- Hippolyt von Rom: Maurice Lefèvre (Hg.), Hippolyte, Commentaire sur Daniel, Sources chrétiennes 14, Paris 1947 (Reprint 2006).
- Hieronymus: Gleason Archer, Jerome's Commentary on Daniel, Grand Rapids, 1958.
  http://www.tertullian.org/fathers/jerome_daniel_01_intro.htm.
- Hieronymus: Jay Braverman, Jerome's Commentary on Daniel, Washington 1978.
- Johannes Calvin: John Calvin, Commentaries of the Prophet Daniel, 2 Bde., Edinburgh 1852 und 1853.

Wissenschaftliche Literatur

- Gregory K. Beale, The Use of Daniel in Jewish Apocalyptic Literature and in the Revelation of St. John, Lanham 1974.
- Katharina Bracht, David S. du Toit (Hg.), Die Geschichte der Daniel-Auslegung in Judentum, Christentum und Islam. Studien zur Kommentierung des Danielbuches in Literatur und Kunst, BZAW 371, Berlin/New York 2007.
- John J. Collins, A Commentary on the Book of Daniel (Hermeneia), Minneapolis 1993.
- Ders., Peter W. Flint (Hg.), The Book of Daniel: Composition and Reception, 2 Bde., Leiden 2001.
- Louis F. Hartman, Alexander A. di Lella, The Book of Daniel (The Anchor Yale Bible Commentaries), New York u.a. 2005.
- Klaus Koch, Das Buch Daniel (Erträge der Forschung 144), Darmstadt 1980.
- Jürgen-Christian Lebram, Das Buch Daniel (Zürcher Bibelkommentare AT 23), Zürich 1984.

Anmerkungen

[1] Vgl. James B. Pritchard (Hg.), The Ancient Near East: An Anthology of Texts and Pictures, Princeton 2011, S. 134-149.

[2] Vgl. William H. Fremantle, The Principal Works of St. Jerome, The Nicene and Postnicene Fathers II/6, Grand Rapids 1983, S. 492-493: "The Septuagint version of Daniel the prophet is not read by the Churches of our Lord and Saviour. They use Theodotion's version, but how this came to pass I cannot tell."

[3] Es sind die Folgenden: das „Gebet Asarjas“ (LXX Dan 3,24-45), der „Gesang der drei Männer im Feuerofen“ (LXX Dan 3,51-90) sowie – an das kanonische Buch Dani'el angehängt – die Erzählungen von Susanna (LXX Dan 13) und von Bel und dem Drachen (LXX Dan 14).

[4] Zum Problem der textlichen Überlieferung des Dani'elbuches vgl. Rainer Albertz, Der Gott des Daniel: Untersuchungen zu Daniel 4-6 in der Septuagintafassung sowie zu Komposition und Theologie des aramäischen Danielbuches, Stuttgarter Bibelstudien 131, Stuttgart 1988.

[5] Vgl. John J. Collins, A Commentary on the Book of Daniel, Minneapolis 1993, S. 39-40.

[6] Außer Dani'el enthält auch Esra-Nechemja neben hebräischen Texten einige aramäische Passagen (vgl. Esr 4,8-6,18). Diese beschränken sich aber im Wesentlichen auf die Wiedergabe von ‚persischen' (in Reichsaramäisch verfassten) Dokumenten.

[7] Zuletzt in seiner Religionsgeschichte Israels, Bd. 2, S. 659-673. Vgl. auch Rainer Albertz, The Social Setting of the Aramaic and Hebrew Book of Daniel, in: John J. Collins, Peter Flint (Hg.), The Book of Daniel, Leiden 2001, S. 171-204. Anders Stefan Beyerle, The Book of Daniel and its Social Setting, in: Collins, Flint (Hg.), Book of Daniel, S. 205-228.

[8] Seleukos (ca. 358 bis 281 BCE) und Ptolemaios I. (367/66 bis 283/82 BCE) waren die Namensgeber der seleukidischen Dynastie im mesopotamisch-syro-palästinischen Raum und der ptolemäischen in Ägypten.

[9] Vermutlich handelte es sich dabei um eine Gruppe, die sich als Chassidim bzw. Chassidaja (חסידים/ חסידיא; „Fromme“; griech: assidaioi) bezeichneten. Sie waren Schriftgelehrte und Tora-treue Traditionalisten, d.h. sie lehnten extreme Formen der Hellenisierung ab. Das Motto des Makkabäer-Aufstandes, wie es das 1. Makkabäer-Buches kolportiert, lautete denn auch: „Eifer für das Gesetz [die Tora] und den Bund!“ (1 Makk 2,50).

[10] Vgl. Albertz, Gott des Daniel, S. 170-184.

[11] Sieht man, wie gesagt, von apokalyptisch inspirierten Gruppen wie z.B. Qumran oder denjenigen Zirkeln des 1. und 2. Jahrhunderts CE einmal ab, die für nachbiblische Apokalypsen (vgl. IV. Esra, Bilderreden des Henoch u.a.) verantwortlich sind.

[12] Abraham ibn Da'ud, Sefer ha-Kabbala: Gerson D. Cohen, The Book of Tradition (Sefer ha-Qabbalah) by Abraham ibn Daud, Oxford/Portland 2005, S. 36-41 (Text in Übersetzung), S. 223-262 (Kommentar).

[13] Im Kern geht es um die folgenden Fragen: Hat sich Jesus von Nazareth tatsächlich selbst als Menschensohn bezeichnet und, wenn ja, in welchem Sinne? Auf welche Ursprünge bezieht sich die jesuanische einerseits und neutestamentliche Menschensohn-Tradition andererseits: auf Dan 7 (apokalyptisch) oder Jechesqel (nicht apokalyptisch)? Dieses Thema ist derart breit und häufig diskutiert worden, dass es an dieser Stelle mit einem Verweis auf einige jüngere Literatur sein Bewenden haben soll: Dieter Sänger (Hg.), Gottessohn und Menschensohn: Exegetische Studien zu zwei Paradigmen biblischer Intertextualität, Biblisch-theologische Studien 67, Neukirchen-Vluyn 2004; Delbert Burkett, The Son of Man Debate: A History and Evaluation, Society for New Testament Studies Monograph Series 107, Cambridge 2007.

[14] Vgl. für das Folgende Adela Y. Collins, The Influence of Daniel on the New Testament, in: Collins, Commentary, S. 90-112, insbesondere S. 105-112.

[15] Vgl. dial. 70,1; 76,1;100,4; 114,4 mit Dan 2,34; dial. 14,8; 31,1;76,1;79,2;110,2; 120,4; 126,1 mit Dan 7,13 u.ö.

[16] Ähnlich dachte wohl auch Origenes (vgl. Peri Archon IV, 1.5), dessen Dani'el-Kommentar jedoch verloren ist.

[17] Vgl. Robert M. Berchman, Porphyry: Against the Christians, Leiden 2005.

6 | Esra ([und Nechemja] Esra und Nehemia)

Die Bücher Esra und Nechemja bildeten im hebräischen Urtext zunächst ein einziges Buch, das in der talmudischen Überlieferung (bBaba Batra 14b) unter dem Namen Esra firmierte. Der Schreiber Esra (עזרא; aramäisch „Hilfe") galt auch als dessen Verfasser. In der Septuaginta (Esdras) finden sich beide ebenfalls zu einem zusammengefasst. Die Einteilung in zwei Bücher (Esra und Nechemja bzw. Esra und Nehemia) ist seit der frühchristlichen Zeit nachzuweisen: Origenes und Hieronymus bezeugen bereits die Zweiteilung des Buches („Esdras") in griechischen (bzw. lateinischen) Manuskripten. In hebräischen Handschriften wird jene Teilung erst im 15. Jahrhundert (1448) sichtbar. Der Namensgeber des zweiten Buches, Nechemja (נחמיה; hebr. „der Ewige hat getröstet"), soll als Beamter des persischen Hofes zeitweilig als Statthalter Jerusalems gewirkt haben. Die inhaltlichen Bindungen zwischen den Werken Esra und Nechemja sind tatsächlich sehr eng. So dominiert in Neh 7,7-9,37 (10,1-40) Esra das Geschehen, weshalb man in der Forschung diese Kapitel auch einer hypothetischen „Esra-Quelle" zugewiesen hat. Diese Beobachtungen lassen es als sinnvoll erscheinen, die beiden Texte gemeinsam zu bedenken.

Kontext

Der masoretische Kanon ordnet Esra/Nechemja den Ketuvim zu. Überraschender Weise finden sie sich zudem vor die Divré ha-Jamim (Chronik) gestellt, obwohl sie zeitlich und inhaltlich eine Weiterführung der in Divré ha-Jamim beschriebenen Ereignisse darstellen. Hierin spiegelt sich vermutlich ein Werturteil sowohl der jüdisch-hellenistischen als auch der rabbinischen Tradition, die in den Divré ha-Jamim lediglich eine Art Ergänzung oder einen Nachtrag zu den Melakhim gesehen hat.

Historische Zuordnung

Die Bücher Esra und Nechemja sind historisch bedeutsam, weil sie eine der seltenen judäischen Quellen repräsentieren, die über die frühe Geschichte Israels in der Zeit nach dem Babylonischen Exil Auskunft geben. Ihr Bericht (Esr 1,1-4) setzt mit dem Edikt des Perserkönigs Kyros II. ein, das dieser im ersten Jahr seiner Herrschaft verkündet haben soll.[1] Esra/Nechemja knüpfen zeitlich also genau an Divré ha-Jamim an.

In den Büchern Esra und Nechemja werden zwei Perioden der Geschichte Judäas nach dem Babylonischen Exils vorgestellt. Dabei handelt es sich zum einen um die Periode des Kyros-Edikts (538 BCE), das den Deportierten bis zum Wiederaufbau des Tempels in Jerusalem (515 BCE) die Rückkehr in die alte Heimat ermöglichte. Zum anderen wird, ab Esr 7, die Wirkungszeit Esras und Nehemias dargestellt, in der es u.a. um die spirituelle und halachische Erneuerung des Volkes sowie den Bau einer Stadtmauer für Jerusalem geht.

Was auf den ersten Blick wie eine klare zeitliche und inhaltliche Sequenz aussieht, zeigt sich jedoch in den tatsächlichen Schilderungen eng ineinander verwoben. Nach einer anfänglich großen Rückwanderungswelle[2] machten sich die Menschen an den Wiederaufbau von Tempel (Esr 1–6) und Stadtmauer (Neh 1–7), wobei sie auf erhebliche Widerstände der dort ansässigen („samaritanischen") Bevölkerung trafen. Die persischen Großkönige Kyros II. und Artaxerxes I. (letzterer herrschte von 465 bis 424 BCE) sollen jedoch, so Esra/Nechemja, die Bauvorhaben tatkräftig unterstützt haben.

Das Kyrosedikt
„[20]Ich bin Kyros – der König des Weltreiches, der große und mächtige König, der König von Babylonien, der König von Sumer und Akkad, der König der vier Weltsektoren, [21]Sohn des Kambyses, des großen Königs von Anschan, Enkel des Kyros I., Nachkomme des Teispes – dessen Regierung Bel und Nabu liebgewannen. Die (jenseits des Tigris) wohnenden Götter brachte ich zurück. Alle ihre Leute versammelte ich und brachte sie zurück zu ihren Wohnorten. [...] [33]Und die Götter von Sumer und Akkad, die Nabonid zum Zorn der Götter nach Babylon brachte, ließ ich auf Befehl Marduks in ihren Heiligtümern einen Wohnsitz der Herzensfreude beziehen,[34]mögen diese Götter, die ich in ihre Städte zurückbrachte,[35] Tag für Tag vor Bel und Nabu die Verlängerung meiner Lebenszeit befürworten."[3]

„So sprach Korosch, der König Persiens: Alle Königtümer des Landes hat mir der Ewige, der Gott des Himmels gegeben. Er aber bestimmte mich, Ihm ein Haus zu erbauen in Jerusalem, welches in Judäa ist. Wer unter euch von seinem gesamten Volk mit seinem Gott ist, der ziehe hinauf nach Jerusalem, welches in Judäa ist und erbaue das Haus des Ewigen, d.h. der Gott, der in Jerusalem ist. Und jeden, der übrig blieb von all den Orten, da er als Fremdsasse wohnte, den sollen die Leute seines Ortes mit Gold und Silber und mit Gütern und Vieh unterstützen; mit einer Gabe für das Haus Gottes, welches in Jerusalem ist." (hebräische Fassung: Esr 1,2-4; ein aramäisches „Memorandum" bietet Esr 6,3-12).

Das Doppelwerk Esra/Nechemja *will* ein historisches Buch sein. Darum werden beispielsweise die Edikte und Protokolle der persischen Großkönige und Beamten in aramäischer Sprache dargeboten (vgl. Esr 4,8-22; 5,6-17; 6,3-12), um den Eindruck von Authentizität zu vermitteln. Selbiges gilt auch für die umfänglichen Listen (Esr 8,1-14; 10,18-44; Neh 7,6-73a; 10,1-28 u.ö.), welche sich in den Text inkorporiert finden. Andererseits zeigt die weitgehend parallele Struktur der beiden Teile Esra und Nechemja eine Stilisierung der Ereignisse an, die auch in chronologischen Problemen ihren Ausdruck findet.

Die Abfolge des biblischen Berichts suggeriert, dass Esra unter dem Perserkönig Artaxerxes I. tätig war, also *vor* Nehemia gewirkt hat. Der Darstellung in

Esra/Nechemja zufolge, wird zunächst der Tempel wieder aufgebaut (Esr 1–6), bevor Esra mit der Tora nach Jerusalem entsandt wird, um die kultische Autonomie Judäas zu festigen (Esr 7–10). Auf dieser Basis soll anschließend der Gesandte Nehemia die äußere Sicherheit Jerusalems wieder hergestellt, die Stadtmauer repariert sowie soziale Missstände behoben haben (Neh 1–7). Zeitgenössischen Quellen zufolge hat Nehemia jedoch bereits während der Herrschaft Artaxerxes' I. gewirkt (ca. 444 – 432 BCE).[4] Die Datierung der Mission Esras stellt hingegen ein neuralgisches Problem der biblischen Historiographie dar. Etliche Forscher haben sie *nach* Nehemias Amtszeit als Statthalter der Sub-Satrapie Jehud datiert – vielleicht in die Regentschaft der Artaxerxes II. (404 – 358 BCE).[5] Andere haben dieser Datierung aufgrund der komplizierten Entstehungsgeschichte der Bücher vehement widersprochen.[6]

Die historische Rekonstruktion jener Epoche ergibt, zusammengefasst, Folgendes: Die persischen Großkönige gestatteten, im Unterschied zu ihren Vorläufern in Assur und Babylon, den von ihnen unterworfenen Völkern eine gewisse kultische (und kulturelle) Autonomie. Lokale Heiligtümer, Riten und Rechtsnormen durften – so sie schriftlich niedergelegt und den persischen Königen zur Überprüfung vorlegt wurden („Reichsautorisation") – restituiert werden. Den Deportierten wurde die Rückreise in ihre Heimat gestattet.

Die Heimkehr der exilierten Judäer gestaltete sich jedoch kompliziert und zögerlich. Die ökonomische Lage in Judäa war desaströs; die Daheimgebliebenen fürchteten die Ansprüche der ehemaligen Eliten auf inzwischen anderweitig genutzte Häuser und Felder. Vor diesem Hintergrund erwies sich auch der Wiederaufbau von Stadt und Tempel als mühselig. Scharfe Konflikte zwischen eingesessenen Bewohnern der Nachbarprovinz Samaria (Esr 4) brachten die Arbeiten in Verzug und veranlassten die persischen Autoritäten, in die Prozesse einzugreifen. Verursacht durch die langen Jahre der Fremdherrschaft und des Exils und befeuert durch soziale Ungleichheit, schwelten in Judäa und Samaria (und zwischen ihnen) ethnische und soziale Konflikte, die sich verschiedentlich zu offenen Unruhen steigern konnten.

Die Datierung des Doppelwerks ist in der Forschung umstritten. Sie ist u.a. wesentlich davon abhängig, wie man das Verhältnis von Esra/Nechemja zu den Divré ha-Jamim definiert und auf welche Weise man die redaktionellen Prozesse beschreibt, welche die Werke durchliefen. In der älteren Forschung rechnete man mit einem „Chronistischen Geschichtswerk" (ChronG), das Divre ha-Jamim (1/2 Chron) und Esra/Nechemja umfasste.[7] Andere Exegeten betonten hingegen die Eigenständigkeit von Esra/Nechemja gegenüber Divré ha-Jamim.[8] Das Werk durchlief mit Sicherheit einen sehr komplexen Entstehungsprozess.[9] So stellt sich beispielsweise die Frage, in welchem Verhältnis Neh 8-–10 zur Esra-Erzählung Esr 7–10 steht. Die Texte liefern eine widersprüchliche Darstellung der Mission Esras. Dieser wird zum einen als „Schreiber" (Esr 7,6; Neh 8,1.4.9.13; 12,36), zum anderen als „Priester" (Esr 10,10.16; Neh 8,2), manchmal – harmonisierend – als beides (Esr 7,11-12; Neh 8,9; 12,26), tituliert. Weiterhin kann man beobachten, dass die Heimkehrerliste in Esr 2 in Neh 7 wiederholt wird. Die hebräisch-aramäische Zweisprachigkeit und andere Indizien deuten auf eine intensive Verwendung von Quellen.

Man sollte von einer sukzessiven Entstehung des Buches ausgehen, die in der späten persischen oder frühen hellenistischen Zeit (4. Jh. BCE) zum Abschluss kam.[10] Der/die Verfasser der Divré ha Jamim hätten das Doppelwerk als Quelle benutzt; ein späterer Redaktor die Bücher schließlich einer gemeinsamen Überarbeitung unterzogen.

Aufbau

Esra	Nechemja
I. Esr 1–6: Die Heimkehr und der Wiederaufbau des Tempels Esr 1–2 Aufforderung, nach Jerusalem zurückzukehren; Liste der Rückwanderer Esr 3–4 Beginn des Tempelbaus; Konflikt mit den Samaritanern Esr 5–6 Wiederaufnahme des Baus; dessen Vollendung und Einweihung	**III. Neh 1–7: Nehemia-Denkschrift** Neh 1–2 Entsendung Nehemias nach Jerusalem Neh 3–4 Beginn der Arbeit an der Stadtmauer; Verzeichnis aller am Mauerbau Beteiligten; Bedrohung der Bauleute Neh 5–7 Schuldenerlass; Anschläge gegen Nehemia; Vollendung der Stadtmauer; Schutzmaßnahmen. Verzeichnis der Rückkehrer aus Babylon (Esr 2)
II. Esr 7–10: Mission Esras in Jerusalem Esr 7–8 Entsendung Esras durch Artaxerxes; Verzeichnis der Rückkehrer und Begleiter Esras Esr 9–10 Die Auflösung der Mischehen: Esras Klage und Bußgebet; Liste der Betroffenen	***IV. Neh 8–12: Esras Kultusreform*** *Neh 8 Esra verliest das Gesetz. Feier des Laubhüttenfestes* *Neh 9–10 Bußgebet; Erneuerung des Bundes* *Neh 11,1-12,26 Liste der Neueinwohner Jerusalems und Judas.*
	Nachträge Neh 12,27-43 Einweihung der Stadtmauer Neh 12,44-13,31 Reformen Nehemias

Anders als in den meisten Büchern der Bibel wurden längere Textabschnitte in einer Ich-Erzählsituation abgefasst. Dies betrifft vor allem die sog. Nehemia-Denkschrift (Neh 1–7*; 11–13*), deren literarische Verortung noch immer äußerst umstritten ist.[11] Die direkte Gegenüberstellung der beiden Teile des Doppelwerks zeigt eine weitgehend parallele Konstruktion von Esra/Nechemja, wie auch ein einheitliches historiographisches Schema, nach dem die frühnachexilische Geschichte gedeutet wird: Zunächst ‚erweckt' Gott die Hilfe der persischen Machthaber für ein bestimmtes Projekt – wie den Tempelbau (Esr 1–6), die Einrichtung der Rechtsprechung (Esr 7–10), den Mauerbau (Neh 1–7) oder die Kultreform (Neh 8–10). Dieses wird anfangs fröhlich ins Werk gesetzt, bevor sich Widerstände dagegen erheben. Erneute göttliche Hilfe sichert endlich die Vollendung der Projekte.

Wichtige Themen und Texte

Die Bücher beschreiben den Neuanfang Israels nach dem Exil und die Wiedereinrichtung des religiösen Lebens in der persischen Sub-Satrapie Jehud. Zwei Themen durchziehen das gesamte Werk: der harte Kampf um ein autonomes kultisches Leben am und um den wieder erstehenden Tempel zu Jerusalem sowie die Durchsetzung der Tora (Esr 7–10/Neh 8–10) als Norm des alltäglichen Lebens.

In äußerst akribischer Art und Weise behandelt Esra/Nechemja schriftliche Dokumente: seien es die sorgfältig eingeführten, fiktional-historisch in aramäischer Sprache wiedergegebenen Edikte und Briefe oder, theologisch weitaus bedeutender, den *Sefer Tora*. Die Fünf Bücher Mose erscheinen – anstelle von vollmächtigen Propheten – als schlechthin prägendes Instrument der Anleitung des Volkes für ein gelungenes Leben vor dem Ewigen.

Zu entscheidenden Exempeln für den intendierten Neuanfang des Volkes wird das Verbot von Mischehen (Esr 7–10; Neh 13,1-3.23-27) und die Einhaltung des Schabbat (Neh 13,15-22) aufgebaut. Die großen Ereignisse, wie sie in Esra-Nechemja geschildert werden, finden jeweils ihren Abschluss in einem der traditionellen Wallfahrtsfeste: Die Wiedereinweihung des Tempels mündet in die Feier des Pessach (Esr 6,19-22); die öffentliche Verlesung der Tora in eine Begehung von Sukkot (Neh 8,13-18). Hiermit wird eine Reminiszenz an die Befreiung Israels aus Ägypten evoziert: Das Ende des Exils bedeutet für das Volk einen neuen Anfang, den es mit zwiefacher Buße (Esr 9–10; Neh 9–10) ermöglicht.

Von besonderer Bedeutung, insbesondere für den späteren synagogalen Gottesdienst, ist die Schilderung der Toralesung, wie sie in Neh 8,4-8 geboten wird. In ihr sind bereits wesentliche Elemente der späteren liturgischen Feier ohne Tempel enthalten. Dazu gehören die Verwendung eines erhöhten Platzes zur Verlesung der Tora (Bima, Neh 8,4), das feierliche Öffnen der Rolle (Neh 8,5), der Segensspruch (Berakha) vor der Lesung (Neh 8,6) sowie die abschnittsweise Übersetzung und Erklärung des Textes (Neh 8,7-8).

Wirkungsgeschichte

In der jüdischen Tradition

Bereits in hellenistischer Zeit stilisierte man Esra zu einer Idealfigur, in mancherlei Hinsicht zu einem zweiten Mose. Er galt als exemplarischer Beter und Hüter der Tradition. Es entstanden deuterokanonische Bücher, die ihm zuerkannt wurden, wie 3. Esra (= Esdras A') und der apokalyptische 4. Esra. In beiden Werken findet Nehemia keine Erwähnung. Umgekehrt findet sich in den (gleichfalls deuterokanonischen Büchern) Ben Sira und 2. Makkabäer kein Bezug zu Esra – wohl aber zu Nehemia, der stattdessen lobend hervorgehoben wird.[12] Womöglich identifizierten sich unterschiedliche Trägergruppen mit jeweils einem der beiden Exponenten der frühpersischen Zeit.

> *„Sagte Rabbi Jossi: Es heißt: Esra sei würdig gewesen, dass die Tora durch ihn gegeben worden wäre, wenn Mose nicht vorher gekommen wäre."*
>
> Tosefta Sanhedrin IV,5 (7) par bSanhedrin 21b

Die Bedeutung, die Esra zugemessen wurde, nahm in der rabbinischen Tradition noch deutlich zu. Die Rabbinen griffen die typologische Deutung Esras als zweiter Mose auf und identifizierten den Schreiber und Interpreten der Tora mit ihrer ureigenen Mission. Er habe der Vernachlässigung der Tora ein Ende gesetzt und für ihre getreue Überlieferung und Verbreitung im Volk gesorgt. Auf ihn gehe die Verwendung ‚aramäischer' Schriftzeichen (der noch heute verwendeten ‚Quadratschrift') für die Fünf Bücher Mose zurück. Zehn Übereinkünfte habe Esra getroffen, die für die kommende Zeit Bestand hatten. Dazu gehörten die Tora-Lesungen am Nachmittag des Schabbat, am Montag und Donnerstag, weswegen auch die Sitzungen des Gerichtshofes (Bet Din) an den nämlichen Tagen stattfinden sollten. Zu Ehren des Schabbat solle man bereits donnerstags Wäsche waschen. Regelungen zur Armenpflege sowie zur Benutzung der Mikwe werden gleichfalls auf ihn zurückgeführt (vgl. bBaba Qamma 82a-b u.ö.).

Der mittelalterliche Reiseschriftsteller Petachja von Regensburg weiß von Wundern zu berichten, die sich an seinem Grab ereignet haben sollen.[13]

Die liturgische Bedeutung von Texten aus Esra/Nechemja hält sich in Grenzen. Neh 9,8-11 findet als einer der zusätzlichen Psalmen für den Schabbat und zu den Festtagen im Schacharitgebet Verwendung. Neh 9,17 wird beim Schlussgebet (Ne'ila) des Jom Kippur gebetet, da man um die Versiegelung des „Buches des Lebens" bittet, in dem alle guten und schlechten Taten aufgeschrieben sind.

In der christlichen Tradition

In den Überlieferungen der christlichen Kirchen spielt Esra keine besonders hervorgehobene Rolle. Weder im Neuen Testament noch bei den ältesten Autoren nach ihm wird auf ihn Bezug genommen. Erst Irenäus von Lyon (ca. 135-202) erwähnt ihn als Erneuerer der Tora (adv. Haer. III,21,2), worin er vermutlich frühjüdische Traditionen kolportiert. In seinem Gefolge wird Esra auch von anderen großen Theologen der frühen Kirche, wie Origenes, Eusebius oder Hieronymus, als zentrale Figur des Tempelbaus und der Wiederentdeckung der Tora interpretiert.

Generell erreichten weder das biblische Buch noch seine Protagonisten in den christlichen Traditionen große Aufmerksamkeit.

Weiterführende Literatur

Traditionelle jüdische Kommentare in Übersetzung

- Rash"i: http://www.chabad.org/library/bible_cdo/aid/16498 (Esra). http://www.chabad.org/library/bible_cdo/aid/16508 (Nechemja).
- Yosef Rabinowitz, The Book of Ezra: A New Translation with Commentary Anthologized from Talmudic, Midrashic & Rabbinic Sources Art Scroll Tanach Series, Brooklyn/New York 1986.
- Ders., The Book of Nehemiah: A New Translation with Commentary Anthologized from Talmudic, Midrashic & Rabbinic Sources Art Scroll Tanach Series, New York 1990.

Wissenschaftliche Literatur

- Joachim Becker, Esra/Nehemia (Neue Echter Bibel), Würzburg 1990.
- Lester L. Grabbe, Ezra-Nehemiah (Old Testament Readings), London/New York 1998.
- Antonius H. J. Gunneweg, Esra (Kommentar zum Alten Testament XIX/1), Gütersloh 1985.
- Ders., Nehemia (Kommentar zum Alten Testament XIX/2), Gütersloh 1987.
- Thomas Hieke, Die Bücher Esra und Nehemia (Neuer Stuttgarter Kommentar AT 9/2), Stuttgart 2005.
- Sara J. Japhet, The Supposed Common Authorship of Chronicles and Ezra-Nehemia Investigated Anew, in: Vetus Testamentum 18 (1968), S. 330-371.
- Gary G. Porton, Ezra in Rabbinic Literature, in: James M. Scott (Hg.), Restoration. Old Testament, Jewish, and Christian Perspectives, Leiden 2001, S. 305-333.
- Hugh G. M. Williamson, Ezra, Nehemia (World Biblical Commentary 16), Waco 1985.

Anmerkungen

[1] Kyros II. herrschte von 559-530 BCE. Präziser wäre es daher, vom ersten (oder zweiten) Jahr der Herrschaft des Kyros *als Herrscher Babylons* zu sprechen. Das Edikt, erhalten im Rechenschaftsbericht des Königs auf dem sog. Kyros-Zylinder, wurde 538 BCE kundgetan.

[2] Esr 2,64-67 und Neh 7,66-69 berichten von 42.360 Menschen (!), zu denen noch etliches an Dienstpersonal sowie diverse Tiere kamen. Diese Zahl erscheint sehr hoch gegriffen.

Rainer Albertz (Religionsgeschichte Israels in alttestamentlicher Zeit, Bd.2, Göttingen 1992, S. 470) hält die Angabe für „eine Auflistung der Gesamtbevölkerung aus der Zeit vor Nehemia".

[3] Auszug aus dem Kyros-Edikt, zitiert nach: Rykle Borger, Der Kyros-Zylinder, in: Otto Kaiser (Hg.), Texte aus der Umwelt des Alten Testaments, Bd. 1 – Alte Folge, Gütersloh 1985, S. 407-410.

[4] Vgl. Albertz, Religionsgeschichte, S. 472.

[5] Ibid. und zum Folgenden ibid., S. 469-487.

[6] Vgl. Juha Pakkala, Ezra the Scribe: The Development of Ezra 7–10 and Nehemia 8, Berlin/New York 2004, S. 245.

[7] Zuletzt Antonius H.J. Gunneweg, Nehemia, Gütersloh 1987, S. 20-27.

[8] Sara J. Japhet, The Supposed Common Authorship of Chronicles and Ezra-Nehemia Investigated Anew, in: Vetus Testamentum 18 (1968), S. 330-371.

[9] Vgl. dazu zusammenfassend Titus Reinmuth, Der Bericht Nehemias. Zur literarischen Eigenart, traditionsgeschichtlichen Prägung und innerbiblischen Rezeption des Ich-Berichts Nehemias, OBO 183, Freiburg u.a. 2002, S. 6-15.

[10] Eines von vielen diesbezüglichen Modellen bietet Pakkala, Ezra, passim.

[11] Vgl. Reinmut, Bericht Nehemias, S. 17. Das Buch Esra enthält jedoch ebenfalls eine lange Passage (Esr 8,1-9,15), die als „Ich-Bericht" konzipiert ist. Durch den Einsatz eines solchen literarischen Stilmittels wird der Eindruck von Authentizität („Augenzeugenbericht") bzw. Historizität verstärkt.

[12] Sir 49,13.; 2 Makk 1,18-36; 2,13. Vgl. hierfür und für das Folgende Thomas Hieke, Die Bücher Esra und Nehemia, Stuttgart 2005, S. 58.

[13] Vgl. Stefan Schreiner (Hg.), Benjamin von Tudela, Petachja von Regensburg: Jüdische Reisen im Mittelalter, Leipzig 1991, S. 147-148.

7 | Divré ha-Jamim (1. und 2. Chronik)

Der hebräische Name der beiden letzten Bücher der Bibel bedeutet „Ereignisse der Tage". Sie bildeten ursprünglich ein zusammenhängendes Buch. In der Septuaginta wird es als „Paraleipoménôn [basiléôn juda]" (Παραλειπομένων [βασιλέων 'Ιουδά]) bezeichnet, was so viel wie „Übriggebliebenes" oder "Zusätze" [„von den Königen Judas"] bedeutet. Offenbar waren die Übersetzer der griechischen Bibel der Meinung, die Divré ha-Jamim enthielten Material, das in den Büchern Schmu'el und Melakhim keine Verwendung mehr gefunden hatte. Folgerichtig wurde das Buch von ihnen hinter Melakhim gereiht. Hieronymus (342-420), der bei seiner Übersetzung der Bibel der Septuaginta und zum Teil dem hebräischen Urtext folgte, griff in seinem Vorwort zu den historischen Büchern Schmu'el/Melakhim wieder auf die Bezeichnung „Ereignisse der Tage" zurück: „Dibreiamin – dies sind die Berichte über die Tage, die wir bezeichnenderweise die Zeit [chronikon] der ganzen göttlichen Geschichte nennen können." Diese Deutung des Buches als selbstständige Darstellung der Historie Israels setzte sich in der christlichen Tradition schließlich durch.

Kontext

Allein durch seine Stellung als letztes Buch der Ketuvim und mithin der gesamten Hebräischen Bibel kommt den Divré ha-Jamim eine Funktion zu, die sich nicht auf den ersten Blick erschließt. Normalerweise hätte man am Ende der Bibel eine Art Schlusswort vermutet – oder eben einen Nachtrag, wie die Septuaginta es gedeutet hat.
Je nach Interpretation (Schlusswort oder Nachtrag) fallen die inhaltlichen Erwartungen an das Buch gegensätzlich aus. Divré ha-Jamim unmittelbar vorausgehend findet sich mit Esra/Nechemja ebenfalls ein Doppelwerk, welches die Geschichte Israels zum Thema hat. Die chronologische Reihenfolge wird jedoch durch die von der Hebräischen Bibel gewählte Reihenfolge Esra/Nechemja – Divré ha-Jamim gebrochen.

Folgerichtig stellt die Septuaginta, der die meisten christlichen Bibeln folgen, diese Abfolge um. Dies erscheint umso naheliegender, als dass der Abschluss der Divré ha-Jamim (2 Chron 36,22-23) genau zum Anfang des Esra (1,1-3a) passt. Einige gewichtige Handschriften der Hebräischen Bibel (Aleppo-Kodex und der Codex Petrogradensis) führen die Divré ha-Jamim als erstes Buch der Ketuvim und vertreten daher noch eine weitere Deutung des Buches. Diese weist auf eine chronologische Anordnung der Elemente innerhalb der Ketuvim, die auf diese Weise von zwei historiographischen Texten (Chron, Esr/Neh) gerahmt werden.

Welche Einsicht verbirgt sich dann hinter der (gegenwärtig dominierenden) Anordnung der Divré ha-Jamim innerhalb der Hebräischen Bibel? Vermutlich fasste man die Divré ha-Jamim tatsächlich als eine Art Nachtrag oder Kommentar zu Schmu'el und Melakhim auf. Dafür spricht nicht nur dessen griechischer

Name, sondern auch eine Feststellung im frühen rabbinischen Midrasch (Wajiqra Rabba I,3), wo es heißt: „Nicht wurden die Divre ha-Jamim gegeben, außer zum Derasch."

Historische Einordnung

Die Bücher Divré ha-Jamim bieten eine Darstellung der Geschichte Judas vom Tode Sauls bis zum Ende des Babylonischen Exils. Dabei werden die Ereignisse im Nordreich Israel weitgehend ausgeblendet. Dieser Schilderung geht eine ausführliche Genealogie (1 Chron 1–9) voraus, welche die Generationenfolge von Adam bis zu den letzten davidischen Königen umfasst.

Das Werk greift intensiv auf Material der Bücher Schmu'el und Melakhim zurück, welche es neu arrangiert und interpretiert. Dieses Phänomen, verbunden mit der Verbindung zu Esra/Nechemja und dem unübersehbaren Interesse der Divré ha-Jamim am (wiederhergestellten) Tempel, weist auf eine Entstehung des Buches in nachexilischer Zeit hin.

Weit schwieriger erscheint die Antwort auf die Frage, in welchem Verhältnis Esra/Nechemja und Divré ha-Jamim zueinander stehen. In der älteren Forschung ging man von der Existenz eines „Chronistischen Geschichtswerkes“ aus, bestehend aus Esra/Nechemja und Divré ha-Jamim. Inzwischen konnten jedoch deutliche Unterschiede zwischen beiden Werken aufgewiesen werden. Ähnlichkeiten in Sprache und Entstehungszeit lassen es dennoch nicht geraten sein, die beiden Bücher zu weit auseinander zu rücken.

Wie zu den meisten anderen biblischen Büchern, so wurden auch zu den Divré ha-Jamim umfangreiche und teilweise sehr komplexe Entstehungshypothesen entwickelt. Etliche Forscher formulierten – aufgrund interner Spannungen, unterschiedlicher Begrifflichkeit, wegen der jeweils akzentuierten Funktionsträger im Tempel oder auch der (vermeintlich) sekundär eingefügten Listen – Modelle, die ein sukzessives Wachstum des Werks beschreiben.[1] Andere Exegeten hingegen halten keine der vorgeschlagenen Hypothesen für tragfähig und betrachten Divré ha-Jamim daher (synchron) als einheitliches Werk.[2]

In jedem Fall handelt es sich bei Divré ha-Jamim um einen eigenständigen Versuch, die Geschichte Israels und vor allem sein Scheitern aufzuarbeiten und theologisch zu deuten. Dies geschieht in einer groß angelegten Sichtung, welche der/die Autor/en mit den vorliegenden biblischen und außerbiblischen Quellen vollzieht bzw. vollziehen. Mit besonderer Intensität nutzt das Werk die Tora, die Nevi'im Rischonim sowie Esra/Nechemja. Diese finden sich zitiert, paraphrasiert oder nur in Anspielung aufgegriffen.

Der zeitliche Rahmen der verwendeten Quellen – darunter auch und gerade die Bücher Esra/Nechemja – lässt an eine Datierung des Werkes am Ende der persischen Ära bzw. am Anfang der hellenistischen Epoche (spätes 4. Jahrhundert BCE) denken.

Aufbau

1 Chron 1–9: Genealogie	
1,1-2,2	Von Adam bis Jakob/Israel
2,3-8,40	Das Zwölfstämme-Volk Israel; herausgehoben werden: Juda (1 Chron 2,3-4,23) wegen David; Levi (1 Chron 5,27-6,66) wegen der Leviten/Priester; Benjamin (1 Chron 8,1-40.9,35-44) wegen Saul
9,1-44	Die Liste der Rückkehrer nach Jerusalem (1 Chron 9,1-34)
1 Chron 10,1–29,20: Die Geschichte Davids	
10,1-12,40	Sauls Ende und der Übergang der Macht auf David
13,1-16,43	Die Überführung der Bundeslade nach Jerusalem
17,1-27	Verheißung an David
18,1-20,8	Kriege und Siege Davids
21,1-29,20	Vorbereitungen zum Tempelbau
1 Chron 29,21 – 2 Chron 9,31: Die Geschichte Salomos	
1 Chron 29,21-30	Davids Ende und der Übergang der Macht auf Salomo
2 Chron 1,1-17	Salomos Reichtum und Weisheit
2 Chron 1,18-7,22	Der Bau des Tempels und dessen Einweihung
2 Chron 8,1-9,31	Weitere Auskünfte zu Salomo, sein Tod
2 Chron 10,1–36,23: Geschichte der Könige Judas ("ganz Israels") bis zum Untergang	
	Herausgehoben werden die folgenden Herrscher: Zerfall des Reiches, Rehabeam (2 Chron 10,1-12,16); Asa (2 Chron 14,1-16,14); Joschafat (2 Chron 17,1-20,37); Hiskija (2 Chron 29,1-32,33); Josia (2 Chron 34,1-35,27)

Wichtige Themen und Texte

Die Divré ha-Jamim sind ohne Zweifel eine der stringentesten Geschichtsdeutungen der Bibel. Wenige, klar herausgestellte Grundwerte wie die Tora, die Einheit Israels, der Tempel und das Königtum Davids werden als Norm jeder künftigen Herrschaft etabliert. Sie bilden den Maßstab der chronistischen Darstellung. Dennoch bleibt es eines der spannendsten Probleme der Forschung, welche Absicht seine Autoren eigentlich verfolgten. Wollten sie ihre wichtigste Quelle, Schmu'el und Melakhim, ersetzen, ergänzen oder sie nur kommentieren? Sicher ist, dass die Divré ha-Jamim häufig deutlich andere Akzente setzen als diese:

(1) Obwohl aus der Perspektive des Südreichs Juda schreibend, betonen sie stets die Zusammengehörigkeit "ganz Israels". David beispielsweise wird

von vornherein als König Judas und Israels eingeführt; die komplizierte Vorgeschichte seiner Herrschaft wird hingegen weitgehend ausgeblendet.

(2) 1 und 2 Chron vermeiden Kritik an ihren Idealkönigen David und Salomo.

(3) Entgegen 2 Sam wird David zum Begründer des Tempels. Salomo führt lediglich die Pläne seines Vaters aus (1 Chron 28,11-21).

(4) Die Divré ha-Jamim streichen die Bedeutung der Leviten als wichtige Träger des Tempelkults heraus.

Im Umgang mit den Quellen finden sich wortgetreue Zitate ebenso wie kleinere und großflächige Änderungen. Manchmal werden Ereignisse kommentiert, ohne sie näherhin darzustellen: Die Geschichte Israels wird als bekannt vorausgesetzt. Außer den biblischen Quellen wurden in Divré ha-Jamim weitere Schriften verwendet, die jedoch nicht eigenständig überliefert sind.

Die zentrale theologische Forderung der Divré ha-Jamim besteht in der Einhaltung der Tora. Maßstab des Handelns ist es, „nach Gott zu forschen" (דרש/ darasch) und sich vor Ihm zu demütigen (vgl. 1 Chron 28,9 als Leittext). Nur dann wird Israel Bestand haben. Die aus dem Exil Zurückgekehrten sollten sich mit den im Lande Verbliebenen als ein Volk begreifen, das einen ewigen Bund mit Gott geschlossen hat. Als dessen wichtigste Achsen gelten der Tempel, die Tora und das davidische Königshaus.

Wirkungsgeschichte

Sowohl in der jüdischen als auch in der christlichen Tradition fristen die Divré ha-Jamim eher ein Schattendasein. In der Mischna werden sie nur ein einziges Mal erwähnt (mJoma 1,6) – als eines jener unbekannten biblischen Bücher, die man dem Hohepriester vor dem Jom Kippur vorlesen sollte, um ihn am Einschlafen zu hindern. Von der Septuaginta bis hin zum Midrasch galten sie als „Zusatz".

Einzelne Abschnitte der Divre ha-Jamim haben in den jüdischen Gottesdienst Eingang gefunden. Dazu gehören 1 Chron 16,8-36 (Davids Loblied bei der Überführung der Bundeslade in den Tempel), welche den täglichen Psalm einleiten sowie 1 Chron 29,10-13 (ein weiteres Danklied Davids), welches zur Rezitation des Sch'ma Jisrael überleitet.

Der einzige bedeutendere jüdische Kommentar zu den Divré ha-Jamim stammt von David Qimchi (1160-1235). Vermutlich hat nicht einmal Rasch"i, der sonst sämtliche Bücher des Tanakh kommentierte, sich mit diesem Werk abgegeben. Der ihm zugeschriebene Kommentar zu den Divré ha-Jamim geht jedenfalls mit hoher Wahrscheinlichkeit nicht auf den berühmten nordfranzösischen Exegeten zurück. Der einzige klassische christliche Kommentar zu den Divré ha-Jamim wurde von Hieronymus verfasst.[3]

Weiterführende Literatur

- Joachim Becker, 1 Chronik (Neue Echter Bibel Altes Testament 18), Würzburg 1986.
- Joachim Becker, 2 Chronik (Neue Echter Bibel Altes Testament 20), Würzburg 1988.
- Sara Japhet, 1 Chronik (Herders Theologischer Kommentar Altes Testament), Freiburg u.a. 2002.
- Dies., 2 Chronik (Herders Theologischer Kommentar Altes Testament), Freiburg u.a. 2003.
- Isaac Kalimi, An Ancient Israelite Historian: Studies in the Chronicler, His Time, Place and Writing, Studia Semitica Neerlandia 46, Assen 2006.
- Ralph W. Klein, 1 Chronicles: A Commentary (Hermeneia – A Critical and and Historical Commentary on the Bible), Minneapolis 2006.
- Gary N. Knoppers., I Chronicles 1–9. A New Translation with Introduction and Commentary (Anchor Bible 12), Garden City 2003.
- Ders., I Chronicles 10–29. A New Translation with Introduction and Commentary (Anchor Bible 12A), Garden City 2004.

Anmerkungen

[1] Vgl. beispielsweise Georg Steins, Die Chronik als kanonisches Abschlußphänomen. Studien zur Entstehung und Theologie von 1/2 Chronik, Weinheim 1995; Reinhard G. Kratz, Komposition der erzählenden Bücher, Göttingen 2000.
[2] Vgl. Sara Japhet, 1 Chronik, Freiburg u.a. 2002, sowie Ralph W. Klein, 1 Chronicles: A Commentary, Minneapolis 2006.
[3] Dieser liegt jedoch, ebenso wenig wie der des David Qimchi, nicht in einer Übersetzung in eine der großen europäischen Sprachen vor.

Glossar

Aggada ↑Haggada

Akronym auch „Initialwort"; griech. „Namensspitze": Kurzwort, aus den Anfangsbuchstaben mehrerer Wörter gebildet.

Akrostichon griech. „Versspitze" (d.h. Anfang eines Verses): meist lyrische Texte, bei denen die ersten Buchstaben der aufeinanderfolgenden Zeilen, Verse oder Strophen ein Wort, einen Namen oder einen Satz ergeben. Bei einem alphabetischen Akrostichon sind die jeweiligen Anfangsbuchstaben in alphabetischer Reihenfolge angeordnet.

Alenu Hymnus am Schluss der drei täglichen jüd. Gebete (↑Schacharit, ↑Mincha und ↑Arevit), unmittelbar vor dem ↑Qaddisch.

Aleppo-Kodex bis dato älteste vollständig überlieferte Handschrift der Hebräischen Bibel. Seit 1947 oder 1958 sind jedoch große Teile des Kodex' verschollen.

Allegorese allegorische (griech. „anders reden", d.h. sinnbildliche) Auslegung von Texten: exegetische Methode, bei der eine tieferliegenden Bedeutung, eine verborgene Sinnebene (sensus spiritualis) vorausgesetzt und aufgezeigt wird, die über den bloßen Wortsinn (sensus litteralis) hinausgeht.

Amida hebr. „Stehen": zentrales jüdisches Gebet, das im Stehen gesprochen wird;↑Sch'moné Essré.

Amphiktyonie kultisch-politischer Verbund von Nachbarstaaten oder -stämmen mit einem gemeinsamen Heiligtum.

Angelologie griech. „Lehre von den Engeln".

Anthropogonie griech. „Menschenentstehung", Bestandteil von Schöpfungsberichten, in denen die Entstehung bzw. Erschaffung der Menschheit beschrieben wird.

Anthropomorphismus griech. anthropomorph: „von menschlicher Gestalt", „menschenähnlich". Der Begriff bezeichnet die Beschreibung Gottes bzw. von Göttern mittels Begrifflichkeiten und Vorstellungen aus dem Bereich des Menschen, d.h. die menschliche Physis, Eigenschaften, Verhaltensweisen und Empfindungen werden zur Charakterisierung Gottes herangezogen.

Apokalyptik, Apokalypse, apokalyptisch griech. „Enthüllung": bedeutende geistige Strömung ab dem 3. Jahrhundert BCE, die für das Judentum und das werdende Christentum prägend wurde. Mangels einer allgemein anerkannten Definition wird die Zuordnung der Texte zur Apokalyptik zumeist anhand typischer Charakteristika vorgenommen. Dazu zählen: die (akute) Naherwartung der Endzeit; die kosmische Dimensionierung auch kleinräumig bedeutender Ereignisse; ein Nexus zwischen Verhalten der Menschen und zukünftigem Geschehen; der hohe Stellenwert von Visionen und Periodisierungen (zwei grundsätzlich verschiedene Weltzeiten stehen einander gegenüber, der alte Äon wird vom neuen Äon abgelöst); Symbolsprache und Pseudepigraphie. In der jüngeren Apokalyptik zeigen sich zusätzlich folgende Merkmale: Dualismus und messianische Gestalten; eine (zunehmend) ausgeprägte Angelologie und Dämonologie; ein enzyklopädischer Anspruch, der sich zum Beispiel durch die Einbeziehung von Astronomie/Astrologie oder geographischer Erkenntnisse zeigt.

Apokryphen griech. „Verborgene“: nicht in den Kanon der Hebräischen Bibel aufgenommene Bücher.

Apologie griech. „Rechtfertigung, Verteidigung“: Rede oder Schrift zur Verteidigung bzw. Rechtfertigung einer Person, Institution, Religion, Weltanschauung oder Handlung gegenüber Angriffen anderer. Neben klassischen griechischen Autoren wie Platon und Xenophon verfassten vor allem christliche Schriftsteller (Apologeten) des 2. Jahrhunderts Verteidigungsschriften, in denen sie versuchten, Vorwürfe seitens der heidnischen Umwelt gegen das Christentum zu entkräften und dies somit zu verteidigen (Justin Martyr).

Apostasie griech. „das Abfallen“: Abkehr vom Glauben, von der eigenen Tradition.

Aqedat Jitzchaq hebr. **„**Bindung Isaaks“: (Bereitschaft und Vorbereitung zur) Opferung Isaaks durch seinen Vater Abraham (Gen 22).

Arevit auch Ma’ariv: tägliches jüdisches Abendgebet

Aschkenasisches Judentum abgeleitet vom biblischen Namen Aschkenas, einem in Gen 10,3 erwähnten unbekannten Volk im Norden, das seit dem Mittelalter in der rabbinischen Literatur auf Deutschland bezogen wird. Als Aschkenasim werden Jüdinnen und Juden aus Mittel- und Osteuropa in Abgrenzung zur ursprünglich in Spanien und Portugal beheimateten jüdischen Gemeinschaft (Sefardim) bezeichnet. Sie unterscheiden sich vor allem hinsichtlich ihrer liturgischen Traditionen und Sprache von den Sefarden.

Ätiologie griech.-lat. „Ursache, Begründung“; im Kontext der Bibelwissenschaft: Erzählungen bzw. Sagen, die auffällige Erscheinungen, Bräuche oder Namen erklären.

Berakha (Pl. Berakhot) hebr. „Lobpreis, Segnung“; Segensspruch in und außerhalb von Gebeten: „Gepriesen seist du, Ewiger, König der Welt ...“.

Bundesbuch biblische Gesetzessammlung (Ex 20,22-23,33), deren Grundbestand vielleicht auf das 9. Jahrhundert BCE zurückgeht. Sie enthält straf- und zivilrechtliche sowie kultische bzw. ethische Satzungen, u.a. die Zehn Gebote, den ↑Dekalog.

Chametz hebr. „Gesäuertes“, d.h. mit Sauerteig Zubereitetes, das während der Pessachzeit verboten ist.

Chanukkafest hebr. „Einweihung“: achttägiges Fest zum Gedenken an die (Wieder-)Einweihung des Tempels nach dem Aufstand der Makkabäer (164 BCE). Ab dem 25. Kislew wird dabei an jedem Tag ein weiteres Licht am achtarmigen Chanukkaleuchter entzündet, um an das Lichtwunder im damaligen Tempel zu erinnern, demzufolge das Lampenöl auf wundersame Weise für acht Tage reichte.

Chatima hebr. „Siegelung, Signatur“. Abschließende Passage mit einem Ausblick auf die endzeitliche Erlösung in homiletischen Midraschim.

creatio ex nihilo lat. „Erschaffung aus dem Nichts“

Credo lat. „ich glaube“: Glaubensbekenntnis

Dekalog griech. „zehn Worte“: die Zehn Gebote (Ex 20 und Dtn 5)

Deuterokanonische Literatur (der Hebräischen Bibel) zumeist jüdisch-hellenistische Schriften, die zwar (teilweise) in die Septuaginta, nicht aber in den ↑masoretischen Kanon aufgenommen worden sind.

Doxologie griech. „Lobpreis“: Preis der Herrlichkeit Gottes, meist am Anfang oder Ende eines Gebets, eines Textabschnitts oder liturgischen Lobgesangs.

D'rasch hebr. „forschen“: rabbinische Methode der narrativen Exegese, die vor allem im ↑Midrasch Anwendung findet und eine historisierende oder ethische Aktualisierung des biblischen Textes bietet.

Emanation lat. „Ausfluss“: neoplatonische, gnostische und kabbalistische Vorstellung des Ausfließens, der Entäußerung der transzendenten Gottheit zur offenbaren, immanenten Gestalt, womit auch die Erschaffung von Welt und Mensch beginnen kann.

Enuma Eliš akkadisch: „als droben“: babylonischer Weltschöpfungsmythos, nach seinen Anfangswörtern benannt.

Eschatologie, eschatologisch griech. „die Lehre von den letzten Dingen“, bezogen auf das endzeitliche Schicksal des Einzelnen sowie der Welt/des Kosmos.

Exegese griech. „Auseinandersetzen“: Auslegung bzw. erklärende Ausdeutung eines (vor allem biblischen) Textes nach den Grundsätzen der Hermeneutik.

Figura etymologica rhetorische Figur der Wiederholung: Zusammenstellung zweier Formen desselben Wortstammes als ausdrucksteigerndes Mittel (z.B. das Beste vom Besten, König der Könige).

Gemara aram. „das Erlernte, Vollendete“: die ausführliche Erläuterung bzw. Kommentierung der Mischna seitens der Amoräer, der zweiten Generation der Rabbinen nach den Tannaiten. Mischna und Gemara bilden gemeinsam den Talmud.

Gematria (griech. grammateia oder geometria): Deutung eines Textes anhand des Zahlenwerts der Buchstaben eines Wortes.

Glossa griech. „Zunge, Sprache“: Bibelhandschriften, die im Mittelalter mit Kommentaren versehen wurden. Bei diesen handelte es sich einerseits um Worterklärungen, grammatische Anmerkungen und Paraphrasen zwischen den Zeilen (Interlinearglossen), andererseits um eingefügte Kommentare der Kirchenväter oder anderer Theologen an den Rändern (Marginalglossen).

Glossa Ordinaria ↑Glossa, Standardglossa in Kloster- und Kathedralschulen ab dem 12. Jahrhundert

Gnosis, gnostisch griech. „Erkenntnis“, ↑synkretistische religiöse Strömung in unterschiedlichsten Ausprägungen (v.a. ab dem 2. Jh. CE), die sich durch ein dualistisches Gottes- und Menschenbild auszeichnete. Die Anhänger gnostischer Gruppen („Gnostiker“) lehnen die erschaffene, diesseitige Welt und den eigenen Körper zugunsten einer rein geistigen Daseinsform ab.

Gola hebr. „Exil “: bezeichnet v.a. die 597 BCE und 587 BCE vollzogene Deportation der judäischen Oberschicht nach Babylonien.

Haftara, Pl. Haftarot hebr. „Abschluss, Verabschiedung“: öffentliche Lesung von Texten aus den prophetischen Büchern (Nevi'im), welche die Tora-Lesung an Wochen- und Feiertagen sowie am ↑Schabbat nach der jeweiligen ↑Parascha (Wochenabschnitt) abschließt.

Haggada, haggadisch hebr. „Erzählung“; auch Aggada: Rabbinische Texte, in denen Erzählungen der Bibel interpretierend und aktualisierend fortgeschrieben oder ↑halachische Traditionen narrativ begründet werden. Der Begriff bezeichnet darüber hinaus das Buch, das die Texte und Gebete für den Pessachabend (↑Seder) enthält.

Halacha, halachisch von hebr. „das Gehen“: die Gesamtheit der Rechtssatzungen, Riten und Lebensregeln, die sich auf die Tora und rabbinische Tradition gründen sowie die das gesamte Leben umfassende rabbinische Auslegung der biblischen Gebote und Rechtstexte.

Häresie, häretisch griech. „die Wahl, das Gewählte“: in der griechischen Antike und im Hellenismus ursprünglich Ansicht oder Bekenntnis im religiösen, politischen oder wissenschaftlichen Bereich. Ab dem frühen Christentum zunehmend im Sinne der Absonderung und Abweichung von der „wahren Lehre“ und somit weitgehend synonym zu den Begriffen der Irrlehre bzw. Ketzerei verwendet.

Henotheismus aus griech. „einer“ und „Gott“: Ein-Gott-Verehrung; ein von Friedrich Max Müller geprägter religionswissenschaftlicher Begriff, der die Verehrung eines Gottes bezeichnet, ohne die Existenz anderer Götter auszuschließen.

Hermeneutik, hermeneutisch griech. „auslegen, erklären“: wissenschaftliches Verfahren der Auslegung sowie Erklärung von Texten.

Hexapla griech. „die Sechsfache“; vergleichende Zusammenstellung von sechs Bibelhandschriften durch Origenes, welche neben dem hebräischen Konsonantentext (in Original und Transkription) und der Septuaginta drei weitere griechische Übersetzungen umfasst (Form der ↑Synopse).

hieros gamos griech. „Heilige Hochzeit“: die geschlechtliche Verbindung zwischen zwei Göttern, zwischen Gott und Mensch oder Mann und Frau mit göttlichem Bezug.

Homiletik Lehre von der Geschichte und Theorie der Predigt, Teildisziplin der praktischen Theologie.

Homilie, homiletisch griech. „Unterhaltung, Unterricht“: Predigtgattung, bei der die Bibel Satz für Satz oder Wort für Wort erbaulich ausgelegt wird.

Ikonographie von griech. „Bild“ und „schreiben“: wissenschaftliche Beschreibung, Klassifikation, Form- und Inhaltdeutung von (v.a. religiösen) bildlichen Darstellungen.

J’ ↑Tetragramm(aton)

Jelamdenu-Form kurze ↑halachische Abhandlung in ↑homiletischen Midraschim, die mit der Formel *Jelamdenu Rabbenu* (hebr. „Es belehre uns unser Meister“) beginnt.

Jom Kippur hebr. „Tag der Sühne“: Versöhnungstag am 10. Tischri, jüdischer Fast- und Bußtag. Jom Kippur ist der letzte der zehn Bußtage, die mit ↑Rosch ha-Schana beginnen. Er gilt als Tag der Versöhnung Israels mit Gott.

Kabbala hebr. „Empfangen“, „Überlieferung“: klassische mittelalterliche jüdische Mystikströmung; Hauptwerke: Sefer ha-Bahir (12. Jh.) und Sefer ha-Sohar (13. Jh.).

Kanon griech. „Richtschnur“, verbindlich festgelegte Sammlung maßgeblicher bzw. heiliger Schriften.

Karäer (Karaiten) auch B’né ha-Miqrá (hebr. „Kinder der Bibel“) genannt: eine jüdische Gruppierung, die etwa in der zweiten Hälfte des 8. Jahrhunderts entstand. Ihre Anhänger lehnten die Verbindlichkeit der rabbinischen Tradition (Talmud; „mündliche Tora“) ab und betrachteten allein die Schriftliche Tora als maßgeblich. Sie traten für eine Rückbesinnung auf biblische Traditionen ein und entwickelten ein eigenes, streng an der Bibel orientiertes Religionsgesetz.

Kaschrut hebr. „Geeignet-Sein“, Komplex der jüdischen Traditionen zur persönlichen Reinheit. Die Kaschrut umfasst neben den Vorstellungen über geeignete Nahrung auch Regeln hinsichtlich der Kleidung, der Gestaltung der Wohnung, der familiären Beziehungen und des elementaren ethischen Verhaltens.

Kasus lat. *casus* „Fall, Vorkommnis“: ein halachisches ↑hermeneutisches rabbinisches Verfahren, einen Lehrsatz oder ein Gebot anhand eines Fallbeispiels zu illustrieren (Präzedenzfall).

Katenen von lat. *catena* „Kette“: mittelalterliche Bibelausgaben mit einer Zusammenstellung der wichtigsten Kommentare und Auslegungen der Kirchenväter und klassischer Theologen zu den jeweiligen Bibelversen.

Kavod hebr. „Ehre“, „Gewichtigkeit“, übertragen: „Herrlichkeit“; Terminus technicus für die Präsenz Gottes im Heiligtum sowie für die Herrlichkeit Gottes, die sich dem Menschen in der Schöpfung oder in der Geschichte offenbart.

Ketuvim hebr. „Schriften“: dritter Hauptteil der Hebräischen Bibel.

Kohärenz lat. „zusammenhängen“: textbildender Zusammenhang von Sätzen; im engeren Sinne wird der Begriff in Abgrenzung zur Kohäsion verwendet und bezeichnet dann konkret die inhaltliche Tiefenstruktur eines Textes (Sinnzusammenhang).

Kohäsion durch formale Mittel der Grammatik hergestellter Textzusammenhang (Textoberfläche), z.B. mittels Wiederholungen, Binnenverweisen oder einer erkennbaren Gliederung.

Konkordanz lat. „Übereinstimmung“, alphabetisch geordnetes Verzeichnis der Wörter bzw. Begriffe, die in einem Werk, z.B. der Bibel, vorkommen, mit Angabe der Kapitel- und Verszahlen und ähnlicher Stellenangaben.

Kosmogonie griech. „Entstehung des Kosmos“, Bestandteil von Mythen bzw. Erzählungen über die Erschaffung der Welt.

Kyros-Edikt ein 539 BCE datierter Erlass des persischen Königs Kyros II., in dem laut Esr 1,2-4 und 6,3-5 den judäischen Exulanten die Rückkehr aus dem Babylonischen Exil und der Wiederaufbau des Jerusalemer Tempels gewährt worden ist.

Laubhüttenfest ↑Sukkot.

Leviratsehe lat. *levir* „Bruder des Ehegatten“: Schwagerehe, gesetzliche Verpflichtung eines Mannes, die kinderlos gebliebene Witwe seines verstorbenen Bruders (oder eines Familienmitglieds, zu dem die nächste Verwandtschaft besteht) zwecks Zeugung erbberechtigter Nachkommen zu heiraten. Ein in Rahmen der Leviratsehe gezeugter Sohn gilt als gesetzlicher Sohn und Erbe des verstorbenen Bruders/Verwandten (s. Gen 38 und das Buch Rut).

Literalsinn ↑P’schat.

Liturgie griech. „Dienst“, „Dienstleistung“: zusammenfassende Bezeichnung der kultischen Handlungen und Abläufe in jüdischen und christlichen Gottesdiensten, auch unter Einbeziehung von Musik, Dichtung oder bildender Kunst.

LXX ↑Septuaginta (Abkürzung)

Ma’ariv ↑Arevit

Ma’assé Bereschit „Schöpfungswerke“: antike und mittelalterliche mystische Schriften bzw. Spekulationen auf der Grundlage des biblischen Schöpfungsberichts in Gen 1.

Maschal Gleichnis, Parabel: Übertragung eines theologischen Sachverhalts auf die Erfahrungswelt der Menschen.

Masora „Überlieferung“: Textkritischer Apparat jüdischer Grammatiker, der ↑Masoreten, zum biblischen Konsonantentext. Fehler und Auffälligkeiten des biblischen Konsonantentextes wurden am Rand (Masora parva bzw. Randmasora) oder am Ende der Seite (Masora magna) vermerkt. Am Ende des biblischen Textes ist das masoretische Material zudem in alphabetischer Ordnung angeführt (masora finalis).

Masoreten, masoretisch „Tradenten“: jüdische Schriftgelehrte und Grammatiker im 7. bis 10. Jahrhundert, die den kanonischen Text der Hebräischen Bibel sicherten, den Konsonantentext vokalisierten, Betonungen und Tongebungen bei der Rezitation einfügten und ihm die ↑Masora mit statistischen, berichtigenden und erklärenden Anmerkungen hinzufügten. Auf ihre textkritische Arbeit geht die bis heute klassische und kanonische Textgestalt der Hebräischen Bibel, der sog. masoretische Text, zurück.

Massekhet, Pl. Massekhtot aram. „Gewebe“: Traktat der Mischna, der Tosefta und der Talmudim. Diese bestehen aus 63 Traktaten (Massekhtot), die sechs Sedarim (Sg. Seder: „Ordnung“ oder „Hauptabteilung“) zugeordnet sind.

Megillot, Sg. Megilla hebr. „Rollen“ (Schriftrollen): Im engeren Sinne die fünf Festrollen in der Bibel (Schir ha-Schirim, Rut, Ekha, Qohelet, Ester), die traditionell an den jüdischen Festtagen gelesen werden.

Mekhilta (Mechilta) aram. „Maß, Norm“: halachischer Midrasch zum Buch Schemot.

Middot hebr. „Maße“: im engeren Sinne ↑hermeneutische rabbinische Regeln für die (↑halachische) Auslegung biblischer Texte (Sieben Middot Hillels, 13 Middot des Rabbi Jischma’el oder die 32 Middot des Rabbi Eli’eser). Im theologischen Kontext bezeichnen die Middot auch Perspektiven oder „Eigenschaften“ Gottes.

Midrasch, Pl. Midraschim hebr. „Forschen“: im engeren Sinne rabbinische Literaturgattung neben den ↑Talmudim. In den Midraschim wird der Bibeltext kommentiert und aktualisiert, indem Schwierigkeiten im Text oder Lücken logisch oder erzählerisch aufgelöst werden. Von den ↑haggadischen Midraschim werden die ↑homiletischen und ↑halachischen Midraschim unterschieden.

Mincha tägliches Nachmittagsgebet im Judentum

Miqra’ot Gedolot Rabbinerbibel mit Kommentaren von Rasch“i, Abraham ibn Esra und David Qimchi.

Mischna hebr./aram. „Wiederholung“: systematisierte kanonische Sammlung der ↑halachischen Traditionen der Tannaiten (erste Generation der Rabbinen) des 2./3. Jahrhunderts CE.

Mischpat(-im) Rechtssatzung(en), Gesetz(e).

Mitzwa, Pl. Mitzwot hebr. „Gebot“; traditionell werden 613 Ge- und Verbote aus der Bibel abgeleitet, um die es sich zu bemühen gilt.

Monolatrie von griech. „allein, einzig“ und „Verehrung“: Verehrung eines einzigen Gottes, wobei die Existenz anderer Götter nicht bestritten wird.

Monotheismus von griech. „allein, einzig“ und „Gott“: Nur-Ein-Gott-Glaube, Glaube an einen einzigen Gott. Die Existenz weiterer Götter wird ausgeschlossen.

Nekromantik Weissagung durch (Geister- und) Totenbeschwörung.

Nevi'im hebr. „Propheten“: zweiter Hauptteil der Hebräischen Bibel.

Nevi'im Acharonim „Hintere Propheten“; Bezeichnung für den zweiten Abschnitt der ↑Nevi'im.

Nevi'im Rischonim „Vordere Propheten“; Bezeichnung für den ersten Abschnitt der ↑Nevi'im.

Omnisignifikanz Prämisse der rabbinischen Bibelinterpretation, wonach jedes einzelne Wort der Bibel eine Bedeutung besitzt. Die Existenz von zufälligen Dopplungen oder Widersprüchen wird somit ausgeschlossen.

Parallelismus membrorum antikes Stilmittel v.a. in der biblischen Poesie: Wiederholung und Umschreibung eines Gedankens bzw. einer Aussage in verschiedener Weise bzw. mit anderen Ausdrücken v.a. zwecks Betonung.

Paränese, paränetisch griech. „Zuspruch“: ermahnende oder predigtartige Textabschnitte.

Parascha (Pl. Paraschijot) hebr. „Abschnitt“: wöchentlicher Leseabschnitt der Tora, der in der Synagoge öffentlich vorgetragen wird.

Parde"s „Garten“ ↑Akronym aus ↑P'schat – ↑Remes – ↑D'rasch – ↑Sod; jüdische Variante des ↑Vierfachen Schriftsinns (Wortsinn, ethische, philosophische und mystische Auslegung des Bibeltextes).

Parusie griech. „Ankunft“, „Anwesenheit“, „Gegenwart“: im Christentum theologischer Begriff für die endzeitliche Wiederkunft Christi.

Pentateuch griech. „Fünfgefäß“ oder „Fünfrollenbuch“: wissenschaftliche Bezeichnung für die Tora, den ersten Teil der Bibel, die fünf Bücher Mose.

Perikope von griech. „abschneiden“: Textabschnitt der Bibel.

Pescher, Pl. Pescharim Literaturform der ↑Qumrangemeinde, in der die biblischen Prophetenbücher endzeitlich-aktualisierend ausgelegt werden. Ankündigungen in den prophetischen Büchern werden somit als Prophezeiungen verstanden, die sich auf die unmittelbare Gegenwart oder nahe Zukunft der Qumrangemeinde beziehen.

Pessach hebr. „Vorüberschreiten“, „Verschonen“; griech. Pascha (in der Lutherbibel: Passah): eines der drei Hauptfeste des Judentums, das zur Erinnerung an den Auszug aus Ägypten sieben bzw. acht Tage gefeiert wird.

Peticha (Petichot) hebr. „Öffnen“: Eröffnungszitate in ↑Midraschim aus den ↑Nevi'im oder ↑Ketuvim, die auf eine Torastelle bezogen werden.

Pijjut hebr. „Gedicht“: synagogale Poesie.

Polysemanz Prämisse rabbinischer Bibelauslegung, wonach der Text der Bibel mehrere Bedeutungsebenen gleichzeitig besitzt, so dass er auf verschiedene Weise (richtig) interpretiert werden kann.

Polytheismus von griech. „viel“ und „Gott“: Vorstellung der Existenz einer Vielzahl von Göttern.

Proömium Vorrede, Einleitung.

Proselyt griech./lat. „Hinzugekommener“: in der Antike vor allem Bezeichnung für einen zum Judentum übergetretenen Heiden.

P'schat hebr. „einfach“: exegetische Methode, die sich auf den einfachen Wortsinn, die literale Bedeutungsebene, bezieht (Sensus litteralis).

Pseudepigraphie, pseudepigraphisch einem berühmten Verfasser fiktiv zugeschriebene Schrift, v.a. um dieser Autorität oder eine bestimmte Identität zu verleihen.

Purim hebr. „Lose“: jüdisches Frühjahrsfest, das an die Rettung des jüdischen Volkes in persischer Zeit erinnert (missglückter Anschlag seitens Haman s. Esterbuch).

Qaddisch (Kaddisch) aram. „heilig“: Gebet, das die Heiligkeit Gottes preist.

Es wird im täglichen jüd. Gebet zumeist als Zäsur rezitiert. Weitere Formen des Qaddisch begleiten das Studium heiliger Texte und die Trauer beim Verlust naher Angehöriger.

Qeduscha hebr. „Heiligung“: auch Trishagion oder Sanctus, das aus Jes 6,3 zitiert wird („Heilig, heilig, heilig...“) und die Heiligung Gottes verkündet; Einschub innerhalb der dritten ↑Berakha von ↑Sch'moné Essre.

Qiddusch hebr. „Heiligung“: Heiligung des ↑Schabbats und der Festtage am Schluss des Abendgottesdienstes in der Synagoge und zu Beginn des Schabbats als Segen über einen Becher Wein.

Qumran Ort am Toten Meer, an dem seit 1947 sukzessive zahlreiche biblische Handschriften und Kommentare sowie Schriften der dort (2. Jh. BCE bis ca. 70 CE?) lebenden Gemeinschaft gefunden worden sind.

Rosch ha-Schana hebr. „Kopf/Anfang des Jahres“, jüdischer Neujahrstag am 1. Tischri, erster der zehn Bußtage, bei denen es um die Versöhnung mit denjenigen geht, die man verletzt oder denen man Unrecht getan hat. Sie umfasst letztlich oder v.a. die Versöhnung mit dem bzw. des Ewigen.

Satrapie persische Provinz, von einem Satrapen verwaltet.

Schabbat (auch Sabbat): wöchentlicher Ruhetag, geht traditionell auf den siebten Tag des ersten Schöpfungsberichts in Gen 1,1-2,4a zurück, wonach Gott an diesem Tag nach der Erschaffung der Welt ruhte.

Schacharit hebr. „zur Morgendämmerung gehörig“: Morgengebet.

Schavu'ot hebr. „Wochen“: Wochenfest, das dem Gedenken an die Übergabe der Tora am Sinai gewidmet ist.

Schekhina (Schechina) hebr. „Einwohnung“: weiblich konnotierte Anwesenheit und Offenbarungsform Gottes auf Erden bzw. bei den Menschen in rabbinischer Tradition; in der Kabbala Terminus technicus für die dem Menschen und der Erde am nächsten stehende ↑Emanation Gottes.

Sche'ol Unterwelt, Reich der Toten bzw. der Gottesferne in der Bibel.

Schm'a (Jisrael) hebr. „Höre Israel“: zentrales jüdisches Gebet im täglichen Morgen- und Abendgottesdienst, in dem in Anlehnung an Dtn 6,4-5 die Einzigkeit Gottes bekannt wird.

Sch'moné Essre hebr. „achtzehn“, Achtzehngebet: Hauptgebet (eigentlich eine variable Sequenz von Gebeten) des jüdischen Gottesdienstes am Morgen, nachmittags oder abends mit maximal 19 Berakhot (Segenssprüchen). Es wird auch Tefila (hebr. „Gebet“) oder Amida, (hebr. „das Stehen“, wird im Stehen gesprochen) genannt.

Schofar Widderhorn, ursprünglich bei kriegerischen oder festlichen Aktivitäten eingesetztes Lärminstrument. Es wird u.a. an ↑Rosch ha-Schana und ↑Jom Kippur geblasen.

Seder hebr. „Ordnung“: Kurzform für den Sederabend zu Beginn des ↑Pessachfestes.

Seder/Sedarim (Pl.) hebr. „Ordnung“: sechs Hauptteile der ↑Mischna, ↑Tosefta und der ↑Talmudim.

Sefardisches Judentum als Sefarden werden Juden und Jüdinnen bezeichnet, deren Vorfahren ursprünglich auf der Iberischen Halbinsel beheimatet gewesen sind und sich nach den Verfolgungen und Vertreibungen im 14. und 15. Jahrhundert vor allem auf dem Balkan und in Nordafrika angesiedelt haben.

Septuaginta (griech. „Siebzig“): maßgebliche antike griechische Übersetzung der Hebräischen Bibel (LXX).
Siddur, Pl. Siddurim hebr. „Ordnung“: jüd. Gebetbuch für den ↑Schabbat und für die Wochentage.
Sifra aram. „Buch“: halachischer ↑Midrasch zum Buch Wajiqra.
Sifré aram. „Bücher“: halachische ↑Midraschim zu den Büchern Bedmidbar und Devarim.
Simchat Tora hebr. „Tora-Freude“: Festtag zum Abschluss der jährlichen Toralesung und zu Beginn des neuen Zyklus, im Anschluss an ↑Sukkot am 23. Tischri gefeiert.
Simonie Kauf oder Verkauf von geistlichen Ämtern oder Dingen.
(Sefer ha-)Sohar hebr. „Buch des Glanzes“: das zentrale Werk der ↑Kabbala aus dem 13./14. Jahrhundert
Soteriologie griech. „Lehre vom Heil“ bzw. von der Erlösung.
Substitutionslehre im engeren Sinne: christliche Vorstellung der Ablösung des ersten Bundes Gottes mit Israel durch einen zweiten Bund in Christus.
Sukkot hebr. „Hütten“: jüdisches Laubhüttenfest, eines der drei biblischen Wallfahrtsfeste, welches zur Erinnerung an die Wüstenzeit in provisorischen Hütten gefeiert wird.
Synkretismus, synkretistisch Vermischung verschiedener Religionen, Konfessionen oder philosophischer Anschauungen, vor allem während der Zeit des Hellenismus.
Synopse griech. „Zusammenschau“: vergleichende Zusammenstellung und Gegenüberstellung von Texten, vor allem der drei synoptischen Evangelien des Markus, Matthäus und Lukas.
Talionsprinzip lat. *talion* „Vergeltung“: juristische Bezeichnung für eine Vergeltung, die dem Vergehen ‚exakt' entspricht, d.h. Vergeltung von Gleichem mit Gleichem.
Talmud hebr. „Studium, Lehre“: klassische, kanonisierte Sammlung rabbinischer Kommentare, welche die kodifizierten halachischen Auslegungen der Bibel und nachbiblische halachische Traditionen enthält. Er setzt sich aus der ↑Mischna und der kommentierenden ↑Gemara zusammen. Diese wurden in zwei Versionen, dem Palästinischen oder Jerusalemer Talmud (Jeruschalmi) und dem babylonischen Talmud (Bavli), redigiert.
Tamid hebr. „ständig“: das Opfer am Jerusalemer Tempel, das zwei Mal pro Tag stattfand.
Tanakh Bezeichnung für die Hebräische Bibel: ↑Akronym, das sich aus den Bezeichnungen für die drei biblischen Hauptteile zusammensetzt: Tora, Nevi'im und Ketuvim.
Tanchuma ↑haggadischer ↑Midrasch, der viele Traditionen anderer ↑Midraschim, aber auch eigene Passagen enthält.
Targum hebr./aram. „Übersetzung“: antike aramäische Übersetzung der Bibel.
Tefillin Gebetsriemen mit Kapseln, die Texte der Tora enthalten und zum Morgengebet angelegt werden.
Tenakh ↑Tanakh
Tetragramm(aton) griech. „vier Zeichen“; der Gottesname JHWH (J').
Theodizee von griech. „Gott“ und „Gerechtigkeit“: Rechtfertigung Gottes. Ein von Gottfried W. Leibniz geprägter Begriff, der die Vereinbarkeit vorhandenen Übels auf der Welt und des menschlichen Leidens mit der Vorstellung der Gerechtigkeit, Vollkommenheit, Allmacht, Allwissenheit und Güte Gottes thematisiert.

Theokratie von griech. „Gott“ und „Herrschaft“: Herrschaft Gottes (u.U. mittels eines menschlichen Vertreters).

Theophanie von griech. „Gott“ und „erscheinen“: Gotteserscheinung.

Tisch’a be-Av neunter Av; jüdischer Fast- und Trauertag, an dem der Zerstörung des ersten und zweiten Tempels gedacht wird.

Toledot hebr. „Erzählungen“, „Genealogien“: unter anderem (priesterschriftliches) Gliederungsmerkmal im Buch Bereschit.

Tora hebr. „Weisung“: erster Hauptteil der Hebräischen Bibel (bestehend aus Bereschit, Schemot, Wajiqra, Bemidbar und Devarim).

Tosefta „Hinzugefügtes“: ein im dritten Jahrhundert redigiertes halachisches Kompendium, das auch tannaitische Traditionen enthält, die nicht in der Mischna zu finden sind. Sie ist nach dem gleichen Ordnungsprinzip wie die Mischna unterteilt, jedoch viermal umfangreicher.

Tropologie, tropologisch im engeren Sinne: ethischer Schriftsinn.

Typologie biblische Personen oder Ereignisse werden vor allem in christlichen Texten als Präfiguration zukünftiger (in der Regel: christlicher) Gestalten oder Ereignisse gedeutet.

Vierfacher Schriftsinn jüdische und christliche Prämisse und Auslegungsmethode, nach der biblische Texte auf vierfache Weise interpretiert werden können, also vier Sinnebenen haben (↑Parde”s).

Vulgata lat. „die allgemein Verbreitete“: die von Hieronymus um 400 CE begonnene maßgebliche lateinische Bibelübersetzung.

Wochenfest ↑Schavu’ot

Zizit Schaufäden, die laut Num 15,37-41 und Dtn 22,12 an den Enden des Tallit (Gebetsmantels) bzw. der alltäglichen Kleidung an Gott und Gottes Gebote erinnern sollen.

Abkürzungsverzeichnis

1 QGenAp Genesisapokryphon (1Q20), (Qumranschrift)
1 QM Kriegsrolle (Qumranschrift)
4 QpHab Pescher Chavaquq, Kommentar zum Buch Habakuk (Qumran)
4QpNah Pescher Nachum (auch 4Q169), (Qumran)
4QPsEz 4Q Pseudo-Ezechiel (4Q386-389), (Qumranschrift)
4QVisSam Vision Salomon (Qumranfragment)
11Q Qumranschrift (11. Höhle)
11QH(od) Hodajotrolle (Lobliederrolle), (Qumranschrift)

adv. haer. „Adversus Haereses" („Gegen die Häresien" bzw. „Überführung und Zurückweisung der fälschlich sogenannten Gnosis") von Irenäus von Lyon
Am Amos
Ant „Antiquitates Judaicae" („Jüdische Altertümer") von Flavius Josephus
Apg Apostelgeschichte
aram. Aramäisch
AT Altes Testament
äthHen Äthiopischer Henoch (Äthiopisches Henochbuch)
b Babylonischer Talmud, Bavli
Bar Baruch(buch)
Barn Barnabasbrief
BCE before the Common Era (vor der [christlichen] Zeitrechnung)
CD Damaskusschrift (Qumranschrift)
CE (of the) Common Era (nach der [christlichen] Zeitrechnung)
Chron Divre ha-Jamim (Chronik[buch])
ChronG Chronistisches Geschichtswerk
Clem Clemensbrief
Conf „De confusione linguarum" (Kommentar zu Gen 11,1-9) von Philo von Alexandrien
D Deuteronomist
Dan Dani'el(buch)
DevR Devarim Rabba (Deuteronomium Rabba)
dial. „Dialogus cum Tryphone" („Dialog mit dem Juden Trypho") von Justin d. Märtyrer
Dtn Devarim (Deuteronomium[buch])
E Elohist
Ep Epistel (Brief, Sendschreiben)
Eph Epheserbrief
EpJer Epistel Jeremia (Brief Jeremias)
Esr Esra(buch)
Est Ester(buch)
Ex Exodus(buch)
Ez Jechesqel (Ezechiel[buch])
Gal Galaterbrief
Gen Bereschit (Genesis[buch])
griech. griechisch
Hab Chavaquq (Habakuk[buch])
Hag Chaggai (Haggai[buch])
hebr. hebräisch
Hebr Hebräerbrief
Hen Henoch(buch)
Hi Ijov (Hiob[buch])
Hld Schir ha-Schirim (Hohelied[buch])
hom Homilie
Hos Hosche'a (Hoseabuch)
j Jeruschalmi, Jerusalemer oder Palästinischer Talmud
J J'wist
J' Kurzform des Tetragrammatons bzw. des Gottesnamens JHWH
Jak Jakobusbrief
Jdt Judith(buch)
JE Jehovist
Jer Jirmejahu (Jeremia[buch])
Jes Jeschajahu (Jesaja[buch])
JHWH Tetragrammaton, Gottesname
Jo Jo'el (Joel[buch])
Joh Johannesevangelium
Joh (1, 2, 3) Johannesbrief
Jon Jona(buch)
Jos Jehoschu'a (Josua[buch])
Jud Judasbrief
K^D Deuteronomische Kompositionsschicht

Klgl Ekha (Klagelieder[buch]); Threni
Koh Qohelet (Kohelet[buch])
Kol Kolosserbrief
Kön Melakhim (Könige[buch/ bücher])
Kor (1, 2) Korintherbrief
K^P Priesterliche Kompositionsschicht
LAB Liber Antiquitatum Biblicarum
lat. lateinisch
Lev Wajiqra (Levitikus[buch])
Lk Lukasevangelium
LXX Septuaginta
m Mischna
Makk (I-IV) Makkabäer(buch/bücher)
Mal Male'akhi (Maleachi[buch])
Mi Mikha (Micha[buch])
Mk Markusevangelium
Mt Matthäusevangelium
Nah Nachum (Nahum[buch])
Neh Nechemja (Nehemia[buch])
NT Neues Testament
Num Bemidbar (Numeri[buch])
Obd Ovadja (Obadja[buch])
Offb Offenbarung des Johannes
p Palästinischer oder Jerusalemer Talmud, Jeruschalmi
P Priesterschrift
ParJer Paralipomena Jeremiae
Petr Petrusbrief
Phil Philipperbrief
Phlm Philemonbrief
PRE Pirqé de-Rabbi Eli'eser
Ps Psalm
PsSal Psalmen Salomos (Salomonis)
QohR Qohelet Rabba (Kohelet Rabba)
Ri Schoftim (Richter[buch])
Röm Römerbrief
Rut Rut[h](buch)
Sach Sekharja (Sacharja[buch])
Sam Schmu'el (Samuel[buch])
Sanh Sanhedrin (Mischna- bzw. Talmudtraktat)
SapSal Sapientia Salomonis (Weisheit Salomos)
Schab Schabbat (Mischna- bzw. Talmudtraktat)
SifBem Sifré Bemidbar (Sifré Numeri)
SifDev Sifré Devarim (Sifre Deuteronomium)
SifDtn Sifré Deuteronomium (Sifre Devarim)
SifNum Sifré Numeri (Sifré Bemidbar)
Sir ben Sira (Jesus Sirach)
Spr Mischlé (Sprüche, Proverbien)
Sus Susanna(buch)
syrBar Syrischer Baruch
t Tosefta
Tanakh Akronym aus Tora, Nevi'im, Ketuvim: Hebräische Bibel
Test Testamente (der zwölf Patriarchen)
TestHiob Testament Hiobs
Thess Thessalonicherbrief
Tim Timotheusbrief
Tit Titusbrief
Tob Tobit(buch)
Virt „De virtutibus" („Über die Tugenden") von Philo von Alexandrien
VisSam Vision Samuel
Vita Mos „De vita Mosis" („Über das Leben Moses") von Philo von Alexandrien
WA Weimarer Ausgabe (der Werke Martin Luthers)
Zeph Zephanja(buch)

Register

1. Personenregister

Aaron (Aharon) 29, 98, 101, 106, 114f., 133
Abaelard, Petrus (Abaelardus, Abailard) 166
Abdon 139f.
Abel (Hevel) 73f., 90
Abigail 143
Abimelech 140
Abiram 114
Abraham (Avraham) 11, 31, 85, 87, 89ff., 136, 143, 204, 297
Abravanel, Isaak (Jitzchaq Avravanel, Isaak Abrabanel) 228, 339f.
Absalom (Abschalom) 152, 154, 278
Adam 11, 46, 65, 91f., 183, 353f.
Agur 286
Ahab 160-163, 222
Ahas (Achas) 169
Ahasja 159, 161
Albertus Magnus 252, 341
Alexander der Große 337
Alexander Jannäus 240
Amazja 174, 214, 217
Ambrosius von Mailand 48, 156, 166, 306
Amon 161
Amos (Amoz) 76, 180, 201, 205, 208, 213f., 216f., 219, 221, 224, 232, 244, 246
Andrew von St. Victor 50f., 341
Antigonos 347
Antiochos III. (Antiochus) 337
Antiochos IV. (Antiochus) Epiphanes 336f.
R. Aqiba (Rabbi Akiba) 305
Arama, Jitzchak (Isaak Arama) 332
Aristobul 22
Artapanus 20
Artaxerxes I. (Ahasver-Xerxes) 345ff.
Artaxerxes II. 346
Asa 354
Asaf (Asaph) 11, 274ff.
Ascher 133, 202
Augustin(us) 48, 92, 118, 137, 145, 155f., 166, 175, 217
Baal (Ba'al) 114, 142, 166, 202
Bach, Johann Sebastian 175, 281, 307, 320
Bachja ben Ascher 332
Barak (Baraq) 140f., 144
Baruch (Barukh ben Nerija) 21, 37, 169, 180-183, 187, 316
Batscheba (Batseba, Batscheva) 148, 152, 154
Beethoven, Ludwig van 175
Belschazzar 336
Benjamin 133, 149, 179, 354
Benz, Johannes 326
Bernhard von Clairvaux (Bernard de Clairvaux) 51, 205, 306f.
Bernstein, Leonard 281, 320
Bildad 294
Bileam (Bile'am, Bil'am) 11, 114f., 117f.
Blum, Erhard 59
Boas (Bo'as) 311ff.
Bomberg, Daniel 148
Bonaventura (Johannes Fidanza) 52
Brod, Max 333
Buber, Martin 70
Bucer, Martin 254
Byrd, William 320
Calvin, Johann(es) (Calvin, Jean) 54, 175, 258, 341
Cardenal, Ernest 281
Cäsarius von Arles 91
Cassiodor 48
Cassuto, Umberto (Mosche David) 44
Chagall, Marc 307
R. Chananja ben Chisqija 191
Childs, Brevard S. 59
Cicero 137

Clemens von Alexandrien 252, 298
Cordovero, Mosche (Mose[s]) 306
Couperin, François 320
Cranach, Lucas (Lukas) 341
Dan 13, 133, 162
Daniel (Dani'el) 11, 35, 48, 89, 246, 265, 335-341
Darius I. (Dareius I. Hystaspes, Darius der Meder) 255, 336
Datan 114
David (Dawid) 11, 19, 49, 117, 144, 148-157, 160-163, 172, 175, 195, 216f., 234f., 245, 274, 276ff., 310-313, 322, 354f.
Debora (D'vora) 139-144
Delila 142
Didymus der Blinde 48
Dina (Dinah) 297
Döderlein, Johann Christoph 61
Duhm, Bernhard 58, 170f.
Efraim (Ephraim, Efra'im) 133
Ehud 140
Eichhorn, Johann Gottfried 56
Einhorn, David 43
Eleasar (Ele'asar, El'asar) 132f., 235
Eli 150, 155
Eli'eser 193
Elifas (Eliphas) 294
Elihu 294
Elija (Elia) 13, 130, 142, 161-166, 269ff.
Elisabeth 155
Elischa (Elisa) 130, 161, 163, 166, 246
Elon 139f.
Ephraem Syrus 49
Esau (Esav) 84, 90, 219f., 222, 269
Esra 11, 21, 268, 329, 344-347, 349
Ester (Esther) 11, 35, 143, 305, 329-333
Eupolemos 20
Eva 65, 91
Ezechiel (Hesekiel, Jechesqel) 11, 48, 51, 107, 130, 179, 186-195
Feuchtwanger, Lion 144
Gabriel 155, 164, 265
Gad 133
Geiger, Abraham 43
Gideon (Gide'on, Gid'on) 139f., 142-145
Goethe, Johann Wolfgang von 296
Goliath 151
Gomer 202, 204
Graetz, Heinrich 43
Graf, Karl Heinrich 57
Grillparzer, Franz 333
Gronemann, Sammy 333
Gregor I. (Gregor der Große) 48, 155, 195, 326
Gregor von Nyssa 156, 326
Gregor Thaumaturgos 325
Grotius, Hugo 55
Grünewald, Matthias 176
Gunkel, Hermann 58f.
Habakuk (Chavaquq) 243-246
Hagar 91
Haggai (Chaggai) 255f., 258f., 261, 264, 270
Haman 331ff.
Hananja (Chananja) 182
Hanna (Channa) 143, 153, 155
Haymon von Auxerre 252
Heman 282
Henoch 20f., 89, 164
Herder, Johann Gottfried 56
Hesychios von Jerusalem 252
Heyne, Christian Gottlob 56
Hieronymus 48, 50f., 145, 156, 166, 195, 229, 240, 252, 258, 326, 335, 341, 344, 350, 352, 355
Hilarius von Poitiers 48
Hilkija 179
Hiob (Ijob, Ijov) 12, 49, 89, 274, 293-298, 323, 335
Hippolyt von Rom 195, 340f.
Hirsch, Samson Raphael 43
Hiskija (Hiskia, Jechisqijahu) 11, 161f., 169, 171, 234, 285f., 354
Hoffmann, David Zwi 43
Hosea (Hoschea, Hosche'a) 201f., 204f., 208, 211, 224, 232, 244, 306

Hrabanus Maurus 333
Hugo von/de St. Victor 50f., 333
Hulda 135, 143
Hus, Jan 341
Ibn Da'ud (Daud), Abraham 343
Ibn Esra (Ibn Ezra), Abraham 35-38, 40, 79, 170, 204, 216, 227, 332, 339f.
Ibzan 139f.
Iphigenie 144
Irenäus von Lyon 13, 46f., 91f., 145, 349
Isaak (Jitzchak, Jitzchaq) 85, 87, 90f., 143, 204
Isai (Jesse) 151, 156
Isebel 162f., 222
Isidor von Sevilla 50, 155, 166
Ismael (Jischma'el) 91
Issachar 133
Jacob, Benno 43
Jaïr 139f.
Jakob (Ja'akov, Jaakob) 68, 84f., 87, 89ff., 96, 117f., 143, 165, 183, 202, 204, 219f., 222, 233, 269f., 297, 330
Jedutun 11
Jeremia (Jirmejahu) 10, 48, 160, 169, 179-184, 186f., 234, 243f., 266, 301, 306, 316f., 319, 322, 339
Jerobeam (II.) 161f., 213, 224
Jerubbaal (Jerubba'al) 142
Jesaja (Jeschajahu ben Amoz) 58, 118, 169ff., 173-176, 179, 183, 186, 201, 205, 216, 232, 244ff., 271, 306
Jesus von Nazareth 46, 91, 103, 110f., 127, 130, 136, 145f., 155f., 165f., 174f., 183, 195, 205, 211, 217, 222, 229, 235, 246, 265f., 271, 289, 340
Jiftach (Jiphtach, Jefta) 139f., 142, 144ff.
R. Jochanan 26, 329
Joel (Jo'el) 206, 211
Johannes Chrysostomus 49, 137, 145, 156, 313
Johannes der Täufer 13, 166, 271
Jojachin 187, 330
Jojakim (Jehojakim) 179ff., 319
Jona (Jonah) 49, 165, 224-229
Joram 161
Joschafat (Joschaphat) 161, 354
R. Jose ha-Galili 30
Josef (Joseph) 84f., 87, 90f., 133, 156, 235, 330, 335
Josephus, Flavius 21f., 134, 143f., 153, 239f., 258, 340
Josia (Joschija, Joschijahu) 58, 122, 161f., 179, 181, 249, 310, 316, 354
Josua (Jehoschu'a) 11, 48, 113, 115, 12, 131-137, 139f., 257f., 262ff.
Jotam 169
Juda (Jehuda) 133, 179
Kain (Kajin) 73f.
Kaleb (Kalev) 115, 117, 133f
Kambyses 345
Kara, Joseph 227
Karl der Große 157
Kochanowski, Jan 320
Königin von Saba 165
Korach 11, 114f., 117, 274f.
Kyrillos (Cyrill) von Alexandrien 252
Kyros (II.) 170, 255, 336, 344f.
Leibowitz, Nechama 44
Lemuel 286
Lessing, Gotthold Ephraim 55f.
Levi 133, 354
Levi ben Gerschom 332, 339
Luther, Martin 14, 53f., 56, 69, 71, 77, 91, 103, 175, 205, 258, 280f., 322f., 326, 341
Luzzato, Samuel David 43
Maimonides (Mosche ben Maimon) 18, 38, 88f., 135, 204
Malbi"m (Me'ir ben Jechiel Michael) 44
Maleachi (Male'akhi) 258, 264, 268, 270
Manasse (Menasche) 133, 142, 161, 173, 243
Manger, Itzik 333
Marduk 331, 345
Maria (Mutter Jesu) 91f., 145, 155, 166, 176, 306, 320
Marti, Kurt 281

Mechthild von Magdeburg 205
Melanchthon, Philipp 326
Melchizedek 11
Melito von Sardes 13, 90, 333
Menachem ibn Saruq 34
Mendelssohn, Moses 43, 69
Micha (Mikha) 205, 216, 219, 232, 234, 244f.
Michelangelo (di Lodovico Buonarroti Simoni) 176
Mirjam (Miriam) 98, 114f., 143
Mordechai 329ff.
Mosche ben Nachman (s. Ramba"n)
Mosche de Leon 41f
Mose (Mosche) 11, 29, 31, 37, 56, 66ff., 91, 96, 98-103, 113, 115-118, 121, 123, 125ff., 131f., 134, 153, 163f., 169, 179-183, 210, 216, 271, 274, 293, 349
Methusalem (Metuschelach) 62
Nachmanides (s. Ramba"n)
Naftali (Naphtali) 133
Nahum (Nachum) 227, 237f., 240
Naomi (Naemi, No'omi) 311ff.
Nathan (Natan) 26, 228
Nebukadnezar 317, 330, 336
Necho II. 97
Nehemia (Nechemja) 344-347, 349
Nikolaus von Lyra 52
Noah (No'ach) 87, 89, 335
Obadja (Ovadja) 219, 221f.
Omri 160
Origenes von Alexandria 47f., 91, 118, 136, 145, 195, 252, 298, 306, 325f., 333, 344, 350
Orpa 315
Otniël 140
Pablo Christiani 38
Palestrina, Giovanni Pierluigi 320
Paulus 103, 128, 135, 155, 205, 235, 289
Petachja von Regensburg 349
Philo von Alexandrien 20, 22, 99, 134, 306
Pinchas 115, 117f.
Pippin 157
Plaut, Gunther 71
Porphyrios von Tyros 341
Pseudo-Justin 145
Pseudo-Philo 147
Ptolemaios I. (Ptolemäus) 337
Qimchi, David (David Kimchi, Rada"q) 37, 39, 204, 216, 227, 355
Qimchi, Josef 37, 144
Racine, Jean Baptiste 333
Rada"q s. Qimchi, David
Raffael 176
Rahab 133, 135f.
Rahel (Rachel) 87, 89, 91
Ralba"g (Levi ben Gerschom) 332
Raschba"m (Schmu'el ben Me'ir, Samuel ben Meir) 105, 112, 120, 129, 334, 336, 341
Ramba"n (Mosche ben Nachman, Nachmanides) 38f., 334, 336
Rasch"i (Rabbi Schlomo ben Jitzchaki) 18, 34f., 37f., 40, 44, 51, 80, 82, 91, 139f., 201, 231, 235, 247, 349, 367
Rebekka 87
Rehabeam 161, 354
Reimarus, Hermann Samuel 55f.
Rendtorff, Rolf 59
Reuchlin, Johannes 53
Richard von St. Victor 50f.
Rosenzweig, Franz 70
Roth, Joseph 296
Ruben (Re'uven) 133
Rufin 48
Rupert von Deutz 252
Ruth (Rut) 310
Sa'adja Gaon 34, 36
Sacharja (Sekharja) 255, 258, 261f., 264, 270
Sachs, Hans 296, 333
Salomo (Sch'lomo) 58, 148, 151f., 160-166, 274, 284f., 301f., 304ff., 316, 322, 324, 354f.
Salmanassar III. 160
Samuel (Schmu'el) 11, 130, 139, 143f., 148, 150-153, 155f., 322

Sanherib 171
Sara 87, 91, 117, 143
Saul (Scha'ul) 149-156, 331, 353f.
Schamgar 140
Schekhina (Schechina) 26, 155, 193, 306
Scheschbazzar 256
Schim'on bar Jochai 41
Schim'on ben Laqisch 26
Schmu'el bar Jehuda 329
Sebulon 133
Seleukos 337
Serubbabel 256ff., 263f.
Simeon (Schim'on) 133
Simson (Schimschon) 139-144, 146, 151
Sisera 141
Spinoza, Baruch 37, 55
Stephanus 217
Strawinsky, Igor Fjodorowitsch 281, 320
Susanna 187
Tallis, Thomas 320
Tamar 152
Theodor von Mopsuestia 49, 252, 333
Théodore de Bèze 54
Theodoret von Kyros (Cyrus) 49, 145, 156, 195, 252
Theodotion 335
Thomas a Kempis 326
Thomas von Aquin 52, 146, 175
Tiglat-Pileser III. 170
Timna 142
Tola 139f.
Tur Sinai (Torczyner), Naphtali Herz 67, 70, 301
Ujejski, Kormel 320
Uria (Urija) 152
Usija (Usijahu) 169, 217
Usque, Salomon 333
Wellhausen, Julius 44, 57-60
Werfel, Franz 184
Wette, Wilhelm Martin Leberecht de 57
Xerxes 330
Zedekia (Zidqijahu) 179, 181
Zephanja (Zefanja) 243, 249, 251f.
Zofar 294
Zunz, Leopold 43, 69f., 301
Zwingli, Ulrich 14

2. Ortsregister

Ägypten (Mizrajim, Mizraim) 29, 66ff., 84, 96ff., 101ff., 113, 115f., 127, 131, 180, 183, 188, 203, 211, 252, 297, 337, 348
Ai 132
Alexandria (Alexandrien), alexandrinisch 47, 49, 99, 252, 298, 306, 325
Amalek 98, 102, 136, 155
Amiens 176
Ammon 149
Anatot 179f.
Andalusien 37
Antiochia, antiochenisch 49
Aram 149
Arles 91
Assur 171, 346
Assyrien, assyrisch 58, 97, 160f., 171, 213, 224, 232, 237ff., 249
Babel 87, 181
Babylon, babylonisch 11, 24, 56, 58, 86, 97, 107, 122, 130, 135, 143f., 153, 160f., 170f., 179, 182f., 186f., 189ff., 193f., 204, 216, 219, 221f., 227f., 232, 240, 243-246, 249, 255, 258, 261, 281, 284, 288f., 293, 297, 303, 330ff., 336, 338f., 344-347, 353
Barcelona 38
Bet-El (Bethel) 162, 213
Bethlehem 213, 234f., 313
Bologna 52
Burgos 176
Byzanz 47
Chalkedon 157
Chartres 176, 333
Chirbet Qumran 20, 173, 192
Chorev s. Horeb
Ebal 28

Eden 86
Edom 90, 115, 149, 188, 209, 213, 219-222, 224, 269, 297
Elim 98
Elkosch 238
En-Dor 156
England 35
Galiläa 33
Garizim 28
Genf 54
Gerona 38
Gethsemane 222
Gilboa 149
Hebron 149f.
Hippo 13
Horeb 11, 97, 122f., 163
Iberische Halbinsel 45, 364
Israel 11ff., 19, 21, 28, 30, 32, 38, 43f., 46, 49, 54-58, 63f., 66ff., 70, 76, 83ff., 87, 89f., 96-100, 102f., 109f., 113ff., 117f., 121, 123ff., 127f., 130, 132-136, 139-145, 148f., 151-145, 156, 159-166, 169f., 172f., 175f., 181-184, 186, 188ff., 192ff., 200-205, 209f., 214-217, 219ff., 224, 226ff., 233ff., 240, 243ff., 249-252, 255, 257f., 262, 264, 269f., 274f., 279, 285, 287, 301, 305f., 310, 312f., 316, 318ff., 330f., 344, 348, 352-355
Italien 35
Jericho 132f., 136
Jerusalem (Jeruschalajim) 23, 101, 110, 117, 124ff., 132, 135, 149, 152, 162, 170f., 179ff., 183, 188ff., 194f., 210, 219f., 228, 232ff., 239, 249f., 252, 256, 262-265, 278, 303f., 317f., 320, 322, 340, 344-348, 354
Josaphat 210
Judäa, Juda (Jehuda) 107, 125, 149, 152, 159-162, 169-171, 179f., 188ff., 204, 209f., 214, 216, 219ff., 232f., 235, 238ff., 246, 249ff., 257f., 263, 265, 285, 317ff., 337, 344-347, 352-355
Kanaan (Kana'an) 121, 132f., 135f., 139, 148
Karthago 13
Katalonien 38
Lyon 13, 46, 145, 349
Lyra 52
Mailand 48, 306
Mara 98
Massa 98
Meriba 98
Mesopotamien 238
Mizpa 150
Moab 149
Moreschet(-Gat) 232
Mossul 238
Narbonne 37
Nazareth 46, 103, 175, 235
Negev 114
Nildelta 96f.
Ninive 58, 165, 219, 224-228, 232, 237-240
Nob 154
Nordfrankreich, nordfranzösisch 35, 38, 50f., 355
Ostjordanland 113ff., 123
Oxford 52
Palästina 331, 337
Paris 50, 52
Persien, persisch 13, 58, 171, 224, 232, 255f., 268, 329ff., 336, 344-349, 353
Pitom 97
Poitiers 48
Provence 35, 37, 40
Qumran 22, 126, 153, 181, 192, 251, 275, 297
Ra'amses 97
Refidim 66f., 98
Rom, römisch 13, 23, 47, 90, 117, 164, 176, 194f., 222, 240, 339
Römisches Reich (Imperium Romanum) 22, 222
Rotes Meer 134, 245
Safed (Zefat) 280, 306
Samaria 160, 213, 216, 232f., 346
Saragossa 333
Sardes 13, 90, 333
Schilo 133, 150

Sefarad 45
Sevilla 50, 155, 166
Sfire 129
Sichem 133
Sidon 188
Sin 98
Sinai 42, 66f., 69, 83, 96-103, 113ff., 130, 226, 246
Sodom 90
Spanien, spanisch 34-38, 320
St. Victor 50, 333, 341
Südreich 159, 161f., 194, 201, 214, 354
Syrien, syrisch 49, 58, 160, 170f., 182, 337
Tarsis 226
Theben 238
Tyrus 188
Vorderer Orient 317, 335
Westjordanland 132f., 139
Ziklag 150

3. Sachregister

Aaronitischer Segen 114f., 118
Abendmahl 175, 183
Ablass 91
Abschiedsrede 123, 297
Achikar-Sprüche, Achikar-Roman 291
Ackerboden 86, 94
adama 74, 86
Adversus Haereses 46
Aktualisierung 18, 24f., 35, 63, 83, 97, 102, 171, 243, 333
Alenu-Gebet 265
Aleppo-Kodex 44, 316, 352
Alexandrinische Schule 47, 49
Allegorese 22, 32, 39, 47, 49f., 306
Allegorie, allegorisch 22, 36, 37, 51, 53, 91, 136f., 145, 156, 166, 195, 290, 305f., 333
Alleinverehrung 124, 162
Alphabet 40, 317
Altar 108, 176, 216
Alter Bund 46, 83, 90f., 155, 184
Altes Testament 13f., 46, 56, 131, 271, 326
Amida s. Schm'one Essre
Amos (Buch) 201, 208, 213-217, 219, 221, 224, 232f., 239, 244, 250, 252
Ämtergesetz 123ff.
Anagogie, anagogisch 51
Anekdote 76
angelus interpres (Deuteengel) 190, 263, 265
Angesicht 11, 26, 73, 117, 333
anglikanisch 101, 287
Antijudaismus, antijüdisch 56, 82, 147
Antiochenische Schule 49
Antiquitates Judaicae 134, 143, 153, 240, 258
(Liber) Antiquitatum Biblicarum 21
Antithese 103
Anthologie 51, 57
Anthropogonie 86
Anthropologie, anthropologisch 92
Anthropomorphismus, anthropomorph 86
Apologie 310
Apokalypse 20f., 90, 171, 182, 252, 338, 340f.
Apokalypse Abrahams 90
Apokalyptik, apokalyptisch 13, 22, 125, 192, 195, 211, 222, 240, 245, 251f., 263, 265, 336-340, 349
Apokryphen, apokryph 14, 21, 187, 217
Apostasie 117
Apostelgeschichte 155, 211, 217
Apostelkonzil 217
Aqedat Jitzchaq 90
Aqhat-Erzählung 335
Armenfürsorge 109, 124, 126, 297
Armut, arm 215, 251, 253, 275, 323
Ascensio Jesajae 177
Aschkenas, aschkenasisch 34, 36, 210, 246, 332
Asseret ha-Dibb'rot („Zehn Worte“, s. Dekalog) 99
Assonanz 30
Asyl 124, 133, 216

Asylstädte 123
Äthiopischer Henoch 89, 192
Auferstehung 55, 156, 166, 193, 195, 205, 228, 297
Aufklärung 43, 56
Ausfluss 107
Aussatz 107
Aussendung 188
Auszug 66f., 73, 79, 96, 101, 113, 116, 127, 131, 193
Auszugserzählung 84, 101
Autonomie 141, 154, 337, 346
Avot de Rabbi Nathan (Natan) 165, 288, 339
Baalskult 142, 163, 203
Babylonisches Exil 56, 107, 122, 130, 160f., 170f., 179, 183, 187, 189, 216, 219, 221, 232, 243, 255, 258, 261, 336, 344, 353
(Sefer ha-)Bahir 94
Ballade 75
Bar Kokhba-Aufstand (Bar-Kochba-Aufstand) 117
Baruch (Buch Barukh) 21, 182, 187, 338
Befreiung, befreien, Befreier 62, 92, 96-99, 102, 113, 141, 188, 245, 262, 277, 306, 348
Begierde, Begierlichkeit 86, 164
Beispielerzählung 27
Bekehrung 165, 240, 246, 255
Belagerung 171, 190
Bemidbar (Numeri, 4. Buch Mose) 57, 96, 106, 113-117, 121f., 125
Bemidbar Rabba 120
Ben Sira (griech. Jesus Sirach) 13f., 20f., 134, 152, 164f., 258, 273, 330, 349
Berakha (Beracha, Pl. Berakhot, Berachot) 90, 126, 153f., 273, 297, 348
Bereschit (Genesis, 1. Buch Mose) 35, 37, 44, 47ff., 59, 84f., 87f., 90, 96, 131, 135, 151, 220
Bereschit Rabba (Genesis Rabba) 35, 88, 90, 144, 222, 289, 297
Bergpredigt 103
Berufung 99, 142, 180f., 188, 193, 201, 258
Berufungsvision 187
Beschneidung 27, 87, 165
Bibelhandschrift 44, 50, 186, 301
Bibelkommentar 18
Bibelwissenschaft 33, 43, 85, 130, 160
Biblia Hebraica Stuttgartensia 75, 301, 316
Bilderverbot 124
Binjan Av 28
Bittpsalm 276
Bi'ur 43
Blut 73, 108f., 126, 136, 145, 209, 210, 222, 250
Blutvergießen 94
Brandopfer 91, 111, 205
Brief des Jeremia 169, 182, 187
Buber-Rosenzweig (Bibel) 70
Bundesbruch 123
Bundesbuch 97f., 100, 115
Bundeslade 165, 354f.
Bundesschluss 84, 87, 98, 287
Bundestreue 123
Bündnispolitik 160
Buße 195, 205, 208f., 225ff., 237, 348
Bußgottesdienst 209
Chaggai (Buch Haggai) 224, 249, 255f., 258, 261, 263f., 268
Challa 114, 153
Chametz 30
Chanukka 265
Chaos 86, 115, 278
Chaoskampf 245
Chassidismus, chassidisch 193
Chatima 25
Chavaquq (Buch Habakuk) 237f., 243, 245f., 249
Chokhma (chochma) 88, 287
Christushymnus 289
Chronicon 51
Chronikbuch/-bücher s. Divré ha-Jamim
Chronistisches Geschichtswerk 346, 353

Clemensbrief, Brief des Clemens, 1., 2. 136
De Civitate Die 166, 217
Codex Petrogradensis 301, 316, 352
Collationes in Hexahemeron 60
creatio ex nihilo (Schöpfung aus dem Nichts) 88, 92
Credo 125
cursus 52
Dani'el (Buch Daniel) 11, 13, 35, 48, 169, 187, 273, 302, 335, 339, 341
Slawischer Daniel 341
Griech. Apokalypse des Daniel 341
Davidspsalm 275ff.
Deboralied 140f.
Dekalog (Zehn Gebote, Asseret ha-Dibb'rot: „Zehn Worte") 27, 65, 72, 83, 97-100, 102f., 115, 123, 125, 127, 216
Deportation 187, 190, 330, 336
Deuterojesaja 58, 88, 90, 170f., 175, 296
Deuterokanonisch 20, 23, 70, 89, 107, 134, 152, 164, 169, 182, 227, 263, 271, 273, 279, 329, 349
Deuteronomische Reform 122, 125
Deuteronomistisches Geschichtswerk 122, 131, 140
Deuteronomium s. Devarim 22, 57f., 88, 96f., 113, 116, 121-127, 132, 180, 204, 310f.
Deuterosacharja 261
Devarim (Deuteronomium, 5. Buch Mose) 57f., 61, 113f., 120, 122, 129f.
diachron 59, 64, 75, 243
Dialog mit dem Juden Trypho(n) 340
Divré ha-Jamim (1. Und 2. Buch der Chronik) 11f., 19, 37, 152, 154, 159, 163f., 273, 302, 316, 344, 346f., 352-355
De doctrina Christiana 48
Dodekapropheton (s. Tré Assar)
Dogma, dogmatisch 52, 62, 92
Doppelgebot 48, 55, 110f., 127
D'rasch 22, 24, 34, 38ff.
Dreizehn Middot (Gottes) 25, 102
Drohrede, Drohwort 189, 214, 220, 238f., 266
Dualismus, dualistisch 46, 296, 336
Ebenbildlichkeit, ebenbildlich 88
Ecclesiastes (ben Sira, Jesus Sirach) 20f.
Efod (Ephod, Vlies) 144f.
Ehe, ehelich, Ehebund 89, 108, 164, 202, 204f., 306
Ehebruch 116, 127, 151, 203f.
Ehehalacha 127
Eherecht 126
Ehescheidung 127
Eheschließung 126
Einheitsübersetzung 67, 70, 77, 284
Einleitungswissenschaft 56
Einsetzungswort 175
Einsicht, einsichtig 9, 47, 62f., 73, 75f., 78, 190, 226, 287, 296, 326, 352
Einweihung 97f., 165, 256, 347, 354
Ekha (Threni, Klagelieder) 11, 169, 182, 187, 273, 284, 301, 316-320, 322
Ekha Rabba(ti) 193, 319
Elberfelder Übersetzung/Bibel 70
Emanation 94
Emanationslehre 40
Emanzipation 43
(Sefer) Emunot we-De'ot 34
Endkampf, Endschlacht 194, 210, 240
Endzeit 39, 165f., 172f., 221, 240, 271, 336
Endzeitberechnung 245, 340
Endzeiterwartung 341
Entrückung, entrücken 163f., 166, 191, 271
Enuma eliš 58, 86
Erbarmen 117, 202ff., 226f., 232
Erbrecht 87, 114
Erbsünde 92
Erinnerung, erinnern 11, 58, 90, 99, 110, 116, 127, 134, 181, 203, 208, 234, 244, 257, 261, 270, 303, 329
Erstes Gebot 99
Erstgeborene(r) 87

Erstlinge 100, 123f.
Erwählung, erwählen 27, 68, 87, 118, 163, 181, 203f., 215, 221f., 235, 257, 263, 269, 306, 330
Erziehung 56, 287
Eschatologie, eschatologisch 38, 154, 166, 193, 200, 210, 221, 234, 245, 251, 256f., 264, 270, 340f.
Eschet Chajil („Lob der tüchtigen Frau") 286, 288f.
Esra (Buch) 12, 195, 255, 257, 261, 264, 302, 311, 335, 338, 344-349, 352f.
IV. Esra 21, 195, 349
Ester (Buch Esther) 11, 35, 143, 273, 284, 301, 305, 316, 329-333, 335
Ester Rabba 332
Ethik, ethisch, Ethos 18f., 22, 24f., 32, 34f., 38f., 41, 51, 55, 75, 89, 97, 99, 102f., 106, 109,111, 125, 128, 143, 148, 163, 172, 182, 189, 216, 234, 287, 289, 295, 324f.
Evangelium/Evangelien 46, 56, 103, 130, 156, 165f., 174f., 183, 195, 205, 246, 265, 271, 289, 313, 340
Exegese 22, 25, 36f., 39, 41, 43f., 46-55, 57, 59, 62, 64, 75, 77, 341
Exemplum (Exempla) 76, 146
Exil 56, 89, 107, 122, 126f., 130f., 160f., 169-173, 179, 181ff., 187-191, 193, 200, 216, 219, 221, 232, 234, 243, 249, 255, 257f., 261ff., 275, 293, 317f., 336, 344, 346, 348, 353, 355
Exodus 19, 49, 84, 96, 102, 121, 172f., 183, 211, 287
Exodustradition 97
Ez Chajim 40
Fabel 76
Familienethos 127
Familienrecht 24
Fasten 209
Faust 296
Feindschaft 297
feministische Exegese 62, 64
Fest 88, 101, 123, 127, 155, 174, 183, 188, 213, 301, 313, 316, 318, 325, 331f.
Festkalender 19, 108, 110, 310
Festzeit 24
Figura etymologica 31, 66
Fluch 28, 108, 123, 127f., 171
Fluterzählung (Flutgeschichte) 87, 239
Formanalyse 76
Formbestimmung 76
Formgeschichte 76, 78
Formkritik 75
Frau Weisheit 288
Freiheit, frei 25, 33, 55f., 89, 91f., 175, 222
Fremdgötterkult 203f.
Fremdherrschaft 97, 117, 319, 346
Gattung 57, 75, 182, 214, 245, 294, 317, 338
Gattungsgeschichte 59, 330
Gebet 116f., 153, 165, 174, 183, 194, 222, 244, 246, 262f., 274ff., 279, 286, 329, 340
Gebot 18, 22, 27, 36f., 42, 54, 65, 83, 89, 96, 98-103, 107, 110f., 113, 115, 123ff., 127, 135, 216, 234f., 245, 269, 278, 280
Geburtserzählung 151, 156, 247
Gedächtnis, Gedenken 99, 211, 320
Gehorsam (Gehorsamkeit) 87, 90, 134, 225, 227, 278
Geist 11, 47, 50, 54ff., 91, 134, 136, 141f., 145f., 151, 186, 191, 209ff., 257f., 262, 264, 270, 285, 289f., 306, 329
Gelübde, geloben 108, 142, 144ff.
Gemara 144
Gematria 31
Genealogie, genealogisch 85, 96, 156, 249, 312f., 331, 353f.
Genesis (s. Bereschit)
Genesis ad litteram 48
Genesis-Apokryphon 21
Genre 9, 18, 24, 47, 59, 75f., 279f., 316f., 338
Gerechtigkeit, gerecht, Gerechte(r) 21, 69, 89, 91, 107, 117, 135, 137, 145, 154, 165f., 172f., 175, 189, 191, 210f.,

215, 217, 220, 226, 228, 244ff., 252, 264, 269f., 280, 286ff., 295ff., 324
Gesellschaftskritik 213
Gericht, richten 90,100, 166, 171, 188, 190, 200, 204, 208ff., 215, 221, 232f., 235, 238, 244, 250, 270, 339
Gerichtsankündigung 215, 220, 226f., 250f.,
Gerichtsrede, Gerichtswort 188f., 202, 213f., 220, 222
Gesang 155, 281, 304
Geschichtsbücher 13, 130f., 159, 293
Geschichtsrückblick 189, 203
Gesera 27
Gesetzessammlung 125
Gestirne 86
Glaube(n), glauben 34, 83, 90f. 136, 145f. 155, 195, 244ff., 297, 331, 336
Gleichnis 27, 188, 195, 319
Gleichnisrede 188, 204
Glossa 50
Glosse 35
Gnade, gnädig 91f., 157, 166, 226, 235
Gnosis, gnostisch 46
Goldene Regel 216
Goldenes Kalb (Gusskalb, Goldenes Stierbild) 98, 100-103, 115
Gottähnlichkeit, gottähnlich 92
Gottebenbildlichkeit, gottebenbildlich 89
Gottesbund
Gottesdienst 34, 102, 116ff., 174f., 269, 279f., 318f., 325, 348, 355
Gottesfurcht, gottesfürchtig 145, 217, 221f., 225f., 287, 295, 323
Gottesherrschaft 156, 222
Gottesknechtslied(er) 175
Gottesvolk 103, 262f
Gottlosigkeit, gottlos 244
Götzendienst 89, 100, 124, 141, 194, 217, 262
Graf-Wellhausensche Hypothese 57f.
Grammatik 18, 33-37, 43
Guf 25
Die Gute Nachricht 291
Haftara, Haftarot 135, 144, 155, 165, 174, 183, 194, 205, 210, 217, 222, 235, 246, 252, 265, 271
Haggada, haggadisch 18, 21f., 24f., 35, 83, 89f., 101f., 113, 115, 117, 125f., 135, 153ff., 164, 173f., 191, 228, 279, 325, 339
Halacha, Halachot, halachisch 18, 21-25, 27, 34f., 38, 43f., 59, 76, 83, 97f., 101f., 107, 109, 113-116, 123, 126f., 154, 310ff., 314, 345
Hallel 275ff., 279
Hallstimme 258, 265
Hebräerbrief (Brief an die Hebräer) 110, 135f., 144, 155, 246, 289
hebraica veritas 48, 51
Heil 91, 145, 166, 200, 204, 209, 221, 232, 245, 256f., 264, 270, 298
heilig, Heiligkeit 27, 32, 33, 54ff., 66, 68, 99, 107ff., 172-175, 221, 234, 305, 313
Heilige Schrift 9, 13, 19, 33, 46f., 51, 54, 56f., 62, 69f
Heiliger Geist 54, 145, 211, 258, 264, 306, 329
Heiliger Rest 235
Heiligkeitsgesetz 108ff.
Heiligtum 23, 97f., 101f., 108. 110, 113f., 124, 126, 153, 162, 182, 189, 213f., 216, 256ff., 262, 276, 278, 318, 345f.
Heilsgeschichte 133, 136, 217
Heilsprophetie 252
Heilsverheißung 130, 188, 208, 210, 220, 233f., 251, 257, 262, 264
Heilszeit 130, 154, 156, 165, 193, 203, 210f., 257, 271
Heilszusage 203, 209, 257, 263
Hellenismus, hellenistisch 13, 21f., 88, 92, 99, 117, 164f., 232, 244, 297, 310, 322, 338, 344, 347, 349, 353
Henochbuch 89, 192, 195, 265
Äthiopisches Henochbuch 89, 192
Hebräisches Henochbuch 89

Slavisches Henochbuch 89
Henotheismus 172
Heqqesch 28
Heptateuch 130f.
Hermeneutik, hermeneutisch 25f., 29, 36f., 41, 48, 50, 54, 59, 88
Herstellung eines Textes 65, 71f., 77
Hexapla 47
Hexateuch 58, 130f.
Hieros gamos (Heilige Hochzeit) 305
Himmelfahrt 166
Himmelsreise 89, 265
Hintere Propheten (Nevi'im Acharonim) 11, 13, 130, 159, 169, 179, 186, 200
Hiob-Roman 296
Historisch-kritische Exegese/Methode 43, 55, 57, 62, 64
Hodajot 21, 279
Homilie, homiletisch 24f., 34, 47ff., 51, 91, 126, 136, 145, 195, 289, 340
Hosche'a (Buch Hosea) 90, 180, 201, 203
Humanismus, humanistisch 53
Hybris 86, 244, 251
Hymnus, Hymnen 238f., 265, 278, 280
Imago Dei (zelem Elohim, Ebenbild Gottes) 88f., 92
Immanenz, immanent 193
Individualisierung 191
Institutio religionis christianae 54
Interlinearglossen 50
Inzest 108f., 312
Islam, islamisch 18, 33, 35f., 295, 340
Ijov (Buch Hiob, Ijob) 11f., 34, 38, 48f., 88, 180, 273f. 284, 287, 293-298, 302, 324
Jakobusbrief, Brief des Jakobus 53, 136, 289, 298
Jalqut Schimoni (Jalqut Schim'oni) 155, 228
Sefer ha-Jaschar (Buch des Rechtschaffenen/Aufrechten) 90, 143
Jechesqel (Ezechiel ,Hesekiel) 11, 48, 130, 159, 179, 186f., 189-192, 194f., 200, 204, 297, 335
Jehoschu'a (Josua) 48, 122, 131f., 140, 310
Jelamdenu-Form 25
Jerusalemer Bibel 71, 77, 289
Jesaja-Apokalypse 171
Jeschajahu (Buch Jesaja) 11, 34, 37, 48f., 58, 130,159,169-176, 179, 186, 189, 200, 210, 233f., 244, 250
Jeschiva, Jeschivot 62
Jesus Sirach (hebr. Ben Sira) 13f., 20f., 134, 152, 164f., 258, 273, 330, 349
Jewish Study Bible 71
(Sefer) Jezira 40
Jirmejahu (Buch Jeremia) 10, 48, 122, 130, 159f., 169, 179-183,186f., 189, 200, 204, 221, 234, 244, 316
Jo'el (Buch Joel) 208, 214
Johannesevangelium (Johannes-Evangelium) 91, 103, 290
Johannes-Prolog 46
Jom Kippur (Versöhnungstag) 90, 108, 110, 127, 174, 205, 210, 227, 235, 349, 355
Jona (Buch Jona[h]) 49, 144, 200, 208, 219, 224-229, 232, 237, 239
Jordan 113, 121, 134
Joseferzählung 84, 90
Josianische Reform 161f., 249
Josua s. Jehoschu'a
Joveljahr 109
Jubiläen(-buch) 21
Judith (Buch Judit) 13f., 21, 329
Jungfrauengeburt 145, 175
Jüngster Tag 166, 211
Kabbala 19, 40f., 193, 306, 340
Kabbalat Schabbat 280
Kanon, kanonisch 13f., 46, 52, 64, 131, 134, 149, 159, 164, 169f., 182, 187, 191f., 200, 216, 224, 239, 243, 255, 273f., 284, 288, 305f., 316, 324, 329f., 333, 335, 344
Kanonisierung 288, 305
Kardinaltugend 144
Kaschrut, koscher 102, 109f., 124, 338
Katechismus, Katechismen 103

Katenen 50
Kantillene 43
Kathedralschule 50f.
Katholischer Kanon 182, 316
Kavod 174, 189f, 193
Kelal u-F'rat 29
Ketuvim (Schriften) 11ff., 69, 149, 273f., 284, 293, 302, 335, 344, 352
Klagelied 76, 154, 169, 182, 187, 215, 301, 316ff., 320
Klagepsalm 276, 278
Kohärenz 72
Kohäsion 72
Kolosserbrief (Brief an die Kolosser) 289
Kommentar 9, 18, 22f., 34-40, 43f., 47-51, 54, 58f., 71, 78f., 83, 88, 91, 169f., 195, 216, 229, 240, 245, 251f., 258, 306, 325f., 333, 339ff., 355
Kompositionsschicht 107, 132, 140
Konfessionen Jeremias 180
Kongregation 54
Königsideologie 88
Königspsalm 275, 278
Königtum 66, 99, 121, 126, 131, 139, 143, 148-152, 160f., 170, 175, 179, 216, 275, 278, 339, 345, 354
Konkordanz 66, 77, 80
Kontextanalyse 72
Koran 33, 90f.
Kosmogonie 86
Kosmologie, kosmologisch 86
Kult, kultisch 18, 23f., 50, 57f., 75, 86, 97, 100ff., 106ff., 110, 113, 117, 123-126, 133, 148, 152, 161f., 172, 189, 191, 202, 215f., 244, 256f., 268f., 275, 301, 305, 318, 337f., 346, 348
Kultkritik 214, 216, 251
Kultzentralisierung, Kultzentralisation 162
Kupferne Schlange 118
Kyrosedikt (Kyros-Edikt) 256, 344f.
Ladesprüche 115f.
Landgabe 133, 135
Landnahme 114, 131-135, 137, 139f., 293
Landverteilung 113, 133f., 190
lectio divina 50
Legende 36, 59, 89, 173, 183, 217, 225, 274, 338
Lehrschrift 225
Leichenklagelied 76
Leid, leiden, erleiden 12, 21, 89f., 173f., 183, 195, 221f., 228, 265, 275, 278, 280, 293-297, 317f., 320
Leidenschaft, leidenschaftlich 144, 203, 304
Leitwort 66, 73f., 311
Lekha Dodi 280
Leviratsehe 310, 312
Levitenstädte 133
Leviticus s. Wajiqra
Liber Antiquitatum Biblicarum 21
Liebeslied 32, 76, 305
Literalsinn 34, 51
Literarkritik 57, 64, 140, 208
Liturgie, liturgisch 41, 70, 102f., 110, 116, 118, 125f., 128, 135, 174f., 194, 205, 217, 227, 235, 240, 246, 252, 258, 265, 271 ,274-277, 279ff., 289f., 298, 301, 306, 320, 340, 348f.
Lob der Väter 134, 192
Logos 47, 92, 306
Logosspekulation 92
Lukasevangelium (Lukas-Evangelium) 156, 235
Lurianische Kabbala 193
Lutherbibel (Luther-Bibel) 69, 186, 284
Ma'assé Bereschit 361
Ma'assé Merkava 192
Maftir 110, 127
Magie, magisch 100, 156
Magnifikat 155
Mahnrede 286
Mahnsprüche 286
Mahnzeichen 190
Makkabäerbuch 13, 21, 134, 297, 329
Male'akhi (Buch Maleachi) 249, 252, 268-271

Manna 30, 98
Märchen 59, 75
Marginalglossen 50
Marienlyrik 145
Markusevangelium (Markus-Evangelium) 266, 271
Märtyrer-Legende 338
Martyrium 174
Maschal 27, 284
Masora 33
Masora magna 33
Masora parva (Randmasora) 33
Masoretischer Text 153, 181, 275, 335
Matthäusevangelium (Matthäus-Evangelium) 91, 156, 222, 235, 265f., 313
Meditationen 51, 275, 279, 306
Megillot (Schriftrollen) 12, 149, 273, 284, 301f., 310, 313, 316, 319, 322, 325, 329, 332, 335
Mekhilta (Mechilta; Mekhilta de-Rabbi Jischma'el) 24, 27-31, 116, 193, 227f.
Melakhim (Königbücher, Buch der Könige) 11, 19, 122, 131, 140, 148, 151f., 154, 159-165,183, 344, 352ff.
Menora 108
Menschenopfer 145
Messiasbekenntnis 271
Messiasvorstellung 265
Mesusa, Mesusot 127
Midda, Middot 25, 102, 228
Middot Hillels 25
Middot des Rabbi Eli'eser 25
Middot des Rabbi Jischma'el 25
Midrasch (Midraschim) 18f., 22-28, 34-40, 63, 90, 110, 116, 126, 144, 153, 154f., 216, 225, 228, 243, 279, 289, 305, 313, 319, 324f., 332, 335f., 353, 355
Midrasch ha-Gadol 25
Midrasch Schmu'el 153f.
Midrasch Tehillim (Midrasch Schocher Tov) 279
Mikha (Buch Micha) 180, 208, 213, 215, 224, 232-235, 237
(Sefer) Mikhlol 37
Mincha (Nachmittagsgebet) 102, 205, 235
Minimalkodex 89
Miqra'ot Gedolot 37
Mischehe 117, 310ff., 314, 347f.
Mischlé (Sprüche, Sprichwörter, Proverbien) 11f., 37, 164, 273f., 284-289, 293, 295, 302, 322, 325
Mischna 18, 20, 22ff., 34, 63, 83, 102, 109f., 116, 126, 135, 144, 227, 273, 305, 332, 355
Mischne Tora 121, 135
Mischpat, Mischpatim 97f., 100, 215, 233f., 287
Mittelalter 24, 33, 39f., 48, 50, 102, 127, 183, 205, 228, 252, 279, 301, 306, 316, 320, 332f., 339, 341
Mitzwot 83, 111, 127, 153
Moderne 43, 55, 57
Monarchie 143, 149f., 159
Monastisch 51, 306
Monotheismus, monotheistisch 88, 172, 295f.
Moré Nevuchim 18
Mündliche Tora 36, 83, 101
Mussaf 110, 174, 222
Mysterien 89
mystica intelligentia 51
Mystik, mystisch 18, 38ff., 89, 175, 192f., 228, 306, 326
Mythentheorie 56
Mythos, mythologisch 40, 74
Nacherzählung 20, 78, 217
nachexilisch 57f., 88, 97, 107, 132, 169f., 180, 208, 224, 232, 245, 249, 255, 258, 264, 268, 270, 311, 348, 353
Nächstenliebe 48, 111, 297
Nachum (Buch Nahum) 227, 232, 237-240, 243, 245, 249, 258
Nachtgesicht, Nachtvision 255, 261, 262f., 265
Nathan-Weissagung, Nathanweissagung 151, 154

Nationalsozialismus, nationalsozialistisch 56
Nechemja (Buch Nehemia) 12, 19, 163, 273, 302, 311, 335, 344-349, 352f.
Nekromantik 156
(Sefer) Netivot ha-Schalom 43, 69
Neues Testament 13f., 46, 54, 91, 118, 127, 155f., 166, 174f., 183, 194, 205, 217, 240, 247, 252, 265, 271, 280, 289f., 298, 349
Neuzeit 43, 53, 333
Nevi'im (Propheten) 11, 13, 19, 25, 37, 49, 69, 130, 169, 179, 181, 274, 316, 353
Nevi'im Acharonim (Hintere Propheten) 11, 159, 169, 179, 186, 200
Nevi'im Rischonim (Vordere Propheten) 11, 130f., 139, 148f., 169, 353
Nissan 302
Noachidische Gebote 89
noetisch 47
Notarikon 31
Novelle 225, 330f., 335
Numeri s. Bemidbar
Nunc Dimittis 280
Offenbarung 12, 46, 55, 97f., 126, 130, 194, 211, 222, 240, 252, 266, 274, 340
Offenbarung des Johannes (Offenbarung Johannis, Johannesoffenbarung) 46, 194, 211, 222, 240, 252, 266, 340
Ohel Mo'ed (Zelt der Begegnung) 106, 113
Omnisignifikanz 32, 39
Opfer 106f., 114f., 126, 144f., 153, 170, 233f., 250, 318
De Opificio Mundi (Über die Erschaffung der Welt) 94
Orakel 118
Ovadja (Buch Obadja, Abdias) 200, 208, 213, 219-222, 224, 239, 250
Papyrus Nash 105
Paradies 210
Paralipomena Jeremiou 182
Parallelismus membrorum 286
Paraphrase 26, 34, 50, 78, 174
Parascha (Paraschijot) 24, 88, 90, 98, 107, 114, 123, 127, 135, 155, 210, 222, 271
Parde"s 38f.
Parusie 246
Vom Passa 90
Passionserzählung, Passionsgeschichte 103, 265, 280
Passionszeit 320
Patriarchenerzählung 59
Paulusbrief 91, 128, 174, 246
Pentateuch 12f., 57f., 84, 130f.
Perikope 57, 62-65, 72-78, 101f., 165, 171
Pescher (Pescharim) 22, 240, 245, 251
Pescher Nachum (Pescher Nahum) 240
Pesiqta de-Rav Kahana 174
Pesiqta Rabbati 183, 205
Pessach (Pessachfest) 27, 97ff., 101ff., 115, 123, 127, 155, 165, 194, 271, 301f., 348
Pessach-Haggada (Haggada schel Pessach) 101
Pessachlamm 103
Pessach-Mahl 103
Pesuqé de-Simra 279
Peticha (Petichot) 25
(Midrasch) Petirat Mosche 126
Pfingsten, Pfingstereignisse 211
Pijjut 279, 319
Pirqé de-Rabbi Eli'eser 173, 227f.
(Der) Plaut 69, 71, 79
Pluralis majestatis 88
Polysemanz 363
Polytheismus, polytheistisch 88
Postilla literalis super totam Bibliam 52
Präexistenz, präexistent 92, 290
Präfiguration 90, 145f., 156, 166
Präzedenzfall, Präzedenzfälle 27
Predigt 18, 24f., 51, 54, 126, 135, 183, 289, 307, 325
Priesterkodex 58
Priesterschrift 58
Priestersegen 115-118

Priesterweihe 106f
Primogenitur 87
Prophetenamt 134
Prophetenhalacha 182
Prophetie, prophetisch 10-13, 49., 53, 58, 75, 88, 116, 130, 143, 153, 169, 180ff., 186f., 189ff., 193f., 201f., 208ff., 213f., 219-222, 225, 227f., 233, 237, 239f., 243, 250, 258, 270, 318
Proselyt 90, 135, 222, 297, 313
Protestantismus, protestantisch 43, 57, 71, 205
Proto-Jesaja (Protojesaja) 58, 170, 179
Protosacharja 261
Proverbia, Proverbien s. Mischlé
Psalm(en) 12, 20f., 47ff., 53, 130, 154, 164, 221, 273-281, 317, 349, 355
Psalmen Salomonis 21, 164, 274, 276, 279
P'schat 34f., 37, 39f.
Pseudepigraphie, pseudepigraphisch 20, 46, 187, 192, 302, 336
Pseudo-Matthäus-Evangelium 246
Purim (Purimfest) 102, 301, 316, 329, 331ff.,
Purimspiel 333
Qal wa-Chomer 29, 204
Qeduscha 174f.
Qiddusch 88
Qohelet (Kohelet, Prediger) 9, 48f., 164, 217, 273f., 287, 301f., 305, 316, 322-326, 331
Qohelet Rabba (Haggadat Qohelet) 217, 325
Quaestionum libri septem 137
Quellenkritik 57
Quellenscheidung 57f.
Qumran-Psalmen 21
Qumranschriften 20, 265
Rabbinerbibel 34, 37, 148
rabbinisch 18, 20, 22-25, 32ff., 36-40, 88ff., 101f., 109, 116f., 122, 126, 143, 153, 165, 174, 191ff., 204, 222, 228, 240, 245, 252, 258, 264f., 270f., 279, 289, 296ff., 313, 319, 329, 339, 344, 349, 353
Rat an einen Prinzen 291
Ratschläge der Weisheit 291
Raub, rauben 240
Rebellion, rebellieren 114f., 117, 152, 323f.
Recht 9, 25, 110, 114, 117, 141, 143, 154, 191, 214f., 226, 233ff., 270
Rechtfertigungslehre 91, 246
Rechtschaffene, rechtschaffen 54, 87, 143, 244, 295f.
Rechtspflege 123ff.
Rechtssammlung 19
Redaktionskritik 77
Reformation 14, 53, 69, 341
reformiert 99, 103
Reichsautorisation 346
rein, Reinheit 107ff., 115, 123f.
Reinigungsriten 114
Reinigungswasser 114f.
Remes 39
Rewritten Bible 21f., 24
Ribui 28
Richter(buch) s. Schoftim
Richteramt 134, 139
Richterschema 141f.
Richterzeit 131, 139f., 149, 310
Ritus (Riten) 78, 102, 165, 175, 222, 235, 346
Römerbrief (Brief an die Römer) 166, 222
Rosch Chodesch (Neumond) 155
Rosch ha-Schana 90, 110, 155, 174, 138, 205, 210, 222, 235, 258
ru'ach 264
De rudimentis Hebraicis 60
Ruhetag (s. Schabbat)
Rut (Buch Ruth) 11, 143, 149, 273, 284, 301, 310-313, 316, 322
Rut Rabba 313
Sachebene 32, 39, 204
Sage 59
Salbung, salben 149, 152, 156f., 175
Salomonisches Urteil 163, 166

Sapientia Salomonis (Weisheit Salomos) 21, 164
Satire, satirisch 75, 226, 332f.
Schabbat 27, 86, 88, 98, 100, 102, 109, 114f., 117, 125, 155, 164f., 191, 194, 205, 210, 235, 265, 271, 280, 288f., 301, 306, 324f., 338, 348f.
Schabbatjahr 100, 123f.
Schabbat Schuva 205, 210, 235
Schacharit (Morgengebet) 90, 102, 183, 279, 301, 319
schächten 126
Schaubrot 108
Schavu'ot (Schawuot, Wochenfest) 102, 127, 174, 194, 246, 301, 313, 316
Schawa 27
Scheidung 126f., 269, 381
Schemini Azeret 165
Schemot (Exodus, 2. Buch Mose) 35, 44, 49, 96-99, 101ff., 106, 113f., 121f., 125, 142
Sche'ol 364
Schir ha-Schirim (Hoheslied, Hohenlied, Hohelied Salomos) 11, 32, 35, 38, 43, 47f., 51, 164, 166, 205, 273, 284, 293, 301-307, 316, 322, 325, 331
Schir ha-Schirim Rabba (Hoheslied Rabba, Aggadat Chazita) 31f., 305, 324
Schlachtopfer 144, 205, 250
Schlachtung, schlachten 103, 108, 124, 126, 269
Schm'a Jisrael 111, 116, 126, 355
Schm'one Essre (Achtzehngebet, Tefila, Amida) 116f., 174, 183, 280, 340
Schmu'el (Buch Samuel) 19, 148, 159, 310, 352
Schofar 90, 250
Schoftim (Richter, Richterbuch) 11, 48, 130f., 134, 139f, 143f., 148f., 310
Scholion 60
Schöpfung 40, 56f., 84ff., 88, 193, 210, 226, 239, 250, 277f., 288ff., 326
Schöpfungsbericht 86, 88f
Schöpfungsmythos, Schöpfungsmythen 58, 86
Schöpfungsordnung 127
Schöpfungstheologie 88
Schöpfungswerkzeug 88
(Sefer ha-)Schoraschim 37
Schriftliche Tora 33, 36, 270
Schuld 73, 153, 188-192, 202, 213, 220, 263, 317f., 324
Schuldknechtschaft 100
Schweizer Reformation 14, 69
De scripturis et scriptoribus sacris 51
Seder (Sedarim) 24, 103, 165, 204, 243, 271
Seder Elijahu Zuta 204
Seder Olam Rabba 243
Sefirot (Sefira) 40ff., 306
Segen 87, 108, 114f., 117f., 123, 127f., 171f., 257, 294
Sekharja (Buch Sacharja) 48, 249, 252, 255, 261f., 265f., 268
Selbstkundgabe 99, 102, 274
Sendschreiben 135, 182f., 340
sensus allegoricus 39
sensus anagogicus 39
sensus litteralis 39, 51, 53
sensus tropologicus 39, 51
Sentenz 52, 89, 146, 187, 274, 286, 324f.
Septuaginta 12, 46f., 96, 113, 130f., 134, 148f., 159, 169, 182, 187, 200f., 208, 213, 217, 219, 224, 232, 237, 243, 246, 249, 255, 268, 271, 273f., 275, 284, 288, 293, 297, 301f., 310, 316, 322, 329, 335, 344, 352, 355
Sermones ad Canticum 51
Sesshaftigkeit, sesshaft 132
Sexualaskese 127
Sexualethik 108
Sibyllinen 341
Siddur, Siddurim 34
Sifra 25, 29f., 110, 116
Sifré 116
Sifré Bemidbar 26, 116
Sifré Devarim 26, 28, 30f., 117, 126

Signalwort 73f.
Simchat Tora 88, 127, 135
Simonie 100
Sinnbild 188, 190, 202, 239
Sintflut 87
Sitz im Leben 75
Sklave, Sklavin 27, 91, 266
Sklavenrecht 19
Sod 39
(Sefer ha-)Sohar 19, 41f., 155, 174, 193, 228, 246, 306
sola fide 91
sola gratia 91
sola scriptura 53, 91
Solidarität, solidarisch 233, 287
solus Christus 91
Sonnenmythos 230
Sophia 88, 284, 302, 322
Souveränität 88, 232, 296
Sozialethik, sozialethisch 108, 110, 125
Sozialgeschichte, sozialgeschichtlich 64
Sozialkritik, sozialkritisch 214f.
Spätantike 40, 46, 48, 183
Speisegebot(e) 109
Spruchsammlung des Anch-Scheschonki 291
Spruchweisheit 285, 323
Staatsbildung, Staatenbildung 131f.
Stadtstaat 132, 317
Stamm (Stämme) 84f., 87, 113, 115, 133f., 139, 141f., 148f., 165
Stämmeverbund 132
Stiftshütte 102
Strafgericht 188, 191, 164, 200, 202, 215, 221f.
Strafrecht 24, 28, 124
Strafwerkzeug 244
Stromata 252
Strukturmerkmal 74
Stuttgarter Erklärungsbibel 71
Substitutionslehre 46
Sühne, sühnen 108, 115, 216, 234
Sukkot (Laubhüttenfest) 29, 127, 165, 194, 265, 301, 316, 322, 325, 348
Summa theologica 146
Sünde, sündigen 86, 154f., 173, 205, 215f., 226f., 235, 238, 263, 323
Sündenfall, Sündenfallmythos 54, 86, 92
Symbol, symbolisch 85, 179, 187, 194f., 216, 221, 332
Symbolname 202
Synagoge 175, 187, 279, 288, 333
synchron 59, 64, 75, 77, 162, 353
Synkretismus, synkretistisch 161, 202
Synode 13
Synopse, synoptisch 47, 67
Syrisch-Ephraimitischer Krieg 170f.
Syrischer Baruch 21
Tabu 100, 109, 124
Tag des Herrn (Tag JHWHs, Tag des Ewigen) 164,, 166, 208f., 211, 215, 219, 221, 224, 239, 250ff., 269, 270, 319
Talionsprinzip 220
Talmud 11, 18, 24, 35, 41, 63, 83, 116, 126, 135, 143f., 153, 164, 183, 186f., 191, 204, 227f., 245, 270, 329, 288f., 297, 301, 313, 322, 324, 332, 339
Babylonischer Talmud (Bavli) 11, 24, 135, 143f., 153, 183, 186f., 191, 204, 221, 227f., 245, 270, 284, 288f., 297, 332, 339
Jerusalemer Talmud (Jeruschalmi) 24, 135, 164, 228
Tamid 27
Tanakh (Tanach, Tenach, Tana"kh) 11, 19, 43, 47f., 50f., 53ff., 64, 77f., 84, 88, 101, 208, 213, 264, 301, 331, 335, 340, 355
Tanchuma Buber 90
Targum (Targumim) 23f., 144, 193, 204, 227, 239, 271, 297, 332
Targum Jonatan 271, 277
Targum Pseudo-Jonathan 239
Taschlich 235
Taufe, taufen 228, 271
Taufkandidat, Täufling 103
Tefila s. Schm'one Essre

Tefillin 127, 205
Tehillim (Psalmen, Psalter) 11f., 19, 35, 37, 47ff., 53, 57, 153f., 224, 244, 273-281, 284, 293, 302
Teighebe 153
Tempel 20, 22f., 101ff., 106, 110, 124ff., 152, 165, 175, 182f., 188ff., 193f., 202, 217, 234, 239, 249, 255-258, 261, 263ff., 319, 340, 344-348, 353ff.
Tempelbau 163f., 256f., 261, 263, 347f., 350, 354
Tempeldienst 108
Tempelkult 163, 188, 355
Tempelquelle 189
Tempelrede 181
Tempelrolle 22, 126
Tempelvision 188, 192, 194
tertium usus legis 61
Testament 13f., 20, 46, 54, 56, 89, 91, 118, 127, 130f., 155f., 166, 174f., 183, 194, 205, 217, 235, 240, 247, 252, 265, 271, 280, 289f., 297f., 326, 340, 349
Testamente der zwölf Patriarchen 89
Tetragramm(aton) 57, 99
Textanalyse 72, 74
Textaussage 78
Textgruppe 77f.
Textkritik 47, 51
Textoberfläche 72
Textvariante 51
Theodizee 34, 295f.
Theodizeeproblem 270
Theokratie, theokratisch 125, 143
Theologie der Befreiung 62
Theophanie 238f., 244, 246
Theôria 49, 325
Thron 121, 152, 156, 190, 192, 336
Thronwagen (Merkava) 188, 190, 194, 297
Thronwagenvision 192, 194f
tiefenpsychologisch 62, 144
Tisch'a be-Av 127, 183, 205, 301, 319
Tobit (Buch) 21, 227
Tohuwabohu 86
Toledot 85, 271
tomoi 47
Tora 11ff., 19, 21, 24, 27, 31, 33-38, 42f., 48, 54, 56ff., 69, 71, 83f., 88, 96f., 101ff., 106f., 109, 113, 116, 121, 123, 125, 127, 130-133, 135, 144, 153f., 156, 164, 169, 186, 189, 192, 216f., 234, 245, 270, 274-278, 280, 287ff., 324f., 329, 337f., 346, 348ff., 353ff.
Toralesung 110, 165, 280, 348
Tora-Rolle 116
Tora-Studium 275, 277
Tosefta 23ff., 349
Totenbefragung 152
Totschlag 100
Tractatus Theologico-politicus 55
Tradierung, Tradition 9, 11, 13, 20, 22ff., 33, 36f., 40, 43f., 49ff., 53, 59, 62f., 69, 71, 78f., 83, 88ff., 96-99, 101ff., 106-111, 116ff., 123, 125, 127, 132, 134ff., 143f., 152f., 155, 160, 163, 165, 173f., 179f., 182f., 187, 191, 193ff., 204f., 210f., 213, 216f., 221f., 225, 227f., 234f., 239f., 243, 245f., 251f., 258., 264f., 269ff., 274, 279f., 285, 288ff., 297f., 302f., 305f., 311ff., 319f., 322, 324f., 330, 332f., 335, 338ff., 344, 349, 352, 355
Trägergruppe, Trägerkreis 64, 75, 349
Transzendenz, transzendent 40, 46, 297
Tré Assar (Dodekapropheton, Zwölfprophetenbuch) 11, 35, 48f., 130, 169, 186, 200f., 208, 213, 219, 224, 232, 237, 239, 243, 249, 252, 255, 258, 261, 268
Trito-Jesaja (Tritojesaja) 58, 170f.
Tritosacharja 261
Trostwort 175, 181
Tun-Ergehen-Zusammenhang 287, 295, 324
Turmbau zu Babel 87
Typologie 49, 90f.
Umkehr 116, 164f., 195, 202, 204f., 208f., 225-228, 234, 239f., 262, 318
Umkehrbereitschaft 190, 225, 228

Unfruchtbarkeit 142, 155
Ungehorsam 86, 103, 117, 151f., 225
Unheil 226, 232, 288, 295
Unheilsprophetie, Unheilsverheißung 202, 216, 227, 262
Universalisierung, Universalität 97, 210, 226
Unreinheit, unrein 107ff., 142, 173, 193, 235
Unzucht 108, 127
Urflut 86
Urgemeinde 110
Urgeschichte 56, 59, 84f., 87, 131
Urkundenhypothese 44, 57f.
Urtext 47f., 51, 69f., 273, 344, 352
usus elenchticus (bzw. theologicus) 60
usus politicus (bzw. civilis) 60
Vätererzählung (Patriarchenerzählung) 84f., 87
Vatikanum, Vatikanisches Konzil 70, 252, 290
Verführung, verführen 100, 124
Vergebung, vergeben 116, 154, 195, 340
Verheißung, verheißen 84, 87, 96, 114f., 123, 130f., 133-136, 146, 154, 166, 175, 182, 188, 191, 211, 217, 219, 222, 234, 244ff., 249f., 252, 255-258, 262ff., 270f., 354
Verklärung, Verklärungsszene 271
Vers-für-Vers-Erläuterung (Auslegung) 51, 110
Versöhnung, versöhnen 84, 164f.
Versöhnungstag s. Jom Kippur
Verstockungstheorie 175
Verstoßung, verstoßen 145, 202f., 269, 330
Vierfacher Schriftsinn 38f., 51, 53, 195
Vision 51, 175, 186, 188-194, 204, 210, 214ff., 219, 252, 262f., 265f., 336, 338f.
Vision Samuels 153
Vita Prophetarum 177, 248
Völkergericht 172, 213
Völkerwallfahrt 172f., 251
Volkskunde, volkskundlich 59
Volkszählung 235
Vordere Propheten 11, 13, 130, 159, 169
Vorverständnis 65, 79
Vulgata 159, 255, 284, 316
Wajiqra (Leviticus, 3. Buch Mose, Torat Kohanim) 96, 106-110, 113f., 116, 122, 125, 153, 173, 217, 339, 353
Wajiqra Rabba 116, 153, 173, 217, 339, 353
Wallfahrtsfest 101, 124, 348
Wallfahrtspsalm 275, 277
Wehelied, Weheruf 215, 244, 250, 262
Weihe, weihen 107, 114, 142, 144
Weihegabe 108
Weihnachten, Weihnachtszeit 175
Weisheit, weisheitlich, weise 13, 21, 36, 88, 144, 163-166, 273, 275, 285-290, 293ff., 301f., 305, 317, 324, 354
Weisheitspsalm 88
Weisheitsschriften, Weisheitstexte, Weisheitsliteratur 12, 20f., 88, 130, 273f. 284f., 287, 290, 293, 295, 316, 322f.
Weisung 75, 83, 106, 234
Weltenplan 275
Weltgericht 171, 250
Weltordnung 239, 287, 295
Werkgerechtigkeit 91
Widderhorn (Schofar) 90, 133, 250
Wirkungsgeschichte 9, 78f., 88, 101, 109, 116, 125, 134, 143, 145, 152, 163, 173, 182, 191, 204, 210, 216, 221, 227, 228, 234, 239, 245, 251, 258, 264, 270, 277, 279, 288, 296, 305, 313, 319, 324, 332, 339, 349, 355
Wissenschaft des Judentums 43
Witz 75
Wolfenbütteler Fragmente 55
Wortsinn 39, 44, 48, 50, 53
Wunder 117, 163, 166, 273, 312, 349
Wüstenwanderung 19, 84, 121, 135, 203
Zahlenspruch, Zahlensprüche 285f.

Zahlenwert 31
Zehn Gebote s. Dekalog
Zehnt 123f., 188, 270
Zeichenhandlung 145, 188-191, 202
Zeitrechnung 85
Zelt der Begegnung s. Ohel Mo'ed
Zeltheiligtum 82
Zentralisationsgesetz 125
Zephanja (Buch Zefanja) 243, 249-252, 255, 258
Zionpsalm(en) 221
Ziontheologie 264
Zizit (Schaufäden) 114f.
Zungenrede 211
Zürcher (Bibel) 14, 69, 77, 284, 293
Zweiprophetenbuch, Zweiprophetenrolle 237, 243, 261
Zweiter Exodus 172
Zweiter Tempel 20, 22
Zwölfstämmeverband 132
Zynismus, zynisch 324

Die Autorinnen

Susanne Talabardon, studierte evangelische Theologie an der Humboldt-Universität zu Berlin. Von 1997 bis 2008 war sie wissenschaftliche Mitarbeiterin am Institut für Religionswissenschaft der Universität Potsdam. Seit 2008 hat sie die Professur für Judaistik an der Otto-Friedrich-Universität Bamberg inne.

Verfasserin der Kapitel: Grundlagen, Schemot, Wajiqra, Bemidbar, Devarim, Jeschajahu, JIrmejahu, Tehillim, Megillot, Dani'el, Esra und Divré ha-Jamim.

Helga Völkening, studierte Jüdische Studien, Religionswissenschaft, Katholische Theologie, Alte Geschichte und Pädagogik in Potsdam, Berlin, Dortmund und Köln. Seit 2011 ist sie wissenschaftliche Mitarbeiterin am Institut für Jüdische Studien und Religionswissenschaft der Universität Potsdam.

Verfasserin der Kapitel: Bereschit, Nevi'im Rischonim (Jehoschu'a, Schoftim, Schmu'el, Melakhim), Jechesqel, Tré Assar, Mischlé, Ijov sowie des Glossars.